国家論大綱

第一巻 上

滝村隆一

勁草書房

はじめに

本書は、私が一九六七年から開始した、政治的事象とくに〈権力と国家〉に対する、学的・理論的解明の諸成果をふまえ、新に体系的なかたちで書き下ろしたものである［厳密に旧稿といえるのは、全体の一割にも満たない］。この三五年、いや、原蓄・修業期間も入れれば四〇年もの長期にわたり、私が政治学とくに国家論の学的解明に専念してきたのには、理由がある。それは、政治学の核心たるべき学的国家論の実質的な不在、という一事である。

社会科学としての学的・理論的出立において、政治学はもっとも古い。また、政治・国家学は、その純粋な学的能力という点からみると、経済学など他の社会的諸学と比較しても、決して見劣りしない多くの学匠を、輩出させてきた。しかし、それにもかかわらず、学的理論としての到達点において、政治学は経済学に遠くおよばない。政治学は、古典派経済学に該当する学説さえ、ついに産み出すことが、できなかったからである。

その理由は、本書でくわしくとりあげるように、一つには、政治学は、大きな歴史的制約から、政治的実践論としての性格が強く、純粋な学的理論としての解明が不可能だったこと。また、政治的事象は観念的な事象であるから、経済的事象などとくらべれば、はるかに学的・理論的にあつかいにくい。くわえて、そしてこれが、もっとも根本的な原因でもあるが、とくに〈近代〉以降、西欧思想の主流において、発展めざましかった自然的諸学の学的方法、経験論的実証主義を社会的諸学全般、したがって政治学の方法としても、全的に採用したことである。
本格的にはホッブズに始まる、この種の学的方法態度は、今日にいたるまで、あきもせずにくり返されてきた。だが、これほど滑稽でバカげた発想はない！〈方法〉とは、対象についてのトータルな理論的認識の特質が、より純粋に論理的に再把握されたところに成立する。当該事象の理論的解明の以前に、それを可能にする〈方法〉を、先験的に確定することはできない。

とくに原子論的な〈分解―複合〉発想を、国家・社会に対してまで、機械的に適用されたのであるから、たまらない。これでは、「複合体」とされた〈国家〉それ自体の、内的仕組みと構造を統一的に把握することは、不可能となる。学的国家論の不在は当然の結果であって、政治学は、一方、内的諸契機に即して一挙に分解するとともに、他方、実践的政策論として多様に分化するほかなかった。われわれはそのぶざまさを、たとえば今日『アメリカ政治学教程』［農文協］というかたちで、みることができる。

とくに二〇世紀に入ってから、西欧近代思想の主流に属する欧米の学者たちは、プラトン、ホッブズ、ルソー、ヘーゲル、そしてマルクスを、「異端」の学的思想として、位置づけてきた。しかしこれは、彼らに共通する「全体主義的・国家主義的」傾向を、摘み出した区別でしかない。そんな区別なら、駆出しの初学者にだってできる。厳密な学的・理論的方法という点からみれば、〈世界史〉の学的思想において、ヘーゲルとマルクスのみが、社会科学の正当な学的方法、つまり社会的事象の学的・理論的解明を可能にする、唯一の学的方法を確立した。

それは、学的・本質論的把握が、対象の現象的姿態の背後に、内的な仕組みと論理的関連を把握するところにある、という学的・方法的発想である。それは、近代社会的諸学の主流の経験論的・実証主義者のように、現象論的レヴェルでの経験論的認識を、どんなに掻き集め、また積み重ねても、真の学的・理論的認識とはなりえない、という発想である。もちろんこれは、政治的・思想的立場とは、一応べつの問題である。

因みにヘーゲルは、いまだ憲法さえもたぬ悪名高き、かのプロイセン専制国家を神聖化する、国家主義的立場から脱却できなかった。マルクスは、すべての階級対立を廃絶する、プロレタリアート独裁をテコにして、〈国家が消滅した共産主義社会〉が実現できると、夢想した。両者の政治的・思想的立場は、右と左で一八〇度もちがう。そこで、両者の政治的・思想的立場だけみれば、学的理論に内在する学的方法における共通性、正確には、前者から後者への学的方法の継承を、看取することができない。社会科学の正当な学的・理論的方法を開拓し、把持したという点においてのみ、二人は西欧の学的思想において、他とはまったく異質にして異色、「異端」ということができる。それはまさに、〈正当ゆえの「異端」〉といってよい。

それゆえ、学的・理論的方法と資質において、学的国家論の開拓・構成が可能だったと思われるのは、ヘーゲルとマルクスだけである。しかしヘーゲルには、青年期にフランス大革命への熱狂から醒めて挫折し、その傷をキリスト教的神秘主義で癒した思想的経緯があった。その哲学的思弁は、とくにプロイセン国家を直接念頭において国家を論ずるとき、どうしても神的理念の現世的顕現［現実化］として、国家を把握するほかなかった。ヘーゲルの学的・理論的な弟子であるマルクスは、国家ではなく、その現実的な土台をなした、市民社会の経済学的解明に全力を傾注した。

こうした〈世界史〉における、学的思想の大きな流れからみれば、本書の完成は、本来なら一九世紀の学的巨匠が提出すべき学的国家論を、一世紀半遅れで私が代行したことになる。しかし、私が創造的で体系的な学的国家論の構成を可能にする、確たる学的・理論的方法を開拓するまでには、当然のことながら、大きな紆余曲折と試行錯誤があった。その過程については、「あとがき」で、簡単にふり返ることにしたい。

私は、本書で、権力と国家を主体とした政治的世界の内的仕組みと一般的運動法則を、〈近代〉国民国家へと収斂される〈世界史〉的国家に即して、簡潔明瞭に提示すること。そして、世界史上の著名な国家・政治学者には、いったいどのような錯誤と欠陥があったのか。また、その種の錯誤と欠陥は、なにゆえ彼らにもたらされたのか、についても、充分な説明を明示するよう心がけた。

つぎに、本書の成立事情についても、簡単に記しておきたい。当初の予定では、第一巻に権力と国家の基礎理論、第二巻は歴史的国家の理論的解明、そして第三巻に権力論・国家論の学説の解体、の全三巻で、分量は各巻一五〇〇枚［四〇〇字］というものであった。このうち、第二巻は旧稿を中心にして手持ちが、一三〇〇枚ほどあるが、第一巻と第三巻は、ほとんどを書き下ろさなければならない。しかし、九三年五月に執筆を開始し、出足こそ快調だったものの、すぐに健康を大きく害し、第二巻、第三巻の執筆・完成は、断念するほかなくなった。そこで、第一巻のなかに、本来なら第三巻で本格的に展開すべき、世界史の代表的な諸学説を解体した部分を、可能なかぎり、各章ないし各項目毎に附加し挿入することとした。そこで当然にも第一巻の総分量は、第一巻と第三巻を併せたものとなった。

ただ、とくに断っておくと、本書は、決して完成作ではない。それは、この種の作業に完成品はありえない、といった一般的な意味ではなく、著作としては、完成をあきらめざるをえなかったという意味での、未完成品である。執筆できなかった予定項目は、学説批判を中心に二〇を数え、再録した旧稿は、本来ならすべて書き直さなければならない。しかし、これを完成させるには、一日最低二時間で、実質一年ほどの時間が必要となるが、私の健康・経済状態は、すでに二年前にギリギリの限界を超えている。この事態が、大きく改善される僥倖でもあれば、ただちに第二巻の完成と本巻の増補・改訂に、取り組みたいと思っている。

最後に、とくに記しておきたいことがある。もとより本書の刊行は、私の独自的研鑽と責任によるものである。しかし、一介の素浪人の身でありながら、三五年の長きにわたる学的・理論的研鑽が可能であったのは、実に多くの人々からの理解と激励のおかげである。それらの忘れえぬ人々については、いずれ書く機会もあるかと思う。

ただ、処女論文「二重権力論」以来、九七年末に終刊を迎えるまでの三〇年間、中心的な仕事の過半を掲載していただいた、『試行』主宰者の吉本隆明氏と、この十数年間、相次いで押し寄せた生活上の難事を一手に引受け、解決してくださった、弁護士の山田雅康氏には、とくに謝意を表したい。

また、初期からの熱心な読者のみなさんには、いただいた手紙・論文・紀要・著作などへの、お礼とご返事を書く余裕さえなかった。これは、この間の私が、一種の非常事態にあったことによるが、この場をかりて、その非礼を、おわびしたい。

なお、本書は、その刊行を待たずして鬼籍に入った、妻の両親である石田正一・貞夫妻の霊前に捧げたいと思う。

勁草書房編集部の富岡勝氏と、『国家論大綱』刊行の約束をしたのは、今から実に三〇年も昔のことであった。それを思うと、何とも感無量となる。本当に長い間お待たせしました。本書は、これまで刊行してきた、一〇冊を超える著作のすべてを併せたような、著作になってしまっただけに、大変なご迷惑をおかけするのではないかと、案じています。

二〇〇二年六月

滝村隆一

国家論大綱　第一巻　上

目次

目次

第二編　組織的権力の構成と形態……95

第三篇　権力と暴力（Gewalt）……147

目次

本論　国家とは何か？［一般的国家論］

第一篇　前提と方法……305

4　国家・国家権力の歴史的起源について……369

第四篇　国家権力の実質的構成

14

15　政治形態をめぐる諸学説

16　政治形態の自由選択と法則的規定性……701

（上巻終り）

下巻目次

目　次

凡例

一、本書における古典的文献からの引用は、原則として、『全集』版に拠るよう心がけた。しかし、ルソー、ヘーゲル、マルクス、エンゲルス、レーニンなどの、代表的著作からの引用には、筆者が長い間使用してきた各種の文庫版などの方を挙示した。

一、本来なら、全面的に書き直すべき「旧稿」については、総目次と当該「旧稿」の最末尾に、初出年月を明示した。例えば、［旧稿・一九七六年五月］という具合に。

一、収録した「旧稿」は、ごく小部分の加筆を行なった一本を除き、すべて字句上の補訂にとどめた。

一、本書において［文献資料註］は、最小限にとどめた。従ってこの点については、とくに関連諸拙著の参照を乞うものである。

序論　〈政治〉とは何か、についての予備的考察

(1)　これまで〈政治〉はどう理解されてきたか

〈政治〉とは何か？　もとよりこれは、政治学ばかりか社会的諸学においてくり返し問いただされ、さまざまな議論が、飽きもせずに闘わされてきた、古くて新しい問題である。〈政治〉とは、〈社会〉を離れては存在しえないという意味で、〈社会〉的事象である。社会的事象が不断の変化と運動過程、とりもなおさず生成・発展・消滅の、歴史的過程にあるという意味で、政治的事象もまた、〈歴史的〉事象である。

それでは、直接には歴史的事象としてあらわれる、社会的事象としての〈政治的〉事象の特質は、いったいどこにあるのか？　これこそまさに〈政治〉の本質論的把握、いいかえれば〈政治〉の概念的規定の問題であって、古くはプラトンとアリストテレスにはじまる、政治学の根本問題にほかならない。これまで提出された政治概念を、論理的に整理してみると、大きくは二つに分かれる。

一つは、政治を国家［権力］にのみ、固有の特殊的事象として把える発想である。そしていま一つは、政治は国家［権力］ばかりか、広く社会的な事象にみられる、一般的な権力現象とする発想である。ここでは前者を政

治＝国家［権力］説、後者を政治＝社会権力説と名づけておこう。

1 政治＝国家［権力］説

この見解は、わが国もふくめ世界的にみても、一九世紀後半から二〇世紀のとくに二〇～三〇年代まで、一般的に流布されていた政治学の伝統的な発想である。それは、とくに一八世紀末から一九世紀中葉にかけて集大成された、ドイツ国家学・国法学［憲法・行政法を中心とした公法学］において、その典型を見て取ることができる。ドイツ国法学は、モール、ブルンチュリ、シュタインにはじまり、ゲルバーとラーバントを経て、G・イェリネックによって集大成され、H・ケルゼン、C・シュミット、H・ヘラーらによって継承された。わが国では、明治維新以降とくに大日本帝国憲法の創出において、ブルンチュリやシュタインの理論が大きく関与した。そして、東京帝国大学法学部では、ゲルバーとラーバント、そして何よりもG・イェリネックの学説が、官許国法学として圧倒的な影響力をもちつづけた。

〈政治〉的事象を国家的支配、とりもなおさず国家権力に直接かかわる特殊な事象として把えれば、当然に国家権力の組織と法制、さらには国家権力が直接担掌し、遂行している国家的諸活動を、とりあげることになる。因みにドイツ国家学において、前者の国家権力の組織と制度を直接規定する、法制［憲法・行政法］をとりあげたのが国法学である。そして、後者の国家的諸活動をとりあげたのが、国家社会学である。

ドイツ国家学におけるこの二つの系譜と発想は、G・イェリネックが、〈当為〉と〈存在〉の方法的二元論を採用することによって、『一般国家学』［一九〇〇年刊］という形で、形式的に集大成した。前者は、C・シュミットやH・ケルゼンの「純粋法学」として、また後者は、H・ヘラーなどによって継承されることになった。とくにG・イェリネックにおいては、〈政治〉概念が、〈国家〉概念におきかえられた。

因みに、曰く、——「政治的共同体は国家であるか、あるいは国家から支配権を付与された団体かである。

『政治的』とは『国家的』を意味する。すなわち政治的なものの概念において人はすでに国家の概念を考えている」〔芦部他訳『一般国家学』、学陽書房、一四四頁〕。然らば〈政治〉概念におきかえられた、〈国家〉概念そのものの明瞭な規定は、提出されたのか？　〈国家〉概念は、〈主権〉や〈法的人格〉などの法制的概念におきかえられる一方、構成諸要素としての〈国家権力〉・〈国民〉・〈領土〉などへと、分解された。

これが、G・イェリネックの「国家三要素説」である。しかし、これほどバカげた発想はない。というのも、〈国家〉の学的・理論的な解明と概念規定においては、歴史的・社会的事象としての〈国家〉に対する、トータルな本質論的把握が要請される。したがってこれを、〈国家〉に対する特殊に一面的な、法学的解釈によってすり替えることは、許されない。とくにドイツ国家学系列の法学的発想は、法的規範の、純粋に形式的な意味での論理的把握と抽象のいかんを追究するだけで、国家権力を直接背にした国家法としての、〈社会的内実〉を実質的に無視している。

また、〈国家権力〉・〈国民〉・〈領土〉などの、〈国家（的支配）〉に直接かかわる特殊的諸契機は、あくまで〈国家〉の本質論的把握、つまりはその学的・理論的な概念規定を前提としてのみ、それぞれの特質に対応した概念的規定が可能になる。したがって、国家概念の、〈国家権力〉・〈国民〉・〈領土〉などへの要素的分解発想は、〈国家〉に対する法学的解釈の空虚な形式性を、自ら告白しているようなものといってよい。

このドイツ国家学における、〈政治〉概念の〈国家〉概念への還元という点については、すでにC・シュミットも、正当に指摘している。因みに曰く、――「一般に、『政治的』とは、なんらかの意味で、『国家的』と同一視され、あるいは少なくとも国家に関連づけられる。そのばあい、国家的は、政治的なものであるとされ、政治的なものとは、国家的なものであるとされる。これは、明らかに不満足な循環論法である」〔田中・原田訳『政治的なものの概念』、未来社、四頁〕。

しかしそのシュミットは、「国家という概念は、政治的なものという概念を前提としている」〔同前、四頁〕から、「政治的なものの本質を問題とするばあいには」、国家の「概念規定は必要でない」、とした。つまりシュミットによれば、〈国家概念は、政治的概念を前提にした二次的なものにすぎないから、政治的概念の学的・理論的解明こそ、第一義的である〉というのである。彼が〈国家〉の学的・理論的な把握を、完全に放棄した方法的な根拠も、ここにある。

しかし〈国家〉概念は、べつに〈政治的〉概念を前提にしていない。むしろぎゃくに、すべての〈政治的〉な諸概念には、〈国家〉の歴史的な形成が前提となっている。それは、歴史的・現実的な〈国家〉に即して、創りだされたものにすぎない。〈国家〉は〈社会〉全体の特殊な統一的組織であり、それを直接指揮し主導する〈国家権力〉をふくめて、れっきとした組織的権力である。それゆえ、〈国家〉概念の学的・論理的な前提という意味なら、〈国家〉概念には、〈権力〉概念が前提となっている。しかしここにいう〈前提〉とは、〈国家〉の学的・理論的な体系化における、論理的な端緒ないし始元という意味である［この点については、本論第35章の方法的総括を参照］。

したがってそれは、さきのシュミット的発想から、〈権力〉概念さえ確定できれば、〈国家〉概念の独自的把握などほとんど意味がない、というものではない。それどころか、〈権力〉概念の確定には、少なくとも〈国家〉・〈国家権力〉の、組織的権力としての一般性に対する理論的把握が、実質的な意味で前提となる。もっとも発展した組織的権力である、〈国家〉・〈国家権力〉を無視した〈権力〉論などには、何ら学的・理論的な意義がないからである。それゆえシュミットの主張は、対象的事象に対する認識内容をまったく無視した、いかにも法律学者［憲法学者］らしい、先験的概念主義の形式的発想にすぎない。

2　補論――C・シュミットの〈友・敵〉理論

ドイツ国法学の最後の異端者C・シュミットは、もっぱらその方法的機能主義から、「政治」の特質を「友・

敵」区別にある、と主張した。因みに『政治的なものの概念』〔田中・原田訳、未来社〕に曰く、――「政治的な行動や動機の基因と考えられる、特殊政治的な区別とは、友と敵という区別である。この区別は、標識という意味での概念規定を提供するものであって、あますところのない定義ないしは内容を示すものとしての概念規定ではない。それが他の諸標識から導きだされるものではないというかぎりにおいて、政治的なものにとって、この区別は、道徳的なものにおける善と悪、美的なものにおける美と醜など、他の対立にみられる、相対的に独立した諸標識に対応するものなのである。」〔一五頁〕。

かくてシュミットは、「政治的単位」からこの「友・敵」という契機が「欠落」すれば、「政治的なもの自体も欠落する」、と断言する。――「存在するのはただ、政治的単位であり、政治的『共同体』なのである。たんに利益社会・団体的なものを越えて決定的な単位、すなわち特殊的に異なるもの、他の諸団体に対して決定的なもの、を作りだすのは、友・敵結束の現実的可能性があれば足りるのである。この〔決定的な〕単位自体が、たまたま欠落するばあいには、政治的なもの自体も欠落するのである」〔四六頁〕。

このC・シュミットの発想は、方法的機能主義に固有の皮相な現象論的把握を、露呈している。〈政治〉的事象は、典型的には〈組織的な権力〉現象である。そこで、多様なレヴェルでの対立と抗争を、その内にふくんでいる。この意味で「政治」を、「友・敵」対立に求めたシュミットの発想にも、一定の根拠がないわけではない。しかし、〈政治〉的事象が、内に対立と抗争を孕んでいるということは、それが必ずしも、つねに、シュミットのいうような「友・敵」対立として、噴出し現象することを意味しない。

というよりむしろ、内に孕んだ対立が、直接の「友・敵」対立として現出していることの方が、稀といってよい。ところがシュミットの発想では、〈政治〉的事象が、直接「友・敵」対立として、噴出し現象しなくなれば、もはやそれは「政治」ではない、ということにされよう。そうなると、〈政治〉的事象の過半が、シュミットのいう「政治」から追放されてしまう。そしてシュミット政治学では、〈政治〉的事象のごく一部、ドラスチックで華々しい対立と抗争しか、とりあげられないことになろう。

このシュミットの発想で、一つだけ眼を引くのは、「政治」の特質としての「友・敵」区別が、公的な「友・敵」区別にあると、強調されている点である。――「…敵とは、競争相手とか相手一般ではない。また反感をいだき、にくんでいる私的な相手でもない。敵とはただ少なくとも、ときとして、すなわち現実的可能性として、抗争している人間の総体――他の同類の総体と対立している――なのである。敵には、公的な敵しかいない。なぜなら、このような人間の総体に、とくに全国民に関係するものはすべて、公的になるからである。敵とは公敵であって、ひろい意味における私仇ではない」〔一八～九頁〕。

この「公的」とは、〈社会全体〉ないし〈統一社会的〉という意味においてのみ、意義をもつのであるが、この点については、次節第1項でとりあげる。

〔補註〕

「政治的」をごく常識的に、「公的」として把える発想自体は、決してめずらしいものではなく、社会学者K・マンハイムの著書〔池田訳『自由・権力・民主的計画』、未来社〕にもみられる。因みに、――「政治団体は、社会学的に理解すると、これらすべての政治的および政治的な関連をもつ諸単位に内在している。われわれが『政治的関連』という表現を使用する場合、政治的という語は『公的』ということを意味している」〔八四頁〕。

3　政治＝社会権力説

政治＝国家〔権力〕説は、中世後期以来強大な〈専制〉的国家権力をくり返し産み出した、独・仏を中心とする「大陸法系（圏）」で、一般的であった。それは、中世後期以降、もっぱら強大な〈専制〉的国家権力を軸とする、上からの統一的な国家と社会形成を断行した、歴史的世界であったといえる。これに対して「英米法系（圏）」では、統一的な国家と社会形成が、まったく対照的な歴史的形態をとって進展した。

因みにイギリスでは、一つには征服王朝という事情もあって、中世的国家としてはかなり強力な統一的王権が、いち早くに成立した。そこで、王権の専制的な肥大化に対する、社会的諸層［とくに中層以上］の側からの、たえざる抵抗と反乱、そして公職への参加と要求の長い歴史的な伝統が、育まれた。それは、国家的支配のあらゆるレヴェルでの、〈議会〉制度の創設として、結晶するところとなった。また、アメリカに到っては、イギリスや大陸で専制的な圧政に苦しんだ人々が、新大地で考えられうる〈もっとも理想的で自由な〉、社会とそれにふさわしい政治制度を、意識的・目的的につくりあげようとしたことの、ごく短い歴史的な所産といってよい。

そこで英・米では、当然にも、独仏とはまったく対照的な政治観が、創りあげられた。それは、国家権力が社会の形式的な枠組みとしての〈国家〉を、直接維持し構成することはたしかとしても、その国家権力自体、社会に対して絶対的に独立し、命令する専制的権力ではない。それはむしろ、社会において多元的に展開している、多種多様な社会的権力によって、様々な形で規制され、総体として大きく支えられている、という発想である。

もとよりこの発想は、古くは〈民主的〉な政治形態を執拗に追究した、かのJ・ロックにはじまる市民的政治理論の系譜の中で、J・S・ミルを経て一九世紀末以降二〇世紀に入り、とくに二〇年代から三〇年代にかけて一気に開花した、イギリスの多元的国家理論［正確には国家＝社会権力観にもとづく多元的国家構成論］において、完成された。フィッギス、コール、バーカー、H・J・ラスキ、トーニー、ウェッブ夫妻、マッキーヴァーなどが、その代表的な論客であった。

この政治理論の流れは、アメリカに直輸入されたように移植されて、二〇世紀のとくに二〇年代から三〇年代以降、C・メリアム、ラスウェル、ベントリー、トルーマンなどを主要な論客とした、行動論政治学の形成へと連なる。そして戦後における、パックス・アメリカーナの展開といわば軌を一にして、この行動論政治学を中心とした、アメリカの政治社会学が、世界の政治学として君臨し、各国に輸出されることになった。

〈民主的〉国家では、〈専制的〉国家とは大きく異なり、国家権力の存立が、支配される国民的諸個人の意志と利害によって、直接間接に大きく規制されている。そこでは政治的支配は、支配されている側の意志と利害を、ぬきにしては語れない。こうしてこれらの国々では、国家権力の組織・制度と活動を、社会を直接構成している諸個人や、諸権力とのからみ合いのなかで、相対化してとりあげようという発想が、一般化した。その結果ここでは、〈政治〉的事象が〈権力〉現象一般に解消されてしまった。

たしかに〈政治〉的事象は、〈権力〉現象である。しかし、〈権力〉現象がすべて、〈政治〉的事象なのではない。〈権力〉現象のなかの特殊な事態のみが、〈政治〉的事象として浮上してくる。社会的〈権力〉現象が、ある特殊な契機を飲み込んだとき、〈政治〉的事象へと転化する。したがってその、特殊な契機とはいったい何かを、追究しなければならないのである。

4 補論――社会学的な〈政治〉概念

A M・ヴェーバーの〈政治〉規定

ここでは、代表的な社会学者の〈政治〉規定を、いくつか紹介しておこう。まずM・ヴェーバーは、「支配の社会学」のなかで、〈政治〉的支配とは、生殺与奪の権をもった家父長による専制的支配が、〈家権力〉の内部を超えて、一定の地域的社会にまで外延的に拡大されたとき、はじめて成立すると主張した。いいかえればヴェーバーは、「伝統的支配」における「家父長制的支配」が、「家産制的支配」へと転じることによって、「政治」的支配が生じるとした。したがってこの意味で、彼のいう「家産制的支配」は「政治的」性格、もっといえば「政治的」権力としての性格を、もったものとされたのである。念のためにいくつか紹介しておこう。――

「文化諸民族の歴史から知られるような姿の王制は、「政治的」支配の・発展史的に見て最古の形態なのではない。ちなみに、ここに「政治的」支配とは、家権力を超え出るところの・家権力とは原理的に区別さるべき権力を意味する。原理的に区別さるべきであるというのは、政治権力は、自然に対す人間の平和的闘争を指導するをその第一次的任務とする権力ではなく、一つの人間共同体と他の人間共同体との強力的闘争を指導する権力であるからである」〔世良訳『支配の社会学二』、創文社、四八四頁〕。「…『政治的』支配権の獲得、すなわち一人の家長が彼の家権力に服属していない他の家長に対して支配権を獲得するということは、種々さまざまの支配関係を家権力に統合することを意味する」〔同前『支配の社会学二』、一六二頁〕。「…家支配の原理が、その始原的な通用圏を超えて、ある種の政治権力――家産君主制――に、またそのことを通じてある種の法発見にも転用されていった…」〔世良訳『法社会学』、創文社、七四頁〕。

最近では、それこそかつてのマルクスに代わって、マルクス以上に神格化されているヴェーバーでさえ、その理論的なレヴェルは、この程度なのだから驚かされる。ヴェーバー先生に申し上げたい、「家権力を超え出るところ」とか、「一つの人間共同体と他の人間共同体との強力的闘争を指導する権力」、などいってみたところで、そのレヴェルはじつにさまざまである。それは、せいぜい〈村落〉や〈都市〉を軸とした、独立閉鎖的な地域的社会のレヴェルなのか？　それともそれらいくつかの小規模な相互的連関なのか？　あるいは直接に統一社会的レヴェルでの相互的連関をとりあげているのか？　少なくとも〈政治的〉なる概念の、形式的特質をとりあげる以上、この点をはっきりさせなくては、すべてはまったくのタワゴトにすぎない。

ところが、べつのところで「政治」それ自体の概念的規定をみると、「…『政治』とは、われわれにとっては、国家相互の間であろうが、一国家内において、国家の包容する人間集団相互の間であろうが、権力の分け前にあずかろうとする努力であり、あるいは権力の分配を左右しようとする努力である、といえるでありましょう」〔西島訳『職業としての政治』、角川文庫、一二頁〕と、主張している。

つまりヴェーバーによれば、〈政治とは、国家相互間といった直接に国家的・全社会的レヴェルと、国家内部における諸個人・諸組織相互間のレヴェルとを、まったく問わない、権力の分配をめぐる行為〉だというのである。こうなると、たんなるタワゴトではすまされない。ここでは、政治＝国家〔権力〕説と政治＝社会的権力説とが、いわば同時に主張され、両者を直接包括したものとして、把握されているからである。そしてこの発想は、それ以降、欧米の社会学や政治社会学で一般的な政治観として、継承されていった。

B　T・パーソンズの〈政治〉規定

現代アメリカの経済社会学者として知られるT・パーソンズは、一九六九年刊行の『政治と社会構造(上)』［新明訳、誠信書房］のなかで、〈政治的〉なる概念について、つぎのような見解を提出している。――「私たちの分析的術語では、政治的 political という概念は、政府の社会的共同体に対する関係におけるその本源的機能とともに、あらゆる集合体のこれに対応する側面をも包含している。私たちはある現象を、それが当該集合体の目標達成のための資源の組織化と動員を包含しているかぎり、政治的なものとして考察する。したがって、この立場では商事会社でも大学でも教会でもみな政治的側面をもつことになる」［六五頁］。

まったくひどいものだ！　というのも、〈政治的〉とは何かという、学的・理論的な概念規定自体が提出されていない。「政府の社会的共同体に対する関係におけるその本源的機能」などといっても、政治的概念の規定にはならない。またその後でいわれていることは、社会的・経済的・宗教的権力に固有の組織活動それ自体が、「政治的」性格をもつという社会的権力＝政治的権力観、つまりは政治的権力と社会的権力との混淆発想の、実質的な提唱である。

それより前の一九五一年に刊行された『社会体系論』［佐藤訳、青木書店］では、「…経済権力の構造は線形的に定量的であり、簡単にいえば多いか少ないかの問題であるのにたいして、政治権力の構造は階統的であり、いいかえれば、上位の水準と下位の水準からなっている」［一三四頁］というように、その内容はデタラメでも、少なくとも両者を概念的に区別しようとしていた。この意味では、むしろ理論的に後退している。

もっともそのさい、「政治権力」について、「…政治権力とは、組織であれ、あるいはより無限定的な、より統合されない体系であれ、体系としてその関係的体系を統制する能力なのである」〔一三四頁〕、「政治権力は本来的に無限定的であり、関与する関係的文脈の領域に比例して大きくなる」〔一三五頁〕、と主張していた。つまり「政治」が、規模の大小やその対象範囲がまったく限定されない、形式的な「統制」力として把握されていた点では、本質的な変化はない。

T・パーソンズに較べれば、多元的国家論者として知られるコールの、「…政治的活動とは、人々が基礎社会(community)において共同生活を営んでいるという事実から直接生じ、そして直接社会組織を受け入れやすいような個人関係の社会的規制に関係する活動のことである」〔野田訳『社会理論』、『世界の思想一七 イギリスの社会主義思想』(河出書房)所収、二四二頁〕という規定の方が、「基礎社会」と関連づけている点で、学的・理論的把握としては、数段上である。

C 丸山真男の〈政治〉規定

わが国では丸山真男が、M・ヴェーバーにはじまりアメリカのメリアムやラスウェルなど、政治社会学の直輸入にこれ努めた。彼は、アメリカの機能主義社会学者T・パーソンズなどの影響も受けながら、それなりに独自の〈政治〉観を提出した。——それは、社会現象のなかに、「政治」という独自の領域が、純粋にあるわけではない。むしろあらゆる社会現象の諸分野から、それこそ何が何でも、いかなる抵抗や妨害を排しても、強力に自己を貫徹しようとしたときに、「政治的」状況が生れる、というものである。

因みに曰く、——「…学問や倫理や宗教といった領域と別にそれと並んで政治という領域があるというより、政治はそうしたあらゆる文化領域を貫いて潜在しているといった方がいいでしょう。学問的、宗教的論争にせよそれが一定の程度以上に高まる時には純粋な学問的対立から政治的対立へと転化します。互の論争を通じてより高い真理を求めるというより何でもかんでも論敵を打ち負かして議論に勝つこと事態が当事者の主要な関心事になればそれだけ論争は政治的色彩を帯びてまいります。神様は有るか無いかということを純粋に理性的に論議している間は政治は存在しませんが、無神論は怪しからんから鎮圧するという段階になるとそれは明白に政治的状況となります。経済の領域でも同じことで大企業に対して中小企業が連合して価格やサービスで競争している間は純経済現象ですが、中小企業擁護の請願を国会に対してしたり、デモを行ったりすればもはやそれは政治的対立に移行しているわけです」〔『政治の世界』、通信教育振興会、一三〜四頁〕。

明らかなようにここでは、〈何が何でも、どのような抵抗と妨害を排しても自己を強力に貫徹しようとすれば、たちまち「政治的」状況が生れる〉という場合の、〈主体としての自己〉が、いったい〈個人〉なのか？　それとも結集した諸個人より成る〈組織〉なのか？　この、まさに核心的なる一点が、まったく規定されていない。これだから実体否定の機能主義者のノー天気な発想には、まったく驚かされる。

しかし、それより何よりこの発想では、それこそ夫婦や若い恋人同士のケンカから、マフィアや暴力団の抗争さえ、れっきとした「政治的」闘争として判定しなければなるまい。もっぱら外国の権威ある学説や理論の、紹介と宣伝にのみ汲々としている日本の学者が、ちょいと自分の頭で考えてみたという、その理論的なレヴェルは悲しいかな、この程度なのである。

（2）〈政治〉とは何か？

1　〈政治〉の特質について

〈政治〉とは何かということは、直接には歴史的事象としてあらわれる社会的事象のなかで、他と区別される〈政治〉的事象としての特質やいかん、ということである。もちろん、われわれはそれを、〈政治〉的といわれてきた事象と、直接取り組むなかで、看取し把握するほかない。そして、ひとたび把握した学的認識を規定するにあたっては、〈政治〉的事象ともっとも対照的な、社会的事象と大きく対比させて、とりあげておくのが分かりやすかろう。

ちょうど〈物質〉と〈観念〉、〈肉体〉と〈精神〉というように、社会的事象において、〈政治〉的事象と対照的な事象があるとすれば、それはいったい何であろうか？　いうまでもなく〈経済〉的事象である。それでは〈経済〉とは何か？　われわれの物質的生活を支えている衣食住の生活手段［生活資料］、つまりは物的財貨の生産と獲得にかかわる事象が、〈経済〉的事象と呼ばれている。この場合、物的財貨の生産だけではなく、〈獲得〉つまりは交易や掠奪という形態、をもふくんでいることに、注意しなければならない。大きく歴史的にみるならば、生産された物的財貨のうち、自家消費を超えた剰余分のみが、市場に出されたとき、この剰余生産物は、〈商品〉へと転化する。

もう少していねいにいうと、物的財貨がもっぱら自家需要にもとづいて生産され、自家消費されているかぎり、この生産物は、〈使用価値〉はもっていても、未だ〈商品〉ではない。またそこに、生産者の労働が対象化されていても、社会的労働として承認されることはない。しかし、生産者自身の自家消費を超えた剰余生産物が、〈市場〉に出され、他人にとっても有用な〈使用価値〉として交換され、他人の手のなかに移される〈交換価値〉として、あらわれるようになってはじめて、それは内在的〈価値〉をふくんだ、〈商品〉へと転化する。

それによって、生産物のうちに対象化された労働は、直接には〈交換価値〉としてあらわれるところの、〈価値〉を形成する社会的労働として、承認される。いいかえれば、〈使用価値〉をもった生産物が、〈交換価値〉として他の〈使用価値〉と、関連するかぎりにおいてのみ、直接には〈使用価値〉をつくるために投与された、諸個人の有用な具体的な労働が、同時に〈価値〉を形成する、一般的な社会的・平均的な労働へと、転化するのである。

商品生産という形の物的財貨の生産形態が、社会の主要かつ支配的なものとなるには、資本制的生産様式の、統一社会的規模における構造的な進展が、前提であった。したがってそこでは、〈経済人〉とは、商品を生産する〈資本家〉として登場した。かくて〈経済〉とは、物質的生活とりもなおさず物的財貨の、生産と獲得にかかわる事象である。〈経済人〉としての資本家は、物的財貨としての商品を生産する。とすれば、〈政治〉とは、人々の精神的・観念的生活にかかわる事象であり、〈政治家〉とは、法的規範としての〈法律〉をつくる、特殊な存在といえよう。いうまでもなく規範とは、われわれの実践［行動］的な意志を直接規定する、観念的に対象化された、外部的・客観的な意志である。法的規範としての〈法律〉とは、社会全体を有無をいわさず規制し、拘束する一般的な規範にほかならない。

〈権力〉現象は、〈規範〉を軸として展開されている。〈規範〉としての意志の観念的な対象化において、この〈社会全体〉つまり〈統一社会的〉、という契機を内的にくり込んだとき、〈権力〉現象は、国家権力を軸とした〈政治的〉権力現象、簡単には〈政治〉現象へと転化する。もちろんこの転化の形態は多様でありうる。

社会全体にかかわること、とりわけ〈社会の統一的な秩序と枠組み〉、にかかわる軍事・外交・治安などは、いわば純粋かつ典型的な、〈政治〉的事象といえる。それだけではない！　国家権力を軸とした国家的支配に直接かかわる事象は、すべて〈政治〉的性格を付与される。その理由は、国家権力が〈社会の統一的な秩序と枠組みの維持と遵守〉、に任ずる特殊な政治的権力、にほかならないからである。

そこで、たとえそれが、経済・文化・社会などの分野から発した、個別的・特殊的な事象であっても、ひとたび国家権力と直接対峙し交錯すれば、たちまち〈政治〉的な性格を、付与されることになる。因みに首相であれ大統領であれ、ときの政府首脳が、たまたまパーティーで顔見知りの財界人に、〝君のところのゴタゴタはいったいどうなっているのかね〟、とたった一言声かけただけで、その超大企業のトップ人事をめぐる権力闘争が、にわかに〈政治〉問題化する。

また、政府首脳が気心の知れた番記者相手に、〝今流行のロックは破壊的で社会や青少年に決していい影響は与えまい、もう少し何とかならないものか〟、と一言もらしたとしよう。しかしこのたった一言が、マス・コミに大きく報道され、それを承けた一部の公共的な施設で、ロック・バンドへの会場の提供を断る、といった動きが顕在化したとなれば、どうなるか？　たちまち、知識人や文化人を中心にして、マス・コミでの反対運動が活発になり、否応なしに〈政治〉問題化する。

それだけに、首相や大統領といった政権トップが、暗殺されたりすれば、政権の再編成を軸にして、一気に政治的な危機が到来する。このテロが、純然たる個人的なものであれ、組織的なものであれ、国内を二分するように二大政治的勢力が、対峙し拮抗しているところでは、政権をめぐる最後の決戦の気運が、一挙に醸成されかねない。

またこのテロが、〈専制〉的統治形態を直撃した場合には、〈専制〉国家体制それ自体の、瓦解を招来しかねないほどの、一大政治的危機に陥る。というのも〈専制〉国家は、それが形式的なものか、それとも実質的なものかとはべつに、決まって単一者が、国家意志の最終的・最高的な裁可・決定権を掌握した、〈親裁〉体制をとっている。

実質的な〈親裁〉体制の下では、専制支配者はいつでも自分に取って代りうる、有能な後継者や実力者の存在自体を、それこそ病的な猜疑心と細心さで徹底的に排除して、無能なイエス・マンだけを重用する。その結果、ある日突然彼がいなくなると、有能な人材がいない、正確には政治的実力者が、政権中枢の重要な部署には見当らない。そこでどうしても、新たな実力者の輩出による、政治的支配層の一元的な再編成には、大きな困難がともなう。

形式的な〈親裁〉体制の場合には、それぞれの政治的グループを掌握した、実力者たちによる合議的な意志決定が、行なわれている。したがって、テロによって新たに名目的な〈親裁者〉を、選ばなければならなくなれば、これまた諸グループ間の合従連衡によって、手がつけられないような、政治的な混乱が惹起されかねない。だから、政権中枢を直接狙ったテロは、組織的なものはもとより、純然たる個人的行動であっても、当人の思惑や意図とはまったく関係なく、それが実践され、とくに成功したかぎりにおいて、〈政治的〉な意義と性格を、客観的に付与される。

また、当初は学生や青年の有志よりなる、小さな学習・研究会が、その学習・研究の成果と結果としてであれ、ときどきの政府の政策に対する、反対のデモなどへの参加をつうじてであれ、当該歴史的社会の根本的な変革の必要を、痛感するようになったとする。そしてさらに、この革命的変革の統一的なビジョン［自力でつくりだしたものであれ、既成のものを借用してであれ］にもとづいて、組織的な実践活動を展開するようになったとする。そうなると、この組織的な実践活動は、純然たる〈政治的〉な活動であり、当該組織は文化的な社会組織から、れっきとした〈政治的〉組織へと、転化したことになる。

それでは、より多くの物的財貨の獲得のために結集した、労働組合などの経済組織がくり広げている、経済闘争はどうか？　そこでは、諸階級・階層の経済的な総意が、大きく束ねられ〈法的〉要求として、押し出されたり、闘争の規模における拡大と長期化が、国民生活に大きな影響を与えるまでに、深刻化することも、決して少なくはない。もちろんそうなれば、国家権力との直接間接の角突き合いや、より直接的な介入を呼び起こしかねない。

そしてその段階にまで到ると、この経済闘争は、〈政治的〉性格を客観的に付与される。さらに、こうした闘争のくり返しをつうじて、これまでの経済的なシステムそれ自体を、根本的に変革して、まったく新しい社会体制を作り出す活動を、その中心にするようになれば、この経済組織は、〈政治的〉組織へと転成する。

このような、客観的な〈政治的〉事象の特質を前提としてはじめて、人間主体の側の〈政治的〉な意識・観念や思想について、とりあげられる。ときどきの民族や国家・国家権力に直接かかわる、歴史的社会全体についての意識・観念には、否応なしに〈政治的〉性格がふくまれている。そして、それらが論理的に整序され、ある程度体系化されると、〈政治思想〉と呼ばれる。

もちろんその場合、学的・理論的であるか、否かは、まったく関係がない。たとえば、浮き世離れした歌人・俳人・詩人や、気の利いた比喩と形容詞の駆使にのみ精を出す批評家・雑文家などが、警察に誤認逮捕されたり、税務署に散々絞られたとする。そして、彼らが〈この野郎!〉と思った瞬間から、〈政治的意識〉に目覚める。当該国家権力に〈専制的〉色彩が濃厚な場合には、アナキズムをもふくめた左翼・社会主義的〈政治思想〉への道を、突き進んでいくことが少なくない。

2 〈政治〉把握の方法について

こうみてくると、〈政治〉を国家的支配とりもなおさず、国家権力に直接かかわる社会的事象として、捉えた政治=国家［権力］説の方が、少なくとも結果的には、正しかったのではないか、といわれるかもしれない。しかし、学的・理論的な追究にとって重要なのは、たんに〈結果〉としての、理論的認識の正当性ではない。それよりむしろ、学的対象に対する、論理的な解析の過程［プロセス］である。

国家権力が、膨大な官僚・官吏集団を抱えた、実体的な組織・制度として存立しているからといって、国家権力とその諸活動を、〈社会〉との有機的な関連を断ち切って、それ自体を固定的にとりあげればよい、ということにはならない。またぎゃくに、国家権力の組織・制度と諸活動が、社会的諸個人の意志と利害を離れては、語れないことをもって、国家権力それ自体の、独自的構成と諸活動を実質的に否定して、それをすべて社会的な諸権力のなかに、解消し還元してしまってはならない。

この意味で、従来の二つの発想のうち、一方は、〈国家権力〉と〈社会〉との、〈機械的な切断〉の方法を、とっている。そして他方は、両者の〈実質的な区別なき一緒くた〉、の方法にもとづいたもの、といえる。いずれも、〈国家権力〉を〈社会〉との、大きな有機的にして統一的な連関のなかにおける、相対的に独自な存在として把握できなかった。両者は、同一の方法的根本錯誤から必然化された、メダルの表と裏にすぎない。

われわれが、国家的支配とりもなおさず、国家権力の全活動と組織・制度を、直接正面にすえて、その独自の運動と態様を、ていねいに追究していくと、ことさら眼でもつぶらないかぎり、否応なしに、国家的諸活動とその直接的担掌としての、組織・制度の全体に対する、〈社会〉との連関と根本的な規定性の問題に、つき当る。

この〈社会〉との連関と根本的な規定性は、〈社会〉的諸個人、とりわけ組織的な権力として構成された、諸階級・階層の意志・要求からの、直接間接の規定性としてあらわれる。この意味からすれば、研究主体の側が、政治的事象と直接取り組むことによって、〈国家権力〉への〈社会〉からの根本的な規定性を、実地に発見し確認するところに、学的解明の真骨頂がある。したがってそれは、まちがっても先験的に依拠しなければならない、絶対の〈方法〉的発想などではない。

この点に関連して、マルクスが『資本論』で提起した、観念的事象としての〈宗教〉を解明する、「唯一の唯物論的」＝「科学的な方法」について、どうしてもふれておかねばならない。曰く、――「…分析によって宗教的な幻像の現世的な核心を見いだすことは、それとは反対にそのつど現実の生活関係からその天国化された諸形態を説明することよりも、ずっと容易なのである。あとのほうが、唯一の唯物論的な、したがって科学的な方法である」〔岡崎訳『資本論（二）』、国民文庫、二四八頁〕。

しかしこの発想は、マルクス主義者の経済主義的解釈と何ら異なるところがない。というのも、つねに学的解明の対象として正面にすえらるべきは、経済・社会的な諸関係と様式であって、すべての精神的・観念的事象は、そこから直接的に反射され反映された、この意味で、二次的・副次的な代物にすぎないとされている。これを真にうければ、まちがいなく、学的・理論的解明の対象として、観念的事象を直接正面にすえること自体を、いちじるしく軽視し、実質的に放棄する発想へと転落する。

これでは、政治・宗教・思想・文化などの、広く精神的・観念的事象の独自な法則性を、学的・理論的に解明することはできない。もちろんマルクスが、『経済学批判』の「序言」で定式化した、唯物史観の社会構成把握自体は、まったく正当である。〈政治的・法制的上部構造〉と〈社会的意識諸形態〉の有り様が、〈現実的土台〉としての〈生産諸関係の総体〉によって、根本的に、つまり〈大きく媒介的に規定されている〉というのは、まったくそのとおりといってよい。

しかしそのことは、政治的・宗教的・思想的など観念的な事象の有り様を、その〈現実的土台〉から直接解釈せよということではない。そんなことは、できようはずもないし、もし可能だとすれば、おおよそ観念的な事象にかんするかぎり、〈科学〉といえるものは、存在しなくなろう。そうではなくて、観念的な事象それぞれの、独自の運動に即して、〈現実的土台〉からの〈大きく媒介的な規定性〉を、実地に発見することである。この〈大きく媒介的な規定性〉が、いったい、どのようにして、また、どのような形で、内的に貫徹されているかを解明することによって、この〈媒介のメカニズム〉をトータルに把握することである。

じっさいに、宗教・思想や政治などの学的解明に手がけてみれば、マルクスの主張が、まったくぎゃくであることを思い知らされよう。というのも、「分析によって宗教的な幻像の現世的な核心を見いだすことは」、「現実の生活関係からその天国化された諸形態を説明することよりも」、それこそ十倍も百倍もむずかしく、また大変な学的作業だからである。

(3) 政治学の〈方法〉について

1 社会的事象としての特質

〈政治学〉の方法的特質について論じるには、研究主体の側での高度な、学的・理論的進展と成果が、前提となる。それゆえ、学的・理論的追究の前に、唯一絶対に「正しい方法」を、先験的に設定できる、といったものではない。というのも、〈方法〉とは、〈対象にかんする理論的認識の全体的な特質が、その純粋な論理的性格に即して再把握されたもの〉だからである。ごく簡単に〈方法〉とは、〈対象のトータルな理論的特質が、論理的に純化されたもの〉といえる。

このように〈方法的〉認識の成立には、対象の内的特質についての、トータルな理論的把握が前提となっている。とすれば、政治学的方法の特質は、政治的事象の特質を看取しえた者のみが、提示することができる。ここでは、とくに経済的事象と大きく対比させることによって、浮き彫りにしておきたい。政治学の方法的特質を直接決定づける、政治的事象の特質は、経済的事象と大きく対比させてみると、つぎの二つの点に収斂できよう。

第一に、同じく社会的事象とはいっても、政治的事象と経済的事象とでは、それが、社会的諸関係に直接かつ純粋にかかわる事象か、否かという点で、大きく異なっている。というのも経済的事象の場合、あくまで物的財貨の生産、つまりは〈自然的事物への労働の対象化〉が根本の問題である。この意味で、〈人間主体と自然との関係の創出〉が核心になっている。またそのかぎりにおいて、〈人間主体の側の現実的な結合と組織化〉という形をとった、社会的諸関係の創出が、必然化された。

いいかえれば経済的事象は、社会的事象でありながら、〈自然的〉事象を直接不可欠なものとして、内包させている。ここに、経済的事象を自然科学の方法で解釈しようという、実証主義的機能主義者が、くり返し再生されていることの、一定の根拠もある。しかしこの点については、たんに指摘しておくにとどめる。

ところが政治的事象の場合には、直接に社会的諸関係それ自体の、特殊なあり方をさしている。少していねいにいうと、それは、社会的諸関係の組織・制度としての構成と展開において、必然化されるところの、諸個人の特殊な支配＝従属関係にかかわる。つまり、組織・制度としての社会的諸関係における、外部的・客観的な支配力としての、〈権力〉関係を土台として、日々生起し再生されている、特殊な〈権力〉現象にほかならない。

ここから、経済的事象に対する学的解明では、生産主体としての諸個人における、社会的諸関係を直接とりあげるわけではない。それ自体は、実体的な〈物〉として現象している、〈対象化された労働〉としての、〈商品〉・〈貨幣〉・〈資本〉を、直接俎上にのせる。それによって、そこに内在する社会的生産諸関係を、解析的に浮き彫りにするという〈学的方法〉が、採用されている。

いいかえれば経済学では、現実的な諸個人の間の社会的諸関係をあつかう、という意味では、他の社会的諸学と何ら変わりはない。しかしこの、本質的には階級関係に収斂される、社会的生産諸関係は、何よりも物的財貨の生産という、〈自然的事物に対する労働の対象化〉において、否応なしに必要かつ必然化されたところから、現象的には〈つねに物に結びつけられ〉、また〈物としてあらわれる〉ほかない。

ところが政治学では、社会的諸関係において日々生起し再生産されている、多様な支配＝従属の〈権力〉関係を、直接とりあげる。つまり政治学は、直接には〈権力〉現象に限定した形ではあれ、社会的諸関係を正面切ってとりあげる。そしてまさにこの一点において、一般的な通念とはまったくぎゃくに、経済学よりもはるかに社会科学らしい、社会科学であると、いうことができよう。

しかしそれは同時に、社会現象を大きく統一的に把握できる、社会科学としての一般的な方法と、権力現象に即した、より特殊的な方法とを併せて把持し、開拓することが要求される。この〈一般的と特殊的との方法的な二刀流〉を、独自に編み出すことができなければ、政治的事象の科学的解明など、まったく不可能なことをも意味している。

もとより政治学は、学説としての歴史という点において、経済学よりもはるかに古くて長い伝統をもっている。しかしそれでいて、提出された学的業績の質と量において、経済学の足元にもおよばないほどの醜態と混乱を、いまだにくり返している。そのことの真の方法的な根拠は、まさにこの点にあったといえよう。

そしてここから、政治的事象の第二の特質が、大きく浮かび上がってくる。

2　観念的事象としての特異性

第二に、政治的事象は経済的事象とは大きく異なり、対象が他と明瞭に区別され実体的に独立した形では、存在していない点である。因みに経済的事象とは、広くは物的財貨の生産と獲得にかかわる社会的事象である。それは、物的財貨の生産、正確には、自然的事物への労働の対象化と、そのさい否応なしに要請される、諸個人の結合［協働］と組織化という、現実的な諸関係の全体をさしている。

〈近代〉以降、先進的な諸国では、資本制的生産様式が、主要な諸産業を捉えることによって、統一社会的な規模での総資本的な連関を、産み出すまでに到った。これら諸国での経済的な諸関係は、国家権力や思想・文化的な諸意識など、外部的・観念的な諸領域からの、たえざる規制と影響・干渉にもかかわらず、独自の一般的な法則性を内在させている。それは、自由で独立的な生産者たちが、自ら没落しようとでもしないかぎり、〈最小の経費（労働）で最大の利潤（剰余価値）の獲得〉、をめざして活動しているところから、必然化されたものといえる。

ところが政治的事象は、経済的事象のように、他の社会的事象と実体的に明瞭に区別される、独立的な事象という形では存在していない。というのも、経済的・文化的などすべての社会的な事象が、〈条件〉次第で、〈政治的事象〉へと転化するからである。この〈条件〉というのは、個々の社会的事象が、国家的支配に直接抵触するなどして、社会全体つまり〈統一社会的〉という契機を、飲み込んだ場合のことである。

なぜこんなことが、起こるのかといえば、それは〈政治的〉事象が、特殊に観念的な事象だからである。観念的といっても、それは、哲学的な思弁や妄想によって捻り出された、いわばこの世に存在しないような類いの、〈純粋観念〉のことではない。それはあくまで、ときどきの歴史社会を構成している諸個人が、その社会的な諸関係のなかで、のっぴきならない現実的な必要にもとづいて創りだしたところの、〈観念的な事象〉である。

したがって、その観念的な内実は、社会的事象を直接間接に飲込み、反映させているという意味で、〈政治的事象〉は〈社会的事象〉をぬきにして考えられないといえる。これは、〈経済的事象〉が本来的には、国家権力などによる、外部的な規制と干渉をぬきにして存在し、したがって、その学的な解明においては、それ自体の内的世界の特質を、追究できるのと較べるなら、根本的ともいえる大きなちがいである。

このような政治的事象の特質から、その学的な解明においては、その対象を、国家権力にのみ限定してしまってはならない。そして、条件次第ではいつでも、〈政治的〉事象へと転化する社会的事象、とりわけ社会的諸関係において成立している、多様な社会的権力にまで、その学的対象を、拡大しなければならない。

かくて政治学は、一方において、国家権力ばかりか、広く社会的権力現象が土台とし、また内包するところの、社会的諸関係の全体を、とりあげざるをえなくなる。そこで政治学は、実質的また結果的な意味で、総合科学化し、〈社会学〉的な色彩が強くなる。同時に他方において、総合科学化した政治学が、政治哲学・政治思想史・政治文化論・政治史学・法律学・法制史学・行政学（行財政学をふくむ）・国際政治学（軍事・外交・国際法などをふくむ）など、個々の諸契機へと独立・分化する傾向を、生み出すことになった。このような政治学の〈総合科学化〉と〈政治的諸学への多様な分化〉は、〈科学としての政治学の方法的困難〉という、同一メダルの表裏にほかならない。

政治学は、経済学とはちがい、そもそもの本来的に、科学的な理論として確立できない、ということではない。また、頭脳明晰で優秀な者だけが経済学者となり、どちらかといえばごく凡庸な者しか、政治学者にならなかった、というわけでもない。第一級の経済学者以上の才能あふれる政治学者が、多数輩出したにもかかわらず、結果としての厳然たる事実として、ごくごく凡庸な議論しか、提出されなかったのである。その根本の原因は、経済的事象に対する場合のように、単純かつ機械的には把握しがたい、政治的事象それ自体の、内的特質に負うていたといいえる。私は、足掛け三十数年におよぶ〈政治〉の理論的追究の、体系的な集成である本書において、この点をもくり返し明示することになろう。

総説　権力とは何か?　[権力論]

第一篇　権力の本質

1 権力の本質

はじめに

一般に〈権力〉という言葉は、人間主体に対して外部的・客観的に対峙し、カサにかかった形で支配し規制してくる、〈支配力〉について使用されている。そこで、人間主体に対する、外部的・客観的な〈支配力〉としては、〈自然的諸力〉・〈精神的諸力〉・〈社会的諸力〉の三種類が存在する。しかし歴史的・論理的にいうならば、まず〈自然的諸力〉が登場してくる。とくに太陽・雨・風・雷・洪水・地震などの形をとった、自然的諸力は、生まれたばかりの人間社会を、外部から絶対的かつ圧倒的に支配した。

これらの自然的諸力は、人間主体の精神的世界のなかに、空想的に神秘化され、神的・宗教的観念へと大きく姿を変える。それゆえ神的・宗教的観念は、俗な唯物論者が説くような、自然的諸力の単純かつ機械的な「反映」によって、生じたものではない。そこには、自然的諸力が空想的に神秘化されるという、人間ならではの観念的な能動性、とりわけ想像的で創造的な構想力が、強力に作動している。

ともあれ人間は、この瞬間から、自分自身が観念的に創りだした、この神的・宗教的観念によって支配され、その憐れな〈観念的奴隷〉へと成り下がる。かくてここに、人間社会を支配する最初の観念的な支配力が、原初的な神的・宗教的権力という形をとって、成立する。それは、生まれたばかりの人間社会が、自然的世界とその自然的本性による、強い支配と束縛の下におかれていることの、観念的表現でもある。

それゆえ円熟したエンゲルスの、「国家という形で、人間を支配する最初のイデオロギー的な支配力［Macht］がわれわれにたいして現われる」［ほぼ藤川訳に従った、『ルードヴィヒ・フォイエルバッハとドイツ古典哲学の終結』、『マル・エン全集二一巻』所収、大月書店、三〇七頁］という主張は、まったくの誤りといってよい。歴史始源的な、最初のイデオロギー的な権力は、神的・宗教的な支配力という形をとって、登場した。それは、いまだ〈国家権力〉を産み出すには到っていない、〈氏族―部族〉制社会において、すでに成立しているからである。

かくて、直接には生産諸力の発展という形をとった、人間社会の歴史的・世界史的発展は、人間主体がその本来的な社会的諸力にもとづいて、自然的諸力と自身の自然的本性を統制し、制御していく過程であったともいえる。もちろんこの社会的諸力には、社会全体の〈国家〉的構成という、強力な政治的支配力［権力］の創出をも、ふくんでいる。またそれにともない、人間の思惟・観念とりわけ学的認識も、濃厚だった神的・宗教的な色彩を徐々に払拭し、自然的・精神的・社会的のいかんを問わず、対象的事象に対する純粋な学的認識として、確立していく。そしてそれが、社会的・宗教的権力中枢に対する、強力な思想的・観念的な影響力を発揮するようになれば、純粋な観念的・精神的な支配力としての学的・思想的権力が成立する。

もちろん、これらの宗教的・学的・思想的権力については、社会的権力とくに国家的支配に直接かかわるかぎり、本論でとりあげる。ここで正面からとりあげるのは、国家（権力）をもふくめた社会的諸力としての〈社会的権力〉である。

（1）社会における〈権力〉の特質

1　権力（者）とは何か？

〈社会的権力〉の特質を知るには、人間社会において誰もが、もっとも典型的な支配や権力と考えている事象を、とりあげてみるのがよかろう。もとより人間社会において、「支配」とか「権力」といわれている、支配＝従属関係は、直接には、支配者＝被支配者あるいは権力者＝被治者という、人格的な人間関係としてあらわれる。そこで、誰もがもっとも典型的と考えている事例、つまり支配者らしい支配者や、権力者らしい権力者として思いつく事例を、つぎに列挙してみよう。もちろんそれは、国家権力にかかわる人々と、社会の諸分野でみられる人々とに、大別される。

- 国家権力
  - 国王―臣僚・臣民
  - 将軍―兵〔軍隊〕
- 社会
  - 社長―社員〔企業〕　　親方―取的〔相撲社会〕
  - 親分―子分〔ヤクザ〕　　主人―丁稚〔老舗の商店〕
  - 親方―徒弟〔手工業者〕　　教祖―信者〔宗教組織〕

ここでとりあげた権力者は、それぞれが母胎としている組織の、規模や特質のちがいから、多様な相違をもっている。しかし、それにもかかわらず彼らは、〈権力者〉としての一般性を内在させている。それは、彼らが傘下の組織的諸個人とは、ある一点において区別されることに、深くかかわっている。彼らが、一般の組織的な諸個人とは区別されて、権力者とか支配者と呼ばれている根拠は、いったいどこにあろうか？

それは、「彼らが多くの人々を支配しているからだ」、などといってみても、何もいったことにはならない。では、人々を〈支配〉するとは、いったいどういうことなのか？　またぎゃくに、人々が服従するというのは、いったい何をもっていうのか？　それは、支配者に対する直接の人格的な服従なのか？　もしそれを、直接かつ個別の人格的な支配＝服従として理解するならば、その種の直接的な関連の希薄な大組織、もっとも典型的で強大な、権力者らしい権力者が君臨している、この大組織には、支配者や権力者は、存在しないことにされてしまおう。

また、「権力者とは、人々を支配する特殊な能力をもった人」、などといってみても、結局のところ、支配能力といった、特殊な資質の問題に解消させているだけの話。しからば、この種の特殊な資質をもった人物が、いつでもどこでもすべて権力者や支配者になっているか、と反問されればギャフンで、何も説明したことにはならないのである。

よく、〈権力者が権力者であるのは、人々が彼に服従しているかぎりのことで、人々が彼の代わりに、べつの特定個人に服従するようになれば、たちまち彼は権力者ではなくなってしまう〉、という議論が提出される。もちろんこの程度の発想なら、浅薄きわまりないアメリカ機能主義の、現象論的把握でも可能だろう。因みに、「権力を把持するひとは、権力を他者から授けられているのである。かれらは権力を授ける側の不断の反応に依存し、その反応の流れがあるかぎり権力をもちつづけていくことができる。…権力というものが何処へでもひきずりまわすことのできる煉瓦のようなものではなく、権力をささえている反応がやめば消えてしまう一つの過程であること…」〔ラスウェル『権力と人格』永井訳、『現代アメリカの思想』、河出書房新社、所収、二〇六頁〕、という具合に。

しかしそこでは、〈人々は権力者や支配者のいったい何に服従しているのか〉、という根本問題が、決定的に回避されている。いいかえれば権力者は、人々を〈あるもの〉に、服従させているかぎりにおいてのみ、権力者であり支配者なのである。人々は、権力者の〈あるもの〉に服従することによって、彼を権力者たらしめているともいえる。この〈あるもの〉とは、もとより権力者そのもの、つまり権力者という人格それ自体ではない。それはいったい何かといえば、権力者が発する、〈指示・命令〉である。特定個人が発する指示・命令に、人々が服従しているかぎりにおいて、この特定個人は権力者なのである。したがって権力者とは、指示・命令を発して、これに多くの人々を服従させられる、特殊な存在にほかならない。

それでは、権力者が発するこの〈指示・命令〉とは、いったい何か？　それは、指示・命令という形をとって、観念的に対象化された〈支配者の意志〉であり、この〈支配者の意志〉を軸にして、諸個人が組織的に結集している。この意味で、この〈支配者の意志〉は、れっきとした組織的規範にほかならない。この〈支配者の意志〉が、純粋に〈支配者の意志〉なのか、それともその取り巻き連中全体の意志なのか、あるいはそのなかの特定個人の意志なのか、といった問題は、ここではどうでもよい。

重要なのは、外見上は権力者に対する、直接の人格的な服従であるかにみえながら、じつはその内的深部において、次々に発せられる権力者の、〈指示・命令〉という形をとった、〈規範としての意志〉に、諸個人がその独自の意志を服従させる、意志の支配＝服従関係が、成立している点である。もう少していねいにいうと、権力者による諸個人への支配の実現、あるいはぎゃくに、権力者による諸個人からの服従の獲得とは、規範としての〈支配者の意志〉に、諸個人がその独自の意志を服従させることである。この意味で、〈支配者の意志〉が、諸個人からの意志の服従と直接表裏をなしながら、現実的に貫徹されているところに、その核心がある。

というのも、もし規範としての〈支配者の意志〉が、現実的に貫徹されていないとすれば、そこには〈権力〉も、したがってまた〈権力者〉も、存在しないことになる。それゆえ、〈支配者―諸個人〉との〈権力〉関係においては、諸個人がその独自の意志を、規範としての〈支配者の意志〉に従属させ、支配者［正確には規範］の命ずるところに従って、現実的に実践している、内的な論理構造が成立していることになる。したがってまた、この意味で、規範としての〈支配者の意志〉を軸とした、意志の支配＝従属関係が、現実的に創出され、組織されていることを示している。

2　社会的権力の規範論的特質

権力関係成立の核心は、外部的に押しつけられる、客観的な指示・命令という形をとった、規範としての意志に、諸個人がその独自の意志を服従させているか否か、という一点にある。この意味で権力論は、何よりも規範論として把握され、また展開されねばならない。それほど、規範の問題は重要な意義をもっている。しかしそれにもかかわらず、この規範論を実質的に無視して、権力の問題をとりあつかおうという発想が、政治学でも社会学でも、いぜんとして一般的といってよい。

その根本の原因は、欧米の経験論的実証主義の、対象のうわっつらだけをすくいあげる、機能主義の方法的発想にある。この方法的機能主義は、科学文明とりわけ自然科学の、高度な技術的発展と直接結びついた形で、社会的諸学にも越境・侵略して、今や完全に征服・支配する勢いを示している。しかしより直接的には、諸個人に対して押しつけられる〈規範としての意志〉が、多くの場合、〈支配者の意志〉という、個別・人格的な形態で現われてくることにも、少なからず影響されている。

だが、直接には個別・人格的な形態をとった〈支配者の意志〉が、指示・命令として押し出されると、たちまちそれは、支配者自身の生きた独自の意志ではなくなる。それは、諸個人ばかりか、条件次第では命令を発した己れ自身に対してさえ、突きつけられかねない、外部的で客観的な〈意志〉へと転じる。この意味でそれは、社会的な規範としての根本性格をもっている。というのも、〈支配者の意志〉が、ひとたび指示・命令という形で発せられれば、もはやそれは、支配者個人の内面にある〈生きた意志〉ではありえない。それは、観念的に対象化されることによって、外部的で客観的な存在へと大きく転じ、いわば〈死んだ意志〉であるかに、固定化された〈規範〉として、生れ変わるからである。

古くから、〈ひとたび発せられた国王の命令は、体外へ流れ出た汗のようなもので、もはやもとに戻ることはできない〉、といわれてきたのも、発せられた〈支配者の意志〉の、〈規範〉としての根本性格が、経験的に格言化されたものといってよい。しかしそれにもかかわらず、いぜんとして多くの人々は、権力者に対する諸個人の服従を、直接の人格的な服従として把えがちである。その内的深部において、〈規範〉としての〈支配者の意志〉に、諸個人が独自の意志を、服従させていることには、なかなか気づかないでいる。

これは一つには、専制的な支配者が、発した命令の完遂を待たずに、それとはまったくぎゃくの命令を発するといった、〈朝令暮改〉をくり返してきたことにも、少なからず影響されている。とくに専制国家体制の下では、専制的支配者による新たな意志決定において、それまで集積されてきた法令が、慣習法として規定してくるとはいっても、つねに最高の国家意志として君臨するのは、もっとも新たに裁可・決定された、〈専制支配者の意志〉である。

因みに、形式制度上の最高・裁判機関によって、裁可・決定された〈裁判判決〉でさえ、専制的支配者のまったくの気紛れによって、簡単に覆され、最終的には確定されがたい。専制的支配者は、〈裁判判決〉をもふくめたあらゆる国家意志の、最高的・最終的な裁可・決定権を掌握している。つまり彼自身が、直接に最高の裁判官としても、君臨している。そうなるとどうしても、次々に発せられる〈支配者の意志〉は、法的規範として固定されるよりも、つねに専制支配者の〈生きた意志〉であるかに、受け取られてしまう。そこから、〈専制国家としての組織的・制度的支配が、専制的支配者による人格的支配として現出する〉のではなく、組織的・制度的支配とはまったく別物の、〈人格的支配〉であるかに、錯覚してしまうことになる。

そこで、〈支配者の意志〉がひとたび指示・命令として発せられると、それは外部的・客観的な存在として、ときには意志決定した当の権力者自身に対しても、〈規範〉として強力に規制し拘束してくる事例を、次にお目にかけよう。

これは、古代オリエントのある王国の話である。この王国の国王は、またたくまに近隣諸国をことごとく服従させた、諸王の王、最強の王として王国の内外に君臨した。彼の巨大な宮殿は、諸国からの貢ぎ物で埋まり、後宮には、諸国からカキ集められたとびきりの美女が、数千人もひしめいていて、およそ彼が欲したことで、不可能はありえないとさえ思われた。そんな地上の神の如き彼にも、たった一つの、しかし深刻な悩みがあった。それは、当時の風習として、高貴な人が亡くなると解剖され、木乃伊［ミイラ］として、人前にさらされるという屈辱から、残念ながらこの地上の神も、免れがたいことであった。そこで彼は、余命いくばくもなくなると、考え抜いた最後の一事を実践する。

――ここに秘密の洞穴がある。彼は屈強な近衛の若者を二人呼び、明晩この洞穴にくる、黒い頭巾を被った男を殺して、直ちにそこに埋めよ、という命令を下す。そして、この二人を退かせると、今度は同じく近衛の四人の若者を呼んで、同様の命令を与える。この洞穴に赴いて、そこにいる二人の若者を殺して、直ちにそこに埋葬せよ、と。さらに彼らを退かせると、同じく八人の若者を呼びつけ、まったく同じ命令を与える。そしてさらに十六人の若者を呼びつけ、これまでとまったく同じ命令をあたえる。そうして彼は、定刻に黒い頭巾を被り、この洞穴に赴いて殺害された、という［これは、埴谷雄高「永久革命者の悲哀」『鞭と独楽』、未来社、所収、で紹介されている話を参考にしたものである］。

この話を聞いて、近衛の若者が王を殺したのは、それが〈王〉だとは思わなかったからだ、などといってしまっては、何にもならない。たしかにこの王が、近衛の若者にむかって、〝儂の命令ならどんなことでも聞くか？〟と問えば、即座に〝はい、陛下に死ねといわれれば、直ちに死にます、何なりと命じて下さい〟と答えよう。そこでかりに王が、〝それでは汝、われを殺せ！〟と命じたとして、王の命令なら、たとえそれがどんなものであっても、それに従うと断言したこの若者は、この自らを殺せという王の命令を、実行するであろうか？

絶対に実行しないといえる。それは、王がつねに多くの近衛の兵によって護衛されていて、不可能だからだけではない。それ以上に、殺害の成否とは別に、その種の行動が、当人とその一族の皆殺しを招来することくらい、誰にだって分かり切ったことだからである。しかしここでは、そうしたリアリスティックな問題を、とりあげているわけではない。もとよりこの話自体は、古今東西を問わず、専制的支配者あるところなら、どこにでもころがっていよう。問題の核心は、王によって発せられた〈命令〉が、ちょうど弦から放たれた矢のように、生身の王から離れた客観的な事物として、時空を漂うように臣下によって担われ、ときには〈命令〉を発した、当の〈王〉自身をも射抜いて貫徹される。まさにここに、〈規範〉としての根本性格を、容易に見て取ることができる、点にある。

現に、〈近代〉以降の〈民主的〉国家では、〈法律〉形態をとった国家意志は、社会構成員ばかりか、法律の決定とその具体的な執行と運用に直接かかわる、政治的支配者自身をも、厳しく規制し拘束していて、違法行為があれば、法律の規定にもとづいて処罰される。自己が君臨する組織的規範を自在に裁可・決定し、配下をしてその執行に当らせ、それに従わない者は、自ら処罰する専制的支配者といえども、ひょっとして己れが発した命令が、何かの拍子に、自分自身に突きつけられるのではないか、という秘かな恐怖感をもっている。

というのも、ひとたび己れの意志が、命令として発せられると、もはや己れの意のままにはならない、何か別物へと転じて、独自に運動しかねない。ここに、〈規範〉としての客観性が内在されていることに、どこかで気づいているのかもしれない。

3　権力（者）の本質

以上をふまえるならば、われわれは〈権力（者）〉の本質について、つぎのように概括することができよう。

権力者は、多くの諸個人を直接服従させているようにみえる。そこでどうしても、権力関係は、人格的な支配＝服従関係として、把えられがちである。しかし、諸個人による権力者への服従とは、指示・命令形態をとった、〈支配者の意志〉に諸個人が、その独自の意志を服従させることである。ぎゃくにいうと権力者とは、指示・命令という形で発したその意志に、多くの人々を服従させられる、特殊な存在である。したがって、命令としての〈支配者の意志〉が、人々の独自の意志を蹴散らし押し潰すようにして、現実的に貫徹されなくなり、人々がその命令に服従しなくなったとたんに、彼は権力者ではなくなってしまう。かくて、支配者としてあらわれる〈権力者〉とは、諸個人の独自の意志を規制し拘束する、〈規範としての意志〉の、裁可・決定権を掌握した特殊な存在、にほかならない。

〈支配者の意志〉が、ひとたび指示・命令として発せられると、それは権力者の刻々と流転する、〈生きた意志〉とはまったく別物の、文字どおり〈死んだ意志〉として、固定化される。それは、意志が観念的に対象化されることによって、観念的存在でありながら、外部的・客観的な事物へと転じた〈規範〉、それも諸個人を組織として束ねる、組織的規範としてあらわれる。それゆえ、社会的権力が内包している権力関係とは、権力者と彼に服従する諸個人との、直接の人格的な支配＝服従関係の背後で、じつは、指示・命令形態をとった〈支配者の意志〉に、諸個人がその独自の意志を服従させている。この意味で、規範としての〈支配者の意志〉を軸とした、意志の支配＝従属関係を内的な本質としている。

こうしてわれわれは、社会における〈権力〉の特質を、〈規範にもとづいた観念的な支配力〉と、規定することができる。

なお念のため、次の二点を補足しておきたい。第一は、ここにいう〈規範としての意志決定権〉を、〈命令権〉と混同ないし同一視してはならない、点である。〈命令権〉というのは、規範としての意志の〈執行命令権〉をさしている。したがってそこには、〈執行命令〉すべき裁可・決定された〈規範としての意志〉が、論理的な前提となっている。もちろん、この〈意志決定権〉と〈執行命令権〉との概念的な区別は、規範としての意志の〈形成（決定）〉と〈支配（執行）〉という、規範としての意志の運動過程に即した、論理的な区別にもとづいている。

ここでは、社会的権力という社会的な支配力の特質を、簡潔に明示する必要から、直接には指示・命令形態をとった、規範としての意志決定権と執行命令権が、いまだ未分化の専制的支配者［権力者］を、論理的に想定した。そのかぎりで、この〈専制的〉権力は、直接には〈命令権〉として現象する。この問題は、権力形態、国家権力レヴェルでは政治形態にかかわり、直接には三権分立論［本論］において、とりあげる。

第二は、権力者が諸個人からの意志の服従を、いったいどのようにして、またいかなる具体的な手段と方策を、駆使して獲得しているかという問題である。これは、権力者あるいは権力関係存立の、直接の具体的諸条件にかかわる問題であって、〈権力とは何か〉という〈権力の本質〉それ自体をとりあげたものではない。しかるに、ホッブズ以来の欧米の経験論的な実証主義者によって、この権力存立の直接な諸条件にかかわる問題を、権力本質論であるかにすりかえた、本質論ぬきの権力＝条件論の発想が、手を換え品を換えて流布されてきた。しかしこの点は、権力学説でくわしくとりあげる。

(2) 規範への服従をめぐる諸問題

1 規範への服従と独自の意志

権力の本質論的な把握では、規範としての〈支配者の意志〉が、諸個人の独自の意志をいわば蹴散らすかのように、現実的に貫徹されているか否かが、大問題である。したがって、これを裏から、つまり諸個人の側からいえば、諸個人がその独自の意志を、規範としての〈支配者の意志〉に、服従させているか否かに、問題の核心がある。

それゆえ、特定個人を権力者たらしめるところの、諸個人による規範としての〈支配者の意志〉への服従が、いったいどのような形で実現されているのかという問題は、〈権力（者）〉存立の具体的な諸条件と、諸手段にかかわる問題といえる。したがってそれは、〈権力（者）〉の本質論的把握とは、直接の関係がない。しかし、欧米機能主義の経験論的発想が跋扈している昨今、この権力論においても、権力存立の直接的諸条件を、権力本質論に混入させ、すり替えてしまう発想が一般に定着している。そこでとくに、大方の注意を喚起しておく必要があろう。

まず、諸個人による規範としての〈支配者の意志〉への服従は、いったいどのような形で実現されていようか？　それは、一方において、支配者が諸個人から意志の服従を獲得するために、いったいどのような手段と方策を、用いているかという問題。また、他方において、支配者によって駆使された、多様な手段と方策に対する諸個人の服従態度、とくに心的・観念的な服従態度やいかん、という問題。この二つの問題をわれわれに突きつける。これは、同一過程におけるメダルの表と裏である。

それでは、〈諸個人がその独自の意志を規範としての意志に服従させている〉、本質論的な意味での権力関係は、歴史的・現実的には、いったいどのようにして実現されているのか？　とりわけ支配者は、諸個人から意志の服従を獲得するために、どのような手段と方策を、使っているのか？　もとよりこの意志の服従獲得形態は、多種多様といってよい。

因みにそれは、支配者の物的強力による、強制・処罰・報復の発動や、それらをちらつかせた命令・脅迫という手段。あるいは、社会的地位や物的利害をエサとする方策。さらに、純粋な思想的・イデオロギー的理念にもとづいた、説得と教化活動をとることもある。そのさい、宗教的な信仰体系や、伝統的な思想・観念を大々的に利用するのは、当然である。そしてときには、それらすべて、あるいはそのいくつかを、意図的に組み合わせた方策を縦横に駆使したりする。

したがって、これに対応して、諸個人の側からの心的・観念的な反応と態度もまた、決して一様ではない。因みにそれは、たんに食うためだけと割り切った、内心では不承不承という場合。また、より切実に、生命には代えられない、面従腹背に近い場合。あるいは、エリートとしての立身出世をめざして、自ら積極的に模範的奴隷である場合。またときには、思想的・イデオロギー的に感化されることによって、決して大きく報われることのない、下積みの積極的自発性を示したり、ごく稀には信仰者のような熱情をもった、自己犠牲的献身等々であったりする。

しかし重要なことは、そのいずれの場合でも、諸個人がその独自の意志を、規範へ服従させることによって、規範としての〈支配者の意志〉が貫徹され、彼らは当該組織構成員として、〈支配者の意志〉に従って実践していることに、何らの変わりはない。したがってそこには、規範としての〈支配者の意志〉を軸とした、諸個人との意志の支配＝従属関係が実現されている。この意味で〈権力〉が成立していることに、何らの変わりもない。ただ、そこに相違があるとすれば、それは、いかなる手段と形態による、諸個人からの服従獲得が、〈権力（者）〉の直接的存立にとって、より強力か、あるいはより安定的か、という点である。もちろんそれは、あくまで特定権力（者）の、直接的存立条件にかかわる問題にすぎない。この権力存立の直接的な諸条件や諸手段については、第三篇、第四篇でとりあげる。

［補註］

J・S・ミルの父親としても知られるジェームズ・ミルは、「政府論」のなかで、「権力」について、こう述べている。——「…権力の最も適切な意味は、ある人の意志に他の人の行動を合致せしめるその保障にある。…将軍は兵士が一定の作戦を遂行するようにと命令する。王は臣民が一定の仕方で行動するよう命ずる。この場合、命じられた行動と実際になされた行動との一致が完全であるかいなかに比例して、権力も完全であるかいなかということになる」［小川訳『教育論・政府論』所収、岩波文庫、一三〇頁］。

しかしすでに明示したように、権力者の権力者たるゆえんは、指示・命令形態をとったその〈意志〉に、多くの人々がその独自の意志を服従させて、その〈意志〉の命ずるままに実践するところにある。ところが経験論者であるジェームズ・ミルは、この権力の本質論的な意味での〈意志への服従〉の問題を、〈権力者の意志〉と〈服従者の実践〉との合致いかんをとりだすことによって、権力（者）の強弱と安定性いかんの問題にすりかえている。これもまた、欧米の経験論者や実証主義者に、厳密に学的・理論的な概念構成は不可能であることの、典型例といえる。

このように、諸個人からの規範としての意志への服従獲得には、支配者による物的強制や、物的利害をちらつかせたり、あるいは思想的・イデオロギー的な教化・宣伝など、硬軟とりまぜた多様な諸手段が、縦横に駆使されている。それだけに、諸個人の側からの、心的・観念的な反応と態度もまた、渋々の不承不承や面従腹背、また本心からの自発的積極性や、自己犠牲的献身と熱情等々であったりする。

ということは、当該権力（者）に対して、明瞭な敵意さえ隠しもった諸個人が、混入したりまぎれ込んでいても、少しも不思議でもない。また、それによってことの本質が、直接左右されるものでもない、ことを意味している。この点をもっとはっきりさせるために、ここで、国家権力をふくめた各種の政治的組織や、企業・労働組合などの経済的組織に、〈不良社員〉や〈スパイ〉が、決まって内在することの意味を考えてみよう。

まず〈不良社員〉の場合は、劣悪な労働条件や、低賃金また上司への不満などが鬱積していて、ときには明瞭かつ強烈な敵意さえ、その内面に隠しもっている。しかし、彼らの各種組織的規範への抵抗と拒否は、決してそれが露呈してクビになったり、左遷されたりしない範囲でのことである。したがって、模範社員とはまったく対照的にみえる彼らが、もとより不承不承とはいえ、日々〈資本の意志〉へ服従することによって、企業としての組織的構成と、経済権力としての制度的存立に、直接包摂されていることに、何らの変わりもない。

〈スパイ〉の場合には、他の敵対組織から直接送り込まれた、筋金入りのスパイと、何らかの弱みにつけ込まれて、脅迫されたり、金品によって買収されたりして、特定のスパイ活動を強要された手先と、一応二種類がある。彼らはいずれも、所属組織の規律に従い、発せられた各種の命令（指令）にもとづいて、潜入した組織の重要秘密事項の、探索・入手・通報という形をとった、スパイ活動に従事している。

しかしその彼らも、この種のスパイ活動を、首尾よく果たすためには、潜入組織構成員として、各種の組織的規範に服従しなければならない。いいかえれば彼らは、所属組織の発展・最終的勝利と、潜入組織の直接的壊滅を大目的とした、スパイ活動のために、何とも皮肉なことに、日々潜入組織構成員として、その発展的拡大のための組織的活動に、従事しなければならないわけである。

この意味でレーニンが、革命前ボリシェヴィキに潜入したスパイ、マリノフスキーの問題について、「彼は数十人の最も優れた献身的な同志を裏切り、彼らを牢獄に送り、彼らの多くの者の死を早めた。…マリノフスキーはわれわれから信用をうけるため、中央委員および国会議員として、われわれが合法的日刊新聞を出す手助けをしなければならなかった。ところでこの新聞は、ツァーリズムの下でもメンシェヴィキの日和見主義と闘争し、適当に変装した形でボリシェヴィズムの基礎を宣伝することができたのである。マリノフスキーは、一方の手では、数十人の優れたボリシェヴィズムの闘士を牢獄と死に追いやりながらも、もう一方の手では、合法的新聞によって数万の新しいボリシェヴィキの教育を助けなければならなかったのである」〔『共産主義における「左翼」小児病』、国民文庫、四二〜三頁〕と喝破しているのは、さすがといわねばならない。

2　独自の意志とその暴走

このように、〈諸個人がその独自の意志を規範としての意志に服従させる〉、本質論的な意味での〈権力〉関係は、その直接の組織的・制度的構成において、〈不良社員〉や〈スパイ〉のような、〈権力（者）〉の直接的存立を大きく左右しかねない、根暗い〈敵意〉をふくんだ、有害な諸個人の混入と潜伏さえ、何ら排除しないのである。

というよりそもそも、政治的・軍事的・社会的・経済的などの組織いかんを問わず、およそ専制的支配者が君臨しているところで、その純粋な個別内面的な心情において、当該支配者に、不満や敵意をまったくもっていない、臣下や構成員を探し出すことの方が、よほどむずかしかろう。しかし臣下や構成員の多くが、条件次第では強烈な敵意にさえ転じかねない、不平や不満をもっているとはいっても、それはあくまで外からはみえない、当人の心のなかのことにすぎない。

しかしひとたびそれを他人、つまり同僚や他組織構成員に一言でも洩らせば、たちまち千里を走り、まちがいなく当該支配者の耳にまで達する。たとえそれが、日頃仲の良い仲間や、同僚との酒席での雑談であっても、当該支配者排撃の実践的な意志表明として受け取られ、ときには反対派粛清や不良社員追放の、格好の材料に利用されよう。下手をすれば、クーデター的謀議として、客観的に位置づけられかねない。というのも、彼から不平と不満を聞かされた同僚は、たとえ内心では同感であっても、これを腹のなかに入れたまま他言しなければ、遅かれ早かれ、当該支配者排撃の謀議と密談に加わったと、みなされかねない。

そこで、勝算ありとして積極的に謀議を組織し、拡大していくのでなかったら、まず十中八九、当該支配者によって束ねられた、組織構成員としての利己的利害〔最小限自分とその家族の生活と、ときには一族全体の生死いかんがかかっている」を守るために、正直に打ち明けた〈彼〉とは、まったく異なる実践的な意志表現、つまり他者への公言、上司への通報という、人間としてもっとも恥ずべき積極的な実践を、選択しなければならない破目に追い込まれる。

かくて、専制的支配者の手先［側近・忠臣］と、一般の臣下・構成員とのちがいは、多かれ少なかれ、不平・不満ときには敵意さえ、その内心に隠しもったうえでの、組織構成員としての実践的活動における相違であり、それはとりもなおさず、当該〈支配者の意志〉を規範として受け入れ、忠実かつ積極的に実践するか否かの相違でしかない。

ということは、政治的・軍事的・社会的・経済的な組織において、ひとたび専制的支配者として転成した特定個人が、臣下や構成員多数の、心のなかでの秘かな敵意や反対・不支持にもかかわらず、強力に存立しつづけるということ。また、この意味で、専制的支配者としての組織的・制度的な固定化の傾向が、強く見られることをも示している。［しかしこの点については、第4章の「権力形態」で、さらにくわしくとりあげる。］

もちろん、このようなことがいえるのは、直接には支配者に対する諸個人の服従が、規範としての〈支配者の意志〉に、諸個人がその独自の意志を服従させる、〈規範としての意志〉への〈意志の服従〉だからである。しかし、このような規範としての〈支配者の意志〉に対する、組織的諸個人の服従が、多かれ少なかれ、不平・不満や敵意さえ内に隠しもちながらの、ものであるということは、同時に、条件次第で、彼らが個別的に、ときには小さく結集した形で、その独自の意志にもとづいた行動へ突っ走る可能性をも、示している。

というのも、ごく表面的には、多くの組織的諸個人は、支配者によって日々押しつけられる指示・命令形態をとった、この外部的・客観的な〈意志〉に服従して、その命ずるところに従って、忠実に実践しているかにみえる。しかし、服従している彼ら個々の内実をめくってみれば、ほとんどだれもが、それなりにのっぴきならないいろんな理由から、とりあえず他よりまだましかなといった、消去法的選択の結果にすぎない場合が多い。

だが、そんな彼ら個々の内実には一切お構いなしに、彼らの〈意志の服従〉は、指示・命令者を支配者ないし権力者たらしめ、彼らはすべて権力関係を直接構成する一コマとして、組織的に包摂されたことを意味している。しかしそのことによって、生きた個人としての彼らに、その独自の意志が、なくなってしまったわけではない。

一日中こき使われ夜中に帰ってきて、これから寝ようと、ベッドへもぐり込んだ途端に電話が鳴り、これから直ぐに来いという呼び出しがかかったり、明日こそは久しぶりに彼女と思っ切りデートを楽しもう、と思っていた矢先、君悪いが明日名古屋まで行って来てくれ、と上司に命じられたとしよう。この場合、規範としての〈上司の命令〉に服従して実践することは、そのつど彼個人の自由な意志を圧殺して、これに従うことである。

したがって、上司からよほどのフォローでもないかぎり、その独自の意志を、何度も圧殺させられたことへの恨みと忿懣が、鬱積し肥大して、上司ないし当該組織それ自体に対する、明瞭な敵意へと質的に転成しかねない。そうなれば、もう少し人使いの荒くない上司が属する派閥へ移ろうとしたり、あっさりと辞表を出してその組織を辞めてしまったり、敵対組織からの誘いについ乗って、重要機密事項を洩らしてしまったりといった、独自の意志にもとづく当該組織への敵対行動に走りかねなくなる。

これを要するに、諸個人は権力関係において、その独自の自由な意志にもとづいて行動するのではなく、何よりも支配者が発する規範としての意志にもとづいて実践するよう強制されている。したがって、彼ら個々の心的・観念的世界は、つねに外部的に押しつけられた、規範としての〈意志〉と、彼独自の意志とのたえざる矛盾と葛藤に、満ち満ちたものといえる。

なお、この〈規範としての意志〉と〈独自の意志〉との矛盾は、社会的権力の諸個人に対する規制・拘束力のいかんを考察するうえで、核心的な問題となる。この点については、本論における国家的支配のトータルな解明をふまえた、理論的総括2［本論第33章］において、とりあげる。

2 補論――社会的な規範について

これまでの論述からも明らかなように、権力論の理論的な把握と展開において、規範論は理論的な核心と前提をなしている。それはちょうど、商品・貨幣・資本をとりあげる、経済学の理論的な把握と展開において、価値論［労働価値説］が占める、核心的な位置と非常によく似ている。そこでつぎに、意志の観念的な対象化としての〈規範〉について、簡単にとりあげておくのも、決して無駄ではあるまい。

（1） 社会的規範の特質

1 観念的に〈対象化された意志〉としての〈規範〉

〈規範〉とは、われわれが社会的生活において、ときどきの多様な、そしてときにはのっぴきならない必要に、もとづいて創り出した、人々の実践と活動を共通に規制し、拘束するところの、特殊な〈取り決め〉といってよかろう。もちろん、ここでいう社会生活とは、〈人々が労働の対象化において現実的に結合し、その活動を相互に交換することによって、精神的にも肉体的にもつくり合っている〉、社会的生活の生産関係の全体をさしている。

また、ここにいう〈取り決め〉は、決定形態のいかんにはかかわりなく、ひとたびつくり出されると、人々が個人として、あるいは組織・制度に包摂された諸個人として、遂行している多様な実践と活動を、外部的・客観的な〈意志〉による命令であるかに、共通に規制し、拘束してくるという意味で、きわめて特殊な観念的事物である。

そして注意を要するのは、ひとたび決定された〈取り決め〉が、人々の実践的な活動を〈共通に規制し拘束する〉からといって、必ずしもそれが、人々の〈共通の意志〉や、〈共通の観念〉だとは、かぎらないことである。もちろんそのいかんは、もっぱら〈取り決め〉の決定形態のいかんに、かかっている。したがって〈取り決め〉とは、人々の〈共通の意志〉や〈共通の観念〉ではなく、人々を〈共通に規制し拘束する社会的・一般的な意志〉なのである。

この〈規制し拘束する〉というのは、諸個人に〈取り決め〉としての〈意志〉が、命ずるところに従って行動せよということであり、そのためには〈取り決め〉としての〈意志〉に、諸個人がその独自の意志を服従させねばならない。ということは諸個人が、成立したとたんに外部的な命令へと転じたこの〈取り決め〉に、たとえ内心では反対でも、その反対という独自の意志、もっといえば自分なりの意図と方策にもとづいてではなく、本来なら服従したくない、この〈取り決め〉に従って行動せよ、という意味を含んだ、規制と拘束なのである。

われわれの社会生活は、小は家族から職場、各種サークル、組合、地域社会そして統一的社会に到るまで、複雑にからみ合い、ときには深刻に対立したりしながらも、相対的に独自な諸分野が、多様に重層化され、また複合された形で営まれている。したがって、社会的諸関係は、直接には、それぞれのレヴェルで集積された、社会的な〈取り決め〉、つまりは社会的規範を軸とした、組織的・制度的な構成にもとづいて可能となり、また実現されてきたといえる。

因みに家族には家憲や家風がある。サークルや組合には規約があり、企業には社訓・社是がある。また、地域社会には他の地域と区別される、風俗と習慣がある。そして、政党には綱領と規約があり、さらに統一的社会を規制するものとしては、憲法と法律がある。しかしここでは、このような多様な形態をとった社会的規範の、個々の特質を掘り下げようというのではない。いわばそのための学的前提として、まずは人間主体と〈規範〉との、論理的な関連をとりあげ、〈規範〉の一般的な特質を確認しておこうというのである。

われわれは日々〈個人〉としての人間的な活動において、必ずその個々の活動と実践を指示し、規定するところの具体的な〈意志〉をつくり出す。もとより〈意志〉は、外部的世界に対する人間的認識の、特殊なありかたであるが、人間的活動と実践を直接規定するという意味で、実践的認識にかかわるものである。

個人が個々の行動にさいし、実践的認識としての〈意志〉をつくり出す過程では、各人の精神的世界に内在する、多様な観念的諸契機が、直接間接に関与し、また規定してくる。それらを内容的にみると、理論的・理性的なものから、本能的また感性的なものまで、ふくんでいる。もとよりそれらは、家庭・学校・職場などでの生活を中心にして、徐々に形成され獲得されたものばかりか、純然たる個別的な関心にもとづいた読書や、マス・メディアによる影響であったりする。

組織や制度に直接包摂された、諸個人の活動と実践においても、これと同じようなことがいえる。組織・制度に直接束ねられた、諸個人の実践的活動においては、諸個人を共通に規制し、拘束するところの、組織・制度としての〈一般的意志〉を、つくり出さねばならないからである。こうして社会的規範は、直接には組織的・制度的な規範、という形で成立する。

個人の行動を直接規定する、個別的な〈意志〉であれ、諸個人の実践的活動を直接規定する、社会的規範としての〈組織的・制度的意志〉であれ、人間の精神活動の所産、つまりは外部的世界に対する、実践的な認識活動の所産である。したがってそれ自体を、実体的な〈もの〉として固定し、保存することはできない。それ自体は、あっという間に消えてなくなってしまう、からである。しかしそれでは、多くの人々に指示し伝達することができない。

そこで、多くの人々を規制し拘束するところの、規範としての一般的性格にふさわしい一般的な形式が、採用される。つまり〈言語〉という普遍的な表現が、何よりも文章化された〈命令書〉や、多くの人々が集まる広場での〈布告〉という形をとって押し出されることになる。というのも、口頭での直接命令だと、どうしても正確さを欠くばかりか、その場に居るだけの少人数に、かぎられてしまうからである。

かくて、組織・制度としての実践的意志は、専制君主による口頭での指示が、書き留められ〈命令書〉として、布告されるという形でも、あるいは何人かの有力者による、合議での〈取り決め〉が、文書として傘下の組織的諸個人に、配布されるという形でもいい。ともかく言語的表現、とくに文章化された命令書という形をとると、その場かぎりで消滅することなく、あたかもそれ自体が、観念的な実体として生きた人間主体から離れ、外部的・客観的な対象へと転じて、そのまま固定され保存されるかの如き、観念的な存在として生れ変わる。

もちろんこれは、ときどきの実践的認識としての〈意志〉が、言語的表現をつうじて〈紙〉の上にコピーされ、いわばフィクションとして、移し換えられただけのこと。決して〈意志〉それ自体が、直接外部的・客観的な存在として、転出したわけではない。しかし、この〈意志〉が、紙の上の言語表現へと転じることによって、外部的・客観的な対象と化した、特殊な観念的事象として現出してくることから、われわれはこれをヘーゲルにならい、〈意志の観念的な対象化〉と呼ぶことにしよう。このように〈規範〉を、〈観念的に対象化された意志〉として把握するにあたっては、〈商品〉の〈価値〉を、〈対象化された労働〉として把握した、マルクスの労働価値説の発想が、大変に参考になる。

2　規範と〈対象化された労働〉としての〈価値〉

マルクスによれば、〈商品〉は直接には、何よりも他人の欲望を満足させるための〈使用価値〉であるが、本質的には〈価値〉を内在させている。〈商品〉の〈価値〉は、直接には他人の欲望を満足させる、有用性をもった〈使用価値〉を産み出すための、労働者の具体的な労働［有用労働］が、同時に、つまり弁証法でいうところの同一性として、人間労働一般とりもなおさず直接には時間で計られる、社会的・平均的な労働を対象化することから、形成される。

そして、直接には〈使用価値〉として現われる〈商品〉が、本質的に〈価値〉を内在させているからこそ、それは、〈市場〉で他の使用価値と交換される、〈交換価値〉として登場する。この意味で〈交換価値〉は、商品の内在的本質としての〈価値〉から必然化された、その現象形態にほかならない。因みに曰く、——

「…はじめに、普通の言い方で、商品は使用価値であるとともに交換価値である、と言ったが、これは厳密に言えばまちがいだった。商品は、使用価値または使用対象であるとともに『価値』なのである。商品は、その価値が商品の現物形態とは違った独特な現象形態、すなわち交換価値という現象形態をもつとき、そのあるがままのこのような二重物として現われるのであって、商品は、孤立的に考察されたのでは、この交換価値という形態をけっしてもたないのであり、つねにただ第二の異種の一商品にたいする価値関係または交換関係のなかでのみこの形態をもつのである」［岡崎訳『資本論（一）』、国民文庫、一一五頁］。

そこで、市場において買い手は、商品の使用価値［使用価値としての商品］を買うことによって、商品の価値［価値としての商品］を支払うことになる。——「普通の商品の買い手が買うものは、その商品の使用価値である。彼が支払うものは、その商品の価値である」［岡崎訳『資本論（七）』、国民文庫、六九頁］。

このような、マルクスの労働価値説の発想によると、〈空気〉や〈水〉は、人間の生存にとって不可欠の有用性を、いわば自然的に具備しており、この意味でそれは、〈使用価値〉をもっている。しかしそれは、人間主体

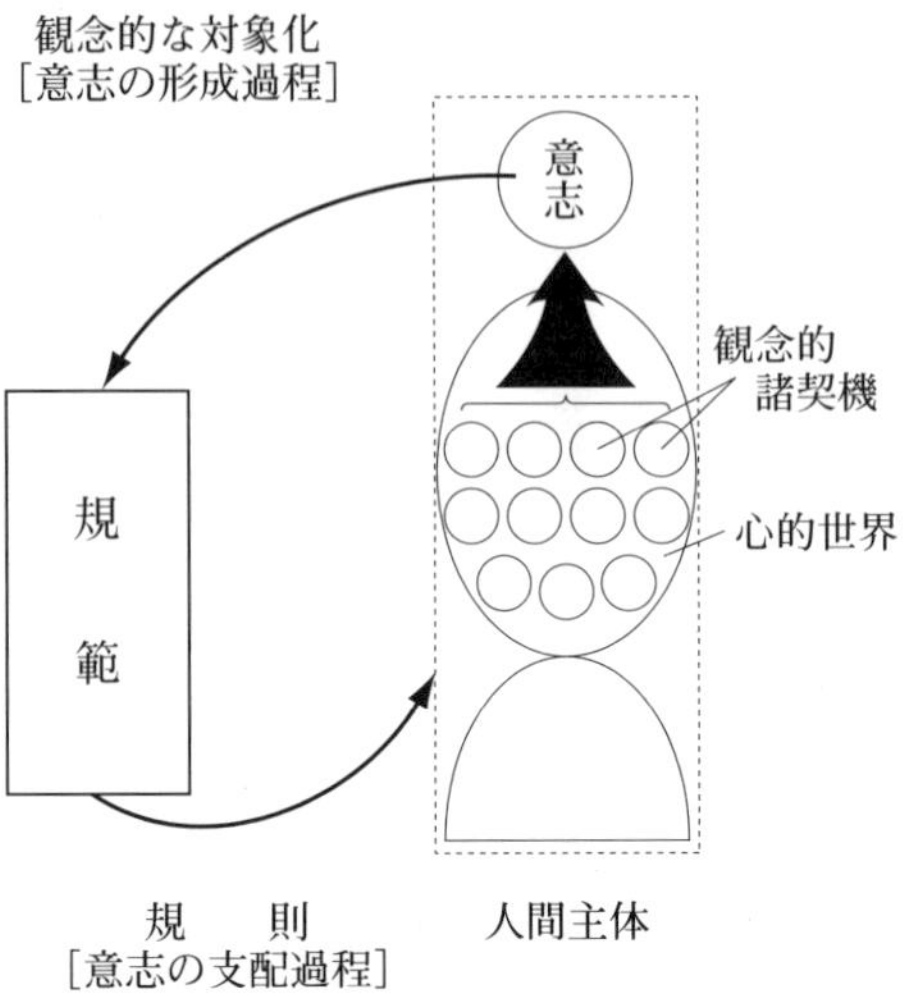

図1

の側から、いかなる労働も対象化することなく、生れながらにして〈使用価値〉をもっているという意味で、〈価値〉をもっていない。

したがってそれが、〈交換価値〉として現象することはない。いいかえればそれが、〈商品〉として登場することはない。ところが昨今では、山地や渓流の〈水〉が、瓶や缶に詰められ、〈天然水〉という〈商品〉として、売りに出されている。いったい何がどうなったのか、というほどのこともない！

というのも、この〈商品〉として売りに出されている〈天然水〉には、まず、山地や渓流から取り寄せる、〈輸送〉にかかわる一定の労働と、瓶や缶に対象化された労働、さらに瓶や缶に詰め込むための、一定の労働が対象化されている。そしてさらに、もしそれらの作業が、ほとんど機械化されていれば、不変資本としての機械に対象化された、一定の労働も対象化されている。ここに〈天然水〉が、〈対象化された労働〉としての〈価値〉の、貨幣的表現である〈価格〉をもった〈商品〉として、市場に登場してくるれっきとした根拠がある。

このように、〈観念的に対象化された意志〉としての〈規範〉と、〈対象化された労働〉としての〈商品〉の〈価値〉とは、たしかに精神的・観念的か、それとも現実的・物質的かというちがいはある。しかし、対象化された人間的活動が、外部的・客観的事物へと反転して、人間主体に対峙し支配してくるという点において、その論理的な性格を同じくしている。

こうみてくると、それ自体はあっという間に消えてしまうはずの、ときどきの実践的認識としての〈意志〉は、言語的表現によりフィクションとして観念的に移し換えられ、そのことによってそれが、外部的・客観的な〈意志〉として、それをつくった者をもふくめた人々に対してさえ、独立した観念的な存在として対峙し規制してくる。

そこで、人間主体と〈規範〉との内的な論理的過程と連関は、諸個人の実践的認識としての〈意志〉が、観念的に対象化される、規範としての意志の〈形成〉過程と、観念的に客観的存在へと転じた〈意志〉が、諸個人の独自の意志を、蹴散らすかのようにして貫徹される、規範としての意志の〈支配〉過程との、両側面を統一したものとして把握することができる［図1参照］。

2　補論——社会的な規範について

(2) 社会的規範の端緒と原型

1　個別的規範としての〈自己規律〉

社会的規範とは、組織・制度に包摂された諸個人を直接規制し拘束する、組織・制度としての一般的な〈意志〉にほかならない。〈意志〉の観念的対象化としての〈規範〉の特質は、社会的な性格をもたないとはいえ、個別的人間の日常生活においても、その論理的な端緒を容易に見い出すことができる。

われわれが何らかのきっかけで、ある個別的な目的ないし目標をもったとする。それは、中年を迎えたサラリーマンなら、健康で長生きするためとか、学生なら将来大蔵官僚を目指して上級公務員試験、あるいは弁護士になるために司法試験を突破する、というのでもいい。これらの目的を首尾よく達成するには、どうしてもこれまでの生活を、見直さなければならなくなる。仲間と夜遅くまで酒を飲んだり、煙草を吸いながらの徹夜マージャンばかり、やっていたのでは、体によくないばかりか、とても勉強どころの話ではない。

そこで一念発起して、目的達成のために、いわば自分自身への〈約束〉として、〈禁酒・禁煙〉を誓ったとしよう。しかしある日ある時、自分の心の中でそう思っただけでは、それこそ一晩寝れば、忘れてしまいかねない。そこでこの思い、この決意を決して忘れてしまわないように、〈禁酒・禁煙〉という文字を、紙の上に大きく書いてみる。そして、これを学生なら勉強机のまん前の壁の上、サラリーマンなら居間か、書斎の壁の上にでも貼りつけておく。とどうなるか？

何日か我慢して、ついふらふらと酒の瓶に手がいったり、煙草を口にくわえた瞬間、目の前にある〈禁酒・禁煙〉の文字が眼に飛び込んでくる。するとたちまち、それを決意した時の、あの熱い気持ちを想い出すだろう。また、目的を達成した時に得られるであろう、大きな喜びを想像して、〈ここで負けてはいかん！〉と思い直すことができる。しかし、何度か思い止まったものの、つい誘惑に負けて酒を飲み、煙草を吸ってしまうと、目の前の〈禁酒・禁煙〉の貼り紙は、はなはだ目障りな存在になる。そこでこれを、あっさり破り捨ててしまおう。

おわかりいただけたことと思う。自分自身の、それなりにのっぴきならない必要と目標から決意された、〈禁酒・禁煙〉という実践的な〈意志〉は、紙に書かれて、目の前に貼りだされる。それによってこの〈意志〉は、観念的に対象化され、外部的・客観的な〈意志〉であるかに固定化される。そこで、この貼り紙をみるたびに、〈禁酒・禁煙〉という〈意志〉に反した行動をしないように、その行動が観念的に、規制されることになる。

したがって、このような〈意志〉の観念的な対象化にもとづいた、外部的・客観的な〈意志〉による、実践的行動の規制という論理的な連関［構造］は、明らかに〈規範〉の原型、ないし端緒を示している。しかしそれが、

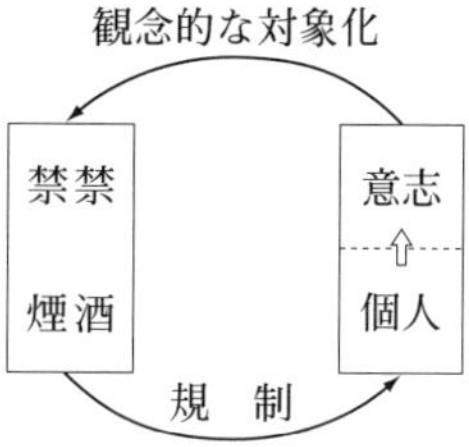

図2

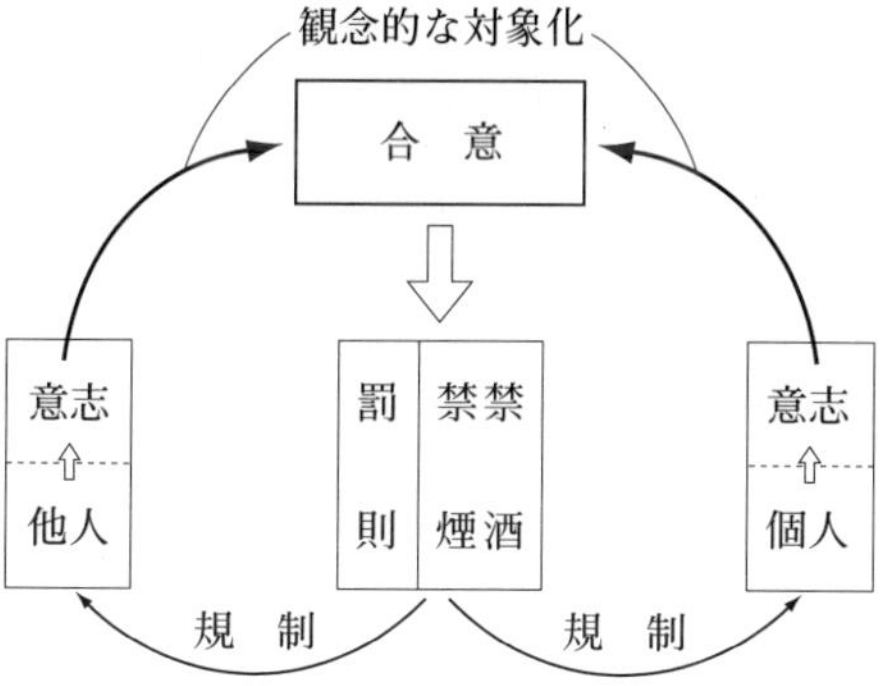

図3

原型ないし端緒でしかないことは、観念的に対象化された、規範としての〈意志〉による、規制と拘束力の規模と質が、いちじるしく小さく、また弱い点にある。それは、三日坊主で止めてしまっても、誰からもとがめられたり、非難されることもないからである。すべては、自分自身の内部における問題と出来事であって、ここに自己規律ないし自己規範、あるいは個別的規範の、〈規範〉としての大きな特質と限界がある〔図2参照〕。

しかし、この自己規範としての〈意志〉の観念的な対象化に、他人の意志が直接からんでくると、いくらか事情が変わってくる。というのも、個人は本質的な意味でも、また直接的な意味でも、〈社会的〉な存在であるから、〈禁酒・禁煙〉という決意も、家庭や職場・学校の仲間のなかで、行なわれる。そこで、決意を表明したとたんに、親・兄弟や同僚・友人から、〝何日もつことやら〟とか、〝これで何度目かな〟などといって、冷やかされたり馬鹿にされる。

誰にだって、功名心や損得勘定に使命感と助平心ばかりか、面子もあれば矜持もある。男がいったん口にした以上は、後に退けなくなろう。馬鹿にされ、冷やかされて頭にきた分だけ、〝よし、もし宿願達成の前にやめてしまったら、お前（ら）に一〇万円を払おう〟、なんていう大見得を切ることになる。そういわれれば、冷やかした方でも、黙っているわけにはいかなくなる。ついはずみで、〝分かった、一年もったらこっちも一〇万円払ってやる〟、なんていう話になりかねない。

これまでは、もっぱら自分でつくった〈意志〉に、自分自身が服従するかどうか、という問題にすぎなかった。ところが今度は、〈禁酒・禁煙〉という、自分でつくった〈意志〉の背後に、〈これを破ったら一〇万円払え〉、という他人の〈意志〉が控えている。屈辱的な敗北感とともに、一〇万円の支払いを覚悟しないかぎり、もとはといえば、自分でつくりだしたこの〈意志〉に、服従しなければならなくなるという意味で、この〈意志〉には、〈規範〉らしい規制と拘束力が、いくぶんではあるが付与された、ということができよう。

もっとも正確にいうと、この場合、〈宿願達成まで禁酒・禁煙ができたら一〇万円払ってもらう、その代わりに一年以内にそれを破ったら一〇万円払ってやる〉、という〈意志〉の〈合意〉が、本人と他人との間で成立している。ということは、これまでのたんなる自己規範にすぎなかった、〈禁酒・禁煙〉という〈意志〉が、この両者の〈合意〉にもとづいて、〈違反者は一〇万円支払いの罰則〉をふくんだ、〈禁酒・禁煙〉という、両者をかなり強く規制し、拘束する外部的・客観的な〈意志〉へと、転じたことを意味している。これは、〈個別的規範〉からいくぶんではあるが、社会性を付加された特殊的規範、つまりは社会的規範としての〈契約〉への、過渡的な移行形態を示している［図3参照］。

2　特殊的規範としての〈契約〉

次に、もっとも典型的な商行為としての、〈商品売買〉でみられる、〈契約〉をとりあげておこう。いうまでもなくそれは、商品市場で出会った二人の経済主体が、一方は商品所持者［つまり売手］、他方は貨幣所有者［つまり買手］として、特定商品の売買にかんして、一定の〈合意〉に達したときに、作成されるものである。この特定商品をめぐって、売手と買手との間で締結される、〈契約〉においては、品目・値段・数量そして期日をはじめとした、商品の受け取りと支払いについての、細かな諸条件が明記され、最後にこの規定に違反した側に対する、厳しい罰則規定が設けられている。

というのも、売手と買手の両者が、〈契約書〉を作成したときには、一方は、規定どおりの数量の商品を、また他方は、その買取資金を、それぞれ期日までには、必ず準備できるという、予想と確信にもとづいている。しかし現実には、必ずしもその予想と確信どおりに、すんなりと事が運ぶとはかぎらない。売手にしても買手にしても、日々複雑に錯綜した経済的諸関係のなかで、多様な活動を展開しているからである。

因みに売手でいえば、自己傘下あるいは発注した業者の、製造工場の不慮の事故［爆発・出火など］で、約束の製品がどうしても揃わなくなったり、買手でいうと、期日の二日前には用意できるはずだった、支払い資金が、予定していた手形の不渡りによって、急に揃えられなくなったりというのは、よくあることである。

こうして、〈契約〉を結んだ誰もが、〈契約〉違反とまったく無縁とはいえないため、罰則規定は詳細をきわめる。しかし、ここで刮目すべきは、両者の〈合意〉にもとづく、〈契約〉形態をとった外部的・客観的な〈意志〉の、規範としての規制と拘束力の、いかんについてである。それは直接には、この罰則規定がいったいどの程度、現実的に貫徹されるかという点に、端的にあらわれる。というのも一般的にいって、人々が規範としての〈意志〉に、どの程度服従するかのいかんは、もっぱらその処罰規定の内容上の厳しさが、どの程度、実際に貫徹されているかにかかっている、からである。

この点で、〈契約〉における罰則規定の貫徹力は、圧倒的といってよい。その理由は、〈契約〉が、法律［商法］によって直接支えられている、点にある。因みに、〈契約書〉の書き方［書式］自体が、きわめて厳密かつ詳細に規定されている。したがって、その罰則規定の貫徹にさいしては、国家権力の手を直接借りることができる。敗戦直後の混乱期や、〈近代〉以前の歴史的国家でもないかぎり、〈国家意志〉は、社会生活のすみずみまで、確実に貫徹されることを忘れてはならない［図4参照］。

このことは、さきに〈禁酒・禁煙〉という自己規律に他人の意志が、直接からむことによって、両者の〈合意〉

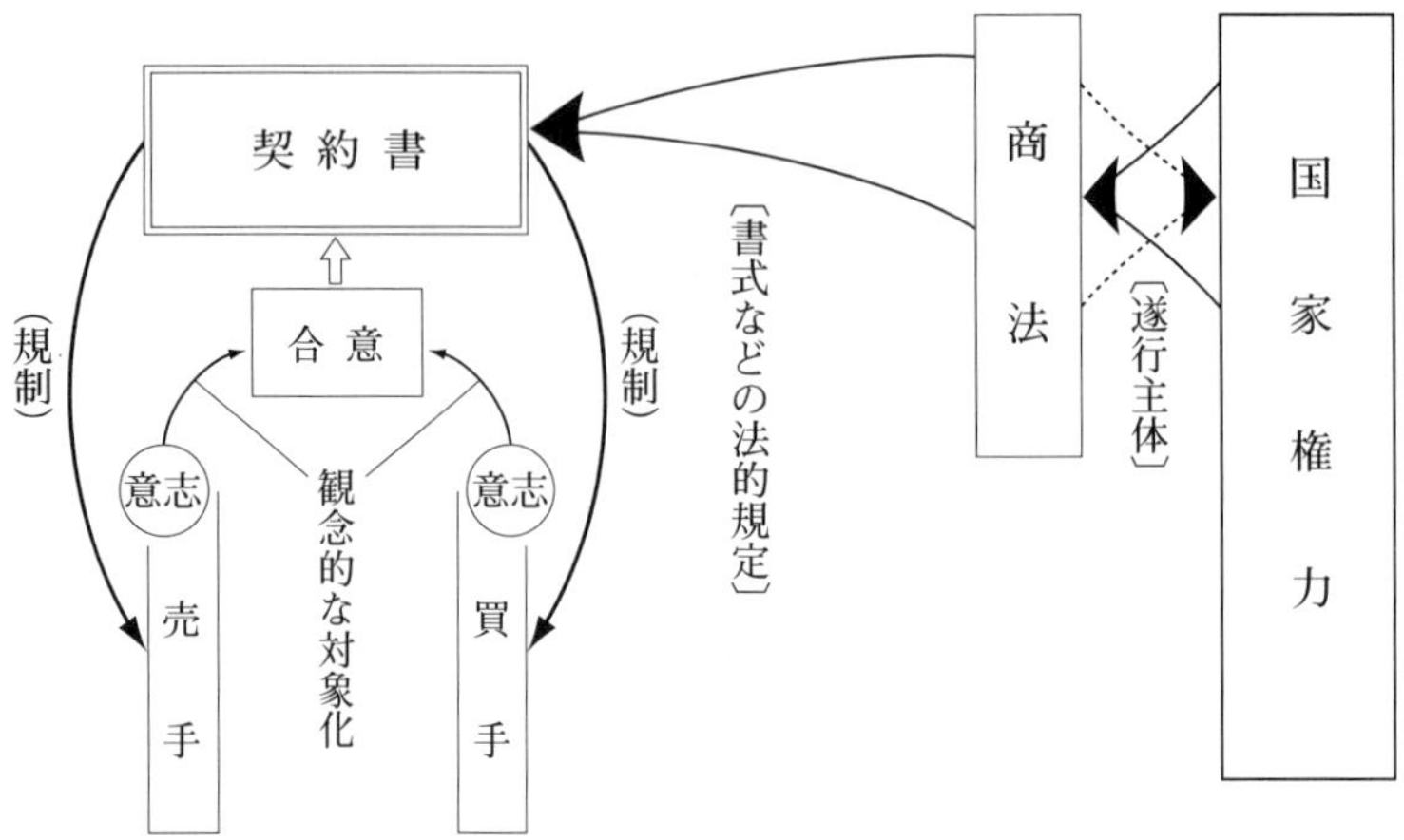

図4

にもとづく、罰則規定をふくんだ、特殊的意志をとりあげたが、これと比較してみるとよくわかるはずである。

さきの場合、〈禁酒・禁煙〉に罰則規定が付加されることによって、たんなる自己規範の場合とはちがい、〈禁酒・禁煙〉という、外部的・客観的な意志の背後には、他人の意志が控えていて、その行動を終始監察し、違反すれば即座に追及し、罰則規定［一〇万円の支払い］の実現と貫徹を迫る。

しかしこの場合、違反事実の追及も確認も、そして罰則として規定された意志［一〇万円の支払い］の実践も、すべて当事者である他方が、直接担わなければならない。ということは、罰則規定の貫徹いかんに端的にあらわれる、この規範としての規制と拘束力のいかんが、もっぱら当事者同士の私的な力関係の問題に、解消されてしまうことを意味している。

この種の〈約束〉は、そのほとんどが、たんなる口約束にすぎないから、たとえ違反が発覚しても、〝いま金がないからもう少し待ってくれ〟、といってうやむやにされかねない。あるいは、〝俺はそんな約束した覚えはない！〟、などと居直られても、一〇万円を徴収する実現手段など、何もない。

せいぜい思い切り怒鳴りつけて、絶交宣言ができるくらい。かっとなって殴りつけケガでもさせれば、傷害罪で告訴されかねない。また、たとえこの約束が、口約束ではなく、紙に書かれたものであったとしても、事情はまったく変わらない。いま若い女性と中年男の間で流行の、〝愛人契約〟と同様、この種の〈賭約束〉を保護している、法律自体が存在しないからである。

〈契約〉は、社会的諸関係のなかで成立した、特殊的規範である。それは、規範としての規制と拘束力を、自己自身の内にではなく、国家権力による保護という、〈外部〉に求めなければならない点で、社会的規範としては、生れたばかりの赤子の段階にある。いうまでもなく、規範としての内部的な規制と拘束力をもっているのは、組織的・制度的な規範であって、この意味でそれは典型的な社会的規範といえる。

第二篇　組織的権力の構成と形態

3 権力主体としての〈組織〉

（1）〈組織〉とは何か？

〈権力〉現象は〈組織〉なくしてありえない、とはいえないまでも、〈組織〉あるところに全面的に開花し、展開している。然らば〈組織〉とはいったい何か？

組織を直接の実体的にみれば、もとよりそれは個人ではない。ごく少数のものから、膨大な規模にまでおよぶ、諸個人より成っている。しかし、諸個人によって直接実体的に構成される〈組織〉は、個人の集合より成る集団にはちがいないが、たんなる集団ではない。それは、たまたま電車やバスに詰め込められたような、個人の集合でもなければ、よく晴れた祭日の午後の広場や公園でくつろいでいる、たくさんの人々というような集合でもない。あるいはまた、試合が終わればたちまち散開してしまう、サッカー場や野球場に集まった観客としての大群衆でもない。それは、ごく一時的ではなはだ偶然的な個人の集合や、この種の集合としての集団とは、まったく異質の存在である。

というのは、この種のたんなる個人の集合としての、集団を決定づけるものは、直接の場所的・空間的な結集性というより、正確には集結性にすぎない。しかし、この直接の場所的・空間的な、結集性・集結性という契機は、〈組織〉としての諸個人の集合と結集にとって、それこそ何の関係もない。たまたま、ごく短い時間に狭く限定された、同一の場所的空間に存在するだけの、諸個人の集合と集団は、諸個人がこの限定された場所的空間から、少しでも離れてしまえば、たちまち消滅してしまう。しかし、組織的な諸個人の場合なら、諸個人が全国各地いやそれどころか、全世界に配置され展開していても、強固に結集した〈組織〉を構成していることに、何らの変わりもないのである。

それでは、諸個人が東京にいようが名古屋や大阪、沖縄、北海道はたまたアラスカ、ニューヨーク、マニラ、ロンドン、カイロなどに派遣されていようが、彼らを同一の組織構成員として統一し、彼らが展開している多面的な諸活動を、いわば〈別個に進んで一緒に撃つ〉ように、組織活動として統一し融合させている、〈赤い一本の糸〉がかりにあるとすれば、それはいったい何であろうか？

彼ら諸個人は、組織内部のどの部署に配置され、国内はもとより、世界各地のどこに派遣されていても、直接には指揮中枢が日々発する、〈指示・命令〉に従って、多様な活動を展開している。またそのことをつうじて、当該組織の維持と発展という、組織的根本理念と目的の実現のために、それぞれがその能力を発揮している、あるいはさせられている。してみると、この〈赤い一本の糸〉とは、まさしく〈規範〉以外ではありえないといえる。

それゆえ、〈組織とは、規範にもとづいて結集し構成された特殊な人間集団〉と、規定することができる。組織が、〈規範にもとづいて結集した特殊な人間集団〉であることから、きわめて重要な理論的見地が、導き出されてくる。それは、諸個人が規範に服従している〈組織〉内部において、〈権力関係〉つまり、〈諸個人がその独自の意志を規範としての意志に服従させている意志の支配＝従属関係〉そのものが、そっくり実現されているということである。いいかえれば、権力現象とりわけ典型的な社会的権力は、何よりも組織における〈内部的な支配力〉という形で、あらわれるのである。

ここでとくに、〈内部的な〉支配力として、〈外部〉にむかって押し出される、組織的意志の支配力と区別したのには、それこそ千金の重みがある。というのは、同じく組織的な意志といっても、〈内部〉にむけられたものと、〈外部〉にむかって押し出されたものとでは、規範としての意志の規制と拘束力が、まったくちがうからである。結論からいうと、組織の外部的意志には、規範としての意志の貫徹力はない。

もしかりに、組織的意志が、当該組織にぞくさない諸個人や、他の諸組織に対しても、当該組織内部の諸個人に対する場合とまったく同じように、いつでも確実に、規範としての規制と拘束力を発揮しているとしたら、それらの諸個人や諸組織は、実質的には当該組織に吸収され、包摂された存在であって、もはや〈外部〉ではない。それは、〈企業〉でいえば中小の独立企業が、大企業傘下の子会社として吸収されてしまった場合とか、〈国家〉レヴェルでいえば、超大国の指示と命令のままに行動するほかない、傀儡政権下の従属国などの場合である。

それでは、〈外部〉にむかって押し出される組織的意志は、一般にどの程度の規制と拘束力を、もっているのだろうか？　この〈外部的支配力〉の貫徹いかんは、もっぱら当該組織相互における、総体的な力関係のいかんによって決定される。しかしこれは、あくまで当事者が、二つの独立した組織だけであった場合の原則であって、これに他の諸組織の意志が、直接間接にからみ合ってきた場合には、それほど話は簡単にはいかない。その場合には、当然関与してきた他の諸組織をもふくめた合従連衡と、遠交近攻などの多様な外交的策謀や術策が試みられる。

それゆえ、その決着には、必ずしも当該組織相互の力量のいかんが、正確に反映されるとはかぎらない。むしろ強大な方が自信のある分だけ、ついこの種の外交的努力を怠りがちである。そのため気がついたときには、周囲を完全に包囲され一人だけ孤立させられている。そうなると、相手のいい分のほとんどを、しぶしぶながらも飲まざるをえなくなる。この種のケースは、けっして少なくない。

もっともこの場合でも、より強大な組織に対して、いく分劣る方の組織を中心に、〈このさい少々痛めつけてやろう〉という、強大組織に対する、ただ一点での〈意志の合意〉にもとづいた、諸組織を大きく束ねる〈組織化〉が、実現されている。もちろんこの組織化は、諸組織相互の密約や正式文書を交わした、同盟・連合などの多様な形態をとって、推し進められる。したがってこの意味からすれば、たとえ一時的とはいえ、諸組織を大きく組織的に束ねることのできた方が、その圧倒的な組織的総量にもとづいて、外的諸関係における組織的力比べを、きわめて有利に決着できる。先の原則は、このような形で貫徹されているともいえよう。

このように、同じく組織的意志による規制と拘束力といっても、それが〈内部〉にむけられた場合と、〈外部〉にむかって押し出される場合とでは、規範としての意志の貫徹力が、大きく異なっている。したがって、同じく権力現象あるいは権力関係といっても、それが組織内部についてとりあげたものなのか、それとも組織間の関係をとりあげているのかを、明確に区別しなければならない。

すでに述べたように、組織内部においては、規範としての意志による〈内部的支配〉が貫徹されている。そうでなかったら、それは生れたばかりのルーズな組織状態か、組織の解体期かの、いずれかであろう。しかし組織相互の関係においては、両者の組織的力量のいかんにもとづいた決着がつけられ、一方の組織的意志による〈外部的支配〉が、全的に貫徹されることはありえない。

〈権力の本質は規範にもとづいた支配力にある〉という権力本質論からいえば、そこでは規範としての意志による支配が実際に貫徹されている。もし貫徹されていない場合には〈権力〉とはいいがたい。この意味で〈権力〉は、典型的には組織の〈内部的支配〉という形で、成立している。しかし、組織の〈外部的支配力〉の場合には、〈規範としての意志〉が、完全に貫徹されない。せいぜい他の組織的意志に対して、一定の制約と影響を与えるだけなのである。

国家権力をとりあげると、〈国家主権〉という場合の、〈国内主権〉と〈対外主権〉とでは、大きく異なる。まず、〈国内主権〉という法制的観念で表現される、〈国家〉の〈内部的支配〉の特質は、つぎの点にある。それは、それ自体組織的規範にもとづく〈内部的支配〉を孕んだ〈国家権力〉が、〈社会〉を構成しているすべての諸個人、結集された諸個人より成る諸組織への、有無をいわさない〈外部的支配力〉を実現し、貫徹させていることである。これは、社会的権力としての国家権力の本質に直接かかわる、きわめて特殊な特異性といってよい。［しかしこの点については、本論第3章「国家と国家権力」でとりあげるので、ここではたんに指摘しておくにとどめる。］

これにひきかえ〈対外主権〉とは、この〈国内主権〉が、他の諸国家との外的諸関係のなかで、承認されたものにすぎない。というのも、外部にむかっておしだされる外的国家意志が、いったいどの程度貫徹されるかは、もっぱら他の諸国家との総合的な力関係のいかんに、かかってくるからである。［この点については、本論第3章、第11章第1節など参照］。

アメリカを中心とした方法的機能主義にもとづく政治学・社会学では、組織的権力における、〈内部的支配〉と〈外部的支配〉との根本的な相違が、まったく無視されている。たとえばP・M・ブラウの、つぎのような「権力」規定は、この両者の混淆的把握の典型といってよい。――「…権力とは、定期的に与えられる報酬を差し止める形態をとろうと、罰の形態をとろうと、脅かすことで抵抗を排除してでも、人びとあるいは集団がその意思を他者に押しつける能力である。」［間場他訳『交換と権力』、新曜社、一〇五頁］。

さらに、〈権力〉とたんなる〈影響力〉とが、概念的に区別されていないのも、権力の本質に直接かかわる〈内部的支配力〉と、他者への一定の制約と影響力にすぎない、〈外部的支配力〉とを一緒くたにしたことが、少なからず関係している。因みに、C・J・フリードリッヒの『政治学入門』［安他訳、学陽書房］に曰く、――

「…権力の非常に重要な一つの形態である影響力（influence）…。それは、通常、いや実際ほとんどいつも、命令とは無関係に行使される。ある人は他の人に、政治の領域においてはっきりとした命令をしないで、自分がして欲しいと思う通りに相手を行動させることで影響力を行使する。この理由によって、影響力は隠れた権力であり、権力のおおよそ目に見えない形態であると言われてきたし、またそれは十分根拠のあることである。圧力団体や宣伝者が行使する巨大な権力は、この種の隠れたものである」［一五二頁］。

また、戦後アメリカの代表的な国際政治学者として知られるモーゲンソーも、「政治権力」にそくしてこの種の混同を、露呈している。――「政治権力は、それを行使するものと行使されるものとの心理的な関係である。すなわちそれは、前者が後者の心に影響を及ぼすことによって後者の行動を制御するのである。しかもこの影響力は、次の三つの源泉に由来する。すなわち利得への期待、不利益への恐れ、人や制度への敬愛である。影響力は、人間もしくは機関の命令・威嚇・カリスマ性から、あるいはこれらのうちいずれかが結合して発揮されるのだということができよう」［現代平和研究会訳『国際政治一』、福村出版、三二頁］。

ここでは、〈権力〉の本質について純粋に、論理的に追究されるのではなく、たんなる「影響力」へと解消された「権力」の、有効性が発揮されるための具体的な源泉や、諸条件と混淆されたレヴェルで、すべてがとりあげられている。いかにも経験論的実証主義の、特殊アメリカ的形態の典型というほかない。

しかし〈科学〉では、対象を何よりもその〈典型的な形態〉に内在する〈一般性〉を、〈法則ないし理論〉として把握し構成することによって、一般性から特殊性、典型から変形と偏差、正常から異常を、それぞれ説明し学的に位置づけなければならない。それとはまったくぎゃくに、特殊性から一般性、変形と偏差から典型、異常から正常を説明したり、両者を一緒くたにしてしまってはならないのである。

（2）組織の本質と〈分業〉

前節では、〈権力主体としての組織〉という観点から、諸個人をたんなる集団ではなく〈組織〉として束ねる、組織的規範の内的構成についてとりあげた。そのさい、諸個人がなぜ〈組織的〉に結集するのかという、〈組織的〉構成と存立の意義と根拠については、いわば暗黙の前提として、直接ふれることはなかった。しかし昨今、社会的諸学において横行闊歩している欧米の経験論的機能主義、とりわけそのもっとも浅薄なアメリカ機能主義では、実体否定の方法的発想に災いされて、〈組織〉の本質論的な把握が存在しない。「組織」は、思いつくまま雑多にカキ集められた多様な諸機能の、〈束〉とみなされるだけである。そこで、この点についても、ごく簡単に確認しておくことにしよう。

まず、諸個人の〈組織的〉結集の根拠は、多数の諸個人の直接結合された協同［共同］活動が、個々の個別的活動の単純な機械的総和を大きく質的に凌駕した、〈倍加された強力な集団力の獲得を可能にする〉点にある。それは、諸個人が〈組織〉的に結集した、理念と目的のいかんにかかわりなくいえる。因みに当該組織の理念と目的は、物的財貨の生産と獲得であれ、軍隊のような物理的破壊であれ、はたまた、ピラミッドや大伽藍などの巨大な土木建築事業であってもいい。結集した諸個人の規模が大きくなればなるだけ、より強力な社会的諸力を創出できるからである。

しかし、多数結集した諸個人による〈協同活動〉が、実際に有効性をもった組織的活動として作用するためには、諸個人の組織的編成に直接かかわる、決定的な契機が必要かつ必然となる。それは、結集した諸個人の個別的活動を、〈協同活動〉として統一し融合するため、つねに〈組織〉としての〈単一の意志〉の下への全員の服従が、否応なしに要請される点にある。それは、ごく単純かつ機械的な活動に従事するような場合でさえ、必要である。

これは、結集した諸個人を〈組織〉全体という観点からみて、〈調和と制御〉にかかわる特殊な専門的活動としての〈指揮・監督〉が、必要かつ必然とされたことを意味している。いくらか角度を変えていえば、これは、最初の〈組織―内―分業〉として、〈専制的〉な〈指揮中枢〉としての、〈指導部〉の形成が必然化された、ことを示している。

そして、この〈組織―内―分業〉は、一般に社会的組織の飛躍的な発展に伴い、二つの方向から形成され進展していく。一つは、指導部［指揮中枢］を軸とした指揮・命令系統の、専門的諸機関としての階層的分化と、ピラミッド的構成の進展である。そしてもう一つは、当該組織的理念の実現に必要な諸活動に、合理的・集中的・計画的に対応する必要から、諸個人を各種の専門的な諸機関に、分散的に配置する形をとった、多様な専門的諸機関としての分化である。それゆえ、〈組織―内―分業〉の進展は、全体として組織の巨大化にともなう、〈専制的〉な権力構成の段階的進展という大枠のなかで、強力に押し進められる。

これを要するに、諸個人が多数〈組織的〉に結集することによって可能となった、直接には〈協同活動〉形態での強力な〈集団力〉の創出とは、〈分業の導入を基礎とする倍加された社会的諸力の獲得〉、ということにほかならなかった。そしてここに、組織本質論における分業論の、きわめて重要な意義がある。

このように〈分業〉は、現実的な諸個人の〈組織的〉結集を必要また必然とするところでは、いつでもどこでも生じる。したがってそれは、社会全体つまりはときどきの歴史的社会を、他と大きく区別される統一的な〈組織〉として把握するならば、〈社会的〉レヴェルにおいても、都市と農村、精神労働と肉体労働、諸階級・階層、諸産業・業種などの、実に多種多様な形で存在している。そして、ときどきの歴史的社会が総体として把持している、政治的・軍事的・経済的・文化的などの、社会的諸力の発展いかんは、もっぱらこの〈社会的分業〉が、どれだけ多種多様な形で発展し開花しているか、という点にかかっているといっても、決して過言ではない。

ただこの〈社会的分業〉は、直接意識的・計画的にではなく、もっぱら数世紀をかけて自然成長的に形成され進展してきた点で、さきの〈組織―内―分業〉とは大きく異なっている。とくに〈近代社会〉では、〈個人〉および結集した諸個人より成る〈組織〉の、〈自由なる活動〉が原則的に承認されている。

そこで、結果的また必然的に、あらゆる社会的レヴェルでの〈分業〉が、多種多様な形で全面的に発展し、開花することになった。したがってこれは、〈組織―内―分業〉が、単一の〈専制的〉な指揮中枢の指示・命令の下に、完全に統制され秩序づけられているのとはまったく対照的に、〈社会的分業〉が、もっぱら多元的にして統制なきアナーキーな形態で、展開していることを意味している。

いいかえれば、同じく〈分業〉といっても、一方は、〈専制的〉権力形態を前提とし、かつまたそれを必然化させる、意識的で計画的に統制された、統一的な秩序の下におかれている。ところが他方は、とりわけ〈経済的〉レヴェルでの〈自由競争〉が、直接かつ必然的に生み出すところの、まったく統制なきアナーキーな、かつてない多元的な展開形態をとって、現出している。

もっともこれは、考えてみればむしろ当然のことであろう。というのも、個々の経済組織では、生産手段が産業の［専制的］司令官、つまりは〈資本家〉の手のなかに集中されている。これに対して、社会全体ないし統一的社会では、多数の独立的［商品］生産者が、生産手段をいわば分散的に所有しているからである。

ここからマルクスは、初期の著作『哲学の貧困』のなかで、〈社会的分業に対する支配と統制が少なければ少ないだけ、個々の経済組織内部における分業は、ますます発達し、従って、ただ一人の産業的司令官による専制的支配は、ますます強化される。それゆえ、こと〈分業〉に対する専制的な支配・統制のいかんにかぎっていえば、〈社会内部〉と個々の〈経済組織内部〉とでは、逆比例する〉という定式を、提出したものである。因みに曰く、——

「社会全体は、社会にもまたその分業があるという点で、工場の内部と共通点をもっている。近代的工場における分業を典型とみなして、これを一つの社会全体に適用するならば、富の生産にとってもっともよく組織されている社会は、むろん、たった一人の企業家だけがかしらにたち、その人があらかじめさだめられた規定にしたがって共同体のさまざまな成員に仕事を分配する社会であろう。しかし、事実はけっしてそうではないのである。近代的工場の内部では企業家の権威によって分業が綿密に規定されているのに反して、近代社会には、労働の分配について、自由競争以外になんらの規定も権威もないのである。…（中略）…／われわれは一般的につぎのような定義をくだすことさえできる、権威が社会の内部の分業を支配することがすくなければすくないほど、分業は、工場の内部ではますます発達し、そしてそこでただ一人の権威にますます服従するものである、と。だから、工場における権威と社会における権威とは、分業については、相互に反比例しているのである」〔高木訳、国民文庫、一八二〜三頁〕。

学説的にふり返ってみるならば、この〈分業〉の問題を、とくに〈経済的〉レヴェルにおいて、それが〈生産諸力〉の向上を可能にすることを、はじめて理論的に提示したのは、A・スミスである〔『国富論』第一編第一章〜第三章〕。ただA・スミスの場合、個々の経済主体〔組織〕内部での〈分業〉、すなわち〈組織―内―分業〉についで考察を進めながら、その理論的な諸成果をそのまま諸産業・諸業種、つまりは〈社会的分業〉の問題にまで、拡大的に適用してしまっている。いいかえればA・スミスにおいては、いまだ〈組織―内―分業〉と〈社会的分業〉との、理論的な弁別がみられない。

A・スミスの問題提起を承けたマルクスは、エンゲルスとの協同的著作として知られる初期の『ドイツ・イデオロギー』において、早くも「社会的な支配力（権力）〔soziale Macht〕は、すなわち分業のために制約された協働（種々な個人の）によって発生するところの倍加された生産力は、この協働そのものが自由意志的ではなく自然成長的であるため、これら個人にはかれら自身の結合された支配力（権力）〔Macht〕としてはあらわれずに、かれらのそとにたつよそよそしい強力〔Gewalt〕としてあらわれる」〔ほぼ、古在訳『ドイツ・イデオロギー』、岩波文庫、四五〜六頁、に従った〕という、卓越した見地を提出している。

そして、『資本論』では、まず、多数結集した諸個人による直接に社会的な共同労働が、強力な集団力としての生産力の創造を可能にし、またそれが、単一の指示・命令に諸個人を服従させるための、〈指揮・監督〉機能の顕在化と独立化を、生み出すと端的に指摘する。そのうえでさらに、個々の経済組織内部における〈組織―内―分業〉と、〈社会的分業〉とを明確に区別しながら、とくに前者については、マニュファクチュア形態から機械制大工業形態への、歴史的・段階的な移行に即して、じつに詳細にして周到な解析を提示している［第一巻第四編第一一章〜一三章］。

（3）〈組織〉の規範論的構成

つぎに、諸個人から意志の服従の獲得によって、直接に〈組織〉を構成する組織的〈規範〉について、さらに論理的解体のメスをくわえておく必要があろう。

一口に組織的規範といっても、その内的な性格は一様ではなく、相対的に区別さるべき三つの部分から、成り立っている。まず第一は、当該組織の根本的な理念と目的を規定した部分である。これは、もっとも発展した巨大組織である〈近代的〉国家でいえば、憲法のとくに前文に、当該歴史的国家の根本精神として明記されている。ただ企業の場合、〈社是・社訓〉という形をとった、当該企業の「理念と目的」の規定では、いかなる商品の製造と販売かが、具体的に明示されているわけではない。この点については、最後に補足しておくことにしよう。

第二は、組織的根本理念と目的を実現するための、より具体的な規定であって、組織的規範の実質を構成している部分である。これは、〈近代的〉国家でいえば、刑法・民法・商法・経済法・社会法などがこれに当たり、企業の場合には、各種の〈生産計画〉を想起すればよい。なお政党の〈綱領〉は、当該組織が実現すべき政治的理念と、そのための基本的な実践活動の方針を、規定したものである。したがってそれは、第一と第二の部分を含んだものといってよい。

このように、諸個人が〈組織〉として結集するための、〈根本の理念と目的〉が決まり、さらにそれを実現するためには、具体的にどのような活動を展開したらよいかという、実践的な枠組みが規定されたとする。そうすると、最後に、根本理念を実現するための諸活動を、諸個人がいったいどのような形で分担し担掌するかが、問題となる。いいかえればそれは、諸個人を根本理念実現のための具体的な諸活動に、どのような形で配置すればよいか、という問題である。それゆえ組織的規範の第三は、〈組織体制〉を規定した部分である。

それは、具体的には、一方で、指導＝被指導関係の規定、とりわけすべての諸活動を直接規定する、組織的規範としての意志の決定形態、つまりは、意志決定権の所在いかんにかんする規定。また他方で、諸個人を多様な諸活動の遂行に即した、各種の専門的な諸機関に、分散的に配置するための規定である。この二種類の組織規定によって、諸個人が展開している多様な諸活動を、根本理念の実現にむけた〈組織的〉活動として、有機的に融合し統一することが、可能となる。

ここで、〈組織〉の歴史的な形成と発展過程を、大きく通観してみよう。まず、当初はごく少人数で発した諸個人のなかから、実質的ないし名目的な指導者が出てくる。そして組織的な規模の進展とともに、〈指導部〉が、最初の〈組織内分業〉、あるいは〈組織内部の最初の専門的機関の分化〉、として形成される。

つぎに、一方において、組織の飛躍的な発展と巨大化に伴い、指導部を軸とした上級から中級さらには下級へと到る、指揮・命令系統の細分化とピラミッド的構成が進展していく。他方、このピラミッド的構成の進展のなかで、根本理念実現のため要請される多様な諸活動に、合理的・専門的・集中的・計画的に対応する必要から、諸個人を各種の専門的な諸機関に分散的に配置し、編成していくという行程が、みられる。

この組織体制を規定した部分は、〈近代的国家〉でいえば、国家・国家権力構成法としての〈憲法〉と国家権力組織法としての〈行政法〉がこれに当たり、企業でいえば、〈定款〉、さらに政党の場合には、〈規約〉がそれである。

以上を図示すれば、つぎのようになろう。

	国家	企業	政党
第一 理念と目的の規定	憲法の前文	社是・社訓	綱領
第二 具体的な規定	刑法・民法・商法	生産計画	〃
第三 組織体制の規定	憲法・行政法	定款	規約

組織的規範は、このような三つの部分によって構成されているが、これをたんに形式的・機械的に把えてはならない。つまり第一の根本理念による規定にもとづいて、第二の具体的な実践活動にかんする規定が導きだされ、さらに第二の規定から実践活動を直接担う、諸個人の組織的構成と配置についての規定「組織体制の規定」が、具体化されているかのように、速断してしまってはならない。

それらは、それぞれ相対的に独立している側面をも、もっているからである。とくに第一の根本理念を規定した、多分に抽象的でときに、思想的・イデオロギー的な部分と、規範としての実質を構成している、第二・第三の具体的な規定の部分との、論理的な落差には、充分な注意を払わなければならない。

第一の組織的根本理念は、諸個人を他と区別される当該〈組織〉として、大きく結集し構成するための、強力な磁力ではある。しかし、結集された諸個人を、日々直接細かに規制し、拘束する規範としての組織的意志は、もっぱら第二と第三の規定にもとづいている。そのことは、組織的規範への違反に対する処罰が、直接には第一の規定からではなく、もっぱら第二と第三の、細かな具体的規定に対する違反として、審査し判定し確定する他ないことをみれば、よくわかろう。

というのも、組織的諸個人の誰かを、当該組織から追放したり除名するときには、決まって、その特定個人が、〈当該組織の構成員としてはふさわしくない、それは彼が根本理念を充分に理解していないため、それにくり返し背反したからである〉、などと決めつけられる。しかしこの場合、根本理念への背反を直接証明するには、第二・第三の規定への具体的な違反行為が、明瞭な証拠や証人によって、裏付けられる必要があるからである。

組織的規範を内的に構成する三つの部分は、とくに発展した組織では、それぞれが規範として分化し、独立した形であらわれる。そして、このような論理的な区別、とりわけ第一の根本理念の規定と、第二・第三の具体的な規定との間の落差は、法的規範をみれば、ただちに明瞭となろう。いうまでもなく、〈法律〉という形をとった法的規範は、〈社会〉を〈国家〉として、社会構成員を国家構成員としての〈国民〉として組織している。

とくに直接に国家権力を構成する諸法律［憲法・行政法など］ではなく、社会構成員を直接規制する諸法律［刑法・民法・商法など］の、どれでもいいからその一つをとりあげてみればよい。そこでは、まず当該法律の趣旨として、その理念と目的がかなりくわしく説明される。ついで、それを実現するための具体的な規定が、〈～すべし〉とか〈～してはならない〉という形で細かに提示される。そしてさらに、それを執行するための諸機関［組織］について明記され、最後に、これらの規定に違反した場合、有無をいわさずに断行される処罰規定が記されている。

ここで重要なことは、われわれ国民が、これら個別法律が規定している理念と目的に対して、賛成・反対のいかんを問わず、その具体的な規定に対して違反すれば、誰でも容赦なく処罰されるという点である。たとえば、ある人が日頃の思想的立場からいって、ある個別法律の理念と目的に断固反対であっても、その法律が厳しく禁じている具体的な規定に、現実的な行動において違反さえしなければ、彼は決して処罰されることはない。ところがそれとはまったく反対に、個別法律の理念と目的に対して、たとえ内心では賛成であっても、それが禁じている具体的な規定に、結果的また事実的に違反すれば、彼はその処罰規定どおりに厳しく処罰される。

因みに今日の国家独占資本主義体制下において、ブルジョアジーは、国家権力が〈租税〉として、国民的諸階級・階層から合法的に掠奪した剰余労働を、とくに経済政策をはじめとする、各種の国家的保護・補助という政策的還元形態で、内ゲバふくみながらも、階級としてはほとんど独占的に横領し、再分配している。そこで、このような国家的諸活動の財政的基礎にかかわる、〈国民の納税義務〉という国家的理念それ自体に、正面から反対するような資本家はまず存在すまい。

しかしだからといって、彼らがとくに個々の資本家として、税法上の厳密な規定どおりの申告をしているかといえば、話はまったくちがってくる。そんなバカ正直を実践している資本家がいたら、それこそ天然記念物的存在であろう。そこで税務当局によって動かぬ証拠を握られ、〈脱税〉が発覚すれば、強制捜査によって規定どおりの処罰が、断行されることになる。

(4) 補足——社是・社訓にみる現代企業の「理念と目的」

〈社是・社訓〉という形で表現された、現代企業の「理念と目的」には、少なからぬ特異性がある。もちろん〈社是・社訓〉が、企業理念・経営理念・綱領・行動指針などに、そっくり置き換えられている場合も、少なくはない。百聞は一見に如かず。まずは今日の代表的な企業の社是・社訓を、いくつかみておこう。

三菱樹脂

社是

「三菱樹脂はその社業を通じて　恒により高い価値を創造し　より豊かな社会づくりに　貢献する」

顧客にはより良い品をより安く　・株主には安定した配当を

従業員には充実した生活を　　　・その他関係先とは共存共栄を

社訓

一、顧客志向　二、誠実努力　三、相互信頼　四、緊密連絡　五、切磋琢磨

六、進取積極　七、決断実行

大和冷機工業

社是

社会の繁栄に貢献する

一、顧客のニーズに応える　一、社員の生活向上に努める

一、企業の安定成長をはかる

社訓

至誠　誠の心と強固な意志をもって社業に精励する

協調　連帯感の上に築き上げる共存共栄の精神

創造　常に新しい技術の開発と業務の改善に努力する

大村紙業

社是

大村紙業株式会社は社会のために存在価値を確信し全員経営参画理念により国際経済の発展に徹することを生きがいとする。

社訓

月　親和　心を一つに親和　　火　技術　前進の技術　　水　安全　安全もう一度確認　　木　建設　みんなの総意で明日への建設にいどむ　　金　改善　改善の促進と管理の充実　　土　設備検討　創意工夫で未来に挑戦

東芝

東芝グループスローガン

人と、地球の、明日のために。

東芝グループ経営理念

東芝グループは、人間尊重を基本として、豊かな価値を創造し、世界の人々の生活・文化に貢献する企業集団をめざします。

一．人を大切にします。

東芝グループは、健全な事業活動をつうじて、顧客、株主、従業員をはじめ、すべての人々を大切にします。

二．豊かな価値を創造します。

東芝グループは、E&Eの分野を中心に技術革新をすすめ、豊かな価値を創造します。

三．社会に貢献します。

東芝グループは、より良い地球環境の実現につとめ、良き企業市民として、社会の発展に貢献します。

トヨタ自動車

トヨタ基本理念

内外の法およびその精神を遵守し、オープンでフェアな企業活動を通じて、国際社会から信頼される企業市民をめざす

各国、各地域の文化・慣習を尊重し、地域に根ざした企業活動を通じて、経済・社会の発展に貢献する
クリーンで安全な商品の提供を使命とし、あらゆる企業活動を通じて、住みよい地球と豊かな社会づくりに取り組む
様々な分野での最先端技術の研究と開発に努め、世界中のお客様のご要望にお応えする魅力あふれる商品・サービスを提供する
労使相互信頼・責任を基本に、個人の創造力とチームワークの強みを最大限に高める企業風土をつくる
グローバルで革新的な経営により、社会との調和ある成長をめざす
開かれた取引関係を基本に、互いに研究と創造に努め、長期安定的な成長と共存共栄を実現する

この社是・社訓については、次の三点を指摘しておかねばならない。第一に、右の紹介から社是と社訓との違いが、浮き彫りになってくる。社是では、当該企業の「理念と目的」らしきものが提示されている。これにひきかえ社訓では、当該企業体の構成員［社員］一人一人に対する、理想的な倫理規範が掲げられいる。それは、当該企業の理想的な〈社員〉たるべきための、社員倫理といってよい。

第二に、社是において一般に、当該企業がいかなる商品を製造し販売するかという意味での、〈目的と理念〉が明示されることはない。問題はその理由にある。それは、自他共に自明だからではない。それよりむしろ当該企業が、現在は製造業・販売サービス業・金融業などのいずれかに属していても、将来的には、他の業種に自由に参入したり転じられる、〈経済的自由〉を保持しておこうという、根源的なところから来ている。というのも企業はすべて、〈最小の貨幣（経費）で最大の貨幣（利潤）の獲得〉という、経済原則にもとづいて活動している。それは、直接的には企業の維持と発展、しかし究極的には、生産手段の独占的所有者である企業家としての社会的生存を、根本目的としている。

だから企業（家）は、その社会的生存と生き残りのためには、あらゆる手段と方策を自在に駆使する。超巨大企業として知られる製鉄会社が、不況期にミミズやドジョウの養殖に手を出したり、特定調味料の製造会社が、好況期に不動産部門を新設ないし他社の吸収によって抱え込んだかと思えば、大不況期を迎えて、あっさりとそれまでまったく手に染めてこなかった特定商品の製造へ、大転換したりする。だから、社是という形の「理念と目的」で、特定商品の製造・販売を規定して自らの手足を縛ってしまえば、それこそ企業にとっての命取りになりかねない。

そうすると第三に、なぜ企業には、社是という形をとった特異な「理念と目的」が必要なのか、ということになる。社是そのものは、経済組織としての企業が外部、とりわけ所属国民社会に対して示した、一種の社会的なポーズと体裁以上の代物ではない。ではなぜ企業にはそんな代物が必要なのか？

その理由は、いかな企業といえども、特定の国民社会を基盤とし、対外的には国民国家として押し出される、国民社会の枠組みのなかで経済活動を展開している。そして国民社会自体、人間社会の世界史的発展のなかで形成されてきた、諸国家が直接間接に織り成す国際的世界［国際社会］のなかで、棲息している。それだけに企業は、とくに大企業ともなれば、否応無しに社会的な責任と公共性を、客観的に付与される宿命をもっている。

たとえば世界を股にかけた超大企業が、その製造工場から日夜大量の汚水や多量の有毒ガス・粉塵の類を、周辺の住宅地域に垂れ流し続けたり、とんでもない不良品、とくに人体に有害な物質を多量に含んだ製品を、大量に世界中にバラ撒いたりしていれば、どうなるか？

いうまでもない。国内のマス・コミはもとより、世界中から厳しく糾弾されて、たちまち押し潰されてしまおう。そこで企業（家）は、日夜エゴイスティックな経済的利害を貪欲に追求しているだけに、獲得した利潤の一部は、当該社員ばかりか、当該国民社会や国際世界へ分配し還元しなければならない。少なくとも社会への還元と社会や環境との調和を、表看板では宣明しなければならない。

こうして社是は、当該企業が自主的・自制的に把持すべき社会的な倫理規範、つまり企業倫理という側面をも、内にふくむようになる。そしてその当然の結果として、社是はどれをみてもほとんど代わり映えのしない、同じようなもの、それゆえどの企業にでも該当するような、抽象的な空文句に終始することになる。というのも、このような国民社会や国際社会また自然環境など、外部的世界との調和の必要は、現実には莫大な経費がかかる公害・安全対策を強要することによって、当該企業の経営を根底から脅かすからである。

ただ、いかな企業も特定国民社会を本拠にして経済的活動を展開しているから、戦争とくに総力戦体制［戦時国家体制］へと突入するようなことになれば、否応無しに軍事関連産業への移行と転換を、国家的に強制される。自動車工業なら戦車・装甲車や輸送用大型トラックの製造、造船業なら戦艦や潜水艦の建造という具合に。そうなれば企業（家）は、資本（家）としての社会的生存を第一義としているから、軍事官僚や経済官僚の指示通りに、国定価格で買い上げられる特定商品の生産と販売に、専念するほかない。そこで彼らの経済活動は、日頃の私的経済利害のあくなき追求ではなく、当該国民国家の存亡と興廃に直接かかわる公的活動としてあらわれる。これは、実質的な〈国家資本〉としての活動である。

わが国の場合、大日本帝国憲法体制の成立以降、先の大戦期まで、立憲君主制の外装ながら、〈アジア的〉な専制国家としての実質を堅持していた。くわえて国際社会は、国民社会を挙げた総力戦を強いる、世界大戦の勃発がつねに予想される時代であった。そこでこの時期に創業された、今日の巨大企業の「社是・社訓」には、天皇制イデオロギーとしての国体論の思想的影響が、かなり濃厚にあらわれている。

たとえば、一九三七年に設立されたトヨタ自動車では、先に紹介した「基本理念」が一九九二年に作成されるまで、豊田本家［豊田自動織機製作所・一九二六年設立］の「豊田綱領」［一九三五年作成］を、そのまま採用してきた。この「豊田綱領」や松下電器産業の「綱領」・「精神」などをみると、「産業報国」とか「報恩感謝」、「質実剛健」・「家庭的美風」など、当時の公的な常套文句が羅列されている。

豊田綱領

一、上下一致　至誠業務に服し　産業報国の実を挙ぐべし
一、研究と創造に心を致し　常に時流に先んずべし
一、華美を戒め　質実剛健たるべし
一、温情友愛の精神を発揮し　家庭的美風を作興すべし
一、神仏を尊崇し　報恩感謝の生活を為すべし

松下電器産業

綱　領

産業人たるの本分に徹し、社会生活の改善と向上を図り　世界文化の進展に寄与せんことを期す

（中略）

松下電器の遵奉すべき精神

一、産業報国の精神

産業報国は当社綱領に示す処にして　我等産業人たるものは本精神を第一義とせざるべからず

一、公明正大の精神　一、和親一致の精神　一、力闘向上の精神　一、礼節謙譲の精神

（中略）　（中略）　（中略）　（中略）

一、順応同化の精神　一、感謝報恩の精神

（中略）　（中略）

このように社是・社訓形態をとった企業の「理念と目的」には、当該国民社会に固有の思想的・文化的な諸意

識・観念が、雑多に掻き集められ、また混入している。それは、一昔前の家族主義や国家主義であったり、近代的な市民主義や単純な世界主義、また真新しい環境保護主義などであったりする。

しかし重要なことは、社是・社訓において、これらの思想的・イデオロギー的な諸意識・観念が、断片的に掻き集められているだけであって、決して社会的な思想・イデオロギーとして、提出されているわけではない。というのも、企業における主に社是という形をとった「理念と目的」の表明は、企業（家）の生存と維持・発展という、エゴイスティックな経済利害を実現するに不可欠の、観念的手段であり、また装飾品にすぎないからである。

［文献資料註］

ここで紹介した現代日本企業の社是・社訓は、すべて社会経済生産性本部編『社是・社訓（第三版）』（生産性出版）に収録されているものである。ただし、「豊田綱領」については、トヨタ自動車（本社）から、直接取り寄せた。

（5）補註――〈組織〉と〈制度〉のちがい

ここで、〈組織〉と〈制度〉のちがいについても、一言しておく。〈組織〉も〈制度〉も、規範としての意志に、諸個人がその独自の意志を服従させている、意志の支配＝従属関係を前提としている点では、共通している。ただ、そのとりあげかたが、かなりちがっている。まず、〈組織〉とは、規範としての意志に服従した諸個人を、他のそれと区別された特殊的集団として、とりあげたものといえる。ところが、〈制度〉という場合には、規範としての意志が、諸個人を服従させ貫徹している、スタティックな側面から、この意志の支配＝従属関係をとりあげている。それゆえ、規範に服従している諸個人それ自体は、そっくり捨象されている。

そこで、この〈制度〉の場合にも、〈組織〉と同様に、この規範としての意志の〈社会的内実と性格〉から、〈政治的・軍事的〉・〈経済的〉・〈社会的〉・〈文化的〉な、諸種の〈制度〉が、展開している。さらにまた、その規模いかんについては、〈組織〉以上に多様なかたちをとって、形成され成立している。因みにそれは、統一的社会全体にかかわる、〈政治制度〉・〈経済制度〉・〈社会制度〉から、伝統的な文化的遺制・慣行・習慣にまでいたる。さらに国家的組織ばかりか、一般の多種多様な社会的組織内部に設定された、個々の〈制度〉にまでいたる。例えば大企業における、従業員提案制度や早期退職制度など。

（6）権力の種類

組織的権力を典型とする権力の種類は、組織的根本理念の性格から、大きくは二つに分けられる。というのも、組織的権力とりもなおさず組織的規範は、社会的諸関係において社会的諸関係を構成する諸個人によって、つくりだされたものである。したがってそれは、われわれの物質的な生活に直接かかわるものか、それとも精神的な生活にかかわるものかの、いずれかしか考えられないからである。

この意味で社会的権力は、人々の物質的生活に直接かかわる、物的財貨の生産と獲得を根本目的とした〈経済的〉権力と、人々の精神的生活にかかわる思想・学術・文化などの諸活動を担ったり、特定の思想・イデオロギーの流布と宣伝を目的とした、〈精神的・観念的〉権力とに大別される。

前者の経済的権力には、企業ばかりか労働組合や生協・協同組合などが入る。また後者の精神的・観念的権力には、学術・文化にかかわる諸組織や、宗教的組織などばかりではない。さらに、宗教であれ学問であれ、特定の思想・イデオロギーが、とくに理想的な〈国家・社会〉像へと収斂され、その実現を根本理念に掲げて、実践活動を展開すべく諸個人を組織化するならば、ここに政治的組織としての政治的権力が、成立する。

もちろん政治的組織には、こうした思想的・イデオロギー的性格の強いものだけではなく、〈近代的〉国家権力と対峙しまたそれを直接構成する特殊な政治的組織がある。いうまでもなくそれは、特定の階級・階層的また地域的な特殊利害を、普遍的な〈国民的共通利害〉という形で押し出すことによって、それを〈法律〉および〈政策〉としての国家意志のなかに、大きく反映させるために組織された〈議会政党〉のことである。

因みに〈議会政党〉は、直接の歴史的には中央議会［国民議会］レヴェルで、政治理念と政策大綱における共通性にもとづいて結集した、〈議員組織〉に発する。しかしそれは、〈議会制民主主義〉の制度的な進展にともない、やがて〈中央的―各級地方的〉議会と、〈中央―各級地方〉権力中枢に、その組織構成員を直接送り出すための活動、つまりは〈選挙活動〉を中心の組織活動とした、特殊な政治的組織として完成される。

しかしこの近代政党の場合でも、理想的な〈国家―社会〉像は組織の根本理念として前提とされており、政治的権力が精神的・観念的権力の一種であることに何らの変わりもない。

ただここで、とくに注意を要する点がある。このような種類と分類は、あくまで社会的権力の活動上の性格に即した、論理的な区別である。企業・労働組合・協同組合や、政党・政治組織また宗教組織［教団］など、現実の社会的権力が、純粋に一〇〇％、経済権力や政治権力また宗教権力というわけではない。

因みに、企業や労働組合などの経済権力でも、ときどきの歴史社会に棲息している以上、彼らの一般的な生存条件を外部から強力に規制し、拘束してくる国家権力に対して、まったく無関心で無防備、というわけにはいかない。できるだけ心地よく生きぬくためには、どうしても特定の政党・政治組織への献金や集票など、多様な手段を駆使しての、たえざる政治的な自己主張が必要になる。したがってそのかぎりで、経済権力でありながら、政治的［権力としての］性格をも、部分的にふくむようになる。

また、政党・政治組織や宗教組織などの場合にも、純粋に政治的また宗教的な思想的観念だけで、生存しているわけではない。いずれの場合にも、その組織的発展にともない、宣伝活動のための機関紙誌・出版物の販売とともに、支持・理解者からの巨額の集金と献金などによって、経済的な基礎の飛躍的発展が可能になる。そして、経済的基礎の充実が、さらなる組織的発展を可能にする。そこで、成功を収めて巨大組織化した政治的・宗教的権力は、同時に、強力な経済的権力としても登場してくる。

このことは、歴史的発展のネジを大きく巻き戻してみれば、もっとはっきりしてくる。たとえば、〈近代〉以前の宗教組織は、とくに西欧諸国で典型的にみられたように、現世の王権を軸とした専制的支配を、〈神の名〉において正当化する、その宗教的権力ゆえに、つねに専制的国家権力の中枢に陣取って、国政に参画した。そして、王侯貴族からのたえざる寄進によって肥え太り、膨大な教会所領に君臨する、専制領主権力としても登場した。つまり宗教組織［教会］は、何よりも宗教権力ゆえに、最高の政治的権力となり、専制領主権力としてもっとも強大な経済権力としても、存在した。

このように社会的権力は、人々の物的生活にかかわる経済権力と、精神的生活にかかわる観念的な政治的・宗教的権力とに、論理的に区別して把握できる。しかしこのことは、現実の経済的権力としての企業・労働組合や、政治的・宗教的権力としての、政党・政治組織や宗教組織などのそれぞれが、他の諸権力としての部分・側面を、まったくもたないということではない。むしろその反対である。

そしてさらに重要なのは、これら現実の経済的・政治的・宗教的諸組織が、それぞれ他の諸権力としての側面を、内に発生させる根拠もまた、それぞれに固有の特質［根本性格］にもとづいている。いいかえれば、これら現実的諸権力それぞれの内在的特質が、他の諸権力としての性格を、副次的諸契機として呼起し派生させるのである。因みに、企業は経済権力ゆえに、政治的［権力としての］性格が必要になり、政党・政治組織は、政治権力ゆえに経済権力を内に発生させ、宗教組織は、宗教的権力ゆえに経済権力、ときには政治権力としての構成と発展も、可能になる。

そして、これら現実的諸権力の組織的発展にともなう、副次的諸契機の発芽と増殖は、当然のことながら、当該権力の根本性格に少なからぬ影響をあたえる。直接には、指導部の対応いかんによって、ときには組織的特質自体が、大きく変質させられることさえ、決してめずらしくはない。

- 物質的生活にかかわる［物的財貨の生産と獲得にかかわる］〈経済的権力〉→ 企業・労働組合・協同組合など
- 精神的生活にかかわる〈精神的・観念的権力〉
  - ・政治的権力
    - 国家・国家権力
    - と
    - その構成および対抗権力
      - 近代以前 → 領主・豪族・商人・職人
        反乱農民組織など
      - 近代以降
        - 議会政党
        - 革命政党など
  - ・学術・思想・宗教などの文化的な諸組織
  - ・近代〈議会制民主主義〉体制下における〈国民的世論〉
    - → マス・コミ関連資本
      - 新聞・雑誌・出版
      - ラジオ・TVなど

［参考図］

4 権力形態

権力形態とは、組織的権力の制度的な編成形態を、とくに規範としての［組織的］意志決定形態に、焦点をしぼってとりあげたものである。いいかえれば、〈組織としての意志決定の仕方〉が、問題なのである。ということは、何よりも意志決定権の所在のいかん、つまりいったい誰がそれを掌握しているのか？　もし指導部が掌握しているというのなら、その指導部は、いったいどのようにして形成されたのかをふくめた、指導部の存在形態にも、直接かかわってくる。

さらにまた、組織が大規模に発展したところでは、この指導部自体が、〈上級―中級―下級〉へと発展的に分化しながら、一元的に集権化されている。そこから日々発せられる指示・命令は、ちょうど身体における頭脳・神経組織のように、組織体の隅々にまで伝達されていく。

そこで権力形態は、〈組織〉の統一的構成の形態いかん、つまりは組織形態を直接決定付ける性格をもっている。もう少し一般化していえば、社会的権力が典型的には組織的権力として成立しているゆえに、この意志決定形態の問題は、直接に組織形態の問題であり、この意味で、組織形態としての権力形態の問題として、ここでとりあげねばならない。

（1）〈専制的〉権力構成の必然

権力形態、つまりは組織的諸個人を規制し拘束する、規範としての意志決定の仕方［形態］には、論理的に考えてみると、二つの仕方［形態］しかありえないことがわかる。というのもそれは、諸個人が自己を規制し拘束する規範としての意志決定に、直接・間接に関与し参画できるか、否かという一点において、二つの形態に分れるほかないからである。前者の直接・間接に関与し参画できる意志決定形態を〈民主主義〉といい、後者の参画できない形態、いいかえればごく少数者が、意志決定権を独占的に掌握している形態を、通俗的には「独裁」、しかし厳密には〈専制〉という。

前者の〈民主主義〉は、諸個人が意志決定に直接参加できる形態としての〈直接民主主義〉と、それが限定された間接的な形態としての、〈間接民主主義〉との二つに分かれる。また後者の〈専制〉も、単一者が、最高的ないし最終的な意志決定権を掌握している形態と、数人の有力者によって、合議制的な意志決定がおこなわれている形態とに、分けられる。

前者が、〈親裁〉体制であり、後者が、〈寡頭専制〉といわれる。しかしこの〈親裁〉体制と〈寡頭専制〉とは、歴史的・現実的には相互に移行し合うばかりではない。形のうえでは〈親裁〉体制をとっているのに、実際には数人の有力者がすべてを取り仕切っていたり、ぎゃくに、〈寡頭専制〉の下で、実際には特定の有力者が、一人ですべてを切り盛りしている、といったケースも決して少なくはない。

〈民主主義〉――― 意志決定に組織構成員が直接間接に参加できる
〈専制〉――― ごく少数者が意志決定権を独占的に掌握している
〈親裁〉体制 ――― 単一者がすべてを裁可・決定する
〈寡頭専制〉――― 数人の有力者による合議制

なおこの〈民主主義〉と〈専制〉という概念は、元々は国家権力レヴェルでの意志決定形態にかかわる区別として成立したものである。それは、政治学において国家権力形態としての、政治形態とか統治形態上の概念にぞくしている。しかしここでは、国家権力の特質に立ち入る［本論］前に、国家権力をふくめたあらゆる社会的権力を、〈権力〉としての一般性［一般的な論理構造］においてとりあげていることを、どうか忘れないでもらいたい。

洋の東西と古今を問わず、歴史的社会における大小さまざまな社会的権力を大きく通観してみると、組織的な規範としての意志決定の形態は、いくつかの例外をのぞけば、そのほとんどが、〈専制的〉形態をとっている。したがって、社会的権力は一般的には、専制的権力として、構成されていることになる。もちろんこれは、国家権力についてもいえることであって、〈近代〉以降の国家権力が、一般的に〈民主的〉形態をとっているのは、むしろ例外にぞくしている。

いつでもどこでも決まって、〈専制〉的権力形態が登場しているとすれば、この厳然たる歴史的な事実を、たんなる偶然的な個別的事態の寄せ集め、などと解釈してしまってはならない。少なくとも、社会の科学者たらんとする者なら、社会的な権力それ自体が、〈専制〉的意志決定形態と権力構成を、産み出さざるをえない、〈強度の一般的な傾向性〉つまりは〈法則的な必然性〉を、内在させているのではないか、と予想すべきだからである。

すでに述べたように、あらゆる社会的な権力は、それぞれが特定の目的を実現するために、日々活動している実践的な組織体である。したがってそれは、まず、いずれも根本の理念と目的を規定した部分。つぎに、それを実現するための基本的な計画と指針を規定した部分。最後に、諸個人の配置と構成にかかわる組織体制を規定した部分、という相対的に区別さるべき、〈三つの組織的規範〉にもとづいて構成され、組織活動としての実践的な枠組みが決定されている。

しかし、国家権力をふくめた社会的権力は、よほどの趣味・道楽組織でもないかぎり、理念と目的において同種の組織体と、たえざる競合状態にある。そして、ときには組織の存亡と興廃をかけた、深刻な対立と抗争をくり返している。そこで、国家権力をふくめた各種の政治組織はもとより、企業などの経済組織、はたまた暴力団・ヤクザなどの社会組織にしても、最終的にはライバル組織を蹴落として、自身が戦国的覇者ないしはガリバー的な寡占として躍り出て、それぞれの業界で君臨することをめざしている。

そこで各種の組織は、右三種の組織的規範によって、諸個人の組織活動としての実践的な枠組みが、大きく決定づけられている。しかし、組織体としての活動には昼も夜もない。というのも、いつ敵対組織からの攻撃があるかもしれないから、組織的諸個人には、ときに二四時間勤務が強いられ、いつでも対応できる意志決定が否応なしに要請される。

たとえば、日本企業の意志決定は、たいてい月曜日か水曜日に開かれる常務会か、重役会あるいは取締役会で行なわれる。そして、とくに当該企業の存亡と興廃にかかわりかねない、重大な計画・方針については、数か月に一回くらいの割りで召集される、経営会議に委ねられるのが、普通である。しかし、こうした正規の定期的な会合を、とても待ってはいられない緊急事態が、発生することも決して少なくはない。

社長の女や金、ときにヤクザ絡みのスキャンダルが、三日後に出る週刊誌で暴露されるとか、ライバル社が、息のかかった業界紙やジャーナリストを使って、当社製品の不買運動を消費者にけしかけているとか、きわめて緊急性の強い情報が、夜中でも何でも電話によってもたらされる。

もちろん、重役会を召集している時間がないばかりか、意志決定の前に、自分の後釜を狙っている重役グループにも、同時に知らせてしまえば、有効な組織防衛の方針を模索し討議する以前に、即刻企業経営者としての責任を追及されかねない。そこで、重役全員には知らせないで、ごく一部の腹心にだけ指示・命令を発して、実践的に対処してしまう。そして、一応の結果が出てから、重役会に報告して承認を得る、という形をとらざるをえなくなる。

このように、日々実践的に活動している社会的組織の意志決定には、同じく当該組織の存立と興廃に直接かかわるものでも、各部局からの専門的な知見を集め、じっくりと時間をかけた慎重な討議と検討の、積み重ねが可能なものばかりではない。ときには極度に迅速な機動性と柔軟性、そして高度の機密性をもち、内容的には長期的にみても理にかなった、計画性と政策的な一貫性などが同時に要求される、特殊に実践的な意志決定が、不可欠なものとしてふくまれている。

とりわけ緊急事態への実践的対処においては、組織的意志決定の迅速性・柔軟性・機動性・機密性・計画性・政策的一貫性、そして最後に責任主体の明確性などが要請される。しかし、これらの要請を現実的に解決できるのは、指揮中枢のごく一部の者、極限的にはたった一人の人間によって裁可・決定される、いわば一人支配に収斂されるような、〈専制〉的な意志決定形態しかありえない、といえる。

これは、構成諸個人全員の命が、直接かかっているとまではいわない。しかし、少なくとも精神的・経済的な生活上の切実さを土台に、一定の規模に達して強力な組織活動を展開しているところでは、政治組織・軍事組織・企業・労働組合・新興宗教組織・暴力団などのいかんを問わず、どこでも決まってみられる事態である。したがって、あらゆる政治的・経済的・社会的、そしてときには思想・文化的な組織的意志決定は、究極的には一人支配に収斂される、〈専制的〉な意志決定形態をとらざるをえない、強度の一般的な傾向性、つまりは法則的な必然性をもっているといえる。

かのマキャベリが、この法則を経験的に把握していたのは、決して不思議なことではない。というのも彼は、ルネッサンス期のイタリア北半分の主要都市が、それぞれ国家的に分立して戦国政治世界をくり広げた、渦中のフィレンツェの書記官として、とくに外政に縦横の活躍をしたからである。例えば彼は、軍事組織をとりあげて、〈軍隊を派遣する場合、その指揮官は、複数ではなく、ただ一人でなければならない〉、と強調した。曰く、――「作戦の指揮官を派遣するにあたっては、二人のきわめて実力ある者を同じ地位にすえるよりも、十人並みの判断力をそなえた、唯一人の人物を任にあてるほうが、はるかに好ましい結果が得られる」［永井訳『ディスコルシ』『マキァヴェッリ全集二』所収、筑摩書房、三四三頁］。

そして、国家の存亡にかかわる政治的意志決定には、つねに優柔不断と小田原評定を排した、迅速な決断力が必要であると、断言した［同前、とくに第二巻一五参照］。そこで、政治的意志決定にかんするかぎり、一般的に〈民主的〉な「共和国」が、優柔不断で迅速さと決断力を欠いているのに対して、〈専制的〉な「君主国」は、君主による即断即決が可能である。

面白いのはマキャベリが、ここから、〈同盟を結ぶとしたら、君主と共和国のいずれが信頼できるか？〉という問いを発して、〈それは共和国である〉と、している点である。もちろん、その理由は、共和国の場合、〈いったん締結した同盟の破棄〉という政治的意志決定自体にも、その優柔不断から、大変な手間と時間がかかる、というものである。こういう発想は、マキャベリならではのものであって、余人にはまずみられないから、少し紹介しておこう。

「…危急存亡におかれた国家では、君主よりは共和国のほうになにがしかの安定性というものが認められると考えられる。というのは、共和国にしても君主にしても、その考え方や、その意図するところは大差がないとはいえ、共和国のばあい、その緩慢なうごきは君主国にくらべて決定が遅滞を伴う。したがって、いったんとり交わした友好関係を、すぐさまご破算にするとしても、君主のばあいよりも長びく。／そもそも同盟が破棄されるのは、その時その時の打算に左右されるからだ。しかし、このばあいでも、共和国は君主にくらべるとはるかに長期にわたってその同盟を忠実に履行していくものである。ほんの些細な利益にでもつられて、君主は同盟を破棄してしまうのに対して、共和国のばあいは、たとえどんなに得るところが多くても、容易なことでは協約を破るものではない、という実例は、どこにでもころがっている」〔同前、一六二頁〕。

古代ローマ共和制末期のキケロも、この法則には、直観的ながら、気づいていたようである。因みに曰く、――「…もし国政が二人以上の者の手に移ったなら、指揮をとるいかなる命令権もなくなることがすぐ理解できます。命令権は、一つでなければ、いかなる命令権でもありえないのです」。「…国家においても同様に一人の者による支配が、公正であるかぎり、最善である…」「…わが国民は重大な戦争においては同僚制を廃して、一人の者にいっさいの命令権を委ねることを望んだのであり、この者の名前自体が彼の権限の大きさを示しています。すなわち彼は、任命される（dicitur）ところから、独裁官（dictator）と呼ばれているが、わたしたちの書物では彼が国民の指揮者とよばれている…」〔岡訳『国家について』、『キケロー選集八』所収、岩波書店、五二～五四頁〕。

ただ注意を要するのは、キケロのいう「命令権」が、都市国家・ローマとしての、共同体的意志決定機関〔元老院・平民会など〕による、根本の理念的規定と制約下での、実質的な意志決定権をさしている点である。――「…国民の容認と同意により最高の権威が元老院にあったとき、執政官と護民官をその官職から辞任させ、最大の権限をそなえた、上訴を認めない十人委員を選出するための方策が講じられた。十人委員の任務は、最高の命令権を行使して法律を作成することにあった」〔同前、一〇一頁〕。

ここで、歴史的国家に眼を転じてみよう。〈近代〉以前の歴史的国家は、ただ一つの例外もなく、すべて〈専制〉的に構成されていた。そういうとたちまち、〝それでは〈古典古代〉に開花した、かのアテナイの〈直接民主制〉はどうなのだ〟、という逆ネジを食らうかもしれない。しかし、アテナイをふくめた〈古典古代〉的世界では、都市共同体が周辺の従属共同体を強力に搾りあげ、解体された従属共同体支配としての奴隷制的支配を軸とした、支配共同体として各地域的社会のうえに君臨した。

この〈都市〉を軸とした地域的社会圏の上に君臨する、都市共同体中枢の支配層［アテナイの場合は市民層］内部での意志決定が、たとえアテナイにおけるように、〈直接民主制〉に近いものであったとしても、傘下の従属共同体にとっては、まったくあずかり知らぬ敵対的・抑圧的性格を持った、〈専制的〉意志決定であることに、何らの変わりもない。

私はここで、口を開けば〝弁証法〟を唱えていた、オッチョコチョイの哲学者が、〝暴力団でも民主主義が採用されている〟と、ことあるごとに強調していたことを、想い出す。もちろんこれは、それぞれの縄張りを取り仕切っている、一堂に参集したマフィアのボスどもの、シンジケートとしての意志決定に、多数決制が採用されているのをみてのことである。いずれも、木をみて森をみることのできなかった、近視眼的発想といえるが、〈寡頭専制〉をみて、〈民主主義〉と錯覚した点では同一の誤謬といえる。

それでは、とくに〈近代〉以降の歴史的な〈国家権力〉にかぎって、〈民主主義〉的な国家意志決定形態の方が、むしろ一般的で、ときには〈専制〉的形態もあるにはあるが、きわめて稀で例外的なのは、いったいどういうわけかと問い詰められるかもしれない。この問題は本論の第五編でくわしくとりあげる。ここでは一言、〈近代〉社会自体が国家権力のとてつもない巨大な肥大化を要請しつづけるため、それがとてつもない〈専制〉国家へ転化しかねないことへの、社会構成員［国民］の側からの、たえざる恐怖と警戒感が、直接に〈民主主義〉の維持と再生産を可能にしている、とだけいっておくことにする。

（2）〈専制的〉意志決定のメカニズム

すでに指摘したように、社会的な権力は、政治的・軍事的・経済的などの性格いかんを問わず、その組織的な規模の発展にともない、一方、専制的な階層的秩序の構成を軸に、他方、組織的理念の実現にむけた多様な諸活動のための、各種専門的諸機関への分化がみられる。つまり社会的権力の組織的な発展と巨大化にともなう、専制的な権力構成の出現は、組織における多様な専門的分化を内実として、進展していくのである。そして、このような巨大化した組織の内的構成は、当然のことながら、〈親裁〉体制であれ、〈寡頭専制〉であれ、〈専制的〉な意志決定に共通の一般的な特質を、付与させている。

というのも、この意志決定を、その実質的な内容において直接主導し規定するのは、一般の組織的諸個人を、各部門別・地域別・規模別などで直接束ねている、上級幹部層の特殊的意志だからである。この上級幹部層を、とくにデスポティックに集権化された、政治的・軍事的・経済的な巨大組織に即してみよう。それは、今日の大企業の常務会や経営会議メンバーである重役・取締役、近代以前の専制国家の重臣層、近代以降の歴史的国家では、政府［閣議］を構成している各大臣［閣僚］、軍隊でいうと将軍達のことである。

彼ら上級幹部層は、裁可・決定された組織的規範の執行上の指揮・命令権と、それに直接かかわる具体的な判断と裁量権、そして場合によっては、違反者に対する内部的な処罰権さえ、しばしば相互的な対立と抗争を孕みながらも、分掌している。彼らは、規範としての一般的な意志決定にさいしては、各下級的な諸機関を直接束ねる、上級的な機関責任者として、下級的レヴェルから積み上げられ観念的に集約された、特殊的意志［もとよりこれは各部門としての一般的意志である］を、強力に押し出してくる。

したがって、組織的な規範としての意志決定においては、上級幹部層が押し出す特殊的意志相互の、対立・抗

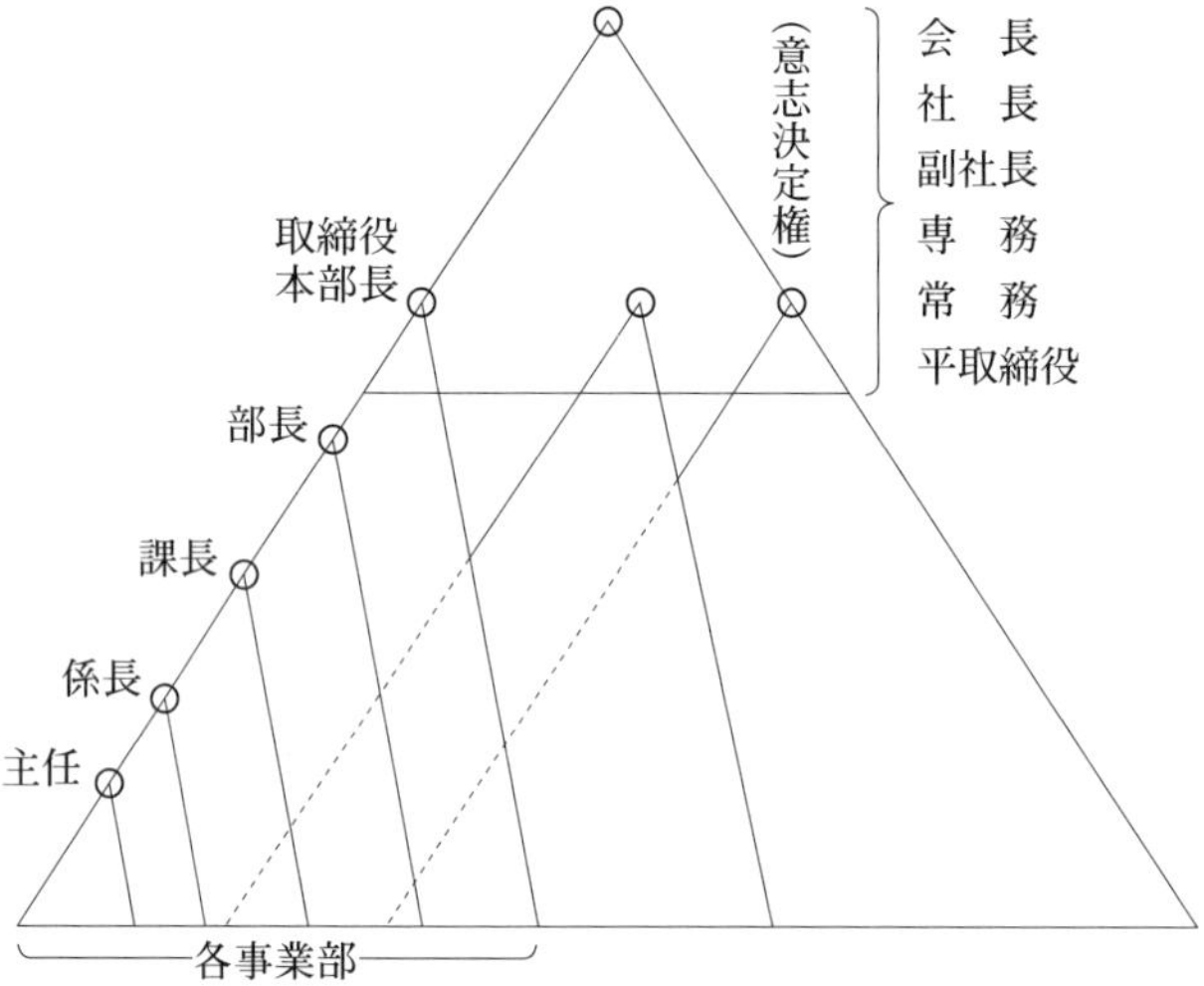

日本の大企業の場合

争・妥協・協調をへた〈意志の合意〉にもとづいて、彼らを共通に規制し拘束するところの、一般的意志が形成される。いいかえればそこでは、各特殊的意志が、規範としての普遍的な一般的意志として、観念的に集約され合成されることによって、大きく止揚されるのである。もちろんこれは、〈専制的〉意志決定が〈親裁〉体制か、それとも〈寡頭専制〉かのいかんにかかわりなく、一般的にいえることである。

　そのうえで、〈専制的〉意志決定が、〈親裁〉形態をとっている場合と、直接には〈合議制〉形態をとった、〈寡頭専制〉の場合とのちがいについて、みておかなければならない。まず後の〈寡頭専制〉の場合には、平時、各部門「機関」責任者によって押し出される特殊的意志が、他部門のそれと直接関連し、対立・競合でもしないかぎり、基本的にはそっくり承認されて、そのまま規範としての一般意志へと転成する。それはそうだろう、ここで各部門が、組織内分業としての専門的な分化として、つくり出されたことを想起されたい。

　すなわち、各部門によって押し出される意志と要求は、特殊に専門的な技量と能力によって、裏付けられたものであるから、他の部門の者にそれを批判することは、まず無理だからである。それに、他の部門の要求にケチをつけたりすれば、今度は自分達の要求に対しても、当然難癖がつけられる。ここはお互いの利害と立場は尊重し合おうという、いわば暗黙の〈合意〉が、形成されているのである。ただ問題は、ときに各部門が直接対立・競合したり、当該組織の存立と興廃に直接かかわるような意志決定が、必要になった場合である。たとえば、工業的な開発の余地を無限に残している後進的諸国に、一大コンビナートを建設するといった、政府を巻き込んだ国家的なプロジェクトに、関連メーカーや銀行・商社として、これに参加すべきかどうかという意志決定が、突きつけられた場合。もちろん当該国が、長期安定政権でカントリー・リスクもなく、あらゆる点からいって、成功疑いなしというのであれば、企業としての意志決定は比較的すんなりと進む。

たとえ、それに直接かかわる担当部門のみが、大きな業績を挙げ、その結果として、当該部門だけが予算や人事などあらゆる面で、特別に優遇されることが充分に予想されたとしても、他の部門はなかなか正面きって、これに反対できない。しかしそれが、クーデターをくり返している軍事政権であったり、色々な過去の経緯から、自国への国民感情が悪いところであれば、当然他の部門から、一斉に反対意見が吐き出されよう。

また、いかな企業といえども、歴史社会とりもなおさず国民経済という、大海に浮かぶ船のような存在である。そこで、特定産業の衰退と新興産業の進展に否応なく促されて、それに直接関連する部門の廃止や縮小・統廃合あるいは新設、さらには大きく進んで多角経営への転換などが、必要となる。

もちろんこれは、当該企業の存立と生き残りにかかわる重大改革である。しかし、関連の各部門を直接束ねている重役は、自己の出身部門の廃止・縮小・統廃合などの大ナタを揮うことに、なかなか同意できない。とりわけそれが、かつてはエース部門として、当該企業を大きく支えていた場合には、企業全体の利害よりも、何とか当該部門を存続させようとする。そこで当然、他の諸部門出身の重役たちとの対立と軋轢が、激しくなる。

このような各部門間の対立と抗争は、結局のところ、それぞれが束ねる部門［機関］相互の力関係にもとづいた、調整と妥協による〈意志の合意〉が図られる。ただ、それを最終的に解決するための、組織的意志決定自体が、各部門を直接束ねる何人かの有力者の〈合議〉によるものだけに、この調整と妥協はきわめて難航し、ときには、組織の分裂的状況になりかねない。結果的事実として生き残っている組織が、この危機を乗り越え、解決したといえるだけなのである。

それでは、〈親裁〉体制の場合にはどうか？　結論からいえば、そこでは、〈寡頭専制〉の場合と、それほど大きなちがいがあるわけではない。ただ、〈親裁〉体制では、部門間に生じた深刻な対立と抗争が、親裁者の〈ツルの一声〉によって、難なく調整し解決できることのほかに、いま一つ注目すべき点がある。それは、〈親裁者〉によって興味と関心をもたれた事柄の場合にだけ、きわめて特異な意志決定が、断行されるということである。というのもそこでは、〈親裁者の意志〉が、つねに最高の組織的規範として君臨している。そこで幸か不幸か、たまたま特定の意志決定が、親裁者によって強い関心をもたれた場合には、上級幹部層全体の意志と意向さえ、まったく無視した裁可と決定が、断行されることも、けっして珍しくない。

因みに、経営会議や常務会で、居並ぶ重役連中の共同提案に対して、〈お前ら凡クラが思いつくような代物じゃあ、とっくに他の企業でも考えているだろうから、絶対に儲からない！〉といって、これを一蹴したのは、確か一代で東急コンツェルンを築き上げた〝強盗慶太〟こと五島慶太だったと記憶している。しかしひょっとしたら、そのライバルとして知られる〝ピストル康次郎〟こと西武コンツェルンの堤康次郎だったかもしれない。

しかしこの場合でも、専制的支配者の個別的意志にもとづく、特殊的意志の観念的な止揚によって、規範としての一般的意志への、観念的な合成が実現されていることに、何らの変わりもない。近鉄コンツェルンの総帥として知られる佐伯勇が、「独裁はするが、独断はしない」と記している［『運をつかむ』、実業之日本社、一五〇〜一頁］のは、この意味で興味深い。

ただここで注意を要するのは、意志決定形態の問題と意志決定内容の現実的な有効性の問題とは、一応べつの問題だという点である。というのも、上級幹部層の多数意見が、いつでもつねに現実的に有効だとは、いえないからである。とくに〈親裁〉体制下では、つねに有能な実力者が極度に警戒されて、無能なイエス・マンしか重用されない。そこで多くの場合、叩き上げのワンマンの実践的な判断の方が、側近幹部層のそれより、はるかに卓越しているからである。

〈寡頭専制〉の下での重大な意志決定の失敗は、まちがいなく担当幹部とトップ責任問題にまで進展する。ところが、〈親裁〉体制下では、このような責任問題自体が、ワンマンの腹一つで決まる。したがって、〈親裁〉体制下で意志決定の失敗が重なれば、側近幹部によるワンマン追放のクーデターが、試みられかねない。しかし、その成功率はきわめて低い［その理由は第六編第11章第3節第2項でとりあげる］。そして結局のところ、当該組織自体の顕著な衰弱と解体がもたらされる。

規範としての意志決定の形態［権力形態］が、〈民主的〉だろうが、〈専制的〉だろうが、意志決定内容における錯誤と失敗がつづけば、その規模の大小や種類のいかんにかかわりなく、当該組織はいちじるしく衰退し、やがて消滅の運命をたどるほかない。

（3）補論――〈民主主義的〉意志決定と「少数支配の法則」

1 「少数者支配」による〈民主〉・〈専制〉概念の否定

近代政治学は、「民主主義」と「専制」との政治形態のいかんにかかわりなく、政治の世界には「少数者支配の法則」が、貫徹されている、と主張してきた。とくに「民主主義」国家では、「国民主権」と「多数者支配」という形式と建前にもかかわらず、現実的には、「専制的」国家と同様、一般に「寡頭制」と呼ばれる、「少数者支配」体制が実現されている、と強調された。因みに、代表的な多元的国家論者として知られるH・J・ラスキは、その主著に曰く、――「歴史的にいって、国家について予言できる唯一のことは、国家がいつも、比較的少数の者への尨大な大衆の服従という異常な現象をしめしてきた、ということである」〔横越訳『政治学大綱（上巻）』、法政大学出版局、四七頁〕。

また、M・ヴェーバーは、とくに一九世紀後半期のイギリス政党政治にそくして、この「少数支配の法則」を確認している。――「イギリスでは、大きな集団をなす代議士のすべてが、一人のリーダーまたは内閣を形成する少数のリーダーに対する従属者としてのみ、その役割を果たしている。そして、リーダーが成功を収めている限りは、盲目的に服従するのである。政治的行動を支配しているのは、常に、『少数の原則』、すなわち、少数者から成る指導的グループのもつ卓抜した政治的機動的能力である。そして、この『独裁的』…特徴が（大衆国家では）打消し難いものである」〔石尾訳『国家社会学』、法律文化社、八九頁〕。

さらに、ほぼ同時期、イギリスの政治家としても知られるブライスも、その著名な主著〔一九二一年刊行〕のなかに、「民主政治内部の寡頭政治」なる章を設け、政府や議会ばかりか、「非法律的な組織」とくに政党や労働組合においても、この「少数者支配」体制としての「寡頭制」がみられる、と主張している〔松山訳『近代民主政治（第四巻）』、岩波文庫、二三二頁以下〕。

もちろんこの発想には、政治的支配のとくに形式にそくした把握として、それなりの根拠がある。それを彼らの把握方法とはまったくべつに、ここで提示しておこう。まず、〈直接民主主義〉の模範的典型として知られる、〈古典古代〉期のアテナイ民主政においては、直接戦士として出陣可能な、アテナイ市民としての農民のみが、アゴラにおける政治的意志決定に関与しえた。市民権をもたない女・子供や奴隷・在留外人などは、一切の政治的意志決定から除外された。そして、市民は平等・均等な存在ではなく、古くは部族的出自に基礎をおく各政治的党派によって包摂され、その指導者による指揮・主導下におかれていた。

〈普通選挙制度〉の定着によって、〈議会制民主主義〉が高度に発達した現代の先進諸国の場合、休日の投票日に投票場に出向いていく程度の、政治的な積極性と能動性をもたない棄権者が、ますます増加している。その結果、法律・政策としての国家意志決定は、投票した比較多数者の代表者によって実質支配され、棄権者の意志は、たとえその数が過半数近くにまで増加しても、そっくり無視され放置される。

たとえばわが国の場合、投票率が六〇％前後にまで低落するにともない、有権者のわずか二～三割程度によって支持された自民党が、つねに第一院［衆議院］の過半数近くを占めてきた。自民党は、投票者の比較多数者の支持をうけることによって、議会における政治的代表者の過半に近い比較多数者を構成してきた。これはつまり、大きくみると、内閣・議会における法律・政策としての国家意志決定が、有権者全体の二～三割にすぎない、比較多数者の意志と支持にもとづいて、断行されてきたことを意味している。

このように〈民主的〉な政治的意志決定においては、比較多数者による実質的な支配が断行されている。しかし、この比較多数者が全体のなかの少数者、ときに絶対的少数者であることさえ、決して少なくない。くわえて、この比較多数者形成の中心には、つねにより積極的な能動性をもった諸個人による政治的な結集があり、その〈政治組織（政党）〉としての構成には、ごく少数の指導者の存在、正確には指導部としての形成が、必要かつ必然とされる。

そこで、政治的世界では、〈民主的〉と〈専制的〉との政治形態のいかんにかかわりなく、ごく少数の指導者［支配者］やそれを軸とした諸（政治的）組織の、比較多数者獲得をめぐってのたえざる対立・抗争と、それをつうじた戦国的覇者としての、特定組織・指導者［支配者］による、実質的な政治的意志決定がくり返されてきた、といえる。しかし、この「少数支配の法則」から、〈民主的〉と〈専制的〉という、政治形態における概念的区別自体まで、否定してしまってはならない。政治学者でこの「少数支配の法則」を強調する者には、この種の理論的な錯誤と踏み外しが、しばしばみられる。

この種の発想は、「国家は、集合体としての大衆から、ある限られた人びとからなる一集団——ここで社会的思惟がとくに練りあげられ、きわだった高い明晰度に達する――を切り離す集中化作用の所産である」［宮島他訳『社会学講義』、みすず書房、一一九頁］という国家＝国家権力観から、「…さまざまの政治形態の間には程度の差しかない。統治は、つねにある特定の、それゆえ限られた機関の任務である」［同前、一二三頁］と主張した、社会学者・デュルケムをもって、その嚆矢とする。

［補註］
デュルケムの、「さまざまの政治形態の間には程度の差しかない」とした、政治形態上の相異に重要性をまったく認めない発想自体は、直接にはかのルソーから来ている。ただルソーの発想は、〈民主政・貴族政・君主政の「政府」形態のいかんにかかわらず、立法権は主権者としての人民が掌握している〉という、きわめて特異な政治思想から発せられたもので、デュルケムとは根本的にちがう。［このルソーの特異な政治思想については、本論第15章第1節第3項参照。］

わが国の代表的な政治思想・学者として知られる原田鋼は、平易な一般書形態をとった『少数支配の法則』［新泉社］のなかで、この種の根本的な錯誤を露呈している。彼は、とくに「民主主義」国家にそくして、三つの見地を提出している。その第一は、いかなる政治・経済体制の下でも、「政治権力（国家権力）」の現実の、また事実上の掌握者は、「多数者」ではなく、「少数者」である。因みに曰く、――

「世界で最古の国家といわれた古代エジプト国家や、メソポタミア地方に現われた原始国家はもとより、現代に至るまで、さまざまな国家がそれぞれの政治形態をとりながら、栄枯盛衰の波紋をあるいは大きく、あるいは小さくえがきつつ、歴史のながれのなかに点滅していった。そしてそのどれをとりあげてみても、政治権力をみずからのうちににぎった人たちというのは、文字通りひとにぎりの少数者であった。…国民は主権者である、といわれている。…とすると、政治の最終の決定者であるはずのわれわれが、知らないうちに、何ら事前の相談をも受けることなく、たとえば時の総理大臣のイニシァティーヴによる閣議決定で、結果だけを押しつけられた、と実感をもって受けとらなければならないというような経験は、どのように説明されねばならないのであろうか。…まことに政治権力の如何を問わず、政治権力を掌握する者は少数者なのである」〔一二～四頁〕。

第二に、「国民主権」とは、圧倒的な多数者である国民が、現実には主権者ではないからこそ、「政治権力（国家権力）」の「正当性の根拠」として、必要かつ必然とされる。――「民主国家においては、国民は政治の決定権をもたねばならないし、できるかぎり大勢の人たちの自律的な意志によって、政治権力を行使していかねばならない。ところが現実には、政治権力が数千万、数億の人たちの手に事実上にぎられるということは物理的に不可能である。…圧倒的多数者である国民は、政治権力をもっていない。また、もつことができない。現にもっていないし、もつことができないからこそ、民主国家においては『国民主権』という正当性の根拠が必要となるのである。われわれが主権者なのだ、最後の決定者なのだ、という納得が国民といわれる広汎な社会層のなかに拡大されていくならば、現実に少数者の手に独占化されている政治権力に対する強い批判や、抵抗や、反逆が、ある程度まで緩和される。そのような緩和の度合いによって、政治権力の安定度が規定されることになる」〔五九～六〇頁〕。

第三に、このように「民主主義」国家が、「多数者支配」と「国民主権」という建前にもかかわらず、現実には、まったくそのぎゃくである理由は、「価値」と「現実」つまりは〈～たるべき〉と〈～である〉との、概念的把握のちがいからきている。これは、いわば次元を異にしているのであって、両者の間に矛盾はない。――「デモクラシーが『多数者支配』であるとかんがえられるとき、そこでは『価値』が問題となっている。またそれが『少数者支配』であるといわれるのは、『現実』が予想されているからである。前者は『価値の世界』とつながっており、後者は『現実の領域』での問題である。次元を異にしているかぎり、両者のあいだに形式上の矛盾はない。つまりデモクラシーが『多数者支配』であるというのは、正確にいえば、多数者支配でなければならない、できるかぎり多数の人たちによって政治が動かされるべきである、ということを表わしている。それに対して『少数者支配』というのは、デモクラシーは現実には、少数支配であるという実質的な内容をとるほかない、ということを指しているであろう」［一一頁］。

2 〈民主的〉国家の理念と現実

西洋政治思想史についてては、一応見るべき概説書を書いている原田にして、この程度の理解なのである。たんに日本というより、世界史的に展開されてきた、政治学全体の学的・理論的レヴェルが、いかにお粗末きわまりないものかが、よーくわかろう。まず原田は、日々の法律・政策としての政治的意志決定が、主権者としての国民選出の、議員や政府首班によって断行されていることの意味を、まったく把握していない。直接には政党に束ねられた議員や政府首班は、主権者としての国民諸層の政治的代表である。したがって、国家権力中枢としての彼らの政治的意志決定は、少なくともその支持母胎である特定の国民、つまり特定の諸階級・階層また産業・業種の、切実な現実的利害にもとづいた特殊的意志によって、根本的な規制と制約をうけている。

また、彼らがいかなる政治的意志決定をするかは、所属政党の綱領・規約と選挙時での公約から、国民全体によって、充分に予想されている。つまり政治的代表と国民諸層との政治的関連には、一方、諸議員・諸政党の側からの、支持獲得をねらった特定の国民的諸層に共通の政治的意志の集約と代弁と、他方、諸議員・諸政党によって提示された、複数の政治的理念と基本政策に対する、国民諸層の側からの政治的な取捨選択とが、交錯している。したがってもし、国家権力中枢へと転じた議員・政党が、公言し公約した政治意志を無視し、これに敵対した政治的意志決定をすれば、まちがいなくつぎの選挙で、彼らの支持者であった選挙民としての国民から、大敗・落選という手酷いしっぺ返しをうけるだろう。

なお正確を期して補足しておくと、法律・政策としての政治的意志決定という場合、ここではとくに〈内政〉を念頭においた。〈外政〉とくに〈政治外政〉にかかわる政治的意志決定は、国民諸層の日々切実な現実的意志・利害と、直接的な関連が希薄、というよりわかりにくい。そしてこの単純な理由から、政府中枢や議員というかたちをとった、国民の政治的代表による、相対的に独自な能動的意志決定が、断行されている。〔これらの問題は、本論や補論で本格的にとりあげる。〕

それゆえ、「民主国家」では、「国民主権」の「多数者支配」という建前にもかかわらず、現実には、「少数者支配」が貫徹されているという場合には、つぎの二点がとくに注意されねばならない。第一に、議員や政府首班の政治的意志決定に、国民がまったく無縁とはいえず、大きく媒介的なかたちでは、それに関与しているという意味で、「国民主権」の「多数者支配」が、まったくの形式と建前だけとは断定できない、ことである。それゆえ第二に、「少数者支配」という場合、〈近代〉の以前や以降の〈専制的〉国家におけるそれとは、まさに決定的にちがうことである。〔この点についても、本論や補論でくわしい学的・理論的解明を提出する。〕

原田が、議員や政府首班による政治的意志決定の背後に、彼らの政治的支持・選出母胎である、特定の国民諸層の意志・利害を看取できなかったことは、政治的意志の〈社会的内実〉を把握しようとはしなかった、ことを意味している。もちろんその理由は、それこそプラトン、アリストテレス以来の政治学が、もっぱら形式的な制度論に終始してきた、その方法的な伝統にある。そしてもっと端的にいうならば、政治制度としての国家・国家権力の、国家的支配としての実質的な諸活動に対する、学的・理論的な解明が、そっくり無視され回避されてきたこと。つまりは、学的・理論的な国家論の実質的な不在にある。

かくて原田は、「政治権力（国家権力）」のいかんを問わず、「少数支配の法則」が貫徹されているとして、政治形態における〈民主主義〉と〈専制〉との概念的区別を、実質的に否定した。この意味で、彼の『政治学原論』〔朝倉書店〕に、政治形態論自体が存在しないのは、むしろ当然である。またそのため、「歴史的型態としての国家」の項では、「古代国家」・「中世国家」・「近世国家」・「現代国家」について、社会構成についてのごくごく簡単で通俗的な説明があるだけで、それぞれの歴史的国家に対する、学的・理論的な解明は、まったく提出されていない。

重要なのは、「少数支配の法則」から、〈民主主義〉と〈専制〉との概念的区別を実質的否定してしまえば、〈近代〉国民国家の〈世界史的〉意義が、抹消されるだけではない。直接には〈議会制民主主義〉形態をとった、〈民主的〉国家の〈国民主権〉原理が、たんなる少数支配者の観念的な統治手段へと、貶められざるをえない。すでに紹介したように原田は、「国民主権」を、現実の「民主国家」が、「国民主権」ではありえないところから必要かつ必然とされた、「政治権力（国家権力）」の正当性の、思想的・イデオロギー的な根拠づけの手段にすぎない、と強調した。もちろんこれは、かのM・ヴェーバーによって「支配の正当性」理論として完成された、権力＝心理的服従説の借用である。

最後に、「民主国家」における建前と現実、つまり「国民主権」・「多数者支配」と「少数者支配」との乖離は、「価値」と「現実」という異次元の問題であって、両者の間に矛盾はない、とした発想について。もちろんこの発想自体は、批判哲学とくに新カント派によって振り回された、〈当為（Sollen）と存在（Sein）〉の方法的二元論であって、少しも珍しいものではない。これは、〈当為は当為からのみ導きだされ、決して存在からは導きだされない〉という、先験論的価値観にもとづいた、当為と存在の二元論的切断の発想である。

ここは哲学論議をする場ではないし、いまさら批判哲学の先験論的概念主義の根本錯誤を、批判する必要もない。しかし、この問題にそくして、この種の二元論的切断発想を機械的に適用するとは、いったいどういう理論的センスをしているのか！　というのも、〈近代〉の〈国民国家〉は、たんなる建前と正当性の根拠づけの観念的手段として、「国民主権」と「民主主義」の思想的原理を、採用したのではない。社会的諸個人に〈市民権〉を付与することによって、〈国民〉の〈国家〉的構成と、国家権力の〈中央—地方的〉構成における、〈議会制民主主義〉の全的採用を断行した、のである。それは、「国民主権」と「民主主義」にもとづいた、客観的な組織・制度としての国家・国家権力の、現実的な構成である。

それゆえ原田のように、「民主国家」において「国民主権」と「民主主義」が、本質的には統治の観念的手段として必要かつ必然とされたもので、まったくの建前にすぎず、現実には、近代以前の専制国家と同様に、「少数者支配」が貫徹されているというのなら、「現実」の「民主国家」にそくして、それを学的・理論的なかたちで、明示しなければならない。つまり国民によって選出された政府中枢や議員たちが、なにゆえ、またいかにして、国民諸層の意志・利害とはまったく無縁の、政治的意志決定を日々断行しているか、組織・制度と社会的内実としての国民諸層の意志・利害の両面から、解明してみせねばならない。もっとも原田がそれを首尾よく遂行したときには、彼の立論全体、いや、彼の政治学の理論的見地全体をひっくり返して、根本から作り直さねばならなくなろう。

3 補足──反体制組織の「寡頭制」をめぐるミヘルスとレーニン

近代政治学では、一般に「寡頭制」と呼ばれる「少数者支配」体制が、たんに「政治権力（国家権力）」だけでなく、広く社会的組織の発展と拡大にともなって形成される、と主張してきた。因みにR・ミヘルスは、一九一〇年刊行の『現代民主主義における政党の社会学』〔森他訳、木鐸社〕において、かつて自らも積極的に参画した、「社会主義」的反体制運動の政治的・社会的組織をとりあげ、「指導者の支配的性格」と「中央集権的官僚制」、つまりは「寡頭制」的組織運営の必然性を、具体的かつ多面的なかたちで、浮き彫りにした。以来、「社会主義」的な諸政党・労働組合にも顕著に現出した、「少数支配の法則」は、とくに「寡頭制の鉄則」と呼ばれるようになった。

とくにミヘルスと対極にあるのが、レーニンの発想である。レーニンは、権力奪取後の一九二〇年に、ドイツ共産党内の「左翼」反対派が提起した、〈共産党の独裁か、それともプロレタリア階級の独裁か?〉とか、〈指導者の党か、それとも大衆の党か?〉という発想に対して、真っ向からこう反撃した。──

「まず、『党の独裁か、それとも階級の独裁か？　指導者の独裁（党）か、それとも大衆の独裁（党）か？』といった問題の立てかたが、もう、とうてい信じられないほどの、見こみのない頭の混乱を証明している。この人々は、なにかまったく特別なものを考えだそうとして、りこうぶろうと熱中して、こっけいなものになっているのだ。つぎのことはだれにも知られている。すなわち、大衆は諸階級にわかれているということ。――大衆と階級とを対立させることができるのは、社会的生産機構のなかでしめる地位によって区分されていない莫大な多数者一般、社会的生産機構のなかで特別な地位をしめる範疇に対立させるばあいにかぎられるということ。――階級を指導するのは、普通たいていのばあい、すくなくとも近代文明国家では、政党であるということ。――政党は、通則として、もっとも権威のある、勢力のある、経験にとんだ、もっとも責任の重い位置にえらばれた指導者と呼ばれる人物の多かれすくなかれ一定のグループによって指導されているということ。こんなことはなにもかもイロハである。こんなことはみんな簡単で明瞭である。これ以外になんらかの世迷いごとがなんのために必要なのだ？」［朝野訳『共産主義における「左翼」小児病』、国民文庫、三六頁］。

そしてレーニンは、当時の共産党の政治的指導にもとづいた、プロレタリアート独裁の仕組みを大きく鳥瞰して、そこには、〈正真正銘の「寡頭支配」がおこなわれている〉と、断言した。――「独裁を実現するのは、ソヴェトに組織されたプロレタリアートであり、ソヴェトを指導するのはボリシェヴィキの共産党であって、共産党は、最近の党大会（一九二〇年四月）の資料によると、六一万一〇〇〇人の党員をもっている。…党は毎年大会を召集するが（最近は――党員一〇〇〇人から代議員一名）、この党を指導するのは、大会でえらばれた一九名からなる中央委員会である。しかも、モスクワの日常の活動をおこなうのは、もっと小さな小委員会、いわゆる『組織局』と『政治局』である。これらのものは中央委員会総会でえらばれ、各局は五名の中央委員からなる。だから、正真正銘の「寡頭支配」がおこなわれているわけだ。わが共和国では党中央委員会の指導的な指令なしには、重要な政治上の、あるいは組織上の問題は、一つとして国家機関によって決定されない」［同前、四五～六頁〕。

そのうえで、〈指導者の独裁か、それとも大衆の独裁か?〉といった発想について、まったく歯牙にもかけずに、一蹴してしまった。――「以上が、『上から』見た、すなわた独裁の実現という実践の立場から見たプロレタリア国家権力の一般的なしくみである。ロシアのボリシェヴィキはこのしくみをよく知っており、またこのしくみが小さな、非合法的な、地下のサークルから二五年のあいだにどのように大きくなったかを見てきたので、『上から』かそれとも『下から』かとか、指導者の独裁かそれとも大衆の独裁か、等々といったあらゆるおしゃべりが、彼らには、こっけいな、子供じみたばか話にしかきこえず、左足と右手とどちらがより人間に役にたつかといった論争と似たものにしかきこえないのであるが、読者は、その理由がわかるだろうと思う」〔同前、四八頁〕。

このようにレーニンは、プロレタリア独裁の実現をめざした、〈指導者と大衆〉、〈党(共産党)と階級(プロレタリアート)〉との活動上の区別を、せいぜい人体における「左足と右手」の有益性のちがい程度にしか、考えていない。これは、〈指導者(共産党)〉と〈階級(プロレタリアート)〉とを、本質論的な意味で融解的に同一化した発想といってよい。つまりこれは、〈指導者(共産党)〉が少なくとも政治的意識において、〈階級(プロレタリアート)〉的意識を完全に理解し、思想的・観念的に吸収し包摂しつくしていること。この意味で〈指導者(共産党)〉が、〈階級(プロレタリアート)〉それ自体として、登場し存在していること。ぎゃくにいうと、〈指導者(共産党)〉は〈階級(プロレタリアート)〉のなかに、溶解的に同化した存在として把握されている。

〔補註〕

なぜこのような独断的な発想が、形成されたかというと、少なくともレーニンにおいて、〈指導者(共産党)〉とは、何ら先験的な存在ではなく、あくまで諸階級としての大衆との、政治的指導=被指導の関係においてのみ、把握されている。それは、大衆運動つまり資本家や国家権力との闘争に立ち上がった大衆を、現実に、政治的に指揮し主導しているかぎりでの、政治的指導部隊をさしている。この政治的指導部隊を〈前衛〉といい、その政治的指揮傘下にある大衆〈運動組織〉を〈後衛〉という。それゆえ、その背後に〈後衛〉なき政治的指導部隊は、たとえ自ら名乗ろうが、決して「前衛政党」〈共産党〉とはいわない。

これは、学的・理論的方法としてみると、〈実体〉としての区別と独立性を実質的に否定し解消させる、一種の本質論的還元の発想であって、マルクス主義者によくみられる。したがってそれは、「ブルジョア」学者の即物経験論的把握の、たんなる裏返しにすぎない。因みに、観念的事象としての、政治的・法制的上部構造のあり方を、現実的土台としての経済的諸関係のあり方から、直接把握し解釈したことは、その典型である。また、マルクス自身、〈社会〉本質論［ないし本質論的な意味での社会観］の発想から、〈個人〉としての人間と、〈社会〉としての人間との、区別と独立性を実質的に否定し解消させた［この点くわしくは、補論第二篇第4章第2節第2項参照］。

しかし、少なくともこの問題にかんするかぎり、「ブルジョア」学者の即物経験論的発想が、一般党員や一般大衆として感得される、この苛烈な〈(寡頭)専制的〉組織構成と支配体制を、ごく素朴に把握している。そして、とくにレーニンが、〈指導者(共産党)〉と〈大衆〉との区別を、せいぜい「左足と右手」のちがい程度に解消させることによって、〈指導者〉と〈共産党〉の支配者的独立性と、〈専制的〉支配体制のもつ深刻な問題に、目をつむってしまったツケは、あまりにも大きかった。この発想は、マルクスに発する〈三権分立〉否定の政治理論と複合されて、〈世界史〉上最悪にして、もっとも醜悪な「社会主義」専制国家を、産み落とすことにもなったからである［この点についても、補論第二篇第5章第1節参照］。

第三篇　権力と暴力（Gewalt）

5　外的諸関係のなかの組織的権力
――組織としての Gewalt の成立

（1）外的諸活動中心の特殊な組織的権力

組織された社会的な権力は、その規模の大小や性格のいかんにかかわりなく、同種の組織的権力とのたえざる外的な諸関係において、他と区別された独立的な人間集団として構成され、一定の歴史的また社会的に制約された、交通諸関係の中で棲息している。そして、多かれ少なかれ、不断に対立・競合する同種の組織的権力を、叩き潰して併呑ないし吸収し、自身がいわば戦国的な覇者として君臨することを、遠く夢見ている点では、すべて共通している。しかしこのことは、すべての組織的権力がその組織的な活動の過半を、他組織に対する外的支配のための外的諸活動に、集中させていることを意味しない。

とくに物的財貨の生産と獲得にかかわる、経済的権力としての企業の場合、いうまでもなく〈最小の経費で最大の利潤の獲得〉、正確には、〈最小限の前貸資本をもって、最大限の剰余価値〔剰余生産物〕の生産〉を、根本目的としている。そしてそれを実現するために、たえざる技術革新や設備投資による、不変資本部分の拡大と蓄積、さらには諸資本の集中と集積が追求される。その結果として、諸企業の併合・合併や解体的包摂による、組織的な肥大と巨大化が現出する。したがって、はじめから組織的な肥大と巨大化自体を、根本目的としているわけではない。

かりに、安く買い取れるからといって、経営不振に陥って倒産寸前の企業を、片っ端からその組織的な傘下に吸収したとしよう。しかし、それらすべての経営再建ができなければ、それらは箱のなかの腐ったミカンのように、その黒い影響はまちがいなく中枢企業、ひいては当該企業グループ全体の衰退と沈下を、もたらさざるをえない。

また、たとえ時間をかければ再建が可能でも、卓越したオーナー経営者ならともかく、半年や三ヵ月決算で営業成績と経営責任が、厳しく追及される一般のサラリーマン社長や、先代が急死して急遽オーナーに就任したばかりの御曹司では、とてもこの種の大博打に乗り出すことができない。因みに、東急コンツェルンを受け継いだ五島昇は、〝最初に手懸けた仕事は、晩年の父・慶太によって買収・吸収された不良会社を、グループから切り離し処分することであった〟と、述懐していた。充分にうなずけることといってよい。

結局のところ、企業は、いかに組織的な規模が肥大し巨大化していても、指揮中枢［経営陣］に直接間接に結集した産業王達の、飽くことなき私的な利害の追求と擁護を、大目的としている。決して、膨大な労働者大衆を含めた、巨大な組織体それ自体の維持と発展を、根本目的としているわけではない。

このことは、世界各地に多国籍企業として進出したアメリカや日本の超大企業が、中枢部の経営的判断いかんによって、進出拠点の工場や営業所をきわめて迅速に閉鎖し、本国に撤収させている点を観ても明らかであろう。というのもそのさい、従業員の大多数を占める現地採用の労働者が、すべて解雇されるほかないからである。

しかし、精神的・観念的な権力のなかには、組織的活動の実質を、他の諸組織や諸個人に対する外的支配をめざした、外的諸活動の展開に集中させているものも、決して少なくはない。とくに、革命的な政治組織や新興の宗教組織の場合、当該組織が掲げる教義・教説を、当該歴史的社会全体、ときには全世界の国々とその諸国民が信奉すべき、唯一絶対の思想・イデオロギーにまで、神格化してしまうことが多い。そうなれば当然、すべての組織的活動は、当該組織的理念を社会全体、さらには全世界にまで普及させるための、思想的・イデオロギー的な教化・宣伝活動に集中される。

当該組織は、この思想的・イデオロギー的な教化・宣伝活動をつうじて、直接には何よりもあらゆる種類の諸組織・諸個人を、まずその影響下におき、ついで、当該組織構成員としての個別の獲得にむかう。そして究極的には、当該組織による社会および全人類への、直接の組織的な包摂によって、思想的・イデオロギー的な世界支配の達成をめざしている。

もっともこれは、これらの政治的・宗教的な組織が、その自由な活動を承認されている、歴史的・社会的な条件下でのみ、いえることである。一般に専制国家体制下では、この種の政治的・思想的活動が、禁圧されている。そこで、これら組織の規模は、極力抑えられ、〈秘密結社化〉するのが普通といってよい。もちろんこれは、組織の全貌をつかみ、一網打尽を狙っている敵権力が、何とかして〈スパイ〉を潜入させようとしていることへの、組織的防衛策からである。

その結果、このような非合法体制下では、当該組織は鍛えぬかれ、また選びぬかれ、そして強固に結集したごく少数の専門家たちの、思想的・イデオロギー的な指導部隊［政治組織の場合には〈前衛〉］として構成される。そしてこの少数精鋭組織は、多数の諸組織・諸個人大衆を、絶えざる教化・宣伝活動をつうじ、その実質的な影響下におくことに全力を挙げ、決して彼ら大衆を直接組織的に包摂しようとはしない。

因みにロシア革命直前のボリシェヴィキ党員は、せいぜい数千人にすぎなかった。しかしこれは、指揮中枢部の維持にのみ汲々としていることではない。根本理念を実現するためには、さしあたり、この苛酷きわまりない条件を耐えに耐え、凌ぎに凌がねばならないと考えて、深く静かに潜行する。そして、とき到れば、当該組織を軸にして、一挙に巨大な大衆を組織し、動員できるような準備を、積み重ねておこうということであった。

精神的・観念的な権力、とりわけ政治的・宗教的な組織が、かりに当該組織的理念を、その直接的派生・成長母胎である、特定歴史的社会の枠組みを超えて、全世界にまで大きく飛翔させようという、野望を抱いたとする。そうなれば、その実現可能性やいかんという問題とはべつに、一定の歴史的・社会的な条件次第で、既存の社会的また世界的な秩序を、大きく震撼させる。とりわけ革命組織や宗教組織が、国家権力中枢を直接占拠して、革命的専制国家や神政的専制国家を組織した歴史的事例は、決して少なくはない。

因みに、古くはイスラム圏世界において、周期的にくり返された世界帝国の建設、今世紀に入ってからでは、ロシア革命に端を発したコミンテルンを軸とする、国際共産主義運動の昂揚、ドイツ・ナチズムをはじめとしたファシズム運動の国際的な展開、最近ではイラン革命にはじまる、イスラム原理主義運動の異常な昂揚など、である。そしていずれの場合にも、爆発的ともいえる強力な思想的・政治的な、破壊力と影響力を発揮しているのである。

（2）組織的権力と Gewalt［Gewalt 論 1］

1　Gewalt とは何か？

このGewaltという概念は、はなはだ安易に使用されることによって、一般的に流布され、今ではすっかり日常生活上の常識語として、定着している。もちろんこれは、Gewaltが、いまだ社会科学とりもなおさず政治学上の概念として、確定されていないことに基因している。というのも、Gewaltそれ自体は、人間主体［個人であれ諸個人としての組織であれ社会であれ］に対して、破壊的に作用する物理的な力［パワー］、つまりは普通いわれているところの、〈暴力〉以外ではありえない。

そこでGewaltを、〈暴力〉それ自体として把えれば、われわれの日常的世界のいたるところで、それを確認できる。因みに、箱入り息子が、猫っ可愛がりと受験受験で終始追い立てる母親や、仕事仕事で日頃満足に顔も見たことのない、父親に対して振う〈家庭内暴力〉。また、日々二五〇にもおよぶ校則で、がんじがらめにされながら、苛酷な受験戦争を戦っている中高生たちの、俗物教師にむけた〈校内暴力〉もある。しかし、これらの日常世界での「私的暴力」と、社会的な権力関係とりわけ国家権力を軸とした、政治的権力に不可避的に随伴しているGewaltとは、その内的性格を根本的に異にしている。

この両者を、〈暴力〉Gewalt一般として、一緒くたにするわけにはいかない。というのも、科学的概念を日常的常識語のレヴェルにまで、貶めてしまうのであれば、〈科学〉もなければ、科学者もいらない。たんなる〈暴力〉とは区別される社会現象、もう少し正確にいえば、社会的権力現象としてのGewalt（暴力）の特質を、論理的に解析することこそ、社会の科学者としての政治学者の、当然の責務だからである。

もちろんこれは、〈家庭内暴力〉や〈校内暴力〉でみられるような、個別的形態をとった〈暴力〉が、社会的な権力関係とりわけ国家権力を軸とした、政治的［権力関係の］世界ではまったくみられないとか、またたとえあったとしても、ほとんどとりあげるほどの意義をもたない、ということではない。

純然たる個別的な〈暴力〉でも、それがいったいいかなる特定個人、とりもなおさずいかなる政治・社会体制の、いかなる特定個人に対してむけられたものか？　そのいかんによって、ときには革命的爆発と体制的大転換への、口火となるような政治的性格と、重要な歴史的役割を果たすからである［とくに「序論」参照］。

しかし、社会の科学的な解明にとって重要なのは、何よりもまず、当該事象をその内的特質が完成的に発展した形であらわれている、もっとも典型的な事例に即してとりあげることである。それによって、本質論的な把握を軸とした一般的な理論［あるいは法則］を、つくりあげることができるからである。当該事象がときに呈す、多様な特殊的また偶然的な事態について、とりあげられるのは、このような本質論的把握を、いわば方法的な前提としてのことである。

こうして、社会的な権力関係に不可避的にともなう、Gewaltということになれば、何よりもそれは組織的な権力において、全的に開花しもっとも典型的な形でみられる。組織的な権力に直接まつわるGewaltとは、それ自体としていうと、多様な物理的な暴力の駆使と発動に直接たずさわる、暴力の専門家組織である。したがってそれは、〈組織されたGewalt〉であり、また〈組織としてのGewalt〉にほかならない。問題はそれが、組織的な権力においてなぜ必然化されるかにある。

すでに述べたように、組織された社会的な権力は、その規模や性格のちがいとはべつに、同種の組織的な権力との、たえざる外的な諸関係のなかでのみ棲息している。そして、多かれ少なかれ、究極的には、それぞれの分野でいわば戦国的覇者として君臨することを遠く夢見ている。とりわけ、精神的・観念的な権力で、当該組織的理念の教義・教説としての絶対的な神格化をなしえた、特殊な政治的・宗教的な組織のなかには、当該教義・教説を社会全体、さらには全世界にまで普及しようという存在も、決して少なくない。そうなれば、同種の組織的な権力との外的な諸関係は、かなり深刻な対立と抗争へと転化する。

しかしこの外的な諸関係において、当該の組織的意志が他組織に対して、いったいどの程度貫徹されるかは、もっぱら対峙している両者の組織的な力量の、いかんによって決定されるほかないことも、すでに明らかにしておいた。組織的権力において、Gewaltが必然化するのは、内部の構成諸個人に対してであれ、外部の諸組織にむかってであれ、規範としての組織的意志を、確実に貫徹するための、物理的な強制・脅迫・抹殺手段として、である。

とりわけそれが、当該組織による外的支配を社会全体、さらには全世界にまで、拡大的に発展させようという、特殊な政治的・宗教的組織において、より強力かつ本格的な形で、現出することになるのは、当然であろう。というのも、思想的・イデオロギー性のきわめて強い、革命的な政治的・宗教的組織のように、すべての組織的活動が、神格化された教理・教説にもとづいて、展開されるようになれば、否応なしに、同種の他組織との対立は、たんなる組織的な差異と区別に、とどまらない。

この種の組織が、思想・イデオロギーにもとづいて、構成されている以上、教理・教説における差異と区別は、共存と共栄を許さない、〈滅ぼすか滅ぼされるか〉という、深刻な原理的な敵対関係として、とらえられる。いかえれば、この敵対関係は、〈経済的〉な対立と抗争のように、物質的な利害によって緩和されたり、適当なところで妥協しようという発想自体が、なかなか出てこない。これは、〈量的な差異〉ではなく、〈質的な敵対〉だからである。

これを要するに、観念的な思想・イデオロギー上の原理的敵対の場合、いわば〝全てか、無か〟all or nothing で、それが経済的な利害対立のように、単純な数量的な差異にまで、還元されることは、まずありえない。したがってもし、指導部が安易に妥協したりすれば、彼らは組織から放逐されるか、それができなければ、組織的な特質が失われて、衰退することになろう。

2　Gewalt 成立の契機と前提

さて、一般に強力な統一国家的秩序が、実現されているところでは、〈近代〉の以前と以降、また〈専制〉と〈民主主義〉のいかんを問わず、社会的レヴェルでの諸組織・諸個人による、軍事的な武装化は、厳しく禁圧されている。そこで、これら革命的な政治的・宗教的組織による、組織的な Gewalt が現出するのは、統一国家的秩序の崩壊期である。そして、それが本格化するのは、これらの組織が権力奪取後、つまりは直接革命的な専制国家権力中枢を占拠し、構成してからのことである。

この段階に突入すると、国家権力本来の、少なくとも国内的には、強力無比の国家強力〔staats Gewalt〕と、権力奪取〔政治革命〕を可能にした、当該組織直属の Gewalt とが、一時的には、かなり深刻な不和と軋轢を、産み出したりする。そして、この政治的な危機を、強力な〈専制〉的一元化、とりもなおさず〈親裁〉体制の確立によって、何とか切りぬけたとする。そのときには、これらの一般的［国家的］また特殊的なGewaltは、根本理念である、〈社会革命から全世界に向けた世界革命の実現〉のための手段として、体系的に整備され、より一層強力かつ巨大化されて、外部に対する本格的な侵略戦争の先兵として直接躍り出てくる。

歴史的にいっても、また論理的にいっても、内部にむかう場合とはちがい、外部に押し出される組織的意志に、直接対峙してくるのは、たいていの場合、自己と同等ないしそれ以上の組織的力量をもった、強力な組織体である。したがって、Gewaltは、何よりもまず、外にむかって押し出された、〈外的意志〉を貫徹するためのGewaltとして成立する。

しかしこの点については、政治的・宗教的組織ばかりか、国家［権力］組織をもふくめた、精神的・観念的な権力を、社会的権力としての一般性、正確には、これら社会的権力に共通に内在する、一般的な内的論理構成に即してとりあげることによって、確認しておく必要があろう。

組織された、あるいは組織としてのGewaltが、成立するためには、組織体それ自体の存亡と興廃に直接かかわる、のっぴきならない現実的な契機がある。それは、当該組織と対立・競合する、他の組織との関係が、〈戦争〉状態にまで立ち到ったときである。この〈戦争〉状態とは、お互いが敵対する組織的意志に屈伏し、服従しないかぎり、極限的には、敵対組織構成員全員を物理的に殺戮し抹殺し合う、相互〈皆殺し〉にまで突き進みかねない、可能性をもった状態、をさしている。

こうして、組織構成員全員の武装による、軍事的組織化という形で、〈Gewaltとしての組織〉が成立する。しかし、対立・競合する組織相互の関係が、〈組織的皆殺し〉の可能性までふくんだ、〈戦争〉状態へと突き進むのは、特殊な歴史的・社会的条件によってである。

その一つは、統一国家的秩序が弛緩ないし崩壊した、政治的な混乱期にみられる、政治的・宗教的また暴力団や、マフィアなどの社会的な諸組織である。いま一つは、政治・経済そして文化を軸とした、交通諸関係の一定の歴史的な進展のなかで、〈都市〉あるいは〈村落〉を拠点として形成され、直接には〈国家〉として構成される、それぞれの歴史的社会のレヴェルである。

因みに前者においては、従来の国家権力による、強力な抑圧的統制と保護が弛緩し、解体してしまう。そのため、いつでもどこでも、革命的な政治的・宗教的な組織ばかりか、山賊・海賊などとしても登場する野盗・盗賊の類いまで、自由に横行・跋扈する。そこで、ときには彼らによる掠奪と殺戮から身を守るための、各村落レヴェルにおける農民組織の武装化などが必然化されてきた。

また後者としては、何といっても〈古典古代〉の〈都市〉社会中枢を構成した、市民共同体それ自体の武装による、軍事組織化であろう。〈近代〉の国民国家で一般的な〈国民皆兵〉は、この〈古典古代〉的な〈都市国家〉の構成原理を、〈都市〉レヴェルではなく、統一社会的・国民社会的なレヴェルで、再現的に継承したものともいえる。

このように、組織的権力にともなうGewaltは、直接には、組織体それ自体の抹殺と消滅を招来しかねない、〈戦争状態〉を契機として、組織の全構成員が直接武器を手にする、という形で成立する。そして、この〈Gewaltとしての組織〉の成立が、組織的Gewalt形成の、〈第一段階〉なのである。ここでは、〈規範としての意志に諸個人を服従させている〉、権力関係を内的な本質とした、〈組織〉自体が、その組織的意志を外部、つまり他の組織に対して押しつけ、貫徹させるための、物理的な強制組織Gewaltとして、直接現出したといえる。したがってこの意味で、Gewalt［暴力］は、Macht［権力］の現象形態なのである。

［補註］

〈暴力［Gewalt］は、権力［Macht］の現象〉という、ごく抽象的な把握［規定］だけなら、とおの昔にかのヘーゲルが、『大論理学』のなかで提出している。——「強制力（Gewalt）とは支配力（Macht）の現象であり、或いは外的なものとしての支配力（Macht）である」［ほぼ武市訳に従った、『大論理学（中巻）』、岩波書店、二六六頁］。

エンゲルスは、『反デューリング論』の準備草稿のなかで、デューリングの発想は暴力［Gewalt］＝権力［Macht］論にすぎないと、指摘している。――「デューリングの著書には、地代や、利潤や、利子や、賃金の説明はなく、暴力のためにそうなったと言っているだけである。だが、その暴力はなにからうまれたのか？　Non est.［なにも言っていない］暴力［Gewalt］が所有をうみ、所有が経済的支配力［Macht］をうむ。だから、暴力イコール支配力である、と」［村田訳『反デューリング論⑵』、国民文庫、五六一頁］。

だからこの程度の指摘は、マルクスと同様、ヘーゲル学徒であったエンゲルスにとって、いともたやすいことであった。

（3）Gewalt 形成の〈二つの段階〉［Gewalt 論2］

このように、対立・競合する他組織との外的諸関係が、組織的皆殺しや共倒れを招来しかねない、〈戦争〉突入へのたえざる危険性を孕みながら、進展していくなかで、まず〈Gewalt としての組織〉が、成立する。それにともない、〈外敵〉からの当該組織の防衛と、〈外敵〉をすべて打倒しての当該組織の維持・発展という、組織的根本理念が、のっぴきならない現実性をもったものとして、改めて構成員の間で強烈に意識され、確認されるようになる。

そして、敵対組織との関係が、いつ〈戦争〉へ転化してもおかしくないような、緊迫した状態が常態化する。そうなれば、組織体の維持・発展といった、構成員全体を漠然と拘束してきた組織的理念は、そのまま外部にむかっての〈敵を殺せ〉という、端的にして明瞭な組織的意志へと大きく転じていく。

しかし、組織体が生き延びていくためには、組織体を脅かすすべての〈外敵を殺せ〉という組織的意志が、全構成員によって半ば自発的に形成されて、把持されるようになれば、それはそのまま、組織内部に対しても、むけられざるをえなくなる。すなわち、組織構成員として〈味方〉を装いながら、じつは秘かに〈外敵〉と直接つうじている者は、内部に潜入した〈外敵〉であって、これを殺せ、ということになる。かくて、組織の鉄の如き団結は、〈組織に潜り込んだ敵の密偵と、敵につうじる裏切り者は、断固殺せ！〉、という〈死の掟〉によって、直接つくりだされ、維持されるようになる。

ここで、衰退期の左翼革命組織でよくみられる、激しい深刻な〈内ゲバ〉を、想起すべきであろう。というのもそれは、革命組織が〈敵を殺せ〉というスローガンを掲げて、実践するようになれば、日々たった一つしかない生命のやり取りに、己が身をおくようになる。それだけに、たちまち〈味方のなかの敵〉、つまりは〈敵と判定された味方〉もまた、情け容赦なく〈殺せ〉ということに、ならざるをえないからである。

われわれはややもすれば、〈内ゲバ〉殺人それ自体の、思わず眼を背けたくなる、特異な陰惨さだけに、気をとられがちである。しかしそれが外見上、どんなに偶然的で特異にみえたとしても、それなりに根拠のある、論理的な進展にもとづいたものであることに、注意しなければならない。

そこで、組織内部に巧妙に潜入した敵のスパイや、組織構成員でありながら、内部情報を秘かに敵に提供している裏切り者を、探索し追及し拘束・処罰するための、特殊な機関［監察・諜報・警察・裁判などの］が、必然化される。これは、組織的 Gewalt 形成の第一段階である、〈Gewalt としての組織〉の成立とは区別さるべき、第二段階の〈組織内部における Gewalt〉の成立に、ほかならない。

このような、〈Gewalt としての組織〉の成立から、〈組織内部における Gewalt〉の成立へという、二段階的 Gewalt 形成は、組織的 Gewalt のみられるところでは、いつでもどこでも現出する、〈強度の一般的な傾向性〉つまりは〈法則的な必然性〉を、もっている。因みにそれは、〈国家〉組織はもとより、革命的な政治的・宗教的な組織ばかりか、暴力団やマフィア、あるいは幕末の京都で勤皇の志士に凶刃を振った、新選組などでもみられた。

まず、暴力団やマフィアは、個々の構成員が武器を非合法で携帯した、犯罪者中心の武装組織［Gewalt］である。その主要な活動は、賭博・麻薬の売買・用心棒・港湾荷役などの手配と監督・各種債権などの取り立て。そしてときには、企業や政治家などが公にはできない、ダーティないしスキャンダラスな部分への、いわば代行的な関与、つまり金や特殊な利権の獲得を条件にした、スキャンダルをもみ消すための恐喝・殺人、さらにそれをネタにした、金目当ての恐喝など、である。そしてこの、彼ら個人および組織としての活動には、結集された組織的 Gewalt が、前提になっている。

この意味でそれは、組織構成員全員の武装化［Gewalt］を前提とした、特殊な社会的組織といってよい。彼らは同業者たちと、これらの活動にかかわる多くの利権をめぐって、つねに組織の存亡をかけた、全面戦争への突入の危機的な状態において、棲息している。したがってその組織は、いつでも即座に戦争体制への転換を可能とする、軍事的な編成形態をとっている。

とはいっても、〈アジア的〉な日本の暴力団と、アメリカのマフィアとでは、大きなちがいがある。暴力団の場合には、戦争と裏切り者の探索・追及・処罰の一切を、すべて当該組織自体で遂行している。かの一匹狼の殺し屋〝夜桜銀次〟は、例外といってよい。これに対してマフィアの場合、この種の荒事の多くが、その都度、個々の殺し屋や殺し専門の組織に、委ねられている。

また、よく知られているように新選組は、一戦ごとに金で買われた［契約］、西欧中世後期の傭兵部隊のような、幕府に金で雇われた殺しの専門集団ではない。それは、京都守護職・会津藩［松平容保］預りの、佐幕派武装組織として新設され、討幕派の諸藩士や脱藩浪士の一掃と討滅をめざして、剣を揮った。そして、秘かに潜り込んだ討幕派のスパイや、撹乱分子の探索・追及・処罰を、一手に担ったのは、副長土方歳三直属の特殊部隊［山崎烝を長とした］であった。

〈国家〉組織の場合、この二段階的 Gewalt 形成は、〈国家〉の歴史的形成の一般的な運動法則と、見事に対応している。というのも国家組織は、まず生れたばかりの歴史社会が、戦争と交易の二相を錯綜させた、たえざる外的諸関係の進展のなかで、何よりも戦争に備えた、軍事的な組織的結集として、産み落とされる。いいかえればそれは、直接には〈都市〉や〈村落〉など地域社会形態をとった歴史社会が、内部における階級・階層的な落差と対立に、ほとんど頓着することなく、もっぱら外部にむかっての〈外的国家〉として大きく束ねられ、また構成されたものである。これが、〈国家〉の歴史的形成の〈第一段階〉である。

そして、一方では、外戦が頻発するようになり、つねに戦争への備えが必要になったり、あるいは相次ぐ戦争の長期化にともなう、戦時体制［つまり構成員全員の軍事的な組織化］の常態化などによって、それまでは戦時にのみ登場した、軍事的な指揮中枢が、次第に常設的な機関として、制度的にも固定化されるようになる。また他方では、当該地域的社会内部における経済的な発展、とりわけ社会的分業の進展を軸とした、諸階級・階層的な分化と対立・抗争の激化にともない、平時、社会の統一的な秩序維持にかかわる、警察・裁判・監獄などの公的機関もまた、ますます独立化して強大化する。

そしてこの二つの流れは、当該社会を〈国家〉として組織的に構成する、特殊な任務をもった政治的・軍事的な指揮中枢としての、〈国家権力〉の独立的な分化と強大化を必然化する、一つの流れへと合流していく。これが、〈国家〉の歴史的形成の〈第二段階〉にほかならない。

このように〈国家〉の歴史的形成は、まず何よりも戦争を契機とする軍事的な組織化、つまりは〈外的国家〉形成を端緒とした、〈社会〉の〈国家〉的構成にはじまる。ついで、内外危難への〈社会〉の、〈国家〉的構成と組織化を指揮・先導する、〈国家権力〉の形成と組織的な発展が、必然化するのである。［それゆえ、本論に先立って概括しておけば、〈国家〉の歴史的形成の〈第一段階〉が、〈国家〉の成立であり、その〈第二段階〉が〈国家権力〉の成立、ということもできる。］

ということは、〈国家〉組織にともなうGewaltは、まず、当該社会構成員が直接武器を手にする、軍事的な組織化という形をとった、〈外的国家〉構成にともなう、Gewaltとして形成される。そしてつぎに、経済的な利害のちがいから、たえざるときには深刻な対立と抗争へと転化しかねない、諸階級・階層へと分解し分裂した歴史社会を、〈国家〉として組織的に束ね構成する［いいかえれば〈国家〉としての統一社会的な秩序維持］ための、国家権力の独立的な強大化にともなう、Gewalt として成立したことを、意味している。

これをいくらかべつの角度から、とりあげておこう。外部から当該歴史的社会の物理的な破壊と解体をめざして殺到してくる、強大な Gewalt を、断固としてハネ返し、ぎゃくに致命的な打撃を与えるためには、〈敵〉と同様に当該社会を挙げた、より強大な Gewalt［軍事的な組織化］をもってこれに当たる。そして、当該社会内部の諸階級・階層相互のたえざる不和と抗争を、一定の基準と原則によって調整し、〈国家〉という組織的秩序の枠組みのなかに、制御しておくためには、前者とは区別される、特殊な Gewalt［治安機関］をもってこれに当たる、ということになる。

前者は、対立・競合する他の歴史的社会に対して、外的国家意志として大きく束ねられた、当該社会の統一的な一般的意志を押しつけ、これに服従させるための、物理的な強制手段［Gewalt］として、必然化されたものである。これに対して後者は、当該社会内部にむけられた国家意志への服従を、たえざる不和と抗争をくり返している諸階級・階層に強制し、彼らの個別的また組織的な抵抗や妨害を排しても、獲得し実現するための決定的な物理的強制手段［Gewalt］として、成立したものである。

したがって、この二つの〈国家〉組織に直接まつわる Gewalt は、いずれも、当該歴史的社会全体を拘束する〈国家意志〉を、あらゆるレヴェルでの強力な抵抗や、妨害をものともせずに貫徹させるための、それ自体組織された決定的な物理的強制手段［Gewalt］、という点での共通性を、たしかにもっている。しかし、この二つの国家的 Gewalt は、その組織的な規模や物理的な強力度も大きくちがえば、その背後に控えている法的規範としての国家意志の性格もまた、大きく異なっていることに、注目しなければならないのである。

以上要するに、外部的 Gewalt［組織としての Gewalt］成立の意味は、外部に展開する組織的権力［Macht］に対しては、組織的［権力］意志の総力を挙げた、最強・最大の強制的実現手段をもってするほかないことの、実践的な表明である。そして、内部的 Gewalt 成立の意味は、諸個人の組織的包摂が、深刻な内部的な敵対矛盾を抱え込んだことの、実践的な表明である。

(4)〈手段〉にしてたんなる〈手段〉に非ず [Gewalt 論3]

政治学における権力論のなかで、Gewalt の問題は、つねにその中心に据えて論じられてきた。しかし、そのさい決まって、Gewalt を「物理的強制手段」とか、「物的強制力」という、はなはだ常識的であり、また抽象的でもある「概念」に還元し、解消させただけであった。事情を知らない者なら、首をかしげるかもしれないが、あえていう。古今東西を問わず歴史的・現実的に存在してきた、この Gewalt を、直接正面にすえて理論的に解明した者は、ただの一人として存在しなかったのである。

もちろん、ここにいう〈理論的〉とは、この問題を、直接の歴史具体的な姿態に即してではなく、そこから特殊な偶然性と多様性を捨象して、内在的な一般性を、論理的に抽象したレヴェルであつかう、という意味である。

これまでの解明によって明らかなように、権力現象に直接かかわる Gewalt とは、たんなる個別的な〈暴力〉ではない。何よりも〈暴力〉の専門家によって構成された〈暴力組織〉であり、〈組織された Gewalt〉なのである。となると、〈組織〉である以上それは、他の社会的組織の場合とまったく同様に、三種の組織的規範によって、彼ら〈暴力の専門家〉たちもまた、組織されている。これはいったい何を意味していようか?

まず〈暴力組織〉が独立した組織体の場合には、三種の組織的規範、つまり〈理念・目的〉・〈具体的活動〉・〈組織体制〉のすべてについて、つねに独自の組織的意志決定にもとづいた、独自の「物理的破壊活動」の展開が可能である。では、この〈暴力組織〉が、独立した組織体ではなく、組織体の一機関である場合はどうか?その場合には、つねに当該組織体中枢による、厳しい規制と拘束を受けている。当該組織体中枢が、一般の組織内部諸機関に対する場合以上に、この〈暴力組織〉にかかわる、すべての意志決定権を掌握して、つねに厳しい監視の眼を光らせている。

それにもかかわらず、この〈Gewalt 組織・機関〉は、条件次第で、独自の意志決定にもとづいて、強力な「物理的破壊」の組織活動を断行しかねない、根本性格をもっている。それというのも、Gewalt が、意志なくモノいわぬたんなる〈モノ〉ではなく、人々に強烈な本能的恐怖心を呼び起こすことによって、有無をいわさず〈意志の服従〉を獲得することができる、点にある。

そしてここに、組織的な意志を貫徹するための強力な、〈手段〉にすぎないはずの Gewalt が、いわば主人としての当該組織、ないしその指示・命令者［指揮中枢］に対して、独立したり敵対し、ときにはぎゃくに、使用人から支配者へと大きく転成したりする、危険性の問題が最初から内蔵されている。

まず、当該組織自体が直接武装したり、当該組織内部に特殊機関としての Gewalt を設置した場合、一応指導部ないし指揮中枢が、これを掌握しているかにみえる。しかし、それでも決して安心できないことは、過去の歴史が証明している。とりわけ〈近代〉以前、つまり統一的社会形成以前の歴史的社会では、この組織的・内部的 Gewalt の統制と完全掌握の問題が、国家組織・社会的組織のレヴェルを問わず、統治者や小さな専制的支配者にとって、つねに最大の主要関心事でさえあった。

というのもそこでは、〈都市〉や〈農村〉を軸とした地域的社会が、多かれ少なかれ自給自足的な完結性と独立性を把持していた。したがって、それを小さくときには大きく束ねる専制的支配者が、国家的統治者としてやることといえば、戦時には軍役を課して戦場に駆り立てることをもふくめた、各種の貢納・租税［徴税］的支配が中心であった。

そこで、いわゆる〈内政〉のほとんどは、彼ら専制的支配者とその一族・家臣団が、もっぱら自分の都合で、勝手に徴税［収奪］して消費する支配体制への、個別的また組織的な抵抗と敵対を厳しく弾圧し、処罰する刑法的秩序維持［治安・裁判］活動であったといっても、決して過言ではない。そのほかにあるとすれば、とくに農耕用の大規模な河川の管理・灌漑、などを必要としている、アジア・オリエント的諸域でみられた、公共土木事業くらいであろう。

それだけに、大小の専制的支配者にとって、最大かつ主要な公的活動は、傘下の地域的社会を少しでも拡大するための、たえざる外戦につねに勝利をおさめること、であった。戦勝は、莫大な戦利品をもたらすばかりではない。同時に、人々の精神的な名誉心をも満たすことによって、専制的支配者による軍隊を中心とした国家組織の、より強力な掌握を可能にする。それは、傘下地域社会領民にとっても、敗戦の場合の悲惨さと較べれば、たとえ爆発寸前の不満でさえ、完全に一掃されないまでも、大きく和らげられることだけは、たしかである。

くわえて、徴税可能な地域社会の拡大は、そのまま軍事的な増強を可能にし、対立・競合する他の専制的支配者に、強力な圧力を与える。そのなかから、戦わずしてその軍門に降る者さえ、出てくる。ということは、決定的な敗戦が、即座に当該専制的支配者と、その一族・家臣団の解体を帰結するばかりか、傘下の地域的社会領民に、きわめて深刻な影響を与えざるをえない、ことをも意味している。

このように〈近代〉以前の歴史的社会では、半ば独立的な地域的社会を一つでも多く、その政治的な傘下に収めるための外戦が、主要な国家的活動として登場してくる。そこで、政治の直接の主人公は軍隊であり、とりわけ軍を直接指揮して、つねに戦勝を可能にする将軍に対しては、最大の尊敬と信頼が寄せられ、条件次第では、〈軍神〉として神格化されることも、少なくない。

アレキサンダー大王や上杉謙信のように、専制的支配者自身が、つねに直接軍を指揮して戦勝をもたらしている場合なら、まったく問題はない。しかし、統治能力と軍事的才能とは、直接重ならないことの方がむしろ普通である。ということは、卓越した軍事的指揮者が、たとえ一族の者であったとしても、専制的支配者にとって、由々しき大問題となる。

そこで、専制的支配者は、有能な軍事的指揮者［将軍］に対する神格化と、直属の精鋭部隊を率いた政治的な独立化を防ぐために、つねに最大にして細心の注意と関心を傾注した。そのためいつでもどこでも、戦時には一人の将軍に、大軍を委ねることは避け、幾人にも分割することによって、互いに功を競い合わせる。

そのうえさらに、各将軍に専制的支配者直属の軍監察官［いわゆる軍目付］を張りつけて、終始その動向を報告させるという方策が、よく採用された。わが国では源平合戦のとき、その天才的な軍略と人気のゆえに、源義経に張りつけられた軍目付・梶原景時が、鎌倉の兄・頼朝の許に、悪意に満ちた報告を送りつづけ、共通の敵であった義仲と平家の討滅後、義経追討の遠因となった。

またたとえば中国の歴代王朝では、たいてい百万にもおよぶ巨大な軍隊の主力を、辺境の塞外諸民族への備えとして、王朝の所在地である首都から、はるか彼方へ放逐してしまった。そうでなかったら、幾重にも監視つきで首都中枢部に留め置くか、いずれかの方策をとった。しかし前者の場合には、たえざる戦闘によって確実に力をつけた軍隊が、王朝の腐敗や内訌、あるいは各地で農民反乱の勃発などに乗じて、一気に反転して首都を陥れるといった事態を、よく引き起こした。

また後者の場合には、精強だった兵も、長い間怠惰にうち過ごすことによって弱兵と化し、塞外諸民族の侵攻や各地の農民反乱にあたって、まったく使い物にならなくなってしまうのが、つねであった。つまりいずれも一長一短で、ことほどさように軍隊［Gewalt］の問題は、厄介なのである。

だからこそ、〈近代〉以降の〈民主的〉国家においてさえ、数十万からときには優に百万を超える、巨大な軍隊への文民統制［シビリアン・コントロール］の問題は、つねに議会や世論によって、厳しい監視下におかれている。しかし、厄介という点では、軍隊より諜報機関の方が、数段上かもしれない。

というのも、軍隊にも公開無用の軍事機密があるが、諜報機関の場合は、いってみればその組織と活動のすべてが、公開厳禁の国家機密とされているからである。つい最近のイギリスでは、〈パックス・ルッソー・アメリカーナ〉の一方の片割れである、「社会主義」体制がぶっこわれて、やることのなくなったＭＩ６が、王室のプライベートな電話を盗聴して、問題になった。

アメリカでは、かなり以前からＣＩＡやＦＢＩの中枢部が、有力政治家や大物財界人のスキャンダルを秘かに掌握して、つねにときどきの政変に深くかかわった。あげくはそれを、彼らの個別的な出世と野心を実現するための、武器として利用してきた、といわれている。因みに、経歴不祥とくに青年期から壮年期にかけての、数十年間の行跡が不明の大富豪の多くは、ＣＩＡやＦＢＩの幹部出身者と推測されている。

このように、組織的・内部的Gewaltでさえ、その動向と統制には、つねに最大の注意と監視を必要としている。ましてや、外部にむかって押し出される組織的意志の実現手段として、独立的なGewaltに、この任をそっくり委託したり、あるいは必要ごとに依頼する〈傭兵契約〉などの場合には、つねに大きな危険が内包されている。

強大にして広大な〈帝国〉を構成した、中国の歴代王朝は、塞外の遊牧的諸民族を隷属下におき、戦時には決まって、もっとも危険な前線へ駆り立てていた。しかし、やがて実戦によって軍事的な実力を身につけた、彼らによって復讐され、ときには完全に取って代られた。匈奴・突厥にはじまり、契丹人・女真人そしてモンゴル人は、征服王朝として中国本土に、強大な帝国を築き上げた。

西に眼を転じれば、ローマ帝国はその末期には、同じように軍事力としてコキ使ってきた、蛮族［ゲルマン人］によって、よく帝国を乗っ取られた。というよりむしろ、帝国の末期に輩出した軍人皇帝は、すべてゲルマン人の傭兵隊長であった。また、西欧では中世後期以降、封建制にもとづいた軍役制が廃れ、戦争はもっぱら、必要毎に〈契約〉によってカキ集めた、プロの傭兵部隊によって代行された。そのためとくに、かのルネッサンスと宗教改革期には、精強な部隊を率いた有能な傭兵隊長によって、都市や小王国が、よく乗っ取られる羽目になった。

その渦中にあったマキャベリは、とくに「傭兵軍」と「外国支援軍」の危険性について、何度も強調している。まず、「傭兵軍」についていう、——「傭兵軍および外国支援軍は役に立たず、危険である。ある君主が、傭兵軍のうえに国の基礎をおけば、将来の安定どころか維持もおぼつかなくなる。というのは、傭兵は無統制で、野心的で無規律で、不忠実だからである。仲間うちでは勇猛果敢に見えるが、敵中に入れば臆病になる。…傭兵が戦場に留まるのは、ほんの一握りの給料が目あてで、ほかになんの動機も愛情もない。しかも、その給料は、あなたのために進んで生命をおとす気持ちにさせるほどの代物ではない。彼らは、あなたが戦争をやらないうちは、あなたに仕える兵士でありたがる。だが、いざ戦争になると、逃げるか消え去るかどちらかになる」［池田訳『君主論』『マキァヴェッリ全集1』所収、筑摩書房、四一頁］。

そして、さらに危険きわまりないのが、「外国支援軍」だという、——「…軍隊の種類にもいろいろあるなかで、とくに害をおよぼすのが外国支援軍である。というのは、この種の軍隊の危険な点は、その援助を得ようとして雇っている当の君侯や共和国が、その軍隊に対してなんの権威も帯びていないことである。むしろ、この軍隊が権威と仰ぐ唯一のものは、自分たちを派遣した主人だけである。というのは、…外国支援軍とは、一人の君主の指図で諸君の国に派遣されてきた軍隊である。このばあい、その君主直属の隊長に指揮され、その旗のもとで行動し、給料もその君主からうけているものだからである。…／こんな軍隊が勝利を占めたとなると、たいていのばあい、彼らが敵として戦うために雇われたその相手に対してはもちろん、自分の雇い主に対してまでも掠奪を働くものである」［永井訳『ディスコルシ』『マキァヴェッリ全集2』所収、筑摩書房、二三八〜九一頁］。

現代でも、アフリカを舞台にして傭兵部隊によるこの種の企て、つまりは軍事的クーデターがくり返し試みられている。また、アメリカのマフィアは、〈殺し〉の仕事を一回につき、たった数万円で、主にプエルトリコ人などの暴力組織に、依頼している。そのコキ使われている首領の一人が、かなり前に日本のカメラマンの雑誌インタビューに答えて、〈そのうち必ずヤツらをコキ使えるようになってやる〉と、その秘かな野望を吐露していた。人はいつでもどこでも、同じような社会的条件の下では、同じようなことを考えるものだ。

現代日本では、超大企業の重役が、スキャンダルのもみ消しを、出入りの総会屋の斡旋で、暴力団幹部に頼んだばかりに、ぎゃくにその弱みをネタに、何度も金品を脅し取られたなんていう話は、それこそどこにでもころがっている。

このように権力現象に直接まつわる、〈暴力〉Gewalt は、何よりも〈組織された Gewalt〉であって、Gewalt 自体が、直接に権力関係を内包させている。ということは、たんに権力論の具体化として、暴力〔Gewalt〕論を位置づけて展開できるばかりか、直接には暴力〔Gewalt〕論という形で、権力論が展開できることをも意味している。

またこれまで、権力論としての暴力〔Gewalt〕論が、まったく存在しなかった直接の原因も、明らかであろう。それは、Gewalt を「暴力組織」などといいながら、「物的強制力」とか「物理的強制手段」といった、日常的な抽象観念にすりかえてしまい、〈組織としての Gewalt〉という発想が、まったく脱落していたことによる。

それは、なぜかといえば、欧米の経験論的実証主義者や通俗マルクス主義者の、機能主義的発想や即物実体論的発想では、とても〈組織〉を規範論にもとづいて、理論的に把握できない。つまりは組織論を直接可能にする、規範論の決定的な不在という点に基因する。この点は、きわめて重要なので、後の権力学説における権力＝暴力説のところで、もう一度とりあげることにしたい。〔Gewalt 論 4〕

（5）補論――専制的国家支配と軍事的強制手段

専制的国家支配は、ごく一握りの特権的支配者の特殊意志が、そのまま国家意志として押し出され、この意志決定にまったく関与しなかった社会〔構成員〕全体に、これへの絶対服従を迫る。しかもそのほとんどは、社会的諸階級・階層の特殊利害に敵対し、彼らに重い負担と大きな犠牲を強いる、強制命令である。そこで、つねに彼ら社会的諸階級・階層からの激しい不満と反発が、うず巻いている。当然それが、大規模な暴動と反乱となって噴出しても、一向に不思議ではない状態が、むしろ常態化している。

そこで、たとえ大規模な暴動と反乱が爆発しても、これを断固として粉砕し制圧することの可能な、物理的強制手段［Gewalt］として、強力な治安機関の設置と軍隊の発動が、否応なしに要請される。

一般に〈民主的国家〉体制の下では、国内的には警察を中心にした治安機関、外敵に対しては軍隊が事にあたる、という分掌原則が確立されている。しかし〈専制的国家〉体制の下では、社会的諸階級・階層の反発と抵抗が、つねに治安機関だけではとうてい手に負えないほど、大規模化し深刻化しかねない。そこで軍隊が、外敵ばかりか、専制的支配者に反抗するすべての〈国内敵〉に対しても、動員され容赦なく発動される。

巨大な「社会主義」専制国家であるソヴェトと中国は、中ソ論争以後の冷戦時代をつうじて、数百キロにもおよぶ長大な国境線に、いずれも数百万規模の軍隊を配置していた、ことで知られる。しかしこの軍隊は、たんに直接の外敵に対して、むけられていただけではなかった。同時に、「自由」を求める両国の人民の、大規模な抵抗闘争と反乱を予想して、そのときには一斉に反転して、それを外から大きく包み込むという、軍事的な意味が込められていた。

数年前、わが国に来訪してTV出演した中国の政治学者が、〈東西冷戦が終結したのに、なぜ中国にはいぜん五百万を数える軍隊が存在するのか？〉という問いに対して、こう答えていた。——〈それは、中国が一〇億人以上を抱える大国だからです〉と。彼は、〈五百万の軍隊は、外敵に対してよりも、むしろ一〇億人以上の人民を治めるために、どうしても必要だ〉、といっているのである。「専制国家」中国の御用学者として、彼には事の本質がはっきりとわかっている。それをわかろうとしないのは、わが国の「進歩的」・「左翼的」な文化人だけである。

現に一九八九年六月、中国専制国家中枢は、〈民主化〉要求を掲げて北京に集結した数万の学生たちに、チベットなど辺境地帯に展開していた部隊を急遽差しむけて、情け容赦なくこれを虐殺した［天安門事件］。しばらくして最高指導者鄧小平は、いみじくもこういい放ったものだ。——〈中国においては、百万人といえどもごく少数者である〉、と。

このように専制的国家支配は、専制的支配者が、つねに強力な軍事的強制手段を、縦横に駆使することによってのみ可能で、それなくしては存続しえない。この意味で、専制的国家は、軍事的支配者によって直接構成されているかとはべつに、軍事的性格がきわめて強く、その中枢部における意志決定では、つねに軍事的指揮者の意志が、大きく作用する。

第四篇　権力主体をめぐる観念的諸契機

6 〈観念的利害〉とは何か？

(1) 〈観念的利害〉とは何か？

権力現象は、〈政治〉現象としての典型的発現をふくめて、社会科学つまり社会現象に対する理論的解明のなかでは、もっとも理論的な解明が遅れている分野である。その根本の原因は、権力現象の孕む幾重にも重なった観念性を、研究主体の側で論理的に解体できなかったところにある。

すでにくり返し論じてきたように〈権力〉とは、意志の観念的対象化としての〈規範にもとづいた支配力〉である。もちろんこの場合、〈規範としての意志〉に反映された、実質的内容である〈社会的性格いかんの問題〉は、すべて捨象されている。したがって第一に、規範を軸とした観念的支配力ということは、〈権力の形式的観念性〉を示している。

しかし第二に、権力現象には実質的な意味での観念性が、つねにまつわりついている。では〈権力の実質的観念性〉とは、いったいいかなるものか？ それは、〈規範としての意志〉に、大きくみて、二種類の社会的利害が反映されていることに、もとづいている。一つは、社会的諸個人が、日々切実な現実的・経済的利害を、経済的意志として観念的に対象化した場合である。その場合には、規範としての経済的意志にもとづいた、各種の経済的権力が成立する。

もう一つは、社会的諸個人が、日々の経済的利害とは大きく質的に峻別される〈観念的利害〉を、〈規範としての意志〉として、観念的に対象化した場合である。この場合には、政治的権力に代表される観念的・思想的権力が、成立する。そしてこの〈観念的利害〉が、〈規範としての意志〉として、観念的に対象化されているところに、〈権力の実質的観念性〉成立の現実的な根拠がある。そこで、この〈観念的利害〉とはいったい何かが、問題となる。

権力現象に直接まつわるかぎりでの、〈観念的利害〉とは、一言でいえば、〈全体的利害〉のことである。因みに〈利害の全体性〉は、その漠たる〈全体性〉のゆえに、きまってその一般的普遍化にともなう、高度の観念的蒸溜と抽象化を蒙らざるをえない。これをいくらかていねいに説明しておこう。〈全体的利害〉という場合、社会諸個人の個別的・特殊的利害が、その一般的共通性において大きく集約され、集成される形であれ、あるいは社会諸個人に内在する一般的共通性が、発見され確認されて押し出される形であれ、この一般的普遍化には、漠たる観念的蒸溜と抽象化がさけられない。

それでは権力現象における、〈全体的利害〉という場合の〈全体〉とは、いったい何を意味しているのであろうか？　それは、権力の性格上、つぎの二種類以外にはありえない。その第一は、〈社会全体〉つまりは〈統一的社会〉に、直接かかわるという意味であり、第二は、当該組織的権力の〈全体〉にかかわることである。まず、前者における、〈全体的利害としての観念的利害〉とは、〈政治的利害〉そのものとなる。ということはこの場合、〈政治的利害〉はさらに二種類にわかれる。

一つは、歴史社会全体の存立と興廃にかかわる、あるいは歴史社会全体の統一的秩序と枠組みにかかわる、性格をもった〈政治的利害〉である。国家権力でいうならば、その根本的存立にかかわる、〈外政・治安〉などがこれに当たる。もう一つは、社会的諸個人の切実な経済的利害や社会的利害が、歴史社会全体にかかわる現実的な共通利害として、大きく束ねられた場合である［補註1］。その場合には、経済・社会的利害でありながら、社会全体にかかわるという意味での全体性から、ある種の政治性、つまりは〈政治的・経済社会利害〉としての観念的政治性が、客観的に付与される。したがって現実的な諸個人が諸階級・階層として、この種の〈政治的・経済社会利害〉をめぐって闘争した場合、この実質的経済闘争は、〈政治的経済闘争〉としての性格を客観的に付与される［補註2］。

〈政治的利害〉の二種類のうち、観念的全体性の濃厚な前者が、本来の厳密な意味での〈政治的利害〉である。また後者は、経済的利害から直接浮上した半端な〈政治的利害〉といえる。それはちょうど、経済的利害のアンコを政治的利害の衣で包み込んだ、饅頭のような代物といってよい。本論第7章で規定するように、前者は国家権力の〈統治〉活動として典型的にあらわれ、また後者は、同じく〈行政〉活動として典型的に展開される。

［補註1］

マルクスは、第二帝政成立期における、国家権力中枢のルイ＝ナポレオンを軸にした、諸階級間の政治闘争を分析した論文のなかで、ブルジョアジーに即して、その〈一般的な階級的利害〉を、〈観念的〉な〈政治的利害〉と規定し、彼らの〈私的経済的利害〉と明確に区別している。曰く、――

「いつも自分たちの一般的な階級的利益を、このうえなく狭く、このうえなくさもしい私的利益の犠牲にし、また自分たちの代表者にも、同じような犠牲をはらうよう強要した彼ら、その彼らが、いまになって、自分たちの観念的な政治的利益をプロレタリアートがプロレタリアート自身の物質的利益の犠牲にした、と言って嘆くのである」［村田訳「ルイ・ボナパルトのブリュメール一八日」、『マル・エン全集8巻』、大月書店、一八〇頁］。

マルクスがここでいっている、〈観念的〉な〈政治的利害〉とは、経済的支配階級であるブルジョアジーが、国家権力中枢を完全に占拠することによって、政治的支配権をも自ら掌握すること、をさしている。この意味でそれは、前者の厳密かつ本来的な〈政治的利害〉をさしている。私がこれまでくり返し指摘してきたように、その学的活動の過半を経済学に注ぎ込んだマルクスも、歴史具体的な政治事象への理論的解析においては、俗なマルクス主義者とはちがい、それなりに鋭い直観的な洞察力を発揮している。もっともふり返ってみると、マルクスはすでにエンゲルスとの初期の協同的著作『ドイツ・イデオロギー』のなかで、共同利害の国家的利害としての転成が、特殊に観念的な幻想的「一般」利害としての独立化にほかならないことを、くり返し強調していた。因みに曰く、――「…まさに特殊利害と共同利害とのこの矛盾にもとづいて、共同利害は、個別および全体の現実的な利害からきりはなされて国家としての独立な姿をとる。そしてそれは同時にまた幻想的な共同社会性（illusorichen Gemeinschaftlichkeit）としてである」［ほぼ古在訳に従った、岩波文庫、四四頁］。「…およそ一般的なものは共同社会性（der Gemeinschaftlichkeit）の幻想的な形態である…（中略）…共同利害および幻想上の共同利害にむかってたえず現実的に対立するところのこれら特殊利害の実践的な闘争は、国家としての幻想的な『一般』利害による実践的な干渉と制御を必要なものとする」［同前、四五頁］。

［補註2］

私が〈政治闘争〉と〈経済闘争〉との、いわば中間的存在である〈政治的経済闘争〉について、はじめて概念的に規定したのは、今から三〇年も前の論文［「現代革命の理論(2)」『現代の理論』一九六八年八月号］においてであった。因みに曰く、――「ここで特に注意せねばならないのは、〈階級〉の具体的な〈経済意志〉としての〈政治的経済意志〉と、本来の意味での〈階級〉の一般的な〈政治意志〉との区別に関してである。前者はあくまで〈プロレタリアート〉の具体的な〈経済的利害〉をとりあげたもので、資本制社会の部分的な〈社会・経済的〉改革（改良）を目的としており、これに対して後者は、〈階級〉の利害をより一般的かつ観念的な〈政治的利害〉として把え返したとき成立するもので、資本制社会の根本的変革を目的としており、〈国家権力〉の奪取という形で象徴的に表現される。それ故〈プロレタリアート〉の本来の〈政治闘争〉とは、〈政治的経済意志〉を実現するための〈政治的経済闘争〉を意味するものではなく、それとは厳しく区別しなければならない。勿論、〈政治的経済闘争〉は個々の雇主との〈経済闘争〉と異なり、〈国家〉に対する〈経済闘争〉であるから、いいかえれば　階級の具体的な〈経済意志〉を、〈国家意志〉にまで転化させるための闘いであるから、厳密な意味における、〈政治闘争〉との区別さえ明確に把握している限り、これを一応〈政治闘争〉の範疇に入れること自体は、何ら誤りではない。／しかし本来の意味での〈政治闘争〉とは、〈経済意志〉ではなく、あくまで観念的な〈政治的意志〉をめぐっての闘いであり、なによりも〈政治的＝イデオロギー的支配〉をめぐる、階級間闘争に他ならない。いいかえれば、〈政治的経済闘争〉が〈国家意志〉の具体的かつ個別的な〈社会・経済政策〉の次元での闘いを出ないのに比して〈政治闘争〉は、当該階級的社会構成体の法的かつイデオロギー的な〈体制的秩序〉としての維持、従って観念的かつイデオロギー的な〈政治的共同体〉としての創出を本質とする〈国家的〉支配の根本、具体的には軍事・外交・国内治安等の内外重要政務に直接関わる、形式的かつ法制的には〈憲法〉・〈法律〉など〈国家意志〉の一般的かつ理念的なレヴェルでの、闘争である。前者があくまで〈社会的・経済的（改良）闘争〉に他ならないのに対して、後者の〈政治闘争〉こそ、本来の意味での〈革命闘争〉の核心を構成している。」［拙著『新版　革命とコンミューン』、イザラ書房、所収、一九八～九頁］。

明らかなようにここでは革命論のレヴェルから、国家権力に直接対峙する革命的階級権力の段階的形成に即して、〈政治闘争〉と〈経済闘争〉そして両者の中間的存在である〈政治的経済闘争〉の特質が、多分に直観的ながら明示されている。

しかし、〈政治的利害〉という場合の〈政治的〉なる概念は、〈社会全体〉ないし〈統一社会的〉という意味だけではなく、日々の経済的諸関係においてときおりあらわれる、一見特異な事態に対しても使用されている。例えば、国家［組織］間において、特定国にだけは、特定の商品を売らない、あるいは買わないといった事態の出来である。この場合、この〈特定商品〉は〈政治的商品〉へと転化している。そしてこの種の〈政治的商品〉化は、たんに当事国間レヴェルにとどまらず、ときには諸国家が相互に連携し、寄ってたかって特定国を貿易・経済的に封鎖する、経済制裁にまで突き進む場合も、決して少なくない。

しかしこの種の〈政治的商品〉化は、〈国家的〉レヴェルばかりか、個人的また経済組織レヴェルでも、ときおりみられる。たとえば純然たる商業活動において、八百屋・魚屋・雑貨屋などの個々の商店が、特定の個人に対してだけは、〝あんたに売るような品物は一つだって置いていないよ！　ヨソに行ってくれ！〟といって、絶対に品物［商品］を売らないといった事態である。

もちろんこの特定の個人は、排他的な小さな町にやってきた、ヨソ者か、前科者か、外国人か、それとも思想・信仰上の犬猿の仲か、あるいはその商店と何か深刻なイザコザがあったか、事情はいろいろであろう。この場合私的事情がどうであれ、当該商店主は、〈商品はだれに売ろうが、利潤は同じ〉という経済的合理性を、自ら放棄している。そのことによって彼らがあつかう当該商品は、特殊な〈政治的商品〉へと転化している。

あるいは書店や取次店が、特定の宗教組織や政治組織の書籍［出版刊行物］にかぎって、絶対にあつかわないという話を、ときおり耳にする。この場合は多分私怨であろう。つまり当該書店や取次店の関係者が、過去に当該宗教組織・政治組織と深い関係にあり、散々こっぴどい目にあわされた、というような。事情は何であれ、当該書籍が〈政治的商品〉へと転じていることに、変わりはない。

このように、国家［組織］的レヴェルばかりか、個人的また組織的レヴェルにおいて、ときにその行動は、特定の全存在に対する、排除と隔離と抹殺にさえつながりかねない、強烈な敵意と嫌悪の意志・観念によって、直接規定される。いいかえれば、個人主体また大小の組織体の、〈全存在に直接かかわる〉という意味での〈全体〉が、ここでは一見非合理的・非理性的な、観念的〈政治的利害〉を、呼起しているのである。そこでつぎに、〈特定の全存在への強烈な敵意と嫌悪〉の形成と醸成に、直接かかわる純粋な観念的利害を、とりあげる必要があろう。

（2）〈面目・名誉・威信〉という特異な観念的利害

つぎに、〈全体的利害〉という場合の第二の、当該組織的権力の〈全体〉についてみよう。組織的権力の〈全体〉に直接かかわる、〈観念的利害〉には、きわめて特異な事象が存在する。しかしそれは、各種組織的権力の根本的特質を規定する、組織的規範にかかわることではない。

つまりそれは、結集した諸個人を共通に規制し拘束する、根本理念と目的また具体的活動などを規定した、組織的根本規範や実質的活動規範にかかわることではない。そうではなくてそれは、結集した諸個人が他と区別される当該組織体を、〈自由で独立的な精神的人格〉であって欲しいという、少なからず強烈な、共通の観念を形成し、把持しているかぎりにおいて成立する、特異な観念的全体利害である。いうまでもなくこの組織体の、自由で独立的な精神的人格にかかわる、特異な観念的全体利害とは、組織体の〈面子・面目〉と〈名誉・矜持（誇り）・威信〉のことである。

考えてみれば、〈面子・面目〉と〈名誉・矜持（誇り）〉は、社会的諸関係において歴史的に形成される、人間の観念的な利害といってよい。それは、社会的諸関係のなかで育まれる、人間存在の自由と独立性に直接かかわる。つまりそれは、〈人格〉としての精神的な独立性と統一性の存在するところなら、ごく自然に観念的に形成される。したがってそれは、個人〈人格〉はもとよりのこと、結集した諸個人より成る、組織〈人格〉においても成立している。とりわけそれは、もっとも発展した最大の社会的組織である歴史的社会において、条件次第では、きわめて強烈な異常性をもった形であらわれる。

この〈面子・面目〉や〈名誉・矜持（誇り）・威信〉、などの形をとった特異な観念的利害は、強弱や濃淡はあっても、あらゆる組織的権力、つまり国家権力をはじめとする政治権力、宗教的権力、各種の経済的・社会的権力などのすべてに、存在する。そしてそれは、諸個人の組織的結集性が強ければ強いほど、強烈である。組織的結集性の強弱は、直接には指導部［支配者］による、指揮・統率力の強弱のいかんに、かかっている。そこで、一般にこの種の観念的利害は、〈民主的〉組織よりも、〈専制的〉に集権化された組織の方が、はるかに強烈な形であらわれる。

因みに専制的支配者は、当該組織体の内部で、いわば敵なしの絶対的存在である。それだけに、同種の外部的組織体との競合と対立においても、同じように〈専制的〉に、振る舞わねばならない宿命にある。しかし、組織体相互の対立と競合のなかで、当該専制的支配者の意志が、いったいどの程度貫徹されるかどうかは、もっぱら相互の総体的意味での、組織的力量のいかんに、かかっている。

つまり、内部に対する場合とは大きく異なり、外的諸関係においては、なかなか彼の思い通りにはならない。そしてその分だけ、彼の〈面子と威信〉は、充分に敬意を払われ、また発揮されることなく、むしろ傷つきやすいといえる。しかも当該組織構成員の一人でも、外部的組織から物質的・観念的損害を蒙れば、組織統率者としての彼と組織体自体の、〈面子と威信〉に対する、重大な侵害としてうけとられる。

それゆえ、外部的な対立・競合者から、軽視されたり侮辱されて、その〈面子と威信〉が傷つけられれば、それはそのまま、当該組織的諸個人に対する、専制的支配者としての〈面子と威信〉をも、一挙に失うことになる。それは、専制的支配者としての存立自体に直接かかわる、一大危機の到来にほかならない。とりわけ国家権力中枢を掌握した、専制的支配者の多くが、当該組織体の力量を無視して、勝ち目のほとんどない、敵対組織との生死と存亡をかけた、抗争や戦争に突入する強度の一般的傾向性、つまりは法則的必然性をもっている根拠も、じつはここにある。

この場合、組織体は専制的支配者の指揮と強制によって、〈面子と名誉・威信〉という観念的利害を、何物にも替えがたい第一の組織的利害として、押し出したことになる。〈面子と名誉・威信〉に、当該組織体の全存在がかけられたともいえる。しかし〈面子と名誉・威信〉のために、組織体の存亡をかけたり、ときには自滅を承知で、絶望的な戦いに突入することは、いかにもバカげた、非合理的・非理性的な愚挙と蛮行にみえるだろう。それにもかかわらず、この種の非合理的な愚挙と蛮行は、組織体にかぎらず、われわれ個々人の日常的な生活においても、しばしば散見できるのである。

たとえば日頃から上司に睨まれていて、出世どころか僻地や窓際へ、追いやられそうなサラリーマンが、あるとき皆の前で散々愚弄され、嘲笑されて完全にプッツンしてしまう。彼は、永年抑えに抑えてきた怒りの鉄拳を振るって、その上司を殴り倒したとする。そんなことをすれば、解雇どころか傷害罪で告訴され、退職金さえパーになることは、もちろん重々承知のうえである。この場合彼は、家族を扶養していくに必要な現実的利害よりも、永年にわたって傷つけられてきた、社会人［社会的存在］としての〈名誉〉を、優先させたともいえる。

あるいはまた、人気のない公園や野原で恋人とデート中に、数人のチンピラに囲まれて散々絡まれ、悪質な嫌がらせをうけたとする。本気で惚れた恋人であれば、たとえ腕力に自信がなくても、自分だけノコノコと逃げだすわけにはいかない。しかし相手は喧嘩慣れした連中で、しかも多勢に無勢。本気で闘えば袋叩きにされ、ひょっとしたら命にかかわる、致命的な被害を蒙りかねないことは、彼としても充分に分かってはいる。それでも彼が闘ったとすれば、愛する彼女を守ることが、一人前の男としての責務であり、〈卑怯者の汚名〉を着たまま一生生きるよりも、勇気を出して闘うこと自体に、男として第一に優先すべき〈名誉と矜持〉があると、判断したからである。〈名誉と矜持〉に、文字どおり男としての命と全存在が、かけられたことになる。

ついでにふれておくと、戦国時代の武士は、〈命を惜しむな、名を惜しめ〉といわれて、果敢な戦いに明け暮れたことで知られる。しかしこの場合には、〈彼個人の名誉〉にくわえて、家名［つまり一族］と主名［つまり主家］のためという、〈組織体の名誉〉が直接かかっていた。

このように〈面目・面子と名誉・威信〉などの観念的利害は、組織たると個人たるとを問わず、条件次第で、他のすべての現実的利害を押し退けて、〈第一義的な使命と目的〉として、躍り出てくる。したがってその場合には、個別主体であれ、組織体であれ、観念的利害としての〈面目・面子と名誉・威信〉が、文字どおり、その〈全存在をかけた利害〉にまで、転化させられる。

しかし、組織的利害における観念的と現実的との区別と連関を、トータルに把握するには、歴史社会を挙げて戦われる〈戦争〉を、つぎに解析してみるのがよかろう。

（3）〈戦争〉における観念的と現実的との利害の交錯

すべての〈戦争〉は、開戦の原因と思惑と経緯の一切にかかわりなく、歴史社会全体の存亡と興廃に直接かかわる〈共通利害〉である。それゆえ〈戦争〉は、歴史社会全体にかかわる観念的な政治的利害ともいえる。それは何よりも、〈外敵〉へと転じた他の歴史的社会による軍事的な侵略と破壊から、国民社会全体とりもなおさず国民の生命と財産を、直接守りぬくことである。そのためには、〈戦争〉という形をとった、社会を挙げての軍事的な防衛的活動が、必然化される。しかし、〈戦争〉における〈防衛〉と〈侵略〉とのちがいは、多くの人々がごく単純に考えているほど、画然としたものではない。

というのも、隣国が、にわかに軍事力の拡大と増強に邁進しているのをみて、決定的な打撃をうける前に先手をとって攻め込む、といったことはよくある。また、純然たる侵略者を撃退するための、正当な〈防衛〉戦争から出発して、撃破したついでにもう二度と侵略されないようにと、敵国の心臓部にまで深く攻め入り、軍事的拠点ばかりか、軍事力を創出する、重要な諸産業施設の徹底的な破壊まで、やってのけた。そして、気がついてみたら防衛者自身が、れっきとした侵略者に成り下がっていた、といった事態もまた、枚挙にいとまがない。

また、戦争という形をとった軍事的な衝突と抗争は、決定的な敗北を喫した場合はいうにおよばず、たとえ勝利の女神が自国に微笑んだときでさえ、多大の人的・物的損害をもたらす。もちろん直接の軍事的な衝突が、当事国間だけに限定されていて、しかも彼我の軍事力が懸け離れていた場合なら、一方がその圧倒的な軍事力で、あっという間に他方を撃破し、席巻してしまおう。だからこういう場合には、強国による一方的な侵略・殺戮とそれへのほとんど絶望的な抵抗があるだけで、戦争といえるほどのものではない。

しかし戦争の多くは、むしろ軍事的な実力において、それほどの差がない場合に勃発する。そのためそれが最後まで徹底的に闘われた場合には、文字どおり共倒れになって、歴史的な世界から消滅してしまう。また、そうでなくても、両者ともに再起不能なまでにいちじるしく衰退して、他の強国に併呑・吸収されてしまった事例なら、世界史を繙くと、それこそいくらでもころがっている。

このように戦争は、当該社会の維持・発展のため、といえば聞こえがいいが、勝敗の帰趨とはべつに、つねに再起不能なほどの甚大な人的・物的な損害や、共倒れ的な消滅の危険性さえ帰結しかねない。しかし、それにもかかわらず、この賭博性と冒険性の強い社会を挙げての協同的作業が、古来、洋の東西を問わずくり返されてきた。それは、つねに社会に包摂された、〈社会としての諸個人〉が、たんなる人的・物的財貨という、物質的利害の獲得だけをめざしていたからではない。同時に、そしてそれ以上に、社会に包摂された、社会としての諸個人が、つねに戦争の勝利者のみに許される、〈栄光と深い満足感〉のもつ魅惑から、決して自由になりえなかったのである。

というのも、相次ぐ戦勝によって獲得される〈栄光〉とは、とりもなおさず周辺諸国の人々からの、畏怖と尊敬の念によって裏打ちされた、〈名誉・名声〉と〈威信〉である。人々は、この純然たる観念的な利害の獲得を、たとえどのように甚大な被害と犠牲、また多大の危険を払ってでも、何物にも換え難い〈勲章〉のように、追求してきたといえる。しかもこの、敵を軍事的に叩きのめすことによって獲得した、〈名誉〉・〈威信〉という〈勲章〉は、ひとたび手に入れるや、当該社会の維持と発展にとって、きわめて強力な観念的手段としての威力を発揮する。というのも、強大な難敵を打ち破ったり、連戦連勝を重ねたりすることによって、〈無敵〉ないし〈最強国〉として周辺諸国に認められれば、直接戦わずしてその軍門に降り、当該社会に臣従する諸国が相次ごう。

そのさい、戦争をつねに勝利に導いた軍事的指導者は、当該社会の人々によって、〈彼が指揮しているかぎり、わが軍隊は必ず勝利する〉とまで信頼され、ときには〝軍神××の生れ代わり〟として、大きく神格化されるようになる。そうなれば、周辺の諸国からは、〈彼と戦っても勝てるわけがない、彼が健在なうちは歯向かわないで、おとなしくしているほかあるまい〉とまで、強く畏怖され高く評価される。

もとより、これらの臣従した諸国には、毎年莫大な貢納物資の献上と、戦時における一定数の兵員の提供［軍役］が、義務づけられることになる。そこで、当該社会の政治的・軍事的・経済的なパワーは、飛躍的に増強されることになる。この意味で、多くの血を流し大きな犠牲を払って獲得した、〈名誉〉・〈威信〉というこの観念的な称号は、ときとして当該社会の国力を一挙に飛躍させる、〝魔法の杖〟のような役割さえ果たすのである。

このように〈戦争〉という形をとった、当該社会の〈防衛〉ないし拡大的発展としての〈侵略〉には、〈国民的共通利害〉としてのれっきとした現実的な根拠が、控えているだけではない。戦勝がもたらす〈名誉〉と〈名声〉といった、何物にも替え難い、きわめて魅惑的な観念的利害をも、直接ふくんでいる。それだけに、主体的および客観的な条件次第では、戦争におけるこの観念的利害の側面が、極限にまで肥大させられることも、決して少なくはない。

例えば、いまだ〈近代的〉な、国民的社会としての統一的な融合と形成がみられない諸国でさえ、遠い歴史的な過去を思いっ切り遡ってみると、必ずや一度か二度は、周辺の諸国を征服・併呑して、強大な王国ないし帝国を打ち建てた、栄光の時代をもっている。そしてそれが数世紀、否、たとえ数十世紀も大昔のことであったとしても、かつての〈栄光の時代〉への思慕と憧憬の念は、直接には神話の形で伝承されている。

それは、〈民族的栄光〉の時代が二度と訪れることなく、現在までの歴史が、貧しく惨めであればあるほど、ありうべき〈民族的な名誉・矜持［誇り］と威信〉に姿を変えて、人々の内的深部で脈々として維持され、ときには観念的に大きく増幅される。というのもこの場合、周辺諸国との踏んだり蹴ったりしてきた数世紀、否、ときに数十世紀におよぶ歴史は、多かれ少なかれ、彼らの〈栄光の時代〉への回帰を、つねに妨害してきた特定諸国による、〈民族的な名誉・矜持［誇り］と威信〉の不当な侵害と、許しがたい蹂躙の歴史として解釈される。そして、これに対する反発として、民族的・宗教文化的な憎悪と怨念が、醸成されるからである。

こうして、彼らの心的・観念的な深部では、失われた〈栄光の時代〉のゆえに、一方、〈民族的な名誉・矜持［誇り］と威信〉の、観念的な形成・増幅と、他方、民族的・宗教文化的な憎悪と怨念の、幾層にも重なり合った堆積とが、いわば同じメダルの裏と表のような、不可分の関連をもって、歴史的に醸成され発酵していく。したがって、このような歴史的社会の観念的利害が、特定諸国に対する、〈民族的・宗教文化的な憎悪と怨念〉へと観念的に転化して、政治的な諸関係を直接斬り結んでいるようなところでは、一定の主体的な諸条件さえ整えば、どんなにささいな揉め事でも、たちまち〈開戦〉への発火因となりうる。ここにいう一定の主体的な諸条件とは、もとよりたんに軍事的な準備だけではない。

むしろそれ以上に、そのときの政治形態のいかんや、政治的支配者が、国民・大衆の敵国への憎悪と戦争への意志・意欲を、充分に煽り立て組織しているか。またそのことをつうじて、両者のあいだに信頼関係が形成されているかが、とくに重要である。したがって、アホな専制支配者が、相次ぐ内政と外政の失敗で完全に行き詰まり、局面の打開と政権維持のため、国民・大衆の眼をもっぱら〈外〉にむけようとして、充分な準備もなしに〈戦争〉に打って出た場合には、まちがいなく敗北して、その政権は瓦解する。

しかし、このような一定の主体的な諸条件を前提としたうえで、さらに特定諸国に豊富な資源が埋蔵されていたり、国境線地帯が周辺諸国への軍事的要衝であったりという、直接の外的な諸条件がくわわった場合には、どうなるか？　いうまでもない、政治的指導者にとって、〈開戦〉を押し止めることの方が、よほどむずかしかろう。そしてひとたび開始されると、このような〈戦争〉は、歴史的に堆積された〈民族的・宗教文化的な憎悪と怨念〉によって、戦況がどんなに不利で、損害がどんなに多くても、〈相手国を叩き潰すまでは絶対に止めない〉。

それどころか、〈相手国に頭を下げるくらいなら、わが民族は全滅をも恐れず、最後の一人、最後の血の一滴まで戦う〉という、いわば〈損得ぬきの戦い〉へと転化する危険性が非常に高い。この場合には〈戦争〉が、〈損得勘定にもとづいた合理的な抗争〉から、〈損得勘定ぬきの勝ち負けの戦い〉へと、転化したことになる。というのもそこには、観念的利害や思想・イデオロギー的な諸契機が、直接からみ合うことによって、相互に〈名誉と威信〉・〈憎悪と怨念〉にもとづいた、〈異常な敵意〉が、観念的に形成されて戦われている。したがってそれは、社会的解体と民族的全滅さえ帰結しかねないほどの、激しく長い異常な戦いへの突入を意味している。

因みに、国民的な諸階級・階層の間での経済的な利害をめぐる闘争［経済闘争］は、〈損得勘定にもとづいた合理的な抗争〉、といわれる。その根拠は、経済的な利害対立を、獲得すべき物的財貨の数量的な差異、つまりは物的財貨の数量的な分配と取り分における割合の問題に、置き換えることができる点にある。というのも、〈対立と闘争〉が、〈数量的な差異〉の問題に、置き換えられるのであれば、〈数量的な差異の是正〉、つまりは〈数量的な分配と取り分の割合を変更〉すれば、解決される。いいかえれば、〈数量的な是正と変更〉について調整すれば、無益な闘争を長期間くり広げることなく、〈妥協〉することが可能である。

これが、欧米の経験論・機能主義的経済学者たちによってくり返し主張されてきた、〈合理的な損得勘定にもとづいた合理的な決断による解決〉、といわれるものの正体である。重要なのは、〈損得勘定にもとづいた闘争ゆえに、合理的に解決できる〉とされた〈経済闘争〉の場合、対立しているのは、経済主体としての人間の個々の活動［機能］とその所産に対してであって、経済主体としての人間の、〈全存在をかけた勝ち負けの問題〉としてではない。しかるがゆえに対立する両者が、そのときどきに、その個々の〈経済的な対立〉を、〈数量的な差異と対立〉として捉えたうえで、〈数量的な配分と取り分の是正〉について調整し、深刻な対立と抗争に転化させることなく、妥協し解決することができる。

ところが、当該〈歴史社会〉の〈国家的〉生存を直接賭けた闘争である、〈戦争〉にかぎらず、一般に政治的闘争が、〈損得勘定ぬきの勝ち負けの戦い〉へと転化した場合には、観念的利害をめぐって対立している。それは、ほかならぬ〈政治的主体の存在それ自体〉の存否と興廃が、直接賭けられていることを意味している。したがってそこでは、〈政治的主体の存在それ自体〉が、丸ごと承認されるか、それとも丸ごと否定されるかが、当事者相互のもっとも素朴で原始的なやり方で、戦われているのである。そこでは、あくまで〈政治的主体の存在それ自体〉という〈質〉が、問われ争われている。したがって、純然たる〈経済闘争〉のように、〈量的差異〉を調整するようなやり方で妥協し解決することが、不可能なのである。

それゆえ、欧米の機能主義者の経済学的発想に、馴れ親しんできた者からみれば、政治的世界でくり返しあらわれる、〈自滅覚悟で損得勘定ぬきの絶望的な戦い〉ほど、〈非合理的〉で理解できない代物は、この世にあるまい。それどころか、政治的事象には、単純な経済学的発想からみた、〈非合理的〉事象があまりにも多いことから、〈経済〉とちがって〈政治〉には、〈合理的〉な法則性が宿っていない。したがって、科学としての政治学など成立しない、などと、己れの無知と無能を対象自体に押しつける手合いが、いぜん跡を断たない。

しかしこれはただ、政治的世界には政治に特有の法則性［法則的必然性］が内在しており、それを経済的事象解析の方法的発想で、カサにかかって理解しようとしても、とうてい不可能であることを、自ら暴露したものにすぎない。経済学的発想からみての〈非合理的〉な事態が、政治的世界でくり返しあらわれているとしたら、それはただ、政治的世界では、このような〈非合理的〉な事態がくり返される法則的な必然性をもっており、この意味でそれは、たんに偶然的に勃発する〈非合理的〉な事態ではありえない。

政治の科学者に要請されるのは、〈経済的な非合理と不合理〉として現象する、この種の法則的必然性を、右に示したように論理的に解析し、あたうかぎり透明な形で浮き彫りにすることである。

7　思想的・イデオロギー的支配とは何か?

(1)　権力の観念的特質と思想・イデオロギー的支配

あらゆる社会的〈権力〉現象の特質は、諸個人がその〈独自の意志〉を、〈外部的・客観的な意志〉に服従させているところにある。この意味でそこに、観念的な〈意志にもとづいた支配力〉、つまりは〈意志的支配力〉が成立している、といえる。もちろん、この〈外部的・客観的な意志〉は、特定個人が直接発した純然たる〈個別的意志〉であったり、組織的掌握者によって押し出された〈組織的規範〉、つまり〈規範としての組織的意志〉であったりと、いろいろであろう。

すでに指摘したように、後者の場合には、典型的な組織的権力が成立している。いずれの場合でも、この〈外部的・客観的な意志〉は、諸個人の〈独自の意志〉を、実際に規制し、拘束しているかぎりにおいて、〈観念的に対象化された意志〉つまり〈規範としての意志〉にほかならない。

このように社会的支配力としての〈権力〉は、〈規範としての意志にもとづいた支配力〉という点で、本質的に観念的な性格をもっている。しかし、このような〈権力〉の観念的特質と、〈権力〉の特殊に思想的・イデオロギー的支配の問題とを、混同してしまってはならない。これは、きわめて重要な問題でありながら、これまでただの一度も理論的に解明されることがなかった。しかしこの問題、とくに〈権力〉の特殊に思想的・イデオロギー的支配の問題は、すでに示した〈組織的権力の規範論的構成〉と、〈組織的権力の二種類〉を前提とすることによってのみ、理論的に解明することができる。

そこでまず、この二点を確認しておく。典型的な組織的権力において、組織的規範は、相対的に区別さるべき三つの部分から成り立っている。第一は、諸個人の組織的結集の根本目的と理念を規定した部分。第二は、それを現実的に実現するための、長期から短期・当面にまでおよぶ具体的な計画と方策を規定した部分。第三は、第一そして何よりも第二を直接実践的に担う諸個人の、上級・下級また各種専門的諸機関への分割・配置と、統一的融合を規定した〈組織体制〉の部分。

つぎに、組織的権力を典型とする社会的権力は、第一の根本目的と理念の性格いかんによって、大きく二種類に区別される。一つは、諸個人の物質的生活に直接かかわる、〈物的財貨の生産と獲得〉を根本目的とした経済的権力である。企業をはじめ労働組合や生協・協同組合などがその典型といえる。その他には、傭兵・海賊・山賊やギャングの組織・グループなども、大きくみればこれにぞくしている。もう一つは、諸個人の精神的生活に直接かかわる、思想・学術・文化などの活動を担ったり、〈特定の思想・イデオロギーの流布と宣伝〉をめざした、精神的・観念的な権力である。これにぞくしているのは、学術・文化にかかわる諸組織や宗教的組織、そして国家権力をもふくめた各種の政治的組織、などである。

以上をふまえたうえでいうと、組織的規範における第一の根本目的と理念には、つねに何らかの思想的・イデオロギー的な諸要素が、直接間接にからみついている。そして権力現象にみられる思想的・イデオロギー的支配の問題は、結局のところ、何よりも組織的根本目的・理念に直接からみつくことによって、組織的規範の全体を大きく観念的に包み込み、少なからぬ濃淡と強弱をふくみつつも各部分を直接観念的に規定してくる、思想・イデオロギーの問題といってよい。それが、いったいどの程度からみついているかのいかんは、組織的目的・理念のいかん、つまりは組織的権力の種類によって、大きく異なる。

まず経済的権力の場合には、物的財貨の生産と獲得という根本目的自体が、きわめて大きな社会的価値、いいかえれば諸個人を強力に吸引する魅力と磁力をもっている。したがってこの根本目的に対する、思想的・イデオロギー的な説明と正当性を、ほとんど必要としていない。そこで結果として、経済的権力において思想的・イデオロギー的支配の側面は、はなはだ未発達ということができる。この点については、すでに第3章第4節で、典型的な経済組織としての企業に即して、検討しておいた。

因みに「社是・社訓」という形をとった、企業の「理念と目的」の表示では、一様に当該企業と社会や国際社会、また自然的環境との調和の必要が、雑多な思想・イデオロギーの断片的な借用と援用によって、唱えられている。しかしそれは、企業（家）の生存と発展にとって不可欠の、観念的な手段と装飾品以上の代物ではない。

（2）思想・イデオロギー的権力としての国家権力の特質

つぎに、精神的・観念的権力の場合、組織的根本目的と理念は、特定の思想・イデオロギーを前提とし、そこから必然化されたもの、いわば発展的に具体化される形をとって、押し出される。もちろん、組織的権力が成立する形態と事情は、決して一様ではありえない。

ある場合には、特定の思想・イデオロギーを信奉する諸個人が、その実践的な具体化として組織的根本目的・理念を創り出して、組織的に結集する。そして他の場合には、まったくぎゃくに、特定の実践的な目的をもって組織的に結集した諸個人が、この目的を合理的に説明し正当化するのにもっともふさわしい、特定の思想・イデオロギーを選択し、採用する、という具合に。しかしいずれの場合でも、特定の思想・イデオロギーの実践的結晶と発展的な具体化として、組織的根本目的・理念が大きく位置づけられていることに、何らの変わりもない。

ここでは、精神的・観念的権力のなかでも、とくに宗教的組織と国家権力をもふくめた政治的組織に、焦点をあわせておきたい。これらの組織的権力では、特定の思想・イデオロギーが、第一の目的・理念ばかりか、すべての組織的規範を直接観念的に規定している。とくに宗教的組織と国家権力をもふくめた一部の政治的組織では、組織的権力としての存立自体が、何よりも特定の思想・イデオロギーにもとづいている。そのためここでは、組織的規範の全体を大きく観念的に包み込む特定の思想・イデオロギーが、異常に発達している。

一般に政治的また宗教的組織の、存立と自由な活動が承認されたのは、〈近代〉以降の〈民主的国家〉においてである。というのも、〈近代〉以前の歴史的世界において、これら政治的・宗教的組織の存立と自由な活動は、まちがいなく専制国家中枢としての政治的・思想的存立に、直接敵対するからである。それらは、盗賊や山賊・海賊などの存在と活動が、容認されていないのとまったく同様、露見すれば容赦なく圧殺された。ただしそれは、当該専制国家に、それを可能にするだけの強力な政治的・軍事的組織が、備わっていたかぎりでのことである。そこで、専制国家体制が弛緩し、解体と崩壊過程に入れば、たちまちこれらすべての諸組織は、帝国ないし王国の全土で、いっせいに発芽し成育して、横行跋扈する。そしてときには、専制国家の打倒と占拠すら敢行する。

〈近代〉以降の〈民主的国家〉において承認された〈自由〉とは、諸個人の特定宗教的・政治的組織への参集自体が〈自由〉、つまり各人の自由意志的な選択と決断にぞくしているだけではない。参集した諸個人による当該組織としての対外的活動自体が、同種の組織と激しく対立・競合することはあっても、国家権力による弾圧や抑圧を受けることなく、〈自由〉に展開されるということである。

したがってこれを大きく客観的にみれば、特定宗教的・政治的組織による組織的活動、正確には当該組織のさらなる拡大と発展のための、思想・イデオロギー的な宣伝・教化活動は、ただ彼らが勝手にやっているだけの話。それは、他の社会的諸個人・諸組織に対して、何ら強力な強制力と支配力をもっていない。したがってそれは、たんに外部からの観念的な影響力の強弱と濃淡と高低として、社会的に作用しているにすぎない。しかし政治的組織のなかでも国家権力だけは、根本的に異なる。国家権力は、法的規範としての国家意志にもとづいた国家的諸活動の展開をつうじて、社会のすべての諸個人と諸組織からの意志の服従を、有無をいわさず強制的に獲得している。それだけ強力無比の〈規範としての意志〉の現実的な貫徹力をもたなければ、国家権力とはいえない。しかもこの国家権力による国家意志としての指示・命令は、ときに諸個人の社会的生存と生活に直接かかわる性格をもっている。

因みにそれは、青年・壮年期の人々を強制的に戦場へ駆り立てたり、一般庶民の生活にとって破滅的な重税賦課や、諸個人の諸産業・業種における社会的活動への強力な干渉と統制、などである。したがってそうなると、国家権力の存立自体、つまり国家権力がこのような有無をいわさない、強制的な支配力をもっていること自体に対する、根本的な疑義と忿懣が人々のあいだに鬱積し、渦巻いてくる。そこで国家権力のスムーズな安定的存立という点からいっても、どうしてもそれなりにもっともらしい理屈、否、説明と正当化が必要不可欠になってくる。

こうしてときどきの国家的支配者にとって、この種の説明と正当化にもっともふさわしい、特定の思想・イデオロギーが選択され、採用されることになる。それゆえ国家権力において思想・イデオロギーは、その強力無比の政治的支配、つまりは国家統治に絶対不可欠の観念的手段として登場してくる。もちろん、特定国家権力存立の説明と正当化といっても、国家権力の根本目的と理念は、〈当該社会の国家としての全体的な維持と発展〉という一事にしかありえない。しかしそれにもかかわらず、この種の説明と正当化の思想・イデオロギーは、ときどきところとによって大きく異なっている。

ではそれはなにゆえであろうか？　その理由は、採用された国家思想・イデオロギーのいかんによって、いかなる〈政治ー経済〉体制、正確には〈統一的社会構成〉を理想とするかが、大きく異なる点にある。したがって、一口に〈当該社会の国家としての全体的な維持と発展〉といっても、いったいいかなる〈理想的社会〉にむかっての国家的諸活動が、そのことに該当するのかが、大きく異なってくる。

（3）〈近代〉以前の専制国家と宗教的・イデオロギー支配

〈近代〉以前の歴史的国家では、もっぱら〈宗教〉がこの思想・イデオロギー的役割を果たした。というのも〈近代〉以前の歴史的国家は、ただ一つの例外もなくすべて〈専制〉国家であった。その傘下におかれた、多数の従属共同体や地域的社会の構成諸個人に対する、苛酷な〈専制的〉支配を、もっともらしく説明し正当化するには、〈神の名〉を持ち出すより他の方法はあるまい。〈同じ人間でありながら、なにゆえに大多数の人々は、ごく一握りの生まれながらに特権的な支配者による、恣意的で苛酷な掠奪的支配と抑圧を甘受し、また堪え忍ばねばならないのか？〉

このいいわけと正当化は、〈彼らは神によって直接選ばれ、神の特別の加護と恩寵を受けた、きわめて特殊な人たちである〉、とでも説明するほかない。この意味で、あらゆる〈専制〉国家的支配は、その規模と徹底性が、一般の社会的諸組織とは比べものにならないくらい、大きくまた強力なだけに、つねに何らかの〈宗教的〉な聖化と神秘化を必要としていた。

しかし、〈専制〉国家がつねに特定〈宗教〉による、〈聖化と神秘化〉を必要としていたということは、たんにそれだけの問題ではありえなかった。特定〈宗教〉組織は、〈専制〉国家的支配を神的に正当化し承認することによって、まず他のすべての宗教［組織］を圧殺し、すべての人々の精神的・思想的生活を実質的に支配した。そればかりではない。同時にそれは、専制国家権力中枢に陣取り、多かれ少なかれ専制的な領主的［政治的・経済的］権力としても登場し、条件次第では巨大化した。

因みに、人間社会の〈世界史〉的発展の口火を切ったアジアやオリエント的諸域のように、広大な帝国がくり返し建設されたところでは、専制的支配者［皇帝］自体が直接現人神として神格化された。したがってここでは、専制的支配者［皇帝］直属の国家的宗教組織があらわれ、巨大な神殿や墳墓が多数建設された。しかしその場合、独立的な宗教組織としての充分な発展はみられなかった。

というのも皇帝は、当該宗教組織の長として直接の現世的支配に乗り出し、周辺諸国の征服・併合と切り取りによって、広大な帝国を創りだしたわけではない。むしろそのぎゃくに、皇帝の現人神としての神格化も、神的・宗教的支配者としての君臨も、もっぱら広大な帝国を建設した、その奇跡ともいえる現世的成功と、強大な世俗的・政治権力にもとづいていた。支配共同体首長としての皇帝は、その現世的成功と強大な政治権力をバネにして、在来の祭祀・神官層を組織的に束ね、その頂点に君臨したにすぎない。この意味で、この国家宗教組織の興隆と衰亡のいかんは、もっぱら皇帝の現世的な国家組織の興隆と衰亡のいかんに、かかっていたといえる。

これにひきかえ西欧諸国では、独立した世界的宗教組織［ローマ・カトリック教会］が、諸国の帝権や王権存立の、神的・宗教的な裁可・承認権を掌握していた。そのことによって、人々の来世的救済にかかわるはずのこの神聖［宗教］権力は、同時に、全ヨーロッパ的規模で展開する、強大な現世的・世俗的な専制領主的権力としても登場した。つまりローマ法王を頂点としたこの宗教組織［教会］は、来世救済には不可欠という現世での生活規律によって、人々の精神的世界を直接、思想的・イデオロギー的に支配しただけではない。

それは、王権・帝権・有力諸侯・貴族からのたえざる寄進で、最大規模の所領を所有した世俗・封建領主的権力として、傘下領民の剰余労働を強制的に搾取した。そればかりか、この聖・俗領主権力を直接組織的に束ねるローマ法王は、西ヨーロッパ世界に展開した唯一の公的・世界的権力として、諸国の王権・帝権・有力諸侯が、上下左右複雑に入り乱れながらくり返した不和・抗争を、調整し一時的にでも終結させるため、堂々と政治的に介入するまでの存在として、躍り出たのである。

前者のアジア・オリエント的諸域の場合であれ、後者の西欧諸国の場合であれ、一般には、特定の神的・宗教的権力によって加護された、〈神政国家〉として理解されている。しかしこの両者は、厳密な意味における祭政一致の〈神政国家〉ではない。因みに厳密な〈神政国家〉とは、その経緯と形態のいかんとはべつに、特定の宗教組織が直接専制国家権力中枢へと転成した場合に、はじめて成立する。そしてこの場合には、この独立的宗教組織は、強大な専制国家組織を存分に利用して、異常な発達をとげる。とりわけマホメットにはじまるイスラムの諸帝国は、すべてこの種の〈神政国家〉にぞくしている。

以上の検討から、〈近代〉以前の専制国家権力による思想的・イデオロギー的支配について、つぎのような概括を提出することができよう。そこでは、特定宗教［組織］が、専制国家権力の存立を神的・宗教的に裁可し承認することによって〈国教〉として君臨し、他のすべての宗教［組織］や思想・イデオロギーを禁圧し排除し抑圧した。

この〈国教〉としての思想的・イデオロギー的支配は、強力な専制国家権力を直接背にして断行されたため、つねにすさまじいばかりの破壊力と徹底性をもっていた。したがってここでは、専制国家権力を背にした直接の思想的・イデオロギー的支配があらわれた。それは、特定宗教の個々の教義が、実質的に有無をいわさない国家的規範として、直接押し出されたということでもある。

（4）〈近代〉国民国家思想の特異性

それでは、〈近代〉以降歴史的形成をみた〈国民国家〉の完成的発展にともない、国家権力による思想的・イデオロギー的支配は、いったいどのような変形と変貌を遂げたのであろうか？　これは、本論の第八篇「国家の思想的・観念的構成」における、「〈国民国家思想〉と人権論」の章で独立にとりあげる。

そこで要点だけ記しておくと、〈国民国家〉は、〈諸個人および結集した諸個人より成る組織の、国家的枠組みにおける現実的・精神的な自由を、最大限に保護し保障する〉という構成原理にもとづいて、完成された。したがって、諸個人による国民国家思想や国家権力中枢の特定個人への批判は、それが思想・観念のレヴェルにとどまっているかぎり、原則的に〈自由〉である。いいかえればそれが、現実的な実践活動へと転じて、当該国家・社会や特定諸個人に対する、物理的・経済的レヴェルでの侵害と損害を産み出さないかぎり、何ら罰せられることはない。この意味で国民国家思想にかぎり、国家権力による思想的・イデオロギー的支配としては、きわめて特異な特殊性をもった代物といってよかろう。

8 権力存立の観念的な根拠と手段

つぎに、権力関係に内在する観念的諸契機を、とくに権力主体の存立に直接かかわる、観念的手段という側面から、とりあげておこう。権力主体の存立に直接かかわる、主要な観念的手段としては、つぎの四つを挙示することができる。

第一は、とりわけ権力者による専制的支配に直接必要不可欠な、思想・イデオロギーの問題である。第二は、被支配者の側で伝統的に把持・継承されてきた、服従観念とくに服従神話の問題である。第三は、権力者たちを一般的に規制し拘束し、それゆえ彼らの間で伝統的に把持・継承されている、〈大義名分〉である。そして第四は、権力者・被支配者の全体とくに権力者を、外的・客観的に大きく包み込んで規制し拘束する、〈世論〉の問題である。

もちろんこれらの観念的諸契機は、現実的には相互に不可分の関連をもちながら、からみ合っている。このうち第一点については、すでに前章で、社会的権力の観念的特質一般とは区別される、思想的・イデオロギー的支配の問題として、とくに思想的・観念的性格の強い、政治的・宗教的組織［権力］に即しながら、検討しておいた。

（1）服従心理としての〈支配（統治）者・神話〉

第二点の服従心理・観念は、それ自体が独自に形成され進展していく、自生的で独立的な思想・イデオロギーではない。それは、支配（統治）観念と、いわば対になったかたちで形成され、その相互的作用のなかで進展していく根本性格をもっている。いいかえると、政治的（国家的）・社会的権力関係の一定の歴史的進展が、支配（統治）者・服従者のそれぞれに、支配＝服従観念（意識）を歴史的所産として、生み落とすのである。もちろん、支配（統治）者レヴェルでの支配（統治）観念と、被支配・服従者レヴェルでの服従観念（心理）とでは、内容的に大きなちがいがある。

まず、支配（統治）観念は、当該組織的権力の根本理念（政治・国家理念）、それを実現するための支配（統治）技術・方策、その担掌主体である支配（統治）者の個別的倫理などが、その主要な内容をなしている。しかし服従心理・観念の形成には、支配（統治）者としての少数権力者による、歴史的・現実的な支配が、前提となっている。それは、直接には特定の支配（統治）者の存立・支配に対して、否応なしに観念的に呼起され、形成される。つまりそれは、服従者のレヴェルからみて、比較され選択された特定支配（統治）者への神話と信仰として、歴史的に形成されたものにほかならない。

この意味で服従心理・観念は、支配（統治）者によって押し出された、支配（統治）理念と思想的正当化に、直接観念的に対応したものではない。いかに上から支配（統治）理念を強制的に押しつけたところで、被治者大衆のレヴェルからの、服従心理・観念としての観念的な呼応が生じるとはかぎらない。その成否いかんは、もっぱら被治者大衆による、主体的な選択と判断にかかっている。そしてそれは結局のところ、被治者大衆のレヴェルからみた、〈支配（統治）の内実〉のいかんにかかってくる。それはたんに、強制的に収奪される各種の租税負担や、社会的救済策のいかんだけではない。外戦が大きなウェートをしめていることに、注意しなければならない。

ごく凡庸な専制支配者が、大帝国の建設を夢見て周辺諸国に次々に戦争を仕掛け、人々を強制的に戦場に駆り立てても、敗戦が相次げば、国家はたちまち瓦解する。そして、その国家的傘下にあった人々は、それこそ散り散りになり、ときには数世紀にわたって塗炭の苦しみを味わわされる。このマヌケな支配者は、その愚かさゆえに、人々の心の奥底に刻み込まれ、代々語り継がれていく。そして〈その名〉は、以後の支配者に不吉なものとして忌み嫌われつづける。

これとは反対に、相次ぐ外戦での勝利によって、またたくまに大帝国を築き、そのとてつもなく膨大な果実を、人々に惜しみなく振り撒けば、〈その名〉は神格化されて、永遠に語り継がれるだけではない。それ以後数世紀以上たってさえ、当該歴史社会が貧しく混乱して悲惨な状態であったなら、〈いつか必ず〈その名〉のつく人物があらわれて、再び周辺諸国に君臨する大帝国を建設し、われら人民を豊かにしてくれるだろう〉、という神話を産み落とすだろう。

そしてこの種の神話は、代々継承され〈伝統〉と化せば、以後の支配（統治）者に対して、観念的 Macht としての規制・拘束性をもってくる。それは、ときどきの支配（統治）者に対する、服従者の側からの〈支配（統治）者・神話〉にもとづく、積極的な支持や強烈な反発・拒絶というかたちをとった、一種の〈世論〉としての観念的な規制と拘束性である。この意味で支配（統治）者は、服従心理として形成された〈支配（統治）者・神話〉を、無視したり軽視することはできない。

そしてここに、〈支配（統治）者・神話〉の、支配（統治）者による、観念的な武器・手段としての、利用可能性の問題がでてくる。因みに賢い統治者なら、むしろこれを、自らの長期的で安定的な存続のための観念的手段として、積極的に利用しようとする。自らこの神話的英雄の〈名〉を名乗ったり、彼が成功裏に断行した外政と各種社会的施策を、そっくり踏襲しようとする。したがってこれは、服従心理としての〈支配（統治）者・神話〉の、支配（統治）理念レヴェルからの観念的な包摂にほかならない。

その古典的事例は、何といっても一九世紀中葉、ナポレオン三世を名乗ったルイ・ボナパルトであろう。かのナポレオンは、一九世紀初頭、西欧諸国をまたたくまに征服・併合して大帝国を建設し、外にむかってはその国威を大いに発揚した。また内にむかっては、かの大革命期に作り出された膨大な規模の分割地農民層に、近代的な土地所有権を法的に承認し［ナポレオン法典］、その社会的基盤とした。彼らは、ナポレオンの征服戦争の兵士として出陣するとともに、「ナポレオン神話」の培養と継承主体でもあった。

彼の甥っ子であるルイ・ボナパルトは［補註］、これにあやかろうと、その近代的な専制的国家権力を駆使して、大胆な内外政策を断行した。まず、内にむかっては、鉄道建設・道路港湾の整備・都市改造など、〈公共土木事業〉の積極的推進と、旧い「金融貴族」に対して、産業企業金融を目的とした、クレディ・モビリエ［大企業金融］、不動産銀行［不動産所有者金融］、相互銀行［手工業者・商人金融］などの、新興金融資本の育成による、金融制度改革である。また、外にむかっては、相次ぐ外戦を仕掛けた。しかしその成果は、〈公共土木事業〉をのぞくと、いずれも芳しくなく、クレディ・モビリエは倒産し、肝心の外戦も、結局ビスマルク指導するプロイセン王国に、軍事的に叩き潰されて葬り去られた。

［補註］

ルイ・ボナパルトの「ナポレオン三世」への転成に立ち合ったマルクスは、この「ナポレオン神話」について、つぎのように指摘している。――「歴史的な伝統によって、フランスの農民のあいだには、ナポレオンという名まえをもつ男が自分たちにすべての栄光をとりもどしてくれるだろう、という奇跡信仰が生まれた。そして、「父の詮索は禁じられる」と命じているナポレオン法典のおかげでナポレオンという名をもっているというので、自分こそその男だと自称する人間が出てきた。二〇年も放浪生活をおくり、風がわりな冒険をいくつかやったあとで、伝説が実現され、この男が皇帝となる。甥の固定観念が実現されたのは、それがフランス人中でもっとも人数の多い階級の固定観念に一致したからであった。」

〔村田訳「ルイ・ボナパルトのブリュメール一八日」『マル・エン全集八巻』、一九五頁〕。

また最近では、イラクのフセイン大統領が、「ネブカドネザル三世」を名乗って、多くの人々が少なからず驚かされた。「ネブカドネザル一世」といえば、じつに紀元前一二世紀〔前一一四八～前一一一四年〕、衰退したバビロニア王国の中興の祖〔バビロン第四王朝〕として知られ、「ネブカドネザル二世」は、これまた紀元前六～七世紀〔前六〇五～前五六二年〕、復興された新バビロニア王国を繁栄に導いた、国王として知られている。この新王国が紀元前六世紀前半〔前五三八年〕に滅亡して以来、この地に「イラク王国」が再興されたのは、何と第一次大戦後のことで、この間実に二五〇〇年近い歳月を要している。

しかしフセインは、一九九〇年五月に、隣国クウェートを電撃的に侵略し制圧したとたん、中近東随一といわれた自慢の軍隊〔一〇〇万〕の主力が、米国を中心とした西欧諸国によって、あっという間に壊滅させられてしまった。それにもかかわらず、フセイン体制はすでに十年近くも存続している。これは、一つには米国などが、イラク崩壊による中近東地域の政治的混乱を危惧して、その軍事的破壊に手心をくわえたこともある。

しかしそれ以上に、フセインがバース党という強力な党組織によって支えられていること、長い間国内を一元的にまとめ挙げてきたその政治的剛腕と、世界的支配者である欧米列強、とりわけ米国と正面から戦った〝アラブの英雄〟として国内外から称賛されていること、などによるものである。

（2）政治的武器としての〈大義名分〉と〈法と正義〉

権力主体としての組織に直接まつわる観念的諸契機は、内発的なものだけではない。それはつねに外部的世界からも、直接間接に押し寄せてくる。それはそうだろう。国家権力をふくめたあらゆる社会的な権力は、つねに同種の組織的権力と不断の競合・対立をくり返す、外的諸関係において棲息している。というよりもむしろ社会的諸権力の存立自体が、諸個人の他と区別される現実的また観念的な共通利害にもとづいた組織的結集に、その根拠をおいている。この意味で、社会的諸権力の組織的権力としての相互的競合と対立は、本質的なものといえる。

しかし社会的諸権力が、直接には同種の組織的権力と不断の競合・対立をくり返しているということは、それぞれ特定諸分野・世界が、たんなる分裂と抗争状態、いいかえればつねに無政府・戦争状態にあることだけを、意味しない。というのも特定分野・世界における大小組織体の戦争状態からは、ときに特定組織体が戦国的覇者として躍り出て、〈力による平和と秩序〉が、創り出されるからである。そしてその根拠は、多くの場合、対立・競合する諸組織全体への脅威と侵害に対して、大きく結集するほかない、共通の一般的利害の形成にある。

この意味で、特定世界における戦争状態は［つまり戦国的世界］は、つねに戦国的覇者による統一的秩序［平和］形成にむけた、過渡的混乱状態ともいえる。したがってこれを長期的にみれば、戦国的覇者による統一的秩序［平和］形成と、その崩壊による戦国的世界への回帰という、一種の循環運動がくり返されている。このように同種の各分野・世界において、諸組織体が分立・分裂ゆえの抗争と統一を循環的にくり返していることは、そこに二種類の純粋に観念的なMachtが成立していることを示している。ここではとくに国家権力を軸とした政治的世界に、焦点を当てることにする。

その第一は、戦国的覇者を軸とした統一的国家秩序に、直接かかわる政治的観念である。これはとくにアジア的世界において、比較的長期におよんだ王国ないし帝国としての、統一的国家体制［ないし統一的政治秩序］が、大きく弛緩し実質解体したときに、〈大義名分〉という形であらわれる。一般に〈大義名分〉といえば、各人が国家・君主［国王・皇帝］に対する、臣下・臣民としての分をわきまえて行なうべき政治的道義［倫理］、と解されている。しかし政治的世界において、この〈大義名分〉が大きくクローズ・アップされるのは、平時でなくしてむしろ、統一的国家〔統一的政治秩序〕の弛緩・解体期である。

〈大義名分〉を掲げることのできた特定組織体支配者は、その存立と実践が公認され、また正当化される。つまり特定支配者は、〈大義名分〉さえ獲得できれば、その野心から発せられた謀略と蛮行の一切を、国王ないし皇帝の命を受けた〈臣下としての正当な行動〉として、政治的に認定させられる。少なくともそのために有利な政治的地歩を確保できる。それではなにゆえ、統一的国家の弛緩・解体期に、〈大義名分〉が大きくクローズ・アップされて、政治倫理的な規範としての政治的有効性を、発揮することができるのであろうか？

いうまでもなく〈大義名分〉は、新たな戦国的覇者としての上昇と君臨を狙う特定支配者が、完全に形式的な存在へと転落した国王〔王権〕ないし皇帝〔帝権〕から、旧い官職・位階を得て臣従を誓い、その意〔指示・命令〕を受けて行動する形をとることに、象徴される。そこで問題は、なにゆえ天下をうかがう新興の実力者たちが、わざわざ名目的な権威者に頭を下げて、実質名誉職の獲得に奔走するかにある。

その理由は、古ぼけた官職・位階がそれ自体名誉職ではあっても、戦国政治世界で覇を競っている新興実力者たちにとって、強力な観念的な政治的武器になりうるところにある。というのも、彼らは官職・位階を獲得することによって、昨日今日の氏素性不明の出来星連中とはちがい、まさに押しも押されぬ貴族・権門として、正式に統治階級と世間様に公認される。それによって官職・位階を得られなかった対立・競合者たちを、何よりも観念的な政治的地位と品格において大きく凌駕し、圧倒することができる。

早い話が、実力的にそれほどの差がないとすれば、どうしても世間的に聞こえのいい支配者の下に、人々は参集するものだからである。そしてそれによって、彼らの政治的・軍事的また経済的な組織力〔権力〕は、まちがいなく強化される。この意味で、〈大義名分〉とそれがもたらす古ぼけた官職・位階は、武力以外で対立・競合者たちを、直接蹴落とせないまでも追い詰められる、強力な観念的な政治的武器として作動する。それゆえ大きくみて、戦国的な覇を競う新旧の実力者〔組織的支配者〕が、〈大義名分〉として国王や皇帝に臣従を誓い、その官職・位階を必須不可欠の、観念的な政治的武器・手段としているかぎり、実質的には瓦解し形骸と化している、統一的国家体制［政治秩序］は、形式的には存続していく。

因みにわが日本では、古代天皇制がじつに十数世紀にわたり、また足利幕府［将軍］は実質崩壊しても長期にわたって、形式的に存続した。もちろんその根拠も、ときどきの直接天下を窺う新旧の豪族・群雄が、つねに天皇［朝廷］の裁可になる、古代律令制官職や将軍の意志を、〈大義名分〉としての利用価値があると、共通に考え実践していたところにある。

また、〈大義名分〉が平時ではなく、統一的国家体制の弛緩・解体期に、大きくクローズ・アップされることの理由も、いまや明白であろう。というのも平時において、〈大義名分〉はいわば国王や皇帝を頂点とした、王国ないし帝国的国家体制の存立自体によって、現実に実現されている。因みにそれは、日々の国家的支配それ自体が、まず〈君主の意志〉として臣僚・臣下に示され、ついでそれに対する服従が、彼らをして広く臣民全体に伝達され強制されていくという形で、実現されている。したがって〈大義名分〉は、それ自体が現実の国家体制から離れ、観念的に独立化した形で独り歩きする、必要性も必然性もない。それはただ、現実の国家体制が、実質的に解体してはじめて、純粋に観念的な形で浮上してくる。

これに対して西欧諸国では、〈大義名分〉よりも〈法と正義〉という政治的観念が、一般的に成立した。この大きなちがいは、いったいどこからくるのか？　それは、結局のところ、歴史社会における諸階級・階層的な分裂と形成が、旧い単位的共同体の血族的構成を、そっくり形式的に維持し、温存させた形で進んだところと、共同体の血族的構成を徹底的に破壊し、解体する形で進展したところとの相違である。

というのも〈大義名分〉は、自然的・血族的な伝統的秩序における、人格的な臣従関係が強固に根付いているところにおいてのみ、くり返し派生し現出する。ここに根付いているというのは、歴史社会のあらゆるレヴェルで、同種の血族的・伝統的な人格的臣従関係が、存続しているという意味である。これに対して自然的・血族的な伝統的秩序が破壊され解体されれば、否応なしに、社会的形成物としての〈法と正義〉という政治的観念が、大きく正面に浮上してくる。

（3）外的な観念的 Macht としての〈世論〉

〈大義名分〉や〈法と正義〉とはべつに、各種分野・世界の諸組織体に対する、第二の外部的・客観的な観念的 Macht として、見落とせないのが、〈世論〉である。〈世論〉とは、各分野・世界の戦国的覇者と統一的秩序に対する、ときどきの〈人々の自由なる意志〉が、一般的・普遍的な形で集約され、集成されたものである。そこで、個々の組織体とその指揮・支配者は、〈世論〉という形をとった、社会全体の〈一般的な意志と感情〉に、とても正面から抗することはできない。とりわけ個々の組織的支配者が、戦国的覇者としての最終的な勝利を得るためには、この〈世論〉を味方につけるための、ぬけ目のない操作・工作と、〈世論〉にしたがった実践とが要請される。

もっと厳密にいうと、政治的世界における〈世論〉は、社会的諸個人の、組織および個人としての、現実的・観念的な自由が、一定のレヴェルまで歴史的に進展したところにおいてのみ、形成される。とりわけ一定の政治的・思想的な自由の、歴史的確立なくしては、〈世論〉の成立はありえない。この意味で〈世論〉は、〈近代〉以降の政治的民主主義、とりわけ〈議会制民主主義〉の登場とともに開始され、その進展にともなって発展開花した。［〈近代民主政治〉の下での〈世論〉については、本論第20章でとりあげる。］

したがって、各地域社会を直接束ねる、大小の専制的支配者によって仕切られていた、〈近代〉以前の政治的世界において、厳密には〈世論〉は存在しなかった。いいかえれば政治的世界の全体を、外部的・客観的に規制し拘束する、集成された〈社会の一般的な意志・感情〉としての、〈世論〉は存在しない。しかし、ときどきの専制的支配者とその体制秩序に対して抱懐する、諸個人の意志と感情は、〈世論〉という形で集約され表現されることはなくても、それらは個別に分散され霧消してしまうだけではない。ときには強烈なうねりとなって、否応なしに時代と社会の雰囲気を醸成して、専制的支配者の全体を強く規制し牽制したり、ごく稀には鼓舞したりする。

したがってこの意味で、ときどきの雰囲気という形をとった、時代的・社会的な〈意志・感情〉を、厳密な〈世論〉形成以前の政治的世界における、「世論」としてとらえることもできる。たしかに、〈近代〉以前の歴史的社会において、現実的な交通諸関係は、大きく立ち後れていた。もちろんこれは、各地域社会の独立閉鎖性と運輸・交通手段の未発達に、もとづいたものである。しかしそれにもかかわらず、精神的な交通諸関係だけは、統一的政治圏傘下の各地域社会を横断的に貫き、また大きく包み込むような形で、実現されていた。

それは、一方、とくに都市部における各種のメディアの存在と、他方、各都市を基点にして、統一的政治圏の全体に日々展開していた、商人層や各種の移動民［旅芸人・ジプシーなど］の存在によって、直接支えられていた。これら商人層や各種の移動民は、都市部メディアを全国各地に伝達しただけではない。ぎゃくに、各地の情報を都市部に伝える役割をも果たした。それゆえ日々各地へ、また各地から発せられる無数の、主として〈噂〉という形をとった、情報の総体は、否応なしに〈時代と社会の雰囲気〉を醸し出して、ときどきの「世論」を構成したといえる。

かくて組織体、とくに戦国的覇者としての上昇と君臨をめざしている組織体支配者は、この二種類の外部的・客観的なMacht、〈大義名分〉・〈法と正義〉と〈世論〉を、無視したり軽視することができない。両者の積極的な利用と制御・操作が、必要かつ必須となる。もっとも、少しでも古今東西の歴史につうじている者のなかには、いや、たとえどのような理不尽と残虐をくり返しても、勝てば官軍で結局はパワー、圧倒的なパワーさえもっていてそれを発揮できる者なら、〈大義名分〉も〈法と正義〉も〈世論〉も、まったく関係ないのではないか。そんなものは、ぎゃくに後から追いかけてくるのではないのか。こういう疑義と反論を突きつける者が、いるかもしれない。

しかし重要なのは、その種の圧倒的な組織的パワーの創出と形成自体が、政治的正当性の錦の御旗である、〈大義名分〉・〈法と正義〉や、〈世論〉を無視ないし軽視しては、まず不可能という点にある。つまり、一見どんなに〈大義名分〉・〈法と正義〉や、〈世論〉を無視して、その圧倒的なパワーで戦国的覇者に、躍り出たようにみえても、この種の圧倒的なパワー自体、最初から存在するわけでもなければ、一朝にして創り出せる代物でもない。それはただ、不断の合理的英知と、巧妙で荒っぽい硬軟自在の決断と実践の、長い長い歴史過程の所産としてのみ、形成される。だから、つねに〈法と正義〉を踏み躙り、悪逆と暴虐のかぎりをつくしているだけでは、圧倒的パワーどころか、覇を競うレヴェルにすら到達できない。

因みに、戦国政治的世界における暴虐と悪業という点では、わが日本の織田信長とイタリア・ルネッサンス期のチェーザレ・ボルジアが、双璧といわれている。しかし、ちょっと注意して調べてみれば、信長ほどときの将軍［足利義昭］や天皇［朝廷］を、〈大義名分〉として、巧妙に利用しつくした戦国大名は、他にいない。チェーザレ・ボルジアに到っては、自身が、ときのローマ法王アレクサンドロ六世の庶子であった。二人にもし、利用価値のある政治的な武器・手段なら何でも、貪欲かつ徹底的に利用し尽くせる才能がなければ、とても歴史に名を残せなかったはずである。

また、この二人にかぎらず、どのような荒っぽい所業と蛮行をくり返していても、競合・対立する大小組織を叩き潰しながら、当該組織を維持・発展させていけば、その〈悪名〉は、非難と恐怖と驚嘆の入り交じった「世論」をつうじて、多くの人々に知れわたる。そして、〈悪名は無名に優る〉。そこで、〈よし！　あの男は必ず天下を獲るだろう。あの男のところにいけば、出世は間違いない〉と考えて、一癖も二癖もある、特異な才能をもった者が、続々と彼の下に参集してこよう。だから「世論」はときに、真っ向から非難し敵対した場合でも、図らずも暴虐な専制支配者が君臨する組織体の発展と強化に、大きく役立つことさえある。

第五篇　特殊的権力と権力学説

9　特殊的権力と〈権威〉

（1）非組織的な特殊的権力の二形態

1　個別的支配者の背後の〈組織性〉

これまで社会としての人間、つまりは現実的な諸個人に対する、外部的・客観的な支配力としての、〈社会的権力〉をとりあげてきた。もちろんそのさい、一定の社会的な発達をみた、典型的な社会的権力として、多数の諸個人によって構成された、多種多様な組織的権力を中心にすえて、その一般的な特質を解明した。しかし社会的権力のなかには、組織的形態つまり組織的権力構成をとらない〈権力〉も、多数存在している。それは、非組織的な形をとった、社会的な支配力であり、一般的かつ典型的ではなく、充分な発達をとげていない、特殊的で偏奇的な権力といってよい。それは大きくみて、二つの形態がある。

第一の形態は、特定の個人が、諸個人や諸組織に対して、看過できない支配力や影響力をもって、登場しているケースである。その具体例としては、政界の黒幕とか右翼の大物、また有力官庁のトップを務めた官僚ＯＢ、財界やマス・コミの御意見番といった、特殊な個人をあげることができる。これらの特定個人は、特定の分野で、諸個人や諸組織に対する一定の支配・影響力を発揮しているが、自身は強力な組織を率いる組織的支配者ではない。まったくの素浪人とはいわないまでも、引退同然の老人に、いったいなにゆえそんな支配・影響力があるのか？

これらの特定個人のうち、政界の黒幕や右翼の大物をのぞくと、ただ一人の例外もなく、その人生の過半を強力な組織的権力のなかで活動し、多くの競争相手を蹴落として指揮中枢にはい上がり、組織的支配者として君臨する全過程をつうじて、関連諸組織と諸個人との緊密なコネクションを、幾重にもつくりあげている。その意味で、当該関連分野では、個々の組織的権力をいわば横断的に超越した特定個人として、評価され公認された特殊な存在といってよい。

これらの特定個人は、関連諸組織に君臨している組織的支配者の、直接の親分や先輩であるから、いつでもどこでも電話一本で彼らを自由に呼び出し、必要な機密情報を入手できるだけではない。彼らが必要とすれば、他の分野の組織的支配者や、諸外国の要人などと引き合わせたり、他の諸分野をも巻き込んだ、彼ら相互の不和・対立などを、迅速に調整することができる。

つぎに、政界の黒幕や右翼の大物のなかには、ときどきの政府首脳に対して、政治理念的また政治技術的な指南役ないし知恵袋の役割をはたす、特異な学的思想家や、政・官・財界の裏面での、複雑な利権と人間関係の調整に奔走している者も、いるにはいる。しかしそのほとんどは、強烈な民族的・国家的意識を旗印にして、多かれ少なかれ、ヤクザ・暴力組織を背景に、特定の有力政治家との緊密なコネクションをテコにした、政・官・財界要人への、なかば恫喝的な支配・影響力を発揮している。

それが可能なのは、彼らがその気になれば、いつでも、まただれに対しても、自らの命を賭してこれを抹殺できる、実績と実力をもっていることにある。指南役や知恵袋また調整者でさえ、過去にこの種の命知らずの蛮行を、何度か断行している。もちろん政治の裏世界における、彼らと有力政治家との結合は、決して一方的なものではなく、〈お互いがお互いを必要としている〉、共存共栄的な関係として理解しなければならない。

彼らにおける右翼的思想とヤクザ・暴力組織との関連は、純粋な思想的右翼運動の推進過程で、ヤクザ・暴力組織と結びつく場合と、ヤクザ・暴力組織員で強い民族的・国家的意識をもっていた者が、右翼運動へと転じるケースと、二通りある。彼らは、直接にはほとんど配下をもたないか、せいぜいごく小組織しか率いていないが、裏世界を舞台とした長期にわたる活動をつうじて、右翼やヤクザ・暴力組織と、関連諸業種の諸組織や諸個人との、広汎かつ緊密な人的コネクションをつくりあげている。

こうして、政界の黒幕や右翼の大物をふくめた彼ら特定の個人は、特定の組織的権力にぞくしていないだけに、その種の斡旋や調整が可能な、第三者的な立場に位置しているともいえる。このように特定の個人が、諸個人や諸組織に対して発揮する一定の支配・影響力は、外見上はたしかに組織的権力とは無縁の、純然たる個人的権力である。しかしそれは、組織的権力を前提として、組織的権力をつうじて形成された、特殊な社会的権力にほかならない。

2　〈世論〉・〈伝統的観念〉・〈学説・思想〉と〈組織性〉

非組織的権力の第二の形態は、国家・国家権力をもふくめた政治組織や宗教組織のように、直接に組織されていない、純然たる思想的・観念的な権力である。それは、一方では、〈世論〉や〈伝統的観念〉であり、他方では、故人をふくめた特定の宗教者・思想家・革命家・学者などの〈思想・学説〉である。

ただ、前者の〈世論〉は、〈自由なる社会〉としての〈国民的社会〉では、〈マス・コミ的世論〉としてのみ形成される。そのため〈世論〉が、〈国民的世論〉として、ときどきの政治・社会を大きく包み込み、強力な観念的規定性を発揮するに到るには、TV・ラジオ・新聞・週刊誌・雑誌・単行本など、各種のメディア資本が、大きく関与し介在している。この意味で、ときどきの〈国民的世論〉形成を、実質的に指揮し主導するのは、強力な組織的権力としてのメディア資本といっても、決して過言ではない。
〈伝統的観念〉という場合には、政治的・統治者レヴェルと、社会的・民衆的レヴェルとの、両面においてとりあげる必要がある。もちろん前者のほとんどは、政治的・国家的支配［統治］と組織的構成にかかわる、政治的・法制的観念である。これに対して後者は、前者による〈専制的〉支配を、直接の前提として形成された性格が強い。つまり前者による〈専制的〉支配への直接的な遺恨と反発であったり、ごく稀には特定君主への讃歌と神話・伝説であったり、あるいはそれとはまったく無縁の、独自的観念世界の形成であったりする。

もちろん、この種の〈伝統的観念〉が、純粋なかたちで把持・継承されることは、まずありえない。しかし、歴史社会としてのたえざる変化と進展にもかかわらず、政治・社会の特定の諸分野で、それが把持・継承されているとすれば、それはいったい何を意味していようか？　いうまでもない、つぎつぎに採用されてきた、比較的新しい形式制度的な構成とワク組にもかかわらず、〈伝統的観念〉にもとづく習慣・慣行が、諸個人の心的内部で、実質的な規範として定着していることを示している。しかしこれは、〈伝統的観念〉による諸個人の組織化と制度化、以外のなにものでもない。そしてそのかぎりで、当該〈伝統的観念〉は、組織的権力の規範と思想的理念として、存在する。

また、長い間にわたって、ほとんど死にたえていた〈伝統的観念〉が、政治的また社会的なレヴェルで、にわかに復古し甦生させられることも、少なくない。これは、内外諸条件の変化と激動によって、歴史的社会としての枠組自体が大きく揺らぎ、政治的にも社会的にも、従来どおりにはやってゆけなくなったときに、よくみられる。いわば、〈かつての古きよき時代〉への懐古と憧憬が、とてつもなく膨れ上がったときに、すっかり忘れ去られていた〈伝統的観念〉が、棺桶から引っ張り出された幽霊のように、大手を振ってさまよいはじめる。

故人をふくめた特定の宗教者・思想家・革命家・学者などの〈思想・学説〉の場合には、それが、多くの人々から強い賛同・共鳴・支持を、獲得しているかぎりにおいて、観念的な権力としてあらわれる。もちろん、〈思想・学説〉は、個々の創造者の頭脳に宿っているかぎり、社会的には何の力も意味ももたない。ホッブズが、主著『リヴァイアサン(1)』〔水田訳、岩波文庫〕で、とくに「学問は、ちいさな力である」〔一四七頁〕と指摘しているのは、正しい〔補註〕。

しかし〈思想・学説〉が、大組織やとくに官僚・御用学者をつうじて、国家権力中枢の意志決定に、直接関与し規定するようになれば、この強力無比の組織的権力によって直接支えられた、大きな観念的権力へと転じる。キリスト・マホメット・孔子・ロック・ルソー・マルクス・レーニン・ケインズなどは、その代表的な事例といってよい。

こうしてわれわれは、非組織的な特殊的権力の検討をつうじても、社会的権力現象に内在する、本質的な〈組織的権力性〉を、確認することができる。

〔補註〕

ホッブズは、つづいてこう書いている。――「なぜならば、それは、いかなる人においても、目だたず、したがってみとめられず、また、わずかな人々をのぞけば、まったくみとめられないが、その人々においても、わずかのことについてのみそうなのだからである。なぜなら、学問とは、かなりそれを獲得した者でなければ、それが存在することを理解しえないような、性質のものだからである」〔同前〕。

これはそのとおりだが、これだけだと、学問者をごくかぎられ、選ばれた知的特権者として、不当に区別する発想に陥りかねない。しかし学的理論は、だれでも一定の合理的な訓練をすれば、それを正確に理解し、かつ創造的発展に関与できるという意味で、普遍的一般性を内在させている。

(2)〈権威〉とは何か？

〈権力〉と区別された〈権威〉という概念、いいかえれば〈権力〉とはべつに、とくに〈権威〉と呼ばれている事象は、いかなるものであろうか？　それは、〈権力〉現象とはまったくべつの、特殊な事象ではない。それは、一般的かつ典型的な組織的権力から、特殊な非組織的権力である、個別的権力や観念的権力までふくめた、すべての〈権力〉現象にかかわっている。

したがって〈権力〉も〈権威〉も、社会的諸関係においてみられる支配力、正確には諸個人が、組織的であれ非組織的であれ、特定の意志に服従している、意志［の支配＝従属］関係に即して成立した概念という点では、何ら変わりはない。ただこの意志［の支配＝従属］関係をとりあげる、角度とレヴェルが、〈権力〉と〈権威〉では、いくらか異なっている。

〈権力〉概念では、とくに組織的規範としての意志が、構成諸個人の独自の意志を従属させている、意志［の支配＝従属］関係を統一的かつ全体的にとりあげている。ところが〈権力〉と区別して〈権威〉というばあいには、この意志［の支配＝従属］関係を、とくに直接には〈支配者〉の君臨、正確には特定の〈支配的意志〉が君臨し、貫徹されている側面からとりあげている。

いいかえれば、〈権威〉概念の特質は、支配的意志を軸として形成された意志［の支配＝従属］関係を、特殊に、支配的意志が諸個人を服従させ、現実的に貫徹されている側面から把握した点にある。この意味で〈権威〉は、〈権力〉関係の特殊なとりあげ方によって成立した、特殊な呼び方といえる。それゆえ〈権力〉と〈権威〉は、歴史的・現実的には、同時に成立する。しかし論理的には、〈権威〉は〈権力〉関係を特殊に、支配的意志の君臨と貫徹という側面から、把えたときに成立するという意味で、〈権威〉には〈権力〉が前提になっている。つまり〈権力〉は、〈権威〉に先行する。

かくて〈権威〉は、この〈支配的意志〉が、規範としての〈組織的意志〉か、それとも宗教者・思想家・革命家・学者・芸術家などの、故人をもふくめた純然たる〈個別的意志〉かによって、大きく区別される。前者のばあいには、組織的権力と直接重なりあった、組織的・制度的な〈権威〉としてあらわれ、後者のばあいには、純然たる個人的形態をとった〈権威〉が登場する。

また、〈権威〉と〈権力〉との直接的な関連については、つぎのようにいうことができよう。〈権威〉は、組織的権力と直接間接に関連したかたちで成立しているばあいと、組織的権力とはまったく独立したかたちで成立しているばあいとに、大別できる。もちろん後者は、故人をもふくめた宗教者・思想家・革命家・学者・芸術家などの〈個別的意志〉が、現実的な諸個人〔もちろん組織的権力に包摂された諸個人をふくめて〕の意志を、直接かつ個別に規定し支配しているケースである。ここでとくにとりあげておきたいのは、前者である。

前者には、まず組織的な〈権力〉関係が、直接に〈権威〉を成立させている形態がある。マルクスが『資本論』で指摘した「資本家の権威」は、その典型といってよい。因みに曰く、——「資本家の指揮は、社会的労働過程の性質から生じて資本家に属する一つの特別な機能であるだけではなく、同時にまた社会的労働過程の搾取の機能でもあり、したがって搾取者とその搾取材料との不可避的な敵対によって必然化されているのである。…彼ら〔賃金労働者…註〕の諸機能の関連も生産全体としての彼らの統一も、彼らの外にあるのであり、彼らを集めてひとまとめにしておく資本のうちにあるのである。それゆえ、彼らの労働の連関は、観念的には資本家の生産計画として、実際的には資本家の権威として、彼らの行為を自分の目的に従わせようとする他人の意志の力として、彼らに相対するのである」〔岡崎訳『資本論⑵』、国民文庫、一八一〜二頁〕。

また、「執行権力のまえでは、国民は自分の意志をいっさい放棄して、他人の意志の権力的な命令に、すなわち権威に服従する」〔村田訳「ルイ・ボナパルトのブリュメール一八日」、『マル・エン全集第八巻』、大月書店、一九二頁〕という場合には、〈経済的〉ではなく〈政治的〉な組織的〈権力〉関係が、直接に〈権威〉を成立させているという発想である。

エンゲルスも「権威について」なる後期の小文で、マルクスとほぼ同一の見地を提示している。そのいくつかを紹介しておこう。——「…権威とは、われわれの意志に他人の意志をおしつけるということである。権威は、他方において従属を前提としているのである」［高橋訳、『マル・エン全集第一八巻』所収、三〇二頁］。「…鉄道をとってみよう。…ここでも操業の第一の条件は、あらゆる副次的な問題を切り捨てる一つの支配的な意志――この意志が一人の代表によって代表されるにせよ、関係者の大多数の決定の執行を委託された委員会全体によって代表されるにせよ――である」［同前、三〇三～四頁］。「…大洋を航行する船舶上におけるほど権威の――しかも最も専制的な権威の――必要が、はっきりと現われるところはないのである。そこでは、危険の瞬間には、すべての者の生命は、全員の意志が一人の意志に、即時、絶対に服従することにかかっている」［同前、三〇四頁］。

マルクスもエンゲルスも、歴史的事象をつねに統一的社会構成というレヴェルから、理論的にとりあげてきただけに、組織的・制度的な〈権力〉現象の特質を、見事に看取している。

しかし、組織的権力と関連したかたちでの〈権威〉には、組織的な〈権力〉関係が、直接に〈権威〉を成立させている形態だけではない。そのほかに、多種多様な組織的〈権力〉関係において、いわば超然的なかたちで〈権威〉が成立している場合もある。たとえば、戦国諸大名のうえに形式的・名目化に君臨した、〈天皇〉や〈将軍〉権力は、この種の〈権威〉といってよい。さらにまた、これら多数の組織的〈権力〉を、立体的に統括するかたちで、〈権威〉が成立していることもある。その典型的な事例は、西欧中世後期以降の王権や徳川幕府などであり、今日でいえば、多数の企業群を統一的に束ねる、超大企業の〈持ち株会社〉も、これに該当する。

このように〈権力〉と〈権威〉には、社会的な諸個人がその独自の意志を、特定の意志に従属させている意志の支配＝従属関係が、前提となっている。〈権力〉がこの意志関係を統一的かつ全体的にとりあげているのに対して、〈権威〉はこの意志関係を、特殊に、〈支配的意志〉の君臨と貫徹という側面から、とりあげている。しかもこの〈支配的意志〉は、規範としての組織的意志ばかりか、故人をもふくめた宗教者・思想家・革命家・学者・芸術家などの〈個別的意志〉であっても、いっこうにかまわない。

こうして〈権力〉には、一般的・典型的な組織的権力と、特殊な非組織的権力がみられるように、この組織的権力と非組織的権力のそれぞれに直接対応したかたちで、二種類の〈権威〉が成立していることになる。

10 古典権力学説の解体

これまで、国家［権力］をもふくめた多様な社会的権力を、〈権力〉としての一般性、正確にいえば〈権力〉としての一般的な内的論理構造においてとりあげることによって、〈権力〉関係に直接まつわる主要な諸問題を理論的に解明してきた。そこで、とくに〈近代〉以降の政治学の権力論の根本発想について、ごく簡単な理論的検討をくわえておきたい。

（1） 権力［Macht］＝暴力［Gewalt］説［Gewalt 論 4］

政治学における権力論は、まず権力＝暴力説から出発した。そして、政治的権力や国家［権力］をもふくめた、〈権力の本質は、暴力である〉とか、〈権力は、暴力なくしてはありえない〉とか、〈権力とは何かを、とことんまで追究していけば必ずそこに赤裸の暴力があらわれてくる〉、などという発想は、〈近代〉以降、今日に到るさまざまな政治学や、マルクス主義をもふくめたすべての政治・社会思想においても、いわば常識的に受容され、前提とされてきたといえる。この点、正確さを期して、とくに政治権力や国家［権力］に即して述べられた、代表的な見地を、いくつか紹介しておくことにしよう。

1　M・ヴェーバー…「『すべての国家は、暴力の上に築き上げられている』と、トロツキーはその当時ブレストリトウスクで喝破しました。これは実際においては正しいのです。強制力が手段として知られていないような社会的形体が存在しさえするならば、その時は、『国家』という概念は消滅してしまうでありましょうし、その時は、人々が言葉のこの特別な意味において『無政府』（Anarchie）と呼んだであろうところのものが現前することでありましょう。強制力はもちろん、国家の正常な、あるいは唯一の手段ではけっしてありません――この点については問題はない――が、おそらく国家にとっては特有のものであります。ことに今日こそ、国家の強制力に対する関係は、特別に親密であります」〔西島訳『職業としての政治』、角川文庫、一〇～一頁〕。

2　E・エールリッヒ…「…その起源からして国家は、法生活とはごくルースな関係しか持っていない軍事的組織であるからであり、北アメリカや世界の他の地域のイギリスの旧・現植民地における若干の近代的国家形成を除けば、その本質からして現在に到るまで変わることなく、国家は全く圧倒的に軍事的組織なのである」〔河上他訳『法社会学の基礎理論』、みすず書房、一二六頁〕。

3　H・J・ラスキ…「国家はその本質である最高強制権力を、その社会のどんな支配的階級にも奉仕させる」〔石上訳『国家』、岩波書店、八七頁〕。

4　H・ケルゼン…「原始的法協同体といえども、法を侵す者に対する強制手段によって、その秩序の侵害に反作用する。けれどもまだそれは、自ら侵害を受けた者によって反作用するのであって、集権化された機関によってではない。このような特別の機関の設立によって、すなわち力の行使の集権化によって、原始的法協同体が国家になるのである。前国家的法協同体から、国家的なそれへのこの発展の本質的特質は、強制権力の独占に加うるに、集権化が行なわれるというところにある」〔鵜飼訳『法と国家』、東大出版会、七一～二頁〕。

5　H・ヘラー…「領土社会的な共同活動を組織し、行動化する任務に従わない軍事的暴力は、盗賊団としか考えられないのである。しかし、軍事的暴力は、対内外的に政治的機能を保証する間、あらゆる国家権力の掛替えのない存在条件なのである」〔安訳『国家学』、未来社〕。

6　B・ラッセル…「法の究極の力は、国家の強制力にある。直接の物理的な強制力が（若干の制限はあるにしても）国家の主権であり、法とは、国家が国民を扱うにあたって、この主権を行使する際の一組の規則にほかならぬというのが、文明社会の特徴だ」〔東宮訳『権力』、『著作集五』所収、みすず書房、三七頁〕。

7　丸山真男…「太古の簡素な政治団体から今日の複雑に発達したそれに至るまでその支配機構をギリギリの所まで裸にして行くとそこには必ず、この様な組織化された暴力が現われます。今日の国家においては軍隊と警察がつまりそれです。こういう物理的強制の手段を持たなくては政治権力とはいえないのです」〔「政治学入門（第一版）」『戦中と戦後の間』、みすず書房、所収、四三一頁〕。「…近代国家の場合特に立憲的な法治国に於ては…、政治権力はなまの事実上の権力という形では決して現われないで、必ず法律という殻をかぶつて現われる建前になつており、そこにたしかに「法の支配」というイデオロギーが近代国家権力を合理化しているゆえんがある…」〔『政治の世界』、通信教育振興会、四二頁〕。

8　H・J・モーゲンソー…「『国家』というのは社会の強制組織の別称にすぎない。つまり「国家」は、社会が秩序と平和の維持のために組織的暴力を独占できる条件を決定する法秩序の別称である。われわれが先に述べた、強制組織とか社会の法秩序というのは、実は国家のことだったのである」〔現代平和研究会訳『国際政治三』、福村出版、五一二頁〕。

9　K・マルクス…「近代工業の進歩が資本と労働の階級敵対を発展させ、拡大し、強化するのと歩調をともにして、国家権力は、労働にたいする資本の全国的権力、社会的奴隷化のために組織された公的強力、階級専制の道具〔engine〕という性格をますますおびるようになった」〔村田訳『フランスにおける内乱』『マル・エン全集一七巻』所収、大月書店、三一三頁〕。

10　F・エンゲルス…「国家は階級対立を抑制しておく必要から生じたものであるから、しかし同時にこれらの階級の衝突のただなかに生じたものであるから、それは、もっとも勢力のある、経済的に支配する階級の国家であるのが普通である。この階級は国家をもちいて政治的にも支配する階級となり、このようにして、被抑圧階級を抑圧し搾取するための新しい手段を獲得する。…しかし、例外的には、あいたたかう諸階級がたがいにほとんど力の均衡をたもっているため、国家権力が、外見上の調停者として、一時的に両者にたいしある程度の独自性を得る時期がある」［村井他訳『家族・私有財産および国家の起源』、国民文庫、二二三〜四頁］。

11　レーニン…「国家は、特殊な権力組織であり、ある階級を抑圧するための暴力組織である」［『国家と革命』、国民文庫、三六頁］「国家とは、一階級が他の階級を抑圧するための機構、一階級に他の隷属させられた諸階級を服従させておくための機構である」［「国家について」、同前所収、一六八頁］。

これによって権力＝暴力説が、政治学の諸流派や思想的な立場のちがいを大きく超えた、伝統的な発想であることが、お分りいただけたことと思う。ではそこに、いったいどのようなちがいがあるのであろうか？　それをとくに、近代政治学とマルクス主義にしぼっていえば、政治的にはリベラルな民主主義思想に収斂される、欧米の経験論的機能主義者たちは、［国家］権力の究極の「本質」である暴力［Gewalt］が、普段、法や正義といった観念的な装飾品によって、しっかりと包み隠されていると主張した。

これに対して、マルクス主義者たちは、この種の観念的な装飾品の意義どころか、その存在自体にもほとんど頓着することなく、もっぱら支配階級が被支配階級を抑圧するために、意のままに動かしている公的な暴力機構［Gewalt］こそが、［国家］権力の「本質」だと、半ば糾弾的に暴露した。したがって、結果的には同一の理論的錯誤に陥っているとはいっても、マルクス主義者たちにくらべると、いわゆるブルジョア学者の方が、ちょいとしたひねりのある分だけ、はるかに気の利いた謬論を、提出していることになる。

しかしいずれにあっても、〈権力とは実質的な意味ではじつは暴力［Gewalt］である〉、という権力＝暴力説は、権力現象に対するトータルな理論的解明をふまえた、本質論的規定として提出されたわけではない。ただ、〈権力〉概念を〈暴力〉なるべつの概念に、置き換えているだけのことであって、問題は少しも解決されたことにはならない。それどころか今度は、〈権力〉の実質的な「本質」とみなされた、〈暴力〉Gewaltについての、理論的な解明が要請されるが、それについては、ごく常識的に「強制力」とか、「物理的強制手段」といっているだけなのである。

しかし、少しでも論理的に考えてみるならば、〈物理的な強制手段〉にすぎない暴力〔Gewalt〕を、権力の実質的な「本質」とすること自体が、決定的にバカげたことに気づくはずである。というのは、当該事象を〈手段〉という場合には、何かある〈理念〉や、〈目的〉を実現するための〈手段〉として、規定されているからであって、〈手段〉の背後には、〈理念〉と〈目的〉が控えていることに、深く留意しなければならない。いま〈手段〉は、直接間接に〈理念〉と〈目的〉を、担っているといったが、〈物理的強制手段〉の背後には、〔国家〕組織的規範としての、〔国家〕意志が控えている。

しかも、〈物理的強制手段〉としてのGewaltは、たんに〔国家〕意志のなかに規定された、〈理念〉と〈目的〉を実現するだけではなく、それ自体が〈規範にもとづいて結集した諸個人より成る組織〉として、構成されている。したがって、組織としてのGewaltは、それ自体が、〈規範としての意志への諸個人の服従〉という権力関係を、直接内在させているのである。いいかえれば、Gewaltとして現象する〈組織〉自体が、本質的にはMachtとして、構成されている。Gewaltが、Machtの特殊な現象形態であるというのは、この意味である。

したがってまた、〈Gewaltを「本質」としている権力が、その維持と運用の「手段」として、法や法律を必要としている〉というB・ラッセルや、多分それを借用した丸山などの発想は、まっさかさまに転倒されねばならない。くり返し述べてきたように、〔法的〕規範に対する諸個人からの服従を獲得するための、物理的な実現手段として、〔国家〕Gewaltが必然化され、また組織されたのであって、決してそのぎゃくではないからである。

マルクス主義者の場合、暴力機構［Gewalt］としての「国家」は、経済的な支配階級が被支配階級を抑圧する、という〈目的〉を実現するための〈物的手段〉として、大きく位置づけられている。したがって、こと〈目的〉と〈手段〉との関係については、一応筋が通っている、といえないこともない。しかし、この暴力機構［Gewalt］としての「国家」を、〈手段〉として位置づけることによって、それ自体を、〈意志なくモノいわぬ〉たんなる〈モノ〉としての〈金槌〉、いいかえれば支配階級がその意のままに使用できる、〈モノ〉としての〈金槌〉であるかに、錯覚している。

この種の発想は、〈近代〉以前において一般的な、〈専制〉国家権力に即して提起されたのなら、一見もっともらしくみえよう。そこでは、各地域社会を牛耳る経済的支配者が、ときどきの歴史的国家を直接構成する、専制的政治権力としてあらわれたからである。しかし、〈近代〉以降完成されたかたちをとるように、この暴力機構［Gewalt］としての「国家」は、〈意志ありモノいう〉ところの、生きた人間、それも統治・行政と暴力［軍事・警察など］にたずさわる、専門家によって構成された、巨大にして独立的な組織体にほかならない。

組織体であるということは、それが独自の組織的規範にもとづいて構成され、独自の組織的な意志に従って実践する、ことを意味している。つまりそれは、諸個人を国家権力組織法としての、憲法・行政的諸法によって、構成することによって、彼らを官僚・官吏、また軍人・警察官たらしめ、彼らの実践は、その出身階級の利害や、個々の独自の意志にもとづいてではなく、もっぱら日々裁可・決定される、指示・命令形態をとった組織的意志に、従わねばならないことを、意味している。

したがって、少なくとも〈近代〉以降の歴史的国家に即して、〈国家は、支配階級が被支配階級を抑圧するための暴力機構［Gewalt］である〉というのなら、経済的な支配階級の階級的な総意が、いったいどのようにして束ねられ、それがなにゆえ、またいかなる制度的なプロセスを経て、独立した組織体である、暴力機構［Gewalt］としての「国家」の意志決定を、直接かつ自在に支配できるのかを、明示しなければならない。また、経済的な支配階級がつねに、暴力機構［Gewalt］としての「国家」を、意のままに支配しているというのなら、なにゆえ、その「国家」が、支配階級の忠実な従僕から全社会に君臨する主人として、支配階級に対してさえ容赦なく命令できる存在にまで、大きく転成するような事態が、くり返し現出するのであろうか？

因みにそれは、〈近代〉以降にかぎっても、フランスの第一および第二帝政のボナパルチズム、ドイツのビスマルク体制、クリミヤ戦争時のイギリスの「パーマストーンの独裁」、二〇世紀に入ってからは、ナチ・ドイツやイタリア・日本などの「ファシズム国家」、第一次および第二次大戦中におけるとくにイギリスの戦時国家体制［いわゆる「戦時内閣」］など、それこそ枚挙にいとまがないほどである。この問題を、とくにエンゲルス以来のマルクス主義者のように、「例外国家」などといってかたづけることは、その国家理論が特殊的な事態に、理論的に対応できない、致命的な欠陥理論であり、分かりやすくいえば、理論的破綻を自ら承認したものにほかならない。［この点、くわしくは「補論　特殊的国家論」を参照されたい。］

このようにいわゆるブルジョア政治学者ばかりか、マルクス主義者をもふくめて、［国家］権力を物理的強制手段としての、暴力組織であるといいながら、じっさいにはそれを〈組織〉として、理論的に把握することができなかった。もとよりこれは、いずれにあっても、〈組織〉を理論的に把握するのに不可欠の意志論と、意志論にもとづいた規範論が、決定的に脱落していたことによるものである。

（2）権力＝心理的服従説

1　心理的服従説生起の必然

政治的事象を中心とした権力現象の、理論的な解明に立ちむかった者が、最初に、そして決まって思いつくのは、［国家］権力の究極的な意味での源泉は、暴力という物的な強制力［Gewalt］にあり、この意味で権力の「本質」は暴力にあるという、権力＝暴力説の発想であった。しかしこれは、政治学的な解明の、いわば共通の出発点のようなもので、だれもがそこに、永久に留まっていたわけではない。というのも、洋の東西を問わず、歴史的・現実的に展開されてきた権力現象、とりわけ政治的支配者の栄枯盛衰を一瞥しただけで、だれもが同じようにこう考えたからである。

——特定の政治的支配者がその地位を確立・維持し、さらに発展させるにあたって、暴力つまり軍事的な実力が、決定的な切札であることにまちがいはないが、それだけでは盗賊団と何ら変わりがない。とくに政治的支配者が、その強力な Gewalt を、外部の対立・競合者にむけて、そのことごとくを討ち破り、そのつど莫大な戦利品を持ち帰れば、まちがいなく彼は英雄視されよう。しかし、それを内にむけて、傘下の臣僚や領民を震えあがらせたりすれば、たちまちその地位は危うくなろう。だから、権力が究極的な意味では暴力［Gewalt］を「本質」としているとはいっても、その支配が長期にわたって真に安定したものであるためには、暴力［Gewalt］の発動を極力抑えねばならない。そして、支配されている多くの人々から、積極的とはいわないまでも、せめて暗黙の支持と承認を獲得するように、努力しなければならない。とりわけ法と正義が必要なのは、このためである、と。

古くはかのアウグスティヌスが、『神の国』のなかで、こう述べている。——「正義がなくなるとき、王国は大きな盗賊団以外のなにであろうか。盗賊団も小さな王国以外のなにでもないのである。盗賊団も、人間の集団であり、首領の命令によって支配され、徒党をくんではなれず、団員の一致によって奪略品を分配するこの盗賊団という禍いは、不逞のやからの参加によっていちじるしく増大して、領土をつくり、住居を定め、諸国を占領し、諸民族を征服するようになるとき、ますます、おおっぴらに王国の名を僭称するのである。そのような名が公然とそれに与えられるのは、その貪欲が抑制されたからではなく、懲罰をまぬがれたからである」［服部訳『神の国(1)』、岩波文庫、二七三頁］。

そしてその完成された姿は、〈治者による支配が、長期にわたって真に安定したものとなるには、被治者の側からの、積極ないし暗黙の支持と承認を必要としている〉、という発想であって、これを権力＝心理的服従説と、命名することができよう。

2　契約国家論と心理的服従説

この〈治者による支配には、被治者・人民による同意が必要かつ前提となる〉という、権力＝心理的服従説は、〈近代〉政治思想において、二つの流れと方向から結実した。

その一つは、〈治者による支配には、被治者・人民による同意が必要かつ前提となるべし！〉という、いわば理想的理念よりする、革命的・改革的発想からである。もちろんそれは、直接には契約国家論の登場である。というのも契約国家論は、〈国家は、自然状態において、原子的個人相互の自由意志的契約にもとづいて設立された〉、と主張した。したがってこの発想は、〈国家存立の基礎には、社会構成員全体の自由意志的な合意（契約）がある〉というかたちで、権力＝心理的服従説を、直接提唱した意味をもっている。

因みにロックは、その主著［伊藤訳『全訳 統治論』、柏書房］で、「…政治組織は国民の同意にのみ基礎をおくものである」［二八〇頁］と明快に表明している。また、原子論的唯物論者として知られるディドロは、どういうわけか、原子論的契約国家論者ではなく、君主（統治者）と人民とが締結する、支配［統治］＝服従契約論者であるが、それでも、「権力の基礎は、社会を形成している人々の同意にある」［安斎訳「権力」『ディドロ著作集第3巻 政治・経済』所収、法政大学出版局、一六頁］と、明言している。

しかし、ホッブズの場合には、かなり複雑にして難解である。というのも、原子的個人相互の信約によって指定・任命された主権者は、各人の代理的代表者であって、各人は、主権者としての意志と行動のすべてを、自分自身のものとみなして、これに絶対服従する。そして、各人の権利を賦与・委譲された主権者は、国家統治の全権を掌握して、専制的に独立化してしまうからである。しかし、この絶対的権力を掌握した主権者が、〈たった一度〉とはいえ、各人の〈最初の信約〉にもとづいて設立されたことに変わりなく、かなり特異な権力＝心理的服従説といえる。

また、ルソーの場合にも、ホッブズとはちがった意味での特異性がある。その要点は、〈社会契約〉に参集した人民が、直接〈国家〉を構成した〈主権者〉であり、その意志［総意］は〈一般意志〉として、〈法〉というかたちをとる。そして、〈政府〉は民主政・貴族政・君主政の、形態いかんとはまったくかかわりなく、すべて主権者としての人民の使用人にすぎない。しかし、この発想は、二つのことを意味している。

一方において、それは、被治者・人民が主権者として決定した一般意志と法に、自ら服従すること、つまりは被治者・人民が、直接に治者でもあるという発想である。同時に他方において、それは、政府に立法権が、まったく賦与されていないのであるから、〈国家統治〉つまりは〈国家権力による社会の国家的構成〉という構造自体が、消失してしまう。そのためには、立法権・執行権・裁判権という諸権力を、独占的に掌握した独立的な公的権力の存立が、前提となる。それゆえホッブズの場合と同様、はなはだ特異な権力＝心理的服従説というほかない。

このように契約国家論というかたちをとった、権力＝心理的服従説は、〈自分が同意した意志〉つまり〈自分自身の意志〉にのみ服従し、〈他人によって押しつけられた意志〉つまりは〈他人の意志〉には、絶対服従しないという根本発想を、提起したといえる。この意味で契約国家論は、論者の政治思想的な主観とはべつに、〈民主的〉政治形態を必然化する政治思想でもあった。［契約国家論については、本論第28章参照。］

3　批判者・ヒュームによる心理的服従説

しかし、権力＝心理的服従説は、この契約国家論に対する厳しい批判者からも、提起された。それは、〈治者による支配の長期化にともない、人民からの同意ないし暗黙の支持は、ごく自然に形成されてくる〉という、いわば歴史過程説である。その代表的な提唱者が、D・ヒュームである。もとよりD・ヒュームは、哲学者・政治経済学者そして歴史家としてもよく知られているが、直接には何よりも先行者J・ロックに対する、哲学的・政治思想的な批判者として登場した。

こういうことは、よくあることといってよい。因みに、ドイツが生んだ最大の哲学者ヘーゲルは、徹頭徹尾先行者・カント哲学の体系的な止揚をもくろんでいたし、まったく同じようにマルクスは、終始ヘーゲルを念頭においていた。とりわけマルクスの唯物史観は、ヘーゲルの歴史哲学なくしてはありえなかったとさえいえる。

D・ヒュームは、T・ホッブズにはじまりJ・ロックによって継承された契約国家論、とりわけ後者によって一般化され、通俗化された原始契約説に対して、こういう批判を提出した。――はっきりとした記録さえない、最古の未開社会についてなら、それが、原始契約にもとづいて形成されたといっても、決して誤りではないであろう。しかし、少なくとも明瞭な、記録と史料が残されているかぎりでの、国家〔彼の言葉でいえば、「政府」ないし「統治組織」〕は、人民の契約や合意によってではなく、もっぱら戦争と征服という、明らさまな暴力の発動によってのみ形成され、成立したものであった。そして、もっぱら暴力によって形成され、暴力を中核とした国家が、長い長い時間をかけ、人々が共通に希求する、公共的利害の遂行をつうじて、人々から徐々に、その支配の正当性を承認されるに到った、というものである。因みに曰く、――

「現存の、あるいは、史上に記録のある政府の起源は、ほとんどすべて、権力僭取かそれとも征服か、あるいは、これらの両方かにもとづいており、人民の公正な同意とか自発的な服従とかを口実にするものは、これまで全然ありませんでした。…作られたばかりの政府は、暴力によって形成され、よんどころない服従を国民からうけ取ります。そして、その後の統治もまた、力によって維持され、そして、選択ではなく義務の問題として、人民に黙諾されます。人民は、彼らの同意が君主に資格を与えるのだとは思いません。しかし、彼らは進んで同意します、なぜなら、長期の占有により、君主が、彼らの選択や好悪と無関係に、その資格を獲得してしまったと、彼らは考えるからです」［小松訳「市民の国について（上）」、岩波文庫、一三三頁、一三八〜九頁］。

「…すべての人は…自分たちは公共的利害の故にのみ統治組織に服従する、と覚知している。…一たい、もし共通的利害感が［統治組織への］服従の根原的動機でなかったとすれば、…人性のいかなる他の原理が人々の自然的野心を鎮圧できて、人々をかように［統治組織へ］強いて従服させることができるか。…およそ、時間と習慣とは、統治組織の一切の形式及び君主の一切の継承に権威を与える。従って、最初は不正義と暴力とを根底とした権力も、時を経れば、法に叶い責務的となるのである。いや、心はここに留らない。その歩んだ跡を戻って、先人たち祖先たちにも、後代の者に自然に帰せられる権利を転移する。けだし、祖先と後代の者とは想像で互いに関係し、接合されるからである」［大槻訳「人性論（四）」、岩波文庫、一五四頁、一七三頁］。

このような、J・ロック批判として提出されたD・ヒュームの主張は、それ自体としては正当といってよかろう。というのも、〈国家〉の歴史的な起源と形成にかぎらず、〈近代国家〉をもふくめて、それこそあらゆる歴史的な国家形成は、直接にはたえざる外戦と征服の、ただなかにおいてのみ進行した。したがって、この意味でそれが、〈暴力〉なくしてありえなかったことくらい、世界史を繙けば自明の事柄だからである。

しかし同時に、D・ヒュームの主張それ自体が、正しいからといって、それがそのまま、J・ロック批判まで正しいことを意味しない。というのも、ホッブズあるいはロックによって提出された、〈自然状態から脱却すべく、諸個人の自由意志的な契約にもとづいた、国家［社会］の設立〉という、契約国家［社会］説は、最初から、国家［社会］の歴史的な起源と形成に即した、実証的な理論ではない。その方法的な特質は、何よりも理想的な国家［社会］像を構築するための、論理的な追究という一点にあった。したがって、現実の国家［社会］の起源と形成をふくめた、歴史的な過程と進展形態の問題は、せいぜい二次的以下の意義しか、与えられていなかったといえる。

だから、ヒュームの主張自体は正当でも、契約国家［社会］説とりわけロックのそれを、国家［社会］の歴史的な起源と形成の問題として、把えること自体が、すでにロックの方法的な真意を、まったく無視したものであり、批判としては当たっていないということになる。これは、批判と論戦においてよくみられることで、決してめずらしいことではない。いいかえれば、特定個人の思想や学説に対して提出された、論者の主張自体の正否いかんと、その批判自体の正否いかんとは、一応べつの問題である。

そこで当然、これとはまったくぎゃくの場合もありうる。つまり批判自体はそれなりに当を得ていても、その批判者の自己主張の部分が、理論的に正当ではないという場合である。これは、総合的な学的力量では劣っている者が、もっぱら個々の論点において、数段上の者の虚を突くといった場合に、よく見られる。だから、〝批判〟だけなら誰にだってできるとよくいわれるように、学的な力量が相当ちがっても、相手の弱点を衝いたり、揚げ足を取ったりすることはできる。

しかしその程度のレヴェルでは、個々の錯誤を必然化した、根本の方法的な発想を是正し克服して、自説を体系的に展開してみせる、真の、そして根源的な批判を提出することなど、とても望むべくもない。ということは、個々の論点における理論的な正否いかんと、論者のトータルな学的力量のいかんとは、これまた一応べつの問題であることを示している。さらにまた、総合的な学的力量が、あるレヴェル以上にまで達すれば、たとえその彼を上回るほどの者によって、正当に批判され克服されたとしても、その業績は不滅である。

例えばヘーゲルによるカント批判は、観念論的な立場ながら、その根本の方法的な錯誤を正確に捉えたうえで、理論的に克服していると評価できる。しかしだからといってそのことは、哲学者としてのカントの偉大さを、少しも否定したり、抹殺してしまうものではない。それはただ、ヘーゲルがカントをさえ上回るほどの、学的な巨匠であったというだけのことで、双葉山が大鵬を数段凌駕しているからといって、大鵬が大横綱としての力量をもっていたことに何らの変わりがないのと、同様である。

4　補論――心理的服従説の展開［丸山真男の場合］

権力＝心理的服従説の、社会学的な完成者は、M・ヴェーバーであった。それは、「支配の正当性」論というかたちで、押し出された。しかし、その詳細については、拙著『ヴェーバーと丸山政治学』［勁草書房］を参照されたい。また、第一次大戦以降の、アメリカにおける継承者たち［メリアム・ラスウェルなど］については、拙著『ラスウェルと丸山政治学』［勁草書房］の参照を乞うほかない。

ここでは、わが国で戦後いち早く、ラスウェル流の政治学とくにその権力論を紹介し、またその積極的な運用にこれ努めた、丸山真男の発想についてのみ、簡単にとりあげておきたい。因に丸山は、一九五〇年には、ラスウェルの代表的な著作の一つとして知られる「権力と人格」について、珍しく長文の丁寧な紹介文を書いている［『戦中と戦後の間』、みすず書房、所収］。また、同時期に発表された政治学上の小文を視ると、ラスウェル権力論の影響たるや、一目瞭然といってよい。念のためにいくつか紹介しておこう。

「指導も支配も、服従を調達することなしには存しえず、しかも服従者が積極的に協力するか、消極的抵抗の態度をとるか、あるいは黙従するか、というような行動様式は権力関係にとつて「外在」的なモメントではなくて、むしろその本質を左右する意味をもつている」［「政治権力の諸問題」、丸山著『現代政治の思想と行動』、未来社、所収、四二七頁］。「…今日までのあらゆる統治関係は一方において権力・富・名誉・知識・技能等の価値をさまざまの程度と様式において被治者に分配することによつて、本来の支配関係を中和するような物的機構と同時に、他方において、統治を被治者の心情のうちに内面化することによつて、服従の自発性を喚起するような精神的装置を発展させて来たのである。もし、そうした社会的価値への被治者の参与と、政治的服従の精神的自発性をデモクラシーの決定的な特徴とするならば、――奇矯な表現にひびくかもしれないが――一切の政治的社会は制度的にも精神構造としてもこうした最小限の「デモクラシー」なくしては存続しえないのである」［「支配と服従」、同前、四一七〜八頁〕。

丸山が他の政治学者といく分なりともちがうのは、このような意志論・規範論ぬきのラスウェル権力論を、積極的に適用し運用した点にある。また、こうしたラスウェル権力論の具体化にともない、それが内に孕む根本的錯誤が、いったいどのような個々の錯誤と謬論を必然化したかを、当のラスウェルに代って、実地にやってみせたことであろう。このような丸山による、かなり大胆な代行的試行と運用は、ガードをゴチゴチに固くした政治評論よりも、知的大衆相手の啓蒙的小冊子『政治の世界』や、気楽な対談・座談会において、その持味が遺憾なく発揮されている。

その代表的な事例として、マルクスの『資本論』に見える、〈王〉についての断片的な見地に対してまで、あろうことかその思想的・方法的な対極に立つ、ラスウェル権力論の根本発想によって、強引に解釈しようとした大胆な壮挙〔愚挙?〕をあげることができよう。因みに曰く、――

「私は一度ひまがあったら『近代政治学』のアプローチに非常に近い命題をマルクスの書物のなかから抽出してみようかと思っているくらいです。…『近代政治学』といってもさまざまで、最近の有力な傾向はむしろ権力概念を中核としないで、政治的「通信」体系として理論化するんですが、そういう問題はさておいて、私自身は権力について関係概念をとっています。それで権力をいかなる階級が「持って」いるかという実体概念に立つマルクス主義者から批判されるんですが、たとえば『資本論』の第一巻第一篇の注でこういっている個所がある。／「王が王であるのは、ただ他の人間が彼にたいして臣下としての態度をとるからにすぎない。ところが彼等は反対に、彼が王だから自分たちは臣下なのだと思うのである」。これを私たちの言葉でいいかえるならば、本来関係概念である権力が虚偽意識として実体概念に転化することをいっているわけです。臣下としての一定の行動様式の上に王の権威は権威でありうるわけで、その意味で、王の権力は服従への期待可能性ということなしにはものをいわない」〔座談会『現代日本の革新思想』、河出書房、二九一頁〕。

まずマルクスの、「王が王であるのは、ただ他の人間が彼にたいして臣下としての態度をとるからにすぎない」という章句のなかの、「臣下としての態度」を、どう理解するかが問題となる。これは、彼らが直接には命令形態をとった〈王の意志〉に服従し、それを〈国家意志〉として国民一般に提示し、それへの服従を強制するという意味での、〈臣下〉としての政治的実践をさしている。

したがって右章句全体は、〈王の意志〉という形態をとった、法的規範としての国家意志による支配、とりもなおさずその現実的貫徹という、権力の本質論的把握に、直接かかわる問題である。ところが丸山はこれを、ラスウェル流に〈王が王たりうるのは、諸個人が特定個人としての王の君臨に観念的に同意する、臣下としての行動様式、いいかえれば、特定個人による支配への期待可能性という、彼らの観念的な同意と承認にもとづいている〉、という具合に解釈している。

しかし諸個人が、その純粋な個別内面的観念において、特定個人の〈王〉としての君臨に同意しようが、否認しようが、いやそれどころか、たとえ不満や敵意さえ隠しもち、押し殺した不承不承ではあっても、日々間断なく発せられる特定個人の命令に、その独自の意志を服従させて、その指示と命令通りに行動（実践）すれば、その特定個人は即ち〈王〉である。そして彼らは、紛れもなく〈臣下〉にほかならない。またそこには、〈王の意志〉が、規範として現実的に貫徹されているという意味で、〈王〉を直接の人格的な実存形態とした、〈権力〉関係が成立している。

丸山は、「臣下としての一定の行動様式の上に王の権威は権威でありうる」などと、言葉としては、一見もっともらしいことをいっている。しかし、この「臣下としての一定の行動様式」を、〈王の意志〉形態での法的規範によって、根本的に規定された諸個人の〈臣下〉としての、政治的実践（行動）として把握できなければ、何の意味もない。というのも丸山は、これを意志論・規範論ぬきで、「王の権力は服従への期待可能性ということなしにはものをいわない」という具合に、解釈してしまったからである。しかし、少なくとも「王の権力」というからには、そこにすでに〈王の意志〉に対する、〈臣下〉としての服従と実践が、論理的な前提となっている。したがって、丸山いうところの、「ものをいわない」ような「権力」は、いかなる意味でも〈権力〉ではありえない。

このように〈王の権力〉というからには、〈王〉と〈臣下〉という直接の実体的な関係をつうじて、じつは〈王の意志〉形態をとった法的規範へ、諸個人がその独自の意志を服従させ、臣下として実践している。この意味で、そこには〈王の意志〉を軸とした意志の支配＝従属関係が成立している。〈権力〉の本質が、〈関係〉概念であるというのは、まさにこの意味であって、そのことは、〈王―臣下〉という権力の直接の実体的把握を、何ら否定し妨げるものではない。

ただ、対象的事象［としての権力］の実体論的把握を前提とした、その内的論理構造の統一的把握を媒介にしてはじめて、本質論的な意味での〈関係〉概念を、構成できる。丸山いうところの「関係」概念は、対象の現象論的レヴェルにまつわる、直接の機能的な作用連関にすぎない。したがってそれは、認識論的な意味での論理的な把握と抽象のレヴェルからいえば、厳密な実体論的把握のレヴェルにさえ遠くおよばない代物である。

しかし丸山は、私のこのような、反駁の余地を根こそぎ粉砕する、有無を言わさない論理的把握と展開に対しても、〈いやいや、私の見解の正当性は、日々生起しまた転覆されている、権力の具体的な実相を視れば、一目瞭然である〉と、言い張るに相違ない。確かに、〈特定個人が王たりうるためには、特定個人を王として承認する、臣下の側からの観念的な反応が必要である〉という、ラスウェル流のマルクス解釈には、一定の根拠らしきものがある。

それは、丸山の解釈をとくに、〈臣下による特定個人の王としての奉戴〉の問題に、スポットを当てた場合、一見もっともらしくみえる、という意味である。というのも論理的に考えて、王であれ社長であれ親分という名の権力者であれ、臣下・部下・子分という形をとった被治者が、あるとき一斉に服従しなくなれば、権力関係は消滅し、彼はもはや権力者では、なくなってしまうからである。

げんに古今東西の歴史を繙けば、つい昨日まで、皇帝や戦国大名にそれこそ奴隷のように臣従していた重臣連中が、ある日突然一斉にそっぽをむいて、彼を無理遣り一室に押し込めて秘かに殺害したり、たった一人野原に放り出したりして、代りに彼らの意のままになる彼の息子を押し立てた、という類いの話なら、それこそ枚挙にいとまがない。現代でいえば、まったくの徒手空拳で始めて、一代で巨大企業を築き上げた、オーナー経営者の場合には、指揮中枢に腹心を配し、株式を独占的に掌握していることなどもあって、まずありえない。しかし、一般大企業のサラリーマン社長が、緊急取締役会で、大株主の意を受けた副社長や専務派の陰謀によって、あっさりと首を切られたなどという話は、どこにでもころがっている。

またわが国で、長期安定政権を担った大派閥領袖でもある自民党総裁は、その退任時期と後継者が確定した瞬間、彼にとってはそれを確定させられた瞬間から、それまでの〈子分〉たちが一斉にそっぽをむき、彼はもはや〈親分〉ではなくなってしまう。つまりそれ以後は、それまで後継人事はじめ、自民党総裁および大派閥領袖として掌握していた、強力な権力の一切を、実質上喪失してしまう。

このように丸山が駆使している、ラスウェル権力論の発想は、政治的世界で日々くり返されている、権力者の変化と交替、正確には特定権力者の誕生と没落の事例を、ごく表面的にみるかぎり、至極もっともらしく思えよう。しかし、この種の解釈のもっともらしさは、〈権力〉が〈権力〉たりうるという意味での、本質論的な存立にかかわる根本問題を、権力存立の直接的諸条件の問題、とりもなおさず特定〈権力〉や、特定〈権力者〉の存亡と興廃にかかわる諸条件の問題に、ものの見事にすり替えてしまった点にある。しかしこの問題、すなわちある日突然、臣下［被治者］が王［権力者］を放り出して、代わりの王を立てるという問題は、たんに上っ面だけみて適当に解釈してたりるほど、単純なものではない。

というのも、諸個人が特定個人を〈王〉として奉戴する問題は、あくまで特定の権力、ないし権力者の直接的成立形態にかかわる問題であって、そこでは権力関係の組織的・制度的展開が、歴史的・現実的にも、また論理的な意味でも、大前提となっているからである。そこでは、いかなる特定個人が選出されても、ひとたび〈王〉として奉戴されれば、諸個人は選出された〈特定個人の意志〉を、特殊に〈王の意志〉として受け取り、〈臣下〉としてこれに服従し、その命ずるところに従って、行動［実践］しなければならない。この意味でそこには、組織・制度としての〈権力〉関係の構造的展開が、あらかじめ前提となっている。

それればかりではない！　このような諸個人による、特定個人の〈王〉としての奉戴は、権力関係の組織的・制度的展開にもとづいて、組織・制度としての〈規範〉が、直接命ずるところの、特殊具体的な〈王〉選出にかかわる、諸個人の〈規範〉としての意志形成と意志決定、をも意味している。この〈組織・制度としての規範〉とは、すでに述べた組織的規範の三種類における、〈組織体制〉を直接規定した規範である。

因みにそれは、国王や皇帝の場合には、王位ないし帝位の相続・継承法という形をとっている。しかし、武士団の棟梁とか有力な豪族の長といった、国家的レヴェルにまで到達していない、政治的組織や各種の社会的組織の場合には、〈慣習やしきたり〉などの形をとった、伝統的な規範として、把持され継承されている。また、にわか造りの海賊や山賊の親分、あるいは暴走族のリーダーなどの選出と決定は、一般に一対一の決闘での勝者という形をとることが、暗黙の〈掟〉とされている。

したがって、この種の意志決定の問題を、ラスウェルや丸山のように、〈支配者に対する服従者の側からの、観念的な同意と承認〉といった、諸個人の純粋に個別内面的な思想的・観念的態度一般の問題に、解消させてしまってはならない。それはただ、〈規範〉としての意志決定の問題、いいかえれば、規範としての意志の観念的な対象化の問題と、規範として観念的に対象化されざる、諸個人の〈生きた思想・観念〉の問題とを論理的に区別できず、実質上両者を一緒くたにせざるをえなかった、規範論なき致命的錯誤を暴露しているだけである。

［補記］

当初予定していた、心理的服従説の現代的諸潮流、とくに社会学的権力論［ジンメル、ラッセル、ブロウ、ガルブレイスなど］や、Ｍ・ヴェーバーの「支配の正当性」発想をそっくり盗用した、グラムシの「ヘゲモニー」論や、Ｍ・フーコーのアナキズム的権力論などの検討は、時間切れのため、ここでは、断念した。別に機会あれば、と思っている。

第六篇　補論——政治的世界の枠組みと主体に関わる諸法則

11 政治の経験法則の解体

（1） 政治的世界の枠組みに関わる一般的運動法則

政治的世界の一般的運動法則として、まずとりあげるべきは、多数の政治的主体が棲息する、政治的世界の枠組みにかんするものである。そこでは、〈秩序→無秩序的混乱→秩序〉として定式化された、政治の循環法則が支配すると、されてきた。もちろんこれは、政治的世界では、多数の政治的主体が直接間接に織りなす対立・抗争と、その統一的包摂・止揚としての政治的秩序の創出が、循環的にくり返されてきた、という意味である。

しかしそれは、政治的世界の規模いかんによって、少なからぬ相異があることに、注意しなければならない。つまりそれは、政治的世界の規模が、最大限ときどきの歴史的国家としてのレヴェルと枠組みに、限定されたものか、それとも、ときどきの歴史的国家間諸関係の総体としての、国際政治的世界なのか、という相異によってである。

まず、国内政治秩序の場合には、とくに政治形態の変化にともなう、〈秩序→無秩序的混乱→秩序〉という循環法則が、くり返されてきた。因みにマキャベリは、この循環法則について、こう書いている。——「国家は必ずといってよいほど、それが変化するに際して、秩序から無秩序へと陥り、その後、ふたたび無秩序から秩序へと移行するのが常である。それはこの世の物ごとが自然の掟によって静止することを許されておらず、その最高の完成に達すると、それ以上昇りつめることができなくなって、下降せざるをえないからだ。同様に、事態が低きに落ちて、その最低の底辺に達するや、もはやそれ以上下落はできなくなり、必然的に上昇せざるをえなくなる。こうして、よき常態から悪しき常態へと下降し、悪しきからよきへと上昇するのが世の常である。それは力量が平穏を生み、平穏が怠惰を、怠惰が無秩序を生み、あげくは無秩序が破滅へと導くからで、同じく破滅から秩序がうまれ、秩序から美徳が、さらにそこから栄光と幸運が生まれるのである」［在里他訳『フィレンツェ史』、『マキァヴェッリ全集三』所収、筑摩書房、二一三頁］。

もちろん、この循環法則の支配には、二つの歴史的条件ないし前提がある。それは、第一に、当該社会が〈国家〉と〈国家権力〉を、歴史的に形成させているかぎりであり、第二に、相互的対立と抗争によって、多数の政治的主体が共倒れしたり、当該社会自体が消滅しないかぎりでのことである。

つぎに、国際政治的世界の場合には、戦争と交易を軸とした国際世界としての交通諸関係が、いったいどの程度の規模と範囲で、かつまた相互に不可分なものとして深まっているか、という歴史的条件の形成いかんが、問題となる。この意味で、〈近代〉の以前と以降とでは、この〈政治の循環法則〉は、かなり異なったかたちをとってあらわれた。

まず、〈近代〉以前には、いまだ世界交通が歴史的に形成されていない。そこで世界には、いくつかの地域的世界圏が散在し、その相互的関係は、はなだ希薄である。そして、この地域的世界圏自体が、一つの「国際政治的世界」の歴史的舞台となる。多くの場合、そこでは、いくつかの〈王国〉が対峙し抗争するなかから、戦国的覇者が躍り出て〈帝国〉を建設し、ここに〈帝国〉を軸とした「国際政治的秩序」が、形成される。

しかし、〈王国〉といい、また〈帝国〉といっても、その現実的な基盤は、閉鎖的独立性のきわめて強い、地域的社会［村落や都市を軸とした］であるため、この種の政治的組織化と融合には、確固とした安定性がない。一朝にして建設された大帝国も、一夕にして跡形もなく瓦解していくことが、あきもせずにくり返される。かくて〈政治の循環法則〉は、〈帝国〉的政治秩序→戦国政治的世界→〈帝国〉的政治秩序、というかたちをとってあらわれた。

ところが、〈近代〉以降、一方では、資本制的生産様式の構造的進展にともなう、地域的社会の閉鎖的独立性の破壊と、相互的連関と有機的融合による、国民的・統一的社会形成、また他方では、この国民的経済圏の生存と直接表裏をなした、〈世界交通〉が成立する。それまで、たえざる対立と抗争をくり返してきた、これら先進的な国民国家は、はじめて形成されたこの国際世界において、後進的諸国への〈帝国的〉支配権をめぐって、つねに対峙し、ときには総力をあげた抗争をくり広げる。

それは、いくつかの国民国家による〈帝国的〉世界支配体制の到来である。いいかえるとそれは、いくつかの国民国家による、国際的な寡頭体制であり、この寡頭制秩序は、新たな強国の勃興によって破壊され、世界的覇権をめぐる総力戦が勃発して、その勝敗の帰趨によって、新たな国際的・寡頭制秩序が形成される。それゆえ〈政治の循環法則〉は、国際的・寡頭制秩序→新興国による秩序破壊と大戦→新たな国際的・寡頭制秩序の形成、というかたちをとってあらわれた。

国際政治的世界は、その歴史的生誕以来、つい半世紀ほど前まで、つねに〈切り取り自由の戦国政治的世界〉であるかに思われてきた。とくに〈近代〉以前には、その傾向がきわめて濃厚だったようにみえるが、必ずしも強国が、弱小国を自由自在に征服・併呑してきたわけではない。一方では、弱小国が、命懸けで知恵をめぐらし、とくに同盟政策などを展開し、また他方では、弱小国には、いくつかの強国の利害関係がからみあっている。特定の強国が、安易に手を出せば、他の強国との正面衝突・戦争をも、覚悟しなければならない。

それゆえ、〈切り取り自由〉は、国際政治的世界を根底で支配する、政治原則ではあっても、その具体的なあらわれは、右に示した〈政治の循環法則〉というかたちをとった、ということである。

（2） 政治主体に関わる諸法則

1　政治的世界と組織的結集の法則

国際社会をもふくめた人間の社会は、積極的な能動性をもった、ごく少数の個人や結集した諸個人よりなる組織によって支配され、また大きく先導されてきた。そこで、自ら打って出ることなく、内向的に沈黙し閉鎖した個人や組織は、あって亡きがごとき存在として無視され、捨象されてしまう。この法則性は、とりわけ政治的世界において顕著といってよい。というのもそこでは、政治的意志決定の場に直接参加できる、積極性と能動性をもった者のみが、政治的覇権と支配権をめぐって、対立と抗争をくり広げるからである。もちろんこれは、〈民主的〉政治形態の下でもまったく変わりない。

たとえば〈古典古代〉のアテナイ民主政では、〈戦士〉として出陣可能なアテナイ市民（農民）のみが、支配共同体としての政治的意志決定に関与しえた。現代の先進諸国の場合、投票する程度の政治的な能動性をもたない棄権者の意志は、たとえその数が過半数近くにまで増加しても、そっくり無視され放置される。そして、〈民主的〉な政治的意志決定においては、比較多数者による実質的な支配が断行されている。しかし、この比較多数者形成の中心には、つねにより積極的な能動性をもった諸個人による政治的な結集があり、その〈政治組織（政党）〉としての構成には、ごく少数の指導者の存在、正確には指導部としての形成が、必要かつ必然とされる。

かくて比較多数者の形成と獲得に成功した特定組織・支配者は、関連諸組織・諸個人の全体に対する一般的かつ普遍的な支配の実現をめざす。ここにおいて特定組織・支配者には、一般的かつ普遍的な支配にふさわしい形式、もっともらしい政治的理念や大義名分、また世論の動員などが、必要かつ必然とされる。［この点については、

すでに第8章でとりあげた。〕

A　比較多数者形成としての組織的強大化

政治的世界において、安定した比較多数者の形成と獲得のための、組織的結集の鉄則は、対立・競合する諸組織・支配者にとって、当該組織的権力の強大化の必要と必然として、強烈に観念される。そこで彼らの努力の指向性は、まちがいなく当該組織的規模の拡大として、あらわれる。それによって、当該組織の多様な活動と集中的・爆発的な展開が、可能になるからである。

因みに、ズバぬけた強大国と中小規模の諸国とが対峙し抗争する、〈一強多弱〉の戦国政治的世界を想定してみよう。まず、多弱が攻守同盟を締結し、一致協力して一強を完全に包囲し、壊滅させないまでも大きく弱体化させることは、ほとんど不可能に近いほど至難の技である。しかしぎゃくに、一強が一～二の弱国と攻守同盟を結んで、他の弱小諸国をつぎつぎに撃破し、潰滅させることはさほどむずかしいことではない。なぜかなら、弱小諸国が対峙し抗争しているのには、それなりの歴史、つまりお互いが踏んだり蹴ったりして、それぞれが憎悪と怨念を内向させ、また増幅してきた歴史的な過去がある。お互いが疑心暗鬼で、狐と狸の騙し合いをくり広げてきただけに、一強にむかっての攻守同盟という統一的な政治的組織化は、まず無理といってよい。

これに対して、一強が一～二の弱国を抱き込むことは、いとも易い。その個々に対して秘密裏に、一方では、〈わが国と貴国とが連携して、A国、B国、C国、D国などの攻略に成功し、わが主君が王（ないし皇帝）になった暁には、貴国の主君を侯（ないし王）に封じて、その所領をそっくり安堵する〉という、甘言を弄した密約の締結である。また、他方では、〈もし貴国がわが国との連携を断り、他の諸国と結んでわが国に敵対するというのであれば、真っ先に貴国から攻め滅ぼすことになろう〉という、それこそ身の毛もよだつ脅迫である。強国と個々の弱小諸国との間には、総合力において圧倒的な差があるだけに、強国によるこの硬軟とりまぜた外交政略に、ほとんどの弱小諸国は屈伏するほかない。

もちろん、一強多弱状態が一定期間つづいているということは、つねに多弱のいくつかが同盟と連携をくり返して、何とか一強に押し潰されないできたことを、意味している。軍勢は少なくても、これら諸国に有能な軍事指揮者と軍師・参謀が、控えていたということでもある。しかし、一強として伸し上がった強国の、軍事指揮者と軍師・参謀が、まったくの無能とは考えられないかぎり、一強による政治的世界の統一は、時間の問題になろう。

組織的規模の強大化がもつ意味は、直接の軍事的衝突としての戦闘という局面にそくしてみると、一層はっきりとしてくる。たとえばたった一度の敗戦でも、弱小諸国の場合にはその政治的存立自体を直撃する、致命傷になりかねないが、強大国にあっては、それほど深刻な事態にはなりえない。もちろんこれは、根本的には経済力のちがいにあるが、直接には軍事的動員が、根こそぎ的なものであるか、それとも充分に余裕をもったものであるかの、ちがいからきている。つまり弱小諸国が、強大国のように余裕を残した軍事動員をすれば、せいぜいゲリラ戦程度の抵抗しかできず、まったく問題にならない。そこで、つねに根こそぎ的な動員が必要な弱小諸国には、敗戦は絶対に許されず、連戦連勝が義務づけられている。

また、諸国がその存亡と興廃をかけ、雌雄を決しようと最大規模の軍事的動員をもって、とくに広大な平坦地で、真正面からぶつかり合う戦闘に臨んだ場合、軍備と兵の士気・錬成度に大差がないとしたら、まちがいなく総兵力において圧倒している方が、勝利する。軍事指揮者の作戦・戦術力が、これをひっくり返すには、両者のあいだに、よほどの能力差がなければならない。というよりその場合には、正面衝突だけは絶対に回避して、敵の虚を突く夜襲や奇襲攻撃などをくり返したり、敵の軍勢を狭い窪地や山岳部などに誘導し、分断させて個別に撃破していく戦術をとるだろう。これらの戦術が有効なのは、個々の戦闘において、〈つねに敵よりも優勢な軍勢によってのみ、これを撃破できる〉という鉄則を、実践していることにある。

奇襲攻撃が成功した代表例として知られる、桶狭間の合戦にしても、この鉄則は遵守された。というのもそこでは、信長がわずか二千の兵によって、二万数千の今川の大軍を撃破したわけではない。信長は、じつに驚嘆すべき情報収集力にもとづいた、巧みな方策を縦横に駆使することによって、まず、義元の本陣から過半の軍勢を引き離す。そして、自身の所在を不明にしたまま、おりからの豪雨と濃霧という幸運をも呼び寄せて、油断しまったくの手薄になった本陣めがけて、一気に殺到したのである。それは、けっして一か八かの奇襲ではない。まさに信長が、勝つべくして勝った会心の勝利でもあった。

B　組織的強大化の基本的方策とは何か?

ここであらためて、政治的覇権を可能にする組織的強大化には、いったい何が、どのような方策が必要なのか、考えてみることにしよう。要するにそれは、敵対する組織的勢力を大きく凌駕し圧倒する規模にまで、自己の組織的勢力を拡大・強化する、最良・最善の方策とは何か、ということである。いいかえればそれは、自己の組織的勢力の飛躍的な増強と、敵対する組織的勢力の大幅な削減のための方策やいかん、である。いうまでない、その方策は、ただ一つ、自己を中心とした組織的結集の強大化と、敵勢力の分断と孤立化以外にはありえない。

つまり、一方では、手強い〈敵〉に対する諸勢力を糾合しての、積極的な同盟政策の展開である。それによって、たとえ正面衝突する事態になっても、最小限の犠牲で勝利できる強力な体制を、つくりあげることである。同時に他方では、手強い〈敵〉の内部的な不和・軋轢を巧みに醸成し拡大させ、〈敵〉勢力全体を分断し、弱体化させることである。この表裏をなした二つの方策を首尾よく実現できれば、〈敵〉と正面切って激突することなく、政治的覇権の達成が可能になろう。

そこで、〈敵〉のなかの不平不満分子を見つけ出し、またつくり出して寝返らせる、つまり〈敵を味方〉として吸収してしまう方策は、この二つの方策を同時に遂行する性格をもった、高度な戦術といってよい。ただそれは、昨日までの〈敵〉を、今日は〈味方〉として受け入れるもの。それゆえ、〈いつまた裏切るかわからない〉とか、〈敵のスパイとして送り込まれたのではないか〉といった、疑心暗鬼を簡単には払拭できない。かえって味方全体が混乱しかねない、という危険性をふくんでいる。そこで、わが国の戦国期の信長や秀吉のような、よほど卓越した支配者でもないかぎり、この種の一癖も二癖もある手合いを、自在かつ有効に使いこなすことは、できない。

かつてマルクスは、ルイ・ボナパルト［ナポレオン三世］による、政治的覇権の掌握過程を精緻に追究・分析して、彼に敵対する諸政治党派が、たえざる抗争によって相互に無力化し合ったことを、大きく浮き彫りにした［とくに『フランスにおける階級闘争』、『ルイ・ボナパルトのブリュメール一八日』などで］。一院制の国民議会によって主導された第二共和政下において、経済的支配階級［ブルジョアジー］は、新旧政治的諸党派よりなる「秩序党」をつうじて、実質的な政治的支配権を掌握していた。

しかし「秩序党」は、街頭の革命的プロレタリアートを撃破し、小ブルジョアジーの革命的・民主主義的な議会内政治的代理人である「山岳党」を粉砕して、共通の階級的敵対政治勢力が消滅してしまうと、たちまちもとの政治的諸党派へと分解して、相互的な対立と抗争を再開する。そこで、大統領―執行権力を牙城としたボナパルト（党派）は、まさに恰好の第三者的な立場から、この対立と抗争を煽り、その全体的な弱体化に乗じて、一気に政権を掌握した。そしてボナパルトは、自らが〈皇帝〉として君臨する、〈専制的〉政治形態への政治革命に成功した［以上とくに拙稿「政治理論をめぐるマルクスとエンゲルス」、拙著『唯物史観と国家理論』（三一書房）所収、参照］。

とくにマルクスは、ボナパルトへの敵対諸党派が、せいぜい消極的な結合による消極的な行動しかつくりだせなかったことと、これら諸党派がたえざる抗争によって無力化し合ったこと、の二点を指摘している。因みに曰く、――「立法議会…の支配――それは、ブルジョア共和派をぱらぱらまじえた正統王朝派とオルレアン派とで構成される連合の支配ではなかったか？　両派の連合そのものが、彼らが代表する政党政派の解体を証明していたし、他方では、古い党派の伝統が、彼らに消極的なまとまり以外のまとまりを結成することをおよそ許さなかった。こうした消極的なまとまりは行動には適しない。それはただ消極的な行為をなしうるだけである。それは行く手をじゃましうるだけである。だからボナパルトが権力をにぎったのである」〔土屋訳「イギリスの選挙」『マル・エン全集第一二巻』、大月書店、一四九頁〕。「ボナパルトの栄達の謎は、一方では相対立する諸党派が相互に無力化し合ったこと、他方では彼のクーデタ…が、たまたま商業界の繁栄期にはいったときと合致していたことのうちに見いだされる」〔内山訳「ボナパルトの暗殺未遂」『マル・エン全集第一二巻』、三六九頁〕。

これによってマルクスは、後のマルクス主義者とはちがって、個別歴史にそくした政治の学的・理論的分析にも、優れたセンスと方法をもっていたことがわかる。また、レーニンは、学的・理論的分析ではなく、卓越した政治的指導者としての経験から、革命的プロレタリアートの勝利のため、前衛党の政治指導が、敵〔つまり支配階級〕の内部のあらゆる「ひび」や不和・対立を、つねに細心の注意と用心深さをもって、最大限に利用し、彼ら全体を弱め無力化することに、全力を傾注しなければならない、とくり返し強調した。因みに、『共産主義における「左翼」小児病』に曰く、――

「ずっと力の強い敵にうちかつことは、ただ最大の努力をはらってはじめてできるのであり、またたとえどんなに小さな『ひび』であろうとも、敵のあいだのあらゆる『ひび』を、各国のブルジョアジーあいだの、また個々の国内のブルジョアジー、いろいろなグループないし種類のあいだのあらゆる利害対立を、――それからまた、たとえどんなに小さな可能性であろうとも、一時的な、動揺的な、もろい、たよりならぬ、条件的な同盟者でもよいから大衆的同盟者を味方につけるあらゆる可能性を、かならず、もっとも綿密に、注意ぶかく、用心ぶかく、じょうずに利用して、はじめてなしとげることができるのである」〔朝野訳、国民文庫、八一頁、他に一一七〜八頁参照〕。

C　補足――大衆組織化の強力手段としてのレーニン的党組織

周知のようにレーニンは、ロシアにおける革命的実践活動のなかで、一見特異な党組織論を着想し理論的に確立した。そして、自ら作り上げた政治的前衛組織が、ロシア政治革命を成功に導いたこともあって、それ以降は、先進国・後進国のいかんを問わず、社会主義・共産主義革命政党ばかりか、「反革命」の「ファシズム」政党や、宗教的組織などでも、広く一般的に採用されることとなった。

これは、人々が歴史的前提として棲息する当該社会を、そのまま遵守し保存するのではなく、革命的ないし改革的に変革しようとした場合、いわば〈下からの革命方式〉として、このレーニン的党組織論が、採用されたことを意味している。ここに〈下からの〉というのは、当該社会の革命主体として、一般大衆の強力な政治的組織化という方式をとる、ことによる。もちろんこれとはぎゃくに、国家権力の中枢部や公的強力機関［軍隊・治安・諜報など］もふくむ、特殊的機関を当該社会変革の政治主体とする場合には、〈上からの（反）革命方式〉と呼ぶことができる。

要するにレーニン的党組織論は、革命的な政治的理念や思想にもとづいて結集した諸個人が、一般大衆を当該社会根本的改造の革命主体へと組織し、作り替えるのに最適かつ有効な運動・組織論として、一般的に承認され受容されてきたのである。もちろんこれは、革命的・少数者による一般大衆への、強力な政治的・思想的支配と組織化でもある。しかも、レーニン自身は、この党組織論を、プロレタリア政治革命［政治権力奪取］に必要不可欠の、革命的運動・組織論として提起した。しかしそれは、権力奪取後も、〈社会主義・社会革命〉にむけた、プロレタリア独裁の革命的国家権力構成と、その〈専制的〉国家運営において、きわめて強力にして有効な政治的手段として、作動しつづけた。

そこで、このレーニン党組織論について、ごく簡単にでも、とりあげておこう。それは、大きくみて三つの論点から成り立っている。第一は、卓越した革命的思想・理論としてのマルクス主義に立脚していること。第二は、労働者階級が、日々の雇主との闘争や、それを背後で支えている政府・国家との闘争をつうじて、経験的・自然成長的に感得できる政治的意識は、決して真に階級的な政治的意識ではない。つまり労働者階級は、その解放闘争のもつ世界史的意義を、まったくの独力で感得することはできない。それゆえ、資本家［ブルジョアジー］と国家［ツァーリ専制］の専制支配を根こそぎにする、〈プロレタリア独裁と社会主義革命〉にむけた、プロレタリアートによる権力奪取は、とくに労働者大衆の自然発生的な闘争に対して、マルクス主義にもとづく不断の政治思想教育をつうじた、革命的な指導と組織化によってのみ、可能になる。

そして、労働者に真の階級的な政治的意識を感得させる、政治的実物教育には、政府・警察・軍隊や資本家・地主による専制的支配の、日々具体的なあらわれへの、全面的な政治的暴露にもとづく、政治的煽動の組織化こそが、その中心的な活動となる。マルクス主義者は、政治的暴露と政治的煽動による、労働者大衆への全面的な政治教育のため、政府・警察・軍隊や資本家・地主の専制と圧制と、それへの人民大衆の反抗・闘争（運動）のある、すべての分野と方面、つまりすべての階級のなかに、入っていかねばならない。そしてこの、〈全面的な政治的暴露にもとづく政治的煽動の組織化〉を直接担うのが、「全国的政治新聞」である。

［補註］

「新聞」が大衆への政治的扇動・宣伝手段として果たす、きわめて強力な役割に最初に気づいたのは、近代イギリスの代表的な保守的知性として知られるE・バークかもしれない。彼は、フランス大革命のただなかで、つぎのような鋭い観察を提示している。

「今後このフランスの改宗勧誘の精神がいかなる方向を選び、そしてヨーロッパの各地でいかなる身分層に浸透するに至るかを予想することは、必ずしも容易ではない。主としてこの種子はほとんどすべての地域で、これまでとは格段に異なった広範囲の影響力を持つに至った新聞の流通によって蒔かれる。実際にこれらは、普通に想像される以上に遥かに強力な手段である。新聞はすべての人間の読物の一部であり、遥かに大勢の人間にとってはその唯一の読物である。新聞は現在パリだけで三〇紙もある。…なるほどこれらの新聞の筆者は大部分が無名であるか世間で軽んぜられている。しかし彼らの存在は、その一つ一つの弾丸の発射には見るべき効果がないが、その連続的な反復が決定的な結果を生む砲撃に似ている。ためしにわれわれは或る特定の人間が自分の話を朝に晩に反復して語るまま放任しておくならば、一年と経たないうちに彼はわれわれの主人になるだろう」［「フランスの国情についての考察」中野編訳『バーク政治経済論集』所収、法政大学出版局、七〇三頁］。

かくて、マルクス主義・革命家は、あらゆる産業分野とすべての被抑圧諸階級のなかで、全面的な政治的暴露・煽動活動の組織的展開をつうじて、大都市部での経済闘争から、特定の諸分野や地方での、個々の小さな抵抗闘争にいたる、闘争と変革の流れすべてを、プロレタリア政治革命へと収斂さるべき、全国的な政治的闘争へ統一的に合流させねばならない。この意味で革命家の党組織は、労働運動を中心としたあらゆる大衆闘争への、政治的指揮・指導部隊としての、〈前衛党〉でなければならない。そして、革命家の党組織が、全面的な政治的暴露・煽動の政治教育をつうじて、労働組合をはじめとする多種多様な大衆闘争組織を、その政治的指揮下においたとき、労働者階級は真に政治的な階級意識をもった、強力な政治革命主体として自らを構成する。

第三に、〈前衛党〉としての革命家の党組織には、あらゆる産業的諸分野と人民諸階級のなかに潜入し、展開したその構成員を、つねに強力に指揮・統制し、日々の活動においても、来るべき政治的決戦においても、一糸乱れず統一的な組織活動が、必要不可欠となる。もとより、いかなる政治・経済体制の下でも、政治権力奪取は、もっとも重大な国家反逆罪である。そこで、この革命政党の直接組織的構成は、組織的意志決定における、〈高度の機密性・迅速性・機動性・計画性〉などの絶対的な必要性から、〈専制的〉に一元化された、中央集権的形態をとらざるをえない。

レーニン自身は、ロシアの革命政党が、「完全な公開性と選挙制」という「民主主義」を採用できない理由を、もっぱらツァーリ専制下である点にもとめている。しかし問題は、この種の「民主主義」の有無いかんではなく、〈専制的〉組織構成の必然性が、ときどきの政治形態のいかんとはべつに、要請される点にある。この意味で、レーニンが後進国ロシアにそくして提起した、革命政党の〈専制的〉組織構成理論は、普遍的一般性をもっている。

こうしてレーニン的党組織は、革命的変革思想の専門家・練達者によって〈専制的〉に構成され、その革命戦士は、あらゆる産業的諸分野と人民諸階級・階層のなかに、バチルスのように潜入し、たえざる政治思想教育による積極的な部分の獲得をつうじて、これらの大衆的（闘争）組織を、実質的な政治的（指揮）傘下におこうというものである。よく知られているようにヒットラーは、主にドイツ社会民主党の組織的煽動・宣伝活動をみて、このレーニン的党組織・運動方式をそっくり受容した。また、戦後日本の新興宗教組織では、主に共産党離脱者によって、組織的構成と活動が展開された。

そして最後に、忘れてならないことは、ロシアをはじめプロレタリア政治革命に成功した諸国では、このレーニン的党組織が、「社会主義」専制国家の中枢へと転成して、かつてない純粋な〈専制的〉統治階級として君臨しつづけた。というのも、革命的国家権力の直接的な母胎が、武装蜂起した革命的大衆の労働者・兵士［軍服を着た農民］ソヴェトであれ、パルチザン武装組織やゲリラ部隊であれ、プロレタリア政治革命の成功は、レーニン的党組織による、これら大衆闘争組織［大衆的政治権力］への、政治的支配権の確立によってのみ、可能になった。

それゆえ、「社会主義」建設をめざしたプロレタリア独裁への移行にともない、あらゆる諸階級・階層また諸組織・諸個人への、〈専制的〉国家支配と組織化という形式の下で、軍隊・治安・諜報機関をもふくめた、すべての国家的諸機関と諸組織に対する、レーニン的党組織の専制的支配権が、確立されていく。それだけではない！　このレーニン的党組織は、専制的国家権力のすべての構成諸機関と、社会［的諸組織・諸個人］全体のすみずみまで、張り巡らされることによって、〈世界史〉上かつて存在したことのない、強力無比の〈監視・脅迫・密偵〉組織としても、作動しつづける。もちろんそれは、各種の経済的自由化政策の導入にともなう、「社会主義」経済体制の弛緩や社会的動揺と混乱にさいして、〈専制的〉国家体制を維持し遵守するのに、きわめて強力な役割を果たしている。

［補註］

レーニンの党組織論については、とくに『何をなすべきか？』（国民文庫）・『共産主義「左翼」小児病』［同前］を参照のこと。また、この項全体の議論については、第5節第2項および補論第二篇第5章を参照されたい。

2　いわゆる〈敗ける戦争〉の決断について

政治的世界では、すべての組織的権力が、いつかは戦国的覇者としての君臨を遠く夢見ながら、つねに〈その組織的強大化と敵の分裂・弱体化〉のための、多様な方策を駆使してしのぎを削っている。それゆえ、〈自己の組織的解体や弱体化と敵の強大化〉をもたらすことは、決してしてはならない。そしてここから、〈敗ける、あるいは敗けるとわかっているような戦争は、決して行なってはならない〉、という鉄則が出てくる。

これは、〈敵〉がきわめて強大で強力であるあいだは、少なくとも自己の組織的存亡をかけた一大決戦を回避することに、全力をあげねばならない、ということでもある。そのためには、〈敵〉の側からの種々の挑発に乗ることなく、短期的には〈敵〉を利するような、〈妥協〉や〈協調〉さえ、真剣に考慮しなければならない。つまり政治的支配者は、最後に笑う者こそよく笑うことを信じて、ときにはどんなに屈辱的と思える講和や同盟でも締結し、必要とあらば大きく回り道をしたり、退却できるだけの勇気と決断力を、もっていなければならない。

今川義元の死によって、その隷属下から脱した若き徳川家康は、隣国織田信長と臣従同然の同盟を締結せざるをえなかった。しかし、大敵義元を仕留めて意気盛んな信長も、甲斐武田信玄にだけは、とうてい太刀打ちできない強敵と考えて、最後の最後まで、卑屈きわまりない〈ご機嫌伺い〉外交に終始した。信玄が、〈おのれ、この俺としたことが、まんまと一杯喰わされた〉と気づいたときには、すでに死がそこまでやってきていた。

しかし、すべての物事には、〈例外〉がある。この場合の〈例外〉とは、政治的覇者へと邁進している者といえども、ときには〈敗けるとわかっている戦争〉の決断を、しなければならないことである。かのマキャベリは、いかにも経験論者らしく、個々の戦闘にそくして、〈勝利が確実であるか、やむをえない場合以外には、絶対に戦闘に突入してはならない〉と強調した。

曰く、――「第一に指揮官たるものは、もし［戦局が］有利でない限り、あるいはどうしても戦わねばならぬ破目にあるのでなければ、決して戦闘に突入してはならぬ。その優位に立つこと［の根本］は、地形、隊形、兵員数、あるいは質的に勝った部下を率いているかどうかにかかっている」［服部他訳『戦争の技術』『マキァヴェッリ全集二』所収、筑摩書房、一九一～二頁］。

そして、このやむをえない場合とは、食糧・軍資金などが底を突いたり、敵の軍勢がにわかに増強されたときなど、とされた。――「やむをえぬ事態とは、君が戦わなければ、どうしても負けてしまうとわかっている時だ。たとえば、軍資金が底をついて、そのために君の軍隊がまぎれもなく解体する場合である。また糧秣不足に見舞われる場合も同じ。さらには、敵が新しい兵員［の投入］でふくれあがった時も、そうだ。／以上のような場合には、不利だとは知りつつも、常に戦いを挑まなければならぬ」［同前、一九二頁］。

要するに、〈敗けるとわかっている戦争〉の決断が許されるのは、自己の組織的解体が不可避の場合だけである。つまり自己の組織的消滅が避けられないといった、特殊な危機的事態においては、〈一か八か腹を決めて戦うほかない〉。この意味でそれは、いわば最後の、そして〈例外的〉な決断といえる。この点で、徳川家康が武田信玄に正面から挑んだ三方ヶ原の合戦は、大いに参考になる。当時の家康は、病を押して上洛をめざして南下した信玄の大軍（三万弱）に、はるかに劣る軍勢（一万強）で正面からぶつかった。

相手は、軍神・上杉謙信と並ぶ希代の名将・信玄に率いられた、百戦無敗の甲州騎馬軍団で、三倍の兵力である。しかも信玄は、上洛途上に遠江・三河の徳川領を、通過するだけのことでもあった。そこで、家康の重臣・宿将のすべては、浜松城篭城による不戦、つまりは信玄軍通過の黙許を主張した。しかし、日頃は重臣たちの主張や提案をよく聞き、それを実質的に裁可し承認する青年武将・家康も、このときばかりは、どういうわけか、その首を縦に振らなかった。そして、主人同然の同盟者信長に、援軍を強く要請するとともに、断固として正面決戦の下知を下した。

これは、戦下手でもっぱら陰湿・狡智な権謀術数にのみ長けた、タヌキ親爺という通俗化された家康像からすれば、信じられない暴挙か狂気の沙汰かもしれない。しかしながら、戦国政治世界で武家棟梁が把持すべき、〈政治倫理〉という規範論的な観点からすれば、たとえ敗けるとわかっていても、自己の政治的生存、つまり徳川家臣団の維持のためには、決して回避できない合戦であった。というのも当時の家康は、義元戦死直後今川家の衰亡を見越して、信長との臣従同然の同盟により、西方の脅威をのぞき、たえず北方と東方に眼をくばりながら、ようやく三河に遠江の半分をくわえた領国経営に、乗りださんとしていた。

その彼にとって、信玄の軍勢の白昼堂々たる領国通過を黙許することは、苦心惨憺して統一した、多分に戦国豪族的臣従関係の強い三河家臣団、さらにはいずれ併呑し吸収したい近隣の諸豪族に対する、一国の武家棟梁としての権威が、地に落ちることを意味していた。たとえ相手が神将・不敗の信玄といっても、敵に領国を自在に蹂躙されて一矢も報いずとあっては、そのときはともかく、やがて〝頼むに足りず〟として、遁走ないし寝返る者が、家臣団のなかからさえ続出することは、眼に見えている。

かくて家康は、ここで戦わないことは、自己の政治的死つまり徳川家臣団の実質的な崩壊につながると考えて、一見無謀な戦いを挑んだ。そして、予想どおりの惨敗にもかかわらず、武家棟梁としての面目を保ち、かつ信玄をして〝海道一の弓取り〟と称賛せしめた。この武家棟梁として最高の栄誉ある称賛は、精強をもって鳴った徳川軍団の中枢、石川数正と後の徳川四天王らの侍大将が、そっくり無傷だった幸運とともに、以後における戦力の早期の回復と家康の領国経営を確固たらしめたのである。

マキャベリは、『君主論』〔池田訳『マキァヴェッリ全集一』所収、筑摩書房〕のなかで、〈君主は、人々からの憎悪と軽蔑を受けてはならない〉と強調したが、この意味からすると家康は、とくに臣下をもふくめた豪族たちからの〈軽蔑・侮蔑〉の回避を、第一に重視したといえる。

3　いわゆる「中間派」と「中立政策」について

つぎに、政治的世界における、〈中立的〉・〈中間的〉存在についても、簡単にふれておこう。とくに「中間派」は、一定の政治的世界の枠組みや同一の政治組織的枠組みにおいて、多数の政治的諸組織・諸党派が、大きく二極化された場合に、そのいずれにもぞくさない、単一ないし複数の組織・党派に対して、つけられた呼称である。もちろん、この二大勢力への諸組織の統合と組織化は、ときどきの諸組織の合従連衡による、まったくの一時的なものであったり、単一の強大な統一的組織化であったりする。しかし、そのいずれの場合でも、この、いわゆる中立的・中間的存在、あるいは「中立政策」を採用する政治組織は、とくに戦国政治的世界において、大きな役割をはたす。

現実の政治的諸関係から離れて、純粋に論理的に考えると、戦国政治的世界において「中立政策」を採用することは、きわめて有効な政略であるかにみえる。なぜならそれは、自らはまったくの無傷のまま、いわばいながらにして、敵対諸組織がその存亡興廃と、共倒れの危険をはらんだ消耗戦をくり返すことによって、その勢力を大きく衰退させるかに、思われるからである。しかし現実に、それが有効性を発揮するには、一定の条件がある。

その一は、対峙する列強のいくつかが、浅薄な考えから潰し合いの戦闘に突入した場合である。他の一は、一強多弱状態の下で、弱小組織同士の軋轢が、殺し合いの戦闘へと移行した場合の一強は、これを懐手して傍観できる。いずれの場合でも、対峙と戦闘の規模は、当該政治的世界において、きわめて部分的にして限定的である。したがってこの場合、この抗争と戦闘に参加・加担せず、まったくの傍観者に終始することは、わざわざ「中立政策」というほどのものではない。この種の傍観策は、むしろ一般的な常套手段だからである。

しかしそれが、とくに「中立政策」として問題になるのは、戦国政治的世界が、ときどきの戦闘ごとの瞬間的・一時的なものであれ、より長期的・安定的な統一組織的なものであれ、二大勢力の対峙・抗争へと二極化して、その戦闘の帰趨が、それまでの列強相互の勢力バランスを、大きく変動させる性格をもった場合である。この状況下で、二大勢力のいずれに加担しようかと迷っている組織の存在は、きわめて重い。というのも、一般に当該組織が、そのいずれに加担するかによって、この戦闘の帰趨が決せられるか、その可能性がはなはだ高い、からである。

そこで問題は、当該組織がこの状況下で、「中立政策」を採用することの是非にある。結論からいうと、当該組織がその存続と発展を願うかぎり、二大勢力のいずれが優勢であるかを、とくに軍事力・組織的統一性・経済力などにそくして冷静に分析し、自己の加担によって勝利が確実な方に、断固として参加すべきである。ここで「中立政策」を採用することは、二大勢力の勝敗の帰趨いかんとはかかわりなく、まちがいなく自己の政治的死につながる、組織的衰退と解体を招こう。

というのも、当該政治的世界に棲息する、ほとんどすべての諸組織が、二大勢力に参集した状況下で、「中立政策」を採用すれば、勝者・敗者のいずれからも、〈軽蔑〉され〈憎悪〉される。つまり勝者は、当該組織の臆病と優柔不断と卑怯と狡猾を軽蔑し侮り、いつでも攻め滅ぼせるという確信をもつ。そして敗者は、失ったものが多ければ多いほど、当該組織を軽蔑する以上に、骨の髄まで恨み憎悪し、近い将来必ず復讐してやると誓う。自己以外のすべての諸組織から、〈軽蔑〉と〈憎悪〉の両方を一身に受ければ、いつでも誰からも口実をつけられて、攻撃され、とても政治的世界で生存していくことはできない。

つぎに、この「中間派」を、同一の政治組織的枠組みにそくして、みておこう。この場合「中間派」は、単純に規模だけみると、二大勢力・党派〔グループ〕よりも、はるかに大きい場合が少なくない。それだけに、二大勢力が拮抗し、有能な指導者が存在した場合には、第三者的立場から両者の間を調停するなどして、ときに「中央派」を名乗り、一時的に政治的主導性を発揮することさえ少なくない。ソ連邦共産党書記長ゴルバチョフが、「急進的改革派」と「保守派」を巧みに噛み合わせて、一定期間政治的主導性を掌握したのは、その典型である〔この点くわしくは、補論第二篇第5章参照〕。

しかし、「中間派」は、二大勢力が明瞭な組織的・党派的構成の原理と、意志・利害・出身母胎などにおける共通性をもっているのに対して、その種の独自性をもたない場合が、ほとんどである。つまりそれは、二大勢力のいずれにもぞくしたくないという意味での、ごく消極的な共通性において、一時的・便宜的に結集した性格が強い。そしてここに、両者からつねに「日和見」派といってバカにされ、いざ両派の激突と決戦においては、きまって両者の草刈り場となって、雲散霧消してしまう根拠もある。

4　補足――〈両雄並び立たず〉・〈雪崩現象〉について

いつでもどこでもくり返される、〔政治的〕権力闘争にそくして、〈両雄並び立たず〉という経験法則がある。もちろんこれは、とくに政治的・国家的権力の覇権と意志決定権をめぐって、併存・対峙する二人の政治的指導者〔支配者〕が、結局は雌雄を決せざるをえないという意味である。典型的な事例としては、ローマ共和制末期の第一次三頭政治におけるシーザーとポンペイウス、第二次三頭政治におけるオクタヴィアヌスとアントニウスや、フランス大革命期のロベスピエールとダントン、わが国でいえば、維新政治革命によって成立した、太政官専制政府における木戸孝允と大久保利通、近くはインドネシア革命における、軍部実力者ナチスオンとスハルトなどが、思い浮かぶ。しかしたとえば、源頼朝と、その麾下にありほとんど手兵をもたなかった、弟の義経などは、それに該当しない。

この〈両雄並び立たず〉といわれる事態のもつ、権力論的な意味は、組織的意志決定権が、結局のところ、特定個人に収斂されざるをえなかったことを、示している。すでに明らかにしておいたように、とくに迅速かつ機動的な実践性の強い社会的権力の場合、その規模の大小や根本目的のいかんとはべつに、とくに組織の存立と興廃に直接かかわりかねない、緊急事態への対応は、特定個人への意志決定権の集中によってのみ、実現できるからである。

このような法則的な強制は、たんに組織・制度としての〈専制的〉権力構成を要求し、また必然化しただけではない。たとえば近代天皇制国家のように、〈親裁〉が形式化し名目化しているところでは、実質的な意味での、意志決定権の一元的な集中を要請し、それができない場合には、何人かの有力者が不和・抗争をくり返す、実質的な多元的分解を産み落とすほかなかった。

また、同じくよくいわれてきた〈政治の経験法則〉の一つに、〈政治における雪崩現象〉の問題がある。規模の大小を問わず、政治的な世界において〈雪崩現象〉が発生する根拠はいったいどこにあろうか？　それは、政治的世界に生息する大小すべての組織指導層が、自己と組織全体の命運をかけた選択を、強制される点にある。

しかもこの命懸けの選択は、レストランでのメニューの選択とはちがって、選択肢自体がほんのいくつかに、限定されている。いわば戦国的覇者としての有資格者数人に、選択肢が大きく限定されたところで、たった一人の最高指導者［とその組織］を、選択しなければならない。したがって、この種の政治的な選択と決断は、相対的によりましな、あるいは〝究極の選択〟に近いことに、注目すべきなのである。

もちろん、ごく例外的には、楠木正成や新田義貞のように、自己とその組織［一族］全体の壮絶な〈死〉と引き替えに、〈忠臣〉としてその名を歴史に残そうという、純粋に〈観念的な利害〉の方を選択する者が、ないわけではない。しかし、まず十中八九の誰もが、〈己れの秘かな野心と組織［一族］のために、何としても勝ち馬に乗らなければならない、まちがっても負け戦をするような選択をしてはならない〉、というように考える。

その結果、選択肢がほんのいくつかにかぎられているだけに、どうしても総合的にみて、少しでも優勢と思われる方に加担しようとする。その当然の結果として、ほとんどの諸個人と諸組織が、まったく同一の特定個人［としての組織的指導者］を、選択することになる。かくて、政治的世界でよくみられる〈雪崩現象〉は、この意味での、諸個人と諸組織による同一選択の不可避性の結果といってよい。

これを要するに、〈政治の経験法則〉として知られる、〈両雄並び立たず〉にしても、また〈政治における雪崩現象〉にしても、その根底には、〈統一的な組織と秩序〉を可能にする〈専制的〉権力構成、とりもなおさず〈専制的〉意志決定形態への、たえざる法則的な必然性が、強く作用しているといえよう。それゆえにこそつねに、群雄相争うなかから実質的であれ、形式的・名目的であれ、戦国的覇者が躍り出て、統一的政治秩序にむかっての胎動が、開始されることになる。

（3）専制的支配者の存立と命運に関わる諸法則

1　専制的支配者成立の諸条件

A　直属的側近・親衛隊の育成と創設

組織的指導者が専制的支配者として独立化し、強大化していくには、一定の諸条件がある。まず一般的かつ根本的には、当該組織的諸活動の成功裏の遂行による、その飛躍的な発展が前提であり、より直接的には、それを可能にした組織的指導者の、専制的独立化にむかっての、巧みな手段と方策が必要かつ必然とされることにある。この巧みな手段と方策とは、大きくみて二つあり、その第一は、組織的・制度的なものであり、第二は、純粋に観念的なものである。

第一の組織的・制度的な手段・方策とは、組織的指導者に直属する側近層の形成であり、とくに政治的組織の場合には、さらに武装部隊［親衛隊］と情報・密偵組織の設置がくわわる。この手段と方策の必要と有効性は、組織的規模の大小のいかんとはまったくかかわりない。つまりそれは、まったくの無一物から組織を興した場合も、巨大組織の支配者へと選任された場合も、中小の組織を継承した場合も、たんなる組織的指導者が〈専制的〉支配者へと転成するには、必要不可欠の方策といってよい。

因みに組織的創業者の場合、その出発点での指揮権は、多分に形式的・名目的なものであるから、その組織的発展と肥大化にともない、同僚・同輩たちもまた大幹部へと転成し、彼らが〈専制的〉独立化にとっての、最大の障害物としてあらわれる［補註］。また、創業者によって確立された〈専制的〉支配権を継承する者の場合には、先代に随身していた重臣・番頭などの大幹部の存在が、危険で厄介な障害物である。いずれの場合でも、これらの大幹部を屈伏ないし駆逐・排除して、〈専制的〉支配権を確立するには、意のままに駆使できる、忠誠心が旺盛で有能な側近層を、育成しなければならない。

［補註］
　特定の研究者が、学派を率いる学的権威として確立しようというときにも、最大の阻止要因として立ちふさがるのは、とくに年齢的な格差が少ない同僚・同輩たちである。それが成功するのは、きまって若い有能な研究者が、彼の周囲に参集したときだけである

これが、〈部族国家〉段階から〈王国〉さらには〈帝国〉段階へと、飛躍的に上昇した場合には、〈部族制民主主義〉による根本的掣肘下におかれていた王権は、その〈専制的〉独立化の強力手段として、支配共同体中枢の有力者を駆逐・排除し、征服・従属民族から抜擢した忠実・有能な側近・親衛部隊を、新に設置し育成した。かのアレキサンダー大王は、その典型といってよい［拙著『国家の本質と起源』（勁草書房）第二部第二章参照］。また、

わが国屈指の戦国大名へと伸し上がった武田信玄は、身分の上下いかんを問わず、忠実・有能な特殊的技術者をときには武士以外の百姓などからも、思い切って抜擢し重用し、重臣層の中核だった名門武将を駆逐・排除した。東急コンツェルン総帥の地位を五島慶太から継承した息子・昇は、偉大な親父の番頭たちが、〈親父の子分であってオレの子分ではない〉ことを思い知らされて、もっぱら〈自分の子分〉の育成にこれ努めた。

数十人規模の小企業や十人前後の零細企業でも、これとよく似た事例なら、どこにでもころがっている。つまり、親父の後を継いだバカ息子が、古参社員を極力斥けて、無能なイエス・マンばかり重用するといった事例である。しかしこれは、必ずしも無能な支配者ほど実力ある者を恐れて、これを敬遠するということではない。というのも、一代で巨大組織を築き上げた〈専制的〉支配者こそ、つねに組織的傘下の実力者の動向に、それこそ病的といえるほどの警戒心をもっている。それは、〈自分に取って代りかねない〉という単純な理由からである。ただ、同じく無能なイエス・マンに囲まれていても、後者の場合には、〈専制的〉支配者自身がズバぬけて優秀・有能であるから、問題はない。しかし前者の場合には、当該組織の維持・発展を可能にする、合理的な意志決定ができない。そこで、まちがいなく業績は悪化し、倒産はさけられない。

B　組織的指導者への観念的な神格化

第二の純粋に観念的な手段・方策とは、組織的指導者に対する組織内外、とりわけ彼と直接接していない外部的・従属的な大衆からの、神格化である。この問題については、とくに三つの点に注目しなければならない。その一は、それが、自然的諸力に対してではなく、社会的諸力として強力な発展をとげた、政治的・経済的・社会的組織［的権力］に対する、観念的な神格化を呼び起こし、組織化するための手段・方策だという点である。

それゆえ、その二として、この種の手段・方策が有効性をもつためには、組織内外の多数の人々からの観念的な神格化を可能にするほどに、当該組織［的権力］が、社会的権力として肥大し発展していなくてはならない。

組織的支配者に対する観念的な神格化のいかんは、多くの人々を現実に従属させ隷属させている、当該組織［的権力］の社会的権力としての支配力のいかんに、大きく基礎づけられている。前者は、後者に対する人々の驚異と賛嘆が、空想的に神秘化されたもの、にほかならない。

というのも、彼はこの巨大組織を自在に駆使し操縦することによって、誰もが驚かざるを得ないような顕著な成果を、現実に実現し獲得する。因みに、国家や軍事的組織による外戦での相次ぐ勝利と征服は、戦闘を直接勝利に導いた、特定の軍事的指導者を、一躍軍事英雄として神格化する。このような神格化は、軍事的な勝利と征服が、国民や組織構成員に対して、一方、おびただしい戦利品という形をとった物質的利害、他方、〈勝利者としての名誉と栄光〉という、何物にもかえがたい、観念的な満足感［これは純粋に観念的な利害である］を、同時にもたらす。

それゆえこれは、巨大組織が現実的にもつ、巨大な社会的なパワーに対する、個々には無力きわまりない諸個人の側からの、いわば不可避的ともいえる観念的な神格化の問題といえる。そこでは、一元的に集権化された巨大組織への観念的な神格化が、直接には巨大組織を自在に指揮・主導する、専制的支配者個人への観念的な神格化という形をとって、収斂され現出したことを意味している。もちろん、このような専制的支配者への観念的な神格化が、歴史発生的には自然的諸力への観念的神格化に発した、宗教的観念によって直接先導され、規定された形であらわれることも、決して少なくない。

［補註］

この問題については、たとえばアメリカ機能主義政治学派の総帥C・メリアムが、何よりも被治者に半ば先天的に内在する服従心理として、「信仰せらるべきさまざまなもの」としての「クレデンダ」と、「賛嘆せられるべきさまざまなもの」としての「ミランダ」の問題として、とりあげた。そして、その門下であるラスウェルにも、「人間は生れながら権力への傾斜をもつにしても、権力を怖れるものである。権威的役割を演ずることにたいする無意識の恐怖こそ、人間にひそむ最も重大な力動的性向である」［永井訳『権力と人格』、河出書房、二七五頁］という指摘がある。また、彼らの教祖的存在として知られるD・ヒュームは、主に古代オリエントを中心とした、〈アジア的〉デスポティズムを念頭におきながら、つぎのような見地を提出している。

「…あらためて指摘するまでもなく、一人支配者にたいする例の迷信的な崇拝の感情が存在します。この感情はひとびとが当の一人支配者をしばしば目のあたりにするということがなく、したがって、一人支配者のさまざまの弱点を直接はっきりと看て取るようになるほど、ひとびとの大半が彼を親しく知るということがない場合、人間誰しもが自然と抱くようになる感情です」［小松訳『市民の国について（下）』、岩波文庫、一三二頁］。

しかしこの種の、たんなる事実的な指摘や表面的な解釈を提出しても、問題の解決にはならない。なぜなら、被治者による特定の専制的支配者への観念的な神格化は、純粋個人の内面に、先天的に存在するものでもなければ、権力者の側からの一方的な教化政策の展開によって、たちまち可能となるものでもない。それは、あくまで歴史的に形成された観念的な所産であり、しかるがゆえにそれは、特定の歴史的・社会的諸条件の下でのみ、必然化されたものだからである。

この意味で、この種の観念的な神格化は、当該組織的発展と強大化にともない、いわば自然発生的に必然化され、多くの場合、組織内部よりも、むしろ組織的傘下に包摂された、新たな従属的諸組織や諸個人から巻き起こってくる。その典型は、マケドニアのアレクサンダー大王やローマ皇帝の場合である。［たとえば、A・ウェイゴール『アレキサンダー大王』角川文庫、井上智勇『初期キリスト教とローマ帝国』、創文社など参照。］その直接の理由は、組織指導者の実相を熟知している当該組織内部の諸個人よりも、まったく知らない外部的諸組織や諸個人の方が、より空想的な神秘化に適している点にある［補註］。しかし根本の理由は、当該組織的傘下に包摂されざるをえなかった、従属的諸組織や諸個人の、何としても生き延びようとする、たくましい現世的な生命力にある。

［補註］

学的世界でも、ズバぬけた才能と業績を遺した研究者が、生存中にはさして評価されず、死後かなりたってから、大きく、ときに過大といえるほど評価されるといった事態が、しばしばある。もちろんこれには、時代的世界の推移と変化にともなう、〈思想的〉要因がからんでいる場合も少なくないが、たいていは研究者の特異な性格が、大きく作用している。

これは、学的技量の修練と獲得に生涯専心したことからくる、人物狷介・社交性の欠如といった、いわゆる人格上の欠陥である。しかしその死後、それを知る関係者もまたことごとく鬼籍に入れば、後世の学者によって、学的業績だけが純粋にとりあげられ、検討される。そして彼らは一様に、いったいこれほどの才能と業績が、なにゆえこれまで正当に評価されなかったのかと、首を傾げることになる。

それゆえ、その三として、この種の手段・方策は、第一の手段・方策とはちがって、それ自体が独自的な能動性をもたない。こうして彼は、もともとは、たんに指導者代表、同輩者のなかの第一人者にすぎなかった。その彼が、右の手に直属的・側近と親衛隊という大剣をもち、左の手に外部的・従属的な大衆からの神格化という扇をもって、自己を、支配層全体に対しても強度の独立性をもった、〈専制的〉支配者へと転成させるのである。そこでつぎに、〈専制的〉組織体制が完成され、組織的指導者から転成した〈専制的〉支配者の、存立と命運にかかわる諸法則をとりあげることにしたい。

2　専制的支配者存立の諸条件

A　専制的支配者の二種類

専制的支配者、正確には〈専制的〉体制下における支配者といっても、〈親裁〉体制と〈寡頭専制〉とでは、その直接的生存条件自体が、大きく異なっている。〈寡頭専制〉下における上級幹部層は、傘下の諸部門・諸機関を束ねる、半ば独立的な権力分掌者であって、むしろ最高幹部層といってよかろう。

これにひきかえ〈親裁〉体制下では、日々発せられる最高支配者の意志（命令）が、最高の組織的規範として君臨している。したがってそこでの上級幹部層は、形式上諸部門・諸機関を束ねてはいても、こと最高権力者との関係にかぎっていえば、いつクビを切られたり左遷されたりするかわからない、憐れな奴隷的使用人に近い存在といってよい。

〈寡頭専制〉下では、諸部門・諸機関を束ねる、幾人かの有力な上級幹部の〈共同支配〉が、ほとんどの場合、〈合議制〉的意志決定形態によって実現されている。もちろんときどきの意志決定では、ときに激しく角突き合わせた対立と抗争が、くり広げられる。しかし全体としては、妥協と協調をふくみながら、小さな合従連衡のなかでの、相互的な力関係のいかんによって、ときどきの決着がつけられている。したがって、そこでの権力者の栄華盛衰を直接決定づけるのは、組織指導者としての実績、とりもなおさず組織的意志決定の成功・失敗のいかんが、〈大義名分〉となっている。権力者の変化と交替が、極度に長期化しない範囲内でみられるゆえんでもある。

それでは〈親裁〉体制下の場合にはどうか？　ただ一口に〈親裁〉体制といっても、じつは歴史形成論的にみて、二つの形態がある。一つは、〈寡頭専制〉下で形式的な首位に躍り出た者が、〈親裁〉体制への急激な組織的転換、つまりはデスポティックな一元的集権化に成功した場合である。もう一つは、ほとんど徒手空拳に近い状態から出発した、まったくの叩きあげで、小組織さらには奇跡とも思える、巨大組織への飛躍的な発展にともない、〈親裁〉体制を確立した場合である。

まず前者の場合、〈親裁〉体制への急激な転換自体、有力なライバルとの苛烈な権力闘争を、何よりも有無をいわさない実績と、巧妙な術策を駆使して勝ちぬき、自分だけに忠実な直属側近層を育成することによって、可能になったものである。したがって、無能なイエス・マンの提言を真に受けて、業績が極度に悪化すれば、〝なぜだ！〟と絶句した三越の岡田茂のように、忠実だけがとりえだった、側近幹部達の裏切りによって、あっさりと解任されかねない。

これにひきかえ、後者の叩き上げ型の〈親裁〉体制の場合には、専制的支配者自体が、のしあがる過程で多種多様な技能を身につけ、あらゆる種類の能力を開発し、把持している。いわば総合的な意味での、実力者であるだけに、健在なうちは、まず絶対に転覆され難い。それどころか問題は、たとえボケて意志決定上の判断に、少なからぬ狂いが生じ、ときには巨大組織全体に、堪え難いほどの苦痛を与える、それこそ有害無益の存在に転化してしまっても、内部的には、なかなか彼を追放できない点にある。

これは、国家権力においてもっと大規模な、それゆえより拡大された形であらわれる。というのも、国家権力は組織的・制度的に、それゆえ内部構造的にもっとも発展した社会的権力であり、政治的権力にほかならないからである。とくに叩きあげの専制的支配者が君臨する〈親裁〉体制下では、敵対的な政治組織をすべて解体し一掃したうえで、あらゆる諸階級・階層の政治組織を直接支配し包摂した、一元的な政治体制をつくりあげている。そこで、ひとたび成立すると、内部的にはまったくの〈敵なし状態〉になってしまうことに、留意しなければならない。

まず、典型的な〈親裁〉形態の専制国家である、〈アジア的〉国家の場合はどうか？　そこでは、何といっても社会・経済的な基底において、未だ国民的ないし統一社会的連関が歴史的に形成されていない。実質的には割拠的独立性の強い、〈村落—地域的〉社会体制下におかれている。各級地方的官衙は、形式制度的にはデスポット［帝権］直属機関という形をとって全土に配置されていた。しかしそれらは、政治的・社会的な条件次第で、在地的有力者層と結合して、直接に地域的統治権力として独立化しかねない、一般的な傾向性をもっていた。

もちろん、〈近代〉以降に登場した専制国家の場合には、その歴史的な存立条件が根本的にちがう。第一および第二帝政のボナパルチズムにしろ、また二〇世紀に入ってからのナチ・ドイツや、戦前・戦中のわが近代天皇制国家にしても、政治的な独立性と経済的な自足性とをかね備えた、地域的社会のラフなモザイク的連関ではなく、統一的かつ有機的な国民的社会を、その現実的な基礎としているからである。しかしそれにもかかわらず、こと専制国家崩壊の直接的条件が、何よりも巨大にして強力無比の、中央集権的な軍事・官僚機構それ自体の直接的壊滅と解体を必然化する、〈外戦での決定的な敗北〉という点では、まったく変わりがない。

それでは、叩き上げのワンマンが君臨する〈親裁〉体制はひとたび成立すると、なぜよほどのことがあっても、なかなかこれを内部的に打倒し、転覆しにくいのであろうか？　その理由は二つある。一つは、一元的に集権化された〈親裁〉体制に特有の、組織的・制度的構成の問題であり、いま一つは、専制的支配者に対する内外諸個人の、観念的神格化の問題である。この点については、つぎに項をあらためてとりあげておこう。

B　〈親裁〉体制存続の制度的・観念的特質

まず、〈親裁〉体制に特有の組織的・制度的特質について、くわしくはアジア的国家をとりあげた、一連の拙著〔『アジア的国家と革命』（三一書房）・『国家の本質と起源』（勁草書房）など〕の参照を乞う。その要諦は、上級幹部層・一般組織構成員のいかんを問わず、巨大組織の全機関・組織構成員が、部門別・地域別・規模別等に区分されたうえで細かく分割され、相互的監視と牽制をふくみながら、相互分立的に併存して、すべて専制的支配者に直接隷属させられた、直属機関として構成されている点にある。

もちろんこれは、巨大組織に君臨する有能な専制的支配者あるところ、いつでもどこでも採用されている、統治技術上の経験的なノウ・ハウといってよい。というのも、専制的支配者の自己利害は、何よりも自分自身とその家族が、永遠に君臨しつづけることにある。その彼自身にとって、直属の有力な部下達が、つねにいがみあい、対立・抗争しながら、その能力と忠誠度において、自己の評価と裁可を仰ぐという事態ほど、安全で望ましいことはない。

彼がもっとも危惧し、憂慮すべき事態は、彼の部下達が、個別的な出世と栄達のための対立と抗争を休止し、相互に連携して行動することである。そしてさらに、万難を排してでも未然に阻止すべきは、このような相互的な対立と抗争のなかから、ズバぬけた単一の実力者が輩出し、いつでも彼にとってかわりうる存在として、巨大組織の内外で高く評価されることである。

よく最高支配者生き残りの鉄則［正確には経験法則］として、〈No2を潰しつづけろ！〉といわれてきた。たとえば、田中角栄というと、戦後日本の保守政治における異色の政治家として、いまだ人々の記憶に新しい。彼が長きにわたり、政権与党［自民党］最大の実力者として君臨しえたのも、最盛期には一四〇名を数えた、田中派議員組織のNo2を潰し続けたことによると、解釈されてきた。

しかし、専制的支配者が君臨するような大組織であれば、必ず形式制度的な意味でのNo2もいれば、さらにNo3もNo4もいる。したがって重要なのは、組織や制度が否応なしに要求するところの、No2ではない。何よりも、専制的支配者にいつでもとってかわりうる、彼の後継者の存在なのである。角栄は、この意味での後継者の存在自体を、決して許そうとはしなかった。彼が金丸に支えられた竹下を、最後の最後まで徹底的に痛めつけつづけた、所以でもある。

さきの組織的・制度的構成上の工夫は、これらを充分に考慮したうえでのことであった。かくてこのような体制下では、有力幹部層の全体が、もっぱら専制的支配者からの、より確実で絶対的な信頼と寵愛を獲得するために、文字どおり血みどろの陰湿な闘争をくり返している。その結果、彼らは個々バラバラに対立・競合し、相互に足を引っ張り合い、監視し合っているばかりではない。彼らは、自分の部下さえ完全に信頼することができない。専制的支配者直属の監察・密偵員が、いったいどこに潜んでいるか、わからないからである。

この種の直属的監察・密偵組織は、ほとんどの場合、その個々の構成員が直接専制的支配者と、秘かに結びついているだけで、相互的な連絡はまったく不可能、というより厳禁されている。したがって、このような体制下では、クーデターのために有力幹部を中心とした、上下・左右の組織的な連携と結集が、まず絶対に不可能といえるだろう。

つぎに、内外組織的諸個人による専制的支配者の、〈観念的な神格化〉の問題がある。これは、彼がまったくの無一物から出発して、小組織さらには巨大組織へと発展的に転成させていった、長い叩き上げの歴史的過程を、無視して語ることはできない。というのも彼はこの過程で、内外の強力な敵手を次々に撃ち破り、叩き潰し、またときには敵対組織や、社会的な敗残者のなかからも、人材を拾い上げて重用する。そうして彼は、強力な直属的側近層を育成し組織し、内外の関連組織的諸個人に、有無をいわさない実力と実績を押しつけることによって、一挙に巨大組織の頂点に駆け上った。

いいかえれば彼は、この過程において、一方で、内外の関連組織的諸個人から、否応なしの黙過と承認、また賛嘆の念を獲得する。同時に、他方で、彼らに強烈な畏怖心を植えつけることにも成功する。そしてまさにそのことによって、当人が意識するとしないとにかかわらず、自身に対する観念的な神格化を、直接準備したのである。しかしもっと本質的にみると、この観念的な神格化は、彼が指揮し組織したところの、政治的・軍事的・社会的・経済的な巨大組織に対する、その強力な現実的支配力［Macht］に対して、呼起されたものといえる。しかしこの点については、すでに前項で充分に指摘しておいた。

かくて専制的支配者としての特定個人が、たとえ健康上の理由などから、有効・適切な意志決定ができなくなり、巨大組織の維持と発展にとって、大きな障害物へと転化しても、そのことによって、彼への観念的な神格化が一挙に崩壊することは、まずありえない。　専制的支配者への観念的な神格化の基礎には、彼との権力闘争での敗者や葬り去られた、ライバルや裏切り者の末路についての無数の事例が、いぜんとして多くの人々の脳裏に焼きついている。それらは、いくぶん誇張され、なかば神話化された形で、すみずみまで行き渡っているからである。そこで、野心ある側近幹部層の多くは、たいてい〈何もいま無理をすることはない、もう少し様子を見てからにしよう〉、という実践的な判断を下して、決してクーデター謀議にくわわろうとはしない。

3　補足——〈親裁〉体制の形成・継承と一族功臣の粛正

最後に、〈親裁〉体制の形成・継承過程で、大幹部層の一族功臣や親兄弟など近親者に対する粛正が、くり返される点についても、ふれておこう。もちろんこれは、規模の大小をとわず、専制的支配者が君臨する経済・社会的組織において、一般的にみられるが、何といっても血族的結集が強力であったアジア的諸域の、王国・帝国を生み出した歴史的国家レヴェルで、深刻かつ典型的にあらわれた。これは、大きくみると、まず専制的支配者の君臨が、〈親裁〉体制への転成へと突き進んだときに、大幹部層の一族功臣に対する粛正が断行される。そして、〈親裁〉体制の確立後、その世襲的継承においては、親兄弟など近親者に対する粛正が、みられる。もちろんこれには、それなりの根拠がある。

専制的支配者といっても、王国や帝国の形成期には、いぜん外に強大な敵国、内に敵対・抗争する有力諸王・諸侯と、対峙している。しかし、強大な外敵を撃破し、有力諸王・諸侯を屈伏・解体・吸収して、王国ないし帝国としての土台と骨格が、形成される段階にまで進展すれば、いわば〈味方のなかの敵との戦い〉が、開始される。つまり、これまで手を結んできた同盟者や、一族功臣の有力者との、政治的覇権をかけた最後の抗争が、必然化される。

なぜかといえば、内外の強大な敵手を撃破することによって、一挙に王国ないし帝国としての統一的国家が形成されると、専制的支配者を戴く支配共同体の政治的・軍事的権力は、飛躍的に肥大し強大化する。しかしそれは、たんに専制的支配者直属の政治的・軍事的権力ばかりか、有力な一族功臣の政治的・軍事的権力をも、一挙に肥大・強大化させて、実質的に独立化させかねない。そこで、国王ないし皇帝へと転じた専制的支配者は、きまってこう考える。――

〈オレの眼の玉が黒いうちなら、奴らをじゅうぶん抑えられるが、可愛い世間知らずで未熟な息子たちには、とうてい手に負えなくなろう。何としてもオレが達者なうちに、奴らの力を根こそぎ奪い、何かやろうとしても何もできないまでに、弱めておかねばなるまい〉、と。

こうして、昨日まで強力な味方であった一族功臣の有力者に対する、容赦のない左遷・解体・処断・圧殺が、専制的支配者によって断行される。それゆえ、この種の政治的蛮行は、にわかに気が狂ったわけでもなければ、発作的な思いつきでもなく、ましてや恣意的専横のたぐいでもない。それは、〈親裁〉体制の確立、つまり強固な王朝完成のために必然かつ必須とされる、支配共同体の〈専制的〉な一元的再編成にほかならない。

ところが、創始者や中興の祖によって、強力な〈親裁〉体制が確立された以降は、王位ないし帝位の継承をめぐって、親兄弟間の殺し合いの抗争が、展開されることも少なくない。というのも、王位や帝位の継承がスムーズにいくためには、国王や皇帝を直接ささえる重臣・大幹部層のあいだで、長子相続の原理が定着していなければならないが、それには長い年月が必要である。

たとえば、先代が遺言をする間もなく急逝し、長子が幼少であったり、大きな欠陥をかかえていた場合には、皇后とその一族の跳梁・跋扈が、予想される。そこで、多数の妻妾の王子のいずれかを、長子のかわりに奉戴しようという策謀が、野心と実力を兼ね備えた重臣・大幹部層のなかから、生まれてくる。この意味で、国王や皇帝の一族・近親者は、たんなる父母・兄弟・伯父伯母などの一般個人ではない。彼らの背後には、王位や帝位をめぐって直接対立・抗争する重臣・大幹部層が、それぞれ党派的に結合し組織されている。

つまり国王や皇帝の一族・近親者は、それこそ産み落とされるまえの赤子までふくめて、専制権力中枢が苛烈な権力闘争をくり広げている、政治的世界のただなかに放り出されている。したがって彼らは、当人の意志・感情とはまったく関係なく、否応なしに君子として奉戴されるか、あるいはこの上なく危険な種として抹殺されるかという、はなはだ特異な重要性をもった政治的存在として、客観的に位置づけられ、この特異な政治的諸関係において生存することを、義務づけられている。

それゆえにこそ、かの韓非子は、〈君子は、重臣による妻子をも巻き込んだ党派・徒党形成に、つねに厳戒しなければならない〉と、くり返し強調した。というのも、純粋な〈親裁〉体制の創設をめざしていた韓非子は、国家統治の根本が、〈君子による法にもとづく賞罰権を自在に駆使しての、臣下の支配・統制のいかんにある〉

として、臣下はもとより、妻子さえ決して信用してはならないと、説いた。曰く、――

「人主の患いは人を信ずるに在り。人を信ずれば則ち人に制せらる。…人主と為りて大いに其の子を信ずれば、則ち姦臣は子に乗じて以て其の私を成すを得。故に李兌は趙王にたりて、主父を飢えしむ。人主と為りて大いに其の妻を信ずれば、則ち姦臣は妻に乗じて以て其の私を成すを得。故に優施は麗姫に傅たりて、申生を殺して奚斉を立つ。夫れ妻の近きと子の親しきとを以てして、而も猶お信ずべからざれば、則ち其の余は信ずべき者無し」［金谷訳『韓非子 第一冊』、岩波文庫、三二一～二頁］。

（4）専制的権力の二重化にかかわる諸法則

専制的権力の形式的な名目化にともなう、実質的権力との二重化にまつわる、あるいはそこから派生する、〈権力〉現象は少なくない。そこでまず、専制的権力の形式的な名目化とは何かを、明らかにしたうえで、〈側近政治〉や〈替え玉〉、またとくに革命期に現出する、〈二重権力〉や革命的権力の特質について、理論的な解析を提出しておきたい。

1　〈形式的・名目的権力〉とは何か？

権力関係の組織的進展、とりわけその〈専制的〉な集権化が、一定のレヴェルにまで到達したところでは、きまって、専制的権力の〈形式的な名目化〉という事態が、あらわれる。この〈形式的な名目化〉とは、専制的権力における、組織的意志決定権の〈実質的掌握〉と、大きく対比させられた事態である。したがってこれは、専制的権力が、組織的意志決定権をめぐって、〈形式的・名目的権力〉と〈実質的権力〉とに、分離し二重化する事態といってよい。

しかしもともと、組織的な規範としての意志決定自体が、重層的な性格をもっていることに、注目しなければならない。因みにそれは、組織［的権力］の根本的存立に直接かかわるもの、組織［的権力］全体の形式と名目にかかわるもの、組織としての多種多様な諸活動にかかわる実務的なもの、などに区別して把握することができよう。したがってこの意味からすれば、すべての組織的権力には、組織全体の、純然たる〈形式と名目〉にかかわる、意志決定権が存在している。組織［的権力］の、直接の組織的構成［代表者・意志決定機関など］や、各種の象徴などにかかわる意志決定権が、それである。

しかし、権力現象においてとくに問題となる、専制的権力の〈形式的な名目化〉とは、このような一般的・常態的な意味での、〈形式と名目〉にかかわる意志決定権のことではない。それはあくまで、専制的支配者が独占的に掌握してきた意志決定権を、実質的に喪失して、たんなる形式的・名目的な存在へと蹴落とされ、あるいは棚上げされた事態を、さしている。

そこで、この種の形式的・名目的権力が登場するのは、一般に専制的権力構成が、〈親裁〉体制から実質的な〈寡頭専制〉へと移行して、親裁者が〈形〉ばかり、〈名〉ばかりの形式的権力として、名目化した場合である。もちろん、これとはまったくぎゃくの行程をとって、形式的・名目的権力が成立する場合もある。つまり戦国的に割拠し抗争をくり返していた群雄たちが、多くの場合共通の強大な敵に対抗する必要から、政治的に結集して〈寡頭専制〉体制を作り出し、弱小な、あるいはほとんど手兵をもたない特定の第三者を、〈王〉ないし〈皇帝〉として奉戴する。この場合には、この奉戴された〈王〉ないし〈皇帝〉は、まったくの形式的・名目的な権力者である。

ここで重要なことは、意志決定権の中心から放り出された、形式的・名目的権力とは何かという点である。それは、組織的意志決定権を実質的に剥奪されたり、最初からほとんどもたないといっても、まったくの〈無〉的存在ではない。組織全体の形式と名目にかかわる意志決定権だけは、掌握しているからである。

たとえば、わが国古代律令制国家の解体期や戦国期における、〈天皇（朝廷）〉や〈征夷大将軍〉は、実権なき形式的・名目的権力でしかなかった、といわれる。しかし、権力論的にみて重要なことは、〈天皇〉や〈将軍〉が、古代的ないし中世的な国家権力の、形式ないし名目にぞくする特定権力、すなわち〈総祭祀権〉や〈官職任免権〉を、掌握していた点にある。そのさい、総祭祀権やとくに官職任免権が、有力貴族層や戦国大名によって、実質的に支配されていたことは、事柄の本質を少しも左右するものではない。

国家的祭祀および古代的・中世的な国家的官職の裁可と任命が、〈天皇〉ないし〈将軍〉の〈意志〉という形で押し出され、現実的に貫徹される点こそが、大問題だからである。というのも、ときどきの国家的権力における、このような形式的・名目的な諸権が、〈天皇〉ないし〈将軍〉の〈意志〉という形をとらざるをえなかったこと。そこで、他の実質的な諸権を独占的に掌握していた、有力貴族や戦国大名といえども、ことこの点にかんするかぎりは、〈天皇〉ないし〈将軍〉の〈意志決定〉に、従わざるをえなかったこと。この点にこそ、形式的・名目的権力といわれるものの、〈権力〉たる所以がある。

2　〈側近政治〉とは何か？

つぎに、専制権力の形式的名目化にともなう、実質的権力との二重化の、代表的な事例として、〈側近政治〉と呼ばれる権力現象がある。この〈側近政治〉については、すでに四半世紀以上も前の論文「側近政治論」［『道』、一九七四年五月号］で、具体的な歴史事例を出しながら、理論的に解明しておいた。ここでは、その要点だけ指摘しておくにとどめたい。

専制的支配者は、つねに家族や一族郎党を中心とした、多数の取り巻きに囲まれている。そこで、専制的支配者がその意志決定において、妻子・側女やとくに気に入りの取り巻きの、私的な〈おねだり〉に直接左右されることは、少しもめずらしいことではない。しかしもちろん、この種の事態を〈側近政治〉とはいわない。〈側近政治〉とは、家族をふくめた取り巻きなど、専制支配者の個人的な〈側近〉が、その「虎の威」を借りて、国家意志決定権を大きく、実質的に左右し、この意味で政治の実権を掌握した、特異な政治形態である。しかしこの場合、とくに注意を要する点が、三つある。

第一に、専制国家体制とくに〈親裁〉体制下では、家族・一族郎党にかぎらず、すべての臣僚が、親裁者の個人的な信任をえた〈側近〉、だという点にある。とくに専制国家中枢の臣僚は、すべて親裁者に気に入られて抜擢され、重用された〈直属官僚〉である。また、全体としては、親裁者を頂点にして中央集権的に構成された、彼ら直属官僚を軸とする諸機関は、すべて親裁者に直結した直属機関である。そこでこの直属機関は、すべて親裁者の〈輔弼機関〉とよばれている。それゆえ、妻子・側女やその一族など、親裁者の私的・人間的生活に直接かかわる人々を、〈私的側近〉と呼ぶなら、これら輔弼機関中枢の直属官僚たちは、公的政務にかかわっていることから、〈公的側近〉と呼ぶこともできよう。

第二に、〈側近政治〉の場合、形式的に名目化された専制支配者と、公私側近による実質的権力との二重化といっても、あくまで専制国家とくに帝権・王権中枢の組織的統一が、大前提となっている。したがってそのかぎりで、親裁者が、あらゆる国家意志の最高的・最終的な裁可・決定権を、形式上は掌握している。

もちろん、親裁者が〈幼少〉であったり、成人していても極端に〈病弱〉だったりして、現実に政務をこなす能力を、もっていない場合には、その母后や皇后また親族の実力者などによる、〈摂政〉という形をとる。そしてそれが、母后や皇后の場合には、〈私的側近政治〉であり、一族の実力者が中枢官僚であれば、〈公的側近政治〉となり、官位をまったくもっていなければ、やはり〈私的側近政治〉となる。しかしそのいずれの場合でも、幼少・病弱の親裁者による国家意志の、最終的な裁可・決定は、側近の提案と詔勅素案に、〈よし！〉という一声と、署名だけに形骸化される。

また、このような幼少・病弱でない場合には、〈側近政治〉とはいっても、親裁者が何かの拍子に、にわかに政務への熱意と誠意をみせるようになれば、側近から政治的実権を剥奪し、回収することは可能である。というより、もともと〈側近政治〉自体が、親裁者による側近への、いつでも回収可能な権限委譲にすぎない。そこで、幼少帝（王）や病弱帝（王）が、成人したり、奇跡的に健康を回復したりすれば、その能力とヤル気のいかんが、〈公私側近政治〉の命運を直接決定づける。

第三に、〈側近政治〉といっても、それが〈私的側近政治〉という形をとるか、それとも〈公的側近政治〉としてあらわれるかには、一定の法則性がある。結論からいうと、それは、専制国家体制の強力さいかん、とりわけ〈親裁者〉個人に、いったいどれだけの〈専制的〉権力が集中され、付与されているかにかかっている。

皇帝ないし国王の政治的権力に、〈この世の神〉つまり〈現人神〉としての、神的・宗教的権力をも付与することによって、〈神政的〉権力者としての地位を与えた場合には、間違いなく〈側近政治〉は、〈私的側近政治〉という形をとる。歴代中国の王朝にあらわれた〈側近政治〉が、その典型である。しかし、たとえ親裁者が、形式上〈神政的〉権力者という形をとっていても、そこに政治の実権がともなわない場合には、政治の実権は、輔弼機関中枢の〈公的側近〉によって、完全に掌握された。とくに近代天皇制国家がそれである。

3　〈替え玉〉のもつ権力論的意味

この名目的権力とよく似た権力現象に、専制的支配者の〈替え玉〉の問題がある。専制国家とくに〈親裁〉体制をとっているところでは、よく暗殺やテロへの対策として、生身の専制的支配者そっくりの、〈影武者〉を数人配置している。しかし、ここでとりあげたいのは、この種の〈影武者〉ではなく、いわゆる〈替え玉〉の問題である。それは、予期せぬ突然の専制的支配者の消失によって、〈影武者〉が一定期間、「専制的支配者」であるかに押し立てられる。

この種の〈替え玉〉が、くり返し登場してくる根拠は、どこにあるか？　それは、専制国家とくに〈親裁〉体制の下では、〈法的規範としての国家意志〉がすべて、専制的支配者としての〈特定個人の意志〉という形を、とらざるをえないことにもとづいている。この〈親裁〉体制の下で、〈専制的支配者としての特定個人〉を、突如失なうようなことになれば、いったいどうなろうか？　この〈失う〉というのは、急な暗殺・病死・事故死、また失踪・拉致監禁のすべてをふくんでいる。そしてそれが直ちに、国家組織の内外に知れ渡ったとする。

その場合、王位ないし帝位の相続・継承法が、伝統的規範として定着していて、後継者がきわめてスムーズに、決定されるところなら、長期的にはともかく、少なくとも短期的には、大きな動揺と混乱は起こるまい。しかしそうでない場合には、たちまち専制国家体制瓦解の危機が訪れる。というのも、それまで直接対峙し敵対していた周囲の諸国が、千載一遇のチャンスとばかり、一斉に牙を剥いて襲いかかってくる。また、これまで積りに積もっていた人民の不満と怨念が、全国各地で次々に発火するかもしれない。そして、野心ある有能な軍事的指導者のなかには、その混乱に乗じて、一挙に新たな専制的支配者を目指して首都中枢の掌握に、乗り出す者さえ出てこよう。

そこで、専制的国家権力中枢としては、いつまでも〈専制的支配者不在〉の事態を、そのまま放置しておくわけにはいかない。できるだけ迅速かつ秘密裏に、当該専制的支配者の〈替え玉〉を立てて、一定期間何事もなかったように、事を運ぶ必要がある。もちろんそれができるか否かは、もっぱら数人の有力者［重臣］が、その〈死〉を徹底的に秘匿したまま、瞬時に組織的に結集して、実質的な〈寡頭専制〉体制へと移行できるかどうかにかかっている。

したがって、それが首尾よく実現された場合には、〈親裁〉体制から、外見上はいぜんとして〈親裁〉体制をとっていても、その内実は、〈親裁者〉に成り代った〈替え玉〉が、重臣層の意のままに動かされる、〈寡頭専制〉体制へと大きく変転したこと。そして、専制的国家組織の新たな統一的再編成が、あくまでとりあえずは、秘かに断行されたことになる。

この〈親裁〉体制から、実質的な〈寡頭専制〉体制への移行自体は、いつでもどこでも国家組織にかぎらず、社会的な巨大組織においても見られる。しかしこのように、〈替え玉〉を立てても、やがては万人の知るところとなることから、結局は、ごく短期間で終わるほかない。というのも、〈親裁者〉あっての専制的国家組織における最大の内的危機は、まったく予期しなかった〈親裁者〉の突然の〈消失〉にある。

そこで、特定の有力者が、急遽新たな〈親裁者〉として躍り出るか、それとも数人の有力者による、合議体制へと大きく転換するか、いずれにしても専制国家の新たな組織的再編成には、長いそして解体の危機をふくんだ、混乱が避けられない。重臣層による〈替え玉〉の設置は、最終的にいずれの体制をとるかとはべつに、この専制国家の新たな組織的再編成をごく短期間に、そしてスムーズに断行しようとした場合に、採用されるいわば最後の切札である。

したがって、権力現象としての〈替え玉〉の面白さは、〈親裁者〉としての特定個人と、たんに生理的な外貌が瓜二つというだけの特定個人が、そっくりそのまま〈親裁者〉として、据え置かれることではない。そんな上っ面のことではなくて、〈親裁者〉あっての専制的国家体制を、形式的に維持しなければならないかぎりは、〈替え玉〉が発する指示・命令を、〈親裁者としての特定個人の意志〉であるかに、国家組織の内外の諸個人が受け取り、これに服従するような体制を、とりつづけるようにしなければならない、ところにある。

もちろんこの場合、〈親裁者としての特定個人〉は、ただ一人であるが、その〈替え玉〉は、何もただ一人の特定個人と、かぎったことではない。〈親裁者としての特定個人〉に、顔・声・体付きなどがそっくりでさえあれば、それこそ誰でもいい。この意味で、〈替え玉〉としてのX_1, X_2, X_3, X_4, …が、ありうる。したがって人々は、いくらでも取り替えの利く、〈替え玉としての特定個人〉に、服従しているわけではない。その背後の重臣層の合意を、たんに代弁しているにすぎない、〈替え玉〉が発する指示・命令を、〈親裁者としての特定個人の意志〉として受け取って、これに服従しているのである。

ここで、〈替え玉〉が、〈規範としての意志決定権〉を直接掌握することによって独立し、重臣以下の全家臣団を指揮し命令すること、つまりは〈替え玉〉から専制的支配者へと転成することは、ありえないのか？　こういう問いを発する者がいるかもしれない。

たしかに、実質的には重臣層が裁可・決定した政治意志でも、形式的にはすべて、〈替え玉〉によって発せられた指示・命令が、〈当該専制的支配者の意志〉という形で押し出されて、家臣・臣下の全体がこれに服従している。しかしだからといって、専制的支配者に成り代わった〈替え玉〉が、いかなる意味でも独自の政治意志決定権を、掌握しているわけではない。これは、すでに示したように名目的・形式的権力者が、国政の形式と名目にかかわる、独自の意志決定権を掌握していた場合とは、根本的ともいえる大きなちがいである。

それゆえ、〈替え玉〉から専制的支配者への転成の可能性は、抽象的・論理的には絶対不可能とはいえないにしても、現実的には、まずありえない。その理由は、〈替え玉〉が自分のために身命を賭して働く、直属の強力な部隊［親衛隊］をもっていないからである。したがってもし、万に一つの可能性があるとすれば、彼がごく短期間に自身の強力な親衛隊を、創設できた場合である。しかし、新たな親衛隊の創設には、手間と時間とカネがかかりすぎる。そのうえ、〈替え玉〉はつねに、その周囲を幾重にも監視されている。もし彼が、その種の独自性をほんの少しでも示せば、たちまち有力者たちの知るところとなって、あっさりと葬り去られ、他の〈替え玉〉にとって代えられよう。

ほんの針の穴を通すような可能性があるとすれば、彼［替え玉］個人に縁の深い者たち、つまり彼の昔の親密な仲間とか、その一族が、強力な組織的結集性をもった部隊として、迅速かつ秘密裏に参集した場合だけであろう。しかしこれは、もっぱら彼自身の、大きな特殊性によるものであるから、ほとんど希有なる偶然性にぞくしている。

［補註］

隆慶一郎『影武者徳川家康』［新潮文庫］では、徳川家康は関ケ原の戦いの最中に、石田三成の重臣・島左近が放った、武田忍びの手によって暗殺され、以後の家康は影武者であったとする。そして、家康の重臣層によって急遽担がれた、この影武者は、秀忠の二代将軍就任とともに、ご用済みに［もちろん抹殺］されることへの恐怖と忿懣から、島左近・武田忍びと、箱根を根城とする高麗渡りの乱波組織・風魔一族と結びつき、その延命を図る。これは、歴史的事実いかんの問題とはべつに、たんなる荒唐無稽の歴史小説といってかたづけられない、面白さとリアリティーがある。

4　〈二重権力〉とは何か？

社会的事象としての組織的権力は、多様な諸部分・諸契機が有機的に統一された、という意味での複合体としても、把握することができる。因みにこれらは、すべて組織的規範に規定されることによってのみ、当該組織の構成要素として存在する。そこで統一的複合体としての組織的権力は、より直接的には、構成諸部分として〈多様な諸活動〉を担う、〈諸組織・諸機関〉としてあらわれる。

しかし、これら多様な諸活動の遂行も、それを直接担掌する諸機関の設置も、すべて〈規範としての組織的意志〉の定立が、前提となる。そこで組織的権力は、より本質的には、規範としての組織的意志の多様な性格と、意志決定の重層性において把握されねばならない。前項までは、専制的権力の〈形式的な名目化〉を、とくに〈実質的権力〉との分離・二重化においてとりあげた。ここでは、この分離・二重化が、特殊に〈二重権力〉と呼ばれる事態について、とりあげなくてはならない。

政治的世界で〈二重権力〉と呼ばれる事態は、たんに専制的権力が、〈形式的に名目化〉されることによって生じた、実質的権力との分離・二重化をさしているわけではない。というのも、〈形式的に名目化〉された専制的権力には、組織的権力、とりもなおさず国家権力としての実質と独立性自体が、欠落している。それは、文字どおりの飾り物にすぎないから、とうてい実質的権力と対峙可能な、〈二重権力〉とはいえない。これに対して、

〈二重権力〉というのは、とくに政治革命期に国家的支配権が、根本的に変化・交替する政治過程で、多数みられる事態である。それは、直接には、新旧の政治的権力が、一元的な国家的支配権をめぐって対峙し、抗争する事態である。

それは、国家権力が、真っ二つに分裂し、分割されることによって、統一的かつ一元的な国家的支配が不可能になった、特殊な政治的事態の出来である。それは、直接には、新旧の政治的権力が、一元的な国家的支配権をめぐって対峙し、抗争する事態としてあらわれる。このような国家的支配の統一的一元性の破壊は、歴史的には、大きくみて二通りの仕方で、形成された。一つは、〈従来の国家権力がほぼ真っ二つに分裂し分断される場合〉であり、いま一つは、〈旧い国家権力のいわば外側から、まったく新しい政治的権力が創設される場合〉である。王権と議会が併存・対峙し、激しく抗争したイギリス革命が、前者のケースなら、ツァーリ専制の崩壊後、ケレンスキーの臨時政府と革命ソヴェトが対峙したロシア革命は、後者のケースといえる。

一元的な国家的支配権をめぐって直接対峙し抗争する、この新旧二つの政治的権力には、さきの〈形式的に名目化〉された専制的権力の場合とは異なり、その背後に新旧の社会的な諸階級・階層が、控えている。そして、新旧政治的権力と新旧諸階級との関連と結合が、有機的であればあるほど、国家権力奪取［政治革命］を梃子とした、〈社会革命〉の理念、つまりは〈社会構成の全体像と方向性〉は明確となり、革命は当該社会全体を大きく震撼させる。

それでは、この新旧政治権力が直接織り成す〈二重権力〉の、権力論的な特質は、いったいどこにあろうか？〈二重権力〉の下では、国家的支配権とりわけ国家意志決定の、あらゆるレヴェルとすべての分野で、新旧の政治組織が直接対峙し、抗争しているわけではない。〈二重権力〉と呼ばれる事態の特質は、国家的支配権とりわけ国家意志決定権の、特異な分掌形態にある。——

それは、従来の国家権力中枢に陣取った旧政治権力が、主として軍事・外交・通商［貿易］などの〈外政〉と、

〈治安〉にかかわる国家意志決定権を掌握しつづけている。これに対して新興の政治権力は、内政とくに経済・社会政策にかかわる国家意志決定権を、実質的に掌握する。

それゆえ〈二重権力〉は、直接には、いずれも軍事的に組織された、新旧政治権力の対峙抗争という形をとっている。しかしより本質的には、一方が、国家的支配の中枢、つまり〈社会の国家的構成と組織化〉という、大きな枠組みにかかわる〈統治〉上の、国家意志決定権を掌握している。そして他方は、国家的支配の実質的な諸活動、つまり日常的な社会生活に直接かかわる、〈行政的〉な意志決定権を掌握している。

［補註］

ここにいう〈統治〉・〈行政〉概念については、本論でくわしく展開する。

この〈二重権力〉は、フランス革命のように新勢力が、一挙に旧い国家権力の全体を解体したような場合には、生じない。しかしその場合には、あらたに創設された革命的国家権力の内部で、革命的国家意志決定権をめぐる、諸政治的勢力の対峙と抗争によって、二重化や多重化があらわれる。これを特定の政治的党派がごく短期間で、一元化しえた場合にのみ、政治革命は最終的に成功し、本格的な社会革命へと突き進むことが可能になる。

私がこの〈二重権力〉についてはじめてとりあげたのは、一九六七年の処女論文「二重権力論」［『試行』二一号、一九六七年六月］においてである。その要点は、二重権力の特質を、〈国家意志の立体的な二重化〉、すなわち〈憲法・法律など国家意志の理念的・形式的部分〉と、〈政策・政令など実質的な部分〉との分離・対立として、把握したところにある。

因みに、――「二重権力の下では、一般に旧国家機構の全体を掌握していた支配階級は、主として中央集権的な軍事機関に依拠しつつ国家意志の理念的な段階（象徴的な段階）に法的かつ現実的な根拠をもっており、他方下から権力を徐々に獲得しながら支配階級を追い上げてきたもう一方の階級は、旧国家機構の一部（例えば議会）

あるいは新たに創出した機関（主として軍隊）に依拠しつつ国家意志の具体的かつ実質的な段階に強固な足場を構築して、国家行政の核心を実際上握ってしまうのである。それ故二重権力の構造は、憲法・法律などの理念的あるいは形式的な部分と、政策・政令などの具体的かつ実質的な部分との分離・対立として、すなわち国家意志の立体的な二重化として把えられなければならないのである」〔拙著『新版　革命とコンミューン』、イザラ書房、所収、二一四頁〕。

明らかなようにここでは、〈二重権力〉の特質が、国家意志の内的特質にかかわる、〈統治〉・〈行政〉概念からではなく、国家意志それ自体の形式的・段階的な構成から、直接導きだされている。しかし、ここにいう「理念的・形式的権力」は、外政・治安など〈統治〉にかかわる、政策としての具体的な国家意志決定権を、掌握している。そうでなかったら、たんなる形式的・名目的権力にすぎず、〈二重権力〉を構成する、独立した形式的・名目的権力とはいえない。

また、「実質的権力」の場合にも、たんに〈行政〉的権力として構成されているだけではない。革命的な政治的理念にもとづいた、〈統治〉にかかわる政治的意志を把持して、旧い「理念的・形式的権力」と直接対峙している。ただ、〈統治〉にかかわる国家意志決定のレヴェルでは、いぜんとして、その独自の政治的意志を貫徹させることができない状態にある。

このような、当時の理論的欠陥は、二重権力の特質を、国家意志の内的実質にそくした概念的把握が、できなかったことを示している。しかしそれでも、多分に直観的ながら、「…かろうじて権力の象徴的な部分を保持している支配階級は、対内的には殆ど無力の場合が多いが、対外的には国民の代表、社会の代表、民族の代表、要するに〈国家〉としてふるまう権力（外交上の権限）を一応確保している…」〔同前〕ことには、気づいている。

〔補註〕
このような二重権力への法制的・形式主義的解釈は、当時の私が、〈国家意志における法律と政策〉を区別した、三浦つとむの問題提起を、直接参照したことからくる。三浦の問題提起には、つねにネタ本があり、これもケルゼンの、〈法的規範の上級的と下級的との形式的・段階的区別〉発想から、着想されたものと思われる。もちろん問題は、三浦とケルゼンにはない。二重権力の特質を直観的に看取しながら、それを、〈法律と政策との区別〉といった、法制的・形式主義の発想で解釈してしまい、その内的特質にふさわしい概念的把握ができなかった、私自身の理論的未熟さにある。

さらに一～二補足しておく必要がある。まず、〈二重権力〉としての新旧政治権力の対峙・抗争は、一般に統一的国家圏が、特定の地域的社会圏に対する政治的支配圏としての、場所的・空間的な区別と分割という形で、現出する。もちろんこれは、新旧政治的権力中枢とその強力な階級的支持母胎が、特定の地域的社会に主たる存立基盤をおいている、ことによる。

したがって、〈二重権力〉状態が長期化すれば、新旧政治的権力それぞれの、統治・行政権力としての完成、つまりは実質的な国家権力としての独立化と、それにともない、真っ二つに分割された政治的支配圏それぞれの、実質的な〈領域・領土〉としての国家的支配圏への、転成が開始される。もちろんこれは、分裂国家としての固定化への道である。しかし、それが完成されるかどうかは、それぞれの地域的社会圏の、歴史社会としての独立的完結性と歴史的伝統のいかんに、かかってくる。それは、〈帝国〉としての統一的国家構成が、特定の地域社会やそれを軸にした王国による、征服的な併合から出発したものであっても、数世紀以上の長期におよべば、各民族単位での分離・独立でさえ、けっして容易でないこと一つからも、明らかであろう。

私がはじめて〈二重権力〉についての問題提起をおこなってから、〈二重権力は、国家権力だけではなく、それこそ家のなかでもみられる〉と、主張した啓蒙的哲学者がいた。もちろんこれは、旧い時代には強力な家父長的権力を握っていた、〈父親〉の少なからぬ者が、今では〈妻〉である〈母親〉の、尻の下に敷かれてしまい、〈家権力〉の実権が〈母親〉の掌中に帰している事態を、さしている。しかし、組織的権力としてもっとも発達した、政治的・国家的権力レヴェルで構成した政治的概念を、もっとも微小な社会的組織［権力］に、機械的に適用することは、厳に慎まねばならない。

そのうえであえていえば、家の経済力［つまり財産・経済的所得力など］の過半がいぜん〈父親〉に集中しているかぎり、俗に〈かかあ天下〉といわれる〈母親の実権〉には、〈二重権力〉を直接構成可能な独立性が、そなわってはいない。それゆえこの事態は、〈父親〉の〈家の意志決定権〉の、単純な形式的名目化であって、これを〈二重権力〉というのは、当たらない。

これに比すれば、今日の巨大企業でよくみられる派閥抗争には、ときに〈二重権力〉と呼べる事態がみられる。もちろんそれは、会長派と社長派、あるいは社長派と専務派などという形で、意志決定中枢部が真っ二つに分裂した状態のこと、である。それゆえ政治的概念の、一般社会的権力現象への適用は、組織的権力としての一定の発達レヴェルを、前提としてはじめて、有効かつ可能となる。

（5）〈革命〉と〈政治形態〉

1　〈革命〉と〈専制的〉政治形態との関連

これまで、〈革命〉とくに人民蜂起による一大社会革命が勃発するのは、〈専制的〉国家体制の下だという発想が、一般期に流布されてきた。もちろんこれは、歴史的経験をふり返ったうえでの発想であるから、それなりの根拠はある。因みに、フランスやロシアのような〈親裁〉体制であれ、イギリスのような大貴族階級による〈寡頭専制〉であれ、〈専制的〉政治形態の下では、ごくごく一部の世襲的な特権階級の特殊的意志・利害しか、〈国政〉に反映されない。

そこで、フランスやロシアでは、〈専制〉国家体制を一挙に打倒して、新たな革命権力を樹立した〈政治革命〉

から、社会・経済の基本的骨格を変更する、〈社会革命〉へと一気に突き進んでいった。しかし、貴族階級の一部と中間階級［郷士層］を政治革命主体とした、イギリス革命は、「クロムウェル専制」の政治革命によって、国王の首をチョン斬ったものの、社会改革としては、はなはだ不徹底に終わるほかなかった。

このように、〈革命〉の勃発と〈専制的〉政治形態との間には、必然的な法則的関連があることは、明らかであろう。もちろんこのことは、〈民主的〉政治形態の下では、絶対に〈革命〉が起こらないとか、不可能であることを意味しない。ただここでは、古典古代や中世後期の「都市国家」の事例は、除外する。そこでは、「王政」・「貴族政」・「民主政」などの、政治形態のいかんとはかかわりなく、つねに「民会」というかたちをとった〈直接民主政〉が、健在であった。そして、ちょくちょく起こる政争と政変が、直接に政治・社会改革の断行を、可能にしたからである。ここでは、せいぜい数万人規模の市民が、政治的主人公であった「都市社会」ではなく、〈近代〉以降の国民的・統一的社会形成を現実的な土台とした、国民国家をとりあげなければならない。

周知のように〈近代以降の〈議会制民主主義〉体制下において、〈革命〉的蜂起は、とくに第一次世界大戦直後、ロシア革命の成功をみた西欧諸国で、くり返し試みられたが、すべて成功しなかった。そして、唯一の成功例は、かのヒットラー・ナチズムによる政権樹立である。ヒットラーは、「合法的」形態での政権掌握に成功するや、ドイツ民族［アーリア人種］による世界征服戦争［世界革命］にむけて、〈戦時国家体制〉を常態化する、強力な〈専制国家―「統制」資本主義〉体制を創出した。

しかし、この成功例の根拠は、ワイマール憲法体制形態をとった、第一次大戦後のドイツ国家が、敗戦国としての精神的・経済的打撃と、戦勝国から散々痛めつけられたことによって、〈国民国家〉として、〈内政〉・〈外政〉とも、充分な活動を展開できなかったことにある。つまり〈民主的〉政治形態の下でも、条件次第で、〈革命〉は可能であり、また生起する可能性がある。

2 〈革命〉は強力な〈専制〉権力を呼起する

A 〈革命〉と〈戦争〉が〈専制〉国家権力をつくりだす

人間社会の〈世界史〉的発展を軸にした、多様な個別歴史的な推移と展開のなかで、〈革命〉の歴史的実相をふり返ってみると、つぎのことがわかる。それは、その社会的・階級的な性格いかんの問題とはべつに、〈革命〉がや少しでも大規模な〈改革〉の、首尾よい遂行と成功には、政治主体の側の〈専制〉的な権力構成が、絶対的ともいえる大前提になっていることである。しかしその理由は、きわめて簡単といってよい。

社会的諸関係は直接には、それ自体権力関係を内包させた、組織・制度として構成されている。したがって、社会的諸関係の〈改革〉・〈変革〉とは、組織・制度が内包している社会的な権力関係を、改革し変革すること以外ではない。そのためには、変革対象である組織・制度という形態をとった、社会的権力を大きく凌駕する強力な、そしていわば超然的に独立した〈権力〉が、必要になる。

いいかえれば、改革と変革を実現できる〈権力〉は、社会的権力としての組織・制度に対して、直接縮小・廃止・再編成の大ナタが揮える、群をぬいて強力なものでなければならない。したがって、この超然的な〈権力〉が、何とか今までどおり、それがダメなら最小の犠牲で生き延びようとする、組織・制度としての〈意志と要求〉を、原則的に拒否しハネ飛ばすのは当然であろう。

もしも、変革対象である組織・制度の〈意志と要求〉を聞き入れ、取り入れれば入れるほど、改革と変革の度合いは薄まり、この変革をめざした〈権力〉の、超然的な独立性自体が弱まる。そしてときには、他の社会的諸権力のなかに、実質的に融合させられよう。この意味で、変革と改革を本気でめざした超然的な〈権力〉は、他の社会的権力としての組織・制度と、それに包摂された諸個人に対して、〈民主主義的〉ではありえず、〈専制的〉権力として構成されざるをえない。

もちろんこのことは、この超然的権力自体の〈内部的な意志決定形態〉が、ただちに〈専制的〉形態として構成されることを、意味しない。しかし、改革と変革の〈革命的〉な進展にともなって、これまた〈専制的〉権力として一元化される、強度の一般的な傾向性つまりは法則的な必然性をもっている。こうして、〈革命〉や少しでも大規模な〈改革〉の首尾よい断行には、強力に組織された〈専制的〉国家権力の形成が、必要かつ必然化される。

これは、世界史にあらわれた大革命の展開、つまりイギリス革命［ピューリタン革命］が「クロムウェルの独裁」、フランス大革命が「ロベスピエールの独裁」、そしてロシア革命が、ボリシェヴィキ主導の「プロレタリア独裁」を、産み落としたことからも、明らかであろう。また、〈革命〉にかぎらず、歴史社会総体つまり社会構成全体の編成替えが、否応なしに強制される〈戦時体制〉の場合にも、同じような〈専制的〉国家構成が、必然化される。

日頃、安定した〈議会制民主主義―資本主義経済〉体制をとっているところでも、ひとたび戦争に突入すれば、ときには「ファシズム」国家顔負けの、〈専制国家―「統制」資本主義〉体制へと、大きく旋回する。これは、とくに二〇世紀にはいってから先進諸国間の戦争が、国家総力戦の様相を呈してきたことによる。というのは、科学技術の飛躍的な進展に先導された、生産諸力の高度な発展は、重火器・戦車・戦闘機・戦艦・潜水艦などの、強力な殺傷能力をもった武器・兵器を創りだした。くわえて、〈古典古代〉の都市国家でみられた、国家構成員の市民的義務である〈国民皆兵〉制が、国民的・統一社会的規模において復活させられたからである。

しかし、〈議会制民主主義―資本主義経済〉体制を実質とする〈国民社会〉を、国家総力戦を戦いうる戦時国家体制へと、大きく旋回させるのは、容易なことではない。それは、〈近代〉の〈国民社会〉が生み出した高度な生産力を、あげて巨大な軍事力へと転化させることであり、〈国民社会〉を巨大な軍事権力として組織化することである。

それは具体的には、常備軍を軸にした国民の軍事的な組織化とともに、国民経済を強力な武器・兵器の生産

〈加工・修理〉を大目的とした軍事経済体制へと、再編成させることである。しかしその首尾よい実現は、結果的また客観的に、個人および組織に結集した諸個人の、自由なる政治的・経済的・精神的な活動を、大きく制限する。だがことは、当該国民社会それ自体の、直接的な意味での存立と興廃にかかわる。

そのためには、〈自由〉の一時的な制限もやむをえない。因みに、国民皆兵制にもとづいて、成人男子全員をあげて兵士として衣替えさせることも、関連諸産業を武器・兵器・弾薬の生産に、半ば強制的に転換させるのも、重要な軍事関連物資を確保するための、強力な価格統制や輸出入の管理も、財政的逼迫をしのぐための戦時国債の発行も、さらに戦意の高揚に水をかけるような、学者・知識人の言論を規制することも、国民諸階級・階層に大きな犠牲を強いるものである。

それだけに、彼らの政治的代理人が、すべての国家的活動を直接規定する、〈法律〉の裁可・決定権をもった、平時の〈議会制民主主義〉国家では、とうてい手に負えない。それはただ強力な〈専制〉的国家権力によってのみ可能である。そこで、戦時の国家権力は、まず〈議会〉が実質上閉鎖されるとともに、平時の「政府」を戴く統治・行政的諸機関とはべつに、首相ないし大統領とわずか数名の側近によって、〈戦争政府〉が組織され、この〈戦争政府〉が、さまざまな形態の国家意志の決定権を掌握した、〈専制〉的統治権力中枢として君臨する。

補論で独立的にとりあげる、「ファシズム」の〈専制国家〉体制は、世界征服にむけたたえざる征服戦争を強力に推進する必要から、この〈戦時国家〉体制が常態化されたものといってよい。

それだけではない。このことは、わが国において抜本的な「土地改革」が、不可能であることをも示している。というのは、国家意志の決定形態として、〈議会制民主主義〉体制を採用しているため、「土地改革」法案を立案・審議・決定する政府与党（自民党）が、他ならぬ「土地の高騰」によってもっとも恩恵をこうむっている、基幹産業の大企業層を主要な階級的基盤にしているからである。自民党は後者の政治的代理人であって、政治的代理人がその経済的スポンサーの利害に、大きくメスを入れるときは、代わりのスポンサーを見つけたときだけである。

わが国では、この一世紀ちょっとの間に、二度の大きな「土地改革」があった。一つは、明治維新後の廃藩置県であり、もう一つは、戦後の農地解放である。重要なことは、前者は太政官政府、後者はGHQという、いずれも有無をいわさない専制的な国家権力によってのみ、実現可能であった点である。

B　「社会主義」革命の特異性

こうみてくると何も〈革命〉でなくとも、少しでも本格的な〈改革〉なら、その首尾よい実現には、「改革」遂行主体である政治権力が、強力な〈専制〉的権力として、組織されていなければならない。この意味で、あらゆる〈改革〉のためには、まずもって「改革」遂行主体を〈専制〉的権力として構成する、「政治的改革」の断行が、必要かつ前提となる。ということは、当該歴史社会の根本的な〈社会革命〉のためには、何よりもまず旧い国家権力をぶち壊して、その一部分をも利用しながら強力な〈専制〉的国家権力をつくりあげる、〈政治革命〉の成功が、先行的な前提とならざるをえないことを示している。

［補註］

この〈政治革命が社会革命のための先行的な前提となる〉という発想は、私が二〇代前半期の一連の諸論文［とくに拙著『新版　革命とコンミューン』、イザラ書房、所収］で、理論的に提起したものである。

とくに「社会主義」革命の場合には、大きな特異性がある。というのも、到達可能の理想とされた「社会主義・共産主義」社会は、〈世界史〉にあらわれた、〈アジア的〉・〈古代的〉・〈中世的〉、そして〈近代的〉な歴史社会が、いわば自然成長的に生起し、現実化したようなたぐいの、歴史的な社会ではない。これらは、すべて〈階級社会〉であるのに対して、到達可能の理想的「社会」では、あらゆる階級的な搾取と抑圧自体が、根本的に止揚されている、とされたからである。

したがってそれは、あくまで特殊な思想、すなわち〈近代〉の社会主義・共産主義思想にもとづいて、いわば意識的・計画的また人工的に、創りだすことによってのみ、可能になる。とくにマルクスによって完成された、「共産主義革命」思想の核心と要諦は、次のようなものであった。——

「共産主義革命」とは、〈近代〉以降の資本制的生産様式が生み出した、かつてない高度な生産力を現実的な土台にしながら、この生産力主体でもある、国民的諸階級・階層相互の深刻な敵対関係を、直接に社会的な、〈共同体〉的な諸関係へと、大きく編成がえすることである。それは具体的には、国民経済のあらゆる産業とすべての業種において、巨大な規模で集積された生産手段、つまりはこの本質上社会的性格をもった、生産手段の私的・資本家的な所有体制を、根本から変革しなければならない。

こうして、〈政治革命〉主体として決起し、組織された〈プロレタリアート〉のみが、この社会的な生産手段を〈社会〉の名において、直接に〈国家的所有〉する、一大〈社会革命〉を首尾よく実現できる、と。

そうなると、この一大難事業が首尾よく実現できるかどうかは、ひとえに旧い国家権力をぶち壊すことに成功した〈政治革命〉主体が、自己をどれだけ強力で、情け容赦のない〈専制〉的国家権力として、構成できるかどうかにかかってくる。だから、歴史的社会を「社会主義」的につくりかえる〈社会革命〉は、世界史にあらわれた、いかなる〈社会革命〉よりも、比較にならないほど、困難な大事業なのである。そしてそれが、余計に困難な分だけ、それを首尾よく乗り越えるためには、過去のいかなる〈専制〉権力よりも、より強力な〈専制〉的国家権力を、つくりあげねばならなかった。

この意味で、ロシア革命以来、七〇年以上におよぶ、「社会主義」社会建設の厳然たる歴史的結果として、ソヴェト国家が〈ファシズム〉国家をさえ、その規模と質において数段上回るほどの、巨大な〈専制〉国家権力を創りだしてしまったのは、不思議でもなければ、例外でもない。それは、「社会主義」的な〈社会革命〉がもつ特殊性から、必然化されたものといえる。

本論　国家とは何か？ ［一般的国家論］

はじめに

総説では、国家［権力］をもふくめた社会的な権力をとりあげ、それらに内在する〈権力〉としての一般的な共通性を、権力理論として構成した。それをごく簡単に要言しておくと、〈権力〉関係は、直接には支配者と一般諸個人との間の、人格的な支配＝従属関係として現象する。しかし、その本質は、多くの場合、支配者の意志［指示・命令］という形をとった、〈規範としての意志〉に、諸個人がその独自の意志を、服従させることによって成立した、意志の支配＝従属関係にある。

〈規範にもとづいた支配力〉という、〈権力〉の本質規定は、このような内的な構造論的把握を、ふまえたものである。そこでは、〈規範としての意志が、諸個人の独自の意志を蹴散らすかのように、全的に貫徹されている〉、といえる。また、このように多様に錯綜した、意志の支配＝従属関係のなかから、〈規範としての意志〉が、形成されて貫徹される。

したがってそこには、〈規範としての意志〉の〈形成・支配〉という、統一的な論理構造が内在している。そこで、権力の組織的構成や、〈規範としての意志〉の決定形態［権力形態］、あるいは物理的強制力［Gewalt］など、権力現象にかかわる諸問題はすべて、このような本質的な内的諸関係と、内的論理構造をふまえることによってのみ、理論的に解決することができる。

この本論では、国家［権力］に固有の内的特質に深く立ち入った、理論的な考察をくわえねばならない。もちろんここでは、〈近代〉以降の統一的社会形成をみた、個々の歴史的国家なら決まって内在する、〈国家的支配〉としての共通の一般性を、一般的な国家理論として構成する。いいかえれば、国家的支配の基本的構造の解明が、ここでの課題である。それは、〈近代〉以降全的に発展開花した、国家的支配にかかわる政治的諸契機を、直接正面に見据えたうえで、これら諸契機の特質を、国家的支配としてのトータルな内的論理関連において、正当に把握し位置づける、理論的作業である。

それゆえこの作業では、特定の個別歴史的な国家だけを、念頭におくわけではない。また、〈近代〉以前のあらゆる歴史的な国家の問題を、まったく無視した議論を展開しようと、いうわけでもない。というのも、〈近代〉以降の歴史的国家において全面的に発展・開花する、〈国家的支配〉としての共通の一般性は、〈近代〉以前の歴史的な国家においても、全体としてはきわめて未発展で、そのうえ、多様な歴史的・個別的な特殊性によって、特異に変形された形態のなかではあるが、しかと内在しているからである。

第一篇　前提と方法

本論の主題は、〈国家とは何か？〉という問いに、正面から答えることである。この問いに答えるためには、〈国家（権力）〉と呼ばれてきた特殊な社会的権力、いいかえれば〈社会（的諸個人）〉の全体に対して、つねに有無をいわさず規制し拘束してきた、強烈無比ともいえる支配力を、総体としてとりあげねばならない。

〈国家（権力）〉は、歴史的・現実的には、いったいどのような活動を展開してきたのか？ また、これらの活動は、いったいどのような組織・制度と手段をつうじて、遂行されてきたのか？ そして、これらの活動と組織・制度は、その受手である〈社会（的諸個人）〉の意志・利害とは、まったく無関係のものなのか？ いいかえると、これら活動とその担掌主体である組織・制度の統一としての、〈国家（権力）〉は、その受手である〈社会（的諸個人）〉のあり方や、あり様とまったく無縁のものなのか？

しかし、いったい全体〈社会（的諸個人）〉のあり方や、あり様とまったく無縁の、〈国家（権力）〉などというものが、この世にありえようか？ というのも、すべての国家的諸活動は、もっぱら〈社会（的諸個人）〉に対して、発せられている。したがって、たとえそれらがすべて、〈社会（的諸個人）〉を抑圧・支配する、まったくの敵対的な性格をもっていたとしても、両者が無縁ということはありえない。その場合にも、〈国家（権力）〉の〈社会（的諸個人）〉全体に対する、れっきとした政治的な支配＝従属関係が、展開されていることに、何らのかかわりもないからである。

こうして、〈国家（権力）〉を総体として直接正面にすえた理論的解明は、否応なしに、〈国家（権力）〉と〈社会（的諸個人）〉との統一的な関連、つまりは社会構成全体のなかで、〈国家（権力）〉を大きく位置づけてとりあげる、〈必要と方法〉をわれわれに論理的に強制する。

そこで、まず、〈国家（権力）〉の学的・理論的解明の前提となる、〈社会〉とはいったい何なのかについて、確認しておかねばならない。また、〈社会〉は静止したものではなく、たえざる変化と発展の渦中にあるという意味で、〈社会的〉事象は、直接に〈歴史的〉事象でもある。この意味で、〈国家〈権力〉〉を正面にすえた学的・理論的解明においては、いったいいかなる歴史的発展段階の〈社会〉を、とりあげるべきなのか？　いいかえれば、〈国家〈権力〉〉の学的・理論的解明と、社会の歴史的形成と発展、とりもなおさずその〈世界史〉的形成と発展の問題とは、いかなる方法的な関連をもっているのであろうか？　かくて、本論に立ち入る前に、まず、〈前提としての社会構成理論〉と、〈方法としての世界史の発展史観〉の問題から、確認し確定しておかねばならない。

1　前提としての社会構成理論

(1) 社会構成理論の意義について

ここで、〈社会〉とは何かについて、学的・理論的な確認をしておくことには、大きな意義がある。というのも、〈近代〉以降の社会的諸学では、自然科学の経験的・実証的方法、とくにすべての事物を、その実体的な構成諸要素へと分解し複合する〈分解―複合〉発想が、全的に採用〔借用〕された〔この点について、くわしくは本論第35章の「方法的総括」でとりあげる〕。そこで、歴史的社会、正確には社会構成体を直接構成する、多種多様な社会組織的な単位が、すべて「社会」と呼ばれてきた。家族・村落・都市などの自然的・伝統的な歴史的形成物から、〈近代〉以降形成された労働組合・協同組合・消費組合、各種のレクリエーション組織にいたるまでの、多種多様な社会的組織のすべてが、「社会」と呼ばれてきたからである。

もちろんそれは、政治学者も例外ではなく、たとえばロックは、「最初の社会は、夫と妻との間のものであり、そこから両親と子供という社会が生じ、これにやがて主人と奉公人の社会がつけ加わるようになった」〔伊藤訳『全訳　統治論』、柏書房、二〇〇九頁〕と、主張した。そしてルソーは、もっと簡潔明瞭に、「あらゆる社会の中でもっとも古く、またただ一つ自然なものは家族という社会である」〔桑原他訳『社会契約論』、岩波文庫、一六頁〕と、指摘した。その後も、たとえば社会学者デュルケムは、「諸個人の結合によって形成される集団」が、「すなわち社会」であると断言した。因みに曰く、――「私がここで社会と呼ぶものは、すべての人間集団を指しているのであって、人類や、祖国などと同様、家族もまた、それなりに一つの人間集団であると考えられる」〔麻生他訳『道徳教育論一』、明治図書、九五頁〕。

しかし、社会構成体を直接構成する、多種多様な社会組織的な単位のすべてを「社会」として把握すれば、この直ぐ後［3章］に提示する、〈国家は、社会が法的・政治的に総括され、組織的に構成されたもの〉という、国家の学的・理論的見地は、成り立たない。いいかえれば、学的・理論的な国家論は、根本の土台からひっくり返ってしまう。直接には学的・理論的国家論の不在というかたちであらわれた、政治学の全般的な不調と不振の基礎には、社会的諸学における〈社会〉観自体が、常識の域を少しも脱却していない、脆弱さが露呈している。

一九六七年の理論的出立以来、私が〈社会〉という場合には、人間社会をその直接の多様な歴史的姿態と特殊性においてではなく、その背後に内在する、〈社会〉としての一般的な仕組みと編成、つまりは統一的な論理構成においてとりあげてきた。正確にいうとそれは、人間社会の〈内的仕組み（構造）と枠組み（骨格）〉を、何よりも〈近代〉以降の統一的社会形成に収斂される、〈世界史〉的な発展過程において、大きく把握し抽象したものである。もちろんそれは、マルクスが、ヘーゲルの『歴史哲学』の唯物論的な改作から継承したものを、基本的な骨格としている。それは具体的には、〈社会〉を政治・経済そして思想・文化の相対的な区別と、統一的連関においてとりあげたもので、『経済学批判』序言で定式化された、マルクスの〈社会構成理論〉のことである。因みに曰く、――

「人間は、その生活の社会的生産において、一定の、必然的な、彼らの意志から独立した諸関係を、つまり彼らの物質的生産諸力の一定の発展段階に対応する生産諸関係を、とり結ぶ。この生産諸関係の総体は社会の経済的機構を形づくっており、これが現実の土台となって、そのうえに、法律的、政治的上部構造がそびえたち、また、一定の社会的意識諸形態は、この現実の土台に対応している。物質的生活の生産様式は、社会的、政治的、精神的生活諸過程一般を制約する。人間の意識がその存在を規定するのではなくて、逆に、人間の社会的存在がその意識を規定するのである」〔武田他訳『経済学批判』序言、岩波文庫、一三頁〕。

これを私なりにいいかえると、社会を構成する現実的な諸個人が、まず第一に、その物質的生活の生産つまりは生活資料の生産と獲得において、どのような協同と有機的連関を組織化しているかという、社会的生産関係いかんの問題。第二に、この物質的生活を土台とした諸個人の社会的諸関係の総体を、大きくそして直接規制する法的規範が、いったいどのようにして決定され執行されているかという、政治的・法制的上部構造、簡単には政治形態のいかんを軸とした政治体制の問題。

そして第三に、一定の経済体制として現出する社会的生産関係を主体的に構成し、それに根本的に規定されながら、一定の政治形態をつくりあげている現実的諸個人が、いったいどのような社会的意識諸形態、つまりは思想・文化として結晶する精神的生活を営んでいるのかという問題。これら相対的に区別さるべき、三種の関係と構成を、その区別と統一的連関において把握するものである。

このマルクスの社会構成理論は、初期〔一八四〇年代前半期〕の学的・思想的な試行と研鑽を集大成した、エンゲルスとの協同的な著作『ドイツ・イデオロギー』〔一八四五～六年〕において、すでにその基本的な骨格を完成させている。というのもそこでは、「…一定の様式で生産的に活動している一定の個人たちは、これら一定の社会的および政治的関係をとりむすぶ。経験的な観察は、それぞれ個々のばあいにおいて社会的および政治的編成と生産とのつながりを、経験的に、そしてすこしの神秘化や思弁もまじえずに呈示しなければならない。社会的編成と国家はたえず一定の個人たちの生活過程からうまれる」〔古在訳、岩波文庫、三二頁〕と、指摘されたうえで、つぎのような見地が提出されている。

「…この歴史観はつぎの点にもとづいている。すなわち現実的な生産過程を、しかも直接的な生活の物質的生産から出発して展開すること。そしてこの生産様式とつながっていて、これによってうみだされるところの交通形態を、したがって種々の段階における市民社会を全歴史の基礎としてつかむこと。さらにこの市民社会を国家としてのその活動において叙述するとともに、意識の種々な理論的所産および形態、すなわち宗教、哲学、道徳などなどをすべて市民社会から説明し、そしてそれらのものの発生過程を市民社会の種々の段階からあとづけること。このようにすれば当然また事態はその全体性において（したがってまたこれら種々の面の交互作用も）叙述されうることになる」［同前、五一～二頁］。

このようにマルクスの社会構成理論には、歴史的社会、正確にはたえざる歴史的過程におかれた人間社会の、統一的社会構成としての形式的な枠組みが、大前提になっている。だからこそ、それは、いかなる時代の、いかなる社会に対しても、トータルな理論的解析を可能にする。私はそのことを、一九六七年に始まる理論的作業をつうじて、実地に確認し感得してきた。しかし、エンゲルスをもふくめた後のマルクス主義者は、だれ一人として、このマルクスの社会構成理論を正確に理解し、使いこなせなかった。その結果それは、経済史観とか階級［闘争］史観としてあらわれ、政治的・国家的構成や思想・文化などの、観念的・イデオロギー的諸事象を、学的・理論的に解明することができなかった。

しかしその原因は、たんに当事者たちの責任にのみ帰するものではない。それには、マルクスの社会構成理論の、いわば原理的な前提となっている〈社会〉観が、直接間接に作用している。そこでつぎに、マルクスの〈社会〉観を一瞥しておこう。

（2）社会本質論ないし本質論的な意味での社会観について

社会構成理論の前提としての〈社会〉観とは、人間社会に対する、もっとも本質論的なレヴェルでの把握と抽象によって産み出された、社会本質論のことである。マルクスは、その学的・思想的出立の初期に、〈社会〉ないし〈社会的〉なる概念を、諸個人が生活資料の生産と獲得において現実的に結合し、その活動を相互に交換することによって、精神的にも肉体的にもつくり合う関係、つまりは〈労働を対象化〉する関係として把握した。マルクスにとって、〈人間〉とは、たとえば〈近代〉の契約国家（社会）論者が、自然科学とくに物理学や生物学における、実証的機能主義の要素的解体論の発想からひねり出した、〈単子〉ないし〈原子〉としての「個人」などではない。またそれは、その影響をもろに受けた主に批判哲学系列の哲学者や、文学者などが陥りがちの、「純粋個人」でもなかった。それはあくまで、〈生きる〉ために日々活動しているところの、現実的な諸個人のことである。

しかし、人間が人間として〈生きる〉ということは、何ら思弁的考察の問題ではなく、人間社会の歴史的な生誕と、それ以後の厳然たる歴史過程が、示してくれている。それは、人々が何をおいてもまず、飲みかつ食い、衣服を着て雨露をしのげる住居に住むに必要な、生活手段［生活資料］を生産することである。またそのことによって、その物質的生活を生産すること以外ではありえない。それは〈人間〉を、何よりも生活手段の生産とその消費とが媒介的に統一された、〈生活の生産〉過程において把えることである。というのも、生活手段の生産とは、つまりは〈労働の対象化〉であり、生産された生活手段の消費とは、つまりは〈対象化された労働〉が、人間自身に対象化されることによって、〈人間自身が生産されること〉にほかならない、からである。

したがって、マルクスがいうところの〈社会〉Gesellschaft とは、諸個人が〈労働の対象化〉において現実的に結合し、その活動を相互に交換することによって、肉体的にも精神的にもつくり合う、本質的な意味での〈生活の生産〉関係の総体を意味している。いいかえればそれは、われわれが経験的に観察できる、諸個人の直接的な相互的作用と連関を、常識的にとりあげたものではない。それらの内的深部で進行している本質論的な意味での相互的連関をとりあげたものである。

因みにそれは、諸個人による〈労働の対象化〉と、〈対象化された労働〉が諸個人によって、場所をさまざまに移動［つまり交通］させたりしながら、諸個人に対象化されるという、〈労働の対象化〉を軸とした、高度の論理的な把握と抽象においてとりあげている。したがって、マルクスにとって、この〈労働の対象化〉を軸とした、生活の社会的な生産関係が、歴史的また具体的に、いったいどのような形態をとって実現されているかという問題とは、〈社会〉の本質論的な把握と、その歴史具体的な実存形態の問題として、明瞭に論理的・概念的に区別されて提起されたのである。ここに〈社会〉Gesellschaft と〈共同体〉Gemeinschaft,Gemeind などとの、概念的な区別と連関がある。［この点については、とくに拙稿「マルクス主義における共同体の理論」、拙著『増補マルクス主義国家論』所収、三一書房、参照。］

そこで、人間社会が歴史的世界へ足をふみ出すとともにあらわれた、〈交易〉と〈戦争〉についても、マルクスならではの独特の把握が、提出された。因みにこの、現象的にはまったく相反する二つの社会的活動は、〈対象化された労働〉の獲得という点で、本質的に同一であるとする。つまりそれは、生産物・商品そして人間自身などの諸形態をとった、〈対象化された労働〉を獲得するのに、一方が、商品交換という〈平和的〉な形態で行なうのに対して、他方は、〈対象化された労働〉の物理的な破壊をともないつつも、〈対象化された労働〉を〈暴力的〉に掠奪する。したがって、両者のちがいは、〈対象化された労働〉を獲得する、形態上のものでしかない。

それゆえまた、この〈交易〉と〈戦争〉は、〈対象化された労働〉を獲得するための、対照的な二つの形態であるばかりか、〈対象化された労働〉の〈場所的移動〉という点において、〈交通〉関係の二形態としても、把握される。そこで人間社会は、産み落とされるや、他の歴史的社会とのたえざる対立と競合、とりもなおさず〈交易〉と〈戦争〉の二相を錯綜させた、〈交通〉関係の進展のなかで、その内的な発展を遂げていく、と。

［補註］

以上については、マルクスの諸著作とくに『ドイツ・イデオロギー』、『賃労働と資本』、「資本制生産に先行する諸形態」や「直接的生産過程の諸結果」などをふくむ『資本論草稿集』を、参照。

このようにマルクスは、対象の直接の具体的な現象的諸形態にかかわる問題を、その内的な本質論的把握を前提に、〈内在的な本質から必然化された実存形態〉として、位置づけて把握している。いうまでもなくこれは、マルクスがヘーゲルから直接継承した、学的・論理的な方法的発想にほかならない。因みにヘーゲルのいう対象の〈実存〉Existenzとは、たんなる存在ではない。〈実存〉とは、対象の存在を、〈内在的本質の現象的顕現〉として、把握したところに成立する概念である。

それゆえマルクスの社会本質論、いいかえれば本質論的な意味での社会観は、社会構成理論との関連においてのみ、その本質論的な学的・理論的正当性を堅持できる。社会構成理論から切り離して、それだけをふり回したり、それだけを不当に過大視してしまってはならない。というのも、人間社会を、この種の高度な論理的抽象度において把握すれば、社会構成としての統一的かつ形式的な枠組み自体が、消滅してしまう。国家もなければ、民族的・国民的な差異や多様な独自性などのすべてが、雲散霧消してしまう。それどころか、〈個人〉は〈社会〉というほとんど形のない、空虚な抽象体のなかに、融解的に解消されてしまうからである。

［補註］

とくにマルクス主義者にあらわれた、この種の錯誤と失態については、補論［特殊的国家論］第二篇第4章で、くわしくとりあげる。

とくに注意すべきは、経済的事象の学的・理論的把握と抽象において、この社会構成としての枠組み自体が、実質的に無視され吹き飛ばされてしまう、一般的な傾向性をもっている点である。というのも、〈近代〉以降の統一的社会形成は、商品・貨幣・資本の国境なき国際的・世界的な連関と交通、つまりは世界市場の歴史的形成と、直接表裏をなして進行したからである。マルクス自身も、プロレタリアートによる共産主義社会実現の世界革命思想を、この世界市場の歴史的形成に基礎づけて構想したこともあって、この種の錯誤から自由ではありえなかった。

ただ、経済学では、その経済的事象としての特質上、社会構成のなかの経済的事象という、根本的な規定と制約、つまりは学的・理論的な方法的発想自体が、ほとんど必要かつ必然とされなかった。これに対して政治学では、政治的事象自体が、社会全体の秩序と枠組みに直接かかわり、社会構成における政治的事象という、学的・理論的な方法的発想なくしては、最初から成り立たない。この意味からも、経済学がきわめて特殊な社会科学であるのにひきかえ、政治学はもっとも社会科学らしい社会科学、ということができる。

かくて、社会的諸学とりわけ学的・理論的国家論において、直接必要・不可欠なのは、社会本質論をその内にふくんだ社会構成理論であって、社会本質論それ自体が直接的な有効性を発揮することは、ありえない。

［補註］

社会本質論については、マルクスの諸論文・著作で提示されているため、後のマルクス主義者によっても、指摘されてきた。古くはブハーリンが、とくに『史的唯物論』［佐野他訳、青木書店］で、労働連関論としてくり返し強調し、戦後の日本でも、三浦つとむの指摘がある。ただ、この両者に共通する錯誤は、この社会本質論が、社会構成理論と正当に関連づけられていない点である。ブハーリンの場合には、その経済学的な世界革命論が、歴史社会に内在する社会構成としての枠組みを、吹き飛ばしてしまった。三浦に到っては、〈唯物史観は社会観と歴史観との統一〉と言葉でいうだけで、とくに歴史観については、次章でとりあげる〈世界史〉の発展史観はもとよりのこと、まったく論じていない。これは、たんに社会的事象が、直接には歴史的事象、それも個別歴史［社会］的事象としてしか、存在しえないことを、理解できなかっただけではない。三浦が、直接には歴史的事象としての社会的事象を、正面から解明する本格的な社会科学者ではなかった、ことからきている。

それもそのはず彼の学的本領は、言語学にあり、マルクス主義者としての本領は、エンゲルス晩年の二〜三の小冊子から摘み出した「弁証法」神学の、啓蒙的解説にあった。そこでは、エンゲルスがヘーゲル論理学から摘み出した、「弁証法の三大法則」を傍証するに格好な、特殊・個別的事象が掻き集められた。しかし、弁証法や論理学では、自然的・社会的・精神的いかんを問わない、いわば対象それ自体にかかわる諸法則や諸原理を、とりあげている。いいかえるとそこでは、自然的・社会的・精神的事象としてしか存在しえない、対象的事象としての特質は、そっくり無視され、捨象されている。したがって、この種の「弁証法の三大法則」を、特殊・個別的事象に押しつけても、当該事象に内在する固有の特質を、学的・理論的に把握し解明したことにはならない。そんなものは、学的解明を放棄した一種の知的ゲームである。エンゲルスや三浦をふくめたエンゲルス主義者の、この種の方法的根本錯誤については、すでに「マルクス主義の方法的解体」[『試行』七二号（一九九三年一二月）]で、充分に解体しておいた。

もちろんエンゲルスの学的本領は、経済・階級史観の色彩の強い唯物史観を、個別歴史的レヴェルへ適用する、理論史家という点にあった[その方法的特質と錯誤については、すでに二〇年以上も前に、拙稿「政治理論をめぐるマルクスとエンゲルス」拙著『唯物史観と国家理論』（三一書房）所収、『国家の本質と起源』（勁草書房）などで、解体しておいた]。それは、後にマルクス主義歴史学として結実し、経済学とともにマルクス主義の学的主柱を形成した。この意味で三浦は、エンゲルスの学的本領をそっくり無視して、そのカケラを振り回したにすぎない。

三浦によるマルクス主義の啓蒙的解説は、いわば片手間の余技にすぎず、もちろん、社会的諸学への影響もまったくない。そこに内在する根本的錯誤について、わざわざとりあげる必要もなかった。しかし、一部には、私が「三浦の後継者」とか、「三浦理論の完成者」といった、とんでもないデマと誤解が飛び交っているようなので、ここで一言しておく。

2 方法としての〈世界史〉

(1) 方法としての〈世界史〉の発展史観

〈国家(権力)〉つまりは国家的支配を、総体として追究するにあたっては、何よりも〈近代〉以降の〈統一的社会〉形成を、現実的な基礎にして完成された、〈国民国家〉を直接正面にすえねばならない。もちろん、〈近代〉以降の〈国民的・統一社会的〉な〈社会構成〉を、直接正面にすえるということは、何もひとり〈国家〉にのみ、かぎったことではない。人間社会のすべての現象、あらゆる社会的事象についていえる、〈社会科学としての一般的な方法〉でもある。

この方法的発想は、人間社会全体にかかわる社会的事象を、何よりも統一的社会が形成された、〈近代〉に収斂される〈世界史的〉発展過程において、大きくとりあげるというものである。私がこの方法的発想を、社会現象の学的・理論的解明に不可欠のもの、いいかえれば社会科学の一般的方法として、独自に開拓できたのは、ヘーゲルとマルクスの発想を、直接の叩き台にしてのことであった。因みにヘーゲルは『歴史哲学』で、またマルクスは、生涯をつうじた唯物史観の方法的実践によって、それを明示していた。

方法としての〈世界史〉の発展史観が、社会科学の一般的方法としての、普遍性と有効性をもっている根拠は、二つの側面から確認することができよう。

一つは、社会的事象に対する学的把握［認識］上の問題である。〈近代〉以降における資本制的生産様式の構造的な進展は、各地域的社会の独立・自足性を粉砕して、統一社会的規模での有機的な経済圏［国民的経済圏］をつくりだす。これにともない、社会的生産ばかりか統治と思想・文化にまでおよぶ、あらゆるレヴェルでの社会的な分化と分業が、全的に開花し飛躍的に進展する。もとよりこれは、個人および組織としての諸個人の、〈現実的・観念的な自由〉が、原則的に承認されたことにもとづいている。

このようなかつてない社会的諸関係の、全面的な開花・発展にともない、あらゆる社会的事象［諸契機］は、その本来的な性格に見合った形で、発展・分化する。またこれを、人間的本質という側面からみれば、人間的本質が、もっとも顕在化するような形で、人間社会の内的構造が開花・発展している。そこで、〈国民社会〉成立以降の社会的事象は、〈社会〉に内在する諸法則性を発見し、抽出して、これを一般的な理論ないし法則として、定立するには、もっともみやすく、また恰好な形で現前に展開している。マルクス的にいうならば、「われわれは現象を、それが最も完全に現れる形態で取りあげる」［『マルクス資本論草稿集四』、大月書店、一〇七頁］ことが、できるわけだ。

もう一つは、社会的事象の学的規定上の問題である。これは、対象的事象の社会的・自然的のいかんを問わず、対象の本質を、対象が充分に開花・発展した段階に即して、把握できれば、未発展な段階におかれたその特質を、大きく浮き彫りにすることができる。いわばそれを、応用問題的に解決することができる、ということである。しかし、それとはまったくぎゃくに、未発展な段階に即して、対象の本質を把握しようとすれば、否応なしに、未発展な段階に固有の特殊性だけが、対象の本質として不当に押し出されよう。もちろん、そんな代物が、科学としての理論的な普遍性をもちえないことは、自明である。

［補註］

Ｍ・ヴェーバーの「家父長制的支配」概念はその典型である。［拙著『ヴェーバーと丸山政治学』、勁草書房、参照］。

たとえば、植物でいうと発芽する前の種子の段階でみるよりも、充分に成育して開花した段階でとりあげる方が、はるかにわかりやすい。また人間でいうと、赤ちゃんやお腹のなかの胎児の段階で、人間の特質を把握するよりも、成人の段階でとりあげた方が、生理体としても社会的存在としても、はるかに理解しやすいだけではない。発展した段階に即した理解を前提として、赤ちゃんや胎児をとりあげれば、人間としての特殊性、つまり個別的人間としての発育段階を、正確に位置づけることができる。いわば応用問題的に解決できることになる。

このように、自然的であれ社会的であれ、あらゆる対象的事象は、高度な歴史的進展にともない、その本来的な性格と内的構造を開花・発展させる。したがって、対象の本質を、もっとも歴史的に発展した段階に即して、把握しておけば、それ以前の、より未発展な段階にある、対象の特質は、応用問題として解決できる。ということは、当該事象が、完成的に発展することによって生じた、典型［的形態］から様々な偏奇［的形態］を、同じくスムーズにバランスのとれた正常［な形態］から、異常［な形態］を、それぞれ把握し説明すべきであること。決してそのぎゃくであってはならない。

これは要するに、普遍的な原理としての一般理論［法則］から、さまざまな特殊性［特殊的諸事態］を把握し、位置づけよという、ヘーゲルによって確立された、あらゆる学的・理論的な規定にかかわる、学的方法の問題にほかならない。このような学的・理論的方法を継承したという点で、断固たるヘーゲル学徒であったマルクスは、『資本論』でくり返し強調している。曰く、——

「…一定の物品の生産に振り向けられる社会的労働の範囲が、みたされるべき社会的欲望の範囲に適合しており、したがって生産される商品量が不変な需要のもとでの再生産の普通の基準に適合しているならば、この商品はその市場価値で売られる。諸商品の価値どおりの交換または販売は、合理的なものであり、諸商品の均衡の自然的法則である。この法則から出発して偏差を説明するべきであって、逆に偏差から法則そのものを説明してはならないのである」［国民文庫版、（六）三二〇～一頁］。

また、とくに未発展な段階にかかわる〈偏奇や異常〉を観て、〈典型ないし正常〉への理解の、一助やヒントとなりうるのは、高度に発展した段階によって生み出された、〈典型ないし正常〉についての一定の理解が、前提となっている場合だけである。この点についてもマルクスは『経済学批判』の「序説」のなかで、じつに見事な方法的見地を披瀝している。――「要するに、人間の解剖は猿の解剖にたいするひとつの鍵である。これに反して、低級な種類の動物にある、より高級な動物への暗示が理解されうるのは、この高級なものそのものがすでに知られているばあいだけである。こうしてブルジョア経済は、古代やそのほかの経済への鍵を提供する」［武田他訳『経済学批判』、岩波文庫、三二〇頁］。

（2）〈歴史始原的・遡行〉発想について

1　〈国家存立〉をめぐる〈学的・理論〉と〈思想〉

ここでとくに大方の注意を喚起しておくべき点がある。それは、〈国家とは何か?〉という問いを、ごく安易に〈なにゆえ国家は存在するのか?〉、という問いにおきかえたり、両者を混同ないし同一視してはならない、ことである。この、〈なにゆえ国家は存在するのか?〉、という問いには、多かれ少なかれ、正反対の〈思想的〉な思いがこめられている。一方では、〈いったい何だって国家などという、うっとうしくて抑圧的な代物が存在するのか?〉、という〈国家拒絶〉論の思想。また他方では、〈国家が存在するには、それなりの根拠がある〉、という〈国家是認〉論の信念。

しかしこの、〈なにゆえ国家は存在するのか?〉、という問いへの解答は、大きく二つの立場と発想にわかれる。一つは、すべての自然的・社会的事象を、〈神〉の被造物とする立場から、〈国家〉についても、その存立根拠を神的・宗教的理念から、直接解釈し説明しようとする発想である。この発想は、〈中世〉後期から〈近代国家〉形成期にかけても、大きな影響力をもったが、一九世紀初頭のヘーゲルを最後に、一応の終止符を打った。これに代わって支配的となったのは、歴史的・現実的な意味での〈国家〉にそくして、〈国家存立の根拠〉をさぐる、学的発想である。

そこでこの発想は、結局のところ、〈人間社会の歴史的発展にともない、なにゆえ国家が成立し、今日に到るまで存続してきたのか?〉、という問いに姿を変えて、われわれの前にあらわれる。したがってそれは、純粋な〈学的・理論的〉な問いというよりも、むしろ〈思想的〉性格の強い問いといえよう。

いうまでもなく〈学的・理論的〉認識は、自然的・社会的・精神的事象の〈内在的な一般性〉、つまりはその〈内的な仕組みと論理的連関〉を、〈一般的な理論と法則〉として把握し、構成することによって成立する。したがってそれは、少なくとも当該事象にかんするかぎり、〈これしかない、これ以外には考えられない〉という意味での、唯一の〈学的真理〉を追究し、確立しようとしている。またそのかぎりで、〈学的・理論的〉認識は、〈縦に歴史を超え、横に民族・社会を超える〉普遍的一般性を、内在させている。

スポーツや武道・格闘技などの世界では、時代を異にした大選手や達人たちが、直接競技したり闘うことはできない。ノーラン・ライアンがベーブルースを三振に討ち取れるか、そしてロッキー・マルシアノとカシアス・クレイ、宮本武蔵と高柳又四郎、西郷四郎と木村政彦、双葉山と大鵬などが、対決していずれが勝つかは、ただ推測する以外にはない。ところが、こと学的・理論的世界では、いつでもどこでも、この種の勝負が可能である。少なくともわれわれは、プラトン、アリストテレス以来の世界史上の巨匠と、その著作さえ繙けば、学的・理論や方法について、直接対決して、その雌雄と優劣を決することができる。もちろんそれには、己れ自身で開拓した学的・理論と方法を、〈世界史〉レヴェルで位置づけられる技量が、前提になる。

文学や思想もまたときに、〈縦に歴史を超え、横に民族・社会を超え〉て、世界中の多くの人々に、強い感動と深い感銘そして共鳴を与える、という意味での普遍的一般性をもっている。しかし文学や思想は、その個性あふれる創造者たちの、多様な精神的独自性を生命としていて、われわれがこれを鑑賞するものである。まちがってもそれは、学的・理論のように、唯一の〈学的真理〉を追究するものではない。いいかえればそれらは、自然的・社会的・精神的事象に固有の内在的特質を、〈これしかない〉、〈これ以外にはありえない〉という、学的・理論的な〈真理〉として把握し、構成することを目的としていない。

とりわけ〈思想的〉認識は、日々生起し出来する大小の社会的諸事に対して、これを〈是〉とするのか、〈否〉とするのか、あるいは〈無〉とするのか、というところから出発する。しかしこの判断には、一定の社会的な価値観が必須の前提となる。というのも、これら大小の社会的諸事は、なにゆえくり返し出来するのか？　それは、客観的な意味での〈社会〉自体に問題と原因があるのか？　それとも、個々の人間主体における、心的・精神の側に根本原因があるのか？　そのいかんによって、一方では、〈社会〉に対する部分的ないし根本的な、是正・改革か革命的変革かという、〈実践的〉認識、また他方では、個々の人間主体における心的・精神的な自己改革という、〈実践的〉認識が、導きだされる。

こうして、人間と社会に対するトータルな認識にもとづいた、理念としての人間・社会観の創出が、〈実践的〉認識へと媒介される〈思想的〉認識の、必須的な前提としての意味をもってくる。それゆえ〈思想的〉認識は、少なくとも現実的な有効性をもった、本格的なものであるかぎり、結局のところ、〈時代と社会〉に対するトータルな〈実践的〉認識へと、収斂されていく。そうでないと、ときどきの〈時代と社会〉からの必要と要請に対して、独自の〈思想的〉立場にもとづいた、〈実践的〉な対応ができない。

もちろんそうはいっても、〈学的・理論的〉認識と〈思想的〉認識とは、必ずしも画然と区別されるわけではない。〈思想的〉認識の場合、そのトータルな〈実践的〉認識の、創造と構成に直接役立つものなら、既存のものでも、まったく新たに、独自に開拓したものでも、神的・宗教的な空想や妄想のたぐいでも、はたまた〈学的・理論的〉認識でも、何でもいいわけである。そこで、とくに〈思想的〉認識の過半に、特定の〈学的・理論的〉認識が採用され、組み込まれた場合には、〈思想的〉認識と〈学的・理論的〉認識とは、認識内容的にはほとんど同一で、区別できなくなる。すべては、〈思想的〉認識の強烈な〈実践的〉性格からきている。

2　〈歴史始原的・遡行〉発想の錯誤と陥穽

A　国家論における本質論と起源論

〈学的・理論的〉認識と〈思想的〉認識との異同をふまえたうえで、最初の問題にもどろう。すでに指摘したように、〈人間社会の歴史的発展にともない、なにゆえ国家が成立し、今日に到るまで存続してきたのか？〉という問いは、〈思想的〉性格が強い。しかしこの問いへの解答は、〈国家とは何か？〉という問いへの、厳密な学的・理論的解明をまってはじめて、可能になることに、とくに注目しなければならない。

というのも、前者の問いに直接答えようとした、学者たちのほとんどすべてが、決まって〈国家の歴史的な起源と形成期〉にまで、大きく遡行させる〈歴史始原的・遡行〉発想を、採用した。それというのも、この〈国家の歴史的な起源と形成期〉を直接追究していけば、〈国家と国家権力〉が誕生する、いわば〈その決定的な瞬間を、直接この眼でみることができるにちがいない〉、という誰しも一度は陥りやすい、はなはだ魅惑的な発想が、そこに秘められていたからである。

しかしその結果は、ただ一つの例外もなく、惨憺たる失敗に終わるほかなかった。というのも、乏しい史資料に悩まされながら、原初的な人間社会［〈氏族―部族〉制社会］をとりあげて、そこでの〈公的権力〉や伝統的な〈共同体規範〉と、血族的な社会組織の歴史的変転を、追跡してみたとしよう。全体として、緩慢なる歴史的連続性のなかで、いったいいつの時点で、また何をもって、それらが〈国家権力〉や〈法的規範〉、また〈国家としての政治的組織〉へと大きく、そして決定的に転成したかという、判定と確定自体が、不可能であることに気がつかされる。

それはそうだろう。この種の判定と確定には、何とも皮肉なことに、〈国家とは何か？〉という、この追究の大目的である〈国家・国家権力と法〉の本質論が、そのための理論的な尺度として、いわば前提的に必要とされる。これはいったい何を意味していようか？　他でもない！　〈国家の歴史的な起源と形成期〉を直接追究しても、〈国家とは何か？〉に直接答えられる、国家の本質論的把握が、不可能であることを意味している。

それとはまったくぎゃくに、〈国家の歴史的な起源と形成〉解明に、必要不可欠の理論と方法として、国家本質論の確立こそが、研究主体に突きつけられる。そしてもちろん、〈起源と形成〉解明の理論と方法へと直接転じる、国家本質論が、その〈起源と形成〉期に即してではなく、そのもっとも発展した、〈近代〉以降の〈国民国家〉を直接正面にすえてのみ、可能になることについては、すでにふれた。しかし、それだったらなにゆえ、比較的優れた国家や法の理論の多くが、その起源と形成を追究した古代史家によって、提出されてきたのか、などとかみつかれるかもしれない。

もちろんこれは、むずかしい問題ではない。それは、われわれ研究主体が、ほかならぬ近代社会で生活している、という単純な理由による。というのも、研究主体としてのわれわれは、いつの間にか熟知してしまった、社会現象の〈近代的〉形態に即した理解を、自分自身はほとんど気づくことなく、理論的・方法的な尺度にして、未だ内的に分化せざるきわめて未発展な、というより生れたばかりの社会現象に、スポットを当てている。それゆえ、彼らによって提出された、理論のそれなりの優秀さは、意識的に採用された〈歴史始原的・遡行〉発想の、正当性を証明するものではない。それはむしろ、彼らがほとんど無意識的に、〈発展史観の方法〉を駆使したことによって、もたらされたといいえる。

B　補註——歴史的国家形成に関するG・イェリネックとH・ヘラーの錯誤

以上の論究をふまえるなら、〈国家の歴史的起源と形成〉とは、〈国家〉としての本質的な契機の、歴史的・現実的な起源と形成の問題といえる。そして、まさにこの意味においてのみ、国家起源論は、国家本質論に直接かかわる重要問題なのである。ドイツ国家学を集大成したG・イェリネックは、国家の歴史的形成には、二種類あり、これを明確に区別して把握しなければならない、と主張した。一つは、最初の、歴史始源的な国家形成であり、いま一つは、歴史始源的国家形成以降における、多様な歴史的・段階的な変化や変形である。彼は、前者を「第一次的国家形成」、後者を「第二次的国家形成」と名づけた。因みに曰く、——

「ここでは二つの問題をはっきり区別しておくことが必要である。すなわち、国家制度一般の歴史的起源と、発展した国家世界の内部において新しい国家を形成するという問題と、これである。われわれは第一の問題を第一次的国家形成の問題、第二の問題を第二次的国家形成の問題とよぼうと思う」［芦部・他訳『一般国家学』、学陽書房、二二五頁］。

この主張自体は、歴史的世界に即して国家形成を通観すれば、誰にだって思いつく代物。そのせいか、現在まで多くの人々によって、受容されてきた。しかし、学的・理論的にみれば、こんな発想は、いかにも法学者らしい形式的区分の発想にすぎない。重要なのは、「第一次的国家形成」であれ、「第二次的国家形成」であれ、〈国家形成〉という以上、そこでは、すべての〈国家〉に内在する本質的契機が、歴史的に形成された点である。ところがG・イェリネックもふくめて、この種の発想を主張する者は、例外なく、この〈国家〉本質の歴史的形成という点において、「第一次的国家形成」も「第二次的国家形成」もないことを、まったく忘却している。

またG・イェリネックにおける「社会学的国家論」を継承した、H・ヘラーは、その著『国家学』［安訳、未来社］で、つぎのように主張している。

「…現代の国家を重視するわれわれの研究意図にとっては、国家起源の問題は決して重要ではないのである。この問題をめぐる論争は、非常に不明確な諸概念と極めてその根拠の薄弱な諸仮設に基づいて闘われているが、それは、今日の国家の研究にとって大して重要性を持たないのである。なぜなら、現在ないし未来の国家の構造が、最初の国家の成立起源が階級闘争か、人種闘争か、あるいはその他の第三の闘争であったかどうかに決定的にかかっている、というように考える事は、歴史主義的な偏見にすぎないからである」［五八頁］。

これは、〈国家の歴史的起源と形成〉の問題を、〈国家の内在的な本質の起源と形成〉として把握するのではなく、その直接的な作用・要因の問題にすりかえた、はなはだレヴェルの低い謬論であるだけではない！　学的・理論的解明において、〈近代〉以降の歴史的国家が重要なのは、国家的支配にかかわる多様な諸契機が、そこではじめて全的に開花して、あらわれるからである。しかし、「現代国家」だろうが、〈近代〉以前の〈アジア的〉・〈古代的〉・〈中世的〉世界における、未熟・未発展な歴史的国家だろうが、すべて歴史的に形成された〈国家〉としての本質的契機が、そこに内在している。

われわれがこれまで、〈近・現代〉国家とともに、〈アジア的〉・〈古代的〉・〈中世的〉国家と呼んできた根拠すら、H・ヘラーには、まったく理解できなかったといえる。彼の「国家学」が、G・イェリネックはもとより、H・ケルゼンやC・シュミットらの国家学や憲法理論にさえ、遠く及ばないレヴェルに終始したのも、この種の方法的不備・醜態と無関係ではない。

（3）〈世界史〉の発展史観をめぐる諸問題

1　ヘーゲル〈世界史〉概念の学的・方法的な意義

A　前提としての本質論的把握と経験論

ヘーゲルによって開拓され、マルクスによって独自に改作されて継承された、〈世界史〉の発展史観は、それ以降、学的・理論的方法［正確には社会科学の一般的方法］として、継承されることはなかった。しかしこれは、考えてみればむしろ当然のことかもしれない。〈近代〉の社会的諸学の主流は、自然的諸学の経験論的・実証主義の方法的発想をそっくり受容し、借用することから出発した。とくに自然的・社会的事象に対する、原子論的な〈分解―複合〉発想が、その核心をなしている。［この点は、本論最後の第35章方法的総括でとりあげる。］

ところがヘーゲルの学的・理論的発想は、これら経験論的実証科学とは、真っ向から敵対するきわめて特異なものであった。それは、学的・理論的真理が、事物に対する単純な経験論的認識には、絶対に還元できないということ。学的・理論的真理は、経験論的認識のレヴェルにとどまることなく、先験的な理念を前提とする思弁的な概念構成によってのみ、到達・獲得可能となる、というものであった。

ここから、〈事物の本質は、現象それ自体ではなく、その背後に内在する一般性、つまりは内在的な論理的関連を、把握することによって可能になる〉、という根本発想が必然化される。マルクスもこの学的・理論的な根本発想を、唯物論的に改作する形で、そっくり受容し継承している。念のため、両者のもっとも簡潔・明快な章句を、いくつか紹介しておこう。――

・ヘーゲル…「…思惟においては、我々は事物から外的な単に非本質的なものを切り捨てて、事物をただその本質においてのみ取りあげる。思惟は外的現象を突き抜けて事物の内的本性にまで徹し、内的本性をその対象にする。思惟は事物の偶然的なものを除去する。思惟は事物を直接的な現象としてあるがままに見ないで、非本質的なものを本質的なものから切り離し、従ってそれを捨象する」〔武市訳『哲学入門』、岩波文庫、三〇～一頁〕。「有の真理は本質である。／有は直接的なものである。知識が有の即且向自的な真の相を認識しようとするときは、知識はこの直接的なものとその諸規定にとどまらず、この有の背後に有そのものとは異なるなにか他のものが存在し、この背後こそ有の真理をなしているものだという前提をもって、この直接的なものを突き抜ける。このような認識は媒介された知識である。というのは、この認識は本質の下で、また本質の中で直接的に見出されるものではなくて、むしろ或る他者から、即ち有から出発して、その有を超出する道、或はむしろ有の中への沈潜の道を予め歩まなければならないからである。そして知識がこの直接的な有の中から自己を想起する〔内化する〕ときはじめて、知識はこの媒介を通して本質を見出すのである」〔武市訳『大論理学（中巻）』、岩波書店、三頁〕。・マルクス…「もし事物の現象形態と本質とが直接に一致するものならばおよそ科学は余計なものであろう」〔岡崎訳『資本論（八）』、国民文庫、三三四頁〕。「資本制的生産の内在的諸法則が諸資本の外的な運動のうちに現われ競争の強制法則として実現されしたがって推進的な動機として個別資本家の意識にのぼる…。…競争の科学的な分析は資本の内的な本性が把握されたときにはじめて可能になるのであって、それは、ちょうど、天体の外観上の運動が、ただその現実の、といっても感覚では知覚されえない運動を認識した人だけに理解されうるようなものだ、ということである」〔岡崎訳『資本論（八）』、一五八頁〕。

自然科学の経験論的実証主義を受容した社会科学者たちからみれば、ヘーゲル・マルクスの〈現象の背後の内在的本質〉などという発想は、それこそ〈アリストテレス哲学の幽霊〉か、〈中世の形而上学〉以外の何物でもなかったといえる。因みに、ホッブズは、学的・理論的認識について、「…感覚と記憶が、過去のとりけしえぬものごとたる事実にかんする、知識にほかならぬのにたいして、学問は、ひとつの事実の他の事実への連続と依存とにかんする知識である」〔水田訳『リヴァイアサン(1)』、岩波文庫、九〇頁〕と、主張した。また、近代フランス社会学の創始者であるサン・シモンは、「…理論の唯一の目的は、諸事実を相互に関連づけることである」［森編訳『サン・シモン著作集 第二巻』、恒星社厚生閣、一四七頁］と、断言した。

しかし、こういういいかたをするのなら、学的・理論の精髄は、〈対象的事物のトータルな内的連関と仕組み（構造）〉の、把握と解明にある。まちがっても、〈風が吹けば桶屋が儲かる〉といったたぐいの、〈諸事実の直接的な連関〉が、問題なのではない。ところが、アリストテレスとヘーゲルを全的に拒否し斥けた、社会的諸学の経験論的実証主義者たちは、社会的事象の〈内的連関〉ではなく、もっぱら〈直接的連関〉の追究に終始するほかなかった。

そのため、社会的事象にまつわる、とくに歴史的な個別性・特殊性にまどわされ、内在的な普遍的一般性を、学的・理論的な〈概念〉として、本質論的に把握し定立できなかった。社会的事象に固有の内在的な特質が、学的・理論や一般法則として把握され、構成されることなく、多様な歴史的特殊性をひきずり、混在させたままの、「経験法則」として、そのまま提出されるほかなかったのである。M・ヴェーバーの、「支配の社会学」と銘打たれた政治社会学は、政治的事象に対する、この種の経験論的把握の典型といってよい［これについては、拙著『ヴェーバーと丸山政治学』、勁草書房、参照］。

［補註］

ただ、マルクスとおなじく熱烈なヘーゲル学徒であったエンゲルスは、ヘーゲル論理学のなかからとくに「弁証法」をとりだし、〈対象をたえざる運動過程、とりもなおさず生成・発展・消滅の歴史的発展過程において把握する〉、弁証法的発想をそのまま人間社会にも押しつけた。そこで、人間社会の歴史的発展を内在的に支配し貫徹している「一般的な運動法則」として、経済的利害を異にして相い闘う、諸階級間の闘争形態をとった〈運動〉、つまりは〈階級闘争〉をとりだした。人間社会の歴史的発展の根本的な原動力を、〈階級闘争〉に求めた〈階級闘争史観〉の提起である。しかし、人間社会の歴史的発展をとりあげるには、〈社会〉とは何かという、本質論的な把握と解明が前提となる。この意味でエンゲルスの発想は、〈本質〉概念を〈運動〉概念にすりかえ、解消させたもので、後の通俗マルクス主義者の原型をなしただけではない。近代の社会的諸学において主流をなした、経験論的実証主義者と、ほとんど同一の方法的錯誤にも陥ったのであるが、この点については、すでに拙稿「マルクス主義の方法的解体」［『試行』七二号］で、厳密かつ詳細に論究しておいた。

B　〈世界史〉概念の画期的意義

しかし、ヘーゲルと〈近代〉社会的諸学の主流とは、学的・理論的な根本発想で、真っ向から敵対しただけではなかった。くわえてヘーゲル哲学には、全体として、神的・観念論的な色彩がきわめて濃厚であった。よく知られているように、ヘーゲルの哲学体系［エンティクロペディー］は、絶対的な神的理念が、それ自身の概念的な自己発展として、まずは純粋な論理的理念［ロゴス］という形をとり［論理学］、ついで、自然的世界へと転じ［自然哲学］、さらに直接には精神的世界という形をとった、歴史的社会へと転成［精神哲学］して、最後には、あたかも概念的な自己運動の円環を閉じるかのように、当初の出発点へと回帰していく、というものであった。

そこで『歴史哲学』においては、「…諸々の学問研究にあたって、主観的な要件として前提されねばならぬことは、理性的洞察、認識に対する要求であって、単に知識の蒐集に対するそれではない。すなわち思想を、理性の認識をあらかじめもっていて世界史に臨むのではないにしても、少くも世界史の中には理性が存在するという確固不抜の信念、また知性と自意識的意欲との世界は偶然に委ねられるものではなくて、自覚的な理念の光の中では現われるに相違ないという信念は、もってもらいたい…」［武市訳『歴史哲学（上）』、岩波文庫、六五頁］と明言したうえで、こう断言する。――

「…世界史が理性的に行なわれて来たということ、世界史は世界精神の理性的で、必然的な行程であったということ、そしてこの精神の本性は同一不変のものであるが、この唯一の本性は世界の存在の中で顕現するものだということは、世界史そのものの考察から、はじめて明らかになることなのである」［同前］。

かくて、「世界史は一般に時間の中における精神の展開だといってよい」〔同前、一六四頁〕とされて、「…神が世界を統治するのであって、その神の統治の内容、神の計画の遂行が世界史である。そうして哲学は、この計画をつかもうとする。というのは、この計画に基づいて実現されたもののみが現実性をもつのであり、それに外れたものは単に腐った実存（faule Existenz）にすぎないからである」〔同前、一〇七頁〕とさえ、宣明された。

そして、「世界史において問題になり得るのは、ただ国家を形成した民族だけである」〔同前、一一一頁〕どころではない。数世紀にもおよぶ時代的世界を、圧倒的に支配した諸民族が〈世界史的な民族〉として、大きくとりあげられ、とくにその政治的・思想文化的な側面に即して追究され、大胆な神的・観念論的な解釈が、堂々と提出された。それだけではなかった。

アジア・オリエント的世界の専制国家では、たった一人の者が支配し、古典古代の民主政では、数人の者が支配したにすぎなかったのに対して、ゲルマン的世界における君主政体は、すべての人々が支配する〈自由なる世界〉の創出として、〈世界史〉的発展過程のなかで、大きく位置づけられた。そして最後に、ゲルマン的世界の発展のなかの、当時のプロイセン・ドイツ国家において、〈世界史〉は最高の発展を遂げたとされて、終わる。

したがって、このヘーゲルの発想を即物的に、そのままにうければ、思想的にも学的・理論的にも、了解可能なものはほとんどないかにさえ、みえる。まずそれは、アジア・オリエント的世界に対する思想的・文化的蔑視と表裏をなした、西ヨーロッパ世界中心史観にすぎない、という思想的非難と排撃が、わが国でもとくに東洋史家を中心にして提出されてきた。このアジア・オリエント的世界への蔑視は、ヘーゲルにかぎらず、西欧ではとくに〈近代〉以降の学的思想家・文化人に一般的にみられた。ただヘーゲルの場合には、かのナチズムに直接連なる露骨な〈選民思想〉、といって思想的に断罪されても、決しておかしくないようにさえみえる。

しかし、これらの即物的な印象とはべつに、このヘーゲル流の〈世界史〉の発展史観から、その神的・観念論的な外皮と体裁、そして直接の政治思想的な毒素などを、そっくりきれいさっぱりと、洗い流してみようではないか。そうすると、そこに内在する画期的な学的・理論的な方法が、大きく浮き上がってくる。それを私なりに概括してみると、つぎのようになろう。——

それは彼が、人間社会の歴史的発展を、数世紀以上を一区切りとした巨視的なレヴェルと発想から、大きく鳥瞰的にとりあげることによって、〈世界史〉と〈個別歴史〉とを概念的に区別したこと。そして、ときどきの時代的世界を数世紀にわたって支配した、特定の個別歴史的社会が、〈世界史〉的な意味での〈社会構成〉として、大きく論理的に再構成されることになった。私はかつてこれを、〈個別歴史［社会］の世界史的な論理構成〉と規定したものである。

［補註］
例えば、拙著『国家論をめぐる論戦』［勁草書房、一九一頁］、『ラスウェルと丸山政治学』［勁草書房、一八四頁］、などを参照されたい。

かくてそれは、社会的事象、正確には人間社会にかかわる諸事象を、〈アジア的〉→〈古典古代的〉→〈中世的〉→〈近代的〉という、〈世界史〉的な発展過程において大きくとりあげる、学的・理論的な方法的発想として提起された、といえる。私はこのことに、理論的出立の一九六七年以前から、直観的に気づいていたが、それを概念的な形ではじめて定式化したのは、一九七五年末に執筆した論稿「アジア的国家の論理構造」［『展望』二〇七号、一九七六年三月号］においてであった。因みに、——

「これは六九年以来の私の一貫した主張であるが、形式的にはヘーゲルから継承したマルクスの〈世界史〉なる概念とは、いわゆる直接の時代的世界性、つまり時々の時代として現象する場所的・空間的な意味での世界性を意味するものでもなければ、また、個別歴史の機械的な集合ないし総体としての世界性を指すのでもない。あくまで時代的世界の推移を数世紀という巨視的な射程において観察して、時々の時代的世界の尖端をゆく、あるいはその尖端に躍り出た諸民族が、経済・政治・文化の統一的な様式において、従前支配的だったそれを質的に凌駕する現実的な可能性を把持することによって君臨するに到ったとき、この新たに到来せる統一的様式をその根底的な原理すなわち高度の一般的論理において抽象・把握するところに成立する概念である」。

2 マルクスの発展史観とその根本的歪曲

私は、ヘーゲルが『歴史哲学』で提起した世界史の発展史観を、いわば学的・理論的方法の極意として、独自に再構成しながら、この三十数年間、実際に駆使し援用してきた。私以外ではマルクスが、ほとんどおなじように把握し駆使していたことに気づいたのは、理論的出立から、十年近くもたってからのことであった。もちろんマルクス自身は、社会構成概念を見事に定式化しながら、政治的・国家的構成の側面を軽視し、主に現実的土台としての経済的社会構成に即した、世界史の発展史観を、ヘーゲルの唯物論的な転倒と改作として提出した。

因みに『経済学批判』への「序言」に曰く、——「大ざっぱにいって、経済的社会構成が進歩してゆく段階として、アジア的、古代的、封建的、および近代ブルジョア的生産様式をあげることができる。ブルジョア的生産諸関係は、社会的生産過程の敵対的な、といっても個人的な敵対の意味ではなく、諸個人の社会的生活諸条件から生じてくるという意味での敵対的な、形態の最後のものである。しかし、ブルジョア社会の胎内で発展しつつある生産諸力は、同時にこの敵対関係の解決のための物質的諸条件をもつくりだす。だからこの社会構成をもって、人間社会の前史はおわりをつげるのである」〔武田他訳『経済学批判』、岩波文庫、一四〜五頁〕。

ただ同時に、私自身のこのような独自の方法的把握と、その実地の駆使・運用において、マルクスの、とくに一八五〇年代の政治経済的時事評論が、大いに参考になったことをも、書き残しておかねばならない。とくに「革命のスペイン」は、フランス三部作〔「フランスにおける階級闘争」・「ルイ・ボナパルトのブリュメール一八日」・「フランスにおける内乱」〕を、学的・理論的方法において数段凌駕する、卓越した歴史理論的な論究である〔とくに拙著『アジア的国家と革命』、三一書房、参照］。

また、マルクスは、どのような社会的事象をとりあげても、つねにこの世界史の発展史観を方法的に駆使し、援用しようとしていた。例えばここで、生涯の盟友エンゲルスが書いた、実証事実的な力作「軍隊」［一八五七年執筆、『マル・エン全集14巻』所収］に対する、マルクスの方法的な寸評を想起すべきであろう。彼は、エンゲルスに内在した二つの方法的な謬論、つまり〈歴史始源的・遡行発想〉による〈発展史観の実質的否定〉と〈アジア的段階の軽視の傾向〉について、厳しく指摘しているのである。

因みに、一八五七年九月二五日付けの手紙に曰く――「軍隊の歴史は、生産力と社会的諸関係との関連にかんするわれわれの見解の正しさを、なににもまして鮮明に浮き上がらせている。総じて軍隊は経済的発展にとって重要だ。たとえば賃金は古代人にあってまず最初は、軍隊において十分に発展した。同様にローマ人にあっては、戦時獲得財産…は、家長でない者の動産所有権が認められる最初の法律形態だ。同職組合制度もローマの工兵団…に見られる。同様にここには最初の大規模な機械の応用がある。金属の特別な価値や貨幣としてのその使用さえも、元来は…その軍事的意義にもとづくものらしい。一つの部門のなかでの分業もまず最初に軍隊で実行された。さらに、ブルジョア社会の全歴史が非常に適切に軍隊において要約されている。いずれ君に時間ができたら、ぜひいつかこの立場から論文を書いてもらいたいものだ。／君の叙述のなかで、僕の考えでは見落とされていると思われるのは、次の点だけだ。(1)初めてカルタゴ人のあいだで傭兵制度が大規模に完全に仕上がって現われたこと…(2)一五世紀から一六世紀初めにかけてイタリアで軍隊制度が発達したこと。…最後に、(3)まず最初ペルシャ人のあいだに見られ、その後非常に異なった形をとりながらも、モンゴル人やトルコ人等のあいだに現われたアジア的軍事制度」［『マル・エン全集29巻』、大月書店、一五三～四頁］。

これによってエンゲルスの、ヘーゲル世界史の発展史観に対する方法的な無理解が、ものの見事に暴露されている。しかもエンゲルスは、ごく初期をのぞくと、もっぱらマルクスが独自に開拓した唯物史観と経済学の、学的・理論的な啓蒙的宣伝者に終始した。それだけに、彼の発展史観への方法的無理解は、後のマルクス主義者たちに、決定的ともいえる学的・理論的な悪影響を、与えるところとなった。〈原始的→アジア的→古代的→中世的→近代的〉、という世界史の発展史観が、〈アジア的〉段階を脱落させたうえで、何と、〈これらの発展段階は、あらゆる個別歴史社会において〈必然的に継起する〉、と解釈されて振り回されたのである。しかしこれは、もはや〈世界史の発展史観〉ではなくて、〈個別歴史的な発展史観〉への曲解と矮小化にほかならない。また、これによって、学的・理論的な方法としての世界史の発展史観は、「歴史学」、正確には個別実証史学の学的方法へとすり替えられ、大きく歪曲されることにもなった。

しかしそうなると、厳然たる歴史的な結果的な事実として、どの個別的社会の歴史的発展をみても、この意味での〈継起的な段階的発展〉を経過していない。そこで、一方において、比較的優秀なマルクス主義者［とくに歴史家］たちは、〈個別歴史的な発展においては、条件によって、特定の段階の飛び越しがみられる〉、という具合に〈個別歴史的な発展史観〉を修正して、いわゆる〈飛び越し〉論を提起した。

こうして個別歴史の〈単系的な段階的発展〉説から、〈多系的な段階的発展〉説への移行と修正が、一般的におこなわれるようになった。しかしこの種の修正は、根本的錯誤と曲解のうえでの、部分的な糊塗隠蔽にすぎない。

［補註］

この〈飛び越し〉論の最初の提唱者は、エンゲルス流の理論史家としてはもっとも才能あった、早川二郎である。彼は、とくに日本古代社会の歴史的発展に即して、〈原始氏族制社会〉→〈貢納制としてのアジア的生産様式（上代社会）〉→〈国家的封建主義（律令体制）〉、という解釈を提出した。つまりは、〈古代的奴隷制〉段階の〈飛び越し〉論の提起である。彼は後に、この発想を古代オリエトや中国・インドなどに即しても、適用し確認している［『早川二郎著作集全四巻』（未来社）参照］。戦後の〈飛び越し〉論者である太田秀通・永原慶二らの場合には、独自的考察からではなく、M・ヴェーバー社会経済史学からの借用によるものであった。

また他方において、マルクス主義批判者たちからは、個別歴史的な発展史観として理解したうえでの、主として実証事実的な批判と反発が、くり返された。そのなかで、近代ドイツ政治史家林健太郎は、マルクス主義から転じただけに、その批判には、みるべきものがあった。というのも林は、マルクスの世界史の発展史観を、学的・理論的方法としては把握できなかったものの、少なくともそれを、ヘーゲルのそれの継承と理解することによって、〈個別歴史〉の問題ではないことには、気づいていたからである［この点については、拙稿「唯物史観をめぐる論戦」、拙著『国家論をめぐる論戦』所収、一八九〜一九一頁、勁草書房、参照］。

結　言

真にすぐれた理論・学説というのは、たんなる結果的な意味での正当性にあるのではない。それをトータルな批判的克服の叩き台にすることによって、大きく、そしてより高く前進することが可能であるような、理論・学説のことである。だから特定の理論・学説を、直接的な意味での主張や言説、そして思想的立場や方法まで、そっくり受容し継承しようなどということは、まったくバカげているばかりか、たとえやろうとしても、決してできるものでもない。

この意味で、ヘーゲルやマルクスなどの学的・理論的巨匠の、直接的な意味での弟子や主義者としての継承者に、ほとんどみるべき者、真に批判的克服に値する者が存在しないのも、当たり前のことであろう。マルクスが自らをヘーゲルの弟子と公言したように、私がとくにマルクスとヘーゲルから、多くを影響されたというのは、とくに両者の理論と方法をくり返し批判的克服の叩き台にして、独自のものをつくりあげてきた、という意味でしかない。このことは、マルクスに国家論の不在、そしてヘーゲル国家論が、彼にしては完全な失敗作であるだけに、本書を通観すれば、明々白々となろう。

第二篇　国家論総説

3　国家と国家権力

(1) 特殊な〈外部的支配力〉としての〈国家権力〉

社会的な権力としての国家〔権力〕の特質は、直接にはズバぬけた巨大な組織的規模と、それが担掌する諸活動の多様性として、現象している。今日の欧米諸国における、国家権力の直接的構成員〔中央・地方の官僚・官吏〕の規模は、人口五千万人につき約一割の五百万人にものぼり、優に一産業分野の就業人口に匹敵するほどである。国家権力は、この巨大なる組織をもって、社会を構成する多種多様な社会的権力と、個別的また組織的な諸個人に指示・命令して、これに服従させている。そしてここに、他の社会的権力に比しての、国家権力のきわめて特異な特権的な地位と、社会的権力としての国家権力の特質がある。

このような国家権力の特質は、すでに示した権力理論における、〈内的支配と外的支配〉という理論的な発想から、スポットを当ててみれば、一層明瞭となろう。社会的な権力の特質は、〔組織的〕規範としての意志が、〔組織的〕諸個人の独自の意志を、蹴散らすかのように、確実に貫徹させられている、〈内的支配力〉という点にある。これにひきかえ、外部にむかって押し出される組織的意志の場合、それがどの程度貫徹されるか否かは、もっぱら直接対峙し競合している同種の諸組織との、総合的な意味での力関係のいかんにかかっている。

したがって、いかに強大な組織であっても、その意志が組織内部に対する場合とまったく同じように、他の諸組織に対しても、全的に貫徹されるというようなことは、ありえない。日立や松下の社員が、トヨタやソニーの社命に服従するいわれなどまったくない。もし当該組織の意志が、特定の諸組織に対してつねに、そして確実に貫徹されているとすれば、後者はもはや独立的な組織とはいいがたい。それは、実質的には当該組織によって包摂された、企業でいえば巨大企業の組織的傘下にある、子会社的な存在といえる。このように、典型的な社会的権力が成立している、組織的権力において、〈規範にもとづいた支配力〉は、何よりも〈内部的支配力〉としてあらわれる。決して、〈外部的支配力〉としてではない。

ところが、この点にかんするかぎり国家権力だけは、事情を大きく異にしている。もとより国家権力は、多様にして多量の国家的諸活動を直接担掌するために、中央から地方にむかって張りめぐらされ、膨大な規模の官僚・官吏群によって構成された、巨大な組織体である。組織体という以上、組織的規範にもとづいて構成されており、彼ら国家的諸活動を直接担掌する、各種の専門的諸個人は、国家権力組織法としての憲法・行政的諸法によって、規定され構成されることによってのみ、官僚・官吏として存在しうる。ということは、国家権力構成員としての、彼ら官僚・官吏の実践的活動は、これら法的規範によって、幾重にも厳格に規定されている。したがってこの意味で、国家権力それ自身もまた、きわめて強力な〈内部的支配力〉として存在する。

しかし、国家権力の国家権力たる所以は、たんに内部的支配力たるところにはない。それは、何よりも〈外部的支配力〉の完全な貫徹、という点にある。正確にいうと、国家権力の巨大な組織を挙げた全活動は、あらゆる種類の諸組織・諸権力と諸個人、つまりは社会全体を、法的規範としての国家意志に服従させるための、〈外的諸活動〉の強力な遂行と展開にある。それゆえ大きくみると、国家権力それ自体の組織的構成にともなう、その〈内部的支配〉は、その〈外部的支配〉の全的貫徹に必須の、前提をなしているにすぎない。かくて国家権力は、

〈外部的支配力〉の集中的展開としてあらわれる。

もちろん、すでに総説でも述べておいたように、社会的な権力のなかには、組織活動の過半が、当該組織以外の諸個人や諸組織を、個別に獲得し組織的に吸収するための、〈外的諸活動〉に集中されているものも、決して少なくはない。とくに革命的な政治組織や、新興の宗教的組織がそれである。しかし、それらの場合には、当該組織の組織的肥大と発展を可能にするものとして、〈外的諸活動〉が集中的に展開されている。決して、外部にむかって押し出された、当該の組織的意志が、他の諸組織や諸個人に対して、全的に貫徹されているわけではない。

ところが、国家権力の巨大組織によって、集中的に展開される〈外的諸活動〉の場合には、社会を構成している諸個人や諸組織に対して、押しつけられる法的規範としての国家意志が、全的に貫徹される。この意味で、国家権力が社会全体に対して、法的規範としての国家意志への服従を、獲得するための〈外部的支配〉は、少なくとも原理的には実現される。したがってもし、国家権力による外部的支配が、ほとんど実現されていないとしたら、それは厳密な意味では、〈国家権力〉とはいえない。また、それがきわめて不充分なものとしたら、解体期ないし混乱期の、特殊な「国家権力」といえるだけである。

たとえば、わが国でも敗戦直後の混乱期には、闇市などの取締に手を焼いた警察が、山口組などの暴力団に、助力を求めたことさえあって、後々まで両者の癒着が云々される根拠となった。また、今日でも広く世界に眼をむければ、国民的、統一的社会形成にはほど遠く、政治的にも経済的にも割拠的独立性の強い、地域的社会群の上に君臨している、野蛮な専制的国家権力が、少なからず存在する。そこでは、下部末端での警察力の不備と脆弱さを、たとえば、〈この凶悪犯を捕えた者には、その生死を問わず何万ドルの賞金を与える〉、という具合に、一般の地域社会の構成員や社会組織に委ねることによって、何とか切りぬけようとすることにさえ、お目にかかれる。

さらに、〈近代〉以前の歴史的な世界を、大きくふり返ってみれば、政治的支配圏の規模が、〈帝国〉であれ〈王国〉であれ、帝権ないし王権による国家的統一は、直接対峙している他の政治的・文化的世界への、はなはだルーズな〈外的国家〉構成として、存在するだけで、一元的な内部的統一と組織化は、まずみられない。もとより直接には、共通の強大な外敵に対する、軍事的な組織化という形をとった、この〈外的国家〉構成は、アジア・オリエント的世界でも、はたまた西ヨーロッパ的世界においても、一般的にみられた。

その核心は、多かれ少なかれ、帝権ないし王権と各級地域的レヴェルでの、政治的支配者とが取り結んだ、〈軍役〉つまり〈戦時における一定数の兵員・軍馬の提供と引き替えに、彼らの地域社会への政治的支配権をそっくり安堵し承認する〉ところにあった。それゆえ帝権や王権は、臣従する彼ら地域的支配者たちの、地域社会支配の内実にまで、直接関与しまた干渉することはなかった。

したがって、これを大きく形式的にみれば、国家権力が、帝権ないし王権と、各級地域的レヴェルでの政治的支配者とによって、一元的ならざる多元的な形で分掌されていた、といえなくもない。しかしその実態は、この両者の政治的な支配＝臣従関係が、もっぱら直接かつ個別の力関係にもとづいたもので、決して一様ではない。それはまた、ときどきの彼らが、政治的に有能か無能かなどによっても、大きく左右された。

そこで、〈帝国〉ないし〈王国〉などといっても、内部的にはつねに、上下左右が複雑に入り乱れた、たえざる不和と抗争をくり返していて、帝権ないし王権を軸とした政治的秩序は、不安定きわまりないものであった。かくて、帝権ないし王権と、軍役傘下の有力地域的支配者［有力諸侯など］との間の、国家権力としての全体的構成は、形式的・法制的には［正確には法制にもとづいた官制として］存在しても、この統一的組織化を可能にする、帝権ないし王権の〈外部的支配〉が、全的に実現され貫徹されることは、なかったといえる。

この意味で、とくに欧米の政治学者や法律学者のあいだでは、〈近代〉以前の歴史的な〈国家〉を、厳密な意味での「国家」として承認しない傾向が一般的であるが、この発想にも、それなりの根拠はあるといってよい。

（2）国家権力による社会の〈国家〉的構成

1　国家的諸活動を通じた〈国家〉的構成

このように、国家権力としての直接の組織的構成と、それにともなう〈内部的支配〉の成立は、何よりも社会全体に対する、〈外部的支配〉の実現のための外部的諸活動を、首尾よく遂行し展開するためにこそ、必要かつ必然とされた。したがって、〈内部的支配〉は、根本目的としての〈外部的支配〉を実現するための、副次的ないし補助的な性格しかもっていないといえる。それゆえ、同じく法的規範としての国家意志とはいっても、国家権力の直接の組織的編成を規定している法的規範と、外部的諸活動を直接規定している法的規範とは、論理的には区別して把握しなければならない。

もちろんこれは、法的規範の、実際の〈法律〉としての形式的な分化において、機械的にあらわれるわけではない。というのも、一般的諸法の形式的な分化は、国家的支配における、否応なしの技術的な便宜と、実務的な合理性の追求の、長い歴史的な伝統のなかで、いわば自然成長的に形成されたものだからである。したがって、国家的支配に直接かかわる者は、国家と法律についての科学者としてではなく、もっぱら法の実務的な運用にかかわる、専門的な技術者としての発想から、ことに当たるほかなかった。それでも、大きくみて、憲法・行政法などは前者にぞくし、刑法・民法・商法・経済法などの一般的諸法は、後者にぞくするということはできよう［本論 第25章「国家と法」参照］。

しかし、〈内部的支配〉と区別される〈外部的支配〉とは、外部にむかって押し出される、当該の組織的意志が、他の諸組織や諸個人に対しては、組織内部に対するように、全的に貫徹されないからこそ、〈外部的支配〉なのである。したがって、国家権力のように、社会全体に対する〈外部的支配〉が、つねに完全に実現されているとしたら、それは、もはやたんなる〈外部的支配〉ではありえない。もはや国家権力を、社会全体から全的に切り離した、独立的な組織体として、放置しておくわけにはいかない。というのも、今や国家権力と社会全体とは、大きくみて同一の組織的連関を構成している。そこには、国家権力を軸とした、社会全体の統一的な組織的編成と構成が、客観的に実現されている。

これはいったい何を意味していようか？　いうまでもない、国家権力が〈社会〉全体を、法的規範にもとづいた組織化によって、〈国家〉として構成している。もう少し厳密にいうと、国家的諸活動は、直接には国家権力による社会全体への、強力にして多様な外的諸活動の展開として、あらわれる。重要なのは、この国家的諸活動の展開をつうじて、社会を直接構成している諸組織や諸個人は、国家権力の指示と命令［法的規範としての国家意志］に、その独自の意志を服従させている、正確には服従させざるをえない。この服従によって、じつは国家権力が、法的規範［端的には法律］にもとづいて、社会全体を統一的政治組織、つまりは巨大で独立的な政治的権力として、構成していることになる。因みに、〈組織とは規範にもとづいた諸個人の結集体〉以外の何物でもないから。

かくて国家権力が、社会全体を法的規範にもとづいて組織化したとき、この法的に総括された〈社会〉は、他の歴史的社会との区別において、〈国家〉と呼ばれる。しかし、この国家権力によって法的に組織された〈国家〉の、他の諸国家［歴史的社会］に対する〈外部的支配〉は、国家権力による社会的諸個人・諸組織へのそれとは、大きく異なる。後者の〈外部的支配〉が、完全かつ絶対的であるのに対して、前者における〈外的国家意志〉が、いったいどの程度貫徹されるかは、もっぱらときどきの当事諸国相互間の、総合的な意味での力［国力］関係のいかんに、かかってくる。もちろんここに、〈国内主権〉と〈対外主権〉との根本的な相異がある。

そこで〈国家〉、正確には〈国家的に構成されたかぎりでの社会〉、簡単には〈国家としての社会〉と〈社会〉それ自体との、区別と連関やいかんという問題が、生じてくる。もちろんこれは、かつて多元的国家論において、

〈国家は全体社会（ないし基礎社会 community）か、それとも部分社会（ないし社会的団体 associatin）か〉という形で提起され、くり返し議論された問題とも、関連している。

しかしこの点は、〈国家権力による社会の国家的構成と組織化〉の原理と実相を、解明することによってのみ、大きく浮き彫りにすることができる。それはまた、〈社会〉とは何かという、本質論的把握を前提としたうえで、〈国家権力による国家的構成と組織化〉を、〈社会〉との統一的な論理的関連において、明示することでもある。そこで、この問題については、次章第6節でも簡単にふれ、次章以下の論究をふまえ、第32章理論的総括1［第3節第2項］で、概括的に提示することにしたい。

ここでは、〈国家〉と〈国家権力〉との概念的区別と連関を、とりあげている。そこで、国家的諸活動の展開をつうじた、国家権力による〈社会〉の〈国家的〉構成が、いったい〈社会〉のどのような状態における、どのような必要と必然にもとづいて、可能となり、また断行されるのかといった問題は、すべて捨象するほかない。それらの問題は、直接には国家的諸活動へと大きく媒介される、〈社会〉の内外諸関係からの根本的な規定性である。しかしこの問題は、次章以下での解明にゆだね、ここでは、〈国家権力による社会の国家的構成〉という、ごく形式的な組織的・制度的把握に、とどめておかねばならない。

2　〈市民〉の〈国家〉構成による〈国民〉としての登場

つぎに、〈近代〉以降の統一的社会形成をみたところでは、〈社会〉の直接的構成員としての、〈市民〉は、〈国家〉組織構成員へと転じ、〈国家構成市民〉つまりは略されて、〈国民〉と、呼称されることになる。つまり社会的諸個人が、国家権力によって〈国家〉として、政治的に組織化され、〈国家〉構成員へと転じたとき、これをすべて〈国民〉と、呼ぶわけではない。それには、一定の歴史的・社会的諸条件が、前提となっている。

社会的諸個人が、その現実的な活動と、観念的・精神的な活動の両面における、〈自由〉を国家的［つまりは法的］に保障・承認され、〈自由なる権利〉を獲得したとき、〈市民〉と呼ばれる。したがって、この〈市民権〉には、現実的活動としての経済・社会的活動と、観念的・精神的活動としての思想・文化や政治的活動の、〈自由権〉が中心となっている。とくに政治的活動の自由とは、個人および結集した諸個人としての組織の、〈国家〉に対する［政治的］権利であり、また〈国家〉構成に関与し参画する、［政治的］権利である。

そして、〈近代国家〉の歴史的形成期に、この自由権の国家的［つまり政治的・法制的］定着を、直接思想的・イデオロギー的に規定し先導したのが、かの人権論である。またここに、〈市民〉というのは、古典古代期の〈都市市民〉が、〈法の下での自由・平等〉と、〈法の形成・執行に直接的に関与し参加する政治的権利〉を、はじめて保障し実現したところからきている。それゆえ人権論には、〈社会の国家的構成〉の必要かつ必然、という意味での国家主義が、思想的また論理的な前提となっている。しかしこの点については、第27章で独立にとりあげる。

こうして〈市民〉、つまり〈市民権〉をもった社会的諸個人が、〈法形成への関与〉と〈法への服従〉によって、〈国家〉を構成したとき、この〈市民〉は、〈国家構成市民〉としての〈国民〉と、呼ばれる。つまり〈近代社会〉の構成諸個人は、その社会的出自のいかんや、社会的生存条件における大きな相異、正確にいうと、都市に住もうが、農村・山村・漁村などで生活しようが、社会的活動における産業・業種的、また根本の階級・階層的な、相異いかんにかかわりなく、〈市民権〉を付与されているかぎり、法的にはすべて〈市民〉であり、政治的には国民［国家構成市民］として登場する。

このように諸個人は、〈市民権〉を付与されることによって、〈社会〉構成員としての〈市民〉となり、直接に〈国家構成員〉としての〈国民〉として登場する。しかしその内的な論理的連関については、とくにみておかなければならない。諸個人への〈市民権〉の付与とは、諸個人に対する〈社会構成員〉としての、法的・国家的承認である。というのも〈権利〉とは、個人および組織としての諸個人の、生存条件にかかわる意志・利害の、直接には法的形態をとった社会的・国家的承認、以外のなにものでもない。

したがって、諸個人への〈市民権〉付与による〈市民〉としての法的・国家的承認は、直接に〈社会としての諸個人〉への、法的規範にもとづいた〈国家〉としての、政治的包摂と組織化を意味している。つまり諸個人の、〈市民〉としての〈社会的〉包摂が、直接に〈国家〉としての〈政治的〉包摂と組織化の、性格をもっている。かくて〈社会〉構成員としての〈市民〉が、直接に〈国家〉構成員としての〈国民〉として、登場することになる。

それゆえ、国家権力による社会の国家的構成にともなう、社会的諸個人としての国家構成員が、〈国民〉として登場するのは、社会的諸個人に市民権が付与される、〈民主的〉政治形態の下においてである。〈専制的〉政治形態の下では、市民権がまったく付与されないか、大きく制限され、社会的諸個人としての〈国家〉構成員は、〈人民〉ではあっても、いまだ〈国民〉とはいえない。

こうして、統一的社会形成を現実的な土台とした〈近代国家〉が、〈国民国家〉と呼称されるのは、直接には〈政治的民主主義〉という形をとった、〈市民〉による主体的な〈国家〉構成、をとらえてのことである。もちろん、これらの諸点については、以下の本論において、具体的な諸問題をとりあげたところで、何度も確認することになろう。

3　補註――アリストテレスの「国民」とヘーゲルの「政治的民主主義」

アリストテレスの「国民」把握には、見るべきものがある。因みに彼は、まず、「…国は、ちょうど全体ではあるが多くの部分から合成されたるものどもの他の何かのように、合成されたるものどもに属しているから、先ずさきに国民とは何であるかが探究さるべきものであることは明らかである。何故なら国は或る数の国民であるから、したがって誰を国民という名で呼ばなければならぬか、また国民とは何であるかを考察しなければならない」［山本訳『政治学』、岩波文庫、一二二頁］としたうえで、つぎのような「国民」把握を提出している。

「…以上のことから、国民とは何であるかが明らかである。すなわち、審議の役か、もしくは裁判の役かに与かる者がすなわちその国の国民であると言い、国とは大ざっぱに言って、このような人々が、生活の自足を確立するに充分な数だけ集ったものであると言う」［同前、一二四頁］。

もちろんこれは、アリストテレスが生き死にした、〈古典古代〉国家にそくした「国民」把握である。そこでは、市民共同体による〈都市を軸とした地域的社会〉の、〈国家〉的構成が一般的で、王政・貴族政・共和政の政治形態いかんをとわず、市民共同体が、国家としての政治的意志決定権を独占的に掌握していた。この意味で、市民共同体が存続し、それが〈都市国家〉中枢を占拠しつづけていたかぎり、王政・貴族政・共和政の政治形態の差異にもかかわらず、市民共同体による、より直接的な〈民主的〉意志決定と、より直接的な国務［統治・行政］執行が、その土台にあったといえる。

それゆえ、アリストテレスが「国民」を、「審議の役か、もしくは裁判の役かに与かる者」と定義しているのは、古典古代の都市国家にそくして、「国民」を市民権とくに国政への参加権［政治的権利］をもった、国家構成員として、明瞭に把握しているといえる。それだけではない！　さらに二つの重要な指摘がある。その一は、「…民主制においては国民でありながら、寡頭制においてしばしば国民でないものがいる…」［同前、一二二頁］、という指摘である。

これは、国家構成員が「国民」であるか否かが、〈民主的〉か〈専制的〉かの政治形態のいかんによって、直接決定されるという主張であって、まったく正しい。というのも、〈民主的〉政治形態の下で付与される〈市民権〉が、〈専制的〉政治形態の下では、まったく付与されないか、きわめて制限されるほかない、からである。しかし、根本に市民共同体による〈民主的〉意志決定を存続させていた、古典古代的国家体制における、「民主的」と「専制的」との微弱な政治形態の差異をみながら、よくぞこれを看取できたものだと、感心させられる。

いま一つは、「…国民は何処かに住むことによって国民であるのではない（何故なら居留他国人も奴隷も居住には与かるから）」〔同前、一二三頁〕と明記して、「国民」であるか否かの根本が、都市か農村かといった居住地のいかんにはないこと。それは、市民権とくに政治的参政権の有無いかんにあることを、はっきりと把握している。

アリストテレスの「国民」把握で、不備・欠陥といえるのは、〈国家とは、国民が生活の自足を確立するに充分な数だけ集ったものである〉、という発想だけである。この発想は逆立ちしている。それは〈国民・国民〉をいう前に、〈社会〉つまり社会的生活を営んでいる現実的な諸個人の存在が、前提になっていることを忘れている〔補註〕。こういいかたをするのなら、〈国家とは、諸個人が社会的生活の維持・発展の必要と必然にもとづいて、歴史的に産み出した最大・最高の政治的組織であり、市民権が付与された組織的構成員を、国民と呼ぶ〉、といわねばならない。

〔補註〕
この種の理論的錯誤は、近代ドイツ行政法学の確立者として知られるO・マイヤーの、「国家トハ最高ノ権力即チ国権ノ下ニ国民ヲ結合セル行為能力ヲ有スル一ノ団体ナリ」〔美濃部訳『独逸行政法　第一巻』、東京法学書院刊、一頁〕という発想にも、内在している。

つぎにヘーゲルは、近代国家の〈政治的自由〉主義について、つぎのように主張している。「…国民の政治的自由の本質は次の点にある。すなわち、国民が自分自身の国家を作るということ。従って国民一般の意志と見られるものを全国民で決定するか、またはその国民に属しているところの人々と、他の市民ではあるが、その誰もがその国民と同等の権利をもつことになって、その国民に属する者として承認される人々とによって決定するということ」〔武市訳『哲学入門』、四二頁〕。

しかしヘーゲルのいうのは、〈政治的民主主義〉であって、〈政治的自由〉主義ではない。〈政治的自由〉主義それ自体は、近代社会における諸個人が、個人および組織としての諸個人として、その自由な政治的意志にもとづいて、自由な活動を展開することである。諸個人は、その自由な政治活動をつうじて、何よりも諸階級・階層としての特殊な政治的意志を、可能なかぎり法的規範としての国家意志へ、大きく転成させようとしている。いいかえると、政治活動を展開している諸個人は、〈国家〉における諸階級・階層としての、特殊な政治的権力構成をその根本目的としている。

したがって、〈政治的自由〉主義の展開は、〈政治的民主主義〉を必然的に帰結する。もちろん、このような〈政治的自由〉主義には、〈専制〉国家支配の弛緩と解体、つまりは〈政治的民主主義〉の一定の歴史的な進展が、前提となっている。それゆえ、〈政治的自由〉主義は、一方で、〈政治的民主主義〉を歴史的な前提とするとともに、他方で、〈政治的民主主義〉を必然化させる。かくて、〈政治的自由〉主義と〈政治的民主主義〉とは、概念的に区別されねばならない。

なお、このようなヘーゲルの〈政治的民主主義〉把握における欠陥は、彼の国家論上の錯誤・謬論と深くかかわっているが、この点については、この後何度かとりあげる。

（3）国民国家と国家意識

それでは、市民・国民としての個々の社会的諸個人は、〈国家意識〉、つまり〈国家〉という巨大な政治組織の一員としての、明瞭な政治的自覚と認識を、自然的また本来的に把持するものなのか？　いいかえるとそれは、個々人の心的観念のなかに、先天的に内在するものなのか？　もしそうでないとしたら、それはいったい、どのようにして生じるものなのか？　しかし、諸個人の当該〈国家意識〉は、その心的世界のなかに、先天的に内在するのでもなければ、また、ごく自然に発生し、発育していく類の代物ではない。それはまぎれもなく歴史的形成物であり、直接には教育と伝統と世論の賜といえる。

それは、国家権力を軸とした幼少からの公教育と、家庭と地域社会における、伝統的な教育と思想的雰囲気に、マス・メディアがくわわった、日々の精神的な交通関係のなかで、育まれていく。とりわけマス・メディアは、諸外国と直接斬り結んでいる、国際世界との日々のかかわりの報道をつうじて、国民的レヴェルにおける、〈政治的〉世論の自然的な醸成と形成に、大きな、ときに決定的な役割をはたしている。

国民的諸個人の当該〈国家意識〉は、このような現実政治教育の長い、たえざる政治思想的訓練の所産としてのみ、発芽し成長し定着していく。ということは、もしかりに、この多様で重層的に推し進められる、特殊な政治思想教育と訓練が、まったく行なわれなければ、いったいどうなろうか？　いうまでもない！　国民の大多数の者は、〈国家〉構成員でありながら、当該〈国家意識〉をまったくもたない状態になる。

そしてその場合には、〈国家〉の代わりに、〈個人〉や〈家族〉また〈地域社会（共同体）〉を、至上第一義とする各種のアナキズムが、大きく幅を利かすことになる。もちろん、その行きつく先は、周辺諸外国に直接手を突っ込まれての、国家［社会］の解体か、その危機感から極端で単純な国家主義による、反動的な制覇か、そのいずれかしかありえない。

ではなにゆえ、〈国家〉構成員でありながら、当該〈国家意識〉を脱落させたままの状態が、ときに長くつづいてしまうのであろうか？　ここでは、外戦に直結するような、諸外国との深刻な対立や軋轢のない状態が、長くつづいていたり、かつての戦争での敗北と惨禍の記憶が生々しく、反戦と厭戦感情が定着しているといった、特殊な歴史的事情をべつにしておこう。

そうすると、一般の社会的諸組織の一員になる場合、つまり日々の手から口への必要にもとづいた、特定企業への入社であれ、レジャーのための各種サークルへの入会であれ、精神的不安を取り除くための、特定宗教組織への入信であれ、はたまた政党のような政治組織への入党であれ、なんでもいい。それらの場合には、たとえその自由意志に、少なからぬ義理と強制がともなっていても、特定組織に所属することへの、明瞭な自覚と決断がある。しかし、諸個人が特定国家組織の一員［国民］となることは、ほとんどの場合、特定社会［国家］で、両親から産み落とされた瞬間に、決定されてしまう。

この点で諸個人に、独自の意志にもとづいた、明瞭な自覚と決断が生じるのは、彼が生まれ育った社会［国家］から離れて、外国つまり他の特定社会［国家］への移住と移籍を、決意した場合であろう。そうでなかったら、外国旅行の旅先で、うっかりビザ［入国査証］を無くしたり、思わぬ事故・事件に遭遇して、自国の大使館の世話になった場合に、ひょっとしたら、自分が特定国家組織の一員であることに、気づくかもしれない。

しかし諸個人は、たとえ主観的に自分を、〈国家〉の所属員などと考えていなくても、国家権力が間断なく発する指示・命令［法的規範］に、服従するほかないかぎり、ちょうどお釈迦さまの手のなかから逃れられない、孫悟空のように、例外なく、すべて特定国家組織の一員である。因みに、〈国家〉それ自体の存亡と興廃に直接かかわる、〈戦争〉にさいしては、それが〈防衛〉か〈侵略〉かといった、戦争の性格いかんとは関係ない。市民は、自らが直接構成しまた包摂されている、〈国家〉という組織体の維持と発展のために、全員が直接武器を手にして、共通の〈外敵〉を軍事的に撃破すべく、戦場へと赴くよう厳しく規定され、義務づけられている。

いうまでもなくこれは、一般には〈国民皆兵〉として知られている。これを、直接の歴史的にみると、〈古典古代〉において〈都市国家〉を構成した、〈市民共同体〉的原理の復古的な再現、とされてきた。しかし重要なのは、この〈国民皆兵〉という発想が、それ自体一大政治的組織として、巨大な政治的権力である〈国家〉を、直接軍事的な組織へと、大きく再編成するための組織原理として、必要かつ必然化された点である。かくて戦時において、〈国家〉という巨大で独立的な政治的組織［権力］は、直接かつ特殊に、強大無比の軍事的組織［権力］として、押し出されることになる。［この点については、第11章第2節第1項をも参照。］

（4）小括

このように、〈国家権力〉という独立的な政治的組織は、その強力な外的諸活動〔国家的諸活動〕の、遂行と展開をつうじて、社会全体を〈国家〉という統一的で独立的な、政治的組織として構成する。いいかえれば〈国家〉とは、〈社会〉全体が法的規範によって組織化され、総括された一大政治的権力である。〈国家権力〉とは、〈社会〉の〈国家〉としての総括と、組織化を直接担掌する、〈国家〉組織のなかの指揮中枢〔指導部〕に、ほかならない。もとよりこれは、〈国家〉組織においても、社会的組織にみられる、〈権力としての一般性〉が、より完成的に発展した形で、内在していることを示している。

そこで、ごくわかりやすくいえば、〈国家〉とは、〈国家〉という政治的権力〔組織〕を意味している。これに対して〈国家権力〉とは、社会〔国民〕の〈国家〉としての、組織的構成を指揮し主導する、特殊な政治的権力〔組織〕である。このように国家権力が、国家のなかの実質的意味での、最高権力として君臨しているところに、一般の社会的権力との根本的な相異がある。かくして〈国家〉は、実体的には〈国家権力〉と〈国民〉との、統一にほかならない。

ここで、とくに国家・国家権力と「組織的暴力」（公的強力）との関連についても、一言しておきたい。この点について、たとえば戦後アメリカの代表的な国際政治学者として知られるモーゲンソーは、主著『国際政治三』〔福村出版〕のなかで、国家は社会の強制組織の別称であり、社会的な秩序維持に要する組織的暴力の独占的運用を決定づける、と主張している。因みに、――「『国家』というのは社会の強制組織の別称にすぎない。つまり『国家』は、社会が秩序と平和の維持のために組織的暴力を独占できる条件を決定する法秩序の別称である」〔五一二頁〕。

すでに示したように、法的に統括されたかぎりでの「社会」を、〈国家〉という。正確には、〈社会〉をその絶えざる内外危難から総体として遵守するために、法的規範にもとづいて統一的に構成された、政治的組織としての「社会」が、〈国家〉である。また、〈社会〉の〈国家〉としての政治的構成と組織化は、歴史的始源以来つねに公的権力としての国家権力によって、直接指揮・主導されてきた［この点については、次章でとりあげる］。そこで〈国家権力〉は、内外危難への直接の実践的対応に必要な「組織的暴力」、つまり対外的には軍事組織、対内的には治安組織の全体を、直接その指揮・統制下におさめてきた。

ところがモーゲンソーは、国家と社会との関連を指摘し、「組織的暴力」をとりあげながら、〈国家権力〉の概念をそっくり脱落させている。ここにもアメリカにおける学的・理論的な国家論の不在が、露呈されている。

［補註］

いまだ〈国家〉の思弁的概念構成以前におけるヘーゲルは、『ドイツ憲法論』［金子訳『政治論文集（上）』所収、岩波文庫］のなかで、〈国家権力による社会の国家的構成〉について、ごく単純で素朴な見解を提出している。――「ひとつの集団が国家を形づくるには、共同の武力と国家権力とを形づくることが必要である」［六五頁］。「ひとつの人間集団は、その所有物の全体を共同して防衛するように結合されているときにのみ、国家と称することができる。このさい、結合はただ単に防衛せんとする意図を具えるだけでは不十分で、権力がどのようであれ、またどの程度に成功するかは別として、現実の武力をもって防衛の行わるべきことは、本来は自明のことに属するが、しかし改めて注意を促しておく必要のあることである」［六四頁］。

このような〈国家〉と〈国家権力〉との概念的区別は、きわめて重要である。というのもそれによって、〈国家形態〉としての〈社会の国家的構成形態〉と、〈国家権力形態〉としての〈政治形態〉との概念的区別が、可能となる。さらに、〈国家権力形態〉としての〈政治形態〉から、〈統治形態としての国家形態〉の問題も、解決できる。つまり、〈国家〉と〈国家権力〉との概念的区別を、前提とすることによってはじめて、〈国家形態〉・

〈政治形態〉・〈統治形態〉という、プラトン・アリストテレス以来、何ら区別されることなく混淆的に使用されてきた、国家理論上の根本概念の区別と連関を、はじめて確定することが可能となる。これらの諸問題については、とくに第15章・第24章などでとりあげる。

(5) 補註——六七年の問題提起の意義と限界

私が、国家論における〈国家〉と〈国家権力〉との、概念的区別の必要をはじめて提起したのは、今から三五年も前の、理論的出発時であった。しかし、これは、直接にはマルクスとエンゲルスの見解をヒントに、私なりの思い切った解釈と展開であった。因みに、マルクスとエンゲルスの当該箇所は、つぎのとおりである。曰く、

「国家は、支配階級の諸個人がかれらの共通利害を主張する形態、そして一時代の市民社会全体が総括されている形態である」〔ほぼ古在訳『ドイツ・イデオロギー』に従った、岩波文庫、九四頁〕。「…国家は永遠の昔からあるものではない。国家がなくてもすんでいた社会、国家や国家権力のことを夢想さえしなかった社会が、かつてはあった。社会の諸階級への分裂を必然的にともなう経済的発展の一定の段階において、この分裂によって国家が一つの必然事となったのである」〔村井他訳『家族・私有財産および国家の起源』、国民文庫、二二六頁〕。

しかし、今からみれば、〈国家〉と〈国家権力〉との概念的区別自体は、マルクスとエンゲルスの独創ではない。それどころか、それは、ホッブズ、ロック以来の近代政治学・国家論において、伝統的に把持されてきた発想といえる。因みに、それはホッブズにおいて、コモンウェルスつまり「国家」ないし「国家共同体」と、「主権者」ないし「主権者権力」、ロックにおいて、コモンウェルスつまり「国家」ないし「国家共同体」と、「政府」との区別である。また、ルソーにおいては、主権者としての人民によって直接構成される「国家」と、「政府」

との区別である。［この点、くわしくは本論第28章参照。］　しかし、より直接に、〈国家〉と〈国家権力〉との概念的区別がみられるのは、ヘーゲルにおいてである。曰く、――「国家とは法的諸関係の下にある人間の社会である」［武市訳『哲学入門』、岩波文庫、七九頁］。「個人としての市民は国家の権力の下に属し、またそれに服従する。しかし、国家権力の目的と内容は市民の自然的な、すなわち絶対的な諸々の権利を実現することである。市民は国家においてこの権利を断念しないのみか、むしろ国家においてのみその享受と発達を期すものである」［同前、八五頁］。

このような学的・思想的な流れのなかで、マルクスとエンゲルスも、〈国家〉と〈国家権力〉との概念的区別の発想を、そのまま受容し踏襲したといえる。もちろん、そんな事情をまったく関知しなかった当時の私は、〈国家権力〉を〈狭義の国家〉、〈国家〉を〈広義の国家〉と呼びかえて、つぎのように規定しておいた。

まず、〈狭義の国家〉としての〈国家権力〉については、――

「社会全体をイデオロギー的に管理・統制するために社会によって生み出された国家といえども、この使命を果たすためには自己を独自のMachtとして組織しなければならなかった。それ故、国家を実体的に把えて、市民社会のうえに立ち社会的分業の一部門を形づくっている官吏という特殊な人間集団すなわち国家機関を、国家と規定することは実体論的レヴェルでの把握として正当である。つまり国家を市民社会の諸Machtとしてとは相対的に独自なそれ自体一つのMachtとして把握することは、国家の実体論的規定としては決して誤っていないのであって、われわれは〈国家権力〉ないし〈国家機関〉を狭義の意味における国家として理解すべきであろう」［拙著『増補マルクス主義国家論』、三一書房、八五〜六頁］。

つぎに、〈広義の国家〉としての〈国家〉については、――

「国家権力は、己れ自身をも含めて社会のすべてのMachtや個人（Machtに包摂された個人）との間に、国家意志への服従を基礎に複雑かつ立体的に錯綜した意志の有機的かつ体系的な関係を創出し、こうして自己および社会をそれぞれ敵対的矛盾を内包しつつも外部に向かってはGewaltとしても対峙しうる一つの全体的な連関〈構造〉を構成する。〈広義の国家〉とは、国家的支配すなわち〈政治的＝イデオロギー的〉支配の上におかれた全領域すなわち国家意志と様々な位層において成立したMachtや個人の意志との間につくりだされた意志関係を、一つの体系的かつ有機的な存在として把えたものに他ならない」〔同前、一二一頁〕。

明らかなようにこの時点では、〈国家〉と〈国家権力〉に対する本質的把握が、いまだ直観的レヴェルにとどまっている。もちろん〈国家〉の規定も、その内容的把握という点では、決して誤ってはいない。しかし〈国家〉それ自体が、〈社会〉全体の法的規範への服従によってつくりだされた、特殊な政治的〈組織〉として、把えられてはいない。少なくとも〈国家〉が、〈国家権力〉によって構成された、当該〈社会〉の独立的で統一的な〈政治的組織〉として、明確には把握されていない。

(6) 補論――〈国家〉と〈社会〉との概念的関連

すでにくり返し指摘してきたように、〈国家〉は法的規範を媒介にした、〈社会〉の統一的な政治的構成と組織化として、生起した。ということは、〈国家〉の生起と存立、つまり〈社会の国家的構成と組織化〉には、ほかならぬ〈社会〉の存立が、まず論理的な意味で、大前提となっている。つまり、〈国家〉と〈社会〉の論理的な先行性いかんという点では、〈社会〉が〈国家〉に先行する。〈社会〉なくして〈国家〉はない、という意味で、〈社会〉こそが第一義的な存在といえる。

しかし〈国家〉に対する〈社会〉の先行性は、たんに論理的にいえるだけではない。歴史的・現実的にみても、そうなのである。右に示したように、〈国家〉は、〈社会〉の歴史的な形成の以前から、存在したものでもなければ、〈社会〉の歴史的な形成とともに、いわば同時進行的に、形成されたわけでもない。それは、何よりも〈氏族―部族〉制社会の、戦時における軍事的組織化という形をとった、〈外的国家〉構成から直接出発した。それゆえ〈国家〉の存立、正確には、〈国家権力による社会の国家的構成と組織化〉には、〈社会〉の存立が、論理的にも歴史的にも大前提となっている。

［補註］

しかるに、イギリス多元的国家論の最高峰として知られるE・バーカーは、〈国家と社会〉の先行性いかんの議論は、いずれも成り立ち、したがって、「どちらが先行するかを論議することは無益である」とした。そして、「もっとも簡潔にいえば、とにかく歴史的時間においては、〈国家〉と〈社会〉とは随伴物であったのであり、いずれもそれぞれ他方にはたらきかけてきたということになる」［堀他訳『政治学原理』、勁草書房、六〇頁］と、結論づけている。しかしこれは、〈国家〉の歴史的起源と形成にかかわる実証的無理解と、イギリス経験論の理論的・方法的欠陥を、はからずも露呈した意味しかもたない。

またこの意味で、〈国家〉と〈社会〉とは、原理的に区別して把握することが、国家の学的・理論的解明において、必須の方法的な前提となっている。国家論と政治学の世界史的な創始者としても知られるプラトンは、直接の〈国家〉構成を、〈社会〉構成とまったく区別することなく、つぎのように論じている。因みに曰く、――

「それでは」とぼくははじめた、「ぼくの考えでは、そもそも国家というものがなぜ生じてくるかといえば、それは、われわれがひとりひとりでは自給自足できず、多くのものに不足しているからなのだ。――それとも君は、国家がつくられてくる起源として、何かほかの原理を考えるかね？」

「いいえ、何も」と彼は言った。

「したがって、そのことのゆえに、ある人はある必要のために他の人を迎え、また別の必要のためには別の人を迎えるというようにして、われわれは多くのものに不足しているから、多くの人々を仲間や助力者として一つの移住地に集めることになる。このような共同居住に、われわれは〈国家〉という名前をつけるわけなのだ。そうだね？」

「ええ、たしかにそうです」

〔中略〕

「…必要のうち第一で最大のものは、生きて存在するための食料の備え（供給）だ」「そのとおりです」

「そして第二は住居のそれ、第三は衣服類のそれだ」

「そうです」

「さあそうすると」とぼくは言った、「どのようにすれば国家は、それだけのものを供給するに足るだけのものとなるだろうか。――農夫が一人、大工が一人、それに織物工が一人いることになるのではないかね？　それとも何なら、さらに靴作りその他、身のまわりの必要品のために仕える者を誰か、そこへつけ加えることにしようか？」

〔中略〕

「…われわれひとりひとりの生れつきは、けっしてお互いに相似たものではなく、自然本来の素質の点で異なっていて、それぞれが別々の仕事に向いているのだ。そうは思えないかね？」

「たしかにそう思います」

「ではどうだろう――一人で多くの仕事をする場合と、一人が一つの仕事だけをする場合とでは、どちらがうまく行くだろうか？」

「一人が一つの仕事だけをする場合です」と彼は答えた。

〔中略〕

「…考えてみれば、農夫は自分用の鋤を、それがよい鋤でなければならぬとすれば、自分の手で作ったりはしないだろうし、鍬もそうだし、その他農耕用の道具一式みなそうだろう。また大工にしてもそうだ。彼にもたくさんのものが必要だしね。さらに織物工にしても靴作りにしても、同じことがいえる。そうではないかね？」

「そのとおりです」

「そこで木工だとか金具工だとか、この種のたくさんの職人がわれわれの小国に仲間入りしてきて、その人口をふやすことになる」〔藤沢訳『国家』、『プラトン全集11』所収、岩波書店、一三二〜六頁〕

このように、プラトンにおいては、〈国家〉形成が、多種多様な社会的分業としての、社会的諸階級・階層の必要と必然にもとづいた〈社会〉形成というかたちで、〈国家〉と〈社会〉の実体的な同一性が、提起されている。ではプラトンに、〈国家と社会との原理的区別〉は、みられなかったのであろうか？　『プラトン全集15』〔岩波書店〕に収録されている、『定義集』（向坂訳）のなかには、つぎのような「国家」規定がみられる。――「国家。仕合せに生きる上で充足している、多数の人々の、法を守る共同体」〔前掲書、一六頁〕。「国家。共通の議決に服する多数の人々の住い。同じ法の下に住む多数の人々の集り」〔同前、二六頁〕。

この〈国家とは、多数の人々より成る法的共同体である〉という規定は、〈国家〉と〈社会〉の実体的な同一性と、両者の原理的区別とが、一応統一された把握として評価することができる。ただ問題は、この『定義集』がプラトンの作ではないと、一般的にみなされてきたことにある。とくにこの「国家」規定にかぎっていえば、後のストア学派の発想とほとんど変わりがない。因みに、キケロは、〈国家とは、市民の法的結合体である〉と、明確に規定している。曰く、――「…国は法による市民の結合以外の何ものであるか…」〔岡訳『国家について』『キケロー選集8』所収、岩波書店、四四頁〕。「…法によって結ばれた、国と呼ばれる人間の結合と集合…」〔同前、一六二頁〕。

『定義集』がプラトンによるものか、否か、とはべつに、〈古典古代〉のギリシャ、ローマにおいて、早くも〈国家と社会の実体的な同一性と、両者の原理的区別〉の発想が、提出されたことだけは、大いに注目されてよい。しかし、この先駆的な把握が、学的・理論的概念として確立されるには、〈近代〉以降の統一的社会形成を、またねばならなかった。というのも、〈近代〉以前の歴史的社会では、一般に、諸個人の経済・社会的活動が、直接に政治的性格をもっていた。いいかえると、諸個人による経済・社会的組織化にともなう、経済・社会的権力構成が、直接に政治的権力構成でもあった。

したがってそれは、多くの場合、直接に軍事的組織化という形をとるとともに、ときどきの歴史的国家、正確には歴史社会の国家的構成の、構成主体としても、あらわれた。もとよりこれは、ときどきの歴史的社会が、〈政・経〉未分離・未分化の混淆状態に、おかれていたこと。そして大きくみれば、〈国家〉と〈社会〉の未分化・混淆状態に、あったということである。

そして、その歴史構造的な根因は、個々の歴史社会が、都市や村落を軸とした、規模狭小で自足的な地域社会相互の、はなはだラフでルーズな外的連関において、構成されていた点にある。人間本来の社会的諸契機は、社会的分業という形をとって、全面的に発展・開花されることなく、未分化・未発展状態のまま、もっぱら閉鎖的で伝統的な地域社会のなかに、閉塞させられるほかなかった。〈近代〉社会においてはじめて、各地域社会の独立・自足性を木っ端微塵に粉砕した、国民的・統一社会的な歴史社会が、形成された。もちろんそれは、諸個人の経済・社会的活動の、〈自由〉によって必然化された、資本制的生産様式の構造的進展の、歴史的所産である。

因みにそれは、直接には〈国民的経済圏〉としてあらわれた、国民的・統一社会的規模における、統一的で有機的な経済的諸関係の歴史的形成であった。そして、まさにこれこそが、〈近代〉の〈一般法と二元的統治組織〉の形成による、かつてない強力で安定的な、〈国民国家〉存立の現実的な基礎にほかならなかった。この意味で、〈近代〉以降の国民的・統一社会的な、歴史社会においてはじめて、社会的分業が、あらゆる分野とレヴェルで全面的に発展・開花し、〈政・経〉分離を直接土台とした形で、〈国家〉と〈社会〉の分離と二重化が、実現された。

ただ、古典契約国家論では、自然状態におかれた原子論的な諸個人が、国家・社会を形成するという論理的枠組みを設定した。そこで、国家と社会との実体的同一性が、大きく浮き彫りにされて、両者の原理的区別は、必ずしも明確にされなかった。それが鮮明にされ、確立されるのは、最後の契約国家論者として知られる、カント以降のことと思われる。ここでは、とくにカント・ヘーゲルとマルクスそして多元的国家論における、〈国家と社会〉との関連規定を確認しておこう。

1　カント…「国家（civitas）とは、法的諸法則のもとにおける一群の人間たちの統合である」〔『人倫の形而上学』吉沢他訳『カント全集第一一巻』所収、一七六頁〕。

2　ヘーゲル…「国家とは法的諸関係の下にある人間の社会である」〔武市訳『哲学入門』、岩波文庫、七九頁〕。「国家は社会を法的関係の面から捉えたものであるのみではなく、真に高次の道徳的協同体として風習、教養、一般的な思惟様式や行為様式の点でも統一を媒介するものである」〔同前、一〇七頁〕。

3　マルクス・エンゲルス…「国家は、支配階級の諸個人がかれらの共通利害を主張する形態、そして一時代の市民社会全体が総括されている形態である」〔ほぼ古在訳『ドイツ・イデオロギー』に従った、岩波文庫、九四頁〕。「国家は全社会の公式の代表者であり、目に見える一団体に全社会を総括したものであった」〔村田訳『反デューリング論⑵』、国民文庫、四八六頁〕。「文明社会を総括するものは国家である」〔村井・村田訳『家族・私有財産および国家の起源』、国民文庫、二二九頁〕。

4　多元的国家論

・E・バーカー…「一方においては、国民は、法的に組織され単一の法的結社という姿をとりながら、そのような結社を構成せしめた約定とその『条項』にもとづいて…、法と秩序の恒久的な体系を作成し施行するという単一の法的目的のために行動する。他方においては、国民は、社会的に組織され…、そして多元的な結社という姿をとりながら…、法的目的とは別のさまざまの目的、つまり宗教的、道徳的、知的、審美的、経済的、および娯楽的というような目的のために行動する。…人的構成においては、法的結社と社会組織――いい換えれば〈国家〉と〈社会〉――はひとつのものである。つまりそれらはともに同一の人間集団を包含している。目的においては、それらは異なっている」〔堀他訳『政治学原理』、勁草書房、五一～二頁〕。「ここでわれわれがとってきた概念にもとづけば、〈国家〉は法的結社、すなわち『法的に組織された国民、あるいは法的規則にもとづく行動のために組織された国民』である」〔同前、一〇八頁〕。「…国民〈社会〉の法的組織としての国民〈国家〉は、…」〔同前、二四九頁〕。

・H・J・ラスキ…「われわれはまず国家を取りあげるが、その理由は、人間生活は国家の諸制度という背景のなかに、一番しっかりとはめこまれているからである。少くとも理論上国家の統制下に入らないような活動領域は存在しないのだ。近代国家は政府と被治者〔subjects〕とに分かれた地域社会であって、割当てられた領域内では、他のあらゆる制度に優越する権利を主張する」〔横越訳『政治学大綱（上）』、四六～七頁〕。「要するに、国家はどの国家をとってみても、政府と被治者からなる地域社会である」〔横越訳『新版政治学入門』、東京創元社、一五頁〕。「…国家とは、ある一定の生活方式に、必要とあれば強制によってでも、従わせられている個人からなる社会である。この社会のなかですべての行為は、この生活方式に合致しなければならない。この生活方式の性質をきめている規則が、国家の法であり、それがすべての他の規則にたいして、必然的な優越性をもつということ、…」〔同前、一六頁〕。「国家という語で私が意味するのは、かかる種類の社会、つまり、この社会の構成分子たるあらゆる個人又は集団に対して合法的に最高な一個の強制的権威を持つことによって統合された社会である」〔石上訳『国家』、岩波書店、六頁〕。

このように〈国家〉と〈社会〉は、実体的には同一ながら、その組織的構成原理を根本的に異にしている。〈国家〉は、〈法的に統合・総括された社会〉、正確には、〈社会全体が法にもとづいて統合・総括された法的組織〉として、把握されている。このことは、これらの論者が、〈国家〉についての学的・理論的認識をどれだけ深め、体系化できたかという問題とはべつに、ここで評価し、確認しておいてよい。

4　国家・国家権力の歴史的起源について

（1）国家・国家権力の歴史的始源と関連

1　歴史的形成における国家と国家権力

それでは、国家と国家権力の歴史論理的関連、とりもなおさず両者の歴史始原的関連とは、いかなるものか？　そもそも国家と国家権力とでは、いずれの生成が、歴史的に先行するのであろうか？　つまりその歴史的な形成と成立において、国家権力が国家に先行するのか、それとも、国家が国家権力に先行するのか？

すでに総説で指摘したように、一般の社会的な組織においては、まず諸個人が、特定の共通目的と理念にもとづいて、〈組織〉的に結集した後に、特定個人を軸とした指導部が、最初の組織内分業としての、専門的な機関として分化する形で、成立する。もちろんこのことは、出発点でわずか数人の特定諸個人が、組織的理念を掲げてその同調者を募り、つぎつぎに結集した多数者を、最初から指揮し主導しながら、スムーズに指導部へと転成していく形態をも、ふくんでいる。特定諸個人を中心とした組織的結集にもとづいて、その指導部が創出されることに、何ら変わりはないからである。

〈国家〉という巨大な政治組織の場合にも、この組織発展の法則性は、貫徹されている。すなわち、〈国家〉の歴史的形成が、その指揮中枢を構成するはずの〈国家権力〉の、歴史的生成に先行する。それは、いかなる歴史的な関連においてであろうか？　いうまでもなくそれは、〈氏族―部族〉制社会を直接の歴史的舞台としている。ごく一般的に〈氏族―部族〉制社会における、単位的共同体としての〈氏族〉は、共同体の個々の成員を規定した規範と、共同体それ自体の維持と存立にかかわる規範とによって、構成されている。［この項は、とくに拙著『国家の本質と起源』（勁草書房）をふまえたものである。］

因みに前者には、〈氏族内において通婚せざる義務〉・〈死亡成員の財産を相続する相互的義務〉・〈侵害に対する援助・防御および救済の相互的義務〉・〈氏族員に命名する権利〉・〈氏族外の者を氏族の養子とする権利〉などがある。また、後者は、〈共通の宗教的儀式・審問〉・〈共同墓地〉などの祭祀的・宗教的活動と、共同体の公的権力にかかわる、平時首長・軍事指揮者の選出・罷免および〈氏族会議〉の設置・開催などに、大別される。そこで、〈氏族―部族〉制社会の公的権力を大きく概観すれば、一般につぎのようであったろう。――出来した瑣末な日常的諸事は、首長によって処理されたが、各級レヴェルの共同体の存立に直接かかわる重大事については、それが出来するたびに開催された、〈氏族会議〉・〈部族会議〉・〈部族連合体会議〉で、その実践的な対処いかんが、決定された。

まず〈氏族会議〉では、平時首長・軍事指揮者の選出・罷免をはじめ、軍事的および宗教・祭祀的活動の決定や、共同体構成員の殺害また部外者の新たな包摂にかんする、実践的な対処を決定した。〈部族会議〉と、各部族代表者［平時首長・軍事指揮者］が平等の権利をもって構成する〈部族連合体会議〉では、軍事的・対外的・祭祀的諸事のほか、首長・軍事指揮者の最高的任免などが、決定された。そしてさらに注目さるべきは、〈氏族会議〉が、平等の発言権をもった成年男女の直接傘下によって、構成されただけではない。首長・軍事指揮者によって構成された高次の〈部族会議〉・〈部族連合体会議〉といえども、すべて公開され、全構成員による注視とその感情・意向と世論の強力な監視下で、諸決定が下されたことである。

このような、〈氏族—部族〉制社会を歴史的舞台とした、国家と国家権力の歴史的形成は、公的権力による原生的で血族的な共同体［社会］の、〈国家的〉構成から出発する。それは、何よりも戦時における共同体の、軍事的組織化という形をとった、〈外的国家〉構成としてである。ここに〈外的国家〉とは、外部から押し寄せてくる、あるいは外部に存在する他共同体［社会］に対して、共同体［社会］が、〈総体としての維持・発展という共通の総意と一般意志にもとづいて組織的に結集したこと〉、をいう。［私は三〇年近くも前に、この〈外的国家〉を〈共同体—即—国家〉という具合に、規定し提起したことがある。この点、本節第3項の補註を参照。］

すでに示したように〈氏族—部族〉制社会は、各級レヴェルで軍事的指揮者を選出する伝統をもっていた点で、戦時には一時的に自らを〈外的国家〉へと、転成させられる体制といえる。しかしそれが、〈体制としての国家と国家権力〉の成立に到るには、共同体［社会］の内外における、大きく決定的な歴史的諸条件の成長によって、媒介されなければならなかった。

それは一方では、同系異系入り乱れた、諸部族共同体［社会］間諸関係の発展にともなう、〈戦争〉の頻繁化である。それによって、軍事的指揮者を中心とした、共同体［社会］の軍事的編成の期間が長くなり、ときにはこの戦時体制が常態化する。そうなれば当然、共同体［社会］の命運を握る、軍事的指揮者の権力が、確実に強化されるだけではない。さらに一歩進んで、彼を中心とした軍事的組織の常設と、独立化が必然化される。この傾向は、主に戦争をつうじて共同体［社会］が、他共同体［社会］を従属させ、〈貢納〉を強制したり、あるいは解体して奴隷的に包摂するようになれば、決定的となる。

同時に他方において、共同体［社会］間諸関係の発展にともなう、戦争と交易の活発化は、物的財貨と牧畜・農耕など生産技術の獲得を可能にして、共同体［社会］の生産諸力を大きく向上させる。それは、ときには原生的共同体の血族的構成を、そっくり保存したまま、共同体［社会］内部における、階級・階層的な差異と格差を、拡大する。それは、否応なしに、共同体［社会］の内部的な不和・対立と抗争を、生み出す。

そのため、内部的な不和・軋轢を抱え込んだまま、共同体［社会］を総体として維持し、遵守可能な公的権力が、必要となる。もちろん、古い原生的で血族的な共同体［社会］において、大小の紛争やもめごとの、出来のたびに生起した、社会的権力としての公的権力では、とうていこの新たな事態に、対応できない。そこで新たな公的権力が、常設的な独立的機関として創設される。

とくに共同体［社会］が、他共同体［社会］をそっくり、あるいは解体的に包摂するレヴェルにまで、進展したところでは、この内部的な階級・階層的な対立は、大きく支配共同体と従属共同体という、形をとった対峙のなかで、前者の内部的な分解が加速されていく。そしてその場合には、支配共同体中枢を軸とした、国家権力としての独立化と専制的一元化への道を、まっしぐらに突き進んでいく。

かくて一方では、戦時的公的権力としての軍事指揮者による、共同体［社会］の軍事組織形態をとった、〈外的国家〉構成の必然。また他方では、共同体［社会］の内部的な不和・対立を、強力に抑え込むための、常設された独立的機関による、〈内的国家〉構成の必要。この二つの流れは、現実の歴史過程において合流し、全体として、公的権力から転成した〈国家権力〉による、共同体［社会］の〈国家〉的構成を完成させる。

このように、共同体［社会］の内外諸関係の進展は、何よりも戦争の頻繁化にともなう、共同体［社会］の軍事的組織化という形をとった、〈外的国家〉構成の大きな先行性の下で、共同体［社会］の内部階級・階層的分解による、不和・抗争を強力に抑え込むための、〈内的国家〉構成を、必要かつ必然とする。それは、諸個人が共同体［社会］総体としての、生存と維持・発展にむけた、〈国家〉的構成である。そしてこのような、諸個人の〈国家〉としての、統一的な政治的組織化の必要と必然が、〈共同体的・公的権力から国家権力〉へ、また、〈共同体的規範から法的規範〉への質的転成を、決定づけるのである。

2　歴史的国家形成における〈戦争〉と支配階級形成

ここでとくに補足しておくべき点が二つある。その第一は、〈国家〉の歴史的形成における〈戦争〉の意義についてである。〈社会〉は、その歴史的な出発点から、つねに孤立した存在ではなく、たえざる相互的連関の〈交通〉関係におかれていたかぎりにおいて、〈交易〉とともに〈戦争〉が、不可避的であった。というのも、〈人間〉は純粋個人としてではなく、あくまで現実的な諸個人、それも他との大きな、当初は自然的・血族的な区別において、〈社会的〉に結合することによってのみ、生存しえたからである。

すでに明示したように、〈国家〉の歴史的・現実的な形成は、直接には〈戦争〉を契機とした、公的権力による原初的社会［共同体］の〈外的国家〉構成に発する。この意味で、〈戦争が国家をつくり、国家が戦争をつくった〉というのは、経験法則としては正しい。しかし、この経験法則とくに〈戦争が国家をつくった〉という発想が、学的・理論的に承認されるには、一方、〈国家〉とは何かの本質的把握と、他方、戦争がなにゆえ、またいかにして国家の歴史的形成にかかわるかの追究とが、必要である。

〈国家〉それ自体は、〈社会〉全体の統一的政治組織以外の何物でもない。〈戦争〉は、〈社会〉それ自体の存立興亡に直接かかわる重大事であるから、〈社会〉を挙げた軍事的組織化が、必要かつ必然とされる。かくて〈戦争〉は、直接には軍事組織というかたちをとった、〈社会〉全体の政治的組織化を必然化する。それは、共通の〈外敵〉に対する、軍事的な政治組織的構成という意味で、ここに〈外的国家〉が形成される。それはまた、〈社会〉の、もっとも根源的かつ始源的な〈国家〉形成が、開始されたことを意味している。

第二は、〈国家権力〉形成に対する〈国家〉的構成の歴史的先行性が、諸階級とくに支配的階級形成に対して及ぼす影響についてである。〈国家権力〉の形成以前、つまりいまだ原初的社会［共同体］の内部的な階級・階層的分解以前に、原初的社会［共同体］の〈国家〉的構成が開始されるということは、それを指揮・主導する公的権力が、経済的支配層の形成に大きく先行するかたちで、存立していることを意味している。いいかえると、歴史始源的にみて支配階級の形成は、政治的支配層としての形成が、経済的支配層としての形成に、大きく先行してあらわれる。

それゆえ、〈近代〉以前の歴史的社会において一般的な、政治と経済との未分化・混淆状態は、たんに経済的支配者［経済的階級権力］が、直接に国家権力を構成する政治的支配者［政治的階級権力］としても、存在しているのではない。少なくとも歴史始源的には、直接に国家権力を構成する政治的支配者としての君臨が、経済的支配者としての存立に大きく先行し、かつまたその前提条件をなしていることを、忘れてはならない。

3　国家・国家権力の歴史的形成の概括

以上から、〈国家〉・〈国家権力〉の形成と発展の歴史的行程を、思い切って概括しておけば、つぎのようになろう。

（1）〈氏族―部族〉制社会の公的権力による、
　戦時ごとの軍事的組織化というかたちの、〈外的国家〉構成
（2）その頻発化と恒常化、そして共同体内外での階級・階層的差異・対立にもとづいた、
　公的権力の国家権力への転成
（3）国家権力による
　〈内的国家〉体制［直接には〈治安〉、一般的には〈内的政治秩序〉］の構成
（4）こうして〈国家権力〉による〈社会〉の〈国家〉的構成が成立する
　→これは〈国家〉・〈国家権力〉の歴史的完成である

かくて〈国家〉・〈国家権力〉の歴史的形成過程は、〈公的権力〉↓〈外的国家〉形成↓〈国家権力〉成立↓〈内的国家〉体制確立↓〈国家〉完成として、把握できる。また、あらためて〈国家〉・〈国家権力〉概念の内的構成を確認しておけば、つぎのようになろう。

国家［「広義の国家」正確には〈統一的政治秩序〉ないし〈政治的社会構成〉］
〈外的国家〉体制ないし〈共同体―即―国家〉…〈外政〉活動として
〈内的国家〉体制ないし〈内的政治秩序〉………〈治安〉活動として
［統治］
国家権力［いわゆる「狭義の国家」］↓〈共同体―内―国家〉
直接には国家強力［Gewalt］としての国家機関として現出する

このように、国家権力の成立には、歴史的・論理的な意味で、共同体［社会］の〈国家〉的構成が大きく先行し、かつまた前提となっている。そこで、もう少し敷衍していえば、ひとたび成立した国家権力は、〈内外危難に対する諸個人の共同体［社会］総体としての維持と発展〉に、現実的な基礎をおいた、共同体［社会］の〈国家〉的構成と組織化が、必要かつ必然であるかぎりにおいて、存立しつづける。したがってそのかぎりで、〈国家〉とその組織化を直接指揮し、主導する〈国家権力〉は、決して消滅することなく存続していく［補註］。

［補註］
その歴史的形成と成立において、〈国家〉が〈国家権力〉に先行することは、私が一九七〇年に執筆・公表した諸論文で、はじめて指摘したものである。それは、〈共同体―内―社会分業〉に対する、〈共同体―間―社会分業〉の先行性に基礎づけられて、〈国家〉としての〈共同体―即―国家〉形成が、〈国家権力〉としての〈共同体―内―国家〉形成に、歴史的・論理的に先行するという問題提起であった。

因みに――「…〈原始的共同体〉でさえ、ときには（一定の条件の下では）他の〈共同体に対して抑圧的かつ敵対的な

〈国家〉として登場しうるのは、他ならぬ〈国家〉としての〈共同体〉の生成の方が、〈共同体〉における〈国家〉の生成よりも、歴史的＝論理的に先行するからである。これは〈種族─間─社会分業〉としての〈共同体─間─社会分業〉が、〈共同体─内─社会分業〉に先行することに基礎づけられている」［前掲拙著『マルクス主義国家論』、一八二頁］。

そしてもしかりに、その歴史的な〈死滅と消滅〉が考えられるとすれば、〈形成〉の場合とはまったく逆の行程で突き進むこと、いいかえれば〈国家権力の消滅〉に較べて、〈国家の死滅〉が実に一大難事であること、をも指摘しておいた。因みに──「では〈共同体─内─国家〉死滅と〈共同体─即─国家〉死滅、〈共同体─内─社会分業〉止揚と〈共同体─間─社会分業〉止揚、〈一国社会主義革命〉と〈世界革命〉とでは、そのいずれが歴史的＝論理的に先行するのであろうか？　私はこれまで、〈共同体─内─国家〉生成に対する〈共同体─即─国家〉生成の先行性の問題を中心にして、あらゆる〈世界史〉的国家における〈共同体─即─国家〉という形式的規定性（本質的には〈政治的＝イデオロギー的〉な規定性である）の強靭さについて再三にわたって強調してきたので、恐らく大方の読者には異論がないと思うが、国家〈生成〉と国家〈死滅〉とはちょうど逆の過程を辿る。すなわち国家の〈死滅〉においては、国家〈生成〉の場合とは全く逆に、先ず〈共同体─内─国家〉が〈死滅〉し、次いで〈共同体─即─国家〉が〈死滅〉するのである」［同前、一二六三頁］。

三〇年前のこの発想は、今みても決して誤ってはいない。ただ当時は、国家と国家権力の相互的関連の把握が、充分ではなかった。そこで、国家と国家権力の〈形成と死滅〉を、両者のトータルな相互的関連において把握することは、できなかった。

なお、〈国家〉の歴史的な起源と形成について、簡単には次節、くわしくは第二巻で、また、〈国家〉の死滅にかかわる問題については、本巻 補論（特殊的国家論）第二篇 で、それぞれ独立にとりあげる。

最後に、このような〈国家〉・〈国家権力〉の歴史始源的形成と連関を、より普遍的な〈国家〉・〈国家権力〉の概念的レヴェルから、大きく位置づけて把握しておく必要があろう。

〈国家〉は、内外危難から〈社会〉全体を維持・遵守するために、〈社会〉を挙げて構成された、統一的で独立的な組織体である。この組織体は、〈社会〉のための〈社会〉を挙げて構成された組織体という意味で、〈政治的組織〉である。そしてこの、〈社会〉の〈国家〉的構成と組織化を、直接指揮し主導する公的権力が、〈国家権力〉

である。この〈国家権力〉による〈社会〉の、〈統一的で独立的な政治的組織体〉としての構成は、歴史始源的には、公的権力による〈社会〉全体の、〈外的国家〉構成として生起する。それは、直接には〈防衛〉と〈攻撃・侵略〉自在の、〈社会〉を挙げた軍事的組織というかたちで、登場した。この意味で、〈国家〉は、〈社会〉を挙げた〈軍事的な防衛・攻撃組織〉という点に、歴史始源的な根拠をおいている。

それだけではない！　直接には〈軍事的組織〉形態をとった〈国家〉の形成は、〈社会〉総体の生存、つまりその維持・発展に必要不可欠の、〈政治的手段〉の創設を意味している。これを一歩踏み込んでいうと、交通関係の一定の進展を前提とするかぎり、〈国家〉という〈政治的手段〉の創設なくしては、現実的な諸個人が、〈社会〉というかたちをとって存在しえなかった、ことをも明示している。この意味で、すくなくとも歴史的・現実的には、〈社会〉は、自らを〈国家〉として構成することなく、それ自体として存続することはできなかった、といえる。

（2）〈部族国家〉・〈王国〉・〈帝国〉と〈世界史的〉国家形成

1　国家形成からみた〈部族国家〉と〈王国〉・〈帝国〉

前項では、〈国家〉・〈国家権力〉の歴史的形成を、その一般的な論理的行程にそくして、大きく把握しておいた。そこでつぎにこれを、直接の歴史的な姿態と行程において、ごく簡単にふり返っておかねばならない。［もとよりそのくわしい解明は、第二巻に譲る。］個別歴史的な国家形成においては、一般的に、〈氏族—部族〉制社会を出発点とした〈部族国家〉形成に始まり、その一定の進展にもとづく〈王国〉形成、そしてさらに〈帝国〉構成という、歴史的な進展段階がみられる。そして、〈王国〉ないし〈帝国〉的国家構成をみた、代表的な個別歴史的国家が、〈アジア的〉・〈古典古代的〉・〈中世的〉な〈世界史的〉国家として、登場してくる。

まず〈部族国家〉とは、部族的共同体［社会］の〈外的国家〉形成の進展が、国家権力の端緒ないし萌芽的形態の誕生、正確には共同体・公的権力から国家権力への移行を開始させた、歴史的国家形成の第一段階をさしている。それは、〈外的国家〉形成の一定の進展が、軍事的指揮者に祭祀的主催権と政治的指揮権、さらに経済的優位をも付与することによって、〈王〉ないし〈部族的王〉としての登場を、もたらした歴史的段階である。

すでに前項でみたように、〈氏族―部族〉制社会では、殺人・傷害・姦通・窃盗などの成員相互間のもめごとの出来ごとに、祭祀的主催者としての〈首長（平時首長）〉や〈長老〉が、慣習的な共同体的規範にしたがい、調停・勧告者として登場した。しかし、他共同体との紛争、とりわけ共同体全体の存立にかかわる〈戦争〉にさいしては、この〈首長（平時首長）〉とはべつに、そのつど〈軍事的指揮者（戦時首長）〉が、選出された。それゆえ〈王〉ないし〈部族的王〉が、軍事的指揮者であるとともに、祭祀的主催者・政治的指揮者としても登場してくる、根拠は明白であろう。それは、軍事的指揮者としての戦勝が、食料・家畜・財貨・奴隷など、共同体に大きな物質的利益と、観念的な神格化をもたらすことから、〈首長〉と〈祭祀的主催者〉としての権力をも、徐々に吸収し獲得していったところにあろう。

そこで、〈部族国家〉を産み出した段階の、共同体的社会構成を大きく概観すれば、共同体内外における交通関係と社会的分業の一定の進展が、多くの場合ときに移動をともなった、定着的牧畜・農耕様式へと突き進み、以前とはことなった一定の生産力水準を獲得する。それにともない共同体の内部では、上層のいわゆる「貴族層」つまり〈王〉・〈首長〉・〈長老〉層と、それ以外の一般成員および奴隷・隷属民などとの、階級・階層的な差異と格差が、徐々に拡大していく。しかし外部にむかっては、他と大きく区別される〈協同社会性の最大の範囲〉としての、〈祭祀的（文化的）・政治的・経済的〉な諸関係が、いぜんとして〈部族的〉ないし〈同系諸部族連合〉として押し出され、直接には〈共同体（部族）―即―国家〉としての、〈部族国家〉として構成されざるをえない。

そして、〈部族国家〉形成をみた同系諸部族の過半によって、〈外的国家〉としての統一的構成が達成されたとき、〈王国〉段階へと突入する。もちろんそれは、一般的には、もっとも強力な特定の〈部族国家〉が、他の諸〈部族国家〉を直接かつ個別に、その政治的傘下に収めていく、という過程と形態をとる。しかしごく例外的には、いくつかの有力な〈部族国家〉の、同格的な参集という形態をとることも、ないわけでない。後述するように、考古学者の寺沢薫は、わが国における〈王国〉形成としての「新生倭国」［「ヤマト政権」］が、この種の有力諸部族国家による「連合政権」であった、と推定している。

〈国家〉の歴史的・段階的形成からみた、〈王国〉の特質は、〈部族国家的・王〉から〈王国的・王〉への転成が、傘下の従属共同体［社会］に対する、実質的な〈国家権力〉としての独立性をもって、登場してくる点にある。というのも、この実質的な〈国家権力〉への転成は、たんに食料・家畜・財貨・奴隷などの、より膨大で安定的な掠奪と収奪を可能にする、強力な政治的・軍事的権力の構成を意味するだけではない。同時に〈王権〉に、政治的傘下における多数の従属共同体［社会］群を統制・制御する、〈内的国家〉体制つまりは〈内的政治秩序〉維持の活動をも、突きつけるからである。こうして王権は、実質的に〈王国―内―第三権力〉としての、国家権力へと転成していく。

［補註］

ここにいう〈第三権力〉の〈第三〉には、二つの意味がこめられている。一つは、〈第三者的〉な独立的権力という意味である。そしていま一つは、〈第一〉権力としての支配階級［権力］、〈第二〉権力としての被支配階級［権力］という、二つの権力の上に立つ〈第三番目〉の権力という意味である。しかしこの点について、ここでは、たんに指摘しておくにとどめ、くわしくは本論第九篇第32章第1節にゆずる。

もちろんこの〈王国〉としてのラフでルーズな統一的政治圏が、数世紀の長期におよべば、この政治的・文化圏としての枠組みは、後々の国民的・統一社会的なワク組みの、歴史的な端緒と原型としての意味をもってくる。

つぎに〈帝国〉とは、特定の王国が、数種の異系文化圏の諸王国や諸部族国家を、その政治的傘下に包摂した〈外的国家〉構成の、いわば極限的な進展段階といってよい。そこで、多数の王国や部族国家を直接政治的に束ねた王国・王権は、〈帝国〉的国家構成における独立的な国家権力としての、〈皇帝権力〉つまり〈帝権〉へと転成する。この〈帝権〉への転成にともない、〈国王〉を頂点とした支配共同体は、一族功臣間の対立と内訌をへて一元的に再構成されていく。それによって〈帝権〉は、たんに〈帝国―内―第三権力〉として独立化するだけでなく、直接の政治的母胎である支配共同体自体に対してさえ、〈専制的〉な独自性を発揮するようになる。

ただここでとくに注意を要することは、〈王国〉レヴェルであれ、〈帝国〉レヴェルであれ、支配共同体による多数の従属共同体支配の実質が、傘下・従属共同体［社会］の独立自足性と伝統的な慣行を、そっくり放置し容認したうえでの、〈祭祀的・貢納―租税的・軍役的〉な外部的支配と収奪に、集中されていた点である。この意味で、〈王権〉ないし〈帝権〉を軸として展開された、〈王国的〉ないし〈帝国的〉国家体制の建設は、はなはだラフでルーズな〈外的国家〉体制の創出であった。

そこで、この〈外的国家〉体制を総体として維持し、遵守するための統治組織として、一方では、祭祀・治安・裁判・警察などの形式的秩序維持と、各種〈貢納―租税・軍役〉の賦課・徴収にかかわる諸機関、他方では、外敵を撃破し内部的な反乱・謀反を迅速に鎮圧可能な、軍事組織の維持・構成が、必要かつ必然とされた。つまりそれは、形式的には、祭祀的・刑法的秩序維持、実質的には、各種〈貢納―租税・軍役〉の賦課・徴収を可能にする、軍事組織を土台とした〈専制的〉統治組織の構成である。

かくて、〈王権〉・〈帝権〉形態をとった支配共同体は、〈王国（帝国）―内―第三権力〉として登場していても、いぜん〈共同体―間―第三権力〉としての根本性格を、克服していない。強力な〈王国〉や広大な〈帝国〉が、急激に建設されたかと思えば、一瞬にして瓦解していった根拠も、ここにある。そこでこの点に関連して、つぎに問題になるのは、〈王国〉ないし〈帝国〉段階から、直接〈世界史〉に躍り出てくる個別歴史的国家の、〈国家〉・〈国家権力〉としての完成的発展いかんである。これは、項をあらためて簡単にふれておくことにしよう。

2 〈アジア的〉・〈古代的〉・〈中世的〉国家の完成度について

一般に〈近代〉以前の歴史的国家は、独立自足的な共同体［社会］を、外部から直接かつ個別に束ねるように支配し包摂する、はなはだルーズで不安定な可動性をもった、〈外的国家〉体制の形成・発展・変形・消滅として、あらわれた。もとよりここに〈不安定な可動性〉というのは、たった一度の敗戦でさえ、〈王国〉ないし〈帝国〉の土台を、直接震撼させかねないからである。そこでは、このルーズで不安定な可動性をもった〈外的国家〉体制（外的政治秩序）が、直接に〈内的国家〉体制（内的政治秩序）を構成する。そこで〈王権〉ないし〈帝権〉形態をとった〈国家権力〉は、本来的な〈第三権力〉として発展的に完成されることなく、もっぱら外部的な〈共同体―間―第三権力〉として、君臨するほかない。この〈外的国家〉体制の下では、ときに〈祭祀的・貢納―租税的・軍役的〉な支配と収奪のための、〈専制的〉統治組織［軍事・官僚機構］と、王国的ないし帝国的な〈公法（刑法・行政法）〉を、偏奇的に発展させ肥大させた。

これを〈王権〉ないし〈帝権〉形態をとった、〈国家権力〉中枢の支配階級にそくしてみると、まず〈古典古代〉では、都市［社会］国家中枢を占拠した、市民共同体という〈支配共同体〉形態をとり、〈中世〉では、聖・俗の封建領主階級という〈共同体支配者〉形態をとって分立し、不断の相互的対立と構想をくり返した。これに対して、〈アジア的〉世界における支配階級は、〈専制的〉に一元化された統治組織［軍事・官僚機構］中枢の、〈支配共同体〉形態をとった。しかし、〈帝権〉の〈中央―地方的〉展開にもとづく、一族功臣の有力諸侯・武将形態をとった各地への転出は、各〈村落―地域的〉社会が把持した独立自足性に規定され、強力な地域的統治権力としての独立と分散化、つまりは〈帝国〉の実質的な解体による、戦国政治的世界への転成の、たえざる一般的傾向を必然化させた。

かくて〈近代〉以前における支配階級の政治的結集は、実質的には地域的統治権力レヴェルにとどまり、統一的な統治階級として構成されることはなかった。これを制度的にいうならば、〈国家権力〉が本来的な〈第三権力〉として、完成的に発展していないことを、意味している。そこでは、支配共同体ないし共同体支配者というかたちをとった、支配的階級権力が、直接に未熟な〈国家権力〉としての、〈中央―地方的〉な地域的統治権力を構成した。それゆえ、〈国家権力〉が統一社会的な秩序維持に任ずる〈第三権力〉として、形式的に分離し独立化し、強力無比の一元的統治組織として、完成されてはいない。

このように〈近代〉以前の〈世界史的〉国家では、〈国家〉と〈国家権力〉、正確には〈外的国家〉構成と〈第三権力〉形成の一定の歴史的進展を、たしかに示してはいた。しかし、〈近代〉以降における、〈国家〉と〈国家権力〉の完成的な発展のレヴェルからみての、共通の歴史的特質は、〈外的国家〉支配の強烈かつ先行的な発展性に比しての、〈第三権力〉形成の未熟な立ち遅れにある。というのもそこでは、多かれ少なかれ、はなはだラフでルーズな〈外的国家〉体制に、終始するほかなかった。

その根拠は、経済社会的レヴェルにおける基礎的共同体［社会］、正確には〈村落〉ないし〈都市〉を軸とした地域社会が、多かれ少なかれ、再生産と剰余生産の一切の諸条件を内在させた、独立的自足性をもっていたことにある。それは、一方における、〈共同体―間―交通関係〉の大きな立ち遅れと、他方における、農業と手工業の未分化に象徴される、〈共同体―内―社会分業〉と階級・階層的分化の未発達に、基礎づけられている。

もちろん、〈古代〉の都市共同体［社会］でも、〈アジア〉や〈中世〉の村落共同体においても、内部的な階級・階層的差異・分化と、それにもとづく対立・抗争は存在した。しかしそれらは、統一社会的規模での階級・階層として構成されることなく、したがってまた、統一社会的規模での階級闘争として展開されることなく、全体としては、都市や村落を軸とした地域的社会としての伝統的独立性のなかに、否応なしに閉塞されるのがつねであった。

〈近代〉以降の歴史的社会は、諸個人の現実的な活動の自由を原則的に承認することによって、交通関係と社会的分業の多種多様な、全面的な発展を可能にし、ここに各地域社会の独立的自足性を破壊し、経済的に融合した統一的かつ有機的な経済圏、国民的・統一的社会が、形成される。これにともない、支配階級と被支配階級という、二大階級権力の存立に収斂される、国民的・統一社会的レヴェルでの、諸階級・階層の分裂と多元的展開が産み出される。そして、統一社会的規模における、国民的諸階級・階層の分裂は、諸階級・階層的〈特殊利害〉と、直接に現実的な〈国民的共通利害〉との構造的分裂を、必然化させる。かくてここに、一方、内外危難に対する〈社会〉の〈国家〉的構成という本来的な〈統治〉活動と、他方、経済・社会的レヴェルでの諸階級・階層間の不和・対立を調整し制御する、〈経済・社会政策〉の展開の必要と必然が、第三権力としての国家権力を完成させる。［この点については、本論第5章以下でとりあげる。］

（3）寺沢薫の日本国家形成に即した考古学的実証

〈国家〉の歴史的形成は、原初的社会［〈氏族―部族制〉社会］相互の交通諸関係の一定の進展を前提に、直接には外戦に備えての軍事的組織化という形をとった、当該〈社会〉の〈外的国家〉構成に発する。もちろんここに〈戦争〉という場合、実際にそれが行なわれるという意味ではなく、あくまで戦争に備えた社会全体の軍事的組織化が断行されるところに、大きな意義がある。そして、いつでも発動可能なこの軍事力を背景にして、他の共同体［社会］を直接かつ個別に政治的に束ねていく、重層的な共同体支配体系の創出にこそ、〈国家〉形成論上の核心がある。さらに、このような〈外的国家〉構成の政治的枠組みにおいて、直接には共同体間の差異・落差という形をとった、支配・被支配の階級・階層的な区別と分化が形成され、それがまた支配共同体の内部にも跳ね返ってくる。

これは、既成の理論や学説という色眼鏡や先見と偏見を捨てて、いわば己れを〈無〉にして個別歴史的社会に立ちむかえば、どこにでも、また、誰にでも容易に看取できる。私が最初にこの発想を提起したのは、一九七〇年のことであり、とくに七五年以来くり返し主張してきた。これまで、私の国家論の歴史家への理論的な影響は、主に日本史・中国史の近代・現代史家に集中されていた。この歴史的国家形成論の発想は、一部の中国古代史家などによって受容されてきたが、日本古代史家たちは、ソッポをむいたままであった。

その主たる原因は、戦後の日本歴史学に対する、マルクス主義の圧倒的な影響力にある。直接には、〈社会の階級分裂が、直接に階級抑圧［暴力］機構としての国家権力を産み出す〉という、〈国家〉把握をそっくり脱落させた、レーニン流のマルクス主義国家観に災いされている。もとよりこれは、共同体間の外的［交通］諸関係を脱落させた、国家＝国家権力の純粋な〈内的構成〉発想であって、これでは、国家・階級形成ばかりか、そもそも〈社会〉の、正確には現実的諸個人の〈社会〉としての歴史的な形成と発展自体を、論じることすらできない。

しかしそうしたなかにあって、私の発想は、一部の考古学者の間で注目されていたらしい。とくに第一線の考古学者として知られる寺沢薫は、最近、多年の考古学的研鑽を一般書のかたちで集大成した、大作『日本の歴史〇二　王権誕生』［講談社］を刊行した。寺沢はこの書において、私の国家・国家権力形成論にもとづいて、わが国先史時代の国家形成、正確には、縄文時代末期［前六世紀末］から弥生時代をへて古墳時代前期［四世紀末］にいたる、トータルな国家形成像を提示した。それは、厳密精緻な考古学的考証にもとづいた、大胆な統一像の再構成というにとどまらず、考古学・古代史学の全体を根底から大きく震撼させる、画期的な問題提起といってよい。

というのも、日本における「国家の成立」の時期をめぐっては、古代史学の定説が七世紀であり、それ以前の倭の五王以降［五世紀後半から六世紀］とするものもあるが、もっとも早いものでも、せいぜい卑弥呼が没する時期［三世紀中葉］とされてきた。したがってそれは、もっとも早いものでも、古墳時代であり、弥生時代に「国家」が成立していないとする点で、すべて共通していた。ところが寺沢は、私の国家形成論を全面的に導入することによって、じつに〈前三世紀末の弥生時代前期末に、国家の形成がみられる〉という主張を、厳密精緻な考古学的考証をもとにして、提起したのである。これは、論の展開が簡潔明快にして周到で説得力があるだけに、大多数の古代史家・考古学者たちにとって、まさに驚天動地の発想であろう。

寺沢は、私が歴史的国家形成の出発点とした〈部族国家〉の基盤を、日常的な生活圏である基礎的な小共同体［一～五ｋｍの範囲］が、数個政治的に束ねられた「大共同体（クニ）」におく。この「大共同体（クニ）」の範囲は、律令体制以降の「郡」とほぼ重なり合う、とされる。そして、小共同体を束ねるのが小首長であり、大共同体の大首長を「オウ」と呼ぶ。さらに、大共同体が数個政治的に束ねられた大共同体群を、「国」と呼び、その首長を「王」と呼ぶよう提案する。そこで、この「国」が数個政治的に結集した、「国」連合の首長は、「王のなかの王」と呼ばれる。それゆえ、「国」にしても、「国」連合にしても、「部族的国家連合」、正確には多数の部族国家の複合的統一として、把握されている。

寺沢は、〈部族国家〉としての「大共同体（クニ）」が、前三世紀末の北部九州に誕生し、前二世紀の段階ですでに、「国―クニ―小共同体」という、重層的な政治的階級関係が、形成されていたとする。そして前一世紀末には、北部九州のナ国やイト国など、「国」連合の形成が始まり、「王のなかの王」が出現してくる。さらにイト国によって束ねられた、これら「国」連合体としての「イト倭国」は、二世紀の始めには、成立していたとされる。

なにゆえ北部九州の国家形成が、他の地域に大きく先行したかについて、直接の原因は、苛酷な戦争のくり返しによって、共同体の政治的統合と組織化が進行した点にある。しかし、なにゆえ戦争が頻発したかについては、北部九州の地域的交通圏の特質を無視できない。というのも、この狭い狭い日本列島が、アマゾン・北米型の地域的交通圏と、ペルー海岸部型の地域的交通圏との両方をもち、北部九州が後者、それ以外の地域には、すべて前者の要素が内在しているという、のである。

因みに、前者が人口も稀薄で、共同体間の緩衝地帯の役割をもはたす、広大な森林をふくんでいるのに対して、後者は、周囲の自然的環境から農地がきわめて限定されていて、土地争いや水争いがたえない。そこで、前者では、〈氏族─部族制〉社会の政治的構成が、ほとんど進展しなかったのに対して、後者では、かのインカ帝国が建設された。それゆえこの指摘は、傾聴に値する。

また、このような戦争と交易の二相を錯綜させた交通関係の進展が、中国大陸を背後にした朝鮮半島との、たえざる政治的諸関係のもとで展開されたことは、いうまでもない。二世紀の末にイト倭国は、後ろ盾であった後漢の衰退とともに、弱体化し、しばらくの間、倭国としての外的国家構成の、主導者不在の状態がつづく。「倭国乱」の混迷期である。イト国の弱体化に代わり、キビ［岡山平野・吉備］・イヅモ［出雲］・タニワ［近畿北部丹後］などに、「国」連合がつぎつぎと形成される。そして、三世紀初め卑弥呼の共立というかたちをとった、「新生倭国」の「ヤマト王権（政権）」は、キビ国を軸とする、西日本各地の部族国家連合によって構成された、とする。

寺沢は、この「新生倭国」の誕生をもって、日本における国家形成が「王国」段階へと進展し、七世紀後半の律令国家の成立をもって、「王国」の完成をみたとする。そこで、「新生倭国」の倭国王は、「王国」の王権であって、それまでの「国」の「王」や、「国」連合を率いる「王のなかの王」などとは区別して、「大王」と呼ぶべきとする。そして、大王卑弥呼の居所［王都］が纏向にあり、「耶馬台国」は弥生時代以来の「ヤマト」国にちがいないが、この耶馬台国や奈良盆地また近畿中心部の部族国家連合などが、ヤマト王権の中枢を構成していたのではない。それはあくまで、キビ国を軸とする西日本各地の部族国家連合の掌中にあった。この意味で、卑弥呼の「女王国」とは、「耶馬台国」ではなく、「新生倭国」のことである、としている。

私はここで、議論百出の耶馬台国論争にコメントするつもりはないが、寺沢の独自的解釈には、決して無視することのできない説得力がある。とくに卑弥呼共立の「新生倭国」構成において、諸王の〈談合と根回し〉という日本的な紛争解決方法が、初めてみられたという独特の見解は、やがて天皇制に収斂されていく、日本国家の独自性にかかわるものとして、充分な考慮に値する。しかし、理論的にみて重要なのは、寺沢が、日本における「王国」形成を、二世紀始めイト国による「イト倭国」としての、〈外的国家〉構成の歴史的段階ではなく、三世紀始めキビ国中心の西日本各地の部族国家連合による、「新生倭国」の成立に求めたことの、成否いかんにある。

結論からいえば、この判定は理論的にみても、正しい。というのは、諸部族国家連合が、〈王国〉段階へ突入したか否かの判定は、その〈外的国家〉構成の範囲が、同系諸部族の過半を直接政治的に組織化しえたか、否かにかかっている［前節第1項参照］。この意味で、イト国による「イト倭国」構成が、北部九州地域に限定された部族国家連合であるのに対して、「新生倭国」は、当時の日本列島に盤踞する政治的諸勢力の過半を、その政治的傘下に包摂したとみられるからである。王権の国家権力としての実質的な独立化と確立は、〈王国〉としての〈外的国家〉構成の枠組みを前提として、はじめて開始される。

寺沢には今後、「大王から天皇」への歴史的転成の統一的再構成を、切望したい。古代史家などには、とてもまかせていられない、と思うからである。

（4）〈国家〉の歴史的起源に関する二つの発想

〈国家〉の直接の歴史的起源については、二つの代表的な発想がある。一つは、それを〈軍事的組織〉の歴史的形成に求めるもので、法社会学の創始者として知られるエールリッヒの、つぎのような主張がその典型といえる。因みに、――

「…その起源からして国家は、法生活とはごくルースな関係しか持っていない軍事的組織である…、北アメリカや世界の他の地域のイギリスの旧・現植民地における若干の近代的国家形成を除けば、その本質からして現在に到るまで変わることなく、国家は全く圧倒的に軍事的組織なのである。国家の起源を疑いもなくはるかなる過去に求めることはできるが、しかし氏族や家共同体に国家の起源を求めることはできないのである。現代の国家と歴史的に何らかの関連を有する最も初期の国家の形態は、言語が類似している多くの部族の軍事貴族の同盟であって、それらの部族は、他の自由民を率いて、戦闘のたびごとに暫定的にではなく、恒久的に戦闘指揮官を選出したのである。その軍事的起源を国家は決して否定したことはないのであって、そのあらゆる発展段階において軍事上の利害が常にその前景に置かれ、上述したイギリスの植民地や若干のヨーロッパの小国家を除けば、現代でもなお到る所で国家はそのような存在なのである」［河上他訳『法社会学の基礎理論』、みすず書房、一二六頁］。

また、エールリッヒと直接論戦の刃を交えた純粋法学の創始者H・ケルゼンも、こと〈国家〉の歴史的起源にかんするかぎり、「軍事的指揮者」に求めている。曰く、――

「行政と裁判所とをもつ法的協同体は国家である。けれども立法の中央機関は、国家の本質的な要件ではない。国家的裁判所の管轄権は、国家的立法よりも古い。…／裁判所は立法機関に先行するものであるが、しかしそれは最初の中央機関ではなかった。最初の中央機関はおそらくは、他の集団に対する戦争で自分の集団の軍事指揮者の地位を占める首領であった」［鵜飼訳『法と国家』、東京大学出版会、一七一頁］。

そしていま一つは、とくにエンゲルスとレーニンによって構成された、マルクス主義の国家起源論である。それは、〈国家〉の歴史的起源を、社会の諸階級への分裂によって直接引き起こされた階級的抑圧機関、正確には支配階級が被支配階級を抑圧・搾取しておくための、国家機関［暴力機構］の出現に求める。

1　エンゲルス――「…国家はけっして外部から社会におしつけられた権力ではない。…それは、むしろ一定の発展段階における社会の産物である。それは、この社会が自分自身との解決しえない矛盾にまきこまれ、自分ではらいのける力のない、和解しえない諸対立に分裂したことの告白である。ところで、これらの諸対立が、すなわち相対抗する経済的利害をもつ諸階級が、無益な闘争のうちに自分自身と社会をほろぼさないためには、外見上社会のうえに立ってこの衝突を緩和し、それを『秩序』のわくのなかにたもつべき権力が必要となった。そして、社会からうまれながら社会のうえに立ち、社会にたいしてますます外的なものとなってゆくこの権力が、国家である」〔村井他訳『家族・私有財産および国家の起源』、国民文庫、二二一頁〕。

「階級対立のうちに運動してきた従来の社会は、国家を必要とした。いいかえれば、そのときどきの搾取階級が自分たちの外的な生産諸条件を維持するための組織、したがってとくに、現存の生産様式によってあたえられた抑圧条件（奴隷制、農奴制、賃労働制）のうちに被搾取階級を暴力によっておさえつけておくための組織を必要とした。国家は、全社会の公式の代表者であり、一つの目に見える団体に全社会をまとめあげたものであった」〔寺沢他訳『空想から科学への社会主義の発展』、国民文庫、一〇四～五頁〕。

2　レーニン――「統治だけを仕事とし、統治のために特殊な強制機関、他人の意志を暴力に服従させるための機関――監獄、特殊な人間部隊、軍隊、その他――を必要とする特殊な人間集団が出現するときに、国家は出現するのである。…歴史の示すところでは、諸階級への社会の分裂――つまり、その一方が他方の労働をたえずわがものにすることができるような、そこでは一方が他方を搾取するような、人間集団への分裂――が生じたところで、生じたときにはじめて、人々を強制するための特殊な機関としての国家が出現したのであった」〔「国家について」、全集刊行委員会訳『国家と革命』所収、一六一～二頁〕「国家とは、一階級が他の階級を抑圧するための機構、一階級に他の隷属させられた諸階級を服従させておくための機構である。」〔同前、一六八頁〕。

この二つの発想、つまり〈国家〉の歴史的起源を、「軍事的組織」の形成に求める発想と、社会の階級分裂にともなう公的強力を主体とした、「国家機関」の出現に求める発想とは、〈国家＝Gewalt〉論に立脚している点では、同一である。しかし同じく〈国家＝Gewalt〉論といっても、その内実は大きく異なっている。

まず、エールリッヒに代表される前者の発想は、原初的社会の「軍事的組織」構成に注目することによって、厳密な意味での〈国家〉の、歴史的な起源と形成の問題を、一応提起している。しかしそれは、〈近代〉以前の個別歴史的国家形成に即した、たんなる歴史事実的な指摘のレヴェルにとどまっていて、学的・理論的に構成されてはいない。ケルゼンならずとも、少しでも本格的な学的・理論的研究者なら、その「体系的不備」に、噛み付きたくなろうというものである。

すでに指摘したように、〈国家権力〉と区別される〈国家〉の歴史的起源は、いまだ原初的な共同体的社会の、戦時における軍事的組織化という形をとった、〈外的国家〉構成にある。いいかえると〈国家〉の歴史的起源は、戦時のみの「軍事組織」という形をとった、統一的政治組織の形成にあり、エールリッヒのいうような「軍事組織」それ自体に、あるわけではない。厳密に理論的にいうと、〈国家〉それ自体は、〈社会〉全体の統一的な政治組織的構成にあり、しかるがゆえにそれは、戦時に〈社会〉を挙げた「軍事組織」として、あらわれる。

つまり「軍事組織」は、統一的政治組織としての〈国家〉の、〈実存〉形態なのである。また、この意味で「軍事組織」は、〈国家としての社会〉全体の維持・発展に必須の、物理的強制手段［Gewalt］ともいえる。もちろん、この組織的権力［Macht］と物理的強制手段［Gewalt］との、厳密な概念的区別と連関については、すでに総説で充分に論じておいたところである。なお、このエールリッヒの単純な〈国家＝軍事組織〉論は、その法社会学の根本発想と密接不可分に関連している。

つぎに、後者のマルクス主義では、厳密な〈国家〉の歴史的起源をまったく無視して、もっぱら〈国家権力〉の歴史的形成が、極端な経済還元主義の階級［闘争］史観の発想から、強引かつ一面的に解釈されている。もちろんエンゲルスは、マルクスとエンゲルスの理論的宣伝者にすぎなかったレーニンとはちがい、半ばマルクスに成り代わり、「歴史的国家」の理論的解明を試みただけに、まったくみるべきものがないわけではない。とくに

〈国家〉と〈国家権力〉のちがいについて、少なくとも直観的には気づいている。

しかし、それにもかかわらず両者は、〈国家〉の歴史的起源と形成を、諸階級への社会分裂によって決定づけられた、諸階級に対する内部的な支配・抑圧権力としての、「国家機関」の形成と把握している点では、何ら異なるところはない。それでいて、国家機関の主体とされた公的強力には、「軍隊・常備軍」の存在が「警察」などとともに、列記されているのだから、滑稽というほかない。「軍隊・常備軍」などの軍事組織は、何よりも〈国家としての社会〉の存亡興廃をかけた、〈戦争〉を戦いぬくために必要不可欠の、政治的手段だからである。

マルクス主義の「国家の本質と起源」把握における、このような浅薄な一面性は、この問題を〈社会〉の、〈戦争〉と〈交易〉を錯綜させた、たえざる外的諸関係のなかで、大きく位置づけてとりあげられなかったことに、直接の原因がある。そしてこれは、個々の歴史社会を〈近代〉以降の国民的、統一的社会形成へと収斂される、〈世界史〉的な発展過程において把握することなく、いつでもどこでも、その規模においても質においても、つねに完成された統一的社会であるかにとりあつかう、根本錯誤となってもあらわれた。

（5）補論――〈国家権力〉の独立性と〈国家〉

国家と国家権力の理論的な区別と連関について、ここではとくに二つの点を、補足しておかねばならない。

一つは、この理論的な発想、とりわけ国家権力による、社会の国家的構成と組織化というのは、〈国家〉にかんする本質論的なレヴェルでの把握である。したがって、この組織化のための外的諸活動を直接規定する、法的規範としての国家意志が、いったいどのようにして裁可され、決定されるのかという、国家意志の決定形態の問題は、捨象されている。いいかえれば、当該歴史的な国家が、〈民主主義的〉に編成されているのか、それとも〈専制的〉にかという、政治形態いかんには直接かかわりない、一般的把握である。

いま一つは、国家権力が、社会の国家的構成と組織化を直接担った、巨大にして強力無比の独立的な組織体、であるということから、当然、掠奪をこととした軍事的組織による、〈征服〉や〈専制的〉国家権力の君臨の問題が、出てくる。とくに〈近代〉以前の歴史的世界では、徹頭徹尾軍事的に組織化された遊牧的諸族が、〈帝国〉ないし〈王国〉として政治的に構成された、高度な農業社会をくり返し蹂躙しつづけた。そして、ときには当該帝権ないし王権に替わり、自ら征服者として、〈専制的〉に君臨した。これは、一般には文化的にも経済的にも圧倒的に劣弱な民族が、〈征服王朝〉をつくりあげた歴史的な事例、として知られている。

しかし重要なのは、その強力な軍事的な組織が、たんなる外部的な侵攻と掠奪に終始した段階と、それが直接に〈専制的〉国家権力へと、転成していった段階とでは、この軍事的組織の質と根本性格が、決定的に異なってくる点である。もちろんそれは、その規模の〈帝国〉的と、〈王国〉的のいかんを問わない。というのも、もっぱら物資の掠奪をこととしていた、軍事組織といえども、ひとたび在来の帝権ないし王権を軍事的に粉砕し、自らが〈征服王朝〉として、これに取って代るということは、ただそれだけのことではありえなかった。

彼ら、〈征服王朝〉としての君臨と支配を、あっという間の槿花一朝の夢、に終わらせないためには、他ならぬ在来の帝権ないし王権が遂行してきた、当該社会の国家的組織者としての外的諸活動を、ことごとく継承しなければならないからである。アウグスティヌスが、『神の国』のなかで紹介した挿話は、この点に関連する問題を提起していて興味深い。因みに曰く、――

「正義がなくなるとき、王国は大きな盗賊団以外のなにであろうか。盗賊団も小さな王国以外のなにでもないのである。盗賊団も、人間の集団であり、首領の命令によって支配され、徒党をくんではなれず、団員の一致によって略奪品を分配するこの盗賊団という禍いは、不逞のやからの参加によっていちじるしく増大して、領土をつくり、住居を定め、諸国を占領し、諸民族を征服するようになるとき、ますます、おおっぴらに王国の名を僭称するのである。そのような名が公然とそれに与えられるのは、その貪欲が抑制されたからではなく、懲罰をまぬがれたからである。ある海賊が捕えられて、かのアレキサンデル大王にのべた答えは、まったく適切で真実をうがっている。すなわち、大王が海賊に、『海を荒らすのはどういうつもりか』と問うたとき、海賊はまったく臆すところなく、『陛下が全世界を荒らすのと同じです。ただ、わたしは小さい舟でするので、盗賊とよばれ、陛下は大艦隊でなさるので、皇帝とよばれるだけです』と答えたのである」〔服部英次郎訳『神の国(1)』、岩波文庫、二七三頁〕。

アウグスティヌスは、アレキサンダー大王の前に引き出された海賊の親玉が、〈自分と大王とのちがいは、たんなる規模の問題にすぎない〉という主張を、ほとんどそっくり承認したうえで、〈正義がなければ、王国は大きな盗賊団以外のなにものでもない！〉、と強調している。ぎゃくにいうと、アウグスティヌスにとって「王国」とは、「大きな盗賊団」に「正義」が、つけくわえられたものでしかない。そこで、「王国」理解における聖アウグスティヌスと海賊の親玉とのちがいは、「大きな盗賊団」に「正義」が存在するか否か、という点だけである。それだけに、その不備を一～二指摘しておくべきであろう。

第一に、各種の暴力的・軍事組織による実力的支配が、ときどきの歴史社会全体にまでおよべば、まさに〈勝てば官軍〉で、アウグスティヌスのいう「正義」や〈法〉は、自然にその後から追いかけてくる〔補註〕。それは、暴力的・軍事組織傘下の歴史社会が、〈王国〉として完成するに、必要にして不可欠の、観念的な装飾品にすぎない。第二に、「盗賊団」が風船のように、単純に大きく膨らめば、そこに「王国」が誕生するわけではない。各種の暴力的・軍事組織による実力的支配の規模が、ときどきの歴史社会を、大きく乗り越えるまでに進展すれば、「盗賊団」は、もはや「盗賊団」ではなくなる。

〔補註〕

しかるに原田鋼は、この論理的関連をまっ逆様に逆転させた、観念論的解釈を提出している。――「政治権力は、それが単に集中化され、組織化されているだけでなく、それが唯一の正当な権力として認められることによって、はじめて多数者を支配することができる」［『三訂新版 政治学原論』、朝倉書店、一〇二頁］。
これは、〈被治者の側からの心理的服従を支配の正当性の根拠として重視する〉、D・ヒュームに始まり、M・ヴェーバーによって完成された発想であって、すでに総説第10章権力学説でとりあげた。また、よりくわしくは、拙著『ヴェーバーと丸山政治学』［勁草書房］参照。

「盗賊団」は、その規模のいかんによって、王権ないし帝権を直接構成する、専制的国家権力中枢［つまり支配共同体］へと転じ、その親玉は、国王ないし皇帝として、大きく生まれ変わる。そして彼は、自ら滅亡したくなかったら、傘下の当該諸社会を王国ないし帝国として、束ねるに不可欠の国家的諸活動［外的諸活動］を、〈法と正義を遵守する〉建前と形式において、遂行するよう義務づけられる。

それでは、国民的・統一的社会形成をみた、〈近代〉以降の歴史的世界で、この種の軍事的組織による、国家権力奪取という事態は、考えられようか？　それは、少数組織による軍事クーデターや、それに一部の大衆が積極的に参加した、政治革命といわれている事態である。もちろん、左右の尖鋭な政治的・軍事組織や、狂信的な宗教組織、また暴力団・ギャングなどの、社会的暴力組織などが、数千人から最大数万人規模の勢力をもって、国家権力中枢を一挙に暴力的に、占拠するといったことは、現実的にはありえない。

というのも、この種の危険性をもった、あらゆる暴力的・政治的・宗教的な社会組織に対しては、日頃から国家権力中枢に直属した治安機関が、スパイを潜入させるなど、幾重にも張りめぐらせた、厳重な監視体制のもとにおいている。したがって、一斉蜂起の指令が発せられたとたん、それが組織の末端にまで行き届かないうちに、指導部以下の有力なメンバーは、根こそぎ検挙・拘束され、〈民主主義〉国家であっても、まちがいなく当該組織自体が、非合法的存在へと叩き潰されよう。

もっとも、この種の一揆的暴挙が成功することも、浮き世離れした、たんなる理屈と架空の物語としてなら、まったく考えられなくはない。しかし重要なのは、そのさい、かりにこの種の一揆的な暴挙が、成功したとしても、彼らが、国家権力中枢を長期にわたって占拠し、掌握しつづけられるかどうかは、もっぱら従来の国家権力が直接担掌してきた、当該社会に対する、国家的組織者としての外的諸活動を、全的に継承できるかどうかにかかっている。

そして、さらに重要なのは、もしそれを首尾よく遂行しえたとしたら、この政治的・軍事組織は、もはやかつての一揆的政治組織や宗教組織、またギャング・暴力団などではない。それは、まぎれもなく専制的国家権力中枢の、専制的な政治的支配者へと、質的に脱皮したことになる。理論的にいうとこれは、直接に軍事的形態をとった、政治的な社会権力から、国家権力への質的飛躍であり、大きくは、政治的な社会権力から国家権力への、質的転成にほかならない。

［補註］

原田鋼は、「ギャング団や暴力団」の「暴力を政治権力とはよばない」理由を、もっぱらさきの「支配の正当性」の不在から説明している。――「ギャング団や暴力団の首領、親分、顔役が行使する暴力には、ある程度の物理力の集中化と組織化とが顕著である。けれども、この暴力を政治権力とはよばない。このようにして、ここに正当性の問題が浮かびあがってくるであろう」［前掲書、一〇二頁］。

しかしこの発想は、もしかりに、これらの暴力組織が「支配の正当性」さえ獲得すれば、たちまち「政治権力」へと転じる、という主張ともなる。そうではない！　「ギャング団や暴力団」でも、もしかりに、社会的諸個人を〈一定の秩序〉の下に束ねる、支配と統制が、〈一定の規模と範囲〉にまで到達すれば、〈政治権力〉へと転じる。もちろん、そのためには、既存の政治権力との雌雄を決する戦いに、完全勝利することが前提となる。また、この〈一定の規模と範囲〉とは、ときどきの歴史的〈社会〉全体である。そのときには、この「ギャング団や暴力団」は、〈政治権力〉としての〈国家権力〉中枢へと生まれ変わり、その政治的支配が、長期的かつ安定的なものになるにともない、内外から承認されて、いわゆる「支配の正当性」を獲得するにいたる。〈近代〉以前に一般的であった専制的国家は、それこそ〈盗賊国家〉に毛が生えた程度の代物であって、たとえばローマ帝国末期の軍人皇帝のことごとくは、蛮族［ゲルマン人］の傭兵隊長による、権力の簒奪であった。また、中国歴代王朝の創始者の少なからぬ者は、大衆蜂起を指揮・主導した盗賊団や任侠組織などの首領から、直接伸し上がってきた。〈近代〉以降でも、ナポレオン三世［ルイ・ボナパルト］や、二〇世紀の「ファシズム」国家の建設者たちも、それらとそれほど変わらない連中に属している。アメリカは、金日成が興した北朝鮮の金王朝を、「ならず者国家」とか「盗賊国家」と呼んでいるが、正確にはむしろ、オウム真理教が国家権力中枢を占拠したようなもので、「カルト的専制国家」というべきであろう。

それでは、〈民主主義的〉かそれとも〈専制的〉かという、政治形態のちがいにはまったくかかわりなく、すべての国家権力に要請される、当該社会の国家的構成と組織化という、外的諸活動とは、いったいいかなるものであろうか？　しかしこの点は、次章以下、国家的諸活動についての、理論的な解明を待たねばならない。ここでは、ただ一言だけ指摘しておく。――いかに強力にして独立的な専制的国家権力といえども、〈社会〉の〈国家〉としての統一的な組織化が、その直接的な構成員である諸組織・諸個人の、社会的な存在形態に深く根ざした個別的・特殊的な意志や利害と、まったく無縁に断行されることなど、絶対にありえない点である。

（6）国家と国家権力から次章への移行

次章への移行にあたって、〈国家権力による社会の国家的構成と組織化〉にともなう、〈国家として組織化された社会〉と、〈社会〉それ自体との異同について、一言しておかねばならない。――国家権力による社会の国家的構成とは、〈社会〉そのものが〈国家〉に全的に移行し、融合的に一体化してしまうことではない。それは、〈社会〉総体にかかわる特殊な、特定の事柄に即した、政治的組織化である。しかしこの点を明らかにするには、まず、国家的諸活動へと大きく媒介される、〈社会的必要・必然事〉が、〈社会〉のただなかから、なにゆえまたいかにして生起してくるかを、追究しなければならない。

第三篇　国家権力と社会

5　近代社会の歴史的形成
――国家権力と近代社会（その1）

（1）国家権力存立の意味

最初に問われるべき問題は、何か？　いうまでない、なにゆえ〈社会〉は、いつでもどこでも、とりわけ〈近代〉以降では統一社会的な規模において、自らを〈国家〉として組織し構成するのか、いや、組織し構成せざるをえないのか？　また、自らの〈国家〉としての組織的編成のために、〈国家権力〉による指揮と命令に服従することによって、〈国家権力〉の政治的な君臨、それも、ときには社会の忠僕であるべきはずが、社会の主人へと転化する〈専制的〉な君臨さえも、容認ないし甘受せざるをえないのであろうか？

もとよりこれは、国家権力の組織的構成と、そのすべての実践的活動を直接規定する、法的規範としての国家意志が、いったいどのようにして裁可・決定されるか、つまりはそれが〈民主的〉か、それとも〈専制的〉かという、政治形態のいかんとはまったくかかわりなく、突きつけられる問題である。

欧米の機能主義者やその学説奴隷的なカツギヤたちは、この問題を国家権力が、強大な物理的強制装置［Gewalt］を独占に掌握している点に求め、これに縦横に駆使される多様な観念的諸手段と、人々に先験的に潜在する服従心理がくわわっている、と主張している。しかし、そういってみたところで、問題の解決には一歩も前進しない。それでは、なにゆえひとり国家権力のみが、〈社会〉を構成しているいかなる諸組織や諸個人でも、逆らうことのできない程強大無比の Gewalt や、多様な観念的諸手段を独占的に掌握しているのか？

つまりこの種の独占的掌握に、〈社会〉の側が根本的な異議を唱えることなく、暗黙ではあってもこれを実質的に容認しているのであろうか、というまったく同種の本質論的な問題が、突きつけられるからである。この問題こそまさに、国家権力の本質論的な存立に直接かかわる、国家理論上の根本問題にほかならない。前篇では、国家と国家権力の歴史的形成を大きくふり返ることによって、〈諸個人が不断に押し寄せる内外危難に対して、社会全体として生存し維持・発展していくため〉には、否応なしに、〈国家権力による社会の国家的構成〉が、必要かつ必然であったと指摘しておいた。

そこでここでは、〈国家権力による社会の国家的構成〉の根拠が、〈諸個人の内外危難に対する社会全体としての生存と維持・発展〉、にあるということの意味を、世界史的にもっとも発展した〈近代〉以降現代に到る〈国民国家〉に即して、徹底的に検討し吟味しなければならない。それには改めて、われわれの眼前に存在する、巨大な組織・制度としての〈国家権力〉それ自体を正視し、観察しておく必要があろう。

すでに指摘したように〈国家権力〉は、中央から各級地方機関の構成員で、〈公務員〉と呼ばれる膨大な官僚・官吏群によって、直接構成されている。もちろんそのなかには、軍隊や警察さらには国立の学校や病院、国営の企業などの組織構成員が、すべてふくまれている。その数たるや、国民社会の全人口の優に一割、したがって五百万人からときに一千万人を超える。因みに総人口二億四千万人の米国では、中央［連邦政府］・地方［各州］の総公務員数は、何と二千万人に近い。

それゆえこれは、少なくともその規模にかんするかぎり、れっきとした国民的な階層を、構成しているかにみえる。しかし、この官僚・官吏を直接構成している、五百万人からときに一千万人もの諸個人は、国民的諸産業に従事している、社会的な諸階級・階層の諸個人とくらべると、ある一点において、決定的ともいえる大きなちがいがある。それは、社会的な生産に直接従事しているか、否かという一点である。彼ら官僚・官吏は、社会的な生産に直接従事することなく、その家族をもふくめた彼らの生活が成り立っている。この点で、彼らは、一般の諸階級・階層的諸個人とは、いわば質的に異なったきわめて特殊な存在、にほかならない。

それでは、彼らの生活はどのようにして成り立っているのか、正確にいえば、彼らは社会的な生産に直接従事することなく、いったいどうやって生活の資を、獲得しているのであろうか？　いうまでもあるまい、彼らの生活は、国民からの「献金」である〈税金〉によって可能となっている。もっとも国民からの「献金」といっても、決して諸個人の独自の自由意志にもとづいた、自発的なものではないから、正確には、有無をいわさずに強制的に徴収された、〈租税〉というべきであろう。

［補註］

ルソーは、〈政府の公人は、もっぱら消費するだけで、何も生産しないが、その消費物は、国民の剰余労働である〉と、明快に指摘している。因みに曰く、――「あらゆる政府において、公人は消費するのみで何一つ生産しない。それでは、その消費される物質はどこからくるのか？　構成員の労働からである。公共の必要物をつくりだすものは、個々人の剰余である」［桑原他訳『社会契約論』、岩波文庫、一一〇頁］。

しかしいずれにしても、彼ら官僚・官吏が、国民すなわち社会的生産に直接たずさわっている、諸階級・階層としての諸個人によって、大きく扶養されていることに、何らの変りもない。しかも、国民による官僚・官吏の扶養費たるや、半端な額ではない。それはそうだろう。今日の先進諸国において、毎年徴収される〈租税〉の総額は、実にGNPの四分の一を超えるほどの規模に達しており、そこから官僚・官吏の生活費として支給される人件費は、〈租税〉総額の優に四割を超えている。

わが日本を例にとっていえば、ＧＤＰが約五〇〇兆円で、財政規模は、中央・地方併せて約一二〇兆円［中央五〇兆強・地方七〇兆弱］、〈租税〉徴収総額は、中央・地方併せて約九〇兆円弱［中央五〇兆強・地方四〇兆弱］。そのうち人件費は約四割であるから、一億二千万人の日本国民は、四〇〇万人を超える官僚・官吏の扶養費として、毎年約四〇兆円近い巨額の出費に、甘んじていることになる。

それでは国民は、有無をいわさず強制的に徴収されるとはいっても、なにゆえかくも巨額の官僚・官吏扶養費を、毎年払いつづけなければならないのであろうか？　それを解く鍵は、徴収された〈租税〉総額から、官僚・官吏の人件費を差し引いた残り六割が、いったいどのように、また何のために使われているかという点にある。いうまでもなくそれは、彼ら官僚・官吏が直接担掌している、多様にして膨大な国家的諸活動の遂行に当たっての、必要経費である。したがってそれは、〈租税〉を徴収した官僚・官吏が、個々の、あるいは組織・機関としての、独自の意志にもとづいて勝手に使用してしまったり、もっぱら飲んだり食ったりの浪費などによって、すべてがなくなってしまうわけではない。

もっとも〈近代〉以前の、とくにアジアやオリエント的諸域でくり返し勃興した、野蛮な〈専制〉国家では、強制的に徴収された税物のほとんどが、専制国家中枢の支配共同体［王朝］の、豪奢な生活扶養費として、豪快に消費された。しかしその場合でも、一旦緩急あれば、日夜酒池肉林に浸っている彼らも、直接生命をはったある特殊な任務と活動、普通いうところの軍事的指揮・統率の活動に、赴かねばならなかったことを、決して忘れるわけにはいかない。したがってこの意味からすれば、豪快に消費された彼らの生活扶養費も、広い意味での「行政的経費」といえないこともない。ましてやわれわれはいま、〈近代〉以降の完成された〈民主主義〉国家をとりあげている。

〈民主主義〉国家では、国家権力の直接的構成員［官僚・官吏］の、すべての実践的な諸活動を直接規定する、法的規範としての国家意志は、もとより彼ら個々の、あるいは組織・機関としての独自の意志によって、直接決定されるわけではない。それは、〈国家〉組織構成員である国民［的諸層］の、一般的また特殊的な意志が、直接間接に反映される形で決定される。

正確には、国民的諸層の、一般的また特殊的な意志・要求を直接背負った、政治的な代理人［議員］が一堂に会して［国民議会、簡単には国会ないし議会］、その多数決という形で、裁可・決定されている。したがって、国民的な諸階級・階層のそれぞれに対する、〈租税〉の賦課・徴収のいかんも、はたまた徴収された〈租税〉を、いったいどのように、また何のために使用するかに到るまで、すべて〈議会〉裁可の、〈予算〉法案などの、国家意志という形を、とらねばならないのである。これは、いったい何を意味していようか？

いうまでもなく国民は、毎年高い〈税金〉を支払うことによって、ただいたずらに膨大な規模の官僚・官吏群を、扶養しているわけではない。国民的諸階級・階層は、その政治的な代理人［議員］をつうじて、それぞれが切実に実現を希求している、一般的また特殊的な意志・要求を、法的規範としての国家意志へと大きく転成させ、官僚・官吏をしてその忠実な実行と実現に、当たらせるためにこそ、苛酷な〈租税〉負担に、耐えているのである。とすれば、国民が、徴収された〈租税〉総額の優に四割まで支払って、扶養している官僚・官吏群とは、そも何者であろうか？

彼らが直接担掌し遂行している、国家的諸活動の目的と内的実質が、大きく観れば結局のところ、国民的諸階級・階層の一般的および特殊的な意志・要求によって、根本的に規定されているという意味で、彼ら官僚・官吏は、国民の政治的使用人であり、この意味で〈公僕〉にほかならない。ただ、〈近代〉以降登場した〈専制〉国家は、この意味では特殊な歴史的事例といえるが、これについては後で独立にとりあげる［補論　特殊的国家論参照］。

ということは、つねに膨大な官僚・官吏群の存在に象徴される、国家権力の本質論的な意味での存立が、直接には〈国民〉として現出する〈社会〉、とりもなおさずその構成主体である諸階級・階層的な諸個人の、切実な一般的・特殊的な意志と要求によって、根本的に規定され、また大きく支えられていることを、強烈に暗示しているのである。それでは、膨大な官僚・官吏群によって直接担掌され、遂行されている多様な国家的諸活動に、その目的と内的実質という生命を注ぎつづけている、国民的諸層の、一般的また特殊的な意志・要求とは、いったいいかなるものなのか？

また、この意味で、国民がGNPの四分の一にもおよぶ、苛酷な〈租税〉負担に耐えてまで、膨大な官僚・官吏群をつねに扶養しつづけ、彼らをして多様な国家的諸活動を、遂行させているとするならば、当然こういう疑問が生じてこよう。その疑問とは、国家権力それ自体、つまり〈国家的諸活動〉と、その直接的担掌主体としての〈官僚・官吏機構［組織］〉、との統一としての〈国家権力〉を、根本的に規定し、つねに大きく再生産しつづけている、というより再生産しつづけずばすまない、国民的諸階級・階層の歴史的・社会的な存在形態やいかん、という問題である。

それは、とりもなおさず〈近代〉以降の統一的社会とは、いったいどのような特質をもっているのか、という大問題にほかならない。そこで、どうしてもつぎに、この点について、大きくふり返っておかねばなるまい。

(2)〈自由なる社会〉登場の歴史的前提

人間社会は、〈世界史〉の発展が〈近代〉へと突入することによってはじめて、もっとも先進的な諸国において、統一社会的規模での国民社会を生み落とした。この〈近代社会〉が、西欧では一七世紀以来、一般に〈市民社会〉と呼ばれてきたことは、改めて指摘するまでもあるまい。そしてこの〈市民社会〉が、同時に〈自由社会〉、あるいは〈自由なる社会〉といわれてきたことも、すでに周知の事柄にぞくしている。

しかし〈市民社会〉を〈自由なる社会〉という場合には、〈市民社会〉の直接的構成主体である〈市民〉の、社会的存在と活動に焦点をしぼったとりあげ方であって、この意味でそれは、〈近代〉以降現代に到る国民的・統一的な〈社会〉の、構成原理にかかわる規定といってよかろう。因みに、〈近代社会〉を〈自由なる社会〉として、規定できる根拠は、そこでは〈個人および結集した諸個人よりなる組織の、現実的および精神的な活動の自由が、原則上、承認されている〉点にある。

いうまでもなくここに、〈現実的〉というのは、多種多様な経済的・社会的な活動の〈自由〉ということである。ごくわかりやすくいえば、人は誰でも個人として、あるいは結集した諸個人よりなる組織として、自らの意図・思惑と、自前でカキ集められるだけの、資金そして損得勘定にもとづいて、市場目当てに、どんな商品を生産することも〈自由〉なら、同じく市場での売買差益を見込んで、どんな商品を購入して販売することもまた、〈自由〉だということである。また、〈精神的〉というのは、政治的、学術思想的、宗教的、芸術・文化的な活動の〈自由〉という意味である。

この種の精神的な〈自由〉は、たとえそれが、本質的に〈反社会的〉な性格をもっていたり、ときには当該国家権力を転覆して、〈社会〉体制の根本的な変革と改造をめざしたものであっても、未だ個人あるいは結集した諸個人よりなる組織の、頭脳のなかの、純然たる思想的観念にすぎないかぎり、原則的に黙認、ないし強くとがめられることはない。〈原則的〉というのは、それらの活動が他人の生命・財産や社会全体の存立を、いちじるしく傷つけたり直接脅かしたりしないかぎり、という意味である。

そこでもしかりに、これらの個人や結集した諸個人よりなる組織が、建前であれ本音であれ、はたまた意図的・計画的であれ、たんなる偶然的・偶発的であってもいい。現実に、つまり結果としての客観的な事実として、他人や他の結集した諸個人よりなる組織の、生命と財産を傷つけたり、掠奪・破壊したりすればどうであろうか？　その場合には、当該個人や組織に対する人格的な〈自由〉と〈尊重〉を前提としたうえで、その個々の〈反社会的〉な行動［行為］の一つ一つについて、厳しく追及される。そしてとくに、つねに計画的で組織的な規模が大きく、それゆえその社会的な影響もきわめて深刻・重大な、〈反社会的〉行動をくり返してきた、特定の政治的・宗教的な組織に対しては、ときとして当該組織それ自体の活動と存立が、禁圧されかねない。

しかし〈近代社会〉が、個人および結集した諸個人よりなる組織の、現実的および精神的な〈自由〉を原則上承認した、〈自由なる社会〉として完成されるためには、西欧のいずれの先進的な諸国においても、多くの先覚者を中心とした人々による、それこそ気の遠くなるような、長くて困難な抵抗と闘争の歴史が、必要であった。前者の経済的な活動の〈自由〉は、まず〈中世〉以来の〈都市〉に本拠をおいた、〈商人〉層による〈商業の自由〉に、先導される形ではじまった。そしてついで、〈産業の自由〉が、何よりも封建領主的支配から離脱した、独立的な生産者層［独立自営農民層］による、〈農村工業〉の勃興という形で各地に巻き起り、それが徐々に拡大し進展していくのにともなって、新たな商人層の形成と発展をも促した。

もとより、このような〈商業と産業の自由〉獲得の歴史的な過程は、いずれも多かれ少なかれ王権ないし帝権と直接間接に結びつき、その保護と傘下のもとにのみ可能であり、またそのとおりに進展していった。というのも、王権ないし帝権は、自己の政治的な覇権を確立し強化させるためには、どんな手段をとることも辞さなかった。これを裏を返していえば、つねに自己に取って代ろうと虎視眈眈と狙っている、封建領主的大諸侯の力を少しでも削ぎ、弱体化させられるなら、それこそ悪魔と手を組むことだって、まったく躊躇しなかったからである。

早い話、王権や帝権が、その政治的覇権を強化し確立するためには、さまざまな政治的陰謀や手練手管を縦横に駆使して、傘下の封建的諸侯からその所領をとりあげ、直轄所領を集積し拡大していくことだけが、唯一の方法だったわけではない。西欧の〈中世〉期全体をつうじて、〈農奴〉的存在に甘んじていた隷属民たちが、封建領主的支配から直接かつ個別に離脱して、自作農へと転ずれば、たちまち封建領主は、彼らの剰余労働を〈封建地代〉という形で、収奪できなくなる。

代わりにそれは、王権や帝権による〈国家・租税〉という形で、収奪されることになる。しかしそれは、もはや〈農奴〉的な隷属民からの収奪ではなくして、独立した経済主体、つまりは生産者としての〈農民〉の、経済収入［所得］に対する、国家的課税の徴収にほかならない。したがって、農民が〈農奴〉的な隷属民から、独立的な生産者へと転じること一つをみても、封建領主の経済的な弱体化それ自体が、直接に王権や帝権の経済的強化と財政的拡大を、帰結させているといえる。

徴税権だけではなく、裁判権についても、これと同じようなことがいえる。とくに西欧の〈中世〉的世界において、王権ないし帝権は、直接には〈王国〉ないし〈帝国〉としての、外的国家構成上の形式的・名目的な指揮者として、その政治的傘下の全域で起った、殺人・強盗・放火などの、重要な刑事上の犯罪に対する裁判権、いわゆる〈上級的刑事裁判権〉を掌握していた。これにひきかえ封建領主的権力は、傘下の領民に対して軽微な刑事犯罪への裁判権、いわゆる〈下級的刑事裁判権〉と民事裁判権とを掌握していた。しかし〈中世〉後期以来の、王権ないし帝権による、直轄所領の積極的な拡大と集積を軸として、王権直属の地方的裁判機関が、全土に展開されるようになれば、いったいどうなろうか？

そうなればとうぜん、封建領主的支配から離脱した、諸組織・諸個人はもとよりのこと、それと直接隣接する封建領主傘下の領民まで、自分にとって不利な判決を下す、領主裁判にはそっぽをむいて、前者の裁判機関へ駆け込むことになる。封建領主的権力は、その実質をなす徴税と裁判の両面から空洞化させられ、かくて、徴税収入と裁判収入の激減した分が、そのまま王権のポケットのなかに入ることになる。この意味で、王権の経済的・財政的な拡大と発展は、その国家権力としての政治的な発展・強大化と、直接表裏をなして進行したといえる。

このように、物的財貨の生産と獲得に直接かかわる、商業と産業上の自由の達成は、数世紀以上におよぶ、長い歴史的過程を要した。とはいえ、王権や帝権と封建領主層との、死活をかけた攻防のなかで、前者からかなり強力な庇護と支援を受けられたこともあって、比較的順調に進展していった。

ぎゃくにいうと、新旧の商人と新たな産業者たちは、その豊かな財力にもとづいた社会的な圧力によって、王権ないし帝権と、直接かつ個別に結びついていただけではない。同時に彼らは、各級地方的レヴェルでの〈議会〉にも、その政治的な代理人を多数送り出したりして、徐々にとはいっても、一歩一歩階段を昇っていくように確実に、様々な封建領主的な障害物を一つ一つ取り除き、新たな社会勢力、経済的な階級としての自己を、政治的にも承認させていくことに、見事に成功したといえる。

ところがこれにひきかえて、〈精神的な自由〉の獲得には、ほとんど絶望的ともいえるほどの困難と、苦渋に満ちた長い長い道のりが、待ち構えていた。それはそうだろう、〈近代〉以前の歴史的国家は、〈親裁〉体制か〈寡頭制〉かというちがいはあっても、すべて〈専制〉国家であることに、変りがないからである。〈専制〉国家であるということは、〈王権〉ないし〈帝権〉を直接構成しているわずか数家族、あるいは〈古典古代〉の都市国家でいえば、支配共同体としての〈市民〉全体が、あらゆる国家意志の裁可・決定権を独占的に掌握した、統治権力中枢として君臨しているだけではない。その彼らの、特権的な身分としての世襲が、特定の宗教によって直接思想的・観念的にも正当化され、支えられてきたことをも意味している。

したがって、王国ないし帝国傘下の、すべての諸組織・諸個人の、現実的［とくに経済的・社会的］および精神的な諸活動の一切が、もっぱら専制的国家権力中枢による、〈承認〉のいかんにかかっている。専制的国家権力の直接的な打倒をめざした、政治的な組織化と活動が、〈国家的反逆罪〉として〈極刑〉に処されただけではない。いつ敵対するかわからない、独立した社会的諸組織や諸個人による、政治的な自己主張についても、つねに厳しい監視と抑圧の体制をとっていた。

それればかりか、専制国家権力と、それを思想的・観念的に神聖化してきた、特定の宗教［的教理］への批判や誹謗・中傷は、すべて〈禁圧〉された。たとえそれが、個々の文学作品のなかでの、フィクションであっても、さらにまた、自然科学者による科学的な〈発見〉であっても、宗教機関中枢によって、〈不敬〉ないし〈神をも恐れぬ大罪〉と、判定されれば、有無をいわさずしょっぴかれて〈処刑〉されかねなかったのである。

これを要するに、王権ないし帝権は、一方で、都市市民や封建領主的支配から離脱した、新たな生産者たちの〈商業および産業上の自由〉を承認しながら、同時に他方では、彼らをふくめた王国ないし帝国傘下の、すべての諸組織・諸個人の〈精神的な自由〉を、厳しく禁圧したのである。しかしこれは、専制的国家権力の維持と発展という、同一の立場と発想にもとづいたもので、不思議でもなければ、非合理的なことでもなかった。因みに、前者の〈商業および産業上の自由〉の承認が、確実に王権ないし帝権の、経済的・財政的な規模の拡大と発展をもたらしたのに対して、後者の〈精神的な自由〉の承認は、同じくその専制的国家権力としての政治的な存立を、直接脅かし崩壊させかねなかったからである。

（3）〈自由なる社会〉とはいかなるものか？

〈近代社会〉が、〈個人および結集した諸個人より成る組織の、現実的および精神的な活動の自由が、原則上、承認〉された、〈自由なる社会〉として完成されるためには、どこでも数世紀にもおよぶ、長い苦痛に満ちた抵抗と闘争の歴史的な歩みが、必要であった。そしてそのための多くは、その実質が〈親裁〉であれ、「貴族政」といわれる〈寡頭専制〉であれ、いずれも〈君主制〉形態をとった〈専制〉国家体制から、〈議会制民主主義〉を土台とした〈民主主義的〉国家体制へと、質的に転換させるために要した時間であったといっても、決して過言ではあるまい。

もちろんここでは、この構造的転換の壮大な歴史的なドラマを、鳥瞰することが目的ではない。あくまで〈自由なる社会〉といわれる〈近代社会〉の歴史的な特質を、大きく浮き彫りにすることが問題なのである。

〈近代社会〉は、もっとも発展した、そしてもっとも多様な、生産の歴史的な組織である。そこでは、〈諸個人〉が、何よりも労働の対象化において現実的に結合し、その活動を相互に交換することによって、肉体的にも精神的にもつくり合う〉、本質論的な意味での〈社会的〉諸関係が、完成的に発展した形であらわれる。そのことは、〈社会的〉諸関係が、はじめて国民的・統一社会的規模において実現されていることからも、明らかといってよい。いうまでもなくそれを直接可能としたのは、商品生産が特殊に資本制的生産様式という歴史的形態をとって、完成的に発展したことによる。いいかえればそこでは、資本制的生産様式が主要な諸産業を捉えることによって、社会的分業と交通関係が、かつてない国民的・統一社会的な規模と連関において、多様かつ高度な発展を遂げたのである。

しかしここで、〈近代社会〉を国民的・統一的社会と呼ぶことの根拠は、さらに正確に理解しておかなければならない。というのは、〈近代〉以前の歴史的世界においても、〈王国〉ときには〈帝国〉的な規模での〈国家〉形成は、くり返しみられた。したがって、政治的またとくに宗教を中心とした、精神的・文化的な交通関係にかぎっていえば、「統一社会的」な連関が、まったくみられなかったわけではない。

さらに経済的にみても、個別の特殊な品目にかぎっては、いわゆる「遠隔地貿易」が思いの外盛んであり、この意味での〈貿易的〉連関は、とりわけ間断なき〈王国〉ないし〈帝国〉形成がみられたところでは、いつでもどこでも、さながら「統一的経済圏」のようにあらわれた。そのさい決まって、王権ないし帝権御用の商人が、「特許状」を手にして、海に陸に世界を自在に駆けめぐったのは、いうまでもない。

しかし、〈王国〉ないし〈帝国〉として、大きく政治的に枠付けられた傘下の、〈都市〉や〈村落〉を軸とした地域的社会は、多かれ少なかれ、個別の特定品目をのぞけば、衣食住の生活資料を、当該の地域的社会の範囲で生産し消費する、という基本的な構造を把持していた。またこの意味で、再生産と剰余生産のための一切の諸条件を、いぜんとして把持していたかどうかとはべつに、経済的には自給自足的な完結性と割拠的な独立性を、伝統的な形で継承していたといえる。

そしてこれこそが、当該地域的社会を政治的に束ねる地域的支配者に、たえざる相互的対立のなかで、王権ないし帝権と直接切り結べるほどの、政治的な独立性を付与しつづけた、社会的・現実的な基礎にほかならなかった。だからこそ、アジア・オリエント的諸域はもとより、西ヨーロッパ的諸域においても、広大にして堅固な城壁に囲まれた、都市の攻防戦における篭城が、じつに一年を超えることも、決して珍しくはなかったのである。

ここでとくに注意すべきは、このような〈特定の個別的品目を除く生活資料の過半が、都市や農村を軸とした当該の地域的社会の範囲内で、生産され消費される〉という伝統的な構造が、完全に克服されて、統一社会的・国民的な規模での、有機的な経済圏へと転成するには、もっとも早く〈近代社会〉形成をみたところでも、数世紀以上の歴史的な時間を要した点である。因みに経済史を繙くと、資本制的生産様式の萌芽は、すでに一四～五世紀の地中海沿岸における、いくつかの商業都市で見られるとはいえ、本格的な資本制的生産様式の時代が開始するのは、一六世紀に入ってからのこととされている。

といってもそれは、分業にもとづいた協業が、何よりもマニュファクチュア形態をとって歴史的に登場し支配的なものとなった、一六世紀の半ばからのことであった。そして、このマニュファクチュアの時代は一八世紀の末までつづき、一九世紀に入った最初の数十年間における、生産手段としての〈機械〉の本格的な導入にもとづいた、〈機械制大工業〉の進展と定着をまってはじめて、従来完全には克服されていなかった〈地域的社会規模における生活資料の生産と消費〉という伝統的な構造が、完膚なきまでに一掃される。

というのも、〈機械制大工業〉の登場とは、とりもなおさず蒸気機関を原動力とした新たな、そして完全に制御された機械体系の創出を、意味しただけではない。この原動力としての蒸気機関は、さらに鉄道・河川および海洋汽船などにも、転用されることによって、やがて統一社会的さらには全世界的レヴェルでの、交通関係を直接可能にする、運輸・交通手段を創出したからである［補註］。

しかも、この転用された原動的機械としての蒸気機関は、つねに従前より少しでも大量・多量の人員・資材・商品などを、これまた少しでも迅速に運搬するという、運輸・交通手段としての至上命令から、際限なき大規模な巨大化の技術開発を推し進めていく。そしてこの巨大化に成功した原動的機械は、今度はぎゃくに〈機械制大工業〉の側に投げ返されるという、たえざる技術革新の相互的作用のなかで発展していく。

このように、マルクスの的確な表現をもってすれば、「…工業や農業の生産様式に起きた革命は、社会的生産過程の一般的な条件すなわち交通・運輸機関の革命をも必要にした」［『資本論』、国民文庫版、(2)、二六五頁］のである。

［補註］

これをイギリス、ドイツ、フランスの主要諸国についてみると、まずイギリスでは、一八世紀後半の産業革命期における、道路・河川・運河網の建設・改修の、飛躍的な進展を土台に、三〇年以降の熱狂的な鉄道建設によって、世紀半ばには、一万六〇〇〇ｋｍの鉄道網が完成される。プロイセンは、出足こそイギリスに一〇年ほど遅れたものの、その鉄道網は、一八四八年には四三〇〇ｋｍ、五〇年には六〇〇〇ｋｍ弱、そして七〇年には一万九〇〇〇ｋｍ弱にまで、達する。フランスの場合、進展していたのは、絶対王政期以来の道路網だけで、すでに一八世紀末には二万五〇〇〇ｋｍ、そして一九世紀半ばには、三万五〇〇〇ｋｍに達している。遅れていた運河網は、世紀半ばにようやく四〇〇〇ｋｍ近くにまで、達する。そして肝心の鉄道は、一八四八年には、いまだ二〇〇〇ｋｍにも達していなかった。しかし、ルイ・ボナパルトの積極的な公共土木事業の展開によって、五一年には三六〇〇ｋｍを超え、七〇年には一万八〇〇〇ｋｍ弱にまで、飛躍的に進展する。

蒸気船の登場自体は、蒸気機関車より早いが、とくに大洋航行というかたちをとった、本格的な展開は、鉄道よりかなり遅れ、六〇年代、七〇年代以降のことであった。

［以上、とくに『世界歴史大系』、山川出版社、『イギリス史２』・『ドイツ史２』・『フランス史２・３』、クーリッシェル『ヨーロッパ近世経済史２』（松田他訳）、東洋経済新報社、など参照。］

これによって〈近代社会〉は、それまでいぜんとして脱却できないでいた、〈特定の個別的品目を除く生活資料の過半が、都市や農村を軸とした当該の地域的社会の範囲内で、生産され消費される〉という伝統的な構造と、完全に訣別する。というのも、〈自由なる生産者〉、正確には個々の資本家は、どんな商品を当該社会の、どの地域において生産する場合でも、それに必要な資金・機械設備・原材料的半製品はもとよりのこと、労働力商品に到るまで、その一切合財をもはや当該地域だけではなく、当該社会全体、そしてときには全世界からカキ集め、購入することができるように、なったからである。

いいかえればこれは、運輸・交通手段の高度な発展がもたらした、統一社会的・世界的な規模での、交通関係の網の目を自在に利用して、カキ集められた原材料や機械設備・労働者によって、生産された〈商品〉にほかならない。だからこそそれは、当該地域的社会のワクを大きく超えて、国内市場全体さらには世界市場にも、充分に耐えうる〈商品〉としての本来的な普遍性を、把持するに到ったといえよう。

この意味で、〈近代社会〉は、資本制的生産様式とそれにともなう交通関係が、このような発展段階にまで到達することによってはじめて、統一的かつ有機的な〈国民的経済圏〉として、組織されたといえる。また、一八二五年以来一〇年ごとに、規則的にくり返されてきた産業恐慌が、この七〇年を境にして、その周期が長くなり、大規模になった分だけ、深刻化するようになったのも、このような資本制的生産様式の段階的な進展をぬきにしては、決して語ることができない。

このような、新たに形成された歴史的構造下では、資本家であれ労働者であれ、社会を構成する現実的な諸個人は、それぞれ活動している地域もちがえば、お互い顔を合わせたこともないまったくの他人である。しかしそれでいて、彼らは、社会的生産における位置のいかん、とりもなおさず生産手段に対する関係のいかんや、いかなる〈商品〉を作ったり売ったりしているかのいかんという点において、他と区別されるかぎりでの大きな共通性から、統一社会的・国民的な規模において、同一の階級・階層的諸個人や産業・業種的諸個人を、そのそれぞれが構成して、対峙し敵対したり、協調したりする。

彼らはもはや、割拠的な独立性をもった、地域的社会のなかのさまざまな特殊的〈身分〉として、相互的な連関をもたないまま閉塞され、固定化されているわけではない。それとはまったくぎゃくに、どこの地域でどんな〈商品〉の、生産と運搬や販売にたずさわっていても、持てる者と持てない者、同一品目の〈商品〉の生産従事者などという、他との大きな差異と同一性において組織的に結集した、国民的な諸〈階級・階層〉として登場するようになる。

もとよりこれは、何も産業資本家と工場労働者だけに、かぎったことではない。たとえば、当該社会のどんな僻地で、米やミカンを作っている農業生産者なら、全国各地の同業者と、その直接の個別的利害においては、自由競争を展開している。しかし同時に、当該社会の内と外から襲いかかる、その社会的な存立条件自体への、敵対的な侵害に対しては、たとえそれがどんなに強力なものであっても、米・ミカン農民としての〈共通の一般的な利害〉において、組織的に結合して、これをはねのけるための闘いをくり広げる。

このような〈近代社会〉の歴史的な特質を、大きくふまえるならば、その〈自由なる社会〉としての顕著な、社会・経済的な特徴は、次の二点に収斂されよう。

一つは、〈産業の自由〉が可能とした、資本制的生産様式の発展にともない、社会的生産と交換にかかわる内的諸契機が次々に発展分化し、それは社会のあらゆるレヴェルにおける、社会的分業の全面的な開花と発展を、強力に促進したことである。因みにそこでは、諸産業が、人々とりもなおさず〈市場〉の需要と欲望に対応した形で、統一社会的・国民的な規模において形成される。そして、この多種多様に全面開花した国民的諸産業こそが、かつてない高度で有機的な〈国民的生産力〉を、主体的に構成しているのである。

いま一つ、〈産業の自由〉は、同時に他方において、諸階級・階層の間とりわけ〈持てる者と持てない者〉との間の、経済的な差異と格差を、かつてなかったほど、拡大させる。それはそうだろう。資本制的生産様式が、少なくとも主要な諸産業を捉えたところで展開される、〈自由競争〉という名の、苛酷な弱肉強食の社会戦争のなかから、やがて諸資本が集中・集積され、産業上の覇権と集権化が必然化するのにともなって、各産業分野ごとにごく少数の産業王達が、輩出するようになる。

しかも〈近代社会〉は、いつでもどこでも、現実的な諸個人がある日突然、そのそれぞれがまったく同等の経済的な諸条件をもった状態から、ヨーイ、ドンという形で開始されたわけではない。いつでもどこでも、支配共同体ないし共同体支配者が、特権的な身分として君臨する、不平等な階級的社会それ自体の弛緩と、解体的な変化と発展の長い歴史的な過程のなかから、徐々に形成されたものである。いいかえればそれは、旧い不平等な社会の只中から、その直接の歴史的な連続性において、徐々に質的な転成を遂げるようにして、発展的に形成されたものである。

したがって、旧い階級的な諸身分から、〈自由なる生産者〉としての歴史的な登場自体が、歴史社会や地域のいかんによって、大きく異なるばかりではない。そもそも諸個人は〈自由なる経済人〉としての出発点において、土地・貨幣などの財産と資力、事業資金を容易にカキ集められる、信用や経済活動上の知識・経験、さらにときには経済上の死活を制す、政治的な権力者とのコネクションのいかんといった、各人が直接背負っている経済的・社会的な諸条件が、最初から決定的といえるほど、大きく異なっている。労働力という商品以外、ほとんど見るべき物を持たない大多数の者が、個々にどんなに頑張ったとしても、一代にして成り上がるのは、奇跡に近い僥倖を待つほかないのにひきかえ、旧い経済的な支配者が、新しい社会の支配者として成り代ることは、よほどのヘマでもしないかぎり、いともたやすいことといえる。

かくて、ますます巨大化する生産手段の私的所有者である資本家と、いぜんとして労働力商品以外には何ら見るべき物を持たない、労働者大衆との経済的な格差が、一層進展していくことは、避けられない。それゆえ、〈自由なる社会〉は、少なくともそれが厳密な意味で成立して半世紀以上の間、個々人のかけがえのない〈自由〉の保障と、いわばひきかえに、ごく一握りの少数者と大多数の一般大衆との間の、かつてない経済的な格差と〈不平等〉を、もたらしたということになる。

したがって、この〈自由なる社会〉は、諸階級・階層的諸個人の間、とりわけごく一部の持てる者と持てない者との間の対立と抗争が、いまだかつてない統一社会的・国民的な規模において勃発し、社会全体を大きく震撼させかねない必然性を、つねに内包させていたのである。しかしこの問題は、きわめて重要といってよい。というのも、この〈自由なる社会〉は成立したとたん、ごく一部の人々の〈自由〉とひきかえに、実質的な意味での〈不平等社会〉へと転じることによって、圧倒的な多数の人々の、精神的・観念的にはともかく、社会的・経済的な意味での、〈不自由〉をもたらしたからである。

〈近代社会〉が諸個人の、現実的・精神的な〈自由〉を構成原理としている以上、〈自由の放任〉が、圧倒的な多数者の実質的な〈不自由〉を、現出させているとすれば、その〈不自由〉の是正と改善のために、一定の〈自由〉の制限もまた、必要かつ必然とされるようになったとしても、何ら怪しむには足りない。しかし、それが現実化するには、さまざまな政治的・社会的また観念的・思想的な諸契機が、醸成され一斉に出揃うための長い歴史的な時間と闘争を、経過しなければならなかったこともまた、忘れるわけにはいかないのである。

6 近代社会と国家権力の必然

——国家権力と近代社会（その2）

（1）〈自由なる社会〉では解決できない〈特殊な事柄〉

前章では〈近代社会〉の歴史的な特質、とりもなおさず〈自由なる社会〉といわれる所以について、最小限の考察をくわえてみた。それをふまえるならば、〈近代社会〉が〈自由なる社会〉のゆえに、統一的社会それ自体の存立に直接かかわりかねないないような重大事でありながら、自身では決して自主的に解決できない、きわめて特殊な事柄が日々生起していることに、気がつくはずである。

すでに指摘したように、人々が日々必要としている生活手段の生産を、特殊に市場が直接要求する、商品生産という形で遂行し組織化しているところに、資本制的生産様式が構造的に進展し定着した、〈近代社会〉としての大きな歴史的な特質がある。したがって、この社会を構成している諸個人は、生産手段の私的所有者であれ、土地所有者であれ、労働力所有者であれ、すべてがその個別的な家族を抱えながら、直接間接に社会的生産にかかわることによって生活している。

彼らは一方では、飽くなき利潤の追求や、自分の労働力を少しでも高く売りつけるために、その同業者や同僚たちと苛酷な自由競争をくり広げている。同時に他方では、社会的生産における位置、とりもなおさず生産手段への関係において他と区別される、階級・階層として結集して、階級闘争という名の組織的闘争をも展開している。

いずれの場合でも、諸個人の、社会的生産に対する特殊的な関与によって生み出された、個別的な利害を土台にしていることに、変わりはない。いいかえれば諸個人は、個人としてであれ、組織的に結集した形であれ、手から口への社会的生産への特殊的な従事と、関与に忙殺されていて、それ以外の事柄については、個人としても、結集した諸個人より成る組織としても、ほとんど関心をもたない。またたとえ関心をもったとしても、それに直接関与する現実的な手段と余裕を、まったくもっていないのである。そしてこれが、〈社会的分業〉ということの意味でもある。

かくて諸個人は、社会的生産とりもなおさず商品の生産と交換関係において、その個別的利害や、階級・階層また産業・業種としての共通性による組織化から生れた、特殊的利害の追求と実現に忙殺されている。そこで彼ら個々が直接かかわっている、個別的・特殊的利害以外の事柄に、まったく無関心で何ら関与しなくても、社会全体がスムーズに進展していくというのであれば、何の問題もない。ところが、この〈自由なる社会〉では、諸個人は、いわば好むと好まざるとにかかわらず、個人として、また結集した諸個人より成る組織として、〈自由競争〉という名の苛酷な社会戦争のただなかに、放り込まれている。

この社会では、諸個人が、何よりもその個別的・特殊的な利害の追求をめぐって、苛酷な社会戦争をくり広げている以上、個人としてであれ、さまざまな組織としてであれ、彼ら当事者では直接処理し解決できない、しかしそれでいて放置しておけば、まちがいなく自分たち、さらには社会全体の存立に直接かかわりかねないようなたぐいの、特殊な事柄が日々生起してくる。それは、大きくみて二つの方面からやってくる。

〈近代社会〉では諸個人が、社会的生産とりもなおさず商品生産と交換関係の諸契機・諸側面において、社会的分業という形で独立的に分化し、つまりは分裂し、その個別的また特殊的な利害をめぐって、たえざる対立・抗争と協調をくり広げている。したがってそこでは、このような社会の個別的・特殊的利害への分裂のゆえに、現実的にも観念的にも、否応なしに浮上してくるところの、社会全体の一般的な共通利害、つまりは〈国民的共通利害〉を、彼ら自身がすくいあげて処理し解決できないことに、とくに留意しなければならない。

この〈国民的共通利害〉とは、諸個人の、個別的また特殊的な差異と多様性にもかかわらず、当該社会構成員として共通に把持し、内在させているところの一般的利害である。そして、それは、現実的であれ、また観念的であれ、当該社会全体の存亡興廃に、直接かかわるものといってよい。そしていま一つは、それ自体は諸個人の階級・階層、また産業・業種あるいは特定地域などの、〈特殊的利害〉に直接かかわるものでありながら、とくに階級・階層の統一社会的・国民的な、根本的性格に媒介された形で、否応なしに、当該社会全体を大きく震撼させる性格をもった、事柄である。

（2）〈外〉からの〈共通利害〉――〈戦争〉と〈交易〉

まず、前者の〈国民的共通利害〉についていえば、それは当該社会の〈外〉と〈内〉の両方からやってくる。いうまでもなく〈外から〉というのは、古くから歴史的に形成されてきた、他の歴史的社会とのたえざる交通関係、とりもなおさず〈戦争〉と〈交易〉を直接生み出す、〈国民的共通利害〉のことである。凡そ〈近代〉の以前と以後を問わず、個々の歴史社会はいつでもどこでも、他の歴史社会との不断の相互的関係においてのみ棲息し、また歴史的に形成されてきた。そしてこの歴史社会相互の外的諸関係は、何よりも〈戦争〉と〈交易〉の二相を錯綜させた、〈交通〉関係としてあらわれた［補註一］。

この戦争と交易は、たんに個々の社会相互の外的関係というに、とどまらなかった。それは多くの場合、同種の諸部族が大きく束ねられ、異種の諸部族をも包摂しながら、個々の社会としての歴史的原型が形成されていく、長い長い歴史過程の全体においても、強力に作動した。この意味で人間社会の世界史的形成と発展は、同系異系入り乱れた諸部族の戦争と交易をつうじた、歴史社会としての融合と固定化の歴史といえないこともない。

それではなにゆえ人間社会は、歴史始原的な出発から今日に到るまで、その歴史的発展においてこの戦争と交易が、不可欠であったのか？〈戦争〉をたんに外部的侵攻、周辺諸国からの軍事的侵略に対する、共同体［社会］を挙げた組織的な防衛と理解してはならない。また〈交易〉を、たんなる諸個人相互の物的財貨の交換と考えてはならない。というのも諸個人は、その原生的な血族的共同体が分解したか否かにかかわりなく、いつでもどこでも、より大なる強力な社会的・組織的結集によってしか、生存しえなかった。

因みに、原生的な共同体を構成した諸個人は、長い歴史的な過程をつうじてのみ、徐々に個別的に独立し分化した。そして、旧い共同体的構成の解体にともない、諸個人が個別的な経済的主体として、独立化したからといって、もとより、規模の大小と有機的構成のいかんとを問わず、新たに形成された社会的構成それ自体が、解体ないし雲散霧消してしまったわけではない。このことを歴史的な前提とすれば、戦争も交易も、諸個人が帰属する共同体［社会］としての生存に不可欠の、生活資料［物的財貨］の外部的な獲得形態を意味している［補註二］。

いいかえれば諸個人の共同体［社会］としての物的財貨の獲得は、他の共同体［社会］からの外部的獲得である。いつでもどこでも、この外部的獲得が必然化されてきたとしたら、その根因をもっぱら物的財貨の内部的獲得、つまりは共同体［社会］内部における、物的財貨の生産の不足だけに求めてはならない。それが圧倒的に不足している場合はもとよりのこと、充分に間に合っている場合でさえ、周辺の諸共同体［社会］の存在それ自体が、戦争と交易によるその物的財貨の獲得対象となる。そしてこの場合、周辺の諸共同体［社会］が、より富んでいるか、それともより窮乏化しているかは、まったく問題にならない。戦争的掠奪と貿易的獲得の対象となる、共同体［社会］の存在自体が、決定的に重要だからである。

いくらか先走っていうと、ここに、〈国家〉が、原理的には、他の歴史社会のすべてを〈敵〉とみなしていることの、歴史始源的な根拠がある。つまり他の歴史的社会は、友好・同盟・対立・競合のすべてを超えて、つねに〈敵国〉へと転化しうるというところに、歴史社会の〈国家〉的構成の必要と必然が、内在している。

そしてとくに戦争は、共同体［社会］を挙げた物的財貨の掠奪的獲得という点で、組織的 Gewalt［軍事力］をテコとした、特殊な社会的生産活動としての側面をもっている［補註1］。しかしこの戦争というメダルには、つねに天国と地獄、栄光と滅亡の危険が、表裏をなしている。一方で、あいつぐ戦勝は、物的財貨と同時に威信と栄光という観念的利害をもたらして、共同体［社会］の力強い発展を可能にする。

しかし同時に他方で、決定的な敗戦は、共同体［社会］全員の皆殺しや奴隷化を帰結しかねない。そして、このような社会存亡の現実的な危険と冒険性が強い分だけ、戦勝によってもたらされる観念的な威信と栄光もまた、計り知れないほど大きい。それは常勝の軍事的指揮者に対する神格化の、直接の観念的な原動力として、強力に作用する。

重要なのは、特定の共同体［社会］が戦勝をテコにした、他の諸共同体［社会］への物的財貨など剰余労働の掠奪を、たんなる一時的なものから、より安定的で合理的な掠奪として、制度的に組織化したとき、この〈国家〉としての共同体［社会］は、〈王国〉さらには〈帝国〉への道を歩みだしたことである。これまでよく、〈戦争が国家をつくり、国家が戦争をつくる〉といわれてきたのも、このような意味において理解されなければならない。

［補註1］

一般にマルクス主義者は、「社会」の内的矛盾にもとづいた歴史的発展だけを一面的に強調して、戦争や交易また征服など外的諸関係にかかわる問題を、まったくとりあげようともしない。しかし創始者のマルクスには、いまだ歴史を素直に把握しようという学的・理論的態度が、健在であった。因みに初期の『ドイツ・イデオロギー』では、すでに〈戦争〉と〈交易〉を〈交通〉形態として把握している。——「…社会的編成も家族の拡張されたものにとどまっている。すなわち家父長的な種族首長、これらのもとに種族員、最後に奴隷というふうになっている。家族のなかに潜在する奴隷制は、人口と欲望との増加につれて、そしてまた外部との交通の拡張すなわち戦争ならびに交易の拡張につれて、はじめて次第に発展してゆく」［古在訳、岩波文庫、二六頁］。「征服する蛮族のばあいには、…戦争そのものがまだ一つの正常な交通形態である」［同前、二七頁］。

また、「資本論準備草稿」のなかでは、自然的・原生的「社会」における、「戦争」の意義について、こう指摘されている。——「…戦争とは、財産を固守するため、また財産の新規獲得のため、これら自然生的な共同団体のどれもがおこなうもっとも本源的な作業の一つである」［手島訳『資本制的生産に先行する諸形態』、国民文庫、三七頁］。「…戦争は、それが生存の客観的諸条件を占取するためであろうと、その占取を維持し、永久化するためであろうと、必要にして重大な全体的任務であり、重大な共同的作業である。だから家族からなっている共同体は、さしあたり軍事的に編制されている——軍制および兵制として」［同前、一三頁］。

しかしマルクスは、最後に記している、〈戦争は、必要にして重大な全体的任務・重大な共同的作業であるから、共同体は軍事的に編制されている〉ということの意味を、理論的に究めようとはしなかった。

［補註2］

法社会学の創始者であるエールリッヒが、〈交易の歴史的原初形態は掠奪にある〉と指摘しているのも、決して根拠のないことではない。因みに、——「現物交換は隣人間の有効的な取引関係からは決して生じては来なかった。…略奪や贈り物の交換を媒介として財貨取引は成立したのである。最初の商人は海賊に毛のはえた程度の存在であって、他所者と交易する方が、他所者から略奪するよりも利益が大きいことを経験上知るに到った連中だったのである。周知の最初の取引形態も、略奪から生じたのである。アフリカの矮人種族は収穫の直前に他の種族の畑に侵入し、そこに植えてあるバナナ・ピーナッツ・トーモロコシを持ち去り、その代わりに、彼らの経済上の主たる産物である乾肉を置き去って行く」［河上他訳『法社会学の基礎理論』、みすず書房、九六頁］。

また、〈交易〉の場合、たんに諸個人相互の物的財貨の交換というにとどまらない。というのもこれら諸個人は、たんに所属共同体［社会］を異にしているだけではない。所属共同体［社会］自体が、すべて〈国家〉として構成されており、いつ戦争として激発してもおかしくない〈国家〉として対峙している。それゆえ〈交易〉する諸個人は、どんな場合でも、その背後に〈国家〉が控えている特定国家構成員として、同じく他の国家構成員と商取引を行なう。

したがってこれは、同一共同体［社会］構成員同士の商取引とは大きく質的にちがう。〈交易〉上の商取引におけるいずれかの不法行為や、商慣習への違反によって引き起こされる不利益と軋轢は、そのままその国家的保護に任ずる特定国家からの、強力な実践的な介入と干渉を呼び起こしかねない。いいかえれば、それ自体は純然たる個別の経済活動といえども、国家相互の政治的対立へと転化しかねない、根本性格をもっている。

それゆえ〈交易〉は、歴史的社会相互の通商貿易関係が、当該社会構成員相互の物的財貨の交換として現象する。これをぎゃくにいうならば、諸個人間における〈交易〉の背後と前提として、直接には〈国家〉という形をとった当該社会相互の交易的合意、つまりは通商貿易協定の締結が必要である。

国民的、統一的社会が形成された〈近代〉以降においても、この〈戦争〉と〈交易〉の重要性は、少しも減じていない。それどころか深刻な重要性は、飛躍的に増加した。その根拠は、国民社会がかつてない高度な生産力と、それにもとづく強力な軍事力を開拓し把持した、歴史社会として登場してきた点にある。とくに先進諸国相互においては、一方で、かつてない網の目のように緊密な貿易的連関を生み出しながら、同時に他方で、後進諸国を政治的な手中に収めんという世界的覇権をめぐる戦いが、つい半世紀ほど前まで、国民社会の総力を挙げてくり返されてきた。

［補註］

マルクスは、『資本論』や『経済学批判』などで、商品交換の歴史的始源を共同体間の商品交換に求め、それが共同体内部における商品交換を呼起し、必然化して、共同体の解体を促進したと主張している。曰く、――「商品交換は、共同体の果てるところで、共同体が他の共同体またはその成員と接触する点で、始まる。しかし、物がひとたび対外的共同生活で商品になれば、それは反作用的に内部的共同生活でも商品になる」［岡崎訳『資本論⑴』、一六一頁］。「事実、諸商品の交換過程は、もともと自然発生的な共同体の胎内にあらわれるものではなく、こういう共同体がつきるところで、その境界で、それがほかの共同体と接触する少数の地点であらわれるものである。この地点で交換取引がはじまり、そしてそこから共同体の内部に反作用し、これを解体するような作用をおよぼす」［武田他訳『経済学批判』、岩波文庫、五五頁］。「またスラヴの共同体でも、貨幣および貨幣の前提をなす交換は、個々の共同体の内部では、まったく、またはほとんどあらわれず、その境界で、他の共同体のなかにおくとは、一般にあやまりである。交換は、むしろ最初には、ひとつのおなじ共同体のなかの成員にたいする関連というよりも、異なった共同体相互の関連のうちに登場する」［「経済学批判序説」、同前『経済学批判』所収、三一六頁］。

明らかなようにマルクスは、商品交換の歴史的始源を、直接に〈交易〉に求めている。もちろんこの発想自体に何ら問題はない。しかしここから、〈交易〉を商品交換一般に解消させてはならない。〈交易〉は、あくまで〈戦争〉をもふくめた、トータルな共同体［社会］間諸関係のなかで、把握されねばならないからである。

（3）〈内〉からの〈共通利害〉と〈特殊利害〉

つぎに、当該社会の〈内から〉生み出されてくる、〈国民的共通利害〉にも、より観念的なものと、より現実的なものとの二種類がある。一つは、当該社会が個人および諸個人、とりもなおさず［結集した諸個人より成る］組織による、社会的な生活と秩序への破壊と侵害から、とりわけ諸個人の生命・財産などを、保護し遵守することである。因みに古くから、それが個別的なものであれ、徒党を組んだ組織的なものであれ、殺人・強盗・放火・傷害・窃盗など、諸個人の生命・財産への侵害に対しては、当該共同体や社会は、〈社会防衛と社会的復讐・報復〉という発想から、きびしい〈刑事罰〉をもって対応してきた。そしてここから、一般に社会的秩序維持のための、〈治安〉にかかわる諸活動が生れ、それを直接担掌する、警察・裁判などの諸機関が必然化した。

しかし、資本制的生産様式が構造的に進展した〈近代社会〉では、諸階級・階層とりわけ資本家階級と労働者階級との間の階級闘争は、経済恐慌が周期的に到来した一九三〇年代まで、ややもすると経済的利害闘争のレヴェルと範囲を大きく超えて、ときの国家権力の直接的な打倒と転覆をめざした、政治的階級闘争へと転化しかねない傾向を示した。これは、マルクス以降とりわけ一九一七年のロシア革命の成功以来、〈資本制社会〉に代わる〈社会主義社会〉建設への期待が、知識人や労働者の間で異常に高かったことによる。したがって、これを当該社会のワク組のなかに、大きく制御しておくことは、いわゆる〈治安〉に直接かかわる問題として、登場したことになる。

いま一つは、〈公共土木事業〉という形で現出してくる、事柄である。いうまでもなくこれは、人々の日々の、のっぴきならない物質的・精神的生活に、直接かかわる事柄でありながら、その規模の巨大さ、巨額の経費、高度の専門的かつ長期的な計画性と継続性、さらに多数の専門的技術者を、長期間張り付けておかねばならない。しかもそれは、営利目的ではなく、社会を構成する諸個人の、諸階級・階層的また諸産業・業種的、さらには各地域住民としての存在形態のいかんを問わない、彼ら全体の物質的・精神的生活上の便宜と、必要に応えることを目的としている。こんなことからそれは、個人はもとより、いわば〈最小の経費で最大の利潤の獲得〉を至上命題としている、個々の企業でも、とても手に負えない、特殊な事柄といえよう。

しかし、一口に〈公共土木事業〉といってもそれは、とくに当該地域的社会における諸個人の住民生活や、企業的活動上の便宜と必要に直接かかわる〈共通利害〉と、当該社会を統一的な有機的経済圏として、大きく媒介的に連関させる〈交通関係〉にかかわるものとに、大別できる。因みに前者としては、上下水道・ガス・電気・防火防災・防疫・病院・治山治水［河川および山林管理・灌漑・ダム建設］などがある。また後者としては、道路・鉄道・橋・トンネル・漁港・海港・空港・郵便・電信電話などが、その代表的なものである。

つぎは、それ自体は諸階級・階層や諸産業・業種あるいは特定地域などの、〈特殊的利害〉にかかわるものでありながら、その統一社会的・国民的性格ゆえに、当該社会全体を大きく震撼させる、特殊な事柄についてである。これにもまた、二通りある。

一つは、諸階級・階層や諸産業・業種間の特殊的利害をめぐる対立と抗争を、調整し制御しておく必要である。というのも諸階級・階層や諸産業・業種は、今や統一社会的・国民的な性格と規模で、組織化されて登場してくる。したがって、その対立と抗争によって、当事者が甚大な損害を蒙るばかりか、その余波が社会生活の各分野へ波及して、看過できない深刻な影響と混乱を、惹起させるからである。すでに指摘したように先進諸国では、経済恐慌の周期的な到来と、はなはだしい階級的格差を現実的な基礎として、とりわけ資本家階級と労働者階級との経済闘争が、つねに後者による社会の革命的改造のための、［国家］権力奪取に大きく収斂される、政治的階級闘争へ転化されかねない傾向を孕んでいた。

しかし、先進諸国では、一九三〇年代に入ると、ケインズ的な財政・金融政策［管理通貨制度を前提とした有効需要拡大政策］の導入によって、周期的な恐慌的爆発を食い止めることに、成功したばかりではない。資本制的企業の巨大化にともなう、多数の専門的な科学・技術者と経営管理者層の育成と輩出は、新しい広大な社会的中間層の形成を促進し、商工自営業者や農民など、旧くからの社会的中間層の存在とともに、階級闘争の革命的な激発を、その内的深部において、強く抑える役割を果たした。

だがしかし、階級闘争の革命的な激発がみられなくなったとはいっても、もちろん、資本家階級と労働者階級との対抗を軸とした、諸階級・階層や諸産業・業種間の、経済的な特殊利害をめぐる対立と抗争が、すべてなくなってしまったわけではない。それどころか、この種の対立と抗争は、ときとともに飛躍的に増大し、ますます激しさを増している。それはそうだろう。

資本制的生産様式の構造的な展開は、社会的生産を軸とした社会的分業を、より一層発展させることによって、経済的な自由競争は、多様に分化した諸階級・階層や、諸産業・業種の内部と相互間の両面において、ときには複雑に錯綜した形で、熾烈に闘われる。しかもそれは、諸階級・階層および諸産業・業種の、統一社会的・国民的な性格から、否応なしに、全社会的な規模と深刻さをもって闘われる。そのため、この経済的利害をめぐる［階級］闘争は、〈政治的〉性格を客観的に付与される。

それだけに、この自由競争という名の、苛烈な社会戦争による無用の混乱を排して、社会的な生産と生活の秩序と安定を、維持しておくためには、どうしても、これらの対立と抗争を、それぞれの特質に見合う、一定の原則にもとづいて調整し、制御しておくことが必要となる。しかし、個々人のケンカであれ、ヤクザの組織的な抗争であれ、ケンカの仲裁が、その当事者同士にできないことは、自明であろう。ましてやこれが、全社会的な規模で激しく展開される、大組織相互のケンカと揉め事の仲裁となれば、なおさらといってよい。こうして、当事者がイヤイヤながらでも、承服せざるをえないような、〈権威ある第三者〉による仲裁が必要となる。

これは、〈自由なる社会〉をその自由競争によって破滅させないよう、この経済的な社会戦争を、一定のルールとワク組のなかに制御しておくために、すべての社会構成員、つまりは〈社会〉それ自身から大きく超然とした、いわば〈第三者的〉な、そして何人といえども、逆らうことのできないような、強力無比の権力を、創りだせということである。それは同時に、この〈第三者的な権力〉、〈第三権力〉によって直接担われる、仲裁のための〈原則とルール〉を、仲裁を必要としているケンカの当事者自身が、直接間接に、作り上げねばならないことをも意味している。

［補註］

〈国家権力〉を〈第三権力〉として把握する発想は、私の理論的出立［一九六七年］以来のもので、それには二つの意味がある。一つは、ここにいう〈第三者的な権力〉で、いま一つは、経済的な支配階級［権力］と被支配階級［権力］、という二大階級権力の上に立つ、〈三番目の権力〉としての〈第三の権力〉という意味である。この点については、第32章理論的総括一参照。

なぜかといって、〈社会〉とりわけ〈近代社会〉には、諸階級・階層あるいは諸産業・業種として、組織的な対立と抗争［つまりケンカ］とまったく無縁の諸個人など、存在しえないからである。したがって、ケンカの当事者が、ケンカ仲裁のための〈原則とルール〉を、直接間接に作成するほかないということは、その〈内容〉が、決して純正にして公正たりえないばかりか、つねにより強大で優勢な諸階級・階層や、諸産業・業種の特殊的な利害が、大きく反映されざるをえない、ことをも意味している。ここに、〈国家〉的レヴェルにおける〈階級性〉発生の、現実的な基礎があるが、これについては、この後、何度もとりあげることになろう。

いま一つ、これは、一定の自然的・社会的な諸条件の下においてのことであるが、諸階級・階層的また諸産業・業種的、そして特定地域的な〈特殊利害〉が、その統一社会的・国民的な性格ゆえに、たんなる特殊利害としてそのまま放置されることなく、大きくとりあげられるという意味で、特殊な、事柄がある。さて、この一定の自然的・社会的な諸条件とは、天災や外から［つまり諸外国から］の強力な圧力などによって、諸階級・階層とりわけ特定地域の特定産業・業種が、いちじるしい、それもほとんど壊滅的な打撃を蒙った場合である。

例えば、異常気象で、相次ぐ台風の到来が、全国数十万のミカン・リンゴ農家を直撃したり、何ヵ月もの日照りつづきで、コメの収穫量が半減するほどの損害を、農家が蒙ったり、あるいは諸外国からの強圧で、オレンジや牛肉に対するこれまでの手厚い保護関税が、一挙に撤廃されてしまい、ミカン農家や牧畜・食肉業者が、大打撃を受けた場合である。これをそのまま放置しておくことは、家族をふくめて数百万人規模の、倒産と失業が必然化され、さらに多数の夜逃げや一家離散、そして自殺者すら続出する、一大社会的惨事にさえなりかねない。まぎれもなくそれは、一種の〈社会的な皆殺し〉を黙認することである。

どの産業・業種も、もとより程度の差こそあれ、〈明日は我が身の行く先不安〉から、完全には免れきれないため、このような場合、当該社会を挙げての〈社会的な救済〉の必要が、一斉に叫ばれ、それは国民的な世論として定着していく。それは、経済的な支援と援助を中心とした、多様な〈社会的な救済〉としてあらわれるが、いくらか角度を変えて大きくみれば、当該社会全体による、〈国民的諸産業の保護と育成〉の一環として、位置づけることもできよう。

もちろんこのような〈社会的な救済〉が、現実的に可能となるには、資本制的社会がきわめて高度な発展を遂げることによって、経済的な〈豊かさ〉と〈余裕〉を、実現していることが、歴史的な前提となる。そのことは、例えば資本制社会の歴史的な形成期、とりわけ資本の、いわゆる原始的蓄積期の、国家権力を軸とした新旧の支配階級による、労働者大衆を創り出すための、血なまぐさい苛酷な〈社会的な皆殺し〉を想起すれば、明白であろう。

以上を簡単に図示しておけば、つぎのようになろう。

社会全体の存立と興廃に直接かかわる

国民的共通利害

- 外から
  - 外敵の侵略から国民の生命と財産と生活を守る〔軍事・防衛〕
  - 通商貿易
- 内から
  - 個人および組織による社会秩序の破壊を守る〔治安〕
  - 公共土木事業

諸階級・階層および諸産業・業種の

特殊的利害

・諸階級・階層および諸産業・業種間の対立・抗争の調整と制御
・特定地域の特定産業・業種が天災や外圧によって大きな損害を蒙った場合の社会的な救済措置

（4）〈特殊な事柄〉を〈国家的諸活動〉へと転成させるもの

〈自由なる社会〉としての〈近代社会〉は、統一的社会の存亡と興廃に直接かかわる重大事でありながら、自身では決して自主的に解決できない、きわめて〈特殊な事柄〉を日々生起させるほかなかった。そして、これらの〈特殊な事柄〉は、当該〈社会〉になり代わった〈国家的〉レヴェルから、大きくすくい上げられ、国家権力の実質を構成する膨大な規模の官僚・官吏機構によって、専門的かつ専任的に遂行される〈国家的諸活動〉という形に姿を変えて、あらわれる。

それでは、当該〈社会〉になり代り〈国家的〉レヴェルから大きくすくい上げられた、これらの〈特殊な事柄〉は、いったいどのような〈国家的諸活動〉として、現出しているのであろうか？　いいかえればそれは、国家権力を軸とした、いかなる政策的実践活動として展開されているのであろうか？

しかし、〈特殊な事柄〉つまりは〈社会的必要事〉は、いつでもどこでも即座に、また機械的に〈国家的必要事〉へと、転成されるわけではない。〈社会的必要事〉の〈国家的必要事〉としての転成には、特殊な公的活動による媒介が、不可欠だからである。そしてこの特殊な媒介的活動は、それ自体、個別的で偶然的な形ではなく、明確に組織された公的制度によってのみ可能となる。というのも〈社会的必要事〉の〈国家的必要事〉への転成とは、国民的諸階級・階層の一般的また特殊的な意志が、法的規範としての国家意志のなかに、内容的に移し替えられるようにして、大きく高められ昇華されることである。そこで、この媒介と転成を直接決定づけるのは、一般に政治形態といわれている、国家意志の決定形態いかんの問題である。

かくて、〈自由なる社会〉で日々噴出される〈社会的必要事〉が、いったいどの程度〈国家的必要事〉として認識され、反映されるかどうかは、国家意志の決定形態いかん、とりもなおさず〈専制的〉か〈民主的〉かのいかんによって、直接決定づけられる。もちろん〈専制的〉政治形態の下では、専制的支配者と直接結びついた、ごく一部の諸階層の特殊的意志しか、すくい上げられ反映されない。

これにひきかえ、〈民主的〉政治形態、正確には〈議会制民主主義〉が構造的に進展し、定着しているところでは、〈自由なる社会〉によって日々噴出される〈特殊な事柄〉が、〈国家的〉レヴェルから、当該〈社会〉になり代わった形でスムーズにすくい上げられ、直接には政策形態をとった〈国家的諸活動〉として、全面的に展開される。というのもそこでは、国民的諸階級・階層また諸産業・業種などが、それぞれの経済的・社会的なパワーのいかんにほぼ対応した形で、自らの政治的代理人を、国家意志の法律形態での決定機関である〈議会〉へ、送り込むことができるからである。

この意味で〈議会〉は、たんなる国家機関［立法機関］ではない。国民的諸階級・階層の現実的利害にもとづいた特殊的意志・要求を、法律としての普遍的かつ一般的な国家意志へと大きく転成させる、〈最高かつ主要な媒介機関〉でもある。［しかしこの点については、次章や第18章などでとりあげる。］

〈近代〉以降の国民的・統一的社会形成をみたところでは、一般に〈議会制民主主義〉が構造的に進展し、定着している。もちろんときには、強烈な〈専制的〉政治形態の出現も、少なからずみられた。しかしそれも大きくみれば、一時的で特殊的な事態であったことに、変わりはない。ではなにゆえに、〈近代社会〉は、一般的な政治形態として、〈議会制民主主義〉を呼起し、また必然化するのであろうか？　しかしこれは、〈近代的〉国家権力の一般的な組織的・制度的編成の原理と形態にかかわる問題であり、第13章で独立してとりあげる。

ここではただ、つぎの二点のみを指摘しておく。その一つは、〈自由なる社会〉自体が、直接には〈専制的〉国家体制を、徐々に、あるいは一挙に無化し解体する過程をへて、歴史的に形成されたこと。もう一つは、〈自由なる社会〉によって日々噴出される、膨大多岐な〈社会的必要事〉の〈国家的必要事〉としての担掌が、国家権力のかつてない独立的巨大と強大化を生み出すため、その〈専制化〉に対する人々の恐怖感と警戒感もまた、巨大な規模で拡がり、一般化すること。

ここでは、〈自由なる社会〉の一般的な政治形態として、〈議会制民主主義〉の構造的な進展と定着を前提としながら、さらに議論を推し進めなくてはならない。

第四篇　国家権力の実質的構成

7　国家的諸活動の展開［総説］

(1) 国家的諸活動の全貌

〈議会制民主主義〉の制度的な進展と定着を歴史的前提とすれば、〈自由なる社会〉において日々生起されるこれらの〈特殊な事柄〉は、より現実的なものであれ、より観念的なものであれ、国民的諸階級・階層の政治的代理人をつうじて、観念的にすくいあげられながら束ねられまた集成される。そして、たとえその内実が純然たる特殊的意志であっても、すべて当該社会全体に直接かかわる一般的な〈国民的意志〉であるかのような、普遍的かつ幻想的な形態で押し出される。

それは、政治的代理人が一堂に会する〈議会〉での対立・抗争と妥協・協調をへて、〈法律〉形態をとった国家意志へと大きく転成させられる。そしてひとたび成立した国家意志は、たとえその内実が国民の特定部分の特殊意志であっても、国民全体に対して抵抗を許さない法的規範として、強制的に貫徹される。かくて、〈自由なる社会〉から日々発せられる〈特殊な事柄〉は、このような政治的プロセスを経て、国家意志［とくに法律］の内実として盛り込まれることにより、国家権力とりもなおさず官僚・官吏機構によって直接担掌されるところの、国家的諸活動という形にその姿を変えて、現出しているのである。

ということは、もしかりに、この〈議会〉の権力が大きく削減ないし制限されることによって、国家権力の〈専制〉化が、いちじるしく進展するような事態にでもなれば、たんにこの〈特殊な事柄〉がスムーズに国家的諸活動へと、媒介的にすくいあげられなくなるだけではない。同時に、この〈特殊な事柄〉を日々生起させている〈自由なる社会〉それ自体が、大きく変形させられかねないことをも意味している。もちろん、このような〈近代〉専制国家権力の諸形態については、後の特殊的国家論でとりあげる。

それでは、〈議会制民主主義〉の構造的な進展と定着を前提に、〈自由なる社会〉から日々噴出される〈特殊な事柄〉は、当該社会になり代った〈国家的〉レヴェルから、大きく観念的にすくい上げられることによって、直接には〈政策〉形態をとった、いったいいかなる〈国家的諸活動〉として、登場するのであろうか？

まず、完成的な形で発展的に開花した国家的諸活動を、その内的性格に即してみれば、〈政治的〉活動と〈社会的・経済的〉活動とに大別して把握できる。もちろん国家的諸活動という以上、直接に現実的な、あるいは多分に観念的な〈国民的共通利害〉にもとづいたものであれ、諸階級・階層や諸産業・業種の〈特殊的利害〉から発したものであれ、当該社会全体を支配・統制する。この意味でそれらはすべて、統一社会的・国民的な性格、つまりはれっきとした〈政治的〉な性格をもっている。したがってこの区別は、そのことを前提としたうえでのことである。

まず前者は、国家権力による当該社会の〈政治的秩序〉維持の〈政治的〉活動、正確には当該社会の統一的かつ全体的な秩序と枠組みを、内外からの危難に対して遵守する実践的な活動である。それは、具体的には、軍事力に収斂される国民社会の総力を挙げた対外的政治活動［つまり政治外政］と、国内的には、とくに大がかりな各種の組織犯罪を抑圧・制御する、〈治安〉活動が中心となる。また後者は、国家権力による当該社会の〈経済・社会的秩序〉維持のための経済・社会的活動である。それは、国民の、個人および結集した諸個人よりなる組織の、経済・社会的な活動に対する保護と統制を目的とした政策的活動であって、具体的には、経済政策と社会政策として現出している。そこで、図示すればこうなる。

国家的諸活動の内的区別
　国家権力による
・社会全体の統一的秩序維持のための〈政治的活動〉　軍事・外交［外政］　治安
　国家権力による
・経済的・社会的秩序維持のための経済・社会的活動　経済政策　社会政策
［諸個人の経済・社会的活動に対する保護と統制］

このうちの、とくに〈経済政策〉と〈社会政策〉については、さらに多様な展開を呈しているので、簡単に指摘しておこう。まず、〈経済政策〉の場合、国家権力による経済的諸活動の遂行と展開といっても、その形式において、二つに大別される。一つは、国家権力自らが、直接経済活動を遂行する経済主体として、登場する場合である。因みにそれは、〈公共土木事業〉と〈国有化政策〉としてあらわれる。いま一つは、社会を構成している、個人および結集した諸個人よりなる組織とその自由なる活動に対する、法的な保護と規制を遂行するための、命令・監督と許認可活動としてあらわれている。その代表的なものは、〈財政政策〉・〈金融政策〉そして〈通商貿易政策〉の三者である。したがって、これを図示すれば、以下のようになろう。

- 経済政策
  - ［直接］…
    - 公共土木事業
    - 国有化政策
  - ［許認可］
    - 財政政策
    - 金融政策
    - 通商貿易政策

つぎに、〈社会政策〉の場合には、広くは勤労者大衆、実質的には労働者の保護と統制を主眼とした〈労働政策〉と、福祉・医療・保険などの〈社会保障〉とが、主たる二大柱となっている。これを表示してみれば、大概つぎのようであろう。

- 社会政策
  - 労働政策…労働者の保護と統制
  - 社会保障
    - 社会保険［健康・雇用・年金・労災など］
    - 公的扶助［生活保護］
    - 福祉事業［老人・母子家庭・障害者など］
    - 医療・衛生

このほかの国家的諸活動で、決して忘れてならないものは、〈公教育〉と〈宗教政策〉である。そこで、以上を一括して図示すれば、つぎのようになろう。

国家的諸活動の内的区別］

- 〈政治的活動〉
  - 軍事・外交［政治外政］
  - 治安
- 〈経済・社会的活動〉
  - 経済政策
  - 社会政策

- **経済政策**
  - ［直接］…
    - 公共土木事業
    - 国有化政策
  - ［許認可］
    - 財政政策
    - 金融政策
    - 通商貿易政策［経済外政］
- **社会政策**
  - 労働政策…労働者の保護と統制
  - 社会保障
    - 社会保険［健康・雇用・年金・労災など］
    - 公的扶助［生活保護］
    - 福祉事業［老人・母子家庭・障害者など］
    - 医療・衛生
- **特別**
  - 公教育
  - 宗教

（2）〈外政〉・〈内政〉と〈統治〉・〈行政〉区分

つぎに、国家諸活動の全体を、それが当該社会の〈内部〉に対するものか、それとも〈外部〉にむけられたものか、という点で大きく区別すれば、〈内政〉・〈外政〉概念が成立する。因みに〈内政〉・〈外政〉という区分は、法的規範としての国家意志によって直接規定された国家的諸活動を、当該社会の〈内部〉にむかって強力に押し出されて貫徹される場合と、いずれも〈国家〉として束ねられている、他の歴史社会と直接切り結ぶために、当該社会の〈外部〉にむかって押し出される場合とに、区別して把握したものである。

そこで、〈外政〉は、外交・軍事政策としてあらわれる〈政治外政〉と、通商貿易政策としての〈経済外政〉より成る。また〈内政〉は、主に治安にかかわる政治活動と、社会［的諸個人］の経済・社会活動の規制・監督・統制活動や、国家権力自身による経済・社会活動としてあらわれる。もちろん後二者は、経済・社会政策としての展開である。

かくて〈内政〉・〈外政〉概念と、先の〈政治的活動〉・〈経済・社会的活動〉概念とを、大きく比較してみれば、つぎのようになろう。

［外政］
- 軍事・外交（対外政治政策）
- 通商貿易（対外経済政策）

［政治活動］
- 軍事・外交
- 治安（警察・裁判）

［経済・社会活動］

［内政］
- 秩序維持（治安）
- 経済政策
  - ・直接
    - 公共土木事業
    - 国有化政策
  - ・許認可
    - 財政政策
    - 金融政策
- 社会政策

- 経済政策
  - ・直接
    - 公共土木事業
    - 国有化政策
  - ・許認可
    - 財政政策
    - 金融政策
    - 通商貿易
- 社会政策

最後に、国家的諸活動の全体を、国家権力の本来的にして本質的な性格に即して把えれば、〈統治〉・〈行政〉概念が成立する。ここに〈本来的にして本質的な性格〉というのは、この〈統治〉・〈行政〉概念が、〈政治的〉・〈経済的〉や、〈国家〉の〈内〉・〈外〉といった、多分に大雑把で形式的な区別とは、一つその質を異にしている。それは、〈政治的〉・〈経済的〉また〈国家〉の〈内〉・〈外〉には直接かかわりなく、あくまで国家的諸活動とその担掌主体である国家権力を、〈当該社会の〈国家〉的構成と組織化に直接かかわるか否か〉という、ただ一点だけに焦点をしぼっている。

因みに〈統治〉とは、当該社会の〈国家〉的構成と組織化に直接かかわるかぎりでの国家的諸活動であり、また、この国家的諸活動を直接担掌するかぎりでの国家権力を、〈統治権力〉という。いいかえれば〈統治〉とは、〈内外危難を排し国家権力によって断行される、当該社会の〈国家〉的構成と組織化のための国家的諸活動〉、にほかならない。したがって具体的にいうならば、当該社会の〈国家〉的秩序と枠組みを維持するための、外政［外交・軍事および通商貿易］と治安、それに経済政策でも当該社会の経済的秩序を直接震撼させかねない金融政策などが、これに当たる。

そして、内外危難によって大きく震撼される、当該社会の〈国家〉的秩序と枠組みの維持に、直接にはかかわらないすべての国家的諸活動が、〈行政〉である。そこで〈行政〉とは、国家権力による当該社会の内部的な統制・支配の全般的活動を、さすことになる。具体的にいうならば、経済政策の主力をなす財政政策や国有化政策、公共土木事業さらには労働政策と社会保障を二大柱とした社会政策、それに社会的秩序・慣行への、小規模で個別的な侵害に対する、実力をもった秩序維持の活動［警察・裁判］などが、これに当たる。

これを要するに、〈統治〉とは、国家的諸活動のレヴェルで把えられた〈国家〉、いいかえれば〈社会的大事〉としての〈国家〉の問題であり、〈行政〉とは、国家的諸活動のレヴェルで把えられた〈社会〉、いいかえれば個別的・特殊的な〈社会的小事〉としての〈社会〉の問題、にほかならない。

かくて、〈外政〉・〈内政〉、〈政治活動〉・〈経済・社会活動〉、〈統治〉・〈行政〉諸概念の区別と連関を一度に明示すれば、つぎのようになろう。

- ［外政］
  - 軍事・外交（対外政治政策）
  - 通商貿易（対外経済政策）
- ［内政］

- ［政治活動］
  - 軍事・外交
  - 治安（警察・裁判）
- ［経済・社会活動］

- ［統治］
  - 軍事・外交
  - 治安
  - 通商貿易
  - 金融政策
- ［行政］

- 秩序維持（治安）
- 経済政策
  - ・直接
    - 公共土木
    - 国有化
  - ・許認可
    - 財政
    - 金融
- 社会政策

- 経済政策
  - ・直接
    - 公共土木事業
    - 国有化
  - ・許認可
    - 財政政策
    - 金融政策
    - 通商貿易
- 社会政策

- （治安）
- 経済政策
  - ・公共土木
  - ・国有化
  - ・財政
- 社会政策

（3）国家的諸活動と国家権力の実質的構成

国家権力を国家的諸活動の内的実質にふれることなく、それを直接規定する法的規範としての国家意志の、一般的な意志決定形態いかんに即してとりあげれば、〈国家権力の形式的構成〉の問題が提起される。これに対して、国家諸活動を正面からとりあげることは、たんにそれだけの問題ではありえない。個々の国家活動は、その直接的担掌主体である個々の国家機関の設置を要請し、総体としての国家的諸活動は、その直接的担掌機関である国家権力を呼起・必然化し、またそれを前提としているからである。

早い話、総体としての国家的諸活動が必要かつ必然化されてはじめて、国家機関総体としての国家権力が存立する。この意味で国家権力は、国家的諸活動・担掌主体としてのみ存立し、国家的諸活動なくして国家権力の存在はありえない。かくて国家的諸活動の問題は、たんなる「国家の機能と作用」の問題などではない。それは、何よりも国家的諸活動・担掌主体としての、国家権力の実質的構成に直接かかわる、国家理論上の根本問題として把握され、位置づけらるべきものといえる。

ここでは、この国家権力の実質的構成の問題をとりあげる。また、〈国家権力の形式的構成〉の問題については、第五編で検討する。

まず国家権力を、右に示した〈政治的〉・〈経済・社会的〉活動の担掌主体として把えれば、国家権力の政治権力と経済・社会権力としての実質的構成が成立する。これは、国家権力における、政治権力と経済・社会権力との内的分化と二重性を、とりあげたことになる。また国家権力を、同じく〈外政〉・〈内政〉活動の担掌主体として把えれば、国家権力の外政・内政権力としての内的分化・二重性を孕んだ、実質的構成が提起される。そしてこの国家権力における外政・内政権力としての二重性は、法制的には、対外主権［外的主権］と国内主権［内的主権］との区別として、把握されてきた。最後に、国家権力を〈統治〉・〈行政〉活動の担掌主体として把えれば、統治・行政権力としての内的分化と二重性を内にふくんだ、国家権力の実質的構成の問題が大きく浮き彫りにされてくる。

そして最後の〈統治〉・〈行政〉という内的二重性は、社会の国家的構成とその直接的担掌主体である国家権力の、一般的な組織的・制度的編成を根本的に規定する、国家・国家権力の実質的構成原理として、強力に作動する。われわれは以下の理論的解明において、このことをくり返し確認することになろう。

8　国家的諸活動の展開［各論・統治］

（1）外政

ここでは、国際世界においてくり広げられている、諸〈国民国家〉の〈外政〉をとりあげる。諸〈国民国家〉の外部にむかって押し出される、国家意志相互の関係と絡み合いが、国際政治的世界を形成し、外的国家意志としての貫徹力のいかんによって、国際政治的世界における覇権の所在と、国際政治的システムのいかんが決定されている。というのも、諸国家が直接間接に織りなす国際政治的世界は、歴史根源的な原理からいえば、〈切り取り自由の世界〉である。いいかえればそこでは、〈戦国政治的世界〉と同一の原理が作動している。

したがって、国際政治的世界における〈秩序〉の形成は、戦国政治的世界という〈諸国家間の弱肉強食の生存競争〉を最終的に勝ちぬいた、戦国的覇者による諸国家の支配＝従属体制の確立としてのみ現実化してきた。しかし一般に、特定国家による戦国的覇者としての君臨の過程では、可能なかぎり他の諸国との合従連衡と同盟・連合によって、直接敵対・競合する強大な諸国家群を凌ぐ、多数派形成に全力を挙げてきた。これは、どんなに強大な国家でも、全世界の諸国をたった一国で征服・支配することはできない。多数派形成の方法によって、

〈最小の犠牲で最大の効果〉を発揮できるからでもあった。

それゆえ国際政治的世界において、いかな強国また大国であれ、その外的国家意志が他の諸国に対して、つねに確実に貫徹されることはありえない。もしかりに、確定された国家意志が、ちょうど〈国内〉にむかった場合とまったく同じように、特定の諸国に対しても貫徹されるとすれば、それらの諸国は、まちがいなく植民地的な隷属国である。したがってこの意味で、諸〈国民国家〉の外的国家意志が、いったいどの程度貫徹されるかは、よほど特殊な事情でもないかぎり、当事国相互の総合的な意味での〈国力〉にもとづいた、力関係のいかんによって、決定される。

そしてこの点が、〈内政〉に対する〈外政〉の、最大の特質といってよい。因みに、〈国内行政〉の場合には、法律・政策としての国家意志の決定と確定までが勝負。確定された国家意志は、〈中央―地方的〉な行政諸機関をつうじて執行され、少なくとも理論上は、完全に貫徹される。いうまでもなくこれが、〈内的主権〉あるいはたんに〈主権〉と、〈対外主権〉との区別でもある［補註］。しかしこれは、たんに〈国家〉という、〈社会〉それ自体の政治的組織にのみ、固有の現象ではない。政治的・経済的・社会的・文化的のいかんを問わない、すべての〈組織的〉権力において一般的にみられる、〈内部的支配力〉と〈外部的支配力〉とのちがいでもある。［この点については、すでに総説で指摘しておいた。］

［補註］

しかるに戦後アメリカを代表する国際政治学者のモーゲンソーは、その主著『国際政治１』［現代平和研究会訳、福村出版］のなかで、「国内政治と国際政治は、権力闘争という同一の現象が二つの異なった領域にあらわれたものにすぎない」として、「国内政治と国際政治の相違は、程度の差であって、本質のちがいではないのである」［四三頁］と主張している。これはたんに、〈国際政治のプロも、国内政治の特質を理解できなかった〉、ということではない。権力と政治と国家についての本質論と基礎理論を欠落させていても、国際政治の具体的な実相にそくした、経験技術的な追究は可能だというにすぎない。

外政の根本目的は、当該社会の全体にかかわる〈国家的利害〉、一般には〈国益〉を諸外国と国際世界に対して押し出し、実現することにある。外政は、この国家的利害の性格いかん、直接には対外的国家意志の性格いかんによって、〈政治外政〉と〈経済外政〉とに大きく区別される。〈政治外政〉は、当該社会の存亡と興廃に直接かかわる、総体としての政治的利害の実現を目的としている。これに対して〈経済外政〉では、他の歴史社会と質的に区別された、当該社会の産業的・業種的な特殊利害が、その共通性において大きく集成され束ねられて、押し出される。

そして、外政が〈国益〉という国民社会全体を背負えばこそ、長い歴史的経緯とそのなかで醸成され発展してきた、国家的威信や民族的矜持という観念的利害まで、直接からみついてくる。したがって、外政とくに政治外政では、内政の行政的な〈足して二で割る〉数量的調整の解決方法が、採用できない。それは、大きくは、政治・軍事・経済・文化などすべてをひっくるめた、総合的な意味での〈国力〉を土台に、しかし直接には、関連諸国との歴史的な経緯や国際世論などを勘案した、政略的特殊技術によってのみ、解決される。この意味で、国民社会の存亡と興廃は、外政プロの有無と優劣のいかんに、大きく左右されるのである。

1　政治外政（その1）

まず政治外政では、国際世界における当該社会の〈国家〉としての独立的構成と、その維持・発展が目的となる。いいかえればそれは、つねに対立と抗争をくり返してきた諸国家を抑えての、国際世界における政治的地位の向上と、できることなら覇者としての君臨を夢見ている。そこで政治外政の基本戦略は、一般に二様の方策としてあらわれる。

一つは、主要な敵国を直接念頭においての、政治的同盟政策の展開である。これは、敵国とその同盟諸国を政治的に制御し、いざとなれば軍事的に撃破できる、強大な軍事力の結集と組織化である。したがってそれは攻守同盟、つまりは軍事同盟政策として具体化される、性格をもっている［補註］。もちろんこれは、軍事力の総量において敵国勢力を大きく凌駕する戦略でもある。そこで敵対同盟諸国を分裂させ分断するための多様な方策と、それによって主要敵国の孤立化政策とが、同時に模索され展開されることになる。

［補註］

このように国際政治的世界において、諸国間の政治同盟が、現実的な有効性を発揮できるためには、軍事同盟として具体化される必要がある。たえざる諸国間の政治的紛争の、ときどきの解決には、当事諸国自身が、直接には軍事力を背景にした〈政治的強制〉によって、解決するほかないからである。これを軍事同盟にそくしていえば、軍事同の背後には、〈それぞれの国家としての維持・発展のため、共通の敵対諸国を政治的に抑え込む〉、という〈政治的意志〉が、控えている。この〈政治的意志〉にもとづいた政治同盟が、その現実的な実現手段として、軍事同盟を必然化するのである。

もう一つは、軍事力の増強政策である。これは、たんに来るべき戦争への備えだけからではない。むしろそれ以上に、敵対諸国に対する軍事的な威圧と牽制政策としても、推し進められる。いいかえればこの軍事力増強政策を、戦争政策と同一視してしまってはならない。というのも本格的な戦争への突入は、文字どおり当該社会の存亡と興廃を決定づける。たとえ勝った場合でも、甚大な人的・物的損害から免れられない。それだけの賭博的冒険性と危険性を孕んでいるだけに、できることなら開戦することなく、ときどきの国家的利害が実現できれば、それが一番いい。この意味で、〈最小の経費で最大の利潤の獲得〉という経済原則によく似て、〈最小の犠牲で最大の効果〉というのは、政治とくに国際政治における合理的な原則でもある。

そこで多くの場合、政治同盟政策と軍事力増強政策の同時的推進によって、敵勢力の強力で有害な策謀を大きく制御し抑止し、せめてときどきの国家的利害がいちじるしく損なわれなければ、それでよしとするほかない。かくて国際世界において、対峙する諸国家間の〈平和と安定［均衡］〉が、いわば結果的事実として現出する。

もとより諸国家間の「均衡」は、局地的レヴェルでも、全世界的レヴェルでも、つねに歴史的に形成される。そして、世界交通と世界市場の歴史的形成を前提とするかぎり、前者はつねに後者からの根本的規制と制約を受けている。

しかし国際政治世界の秩序としてあらわれる、この諸国家間の「均衡」は、ときどきの諸国家の、直接には軍事力に収斂される国力のいかんにもとづいた、「力の均衡」バランス・オブ・パワーにほかならない。げんにそのほとんどは、諸国家間の戦争の帰趨、つまりは直接の軍事的決着にもとづいて、形成されたものである。

したがって敗戦国、すなわち局地的ないし世界的覇権を握りそこない、特定国ないし特定諸国の覇権を、否応なしに押しつけられた諸国は、巨額の賠償金支払い・領土割譲・軍事力制限・特定政治形態の押しつけなど、耐えがたい苛酷な抑圧体制下におかれる。そこで、その内に激しい不満と怨念を抱え込んだ、これら諸国のなかから、いつか必ずこの体制をひっくり返して、覇権をその掌中に収めようとするものがあらわれても、不思議はない。その彼らが、国力とくに軍事力の強大化に邁進していくことは、いうまでもない。

［補註］

この点に関連して、国際政治的世界の動向と予測については、一般に〈向こう五年以上先となると何が起こるかわからないから、その予測は不可能でほとんど無意味〉といわれている。たしかにそのとおりなのであるが、これは経験的にいわれているだけで、必ずしもその根拠が明示されているわけではないので、一言しておきたい。その根拠は、覇権諸国家とそれにからむ諸国の外政戦略を直接決定づける諸要因が、五年以上となると大きく変化し変動するところにある。具体的にいうならば、この五年という年月は、これら諸国の国力とくに軍事力とそれを支える経済力、そして政治形態いかんをふくめた政権、これら諸国の国内世論と深く関連した国際政治的世論、などの大きな変化と変動、さらには外政上の戦略的布石を打ち終って事に備えたりするのに、充分とはいえないまでも、必要最小限の時間である。

こうして一方では、国際政治世界における自国の現状に飽き足らない諸国の飛躍的な発展は、否応なしに近隣諸国や覇権諸国家との、深刻な不和・悶着を引き起こす。それは、変化した力関係に対応する、新しい国際政治秩序の再編成を促すばかりか、覇権諸国家の対応いかんによって、従来の国際政治秩序の「革命的破壊」へとつながりかねない。また他方では、覇権諸国家の政治外政は、自らが仕切ってきた国際世界の体制と秩序をそっくり維持すること、つまりは現状維持以外ではありえない。特定国家が覇権を独り占めにしようとして仕掛ければ、かりに上手くいったところで多大の犠牲は避けられないばかりか、下手をすればすべてを失いかねないからである。かくてそれは、「均衡」政策として押し出される。

したがってこの「均衡」政策の主眼は、新興諸国による「秩序」の革命的破壊の動きを未然に封殺し、局地の紛争が「秩序」破壊にまで拡大しないよう、強力に制御することにある。そしてそのためには、硬軟自在の政略が縦横に駆使される。覇権国家としての実力［軍事力］を終始チラつかせるばかりか、ときにはごく限定した形での断固たるその行使さえ、いとわない。

だから、「均衡」政策を、とくに軍事的実力や強権の発動としての「力の政策」と大きく対比させて、平和的な「外交」努力などと解釈することほど、バカげたことはない。もちろんここでは、諸国家間の諸関係が、国際政治的世界とその秩序を歴史的に形成し、諸国家に〈外政〉を必要かつ必然化していることが、前提である。当該諸国家は、〈外政〉的案件が〈政治〉であれ〈経済〉であれ、つねに国力とりわけ軍事力・経済力のいかんを意識し、ときに正面に押し出して威嚇し牽制しながらの、交渉と調整、駆け引きと妥協のすべてを模索し、また試行する。

このように、人間社会の世界史的発展が開始されて以来、この諸国家間の〈平和と安定［均衡］〉、つまりは国際世界の政治的秩序は、くり返し破壊されて大戦へと突入していった。そのほとんどは、それまで国際世界を仕切ってきた支配的諸国家に対する、新興の諸国家の挑戦であり、変動する国際世界の新たな政治的覇権をめぐる、命懸けの戦いであった。

これをとくに〈近代〉以降の国民国家に即してみると、そこには大きな特徴がある。というのもそこでの政治外政は、それまでのように対峙する周辺諸国を抑えての、たんなる地域的覇権の確立を、めざしたものではなかった。国民国家を完成させた先進諸国の政治外政は、多かれ少なかれ、全世界の後進的あるいは先進的ならざる諸国を、可能なかぎりその政治的傘下に収めること［植民地・従属化］、に収斂された。したがって、特殊に、西欧における局地的レヴェルでの諸国家間の対立と抗争が、そのままグローバルな世界覇権、とりもなおさず世界の植民地的な争奪と分割をめぐる、戦いとしての根本性格をもっていたのである。

しかもこの近代帝国主義戦争は、それぞれが高度な生産力を土台にして、かつてない強大な軍事力を作り出し、文字どおり国民国家を挙げた国家総力戦として、展開された。したがってその結果、勝敗の帰趨とはべつに、当事諸国は解体的な惨状に見舞われた。とりわけ第二次世界大戦後の先進諸国を襲った惨状は、きわめて特異な国際世界を生み出すことによって、諸国の外政全般とりもなおさず政治外政の上に、かつてないいちじるしい制約と選択肢の限定を、強制するところとなった。そこでつぎに、戦後の先進諸国の特異な政治外政について、一瞥しておく必要があろう。

2　政治外政（その2）

先進諸国は、かつてない規模の世界大戦を戦うことによって、計らずも国際世界と己れ自身の根本的な変動に見舞われることとなった。この新しい世界的規模での構造的変動の、一方における柱は、ソヴェトを中心とした「社会主義」国家群の出現である。そして他方の柱は、大戦の主戦場となった西欧諸国の、壊滅的ともいえる経済・社会的疲弊と、大戦中飛躍的な経済的発展を遂げた米国の、超大国化である。戦後、西欧先進諸国の従属化にあった旧植民地諸国が、一斉に独立の狼煙を上げたのも、このかつてない経済・社会的疲弊と無縁ではない。

とりわけ決定的だったのは、ソヴェトを軸とした「社会主義」体制の確立であろう。もとより「社会主義」諸国成立の思想的な意味は、〈議会制民主主義―資本主義〉体制という形で結実した、〈近代国民社会〉の組織的編成原理とはまったく異質の、〈専制国家―社会主義〉体制を、創出しようというところにあった。しかしそれはたんに、〈議会制民主主義―資本主義〉体制の原理的な〈死〉を、宣告したものではない。それだけだったら、すでに一世紀も前に終わっている。

重要なのはそこで、専制的国家権力による、経済的自由の禁止、正確には、諸個人の経済的主体としての自由と独立性が、禁止されていた点にある。いいかえれば、〈資本〉の存在自体を廃した「社会主義」経済は、強力な〈専制的〉国家権力［プロレタリア独裁］によってのみ実現される、一国閉鎖の完結性をもっていた。これにひきかえ〈資本主義〉は、たえざる〈市場〉の拡大、つまりは〈世界市場〉を必要としている。したがって、「社会主義」の世界的規模での拡大は、欧米先進諸国の経済的生存圏を、直接もぎ取る以外の何物でもない。

それだけではない！　ソヴェトを軸とした「社会主義」体制の出現とは、強力にして膨大な規模の軍事力を抱えて、一元的に組織された専制国家群が、一朝にしてこの世界に登場したことを、意味していたからである。したがって、それが否応なしに醸し出す、巨大な黒い圧力は、たんに旧植民地の人民や疲弊し切った西欧諸国民に対して、強力な思想的・政治的な影響力を、発揮しただけではなかった。それがときに、集中的な軍事・経済援助をともなっていただけに、何よりも欧米先進諸国の支配層に対して、自己の社会的・歴史的な圧殺に直結しかねない、とてつもない恐怖感をともなった重大な脅威と、危機感を煽り立てたのである。

かくて欧米諸国の支配層には、「社会主義」体制への恐怖と脅威、危機感という形で、共通の政治的総意が形成された。もとよりそれは、近代国民社会の根幹である、〈議会制民主主義―資本主義〉体制を遵守し、過去数世紀にわたって培ってきた、世界の旧植民地・後進的諸国への、政治的・経済的支配権を掌中に確保しつづけるために、これ以上の「社会主義」国家への転成と拡大だけは、断固として阻止する、というものであった。

しかしこの政治的総意を、欧米諸国のなかで現実に担い断行できたのは、米国だけであった。軍事力はもとよりのこと、経済的には西欧諸国の疲弊を尻目に、米国は世界［もとより「社会主義」諸国はのぞく］のＧＮＰの、何と半分以上を占めていたからである。そしてこの瞬間から、もはや先進諸国相互の〈総力戦〉は、ありえなくなった。いいかえれば、「社会主義」国家群の出現が、世界支配の覇権をめぐってくり返された、欧米諸国の間の〈総力戦〉に、終止符を打ったのである。

この米国による、「社会主義」体制の〈封じ込め〉ないし〈拡大阻止〉という、世界政策［ないし世界戦略］は、二重性をもっていた。というのも、その〈内実〉の一つの柱は、壊滅的な打撃を受けた西欧諸国を、大きく軍事的な傘下に収めた形で、何よりもその経済的復興に要する多額の援助［マーシャル・プラン］の遂行であった。

そしてもう一つの柱は、旧植民地・後進的諸国内部で一挙に勃発した独立解放闘争を抑止し、それをとくに「社会主義」と結合させないための、「政権」・「社会」への強力なテコ入れと、湯水の如き経済援助であった。それがときには、米国の意のままになる専制国家、いいかえれば軍事・傀儡政権を容認して、数十万人規模の米軍を直接現地に投入するといった、一見異常な行動となってあらわれたことも、まだわれわれの記憶に新しい。それだけ、米国が直接背負った「社会主義」に対する、先進諸国の政治的な危機意識が、強烈だったといえる。

しかし同時にそれは、米国による直接の〈政治・軍事戦略〉の配置と展開と、ほとんどそのまま重なり合ってもいた。因みにそれは、米国がユーラシア大陸の東半分に盤踞する、ソヴェトを軸とした「社会主義」諸国の周辺の諸国と、密接な政治・軍事同盟［攻守同盟］を締結して、直接抑止的な圧力をかけ、強力に牽制するというものであった。

かくて米国は、戦後真っ先に足元の中南米を固めるや［四七年・全米相互援助条約、四八年・全米機構、五一年・中米機構］、五一年には西欧防衛の北大西洋条約機構［ＮＡＴＯ］、極東アジア［五〇年・米韓軍事協定、五一年・日米安保条約、五三年・米韓相互防衛条約、五四年・米台相互防衛条約など］、そして中近東［五〇年・アラブ集団安全保障条約、五五年・中東条約機構（後に中央条約機構）］、さらに東南アジア全域［五四年・東南アジア集団防衛条約］という具合に、まさに全世界規模での一大包囲網を張りめぐらす。

他方、ソヴェトは最終兵器・核の保有でこそ、米国に大きく遅れをとったものの、五〇年代の後半に入って米国とほぼ同時期に、核の長距離運搬手段［大陸間弾道ミサイルＩＣＢＭ］の開発に成功する。これによって、世界を真っ二つにして大きく対峙した、東西両体制間の全面衝突の危機は抑止された。そして世界大戦が軍事的に抑止された、この特異な東西冷戦体制は、「社会主義」体制が崩壊するまでの、ほぼ四〇年近くつづいた。

このように米国の世界政策は、〈「社会主義」諸国を封じ込め、これまで欧米諸国が支配してきた世界秩序の遵守〉という、欧米諸国の支配層の共通の政治的総意にもとづいて展開された。したがって、米国の政治・軍事政策の世界的な展開に大きく庇護される形で、西側世界の通商貿易関係［自由貿易のためのＧＡＴＴ］を土台とした、金融（貨幣・信用）関係［ドルを基軸通貨としたＩＭＦ］、つまりは国際経済的秩序もまた、維持されることになった。

そのため先進諸国は、米国が実質的に主導する、対ソ・「社会主義」封じ込め政策や、西側世界経済体制［通商貿易体制ＧＡＴＴを土台とした金融体制ＩＭＦ］維持の意志決定に、服従せざるをえなかった。彼らはとても個々独自に「社会主義」体制と渡り合えるはずもなく、また彼ら相互の間の政治的・経済的な不和・軋轢を、この共通の強大な敵の前では、決して大事にはならないよう、自重し調整するほかなかった。

かくて米国は、政治・軍事的にも経済的にも、西側諸国を直接束ねる世界的秩序の維持・支配者として、君臨することになったのである。そのため、世界国家・米国が全世界に張りめぐらせた政治・軍事的展開を、直接追いかけるようにして、国際的競争力抜群の米国大企業は、世界的規模における多国籍的な進出が可能になった。

しかし西欧先進諸国は、アジアのノー天気な敗戦国のように、米国の政治的な従属国へと転落したわけではなかった。彼らは、東方の野蛮で巨大な専制的軍事大国の出現を前にした、主権国家としての独自の外政的意志決定において、政治外政上の合理的な選択肢自体が、きわめて限定されてしまったこと。そのため米国と激しくやり合うことはあっても、ほとんどの場合結果的に、米国の対ソ世界戦略に同調するほかなかったのである。それが証拠に冷戦時代、西欧諸国は、ソヴェト「社会主義」圏と直接陸続して、その政治的圧力と軍事的脅威を日々感じながら生存していただけに、米国の世界戦略の大枠のなかとはいえ、独自の対ソ外政を模索しながら展開した。

因みに敗戦国ドイツは、軍事力増強政策を採用できなかった代わりに、対ソ「社会主義」圏との活発な経済交流の推進を、政治的安全保障政策の一環として遂行した。また戦勝国フランスは、核開発・保有を政治的武器にして、対ソ「社会主義」独自外政を展開して、よく米国と衝突した。さらに、少し距離をおいたイギリスをふくむ西欧諸国は、戦後一貫して欧州地域全体の経済的統合と、それを土台とした政治的統合、つまりは米ソの狭間にあって独自の大欧州国家連合構想［EC～EU］を執拗に追求し、その実現のための具体化に取り組んできた。むろんその実現性いかんの理論的検討は、最後の章［補論第6章］に譲るほかない。九〇年代に入っての「社会主義」体制の崩壊は、たしかに冷戦を勝ちぬいた米国が、唯一の世界国家として君臨する〈パックス・アメリカーナ〉を完成させはした。しかしそれは同時に、西欧諸国のEU結集への道を加速させつつある。それは、欧州諸国の主権国家としての独自外政が、冷戦時代をつうじて大きく屈折させられたまま、束ねられ結晶させられたものと、いうこともできる。

［補註］

米国は、一個の国民国家でありながら、戦後半世紀以上にわたって、世界政策を強力に展開してきた。この米国の特異な二重性、つまり〈国民国家が直接に世界国家として君臨〉しえた根拠については、拙著『ニッポン政治の解体学』［時事通信社］第二部で、充分に論じておいた。

3　補註——戦争と戦争責任について

A　〈戦争〉に関するモンテスキューとヘーゲルの見解

モンテスキューは『法の精神（上）』のなかで、「国家の生命は人間の生命と同様である。人間には、自然的防衛のため、人を殺す権利があり、国家には自己自身の保全のため戦争を行なう権利がある」［野田他訳、岩波文庫、二六二頁］と、書いている。もちろん、これは、モンテスキュー独自の見解ではない。グロチウスから契約国家論にいたる近代西欧の学的潮流において、一般的にみられる主張である。

しかし、学的・理論的には、この種の発想は、まったく逆立ちしている。すでに明示したように、〈国家〉は、直接には、原初的社会［共同体］相互における、〈戦争〉の必要と必然にもとづいて、歴史始源的に生起した。それゆえ、歴史的に形成された〈国家〉が、〈戦争の権利〉を獲得ないし付与されたものでもなければ、いわば先験的・生得的に〈戦争の権利〉を抱えたまま、〈国家〉が形成されたわけでもないからである。

学的・理論的には、〈戦争〉は、〈外的国家〉構成の根本的原動力である。それは、国家の歴史的形成以来、〈社会〉総体の維持・発展をめざした、〈国家〉的諸活動の中心をなしてきた。その直接的な目的は、〈外敵〉からの侵略に対して、〈社会〉構成員の生命・財産を、社会総体を挙げた軍事的組織化とその武力的発動によって、遵守することにある。

しかるにたとえばヘーゲルは、まず、「…戦争は絶対的な邪悪と考えられるべきものではなく、また権力者の激情にしろ国民の激情にしろ、また不正義等にしろ、それが何であろうとも、そもそも在るべからざるごときもののうちに、自己の、同時にそれ自身偶然的な根拠を有するような、単に外面的な偶然性と考えらるべきものではない。偶然性を本性とするものには偶然的なものが起こる。この運命はまさにそれ故必然性である」［高峯訳『法の哲学（下）』、東京創元社、二三〇～一頁］と、戦争のもつ「倫理的」意義を強調する。

そのうえで、〈戦争は国内不和を一掃して、強固な国家統一を実現する〉という、内的国家主義の立場から、これを大きく高唱している。因みに、――「戦争によって諸国民が強化されるのみならず、内においては不和である諸国民が、対外戦争を通じて内部の安寧をえるのである。もちろん戦争によって所有の不安は免れがたい。しかしこの実在的不安こそ必然的な運動にほかならない」［同前、二三二頁］。

しかし、〈国家〉は、その政治形態のいかんにかかわりなく、ひとたび〈戦争〉に突入するや、直接には国民社会の軍事的組織化というかたちをとった、〈専制的〉国家体制へと質的に転換する。それにともない、個人および組織としての諸個人の、現実的および精神的な〈自由〉は、〈敵国〉の強大さに比例して、大きく規制・統制される。ヘーゲルの発想は、プロイセンによるドイツ諸邦の〈帝国〉的国家統一が、年来の祈願であったプロイセン国民としての、政治的熱情のもっとも単純な代弁にすぎない。

B　〈戦争責任〉について

〈戦争〉それ自体を、即物的にとりあげれば、〈国家〉を挙げた敵対国家構成員に対する、組織的殺戮・破壊・掠奪活動以外の何物でもない。ここから、戦争それ自体を、「国家的犯罪」とする発想もでてくる。つまり市井の民が他人を殺害すれば、刑法上の犯罪であるように、国家もまた、犯罪者を殺害［処刑］している。戦争というかたちでは、他国民に対する組織的な大量殺戮をくり返し、一人でも多く殺した大量殺人者が、「戦争英雄」として喝采をうけ、国家から勲章を授与され、祀られている。戦争というかたちの、大量殺戮をくり返す国家こそは、最大最悪の「犯罪者」だという発想である。

しかし、学的・理論的には、〈殺人〉それ自体が、〈犯罪〉なのではない。それが、いかなる原理にもとづいて、いかなるかたちで敢行されるかが、問題なのである。もとより、特定の行為に対する〈違法・犯罪〉としての審査・判定・確定は、直接には〈法と国家〉によっておこなわれる。少なくとも国民主権の〈民主的国家〉の下では、法的規範としての国家意志は、国民的諸層の政治的代理人によって、裁可・決定される。直接には国家権力によって遂行される、特定行為の犯罪としての法的規定も、それにもとづいた審査・判定・処罰も、大きくみれば、〈社会総体の維持・防衛〉のため、〈社会としての国民〉が、当該被害者に代わって断行する、復讐・報復にほかならない。

〈戦争〉が、社会総体の維持・発展のために必要かつ必然とされた、社会を挙げての組織的軍事活動であるとすれば、〈戦争責任〉とは、〈戦争〉の結果責任以外では、ありえない。したがってそれは、戦争の相手国つまりは〈敵国〉に対するものではありえない。もしあるとすれば、それは敗戦国になった場合だけである。〈戦争責任〉は、戦争を断行した国民社会に対する、戦争指導責任としてのみ、あらわれる。

戦争が、当該国民社会に対して敗北をもたらしたり、たとえ勝利しても、国民の生命・財産に甚大な被害と、国民経済の壊滅を帰結すれば、戦争指揮に当たった政治指導者は、当該国民によって〈戦争責任〉が、きびしく追求される。政治指導者の責務は、〈最小の犠牲・損害で、最大の勝利〉をもたらすことであり、理想は、〈戦うことなく勝利すること、つまりは戦勝にひとしい国益を獲得すること〉である。もちろん、そのためには、一方、軍事力の充実と、他方、積極的な政治同盟政策を推進し、決して国際的に孤立しないこと。とくに自らがときどきの時代的覇者になりえないかぎり、ときどきの時代的覇者を〈敵〉に回さないことが、肝要である。

だから、とくに国民社会を挙げた総力戦の場合、政治指導者たる者、〈勝敗は時の運〉とか、〈一か八かの大勝負〉とか、〈万に一の奇襲作戦〉とか、〈勝てば僥倖〉などといった類の、不確かな〈戦争〉に突入することは、絶対に許されない。この種の、いわば世界史的な愚挙を犯したのが、第二次世界大戦に突入した、近代天皇制国家中枢の政治的指導者である。敗戦国となった日本では、戦時に侵略的に進出したアジア諸国から、〈戦争責任〉を追求され、「左翼」・進歩派勢力がこれに呼応している。そして、「政府」・保守派は、極力これを無視し、責任回避にこれ努めている。

しかし、敗北すれば、戦勝国による戦争責任の追求は、まず、領土削減と戦争指導者の処罰にむかう。それが決着すれば、莫大な賠償金要求となって結実する。政治指導者は、国家戦略としてこれに取り組み、国民負担を最小限にする立場からの、外政交渉に当たらねばならない。同時に、日本国民と政治指導者による〈戦争責任〉の追及は、〈負けるとわかっていた戦争〉・〈世界とりわけ新旧の世界的覇者を敵に回して、絶対に勝てない戦争〉に、あえて突入していった、ときの政治的指導者全体に、むけられねばならない。

もちろんそれは、〈国民の生命・財産を遵守する〉、国家統治者としての根本責務を果たせなかった、結果としての〈政治責任〉の問題である。戦勝国による、〈勝てば官軍〉という立場からの〈戦争責任〉の追求・処断とは、まったく質と次元を異にしている。そしてさらに、なにゆえこの種の無能な政治的指導者が、多数輩出したかの学的・理論的追究が、必要となる。もとより軍部の暴走自体が問題なのではない。軍部の暴走を必然化させた近代天皇制国家全体の、学的・理論的解明が、必要なのである。[この点については、「補論 特殊的国家論 第一篇」参照。]

これが、〈近代的〉な〈国民国家〉の〈統治〉原理にもとづいた、〈戦争〉と〈戦争責任〉についての、もっとも合理的な解答である。ところが、「政府」・保守派も、「左翼」・進歩派も、アジア諸国から突きつけられている「戦争責任」にのみ眼を奪われ、もっとも本質的な日本国民に対する〈政治責任〉の問題を、そっくり無視し、回避している。ここにも、わが国における近代国民国家としての政治文化の、実質的不在が露呈されている。

4 経済外政

すでに指摘したように政治外政と経済外政は、当該社会の国家的利害の実現という点で、外政としての同一性をもっている。しかし政治外政は、国際世界において当該社会の存亡と興廃に直接かかわる、全体的でそれゆえ観念的な政治的利害を追求している。これに対して経済外政は、国際世界における当該社会の、特殊的また一般的な経済的利害を追求している。この経済外政における経済的利害の追求は、外政の担掌主体である国家権力のかかわり方のいかんによって、一般に二様の形態をとってあらわれる。

一つは、国民的諸産業・諸業種の対外的な特殊利害を実現するため、国家権力が背後から強力にバック・アップするものである。それは、国民的諸産業・諸業種の輸出入［貿易］の保護・育成政策であり、直接には関税政策として推進される。国家権力は、一方で、国内諸産業・諸業種と直接競合し手強い特定品目の輸入品に対して、高率の関税を課すとともに、他方で、競争力の強い自慢の輸出品については、諸外国に対して〈関税障壁の撤廃〉と〈自由化〉を強く求める。つまりは保護関税政策と自由化政策を、同時に推し進める。また国内諸産業・諸業種の輸出については、各種の奨励政策、とくに税制上の優遇措置や輸出補助金の支給などの、保護政策が採用される。そしてこれが、経済外政の一般的で典型的な形態である。

そしてもう一つは、国家権力自身が直接諸産業・業種を束ねて、対外的な経済利害の実現を強力に推し進める場合である。この第二の形態は、歴史的には〈近代〉の夜明けとともに、西欧先進諸国による後進諸国への侵略と植民地経営、としてあらわれた。これは、専制的実質を残していた国家権力中枢が軸となり、植民地経営の特殊会社［いわゆる国策会社］を現地に設立して、主に資源的・原材料的物資の強制的調達と、それを輸送し本国で完成させた商品の大量販売市場としても活用した。いわゆる重商主義時代に突入して、イギリスとフランスが東インド会社を相次いで設立したのは、その典型といってよい。もちろん、戦前・戦中の日本による満州・朝鮮・台湾などでの植民地経営も、この流れにある。

しかしこれは、大きくみれば強大な軍事力［Gewalt］を駆使しての、後進諸国に対する露骨で暴力的な植民地的収奪形態にほかならない。この意味でそれは、経済外政といっても、政治・軍事外政と不可分に一体化した形態である。もちろん経済外政は戦後、この第二形態が消滅して、第一形態が一般的となる。

これは、国家権力の、Gewaltなど多様な諸手段を縦横に駆使した、政治的・観念的な統制・制御権力としての本質的性格を考えるなら、経済外政上の特質が、二度の大戦を経てようやく発展的に純化するに到ったと、把握することもできよう。そしてさらに重要なことは、この第二形態の消滅による経済外政の発展的純化によって、外政における政治外政と経済外政との分離と二重化が、完成された点である。これは、〈国際世界における政経分離・二重化〉の成立といってよい。

これによって国家間の政治関係が悪化したり、また、近い将来危機を孕んだ敵対関係に転ずると予想されても、即座に経済関係［通商貿易関係］が断絶されることはない。少なくとも現実に明瞭な政治的敵対関係に転じておらず、お互いが経済的利害の上で必要有益でさえあれば、当事諸国間の経済関係［通商貿易関係］は、持続される。この有益というのは、国民経済において有力な諸産業・業種にとって、相手国にぞくする特定の資源的・原材料的物資や特定品目の輸入が、絶対に必要であったり、あるいはぎゃくに、相手国が特定産品の重要な輸出市場となってきたこと、などである。

それゆえ、たとえ政治外政上の〈敵〉に転化する可能性をもった非友好国であっても、経済外政上のパートナーとなりうるといえよう。もちろんこれは、たかだか国民社会の特定産業・業種の経済的特殊利害を束ねたにすぎない、経済外政に較べると、国民社会全体の存亡興廃に直接かかわる政治外政には、つねに細心かつ慎重ときに果断な機動的対応を促す、政治戦略的配慮と深刻さが、まつわりついてくることによる。

しかし、政治関係が良好であっても、当然経済外政上の対立と軋轢は日々生じる。それは主に、相手国の保護関税の軽減と撤廃［つまりは自由化］要求として、集中的にあらわれる。しかしこの対立と軋轢が、個々の産業・業種的品目にとどまっているかぎり、何とか解決できる。少なくとも大事にはならない。その解決は、特定業種品目と他の諸産業分野との、全体的なバランスにおいて、お互いが譲り合い、数量的な調整による妥協という方法である。しかし、ときどきの解決が長引き持ち越して深刻になり、さらに対立する業種品目が相当数に膨れ上がり、しかも重要な産業分野のものがいくつか重なってくるようになれば、経済外政上の対立はたちまち量質転化する。

この場合、経済対立とはいっても、国民経済対国民経済という高度の政治性が付与されて、もはや経済外政のレヴェルにとどまらない。否応なしに政治外政レヴェルの問題にまで、大きく浮上してくる。それにともない、関連諸産業・業種からの、相手国と弱腰の政府に対する不満と憤激が巻き起こり、マス・コミ的世論に対しても強い影響を与える。そしてもしこのとき、政治外政の上でも対立する重大問題が派生すれば、たちまち両国の政治関係は、決定的な形で悪化することになろう。そうなればもはや、数量的な妥協と調整が不可能な、〈勝つか敗けるか〉という質的な政治的勝負の問題へと、転化しかねなくなる。

5　補足――自由・保護貿易政策についてのマルクスの錯誤

マルクスは、近代国家の貿易・通商政策における、〈自由貿易〉と〈保護貿易〉とのちがいについて、独特の解釈を提出している。まず彼は、『資本論』で〈保護貿易〉に対して、「保護貿易制度は、製造業者を製造し、独立労働者を収奪し、国民の生産手段と生活手段を資本化し、古風な生産様式から近代的な生産様式への移行を強行的に短縮するための、人工的な手段だった。ヨーロッパ諸国は先を争ってこの発明の特許を取ろうとし、そしてひとたび利殖家に奉仕するようになってからは、間接には保護関税により、直接には輸出奨励金などによって、この目的のためにただ単に自国民からしぼり取っただけではなかった。属領ではあらゆる産業が暴力的に根こそぎにされた」［岡崎訳、国民文庫版、㈢、四二八頁］と決めつけた。

そしてこれを承けたエンゲルスは、「保護関税と自由貿易」なる小文で、〈自由貿易〉に対して、「…自由貿易はこの歴史的進化にとって自然な、正常な雰囲気であり、不可避的な社会革命のための諸条件を最も急速につくりだす経済的媒体であるから、――この理由のために、そしてただこの理由からのみ、マルクスは自由貿易に賛成を表明したのである」［『マル・エン全集21巻』、三六六頁］という評価を与えた。

明らかなようにマルクスとエンゲルスは、〈社会〉の〈国家的〉枠組と国民的諸産業に対する、〈国家権力〉の強烈な指揮主導性が露骨に示される、〈保護貿易〉を反動的と決めつけた。そして、反対にそれをほとんど感じさせない〈自由貿易〉に、賛意を表明している。もちろんそれは、彼らのたんなる思いつきなどからではない。それこそまさに、マルクスとエンゲルスが提唱した、共産主義革命思想の根幹から発せられている。というのも、〈社会〉の〈国家的〉枠組が解体される、世界的規模での社会革命［つまり世界革命］の実現というレヴェルからみれば、〈保護貿易〉は〈国家的〉枠組が強化される印象を与えているから、〈反動的〉で、〈自由貿易〉はそれが弛緩されるかにみえる点で、はるかに歴史的な進歩に見合ったもの、とされてむしろ当然であろう。

しかしこれは、強烈な革命的思想とイデオロギーが社会事象に対する科学的解明を妨害した、とくにマルクスにしてはきわめて珍しいケースであり、後のマルクス主義者に対する悪い見本となった。というのも、当該〈社会〉を〈国家〉として直接束ねる〈国家権力〉が、通商貿易政策において〈自由貿易〉を採るか、それとも〈保護貿易〉を採用するかのちがいは、根本的には国内主要諸産業の国際的競争力が、ズバぬけて強いか、それとも劣弱かによって決定される。

因みに、国民的諸産業に展開する諸資本であれ、直接には各地域の住民としてあらわれる諸階級・階層であれ、不断に内外から突きつけられながら、彼ら自身ではとても手に負えない、そして日々解決しなければ、その社会的な存立自体が脅かされかねないような深刻な、共通の〈特殊利害〉を内に抱え込んでいる。しかし、この種の共通の〈特殊利害〉を正確にすくい上げて処理し、解決できる駆け込み寺は、〈国家〉直接には〈国家権力〉以外にはありえない。

それゆえ〈自由貿易〉も〈保護貿易〉も、国家権力による国民的諸産業の保護と育成を大目的とした、共通の敵［諸外国の諸産業］に対する対外的経済政策の、二つの発現形態にすぎないといえる。ということは、諸外国との主要な産業的・業種的な力量の変化にともなって、この二つの政策は、たえず相互に移行し合う関係にある。

6　政治外政と経済外政との関連

このように政治外政と経済外政とは、その直接的一体化から分離・二重化へと進展したからといって、もとより両者が完全に分離し独立してしまったわけではない。両者は、外政の二形態として、いぜん不可分の連関をもちつづけていることに、何らの変わりもない。それではいったい、それはいかなる連関なのか？　大きく外面的にみると、政治外政と経済外政とは、〈外政〉という同一メダルの表裏のような関係にある。

因みに、一方で〈政治外政〉は、〈経済外政〉とその背後に控えている、国民的諸産業・業種の特殊利害からの、巨大な圧力をとうてい無視して遂行できない。また他方で、〈経済外政〉とその背後の国民的諸階級・階層にとって、〈政治外政〉の目的とする、当該国民社会の維持・発展という観念的な〈政治的利害〉は、彼らすべての経済・社会的活動の大前提、いわば空気や水の如き存在である。そこで、〈政治外政〉は、ときに〈経済外政〉に対する強力な保護という形をとるかと思えば、またあるときには、〈政治外政〉の先導性を、〈経済外政〉が後から追いかけるという形をとったりする。

しかしこの両者を、厳密に内的な論理的関連に即してみれば、〈政治外政がまず諸国家間諸関係の全体的な枠組を創り出すという意味で、政治外政の先行的な先導性と、その政治的枠組を前提にしたうえでの、政治外政に対する経済外政からの内的な規定性〉として、把握することができる。もちろんこのことは、ときどきの経済外政が、ときどきの政治外政の内的な実質を規定している、という意味ではない。経済外政がそのもっとも理念的なレヴェルにおいて、否応なしに政治外政と直接交錯し、政治外政の内的実質を規定するということである。

というのも経済外政においては、たんにときどきの必要にもとづいて、諸産業・業種の特殊利害が「国民的共通利害」として束ねられて、対外的に押し出されるだけではない。同時にこれらは総体として、より長期的にみた当該国民産業と国民経済の維持と発展という、外政目的に直接かかわる高度の政治性をもった、国家的利害のレヴェルから大きく捉え返される。それによって、一般に当該社会の国家経済戦略が成立している。したがって経済外政は、この国家経済戦略のレヴェルで、政治外政上の意志決定に、直接また実質的に規定的な作用をしてくる。いいかえれば経済外政は、政治外政の先導性を前提としているだけではない。同時に、政治外政の先導性と方向性を、その内的な実質において規定することも、決して珍しくはないといえる。

(2) 治安

〈治安〉は〈外政〉とともに、〈社会〉の〈国家〉的構成に直接かかわる、もっとも根本的な活動である。因みに〈国家〉とは、〈社会全体の法的規範による統一的政治組織〉としての構成をさしている。この〈社会〉の〈国家〉という統一的政治組織としての構成が、〈政治的秩序〉である。そして、〈社会〉の〈国家〉としての〈政治的秩序〉維持活動の総体が、〈統治〉活動である。

〈外政〉は、もっぱら外部からの危難をハネ返す、〈社会〉の〈国家〉としての維持と構成にかかわる、〈外的秩序維持〉活動といえる。それは、〈国家権力の外政的権力としての活動〉である。これに対して〈治安〉は、もっぱら内部的に生起して社会全体を震撼させる危難に対して、同じく〈社会〉の〈国家〉としての維持と構成にかかわる、〈内的秩序維持〉活動といえる。それは、〈国家権力の内政的権力としての活動〉である。この意味で外政と治安は、〈社会〉の〈国家〉としての政治的秩序維持という、同一メダルの表裏をなしている。

内外危難に対して、社会の国家的・政治的秩序維持にかかわる、法的規範としての国家意志の強制的実現手段、つまりは物理的強制組織としてのGewaltは、一般に〈外政〉では〈軍隊〉組織であり、〈治安〉では〈警察〉組織である。完成的に発展した国民国家における〈治安〉活動は、一般に二重に分化した形であらわれる。それは、当該社会全体を直接震撼させる、大規模な組織的違法［犯罪］活動を制圧し、また未然に制御するための特殊〈治安警察〉活動と、その他の個別的違法［犯罪］活動に実践的に対応するための、一般〈行政警察〉活動との分離と二重化である。

法制的にいうと前者は、国家転覆罪や国家反逆罪など国家的犯罪に対する、特別〈治安刑法〉として、また後者は、一般の刑事犯罪に対する〈刑法〉として、構成される。そしてこれをうけて、前者からは、国家権力中枢［政府］に直属する、国内情報［諜報］組織や特殊部隊をふくむ治安警察が整備され、また後者からは、各〈地方行政警察〉が設置される。


このような、〈外政〉と〈治安〉とが大きく分離・二重化したうえで展開されている、〈治安〉活動の二重化は、国民国家の完成的な発展にともなってはじめて出現し、定着したものである。そのことは〈近代〉以前にまで遡り、とくに〈世界史〉にあらわれた典型的な歴史的国家形成をふり返ってみれば、はっきりしてくる。

因みに〈アジア的〉・〈古代的〉また〈中世的〉な〈国家〉形成は、いずれも特定の独立的共同体や地域的社会が、何よりも軍事的な実力［Gewalt］を背にして、多数の独立割拠的な地域的社会を強引に組織的に束ねた、〈外的国家〉構成にはじまった。この束ねられた共同体と地域的社会の規模の拡大と進展にともない、〈王国〉さらには〈帝国〉としての〈国家〉の歴史的発展が、必然化された。

このように、〈外的国家構成を基軸にした発展〉というのは、〈近代〉以前の〈世界史〉的国家形成を内在的に規定した、一般的な運動法則といってよい。したがってそこでは、〈外的国家〉としての〈外的秩序維持〉が、直接に〈内的秩序維持〉としてあらわれ、いまだ両者の原理的・制度的な分離と二重化は、みられない。ということは、〈王国〉ないし〈帝国〉としての〈外的国家〉構成の〈外的政治秩序維持〉活動が、直接に〈内的政治秩序維持〉活動としての、実質的性格をもっている。またぎゃくに、〈内的政治秩序維持〉の〈治安〉活動が、直接に〈外的政治秩序維持〉活動としての実質をもっている。

そのため〈内的政治秩序維持〉の〈治安〉活動を、〈社会の外的国家としての拡大と構成〉にかかわる、〈外政的〉活動主体としての〈軍隊〉が、直接担掌することになる。これは、〈王国〉ないし〈帝国〉としての〈政治的秩序〉を直接、また根底から脅かす大規模な組織的犯罪が、何よりも傘下に強引に包摂した多数の従属共同体・社会の、反乱や謀反として生起すること。したがって〈内的政治秩序維持〉の〈治安〉活動は、彼らをその政治的な傘下に編入したときとまったく同様、強力な軍事力によって、これらの大規模な反乱や謀反を制圧し制御する、〈統治〉活動として存在したことを示している。

もちろん一般の個別的犯罪・違法行為は、ほとんどの場合、従来どおり傘下の各地域的共同体・社会の内部的な伝統と慣行を土台に、直接には安堵ないし派遣された地域的支配者によって、処罰された。

9　国家的諸活動の展開［各論・行政］

（1）経済政策

国家権力は、〈近代〉に到ってはじめて、統一的社会の〈国家〉としての組織化と構成を完成させた。これは、国家権力の政治的・観念的権力としての本来的性格［一般的特質］を、全面的に発展・開花させたものといえる。また、経済・社会活動とその政策的展開は、国家権力の社会［経済］権力としての側面といえる。しかしそれは、〈近代〉以前の歴史的国家からの、遺制などではない。

というのもそこでは、地域的レヴェルでの経済的支配者が、直接に政治的権力を組織し、支配階級［権力］が、直接に国家権力を構成していた。つまりは、あらゆる社会的レヴェルで、政治と経済との分離と二重化がみられず、いまだ両者が未分化のまま、混淆した状態にあった。このことは、これら経済的・社会的な諸活動と政策的な展開が、〈近代社会〉とりもなおさず〈資本制的生産様式〉と〈議会制民主主義〉がコミになった、〈統一的社会〉構成の充分な発展をまってはじめて、開花したことからも明らかであろう。

しかし、近代的国家権力の政治的・観念的特質からみて、国家権力自身が直接、〈物的財貨の生産と獲得〉のための経済活動を、精力的に展開する〈経済政策〉形態は、決して必然的な形態とはいえない。いいかえると〈国有化政策〉の形態では、国家権力つまり管轄諸官庁が、国家直営［国営］企業をつくって、〈公共土木事業〉を直接遂行したり、同じく管轄諸官庁が、とくに基幹産業に属する大企業のいくつかに、資本の投資と経営管理者の派遣によって、これを直接所有し管理・運営する。しかしこの種の形態は、特殊に〈近代〉以降の経済政策として、一般的なものとはいいがたい。むしろ多分に偶然的で、特殊的な形態というべきであろう。たとえそれが、ときどきの歴史社会における、のっぴきならない必要によって必然化されたものとしても、である。

経済政策としては、あくまで社会的諸個人の自由な経済活動に対する、保護・規制を内実とした〈指揮・統制〉活動の方が、〈近代〉国家権力の、政治的・観念的特質に対応しているという意味で、より一般的な形態とみなくてはならない。この意味で、経済政策の一般的かつ本来的形態としては、財政政策・金融政策・通商貿易政策の三者を、挙示できよう。

それゆえまず、経済政策の一般的な形態からとりあげることにする。一般に〈財政政策〉というと、先進諸国がケインズ的政策を全面的に受容した、一九三〇年代以降の特殊な経済政策をさしている。しかしケインズ的財政政策には、国家財政が歴史的・論理的な意味で前提になっている。そして総体としての国家財政自体が、広い意味での財政政策として展開されている。もっとも総体としての国家財政の、財政政策としての本格的展開は、今世紀に入ってから、それもケインズ的財政政策の全的開花・発展をまってのことである。しかしそれにもかかわらず、ケインズ的財政政策によって、国家財政としての財政政策の全体を、完全に塗り潰してしまうわけにはいかない。

そこでここでは、まず総体としての国家財政を、〈広義の財政政策〉としてとりあげ、ついで金融政策を通観したうえで、ケインズ的な財政・金融政策を一瞥することにしよう。

1　財政政策

A　国家財政としての財政政策

〈財政〉すなわち〈国家財政〉とは何か？　それ自体は、国家権力とその全活動を、特殊にそれに要する経済的費用［つまり経費］の収入・支出という観点から、とりあげたものである。それでは、国家的諸活動とその直接的担掌・国家権力の、活動・維持経費とは、いったい何か。またそれは、どこからくるのか？　もちろんそれは、〈国家〉としての〈社会〉から、〈近代〉以降では〈国民〉全体から供出された、〈租税〉を主たる財源としている。ここに主たる財源というのは、ほかに〈国債〉などの〈公債〉発行、つまり国家が国民から期限・利子付きで借金をする、資金の徴収方法もある。因みに、先進諸国がケインズ的政策を全面的に受容して以来、〈赤字国債〉を主たる財源とした公共事業の積極的な展開によって、国家財政において占める〈国債〉への依存度は、一挙に増大した。

さてこの〈租税〉という形をとった国民全体からの供出は、国家権力による有無をいわさない強制的徴収であって、何人といえどもこれから逃れることはできない。これを少しでも誤魔化すことは、重大な違法行為であって、明白な証拠が露見すれば法的にきびしく処罰される。それゆえ〈租税〉とは、国家的諸活動とその直接的担掌主体である国家権力の維持経費として、強制的に徴収された社会構成員の剰余労働にほかならない。

かくて財政は、強制的に徴収された国民からの租税によって、成り立っている。そうである以上、総体としての国家財政は、一方、国民への租税の賦課・徴収と、他方、徴収された租税の国家的諸活動をつうじた分配［つまり政策的還元、経済学的にいうと〈所得の再分配〉］とを、メダルの表裏とした形で推し進められる。これをもう少し正確にいいかえると、それは、一方、国民的諸階級・階層また諸産業・業種に対する、租税の賦課・徴収のいかんと、他方、徴収された租税の、これら国民的諸階級・階層などへの政策的分配と還元のいかん、とを直接表裏とした形であらわれる。

この総体としての国家財政は、法制的には〈予算〉という形をとった、国家意志を軸にして展開される。〈予算〉それ自体は、毎年議会に提出され裁可・決定される、年度ごとの国家財政の歳入・歳出予定・計画案である。したがってその中心は、租税の歳入［徴収］・歳出［分配］予定・計画案であり、歳入では、直接税・間接税など税の名目と形式に即した、徴収予定額が細かに記入される。また歳出では、国防・諸産業の補助育成・公共土木事業・社会保障［保険・福祉・医療など］・文教・地域振興・環境など、国家的諸活動とその担掌諸機関のすべてに即した予定経費額が、明示される。

この国民的諸階級・階層また諸産業・業種に対する、租税の賦課・徴収のいかんと、その政策的還元［分配］のいかんとは、もちろん論理的には明確に区別される。しかし現実的には、前者を強くそして有利に左右できる、特定の階級・階層また産業・業種は、間違いなく後者の政策的還元［分配］をも、実質的に左右する。その理由は、この国家財政［広義の財政政策］としての国家意志決定に直接かかわる、議会の政治的代理人［議員］が、もっぱら国民社会における諸階級・階層また諸産業・業種の、経済的・社会的なパワーのいかんに、ほぼ正確に対応した形で、選出されるところにある。

しかし諸階級・階層また諸産業・業種が、その経済的・社会的なパワーに応じた、一定の政治的代理人［議員］数を獲得するには、一つの媒介を必要としている。それは彼らが自らを、強力な集金・集票組織という形をとった政治的パワーとして、組織し転化させることとである。

財政としての国家意志において、つねに基幹産業や主要業種の意志と利害が最優先に反映されるのは、産業・業種ごとに結集された、その抜群の経済的パワーが、議員［政党］と政府中枢に対する、巨額の政治資金の提供と、選挙時には巨大な集票組織としての作動をも、可能にしているところにある。またそれについで、商工自営業者や農民層の意志と利害が、強力に反映されてきたのは、彼らの地域的・全国的な連合組織が、政治資金提供の集金組織ではなく、選挙における最強最大の集票組織として、稼働してきたからである。

ここで想い出さざるをえないことがある。十九世紀の中葉に輩出した偉大なる経済学者たちは、そろって〈近代資本制社会は、その自由なる競争原理の作動によって、必ずや個々にみると経済的に弱小な商工自営業者［つまり小資本］や農民層を分解し、全体として零落させ、社会的な階級としては消滅させる〉と、予測し断言していたことを。しかし現実はつねに、偉大なる学的・思想的予測や予言を大きく超えて、一見意外な形で突き進んでいく。

彼らは消滅するどころではなかった。いぜんとして強力な社会的階層として根を張り、存続している。その最大の根拠は、何とも皮肉なことに〈自由なる社会〉が必然的に生み出した、〈議会制民主主義〉の政治制度にある。というのも〈議会制民主主義〉は、彼らがその階級・階層としての社会的パワーを、集票組織という形をとった政治的パワーとして組織し転化させる、政治的手段と枠組みを提供しつづけたからである。

この意味で偉大なる経済学者たちは、〈議会制民主主義〉の一定の歴史的な進展を前提とするかぎり、ときどきの諸階級・階層としての〈社会的な必要〉が、組織された強力な政治的パワーによって〈媒介〉されれば、つねに国家権力による強力な保護と干渉を、必然化することについて、あまりにも無知で無頓着であった。一般に経済学者の現実的な予測・予想のほとんどが、外れる学的・方法的な根拠もここにある。

しかしこの錯誤と欠陥は、現在でも社会的諸学の全体に大きく、そして深くその影を落としている。たんに経済学者らしいといって、かたづけるわけにはいかない。そこで社会科学の一般的な学的方法というレヴェルから、とくに一言しておくべきであろう。

その要点は、歴史的・現実的な資本制社会が、その総体としての〈国家的〉構成と枠組においてのみ、存在したことにある。これを、より普遍的にいえば、〈国家〉を放り出した〈経済社会〉は、少なくとも歴史的・現実的には存在しえないこと。〈政治〉と〈経済〉とは合わせて、〈社会〉として一本であること。つまり正確には、〈政治的社会構成〉と〈経済的社会構成〉とが統一されて、歴史的・現実的な〈社会構成体〉をなしていること、これである。

話を元に戻そう。選出された個々の政治的代理人は、特定の産業・業種の意志と利害だけを、代弁しているわけではない。彼らは、永続的に当選しつづけるために、つねに安定した多額の資金の提供を必要としている。したがって一人でも多くの資金的なスポンサーを求め、また必要としている。そこで当然、代弁している資金的スポンサー同士が、租税の分捕合戦などで敵対関係に転じる事態も起きる。その場合には、彼自身への献金の量と期間の多寡と長短いかんで、優先順位が決せられよう。そして財政政策としての国家意志決定自体は、代理人の総体に対する諸産業・業種の経済的・資金的な、パワーとつながりの強弱・濃淡のいかんが、決め手となる。

さらにいま一つ、議会の政治的代理人［議員］について、注意しておくべき点がある。それは、個々の議員が、特定地域［選挙区］の政治的代理人として、選出されるからといって、特定地域の利害だけを担った政治的代理人と、考えてはならない。少なくとも〈近代〉以降、資本制的生産様式が主要な諸産業を捉えることによって、構造的に進展したところでは、統一的にして有機的な国民的経済圏が成立している。そこでは特定地域的［社会］利害自体が、国民的［社会］利害としての一般的性格を内にふくんでいる。

因みに、特定地域的［社会］利害とは、当該地域的開発という枠組みにおける、地域的諸産業［利害］の国家的保護である。しかし、いかな特定地域的開発といえども、たとえば本格的な公共土木事業となれば、当該地域的諸産業の貧弱な、規模・人材・資金・技術的ノウハウだけでは、とうてい手に負えない。否応なしに、同種の全国的な関連諸産業の協力と参入を、必要としている。この意味で、特定地域の政治的代理人として選出された個々の議員は、本質的に国民社会の政治的代理人といえる。いいかえれば、国民の一般的な政治的代理人が、直接には特定地域の政治的代理人という形で、あらわれる。［この点については、第18章「議会制民主主義と政党」でもとりあげる。］

このように総体としての国家財政［広義の財政政策］では、国民的諸階級・階層また諸産業・業種の、特殊な意志と利害からの実質内容的な規定性が、典型的な形で顕在化する。しかしこのことは、国家財政とくに租税の賦課・徴収とその政策的還元［分配］のすべてが、これら諸階級・階層や諸産業・業種の特殊的意志・利害によって、機械的に決定されたり、完全に仕切られることを意味しない。

それどころか一般に国家財政は、〈予算〉の編成権を握った経済実務官僚［財務・大蔵］による、強力な形式的指揮・主導性の大枠において、推し進められる。そしてこの傾向は、近代社会の飛躍的な経済発展と国家行政の膨大化にともなう、財政規模の巨大化とともに、ますます強まっている。したがって、右に示した諸階級・階層や諸産業・業種の特殊的意志・利害からの、実質内容的な規定性も、経済［財務・大蔵］官僚が設定した財政的枠組みにおける、それぞれの力関係にもとづいた〈予算の分捕合戦〉以外ではありえない。

もっともこれを経済官僚の側からみれば、話は大分ちがう。因みに近代経済学の政策的諸派に則った、経済官僚が思い描く経済政策は、議会制民主主義の政治制度と、それがもたらす国民的諸階級・階層や諸産業・業種の、切実な意志・利害からの巨大な圧力によって、つねにもみくちゃにされ、大きく変形されてしまうからである。そして結局のところ、経済官僚の強力な財政的主導性と枠組み設定に対する、国民的諸層の意志・利害を背にした、議会・政府中枢政治家の果敢な挑戦、つまりは租税の賦課・分配をめぐる両者の力較べと綱引きが、好不況を問わずつねにくり広げられている。

それではこのような、経済官僚の強力な形式的指揮・主導性は、一体どこからくるのか？　いうまでもない。それは、国家権力による経済社会全体への指揮・統制を、経済官僚が直接担掌していることからくる。とりわけ〈租税〉は、先進諸国でケインズ的財政政策が採用されて以来、所得税・相続税において累進課税制が定着した。

その経済政策的な意味は後述するが、これによって直接税［所得税・法人税など］の場合、諸階級・階層また諸産業・業種そして諸地域における、所得の多寡と貧富の格差にほぼ比例的に対応した形で、賦課・徴収されている。つまりは所得のパワーが強ければ強いだけ、高率課税によって余計ふんだくられる。かくて、ブルジョアジーが実質支配しているはずの現代国家において、どういうわけか〈租税〉は、大多数の低所得者層からではなく、高額所得者層から徹底的に徴収されているのである。

［補註］

もちろんこれは、先進諸国が一九三〇年代以降、とくにケインズ的財政政策を受容し、議会に確たる地歩を築いた「社会主義」政党による、政権参加と政権構成が相次いだことによるものである。［ケインズ的財政政策における累進課税については、この後の第3項でふれる。］

これに対して、間接税［一般消費税など］の場合には、所得の格差にかかわりない同率課税のため、低額所得者層ほど、税負担は相対的に重くのしかかってくる。しかし経済的なパワーが、相対的に弱い諸階級・階層や諸産業・業種また諸地域でも、有力政治家や政治的代理人［議員］を、多数国会に送り出すことさえできれば、優遇税制や各種の補助金などを獲得できる。つまり相対的に小額の税負担で、多額の政策的還元［税分配］を受け取れる。したがってその場合には、比較的豊かな諸階級・階層や諸産業・業種、また諸地域から徴収された〈税〉の一部分が、比較的貧しい諸階層や諸地域に、政策的に分配されるわけだ。

B　財政政策と産業保護政策との関連

つぎに、〈財政政策〉が一般に〈産業保護政策〉として理解されている点についても、簡単にふれておかねばならない。そう理解されている根拠は、〈議会制民主主義〉の制度的進展にともない、国民諸産業に対する直接の保護・育成政策が、国家諸活動の過半を占めるに到った〈行政〉諸活動の、中心的部分となったことだけではない。さらにくわえて、公共土木事業・社会保障・医療・文教・環境・公害防止などの、〈現実的な国民的共通利害〉ばかりか、外政・治安などの〈観念的な国民的共通利害〉に到るまで、すべての国家諸活動がその実践的な遂行において、国民的諸産業からの参画、つまりは多様かつ膨大な物資の調達と納入を、必要としている。

このことは、とくに鉄道・道路・橋・トンネル・ダム建設などの公共土木事業や、ミサイル・戦闘機・戦車・空母など最新鋭兵器製造の軍需産業、また、人工衛星を打ち上げるための宇宙関連事業に、いったいどれだけの関連諸産業が動員されるか、ちょっと考えてみるだけで、明白となろう。

それゆえ〈統治〉・〈行政〉を問わず、これら国家的諸活動は、多岐多様にして膨大な必要物資を提供する国民諸産業・業種に、徴収された租税が支払われるという意味で、間接的に関連諸産業・業種の保護・育成政策として、捉えることもできなくはない。そこで財政政策が総体として、実質的に産業保護政策として理解されることになる。しかし、国家的諸活動に対する度を超えた経済主義解釈は、厳に慎まねばならない。国民的諸階級・階層や諸産業・業種の特殊利害のストレートな実現を狙った、直接の産業〔保護〕政策と、〈公共土木事業・社会保障・医療・文教・環境・公害防止〉や〈外政・治安〉などとは、区別さるべきである。

〈公共土木事業・社会保障・医療〉などは、〈現実的な国民的共通利害〉であり、また〈外政・治安〉などは、社会の国家的構成と維持・発展という、〈観念的な国民的共通利害〉である。そしてこのいずれの政策的実現においても、否応なしに関連諸産業・業種が参入し、また動員されることによって、間接的に産業〔保護〕政策の性格をもってくる。しかしそれらは、すべて国民社会総体にかかわる現実的また観念的な利害であって、直接の産業〔保護〕政策ではない。

これを要するに国家的諸活動を、〈財政〉という経済的費用の流通と収支、とりもなおさず国民的諸層への〈租税〉の賦課・徴収とその政策的還元〔分配〕という見地から、強引に数量的に還元して捉えること自体に、すでに国家的諸活動の内的特質に見合った、質的な区別と把握が霧消させられていることを、忘れてはならない。

C　財政政策の歴史的位相

このような、国民的諸層への〈租税〉の賦課・徴収とその政策的還元［分配］を表裏とした、〈財政政策〉は、〈近代〉以降の統一的社会形成と議会制民主主義の制度的定着をまってはじめて登場したものである。それが完成されるのは、普通選挙法の成立と〈行政〉活動が、国家的諸活動の実質的過半を占めるようになってからであって、先進諸国においても、二〇世紀の三〇年代以降のことといってよい。もちろん〈近代〉以前の歴史的国家においても、国家的諸活動の遂行には多種多量の物資の調達が必要であり、この意味で〈財政〉自体は存在した。しかしそれが〈財政政策〉として展開されることはなかった。それはなにゆえか？

その理由は簡単。それは、〈専制的〉国家体制だったことによる。専制国家である以上、傘下社会からの租税の苛酷な一方的収奪はあっても、傘下社会への政策的還元はほとんどない。徴収された租税は、国家権力中枢の豪華な維持と、外的国家構成に直接かかわる統治活動［外政・治安］に、注ぎ込まれる。その結果、国家財政の大半は、王室ないし帝室の贅沢な維持経費と、軍隊の維持・活動［戦争・治安］経費によって占められる。かくて〈近代〉以前の歴史的国家においては、〈国家財政あっても、財政政策はなし〉ということになる。しかしそうなると、そこでの〈租税〉の特異性について、改めて注目しないわけにはいかない。

〈近代〉以前の歴史的世界では、多かれ少なかれ、特定の地域的社会を基盤にした支配共同体ないし共同体支配者が、周辺の多数の地域的社会や共同体を、政治的に大きく束ねることによって、王国ないし帝国形態をとった〈外的国家〉体制を構成している。この〈外的国家〉としての構成は、支配共同体や共同体支配者形態の専制的国家権力中枢が、多数の地域的社会や共同体に対して、苛酷な〈貢納〉と〈軍役〉を強制することであって、その内的生活に直接手を突っ込むことはない。いいかえればそこでは、強力な軍隊を直接背に傘下従属共同体・社会から、貢納・軍役形態での剰余労働の収奪を、総体として維持し、さらに可能なかぎり拡大しながら、それをより安定的で持続的な体制にするための努力が、国家的諸活動のほとんどといえるほど、実質的内容をなしている。

そしてとくにこの〈貢納〉物資の収奪が、組織化され制度的に定着したとき、それは〈租税〉へと転化する。この意味で〈貢納〉は、〈租税〉の歴史的な端緒形態である。いや、〈租税〉はその歴史的発生の端緒において、〈貢納〉形態をとるといった方が、より正確だろう。いずれにせよ、はっきりしているのは、専制国家権力中枢による〈貢納・租税〉徴収が、外的国家構成に直接かかわる統治活動の実質をなしており、その意味で直接に〈政治的性格〉をもっていたことである。

2 金融政策

A 金融政策の歴史的原型と展開

金融政策は、いうまでもなく貨幣・信用秩序つまりは金融制度全体の維持・安定を目的としたもので、直接には中央銀行による金融調節政策として、あらわれる。そこで金融政策は、資本制的生産様式が充分に発達した信用制度を生み出すほどの、高度な歴史的発展段階を前提としている。因みにこの信用秩序の体系では、個別資本相互の〈商業信用〉を土台として、それを大きく束ねる形で〈銀行信用〉が成立し、諸王の王ならぬ〈銀行の銀行〉としての〈中央銀行〉が、その頂点に君臨している。

欧米先進諸国で、発券権を独占した中央銀行が確立したのは、もっとも早いイギリスで一九世紀の初頭であり、フランスは一九世紀半ばから後半期にかけての第二帝政期、またドイツは一九世紀後半期、正確には普仏戦争をテコとしたプロイセンによるドイツの帝国的国家統一の後［一八七五年］であった。アメリカでは、各州の国家的構成の伝統が強く、一九世紀後半期に入っての南北戦争後に、国法銀行［一八六三年］が成立するが、中央銀行としての実質が確立されるのは、二〇世紀に入って連邦準備制度の設立［一九一三年］以降のことであった。

中央銀行による金融政策といえば、金利［公定歩合］政策、公開市場操作、支払い準備率［市中銀行の中央銀行への準備預金率〕操作の三手段が、もっとも代表的なものとして知られている。しかし、金利政策以外の公開市場操作や支払い準備率操作は、とくに二〇世紀に入って二〇〜三〇年代の大恐慌を画期とした、金兌換停止による管理通貨体制への移行以降、本格的に展開されるようになった。

因みに管理通貨体制以前の金本位制下における、金融政策の中心は、金利政策にあった。いうまでもなく金利政策とは、中央銀行が市中銀行への貸出金利を上下させることによって、市況におうじた金融の調節を行なうものであり、この貸出金利が、〈公定歩合〉と呼ばれてきた。公定歩合は、もともとは市中銀行から中央銀行に持ち込まれた商業手形の（再）割引歩合、割引利率のことであって、中央銀行は、商業手形を〔支払い期日までの利息分を〕割引いて、兌換可能な中央銀行券を渡した。もちろん中央銀行による市中銀行への貸出には、手形（再）割引きの他に、手形や国債などの債券を担保にした手形貸付がある。したがって公定歩合は、手形の（再）割引・貸付金利といえる。

兌換体制下において、この金利政策は、きわめて重要な役割を果たしていた。というのも、すべての市中銀行は、つねに預金に対する一定割合の、支払い準備金・銀行券が必要であり、市中銀行のいわば元締め的な存在である中央銀行は、その銀行券の発行量のいかんが、準備金量のいかんによって、直接規制されていた。この準備金は、中央銀行預金の金による支払い請求や中央銀行券の兌換請求などの、国内的支払いばかりか、対外的支払いのためにも、絶対に必要であった。まさに〈金〉こそは、信用秩序の軸点であった。

例えば一八四四年のピール銀行法によると、イングランド銀行発券部による銀行券の必要最低発行額は、一四〇〇万ポンド〔主に政府債券を引当にして〕であり、それを超えた発行は、準備金〔地金〕額に正確に対応し、裏づけられねばならない、というものであった。因みに同時代人でもあったマルクス曰く、――「この銀行券製造は、一八四四年のロバート・ピール法によって法的に制限されている。つまり、同行は、国家が同行から借り受けている元本をあらわす一四〇〇万ポンドの額をこえては、同行の地下金庫にある金の額に見合う以上の銀行券を発行することはできない。したがって、たとえば同行が二〇〇〇万ポンドの銀行券を発行する場合は、六〇〇〇万ポンド相当の金がその地下金庫になければならない」［土屋訳「金融市況」『マル・エン全集第11巻』所収、大月書店、二二七頁。他に「ロバート・ピールの銀行条例」（『マル・エン全集第9巻』所収、二九七頁）、「一八四四年の銀行法とイギリスの貨幣恐慌」（『マル・エン全集第12巻』所収、二九七～八頁）など、参照］。

このピール銀行法は、いわゆる通貨学派の手に成るもので、銀行券の収縮と膨張の運動を、金属貨幣の運動法則に正確に従わせようとした。その根拠は、〈諸商品価格は、通貨量によって規定される〉、つまり〈通貨量が物価を規制する〉という、D・ヒュームにはじまり、リカードによって完成された、貨幣数量説にもとづいていた。かくて、〈発券銀行は銀行券の発行高を統制できる〉となれば、もはや貨幣・信用恐慌は、これを阻止し回避することが、可能とされよう。

しかし、〈通貨量が物価を規制する〉のではなく、まったくぎゃくに、じっさいには〈物価が通貨量を決定する〉。つまり、特定期間の通貨量、正確には特定期間に流通手段として機能する貨幣総量は、流通する諸商品の価格総額と同名貨幣片の流通速度［流通回数］によって、規定される。因みにマルクスはこれを、つぎのように定式化した［岡崎訳『資本論(1)』、国民文庫、二一二頁］。

$$\text{流通手段として機能する貨幣の量} = \frac{\text{諸商品の価格総額}}{\text{同名の貨幣片の流通回数}}$$

イングランド銀行の銀行券の発行高は、ピール銀行法などの国家法によってではなく、流通上の必要つまりは商取引上の必要によって、根本的に規制されている。だから発券銀行が、流通上の必要を大きく超えて銀行券を濫造しても、その分は結局、預金・債務の返済・金属貨幣と引き換え、などの形をとって銀行に還流してくる。またぎゃくに、発券銀行が銀行券を強引に収縮させようとしても、流通上の必要量だけは、銀行預金が引き出されてしまおう。それゆえ、〈通貨量が物価を規制できる〉というのは、〈通貨量が商工業上の取引量を規制できる〉、という錯誤に等しい。

兌換体制下において、何らかの原因で商品価格［物価］が上昇すれば、貨幣の流通速度が、それに比例して早くなるか、それ以上に早くならないかぎり、流通手段として機能する貨幣量［通貨量］は、増加し、したがって中央銀行の支払い準備金と銀行券は、流失し減少する。また、物価の上昇によって輸出が抑制され、輸入が増加して、国際収支が逆調になれば、とうぜん金は、国外に流出していく。恐慌の直前には、物価の上昇によって、中央銀行の準備金の国内・国外への流出が開始され、恐慌への突入による物価の崩落によって、この流れは一気に加速し激化する。外国からの投資資金は引き上げられ、不安に駆られた国内資金も、一斉に金に兌換されて、国外へと逃げていく。

かくて国際収支の逆調にともなう金の国外流出や、周期的に到来した恐慌期における、金の国内・国外流出にさいしては、この流れを食い止めるために、中央銀行による割引利率［公定歩合］の、思い切った引き上げが断行される。そして割引量自体も、大きく制限される。こうした中央銀行による貸出［割引・貸付］制限・停止によって、公債などの有価証券相場は、一挙に下落する。

例えば一九世紀の四七年、五七年、六六年の恐慌期には、イングランド銀行の割引利率［公定歩合］は、平時の二％程度が、じつに一〇％、ときには一一％にまで引き上げられた。同時に、最悪の時期には、一日の割引量自体が、大幅に制限され、実際には停止された。また、金と銀行券の準備量がほとんど底を突いて、支払い停止［つまりは破産］の寸前にまで行ったときには、ピール銀行法が一時的に停止された［補註］。

このピール銀行法停止による兌換への安堵感から、金の国内流出は止む。と同時に、割引利率［公定歩合］の上昇にともなう利子率の高騰と、捨て値同然に下落した有価証券をめざして、内外から有休資金が一斉に襲いかかる。かくて金の国外流出も止まり、ぎゃくに海外から金が流入してくる。それがまた、周辺諸国の貨幣・信用恐慌への突入の契機となる。

［補註］

そこでマルクスは、このピール銀行法は、平時には何の役にも立たず、恐慌期には貨幣恐慌を一層激化させ、その有効性が発揮されるはずの決定的な瞬間に、停止される、といって嘲笑している。――「…サー・ロバート・ピールの非常にほめそやされた銀行法は、平常の時期にはすこしも作用せず、困難な時期には、商業恐慌の結果生じる貨幣パニックをつけくわえるのであり、そして、この法律のたてまえからすれば法律の有益な効果が始まるはずのまさにその瞬間に、法律は政府の介入によって停止されなければならないのである」［三宅訳「一八四四年の銀行法とイギリスの貨幣恐慌」『マル・エン全集第12巻』所収、大月書店、二九九頁］。

兌換停止による管理通貨体制への移行と転換にともない、中央銀行は、一方で、不換紙幣の自由裁量的発行権を掌握し、他方で、対外的支払い・決済手段としての準備金を集中させる。この対外的支払い・決済手段としての〈金〉は、戦後のＩＭＦ体制下でも、七一年に停止されるまで、つづいた。

これによって、金融政策は、大きく様変わりする。金利政策の比重が相対的に低下して、他の二手段とくに公開市場操作［オープン・マーケット・オペレーション］が、前面に登場してくる。もとより公開市場操作とは、中央銀行が手持ちの手形・債券の、売却［売りオペ］や買い取り［買いオペ］という手段によって、より積極的に金融の調節を図ろうというものである。ここにより積極的というのは、金利政策の割引・貸付けが、市中銀行からの商業手形の持ち込みを前提とした、より受動的な性格をもっていることとの、対比からである。

また、支払い準備率操作は、中央銀行による市中銀行への、法的・強制的な準備預金制度にもとづくもので、前二者に較べると、より補助的な性格が強い。というのも、この市中銀行による中央銀行への預金は、市中銀行相互間における手形の交換尻の決済や、内国為替の貸借尻の決済が、日々中央銀行内預金口座相互の差額振り替え、という形で行なわれる必要に、その多くを負うているからである。

［補註］

この中央銀行における市中銀行相互間の手形の交換尻の決済については、早くも一九世紀半ばのイングランド銀行で、組織化された。つぎのようなマルクスの指摘は、同時代人の証言といってよい。――「一八五四年六月八日に、ロンドンの個人銀行業者たちは、それまでの長い、しかし結局むだだった抵抗ののち、手形交換所の組織に株式銀行が加盟するのを認めざるをえないことになったが、その後まもなく、最終決済がイングランド銀行の構内で処理されるようになった。そこで日々の決済は、それぞれの銀行がこのイングランド銀行にもっている勘定の振替によっておこなわれることとなった…」［三宅訳「イギリスの商業恐慌と貨幣流通」『マル・エン全集第12巻』所収、五一九頁］。

Ｂ　経済政策としての金融政策の特異性

中央銀行が通貨量を統制することはできないし、政府が恐慌を統制することなどできない、と喝破したのは、マルクスである［三宅訳「一八四四年の銀行法とイギリスの貨幣恐慌」『マル・エン全集第12巻』所収、大月書店、三〇一頁］。また、管理通貨体制によっても、通貨量を完全に統制することはできず、周期的な恐慌的爆発だけは何とか抑止できたのも、スタグフレーション［慢性的不況（失業）・インフレ（物価上昇）］と、引き換えのことであった、とくり返し指摘されてきた。しかし、国家活動としての金融政策の意義は、このような経済学的把握によって、解消されるものではない。

貨幣・信用秩序の収縮と混乱にはじまる、産業恐慌の資本破壊は、不変資本［生産手段］の破棄・休止と、可変資本としての労働者の大量失業としてあらわれ、生産活動のいちじるしい低下と停滞が一定期間つづく。この意味で周期的に到来した恐慌は、そのたびに資本制社会全体を破壊するかのごとく、根底から大きく震撼させた。一般的な産業恐慌が、直接には貨幣・信用恐慌として現象するかぎり、貨幣・信用秩序維持の金融政策は、国家権力中枢による経済的指揮・統制活動でありながら、資本制経済社会を総体として維持し遵守する、〈統治〉活動としての根本性格をもっている。

［補註］

ただ、欧米先進諸国の中央銀行への、政府による直接的指揮・統制のいかんは、決して一様ではない。大きくみると、英米では、それがより強力で、その分中央銀行の独立性が稀薄なのに対して、独・仏などの大陸法圏では、それがより間接的で、その分中央銀行の独立性が強い、という一般的傾向がみられる。もちろんこれは、公的・国家的諸機関への〈民主的〉規制と監視いかんにおける、英米と大陸諸国との歴史的・伝統的な相異にもとづいている。つまり英米では、国民選出になる政府中枢・政治家が、中央銀行をもその政治的傘下におこうとした。しかし、大陸諸国では、〈議会〉と〈政党〉をつうじた〈行政〉的利害からの影響を、極力斥けて、中央銀行官僚による、より純粋で観念的な国家的・総資本的立場からの、政策的意志決定が必要と考えたといえる。

また、さればこそ、一九世紀中葉から後半期にかけての、周期的恐慌のただなかにあったマルクスは、この〈恐慌〉の到来が、直接にプロレタリアートの〈革命〉的決起を決定づける、と確信した。――「このような全般的好況の場合は、ブルジョア社会の生産力がおよそブルジョア的諸関係内で発達しうるかぎりの旺盛な発達をとげつつあるのだから、ほんとうの革命は問題にならない。そうした革命は、この二要因、つまり近代的生産諸力とブルジョア的生産形態が、たがいに矛盾に陥る時期にだけ、可能である。…新しい革命は新しい恐慌につづいてのみ起こりうる。しかし革命はまた、恐慌が確実であるように確実である」［石堂訳「評論」『マル・エン全集第7巻』所収、大月書店、四五〇頁］。

「一八世紀のはじめ以来、ヨーロッパでは商業恐慌と金融恐慌の先行しない重大な革命は一つもなかった。このことは、一七八九年の革命についても、一八四八年の革命についても同じようにあてはまることである。いかにも、われわれは支配者とその臣民、国家と社会のあいだ、および諸階級のあいだの紛争のいよいよ恐るべき徴候を日々見うけるばかりでなく、現存の列強相互の紛争は、剣を抜き、王侯の最後の議論 Ultima ratio［最後の手段としての戦争］にうったえざるをえないほどの極点にしだいに達しつつある。…商工業の全般的恐慌の結果としてでなければ、戦争も革命も全ヨーロッパにつかみあいを始めさせることはできないであろう」［「中国とヨーロッパにおける革命」『マル・エン全集第9巻』所収、九七頁］。

こうして、先進諸国相互の国際的連関と世界市場形成から、恐慌の国際化つまりは〈世界恐慌〉が、プロレタリアートの〈世界革命〉を直接準備し、必然化するという発想が、提出される。また、ここから古典的左翼の革命［的危機］待望論が、形成された。しかし、この経済主義革命論の是非とはべつに、マルクスの時代には、周期的に到来する恐慌が、革命的危機に直結しかねない、根本性格をもっていたことだけは、たしかである［補註］。

管理通貨体制へと収斂されていった金融政策に対して、恐慌的爆発を必然化させる資本制的生産様式の根本矛盾を、そっくり温存させたままでの、多分に外面的な政治的包摂による糊塗隠蔽策にすぎない、などと簡単に片づけてはならない。そんな言い方をするのなら、〈国家〉の存立自体が、総体としての社会的諸個人の相互間その内部的な、激しい敵対と分裂の、逆説的な表現でしかない。つまり〈国家〉は、総体としての社会的諸個人の、内外における深刻な敵対と分裂を、大きく観念的・幻想的に包摂し組織化した以外の、なにものでもない。それですべてが終わる。そしてそれ以上のことは、何も出てこない。

しかし重要なことは、社会的諸個人が、直接に個別的人間として生きる共通の一般的前提に、総体としての〈歴史社会〉として、生存しなければならないかぎり、当該社会全体を大きく破壊し震撼させる、外部的・内部的な危難の到来に対しては、つねに国家権力中枢が、その維持と遵守のために全力を挙げる、という点にある。これこそが、国家的支配の核心としての〈国家統治〉であり、〈国家権力による国家的諸活動をつうじた社会の国家的構成と組織化〉の、根源的な意味ともいえる。

［補註］

マルクスの恐慌到来への予測と予言は、五七年恐慌においても、六六年恐慌においても、ことごとく外れた。これは、〈革命〉への強烈な期待と熱望が、厳密・冷静な学的・理論的分析を、大きく妨げたからだけではない。この種の予測・

予言の的中は、学的・理論的にむずかしいという以上に、ほとんど意味がない。ところがマルクスは、とくに五七～八年恐慌時には、〈恐慌〉勃発の時期を何と月日単位で、明らかにする必要がある、としている。因みに曰く、――「世界市場の恐慌を支配している法則をあばきだそうと試みる場合には、それらの恐慌の周期的性格ばかりでなく、その周期性の正確な日取りをも明らかにしなければならない」〔三宅訳「イギリスの商業と金融」『マル・エン全集第12巻』所収、大月書店、五四三頁〕。

そして後の七三年恐慌時には、この「周期性の正確な日取りを」、「数学的に確定」することが可能であるかに、大真面目に考えていた――「君も知っているように、物価や、割引率やそのほかいろいろなものの一年間の運動などが、上下するジグザグ形で示されている表がある。僕はこれまでに何回も――恐慌の分析のために――不規則な曲線をなしているこの上下運動を計算しようと試みた。そして、そこから恐慌の基本法則を数学的に確定しようと思った（いまでも、十分に選別された材料をもってすれば、それは可能だ、と思っている）。ムアは、…この問題はしばらくは解決することができない、と考えている。そして、僕も当分はそれを断念することに決めた」〔「一八七三年五月三一日付のエンゲルスへの手紙」『マル・エン全集第33巻』所収、大月書店、七一～二頁〕。

しかし、社会科学の法則的解明では、社会的事象に内在する強度の一般的傾向性を、一般的な法則・理論として把握し、構成する。そこでは、この内在的法則性を、当該社会的事象のトータルな内的仕組みと論理的関連の解明、つまりは構造論的な把握と抽象において、位置づけることが要請される。そこで、当該事象の直接的な現象的発現にかかわる一切が、捨象され等閑に付される。したがって、恐慌の「周期性の正確な日取り」などといった、直接に現象的レヴェルでの予測・予言は、それこそ〈当たるも八卦、当たらぬも八卦〉の世界であって最初から論外である。それは、ちょうど政治学者が、革命的危機の到来や特定政権崩壊の「正確な日取り」の予測・予言を、「科学的」解明と称する根本錯誤と同一である。なぜこんなことになったのか？　マルクスには、恐慌の一般的な法則・理論を構成する学的・原理的作業と、それを前提とし、また再確認［再把握］するために、個別歴史社会の特定の恐慌を追究し、解析する学的適用作業とが、方法的に区別されていない。というより、前者のために後者の作業に取り組んでいるなかで、思わず個々の恐慌の「正確な日取り」の〈数学的な確定〉、つまりは予測・予言が、可能であるかの錯覚に陥ったのかもしれない。いずれにせよ、近代経済学者ならともかく、生涯徹底したヘーゲル論理学徒であった、マルクスらしからぬ錯誤と失態というほかない。

3　補論1――ケインズ的財政・金融政策について

A　ケインズの強烈な思想的問題意識

ケインズが登場した時代は、周期的に到来した経済恐慌の大規模化と大量失業、そしてロシア革命の成功に象徴される「社会主義」の思想と運動が、爆発的に昂揚したときである。ケインズは、新古典派経済学者マーシャルの門下生であり、大学教師でありながら、精力的に経済評論を書き散らし、ときには直接大蔵官僚に転じるなどして、政府の経済政策的意志決定に、積極的に関与した。そしてそのかたわら、株式・為替・各種商品投機のプロとして、投機会社や投資信託会社などを、いくつか設立した。彼の親父や師マーシャルとはちがい、現実の経済と経済的実務にも精通した、経済学者であり、経済官僚であったことが、彼に「革命的」な経済政策の提唱を可能にしたともいえる。

この〈大量失業をともなう恐慌と革命の時代〉において、ケインズが堅持した思想的理念は、ただ一つ。たえず押し寄せる「社会主義」革命の大津波から、総体としての資本制社会とその基本的骨格を、国家権力の総力をあげて、断固遵守することであった。因みに彼は、その思想的・政治的立場を、はっきりと鮮明にしている。――「…階級戦争が起これば、私は、教養あるブルジョアジーの側に立つことになるであろう」［「私は自由党員か」、宮崎訳『ケインズ全集第九巻　説得論集』所収、東洋経済新報社、三五七頁］。

ケインズは、ときの資本制社会が、〈不完全雇用〉と〈富・所得の不公平な分配〉という二点において、根本欠陥をもっていることを、率直に承認した［塩野谷訳『雇用・利子および貨幣の一般理論』、東洋経済新報社、四二三頁］。そして、この欠陥を克服するには、資本制社会の大手術が必要であるが、それは国家権力による〈経済〉領域への、強力な統制・介入によってのみ可能になる、とした。それは、まぎれもなく〈上からの革命的改革〉、正確には〈より国家的・観念的な総資本的立場〉からの、〈革命的改革〉の提言であった。すぐ後でみるように、ケインズは、〈総体としての資本制社会の遵守〉に必要とあれば、個別資本や支配階級の特定部分の社会的抹殺さえ、少しも躊躇しなかった。

また、このケインズの提言は、それまでの旧い国家観と経済理論を打破し、大きく転換させるものでもあった。A・スミス以来、国家は国防・治安などごく最小限の公的活動をすればよく、とくに経済にかんしては、ベンサムの有名な「一般的な原則は、政府は何事もなしてはならないし、企ててもならない」という章句にあるように、完全な自由放任主義でなければならない、とされてきた。そのためケインズの提言は、シティや議会の保守的指導者たちから、「全体主義」とか「ボルシェヴィズム」・「国家社会主義」と何ら変わりがないといって、激しく非難されつづけた。［たとえば「戦費調達論」、前掲『ケインズ全集第九巻』所収、四五五頁など、参照。］

もちろんこの非難は、まったくあたっていない。因みに、ケインズによる〈国家的経済介入〉論が、〈国民国家〉構成原理に則った、合理的な提案であることは、つぎの章句からも明白であろう。――

「国家のなすべきことでもっとも重要なのは、私的な諸個人がすでに遂行しつつあるような活動に関係しているのではなく、個人の活動範囲外に属する諸機能や、国家以外には誰ひとりとして実行することのないような諸決定に関係している。政府にとって重要なことは、個人がすでに着手しつつあることに手を着けることではないし、またそのようなことを多少とも上手にこなしたり、少々下手ながらも遂行するということでもなく、現在のところ全然実行されていないことを行なうということなのである」［「自由放任の終焉」、前掲『ケインズ全集第九巻』所収、三四八頁］。

B　ケインズ経済政策の概要

ケインズは、経済学者・大蔵官僚として、〈総体としての資本制社会の遵守〉の方策を、周期的な〈恐慌〉を封殺する、〈完全雇用〉にむかっての〈労働者の大量失業問題の解決〉に収斂させた。つまりケインズ経済政策の目標は、〈完全雇用〉の実現にあった。それは、一般に有効需要［増加・拡大］政策とよばれてきた。ケインズの「有効需要の原理」によれば、国民所得として表示される、当該国民社会の産出量［生産量］は、消費支出と投資支出からなる〈有効需要〉によって、決定される。そこで、所得と雇用を増加させるには、消費と投資の増加・拡大政策を採用すればよい、とされた。

まず〈投資〉の増加・拡大政策としては、大きく二つの政策が提案された。その第一が、民間投資を呼起する〈低金利政策〉の推進である。――「…われわれは、有効貯蓄の大きさは必然的に投資の規模によって決定されるということ、そして投資の規模は低い利子率によって促進される――もしわれわれが、完全雇傭に対応する点を超えてそれをこの方法によって刺激しようと企てないかぎり――ということ、…。かくして、利子率を資本の限界効率表との関係において完全雇傭の存在をゆるす点まで引下げることが、われわれにとって最も有利なこととなる」［前掲『一般理論』、四二六頁、ほかに三六三頁など参照］。

ただその方策としては、中央銀行による〈金利政策〉よりも、主に〈公開市場操作〉による、国債を中心とした債券の購入［買いオペ］を、念頭においていた。――「公開市場操作は、…利子率に影響するであろう。なぜなれば、公開市場操作は貨幣数量を変化させうるばかりでなく、中央銀行または政府の将来の政策に関する期待の変化をもひき起しうるからである」［前掲『一般理論』、二二三頁］。「中央銀行が、短期手形に対する単一の銀行利率を発表する代りに、あらゆる満期の一流債券を指定価格で売買するための複合的な附け値を発表することは、おそらく、通貨管理の技術上なしうべき最も重要な実際的改良であろう」［前掲『一般理論』、二三一頁］。

いうまでもなく中央銀行の、〈買いオペ〉による〈大量の債券購入・通貨供給〉は、債券価格の上昇と逆比例的に利子率の低下を招来する。しかしこの、ケインズのいう「公開市場貨幣政策」の展開には、金本位制から〈管理通貨制度〉への転換が、制度的前提となる。因みにケインズは、第一次世界大戦後いち早く、「…最も重要なことは、不換紙幣と銀行信用を有する現代世界においては、好むと好まざるとにかかわらず、『管理』通貨は不可避」［『貨幣改革論』、『ケインズ全集第四巻』所収、東洋経済新報社、一四一頁］として、〈管理通貨制度〉の導入を提唱していた。そして忘れてならないのは、この〈低金利政策〉の推進が、社会的生産に直接かかわらない、利子生活者［主に海外投資家］の「安楽往生」を直接可能にするとして、執拗かつ徹底的にくり返されたことである［前掲『一般理論』、四二七頁、二四八頁］。

投資の増加・拡大の第二の方策は、政府による直接の〈公共投資〉の推進である。因みに、――「私は、資本財の限界効率を長い眼でかつ一般の社会的利益を基礎として計算しうる地位にある国家が、投資を直接組織化するうえにおいて今後ますます大きな責任を負うようになることを期待している」［前掲『一般理論』、一八三頁］。ここでは、とくに公共土木事業・福祉・医療・衛生・文教施設そして軍事産業などの、民間企業と直接競合せず、利潤［正確には剰余価値］を産まない、〈不生産的投資〉の強力な推進が、提唱された。

因みに具体的には、「…私企業か公企業かの選択は問題でない。この選択はすでになされているのである。多くの方面で――すべての方面ではないが――、国がみずから仕事に着手するのか、それとも全然なにも行なわないのかが問題なのである。／道路、造林、土地改良と排水、電化、スラム街の一掃と都市計画、運河・ドック・港の開発――以上は、今日多額の資本の吸収を必要とするものであり、いずれの場合にも、主導権をとるのはもちろん公共当局の役目である。／…農業の復興、設備・車輛の近代化のための鉄道への援助、私企業への貸付けを認めるようにする流通施設法案の原則の拡張――これらは、公共当局の手によって開始されるとともに遂行されなければならないさまざまな活動に劣らず重要である」［「ロイド・ジョージはそれをなしうるか？」、前掲『ケインズ全集第九巻』所収、一三五頁］などと、主張された。

この〈公共投資〉は、低金利政策にもかかわらず、民間投資が思うように増加しなかった場合、完全雇用からみての投資不足分を、政府が直接投じるもので、それについては、とくに二つの重要な点が提起された。その第一は、この〈公共投資〉の財源として、所得・消費の減少に直結する〈増税〉はもってのほか、赤字国債の発行による〈財政赤字〉をも押して、断固遂行すべしという点にある。もちろんこれは、従来の金本位制下での均衡財政主義からの脱却［いわゆる伸縮的財政政策への移行］であり、当然のことながら、〈管理通貨制度〉への転換が、前提となる。その第二は、この〈公共投資〉が、雇用と所得の増加に、波及的・拡張的な効果をもって、強力に作用するとした。いわゆる「乗数理論」である。［とくに前掲『一般理論』、第十章参照。］

つぎに、〈消費〉の増加・拡大政策としては、とくに所得税・相続税に累進課税制の導入による、〈所得の再分配〉が提起された。——「所得税——「不労」所得に対して差別の設けられている場合にはとくにそうである——、資本利得税、相続税その他これに類するものは利子率と同様の関連性をもっている。しかるに財政政策の可能的な変化の範囲は、少なくとも期待においては、利子率自体におけるよりはおそらくいっそう大である。もし財政政策が所得のより公平な分配のための熟慮された手段として用いられるならば、それが消費性向を増大させる効果は、もちろん、はるかに大である」［前掲『一般理論』、一〇九頁］。

「…消費性向を大にすることができるように所得の再分配を図る諸方策は資本の成長にとって積極的に有利となるであろう。／…もし国家が相続税の収入を通常の支出に充当し、その結果所得税および消費税がそれだけ減少させられるか、あるいはまったく撤廃されるものと想定すれば、もちろん、相続税を重くする財政政策が社会の消費性向を増加させるという効果をもたらすことはたしかである。しかし、習慣的な消費性向の増加は一般に〈すなわち、完全雇傭以外の場合に〉同時に投資誘因をも強めるであろう…」［前掲『一般理論』、四二四頁］。

もちろんこれは、〈組織としての資本〉に対してではなく、資本家個人に対する重課税であって、その意味するところは、二つある。その一つは、〈貧しい階級の所得の大部分が消費にむかうのに対して、富裕な階級の所得は、そのほとんどが消費ではなく、投資の足を引っ張る貯蓄にむかう〉という点にある。いま一つは、この富裕な階級への重課税は、とくに社会政策の本格的な遂行と展開の、財源的な基礎をも提供するところとなった。そして先進諸国におけるその採用は、いわゆる福祉国家論や修正資本主義論登場の、現実的根拠ともなったのである。

このようなケインズの、金本位制から管理通貨制度への転換を前提とした、有効需要拡大政策は、三〇年代以降、先進諸国でそっくり受容されて、今日に到っている。そこでこれを、ケインズ的財政・金融政策として、整理し直しておくならば、つぎのようになろう。――まず、財政政策は、支出面では、公共土木事業と社会政策［福祉・医療衛生・文教など］、そして軍事産業などへの産業保護政策としてあらわれ、収入面では、所得税・相続税における累進課税制の導入と、国債など公債管理政策として、遂行された。また、金融政策は、管理通貨制度にもとづいた、〈低金利政策〉が、とくに公開市場操作の〈買いオペ〉を主要手段として、展開された。

財政政策
- 支出 → 公共土木事業・社会政策・軍事産業などへの産業保護政策
- 収入 → 租税賦課…所得税・相続税などへの累進課税制
  - 国債などの公債管理政策

金融政策 → 管理通貨制度を前提とした
主に公開市場操作［買いオペ］による低金利政策

C　ケインズ経済政策の意義と問題

周知のように一九三〇年代以降、先進諸国がこぞってケインズ的財政・金融政策を採用することによって、資本制的社会の根本矛盾は、少なくとも周期的な〈恐慌〉の激発というかたちをとって、あらわれなくなった。この意味で、ケインズ的政策が、経済的矛盾の〈恐慌〉的爆発に対する、きわめて有効な防護手段として作用してきたことだけは、だれしも否定しえない。もちろんこれは、ケインズが新たな経済政策の提案において提示した、「経済学」的解釈の理論的正否いかんとは、まったくべつの問題である。

それではケインズ的政策は、なにゆえ〈恐慌〉封殺の手段として、有効だったのであろうか？　これは、はなはだ大きな問題であって、恐慌論をもふくめて、経済学者のあいだでくり返し議論され、いまだに理論的な決着がつけられたとは、いえない状態にある。ここでは、ケインズ的財政・金融政策が、〈恐慌〉的爆発の、より直接的な発火原因と、より根本の究極的原因の、それぞれに対応するかたちで提起されたことを、確認しておくにとどめたい。

まず、より直接的な発火原因への対応策とは、いうまでもなく、ケインズ的財政・金融政策の制度的前提としての、〈管理通貨制度〉の導入である。一般的な産業恐慌は、直接には貨幣・信用恐慌として発生し、発現する［補註］。すでに前項で指摘したように、金本位制下において、中央銀行券［兌換紙幣］の発行量は、その金準備量のいかんによって、直接規制されていた。そのため、もっとも必要な信用不安期に、通貨を供給できず、もっぱら割引利率［公定歩合］を高くすることによって、貨幣・信用恐慌をいっそう激化させるほかなかった。つまり金本位制では、産業恐慌に先駆けた貨幣・信用恐慌に、まったく対応することができない。しかし、〈管理通貨制度〉の導入によって、この種の貨幣・信用不安は、完全に解消させられた。

［補註］

マルクスは、一般的な産業恐慌［「一般的な生産・商業恐慌」］の、特殊的な局面をなす貨幣・信用恐慌と、産業恐慌との内的な連関をもたない、いわば純粋な貨幣恐慌とを区別して把握している。因みに、――「…すべての一般的な生産・商業恐慌の特別の段階として規定されている貨幣恐慌は、やはり貨幣恐慌と呼ばれてはいても独立に現われることのある、したがって産業や商業にはただはね返り的に作用するだけの特殊な種類の恐慌とは、十分に区別されなければならない。このあとのほうの恐慌は、貨幣資本がその運動の中心となり、したがって銀行や取引所や金融界がその直接の部面となるものである」岡崎訳『資本論⑴』、国民文庫、二四三頁］。

つぎに、より根本の究極的原因への対応策とは、有効需要拡大政策である。いうまでもなく資本制社会は、自由なる社会、自由なる経済的活動が可能な社会として出発した。諸個人には、各自が調達できる資金・人材・信用などにもとづいて、何を作り、何を売買しても各人の勝手という意味での、独立的な経済主体としての自由が、保障されている。そこから、自由競争という名の苛烈な社会戦争と、生産の無政府性が必然化される。そしてこの自由競争をつうじて、一方、資本の集中・独占と、他方、生産手段の私的所有者である資本家階級と、労働力商品しかもたない労働者階級とへの二極化が、進展していく。

ごく単純化していうと、資本制的社会では、社会総体としての〈生産〉が、社会全体の〈消費〉需要に見合ったかたちで、計画的に組織化されていない。資本制的生産は、相互的な連関と組織性もないまま、個々の資本家［個別資本］の資金と思惑・利潤予想などにもとづいて、まったく自由に、無政府的に展開され、消費主体である労働者大衆の手には、その労働力商品維持の対価［労賃］しか、支払われない。その結果、一方、〈過剰生産〉正確には過剰蓄積にもとづいた商品・資本の過剰生産と、他方、労働者階級の〈過小消費〉ないし〈消費能力不足〉にもとづいて、つねに〈生産〉と〈消費〉の巨大な落差が、必然化される。正確にいうならば、〈過剰生産は、生産力水準に応じた、市場と消費・投資需要の限界をまったく顧慮することなく、再生産と蓄積との不断の拡大によって生産する、資本の一般的な生産法則から、必然化される〉［マルクス『剰余価値学説史（六）』岡崎訳、国民文庫、二〇五頁］。

因みに、ここでは、とくに置塩信雄の見解［『現代資本主義分析の課題』（岩波書店）、第一章第二節］を、参照にしながら、私なりにまとめておこう。――今期社会総体で［正確には社会的総資本によって］生産された商品の価値総量W′は、不変資本［から商品に価値移転された部分］C＋可変資本［労賃］V＋剰余価値Mとする［W′＝C＋V＋M］。そして、剰余価値Mを実現するには、この商品総量が売りさばかれねばならない。もし来期も今期とおなじ生産規模を確保しようとすれば、不変資本の損耗部分への補填Cと、労働者の生活手段の消費に当てられる労賃部分V、さらに剰余価値Mにおける資本家の消費部分Ｍａが、商品購入に充当される。しかしその場合には、今期新たに付加された商品価値V＋M＞V＋Ｍａとなって、いぜん〈生産〉と〈消費〉との落差は、解消されない。

だが資本制的生産の目的は、あくなき利潤［剰余価値］の追求と獲得にある。ここに、W′の実現いかんにおいては、〈消費〉とともに、〈資本蓄積〉という契機が登場してくる。すなわち、剰余価値Mの資本家による消費部分Ｍａ以外は、追加資本として資本蓄積Ｍｂされる。そこで右式の右辺は、資本蓄積Ｍｂ部分として、追加不変資本Ｍｃ＋追加可変資本Ｍｖがくわわって、つぎのようになろう。Ｃ＋Ｖ＋Ｍａ＋Ｍｂ（Ｍｃ＋Ｍｖ）

それゆえ、生産された商品価値総量Wが、実現されるかどうかは、剰余価値Mに対するＭａ＋Ｍｂ（Ｍｃ＋Ｍｖ）の規模いかんにかかっている。Ｍ＞Ｍａ＋Ｍｂ（Ｍｃ＋Ｍｖ）の場合には、この不均衡は埋められず〈過剰生産〉となり、とうぜん、価格は下落し在庫は増え生産設備の稼動率は下がり、追加資本（資本蓄積）を減少させる。ぎゃくに、Ｍ＜Ｍａ＋Ｍｂ（Ｍｃ＋Ｍｖ）の場合には、〈過小生産〉となり、来期以降の資本蓄積を大きく増加させよう。そこで、この不均衡は、いっそう拡大されていく。とうぜん、生産（Ｖ＋Ｍ）と消費（Ｖ＋Ｍａ＋Ｍｖ）との落差もまた、拡大していく。そしてこの不均衡が、前者の不均衡へと逆転されたとき、〈恐慌〉への道が生じる。

この意味で〈恐慌〉は、一挙に拡大された〈生産〉と〈消費〉の落差を、暴力的に縮小する性格をもっている［たとえば、マルクス『資本の流通過程』中峯他訳、大月書店、二八四頁など参照］。ただ、とくに注意を要するのは、この〈生産〉と〈消費〉の落差から、直接〈恐慌〉が必然化されるわけではない。というのも、後者の不均衡から前者の不均衡への逆転が、〈恐慌〉として爆発するには、多様な諸契機が複雑に介在している。重要なのは、〈資本制的生産の無限の発展傾向〉と、〈労働者階級の消費能力の限界〉との矛盾が、〈恐慌〉的爆発の根本的原因をなしている、ことである。

そこに、直接的には〈信用制度〉が、大きな役割をはたしているとはいえ、より本質的には、マルクスが『資本論』第二巻で明示した、再生産表式論における、資本蓄積の内的メカニズムを無視ないし軽視して、論じることはできない。その要点は、生産と消費との根本矛盾が、第一部門［生産手段生産部門］と第二部門［生活資料生産部門」との矛盾としてあらわれ、拡大再生産とそれにともなう資本蓄積が、第一部門に先導されるかたちで推進され、両部門間の不均衡の累積的な進展が、〈恐慌〉的爆発の原動力として強力に作動する、ところにある［この点については、たとえば冨塚良三『増補 恐慌論研究』（未来社）参照］。

こうみてくると、ケインズの有効需要拡大政策は、この〈生産〉と〈消費〉の落差を、「消費」ととくに「投資」の増加政策によって、何とか埋め合わそうとしたものといえる。「投資」の増加政策のうち、低金利政策は、かならずしもケインズの思いどおりの有効性を発揮しなかったが、公共事業を中心とした「公共投資」政策は、大きな役割をはたしてきた。というのも、「投資」による生産設備の増加は、商品の生産量を増加させ、総体としての過剰生産を帰結させかねない。

ところが、政府主導の「公共投資」は、個別資本の場合とはちがい、いわば販路が確約された恒常性の強い注文生産である。一度造られた鉄道・道路・橋・運河・港などは、以後半永久的に維持・管理、つまり修理・改修・改良されつづけねばならない。しかも重要なポイントは、それが民間企業とは直接競合しない分野であり、また直接利潤（剰余価値）を産まない〈不生産的投資〉に、限定したところにある。ピラミッドの建造や地下の穴掘りでさえ、富と雇用の増進に役立ちうると看破した［前掲『一般理論』、一四五頁、二四六〜七頁］ケインズは、公共土木事業・福祉・医療・衛生・文教施設そして軍事産業など、巨額な規模の「公共投資」の経済的効果を、それなりに理解することができたといえる。

ただ問題は、ケインズが、大蔵官僚としての経験論的な発想から、「投資」の効果をごく短期的にしか理解していない点にある。これらの公共土木事業や福祉・軍事支出それ自体は、〈不生産的投資〉でも、まちがいなく多種多様な関連諸業種・産業への需要を喚起して、利潤を増加させ、資本蓄積をも増加させる。したがって長期的にみると、それは、過剰生産としてあらわれる過剰投資・過剰蓄積として、大きく作用する。そのため拡大された「産出量」に対して、さらにいっそうの「投資需要」の増加が要請され、経済的規模は、つねに拡大的に発展していく。

そこから、ケインズ政策に対して、〈それは結局のところ、資本制社会の内在的な危機・矛盾を、たんに先送りにしているにすぎない〉とか、〈その行き着く先は、戦争という壮大な消費と、宇宙開発のようなムダな投資に狂奔するほかない〉といった非難と糾弾が、投げつけられることにもなる。もちろんこの種の論難には、一定の根拠がある。

［参照文献註］

ケインズについては、とくに簡潔明快なつぎの解説書をあげておく。

D・ディラード『J・M・ケインズの経済学』［岡本訳、東洋経済新報社］

R・F・ハロッド『ケインズ伝（上・下）』［塩野谷訳、東洋経済新報社］

伊東光晴『ケインズ』［岩波新書］、宮崎義一『近代経済学の史的展開』［有斐閣］

熊谷尚夫『新訂　近代経済学』［日本評論社］

4　補論2――〈公共土木事業〉と〈国有化政策〉

つぎに、国家権力が直接担掌し遂行する、経済的諸活動をとりあげよう。〈公共土木事業〉と〈国有化政策〉は、もとより〈近代〉以前の歴史的国家でも、ごく部分的なら、散見できる。とくに〈専制的国家〉としての一元的な集権化が進展したところでは、きわめて古くからみられた。いずれも〈王国〉や〈帝国〉としての〈国家統治〉に直結した、〈祭祀〉と〈軍事〉にかかわるものが、中心である。因みに、〈公共土木事業〉としては、宗教的大伽藍・巨大墳墓や軍用道路・軍港などの建設、〈国有化政策〉としては、とくに軍事関連物資を生産するための、国家直営［官営］工場の設置である。

しかしこれらは、〈国家統治〉に直接かかわる〈政治的〉性格が濃厚で、〈経済政策〉としての性格が、はなはだ稀薄である。そこでここでは、〈経済政策〉としての性格が全面的に開花している、〈近代〉以降の〈公共土木事業〉と〈国有化政策〉をとりあげる。

まず、〈公共土木事業〉の場合には、より直接的な形態とより媒介的な形態との、二つの形態がある。一つは、主に鉄道・郵便・電信電話・水道・ガス・電気［電力］・病院などを、国家直営企業として設置し運営する形態である。そしてもう一つは、治山治水・水道・電気のすべてを兼たダム建設や、道路・鉄道・橋・トンネル・漁港・海港・空港などの、実際の事業は一般の民間企業に委託し、国家権力はたんなる監督・管理機関としてこれに当る、という形態である。

一般的にいうならば、近代社会とりもなおさず資本制的生産様式が、数世紀にもおよぶ長い歴史的な時間をかけて、いわば〈下から〉自然成長的に形成・発展したり、それが比較的短期間であっても、完成された〈民主的〉政治形態の下で成長したところでは、主に後者の方法と形態が主流であり、前者は例外的にしか採用されていない［英・米］。

これにひきかえ、前者の方法・形態が盛んであったのは、近代社会とくに資本制的生産様式の形成を、ごく短期間で、〈上から〉強引に育成し促進しようとした、〈専制的〉政治形態の色彩が依然濃厚な諸国であった［独・仏・日］。これらの諸国は、比較的遅れて登場してきたにもかかわらず、先進的で支配的な諸国の後塵を拝することなく、彼らと五分以上に渡り合おうとしたのである。したがって、前者の方法・形態をとったところでは、一定の段階で国家直営企業が民間へ払い下げられたりして、民間企業への転成が図られる。また後者の場合には、現実的な〈国民的共通利害〉を直接担っているはずの〈公共土木事業〉が、個々の企業や企業グループの〈特殊的利害〉によって、実質的に浸食され、少なからず左右されることになる。

つぎに、〈国有化政策〉の展開と推進には、いくつかの歴史的な諸条件が、介在している。一つは、未だ〈専制的〉性格を脱却できない国家権力が、急激かつ強引な近代化とりもなおさず、〈上からの〉資本制的経済の育成と発展を図った場合である。もちろんそれはとくに、鉄鋼・機械・化学などの重化学工業を中心とする、重要産業に対してむけられた。もう一つは、国民社会の総力を挙げた世界大戦期の、戦時体制において、一般的に採用されたこと。この点については、後で「近代専制国家の登場」をとりあげるところでも、ふれることになろう。

そして何といっても決定的だったのは、とくに第二次大戦後の［男女平等］普通選挙法の施行にともない、「社会主義」を掲げる労働者政党［社会民主党・社会党・共産党など］が、議会で大躍進したこと。とくに英・仏・伊などの西欧先進諸国では、くり返し「社会主義」政権が成立したことである。むろんこれらの政党は、共産党のように、〈プロレタリア独裁をテコにした社会主義社会革命の実現〉を、目的としていたわけではない。何よりも、議会制民主主義のルールを尊重して、合法的で平和的な手段と方法で「社会主義的」な社会改革をめざした、「社会民主主義」政党である。

それゆえ、「社会主義」政権による基幹産業の〈国有化〉政策は、かならずしも社会的性格の強い巨大な生産手段を、国民［社会］に代って国民の支持を受けた政府［国家］が、掌握［奪還］して大ブルジョアジーを絞め上げる、といったものではなかった。それはむしろ、〈資本の論理〉にもとづく〈資本家の専制〉に苦しんできた、労働者大衆に、少なくとも必要労働を安定的に保障した、労働政策とくに雇用政策としての性格が強い。

しかし、同じく経済的・社会的活動とはいっても、国家権力が直接遂行する場合と、一般の民間企業などの社会的［経済的］権力のそれとでは、看過できない大きなちがいがある。その第一は、国営企業の場合、あくまで国民経済や社会生活にとって必要不可欠の重大事でありながら、その規模の巨大さや長期におよぶ専門的な計画性の必要から、つねに多数の専門的な技術者を、張りつけておかねばならない。そして何よりも採算の上で、とても一般の民間企業などでは直接手に負えないという、特殊に深刻な事態においてのみ、それが現実化された点である。したがってそれは、第二に、一般の民間企業の場合のように、〈最小の経費で最大の利潤の獲得〉をめざした、経済的合理性にもとづいて組織され、運営されるものではない。

しかし、一方における、たえざる技術革新のための設備投資と、他方での、過重労働と情け容赦なき人員整理の断行という、民間企業では当たり前の経済的合理性を拒否すれば、そこでは、民間企業だったら倒産して当然の経営状態が必然化される。それにもかかわらずそこでは、こうした生産性のいちじるしい低下と、赤字経営の必然化をものともせずに維持され遂行される、一般的な傾向性をもっている、これがその第三点である。

なぜそんなことが可能かといえば、第四に、民間企業とはちがってそれが、もっぱら国民諸階級・階層から、有無をいわさずに賦課・徴収された〈租税〉によって、維持され運営されているからにほかならない。しかし、すべての〈国家〉経済・社会諸活動が、もっぱら〈租税〉によって維持・経営されているということは、第五として、その組織的規模と諸活動の量と多様さが、ときどきの国民的な〈世論〉と国民的生産性のいかんによって、直接間接に規定され制約されていることを意味している。

なぜなら、〈租税〉を国民的諸階級・階層のなかの、どの階級・階層にどれだけ賦課・徴収し、それを同じくどの階級・階層に、どれだけ〈政策的に還元〉するかは、直接には〈議会〉で裁可・決定される。したがってそれは、国民的諸階級・階層が、それぞれの社会的・経済的なパワーのいかんにほぼ対応した形で、〈議会〉に送り出している、政治的代表［議員］の数の多寡によって、決せられている。

また、〈議会〉の政治的代表［議員］が〈代表〉である以上、そして〈代表〉でありつづけようとするかぎり、彼らの選挙人ないし支持母胎である国民的諸階級・階層の、日々揺れ動く生きた思想と観念に、強い影響を与えている〈世論〉に対して、まっ向から逆らうことはできない。この意味で、政治的代表［議員］は、少なくとも国民全体を直接思想的・観念的に組織するまでに肥大した、〈世論〉の指示と方向性によって、より直接的に規定されているといえよう。

また、〈租税〉の賦課・徴収とその政策的還元における〈階級性〉の問題とはべつに、徴収可能な〈租税〉総額自体は、もっぱらときどきの国民社会の、経済的生産性のいかんによって、直接規定され制約されている。そこで経済不況が長期化するなどして、〈税収〉が大きく落ち込むような事態がつづけば、全国家活動経費としての〈租税〉の、〈政策的な還元と配分〉のいかんが改めて問題となってくる。こうして、〈租税の政策的な配分〉をめぐる〈議会〉の政治的代表［議員］のレヴェルで、諸階級・階層相互の政治的な力較べがくり広げられる。

そして重要なのは、この諸階級間の政治的な力較べが、大きくは〈政治的〉活動と〈経済・社会的〉活動との、経費的な配分いかんに即して展開されることである。それはさらに、〈政治的〉活動経費のなかでは、何といっても〈軍事費〉であり、〈経済・社会的〉活動経費のなかでは、社会政策の全般と〈公共土木事業〉、それに巨大な赤字を抱え、膨大な財政負担を国民に強いている、〈国有企業〉の維持と存否自体の問題などに、直接集中される。

そしてほとんどの場合それは、〈軍事費〉と〈公共土木事業費〉が削減されることはなく、反対に、〈社会政策費〉全体の大幅な縮小・削減と、〈国有企業〉が根本的に見直される。つまり〈国有企業〉に対しては、民間企業なみの思い切った方策の採用、とくにヤリ手の経営者を採用しての、経営体質と組織体質の根本的な改善と合理化の断行［過剰人員の大幅削減など］が図られ、それでも埒が明かないとなれば、民間企業への移管などの荒療治が施される。

もちろんこれは、〈国家権力〉が、本源的には〈統治（活動）〉権力として生起し、構成され、〈統治（活動）なくして行政（活動）はありえない〉という、〈国家の実質的な構成原理〉にもとづいたものである。

（2）社会政策

1　総説

社会政策は、国家的諸活動のなかで、もっとも新しい活動分野といえる。しかし今日、社会政策は、国家財政に占める量的規模において、優に経済政策に匹敵するまでの、いちじるしい進展を示している。もちろんその根拠は、すでに指摘したように、資本制的生産様式の構造的な進展が、旧い地域社会の独立的自足性と、地域的・血族的な社会的諸組織・共同体を、こっぱみじんに粉砕したことにある。

国家は、これらの社会的諸組織・共同体が、直接間接に担掌してきた多様な社会的諸活動を、そっくり継承しなければならなかっただけではなかった。〈近代社会〉は、〈自由な社会〉といえば聞こえはいいが、その現実は、〈自由競争〉という名の苛烈な社会戦争が、日々展開されている。強者として生き残り、大きく成長できるのは、ごくごく一握りの少数者にすぎない。そこでは、おびただしい数の社会的な弱者や敗残者たちが、日々噴出され、また再生産されている。

社会政策は、直接には、このような社会的な弱者や敗残者たちに対する、国家的な保護・救済活動として、登場してきた。それだけに、社会政策が本格的に展開されるようになるためには、いくつかの歴史的諸条件の形成が、必要であった。それにはまず、〈社会的な弱者・貧困者への国家的保護・救済の必要〉という、国民的世論の形成が直接的な意味で、前提となった。さらにより大きくは、国家的保護・救済活動の財政的基礎である、国民社会の高度な経済的発展が、歴史的前提となる。

しかしもちろん、〈自由な社会〉とその〈国家〉を直接牛耳ってきた、経済的支配層は、日々〈最小の経費で最大の利潤の獲得〉を、モットーに実践してきた。その彼らが、世論の高揚と国民経済的な余裕だけで、貴重な国家的財源を自発的に、弱者保護・救済活動にふりむけることは、ありえない。そこで、社会政策の展開に、より直接的な意味で、決定的に作用した条件は、二つある。一つは、社会的弱者の側からの、強力かつ巨大な社会的勢力としての組織化であり、いま一つは、この組織された弱者の社会的圧力を、正確に、政治的・国家的意志決定のレヴェルへ、反映させられる政治的意志決定システム、つまりは〈普通選挙制度〉を前提とした〈議会制民主主義〉の進展と定着である。

労働者階級は、社会的な弱者・貧困者でありながら、資本制的生産様式が直接産み落とした、社会的生産の主体であり、国民的階級としてのその普遍的な性格から、強力な全国的組織として結集することが、可能であった。げんに彼らが、個別資本家との経済条件をめぐる闘争のため、結集した組織［労働組合］は、個別的なものから地域的・業種的なものへ、そしてさらに全国的・全産業的なものへと、大きく進展し、また統一されていくにのにともない、きわめて強力な社会的組織として構成されていく。

こうして労働者階級が、すべての社会的弱者を代表した、巨大な社会的勢力として登場してくる。そしてその過程は、当初一定以上の租税負担能力をもつ富裕者のみに限定されていた選挙権が、徐々に拡大していって、彼ら労働者大衆にも付与されていく、〈普通選挙制度〉の確立過程でもあった。

ついでにいっておくと、資本家階級の全国的・産業的組織の結成は、労働者の全国的・全産業的組織の結成と、それを土台とした〈議会〉への政治的代表の登場に、直接対抗するかたちであらわれた。つまり前者は、歴史的には後者に大きく遅れて登場した。というのも、前者の登場以前には、その必要がまったくなかった。因みに、社会の〈経済的〉な主人公であった彼らは、中央と地方の〈議会〉を実質的に牛耳ることによって、〈政治的〉な支配権をほぼ掌握していた、からである。

2　社会政策の歴史的発展段階

社会政策の、今日的な意味における本格的な展開は、ようやくこの半世紀ほどの間のこと、といってよい。それにもかかわらず社会政策が、国家的諸活動として顕在化してきた歴史と経緯は、決して短くはない、それなりに豊富な内実をともなっている。この意味で、社会政策の歴史的な進展具合のいかんから、ほぼつぎの四つの段階に区分することができよう。

第一段階は、社会政策の〈前史〉ともいうべき、〈救貧行政〉政策である。いうまでもなく中世後期以来、個々の困窮者・貧民などへの〈救済〉活動は、主に教会や都市などの地方機関によって担掌されてきた。ここではとくにイギリスを念頭におくと、一六世紀の宗教改革にともなう、教会・修道院領の収奪によって、この貧民救済活動は終止し、収容されていた貧民は街頭に放り出された。くわえて一五世紀末からの「土地囲い込み運動」により、保有地を強奪された多くの農民たちが、羊に追われて貧民・浮浪者・乞食となり、都市に雪崩れ込んだ。

　こうしてにわかに生じた大量の貧民・浮浪者は、直接には治安にかかわる社会問題として、〈国家〉的対応を必然化させる。ここに一六世紀にはじまり、一七世紀初頭の「エリザベス救貧法」［一六〇一年］によって集大成される、〈救貧行政〉政策が開始された。この〈救貧行政〉の特質は、まず貧民・浮浪者を〈病人・老人など労働能力のない者〉・〈身体壮健な労働能力のある者〉・〈児童・年少者〉とに三別する。そして、第一の、〈労働能力のない者〉に対しては、〈生活保護・救貧院への収容〉、第二の、〈労働能力のある者〉には、〈労役場などへの就労強制・拒否すれば投獄ないし矯正院への収容〉、第三の、〈児童・年少者〉には、〈徒弟奉公の強制〉という、三様の対応策をとった。

　それゆえ〈救貧行政〉は、直接には〈治安〉という、〈国家統治〉にかかわる社会問題に発しながら、第一の〈公的扶助〉政策と、第二・第三の〈社会的労働力の強制的確保〉政策との、〈二重性〉を内包させていた。この〈救貧行政〉は、その後とくに産業革命を経過して、一九世紀の三〇年代には、新しい産業社会により対応したかたちに、再編成される。一九三四年の「新救貧法」の成立がそれである。

　その眼目は、〈公的扶助〉をより狭く厳密に限定することによって、〈労働能力のある者〉を、賃金労働者として自立させる、という一点にあった。いいかえれば、〈労働能力のある貧民〉への〈公的救済の拒否〉による、〈賃金労働者への強制的な錬成・陶冶〉政策の徹底である。この「新救貧法」＝〈救貧行政〉は、第二段階以降の社会政策の本格的な展開にともない、〈公的扶助〉政策として純化されていくが、一九二九年には制度的に解体される。［そして一九四七年の「国民扶助法」によって、法的にも消滅する。］

　第二段階は、一九世紀前半期から中葉にかけての、「工場立法」の時代である。周知のように、産業革命を画期とした、資本制的生産様式の構造的な進展にともなう、機械制大工業の出現は、工場労働者に対する、自由主義・産業資本主義段階に固有の、苛酷な原始的搾取と抑圧をもたらした。そこで、まず時間・年令・安全・衛生・教育など、現場労働者の直接的労働条件にかかわる、一連の労働者保護立法が、「工場法」というかたちで成立する。これは、個々の資本家を、法的・国家的に規制する、近代的社会政策のはじまりである。

因みに、「標準労働日の制定は、資本家と労働者との何世紀にもわたる闘争の結果である」〔マルクス『資本論(2)』（岡崎訳）、国民文庫、七九頁〕。何となれば、「…資本は、労働者の健康や寿命には、社会によって顧慮を強制されないかぎり、顧慮を払わない」〔同前、七七頁〕からである。まことに、「資本制的生産様式にたいしては最も簡単な清潔保健設備でさえも国家の側から強制法によって押しつけられなければならないということ、これほどよくこの生産様式を特徴づけうるものがあろうか？」〔同前、四二七頁〕。

この分野で先頭をきって走ったのは、もちろんイギリスである。因みにイギリスで最初の「工場法」は一八〇二年に制定されている。もっともそれが、実効性をもつようになったのは、工場監督官制度が整備された一八三三年法、以降のことであった。因みにプロイセンで最初の「工場法」は一八三九年、フランスのそれは、一八四一年である。

そして労働者は、これを前提として、つぎに〈組織としての労働者〉の法的・国家的承認を、まず〈労働者団結禁止法の廃止・撤廃〉、ついで〈労働組合法〉というかたちで、獲得する。〈団結禁止法の撤廃〉も、イギリスが一八二四―二五年でもっとも早く、四〇年も遅れた一八六四年にフランス、プロイセンはさらにその後の、一八六九年［一八四五年プロイセン「営業条令一八二条」削除］、である。〈労働組合法〉も、イギリスが一八七一年と早く、フランスは遅れて一八八四年、である。

これは、〈国家権力〉が労働者の組織的結集［労働組合］を、その直接の経済的利害の実現に限定した、経済組織［経済権力］構成としてのみ、法的に容認［合法化］したもの。いいかえるとそれは、資本制的生産秩序の枠組み自体の、破壊と改革をめざさないかぎりでの、労働者の経済組織と、その諸活動を合法的なものとして、承認した。こうして、労働者の〈団結権〉・〈争議権〉が、樹立された。しかし〈ストライキ権〉だけは、いまだ容認されなかったのである。この意味で社会政策には、治安としての〈国家統治〉が、歴史的・論理的な前提となっている。

社会政策は、この第二段階において、なによりも労働者の保護・統制を内実とした、〈労働政策〉として展開された。もとよりそれは、個別資本家に対する、直接の法的・国家的な規制と干渉政策として、展開されたものである。

第三段階は、一八八〇年代以降、ビスマルク主導下ドイツの、「疾病保険法」［一八八三年］・「労働者災害保険法」［一八八四年］・「老齢・廃疾保険法」［一八八九年］にはじまる、「社会保険」の出現である。これは、「社会主義鎮圧法」とともに、〈労働者階級の「社会主義化」の封じ込め〉という、ビスマルクの統治政略とはべつに、社会政策の本格的展開に大きな意味をもった。というのも「社会保険」は、労働者に平均的な生活保障を、国家的に付与するものであった。いいかえるとそれは、労働力商品所有者としての労働者の、再生産に対する法的・国家的保護政策であり、労働者の平均的な必要労働の、法的・国家的保障政策に、ほかならない。

これは、二〇世紀に入ってから、とくにイギリスの自由党政権によって、本格的に取り組まれた。その中心は、「老齢年金法」［一九〇八年］と、「疾病保険（健康保険・医療保険）」と「失業保険」からなる「国民保険法」［一九一一年］である。そのほかにもこの時期には、「労働争議法」［一九〇六年］、「教育学童給食法」［一九〇六年］、「教育学童保険法」［一九〇七年］、「児童法」［一九〇八年］、「炭鉱八時間労働法」［一九〇八年］、「職業紹介所法」［一九〇九年］、「最低賃金法」［一九〇九年］、「住宅・都市計画法」［一九〇九年］など、一連の社会政策上の諸法が定立された。

しかしフランスは、この分野でも大きく遅れをとり、一九二八年に一応「社会保険法」が成立するが、本格的な疾病・老齢保険は、三〇年の「新社会保険法」によってである。しかも失業保険については、イギリスが一九一一年、ドイツで一九二七年、に成立しているのに対して、フランスでは第二次大戦後、それも一九五八年まで、またねばならなかった。

第四段階では、これまで主柱であった労働者の保護・統制の〈労働政策〉に、いま一つの柱として、〈医療〉・〈失業〉・〈年金〉の〈社会保険〉に、救貧法の流れを汲む〈公的扶助〉がくわわり、ここに国民一般に対する〈社会保障〉政策が、確立する。その歴史的な原型は、一九三〇年代のイギリスであるが、先進諸国における本格的な展開は、第二次大戦後のことである。

［文献資料註］

最近の概説書には、小川編『社会政策の歴史』［有斐閣］、西村他編『新社会政策を學ぶ』（有斐閣）、石畑他編『現代の社会政策』［有斐閣］、足立編著『新版各国の社会保障』（法律文化社）、など多数あるが、先進諸国［英・米・独・日］の社会政策の歴史と研究を集大成した、土穴文人『社会政策制度史論』（啓文社）が、もっとも詳細である。ただフランスをとりあげていないのが、惜しまれる。フランスについては、とりあえず藤井他編『先進諸国の社会保障六フランス』（東京大学出版会）参照。

3　社会政策についての小括

以上から、社会政策について、つぎの四点を確認することができよう。

第一に、歴史始源的にみると、社会政策の原動力は、労働者階級の組織的結集とその闘争にあったという点である。労働者による長い、そして激しい階級闘争なくして、個々の資本家への法的・国家的規制というかたちをとった、社会政策の展開はありえなかったといえる。というのも、労働者階級の全国的組織化の進展と、労働運動というかたちをとった階級闘争の高揚は、社会政策の根本的原動力として、作動しただけではなかった。それは同時に、〈普通選挙制度〉を否応なしに呼起する、〈議会制民主主義〉の構造的定着と進展をも、強力に促進することによって、彼らの階級的な総意が、より正確に〈社会政策〉として結実することをも、可能にしたからである。

かくて第二に、一九世紀後半期から二〇世紀初頭にかけての、制限選挙法の漸進的改正と〈普通選挙制度〉の進展にともない、労働者階級を選出母胎とした「社会主義」政党が、〈議会〉でも大きな勢力となったことである。彼らは内閣の一員として政府中枢を構成した［連立内閣］ばかりか、やがて単独の政権党としても躍り出る。社会政策は、基幹産業の国有化政策とともに、「社会主義」政権の中核的な基本政策として、強力に推し進められるようになった。

第三に、社会政策としての直接の法的規制と国家的強制を、支配階級にそくしてみよう。イギリスのように〈自由経済〉と〈議会制民主主義〉が、典型的な発展をとげていたところでも、新旧の支配的諸層は、〈労働政策〉については、労働運動の高揚に押されるかたちで、イヤイヤながらも受け入れざるをえなかったが、とくに〈社会保障〉というかたちをとっての、社会政策の本格的な展開に、なかなか踏み切れなかった。日々の〈最小の経費で最大の利潤の獲得〉という経済的合理主義と、経済への国家的干渉を極力排した〈自由放任主義〉に、強く支配されていたからである。

そこから、〈全体のために個別を犠牲にする〉、正確には、〈自由な社会を総体として維持し堅持するために、個々の資本家の度外れの利害追求は、厳しく規制する〉、という実質〈総資本家〉的な立場と発想による、法的・国家的規制への転換には、ずいぶんと時間がかかった。それは、ロイド・ジョージに代表される自由党政権によって現実化されたが、この種の政治思想的転換には、T・H・グリーンらイギリスのヘーゲル主義国家論が、大きな影響を与えた。ついでにいっておけば、かのケインズは、自由党の熱心な支持・共鳴者であった。

第四に、社会政策は、〈戦時国家〉体制下［第一次・第二次大戦期］において、実質的に休止されるほかなかった。先進諸国が世界的覇権をめぐって戦った二度の大戦は、国民社会を挙げての〈総力戦〉というかたちをとった。そこでは、〈戦時内閣〉というかたちをとった、〈政府の専制的構成〉を軸として、一方、国民全体の〈軍事的〉組織化と、他方、国民経済の総力を武器・兵器生産に収斂させる、強力な〈軍事的経済統制〉化が、断行される。

そこでとくに労働者階級は、自由な政治的・経済的な活動と闘争を、完全に禁圧されたうえで、軍隊構成員としての強制的徴発と、軍需産業従事者としての強制的徴用が、課せられる。しかしこれをもって、失業問題が結果的に解消された、「完全雇用」政策などとはいわない。〈戦争〉それ自体は、〈国家〉レヴェルでの組織的殺し合いであるから、労働力がいちじるしく不足すれば、それこそ刑務所から受刑者すら、軍隊や企業へ駆り出されよう。

これらはすべて、〈祖国防衛〉という大義の下で、総資本を直接的な指揮・統制の傘下に収めた、国家権力によって断行される。そのかぎりで、労働者を中心とした国民的諸層に対する、軍隊への強制的編入は、〈専制的〉国家権力による軍事的賦役［国家的奴隷］、また、企業［軍需産業］への強制的編入は、〈国家的統制―資本〉による賃労働［賃金奴隷］、としての性格をもっている。もちろんそのさい、〈賃金〉や〈医療・福祉〉が、最低限に抑えられることは、いうをまたない。［〈戦時国家〉体制については、補論第1章第1節でとりあげる。］

そして、これらをふまえると、社会政策それ自体は、何よりも〈労働者としての国民に対する、必要労働の平均的・国家的保障政策〉にほかならない。いうまでもなく資本制的社会において、個々の資本家に雇傭されるほかない個々の労働者は、その労働力商品の対価としての必要労働とひきかえに、剰余労働の苛酷な搾取をうけている。個別資本家は、自由競争という名の存亡興廃をかけた、苛烈な社会的生存競争のただ中におかれている。そのため、労働者に対する剰余労働の搾取は、より徹底的かつ苛酷になるのと逆比例的に、労働力対価として支払われる必要労働は、極限にまで切り縮められる一般的傾向性［法則性］をもっている。

個々の労働者が、個別資本家による専制的支配と苛酷な搾取に耐えるほかないのは、たとえどんなに切り縮められても、必要労働を獲得できなければ、生きていけないからである。彼らが本当に恐れていることは、剰余労働の搾取ではなくして、いかなる必要労働をも獲得できないこと、つまりはまったく搾取されない状態である。この意味で個々の労働者は、つねに産業予備軍へと蹴落とされることなく、よりよい労働条件を求めて、お互いが苛烈な自由競争という名の社会的生存競争をくり広げている。したがってその彼らが、他とは大きく区別される社会的生存条件の共通性から、階級として組織的に結合し、資本家階級全体との階級闘争を展開するのは、それほど簡単なことではなかった。

それゆえ社会政策は、とくに労働者レヴェルにそくしてみると、〈労働者としての国民に、平均的な必要労働を法的・国家的に保障する〉ものといえる。それは、国家権力が個々の資本家に対して、労働者への平均的な必要労働の支払いを、強制する根本性格をもっている。それゆえ、社会政策の本格的な展開と断行は、個別資本家にとって、とくに目先・短期的には、大きな損失と負担として作用し、また自覚された。それにもかかわらず個別資本は、社会政策としての個々の法令が定立され、その実行が強制されるごとに、目先・短期の取り損なった剰余労働を、たえざる技術革新による生産性の向上によって、大きく補填すべくこれ努めてきた。

しかも、社会政策による労働者の生活の改善と向上は、消費市場の飛躍的拡大をもたらす。そこで、長期的に、また資本家階級全体［つまり総資本］からみると、資本の存立と発展に大きく作用する。それは、ちょうど今日の大企業が、当初は逃げ回っていた公害問題と、積極果敢に取り組むことによって、大きく発展しようとしているのと、少しも変わらない。ことほどさように〈資本〉は、柔軟かつしたたかである。

それゆえ、国家的また総資本的レヴェルからみると、社会政策は、労働者階級による資本制社会の反乱的転覆を、未然に封殺して、資本制社会の基本的骨格を維持し遵守するのに、大きな役割をはたしてきた。もちろんこれは、大きくは〈行政的〉活動にぞくするとはいえ、社会政策もまた、他の経済政策と同様に、国家的活動としての一般的特質を内在させていることを、示している。

このように社会政策の登場は、個別資本による労働者への際限なき苛酷な搾取と抑圧に、国家権力が〈平均的な必要労働の保障〉という、一定の歯止めをかけるものであった。それは、ケインズ的経済政策の全的採用とともに、〈国家的介入なき自由放任主義〉の、終焉を意味していた。

4　補論――「大河内理論」について

最後に、補論としてとりあげておきたいのは、わが国の戦中・戦後をつうじて大きな影響力をもった、「大河内理論」についてである。大河内一男の社会政策論は、いかにもわが国の講壇文献学者らしく、ドイツを中心とした先行諸学説の批判的検討をつうじて、提出されたものである。とても、「理論」といえるほどの論理的な体系性をもっているわけではない。その主張するところは、じつに単純にして明快そのもの。――社会政策は、本質的に〈労働力政策〉であり、多種多様な社会問題を、とくに労働力・労働者問題という角度とレヴェルから、とりあげたものである。この意味で社会政策は、経済政策の一分野として、大きく位置づけられねばならない。これをいくらか説明しておくと、〈労働力政策〉とは、〈労働力の保全と培養のための政策〉である。

それは、個別資本による労働力の、原生的で無秩序的な濫費と食い潰しに対して、資本制的経済社会の存立と発展という、「総体としての資本」の立場からの、合理的な労働力政策という意味である。そして、労働力は、資本の生産要素であるから、社会政策は、労働力の調達と保全・培養のための、「総体としての資本」の「生産政策」とされる。つまり社会政策は、資本制的経済社会の存立と発展を、とくに生産要素である労働力の合理的な調達・保全・培養によって、安定的に保証し、実現しようというものである。

もちろん社会政策も、他の諸政策と同じく、直接には「国家」によって主体的に担われる。しかし「近代国家」は、「総体としての資本の意志の執行人」にすぎない。したがって、「社会政策における政策の主体は」、「個別資本に対立するところの、総体としての資本、または社会的総資本である」。［以上とくに『社会政策（総論）増訂版』（有斐閣）参照。ほかに『社会政策の基本問題』（『大河内一男著作集第五巻』、青林書院新社）などがある。］

このアホらしいほど単純明快な「理論」に対しては、ただつぎの四点を指摘しておけば充分である。第一に、〈社会政策の本質は、総資本による合理的な労働力政策にある〉という大河内の発想自体は、全的に否定さるべきものではない。ただそれは、あくまで結果的また客観的にいえることであって、社会政策自体は、〈労働者に対する平均的な必要労働の法的・国家的保障政策〉である。もとよりそれは、労働運動というかたちをとった、資本家との階級闘争の個々の成果が、長い時間をかけて集積されたものである。すでに前項で指摘したように、大河内がいう意味での「労働力政策」というのは、あくまで長期的かつ国家的、総資本的レヴェルからみた、結果的な解釈にすぎない。この歴史的過程をまったく無視した大河内の発想は、もっぱらそれが、先行諸学説の検討から観念的に捻り出されたことによる。

ここから第二に、階級闘争無視の社会政策論が、提出されたことである。因みに大河内は、社会政策を、「総体としての資本」の合理的な〈労働力の調達・保全・培養〉政策としてとらえる発想から、社会政策の歴史的な原動力について、つぎのように主張している。――社会政策は、階級闘争の有無や強弱とは直接関係なく、何よりも資本制的経済社会の内在的必然性にもとづいて生起する、というものである。これは、〈労働者の階級闘争を社会政策の歴史的な原動力とする〉ことの、否定である。因みに曰く、――

「…資本制経済におけるすべての社会政策が、すなわち『労働力』の全般的な摩滅と食い潰しとを防止し、『労働力』総体の『健全な』培養を目的とする社会政策の必然性は、…資本に対する労働の階級闘争によってはじめて与えられるものではなく、むしろ資本制的な産業社会そのものの順当な運営のための経済的必然性に属するものであって、ほんらい、資本主義経済の『自然律』として考えらるべきものなのである。それ故、いまたとえ、資本に対する労働の反抗や階級闘争が存在しない場合と雖も、経済社会はそれ自体の内的必然性にうながされて、すなわち総体としての資本の立場における必然事と考えられるところの、『労働力』の保全とその培養によって、生まれて来るものなのである」［前掲『社会政策〔総論〕増訂版』、二三五頁］。

たしかに考えてみれば、「総体としての資本」が、資本制社会におけるすべての国家的諸政策を完全に支配しているという主張は、〈近代社会の歴史発展の直接かつ根本的な原動力は、「総体としての資本」の掌中にある〉という、一元的な資本家全能史観にほかならない。そこから、労働者階級とその階級闘争の一切が、ハジキ飛ばされても一向に不思議ではない。

大河内・社会政策論における階級闘争無視の原因として、いま一つ見落とせないのは、彼がとくにプロイセン・ドイツと戦前・戦中の近代天皇制国家の、〈専制国家権力〉による〈上からの〉社会政策の展開と断行を、直接念頭においていた事情である。そうすると、専制的国家権力中枢の政治家・官僚が、「総体としての資本」に直接成り代わり、総資本的意志を直接代弁し、忠実に執行したことになる。しかし、もしそうだとすれば、ときのドイツと日本の専制国家は、専制国家ではなくて、典型的な「ブルジョア国家」だったということになろう。そこで、この点にかかわる問題を、つぎにとりあげておこう。

第三に、社会政策の政策主体を、「総体としての資本」に還元させている点である。つまりこれは、「総体としての資本」の内在的かつ合理的な、〈労働力の調達・保全・培養〉の要求が、「近代国家」をつうじた、労働政策としての社会政策として、あらわれるという主張である。これは、まさに絵に描いたような、俗流マルクス主義の経済主義の方法的発想である。しかしそれは、直接には、「近代国家」を「総体としての資本の意志の執行人」とみなす、単純な階級国家観によって、理論的に支えられている。

もとより私はここで、大河内が国家論にズブの素人であるといって、非難するつもりはないし、国家論のイロハを教示するつもりもない。ただ素人の単純な階級国家観だと、社会政策の歴史的展開ひいては社会政策の学的・理論的把握が、不可能なことだけは、示しておくことにする。

資本制的生産様式と社会政策の、もっとも典型的な歴史的発展をとげたイギリスでも、一九世紀以降、国家権力とくに議会に参集した資本家階級が、その総資本的な総意にもとづいて、「社会政策」を意のままに裁可し決定してきたわけではない。新旧の支配階級は、〈外政は貴族［土地所有者］〉、〈内政は資本家〉という、国家的支配における大きな分掌があったとはいえ、つねに対峙しイガミ合っていた。もちろん、社会政策もその例外ではなかった。

たとえば一八四七年の「一〇時間労働法」の成立には、もちろん議会外［院外］において、チャーチスト運動というかたちをとった、労働運動の高揚が大きな圧力となっていた。しかし議会における直接の成立は、前年の一八四六年の「穀物法廃止」に憤激した、地主階級のトーリー党による、資本家階級のホイッグ党への意趣返しともいえた。結果的にこれは、「保守的・反動的」な地主階級が、「急進改革的」な労働者階級の運動を、強力に支援したことになる。

そして何より二〇世紀に入ってからの、社会政策の本格的な展開は、労働運動の飛躍的な発展を背景にした、「社会主義」議会政党の政権参加をぬきにして、論じることができない。〈議会〉では、〈戦時国家〉体制をのぞくと、つねに支配的・被支配的な諸階級・階層の総意が、その政治的代弁者をつうじて、激しく対峙し抗争し、ときに妥協・調整がはかられ、法的規範としての国家意志として、大きく観念的に集成されている。それゆえ〈近代国家〉が〈議会制民主主義〉を土台として構成されている以上、大河内のように単純に、それを「総体としての資本の意志の執行人」と、みなすことはできない。

いわんやまして、イギリス以外の、〈議会制民主主義〉の歴史的な進展が遅れ、その分だけ〈専制的〉色彩の強い先進諸国においておや！　ついでにいっておくと、この単純な階級国家観は、経済的支配階級が直接に国家権力を構成していた、〈近代〉以前の歴史的国家のありかたを、〈近代国家〉にもそのまま押しつけた発想ともいえる。

［補註］
この単純な階級国家観は、必ずしもマルクス・エンゲルスのものでない。因みにとくにエンゲルスには、国家権力を〈第三権力〉として把握する発想がある。［この点については、私が理論的な出立時以来、くり返し指摘したところであった。とくに拙著『マルクス主義国家論』（三一書房）、『国家の本質と起源』（勁草書房）などを参照。］この単純な階級国家観の創始者は、レーニンである。［この点については、第34章第2節第3項参照。］

第四に、右の単純な階級国家観には、経済学者に特有の経済主義的発想が、直接介在している。たとえば『資本論』などをみても、利潤・利子・地代などの経済学的な解明で、必要になる「社会的総資本」なる概念は、個別資本の単純な算術的総和として、提出されている。つまりこれは、〈個別〉の単純な量的・算術的総和として、〈全体〉を把握する学的方法が、経済学では有効性をもっている、ということである。

大河内の単純な階級国家観は、この種の経済学的方法発想の適用の所産、としてみることもできる。というのもそれは、個別資本家による傘下労働者への〈専制的〉支配を、「総体としての資本家」による、社会全体への〈専制的〉国家支配として、そのまま拡大的に転成させた性格を、もっているからである。たしかに個別資本家は、その企業の〈専制君主〉として、労働者を支配している。しかしだからといって、彼ら全体つまり「総体としての資本家」が、そのまま、資本制社会全体の〈専制君主〉として、君臨しているわけではない。

まず、国家的支配の主体である国家権力中枢は、国政全般に直接関与する〈官僚〉層が占拠している。そして、彼ら官僚層の活動を細かく規定し拘束する、法的規範としての国家意志の裁可・決定権は、基本的には、議会の住人である〈議員〉たちの掌中にある。さらにこの議員たち、そしてときには官僚層の頂点に君臨して号令する政府の長も、〈国民〉それも遅かれ早かれ結局のところ、労働者階級を過半とする国民諸層によって、選出される、云々。こういう中学生以上の者ならだれでも知っている、近代民主政治のイロハを、本気で理解していないと、こういうバカげた発想が、臆面もなく提出されることになる。

（3）公教育

1 〈公教育〉とは何か？

ここで〈公教育〉というのは、たんに〈国家による教育〉、つまり国家権力が直接担掌主体となった〈学校教育〉制度を、さしているわけではない。この種の〈国家的学校制度〉なら、〈近代〉以前の専制国家体制の下でも、少なからず散見できる。因みに専制統治階級がその子弟に対して行なった、特権的身分者にかぎっての〈エリート教育〉がそれである。しかしこれは、〈国家教育〉というよりも、特権的身分として君臨した統治階級自身による〈私的教育〉の性格が強い。というのも〈国家的〉とは、〈社会全体を直接規制し統括する〉という意味で、〈社会に対する普遍的で一般的な実践的対応〉としての特質をもっている。決して〈社会への個別的で特殊的な実践的対応〉ではない。

一つ補足しておく。スパルタやアテナイなど、〈古典古代〉の都市国家において、全市民には、とくに幼少から少年・青年期をつうじて、訓練所における集団的な知育・体育・武技修得が義務づけられた。これは、とくに「スパルタ教育」などといわれ、国家による強烈な国家主義教育として、知られている。しかし古典古代国家とは、都市を軸とした地域的社会が、政治的に束ねられ、組織化されたもの。

そこでは、戦時に戦士として登場する、農民［土地所有者］としての市民階級が、解体された従属共同体成員を、〈奴隷〉として包摂し支配する、支配階級として君臨した。この意味で、国家による市民の全子弟への強制的な〈義務教育〉は、奴隷制的階級社会に立脚した、支配階級全体の維持・存続にとって、必要かつ必須の現実的方策といえる。したがってそれは、社会全成員に対する国家的教育としての、〈公教育〉ではない。

［文献資料註］
アテナイやスパルタなど古典古代の国家教育については、クーランジュ『古代都市』［田辺訳、白水社］、とくに第一八章、参照。
またとくにスパルタのそれについては、『プルターク英雄伝(1)』［河野訳、岩波文庫］、「リュクールゴス」の章、参照。

〈公教育〉は、〈近代〉以降の国民社会においてのみ、完成された形で登場したものである。それは、国家権力が社会構成員［国民］の全子弟に対して、一定期間明確な目的をもって行なう学校教育である。したがってそれは、厳密な意味で〈国家教育〉であり、〈国民教育〉としての実質をもっている。しかも注目すべきは、この国民の全子弟に対する一定期間の学校教育が、国民の個々にとっては拒否できない〈義務教育〉として、強力に推進されてきた点である。

それではなにゆえ、〈近代〉以降の統一的社会・国民的社会形成をみたところでは、特殊に〈義務教育〉という形をとった、〈公教育〉が必然化されることになったのか？

〈近代〉以前の歴史的社会では、人々は、家族を中心とした狭い地域的社会の内部に、閉ざされていた。そこでの「社会的人間」形成は、多かれ少なかれ、それ自体が直接、社会的生産単位としての性格をもっていた、〈家庭〉を中心とする地域の社会的生活過程のなかで、自然成長的に行なわれた。子弟の教育は、日々否応なしの厳しい生活と労働をつうじた、「家庭教育」を中心とする広い意味での「社会教育」だけで、充分に事が足りたといえる。ところが、資本制的生産様式の構造的展開にともない、統一的社会としての国民社会が、はじめて歴史的に形成されるようになると、そう簡単にはいかなくなった。

そこでは交通関係と社会的分業が、かつてない統一社会的規模で、多様かつ全面的に発展することによって、高度な社会的生産力を創り出した。そこで、このかつてない高度な社会的生産力を、主体的に把持し、さらに発展させられるような「社会的人間」をつくりあげることが、当該社会それ自体の維持と発展にかかわる、「一般的共通利害」として強烈に認識され、「社会的要請」として押し出されることになった。

もちろんこの種の「社会的要請」は、統一的社会構成員の全子弟を、くまなく対象としなければならない。したがって、その規模からいっても、また明確な目的性と一定の水準、さらに多種多様な諸技能の育成・開発に、長期間、専任的かつ集中的・組織的に取り組まなければならない。このような特殊な事柄の性格上、個々の家族や各種の社会的組織、地域的社会などでは、とうてい手に負える代物ではない。かくてそれは、国家権力によって直接担掌されることとなった。

〈公教育〉とは、国家権力による目的的な人間形成であり、とりもなおさず〈近代社会〉に対応した社会的人間を、目的的につくりあげるためのものであった。〈公教育〉体制の確立によって、国民の全子弟には、社会的実務に直接かかわる、〈読み書き算盤〉や自然科学的知識の基礎的修得が、義務づけられた。しかしそれだけではない。〈社会―国家〉構成員として必要不可欠のことがら、社会生活上の常識と法的・国家的秩序の意義を、充分に理解させるために、〈道徳・倫理的教育〉が附加される。このために、一般に〈宗教教育〉と〈歴史・社会科教育〉とが、併用される。もちろんこれは、たんなる社会的成員が、〈市民〉正確には国家構成市民としての〈国民〉になるための、〈思想的・イデオロギー的教育〉としての性格をもっている。

2　〈公教育〉成立の歴史的諸相

西欧諸国で、国民の全子弟を対象にした〈公教育〉が、〈授業料無償〉で、いかなる政治的・宗教的党派からも独立した、〈中立的〉立場からの〈義務教育〉として完成されるには、幾多の紆余曲折と多様な発展があった。とくにそれを、イギリス・フランス・ドイツの三国にかぎって、一瞥してみると、終始その先頭をきって走ったのは、後進国プロイセン・ドイツであった。

因みに〈義務教育制〉の理念的宣明は、じつに一八世紀初頭の、フリードリッヒ・ウィルヘルム一世の勅令に発し、その四〇年後には、啓蒙的絶対君主フリードリッヒ大王が「地方学事通則」（一七六三年）を発布している。しかしその思想的淵源は、三世紀近くも前の宗教改革者ルターにあるとみてよい。周知のようにルターは、ローマ教会の現世的な腐敗と堕落を激しく糾問・指弾して、キリスト者としての本質は、人々が直接福音書の教えに帰依することにある、と強調した。

旧教が、ローマ教会［直接には神父］のたえざる教導によってのみ、人々は救済されると強調してきたのに対して、ルターら新教では、主眼は人々が直接福音書を読み理解することにあり、教会［直接には牧師］は、そのための手助けができるにすぎない、とした。かくてルターら新教派では、市民としてのキリスト者に、福音書を直接読み理解できる一定の知的・教養的な能力の育成が、つよく要請された。そこでルターは、この見地からいち早く「義務教育」の必要を提唱していた。［この点については、梅根悟『世界教育史』、新評論、一七九頁以下参照。］

しかしそのプロイセン・ドイツでも、〈公教育〉が現実的な教育制度として定着し、進展するのは、一九世紀に入ってからのことであり、とくに四八年革命以降、〈義務教育〉としての原型が完成される。

プロイセン・ドイツに較べると、フランスの〈公教育〉は、大きく遅れた。もちろんこれには、絶対王政期以来〈教育〉はすべて、国教であるカトリック教会によって、独占的に掌握されてきた事情が、大きくかかわっている。しかしフランス大革命を契機として、〈国家による国民教育〉とりわけ初等教育の問題をめぐる議論が、一挙に沸騰した。しかしその多様な流れが、〈義務教育〉として完成されたのは、一八八〇年代にはいってからのことであった。

因みに八一年の法律では、国立初等学校の〈完全無償制〉が、規定される。ついで八二年の法律では、六〜一三歳までの男女児童の就学が、〈義務制〉とされる。さらに八六年の法律では、初等教育だけでなく公教育にかかわるすべての〈教師〉から、〈聖職者〉を除外する〈宗教的中立性〉の原則が、確立される。［以上とくに梅根悟

『西洋教育史』、誠文堂新光社、一二六〜七頁、荘司編『現代西洋教育史』、亜紀書房、一一四〜五頁、など参照。〕

近代市民社会と政治的民主主義の、先駆的で模範的な典型とされたイギリスでは、意外にも〈公教育〉の制度的定着が、もっとも遅れてあらわれた。因みに一八七〇年グラッドストーン内閣による「初等教育法」の制定にもかかわらず、〈義務教育制〉の導入は、八〇年制定〔翌年実施〕の法律によってである。そして〈初等教育の原則無償〉は、九一年の法律であり、〈五〜一二歳までの完全義務教育制〉の確立は九九年、そして〈完全無償〉には、一九一八年までまたねばならなかった。〔以上とくに梅根前掲書、一一四〜六頁、荘司前掲書、九九〜一〇二頁、など参照。〕

それではイギリスにおいて、公教育の制度的完成が大きく立ち遅れた原因は、どこにあろうか？　もちろん、〈教育〉上の諸問題への対応が、すべてイギリス国教会によって独占されていたことも、原因の一つである。しかしそれ以上に忘れてならないのは、近代イギリスの政治的また政治思想的な伝統である。いうまでもなくその政治的また政治思想的な伝統とは、〈政府（国家権力）は市民的権利を実現する手段にすぎない〉とする、J・ロック以来の〈市民主義〉と、〈政府（国家権力）による市民社会への直接的介入を最小限に抑える〉とした、〈自由放任主義〉とを、同一メダルの表裏とする発想である。

ただ同時に、イギリスにおいて、一般庶民の子弟に対する〈初等教育〉の必要自体は、早くから有識者によって認識されていた。たとえばA・スミスは、『諸国民の富(4)』〔大内他訳、岩波文庫〕のなかで、文明化された社会における庶民教育の必要を、とくに未開社会と大きく対比させながら、くり返し強調している。——未開社会では分業がいまだ進展していないため、社会全体の諸業務もそれほど多種多様ではない。だから人々は、だれでもこれらの諸業務を楽々とこなすことができる。またそれに要する「能力や徳」は、個々の成長過程で自然に形成され、獲得されていく。

これにひきかえ、文明社会では分業が高度に発達しているので、社会全体の諸業務は、ほとんど無限といってよいほど、多種多様である。そこで、一般庶民が生活の資を得るための活動は、生涯一つか二つのごく単純な作業に限定される。その結果、とくに知的・精神的発達が決定的に阻害され、とりわけ全社会的・国家的な必要事への、関心と認識・理解力の欠落は、「公共社会」の存立という点からも、放置できない。

かくて、「庶民の教育は、文明化された商業社会では、多少とも身分や財産のある人々とのそれよりも、おそらくはいっそう多く公共社会の注意を必要とするであろう」〔前掲書、一六二頁〕。しかし、有産者とはちがって庶民は、〈教育〉のための時間的・経済的な余裕を、まったくもっていない。そこで「公共社会」は、庶民全体が、いわゆる〈読み書き算盤〉程度の基礎的能力を習得できるよう、そのための経費などを負担しなければならない。

「…たとえ庶民は、どのような文明社会においても、多少とも身分や財産のある人々ほど十分な指導をうけられないにしたところで、教育のもっとも基本的な部門、つまり読み書きおよび計算は、生涯のごく初期に身につけておくことができるから、最低の職業をしこまれる人々でさえ、その大部分は、こういう職業に雇用されるまえに、それらを身につけておくだけの時間的余裕があるほどである。公共社会は、ごく少額の経費で、人民のほとんど全部に、教育のこういうもっとも基本的な部門を修得する必要性を助長し、またそれを奨励し、さらにそれを義務づけることさえできるのである」〔同前、一六三頁〕。

それからほぼ一世紀後に、J・Sミルは、「社会の人々の事業に対する公的権力の干渉は最小の範囲に止めておくべきである」という、〈自由放任主義〉の一般的原則を確認したうえで、その「例外」として、〈教育〉とくに「初等教育」をあげた。因みに曰く、――

「初等教育については、通常の原則に対する例外はさらにそれ以上に進めてよいものである、と私は考える。世の中には、社会に生まれてきたすべての人間がその幼年時代に習得することが望ましい、知識のある種の基本的な要素と獲得方法とがあるものである。もしも子供の親が、あるいは子供の保護を引き受けている人たちが、このような教育を与える力をもっているにかかわらず、それをなさないときには、彼らは、その子供自身に対し、またその仲間の無知および無教育の結果から大きな迷惑を被る恐れのあるその社会の構成員全体に対して、二重の義務違反をおかすことになるわけである。それであるから、政府が両親に対してその子供に初等教育を授ける法律上の義務を負わせることは、政府の権力の行使として承認してよいものである。ただし、これをなすに当たって、彼らがこのような教育をいつも無料またはわずかな費用で受けることを保障するような措置を講ずることなしにそうすることは、公正なことでありえない」［末永訳『経済学原理（五）』、岩波文庫、三〇八〜九頁］。

同時に彼は、教育に対する政府の「例外」的な干渉が、教育に対する「独占権」や「完全な統制権」の掌握であってはならない、もしそうなれば、「専制政府となることである」［同前、三一一頁］と、強調することを忘れてはいない。

しかし、〈庶民（子弟）教育〉の必要は認識されていても、長い間、〈国家による義務教育〉というかたちで、制度的に結実することはなかった。そこで、〈庶民（子弟）教育〉の問題は、一方では〈教会〉、他方では有産階級の慈善的な寄付によって、かなり積極的に展開されることになった。この点については、イギリスの代表的な多元的国家論者として知られるE・バーカーの、的確な指摘がある。——

「…イギリスが国家教育の制度を非常におくれて採用したところから、イギリスが教育自体の必要性に無関心であったとか、あるいは、その必要性に対応する処置をとりえなかったとか考えるならば、重大な誤りを犯すことになるであろう。いな、それどころか、教育のために拠出された自発的な寄付金は巨大なものであった。一八五八年には、その額は国家の支出した補助金の二倍であった。しかも、それは一八三三年以来の平均額でもあった」［足立訳『近代行政の展開』、有信堂、一三六頁］。

10 〈近代〉以前の国家的諸活動

（1） 国家的諸活動の概観

〈近代〉以前の歴史的世界では、経済的な自給自足性と政治的な独立性を併せもった、都市や村落の地域的社会が、現実的な基礎となっていた。したがってその政治的・国家的構成は、多くの場合、特定の地域的社会が、同系ないし異系の地域的社会を政治的傘下に収め、直接支配共同体として君臨するという形をとった。また他の場合には、特定の地域的社会を政治的に束ねていた共同体支配者が、同種の競合者との対立と抗争のなかから、戦国的覇者として躍り出た。そしていずれの場合にも、支配共同体ないし共同体支配者を軸に、王国ないし帝国形態をとった、比較的ルーズな政治的・国家的支配圏が速成的に建設された。

そこで国家的諸活動は、支配共同体ないし共同体支配者が、多数の地域的社会を政治的傘下に収めるための、外戦を中心とした〈政治・軍事外政〉と、王国ないし帝国としての政治的秩序を維持するための〈治安〉という、〈統治〉活動によってその過半が占められた。もちろんここにいう〈治安〉とは、王権ないし帝権として組織された支配共同体ないし共同体支配者が、同系・異系を問わない多数の地域的社会の上に君臨して、〈貢納租税と軍役〉形態での剰余労働を強制的にしぼりあげる、外部的な専制的抑圧体制を、王国ないし帝国としてそっくり維持し遵守する、〈政治的〉活動である。また、〈経済外政〉つまりは通商貿易政策は、一般にかなり発達している。

これに較べれば、〈行政〉にかかわる国家的諸活動は、いちじるしく未発達である。すでに指摘したように、まず〈公教育〉については、それが必要とされる社会的条件、つまり高度生産力の創造と維持を要請する国民的・統一的社会が、いまだ歴史的に形成されていない。また〈社会政策〉は、とくに西欧諸国の都市部や各地のキリスト教会で、貧民救済の諸施策が散発的にみられたが、全体としてはほとんど取るに足りない規模であった。もちろんこれは、各地域社会内部の、とくに血族を中心とした各種の社会組織が、「社会政策」的課題を不十分ながらも代行していたからである。

〈公共土木事業〉は、しばしばみられた。とくにアジア・オリエント的諸域では、大規模な土木工事が、農業用の灌漑や帝王・国王の巨大な神殿・宮殿・墳墓などの建設のために、組織的に行なわれた。くわえて大帝国が建設されたところでは、とくに外戦や反乱の鎮圧を想定した軍隊の迅速な移動や、商業路の確保のため、広大な規模の道路網の整備が必要とされたからである。〈国有化政策〉については、ときに武器兵器関連の官営工場が設置・運営された。

つぎに、〈金融政策〉と〈財政政策〉であるが、もちろん〈金融政策〉が必要とされる歴史的・社会的条件はなかった。すでに指摘したように、〈金融政策〉は、資本制的生産様式が充分に発達した信用制度をつくりだすほどの、高度な歴史的発展を前提としている、からである。それでは、〈財政政策〉はどうか？　さきにみたように、〈近代〉以前の歴史的国家では、専制的国家権力による傘下領民からの、〈貢納租税・軍役〉形態での剰余労働の苛酷な収奪はあっても、その政策的な還元はない。そのほとんどは、ごく一握りの専制的支配者を中心とした国家権力自体の維持・扶養と、軍事活動の経費として豪快に浪費された。したがって、〈国家財政〉はあっても、〈財政政策〉としての展開はない。

ということはすでに指摘したように、〈国家財政〉としての〈租税〉賦課・徴収自体が、支配共同体ないし共同体支配者形態の専制的国家権力による、傘下地域社会や従属共同体支配の実質をなしている。いいかえればそれは、特定地域社会を基盤とした支配共同体や共同体支配者の、専制的国家権力としての存立に直接かかわる。この意味で、〈近代〉以前における〈貢納・租税〉支配は、それ自体経済的事象としての〈国家財政〉でありながら、直接に強烈な〈政治的〉性格をもっていた。

しかし、〈近代〉以前における〈貢納・租税〉の問題は、いまだ充分な理論的解明がなされていない。というのも、生きた歴史的事象と直接取り組んだことのない政治学者や経済学者などでは、とても手に負えようはずもない。また、実証事実的追究を主眼とする歴史家たちは、とくに〈地租と地代〉との混淆性をみて、つねに大きなとまどいと混乱から脱却できない状態にある。ではいったいどこに問題があり、何が理論的解決の障害として立ちふさがっているのであろうか？　いうまでもない。それは、歴史的に未発展な社会的事象を解析できる、研究主体の側の理論的・方法的発想の欠如にある。

というのもこの問題は、〈租税〉の歴史的始源と形成にまで遡行したうえで、その現実的な歩みを微細に、実証事実的に追究してみても、絶対に解決できない。そのためには、歴史始源的遡行の方法的発想とはまったくぎゃくに、〈近代〉以降の〈租税〉、それも完成的に発展した国家的支配における〈租税〉のレヴェルから、それ以前の国家的支配における〈租税〉の、歴史的諸形態を大きくふり返るという方法的発想が、どうしても必要かつ必須となる。

［補註］

そしてこの発想こそ、マルクスがヘーゲルから独自に改作して継承した、〈世界史〉の発展史観である。それは、すでに「方法としての序」で明示したように、人間社会とその歴史的発展を、何よりも〈近代的〉社会形成にむけた、〈世界史的〉発展過程において把握する、きわめて特異な歴史観である。しかしそれは、〈あらゆる社会現象の学的・理論的解明において不可欠の一般的方法〉でもある。

このような方法的発想に立てば、とくに〈地租・地代の混淆性〉が、その直接的な賦課・徴収主体である、政治的・国家的また経済的権力主体レヴェルでの、未分化・混淆性に基因していることを、容易に看取できるはずである。しかしこの点は、歴史的に形成された〈租税〉の特質を、トータルに把握するうえで、どうしても避けては通れない問題といってよい。そこでつぎに項を改めて、要点だけでもとりあげておくべきであろう。

（2）政治的・経済的権力構成と〈地租・地代〉混淆形態

1　一般的構成形態と〈特殊A型〉

A　一般的構成形態と〈地租・地代の未分化・混淆〉

まず、簡単な原理的確認からはじめると、いうまでもなく〈地代〉それ自体は、土地所有者［地主］に対して支払われる、土地の使用料［借地料］である。しかし理論的に正確にいえば、生産手段としての〈土地〉の借用と引き替えに、土地所有者［地主］に対して支払われる、耕作者の剰余労働［小作料］である。これに対して〈地租〉それ自体は、土地所有者［地主］の地代収入に課せられる国家租税である。しかし理論的に正確にいえば、生産手段としての〈土地〉に課せられる、収益［所得］租税である。ここまでは、いわば常識であるが、問題は、具体的な歴史的諸形態に即して、地租・地代の未分化・混淆性を理論的に解析することにある。

〈近代〉以前の主要な産業が〈農業〉であるかぎり、富の主要な形態は〈農業生産物〉であり、それを産出する〈土地〉が、一般的な生産手段であり、土地所有者［地主］が経済的支配者の一般的形態となる。したがってここでは、土地所有者［地主］が強制的に徴収する〈地代〉が、剰余労働の一般的形態である。しかもここでは、一般に土地所有者［地主］が、直接に〈国家〉を構成する政治的支配者、つまりは〈貴族〉としての専制的領主権力でもある。そのため徴収される剰余労働は、ときに〈地代〉であったり、〈租税〉正確には〈地代・租税〉としての〈地租〉であったり、また、直接に地租・地代であったりと、いずれにせよ両者の未分化、混淆性がみられる。

しかしこの、地租・地代の未分化・混淆性を理論的に解析するにあたっては、それ自体を直接的に追究するのではなく、〈近代〉以前の歴史国家の一般的構成形態と、特殊的諸形態との統一的な関連において、とりあげねばならない。それは同時に、〈近代〉以前の歴史的世界において一般的な〈政経未分離〉、正確には政治的・国家的支配者［政治的支配階級］と経済的支配者［経済的支配階級］との未分離・一体化の、一般的・特殊的諸形態とのトータルな関連のなかで、この問題をとりあげることでもある。

まずその一般的形態は、〈地租・地代の未分化による全体としての混沌性〉ともいうべきもので、それは、とくに〈アジア的〉・〈中世的〉世界の、つぎのような政治的・国家的構成形態において、典型的な形であらわれた。――各地域社会を政治的に束ねる専制領主権力は、たえざる不和・抗争をふくんだ相互的関係のなかから、特定の専制領主権力に王権ときに帝権という第一人者としての地位を与え、それぞれの内部的支配権［正確には各地域社会・統治権］の安堵・承認とひきかえに、戦時の参軍つまり軍役［兵馬の提供］が義務づけられた［典型的には知行制］。いいかえれば、戦時にむけた各専制領主権力による〈外的国家〉としての参集と構成は、多くの場合〈知行制〉にもとづいていた。

それでは、この専制領主権力による、傘下地域社会からの経済的収奪はいかん。それはまず、傘下・領民に対する政治的支配者として、小規模土地所有者［地主・自作・小作農を問わない］には〈地租〉を中心とした〈租税〉、そして都市には各種の租税［軍役代納金や市場税など］を、賦課・徴収した。と同時に、専制領主権力は直接に大土地所有者［地主］として広大な直轄領を抱え、とくにその直営地は小作人によって耕作される。小作人は、土地や農機具・種籾などの生産手段を貸与され、また借用することとひきかえに、週の半分を直営地でただ働き［賦役］させられるか、あるいは生産物の半分を小作料として収奪される。したがってこの場合の小作料は、賦役形態と生産物・貨幣形態のいかんを問わず、剰余労働としての〈地代〉である。

そして問題を複雑にしているのは、領主権力が傘下の隷農［小作・自作農を問わない］に対して恣意的に賦課する、多種多様な〈賦役〉の存在である。そのかなりのウェートを占めているのは、道路・橋・城壁などの補修工事や、戦時に物資の運搬などに駆り立てられる〈賦役〉である。もちろんこの種の〈賦役〉は、王国ないし帝国構成の一翼を担い、地域社会を束ねる地域的統治権力としての、領主権力によって発せられた〈賦役〉形態の〈租税〉にほかならない。しかしそれ以外に、領主一族のまったくの利己的利害にかかわる多様な雑事に、傘下の隷農がいちいち駆りだされる場合も、決して少なくはない。

したがってそれは、強権をカサに着た領主による、剰余労働の不当かつ理不尽な搾取と収奪であるが、問題はなにゆえこの種の不当と理不尽が、伝統的にくり返されたかにある。これには西欧諸国の場合なら、隷農［自作・小作農］の多くが、領主層の奴隷［不自由民］身分から直接上昇し転化した、という歴史的事情が介在している。しかし根本は、個々の専制的で世襲特権的な領主が、直接地域的・国家的な統治権を掌握している、〈公私〉の未分化と混淆性から必然化されたものである。因みにこの種の不当と理不尽は、強烈な専制国家が親裁体制を生み出したところでは、今日でもみられる。

このように、〈近代〉以前における歴史的国家の一般的構成形態の下では、〈地租・地代の未分化・混淆型〉が支配的である。これを図示すれば、以下のようになろう。

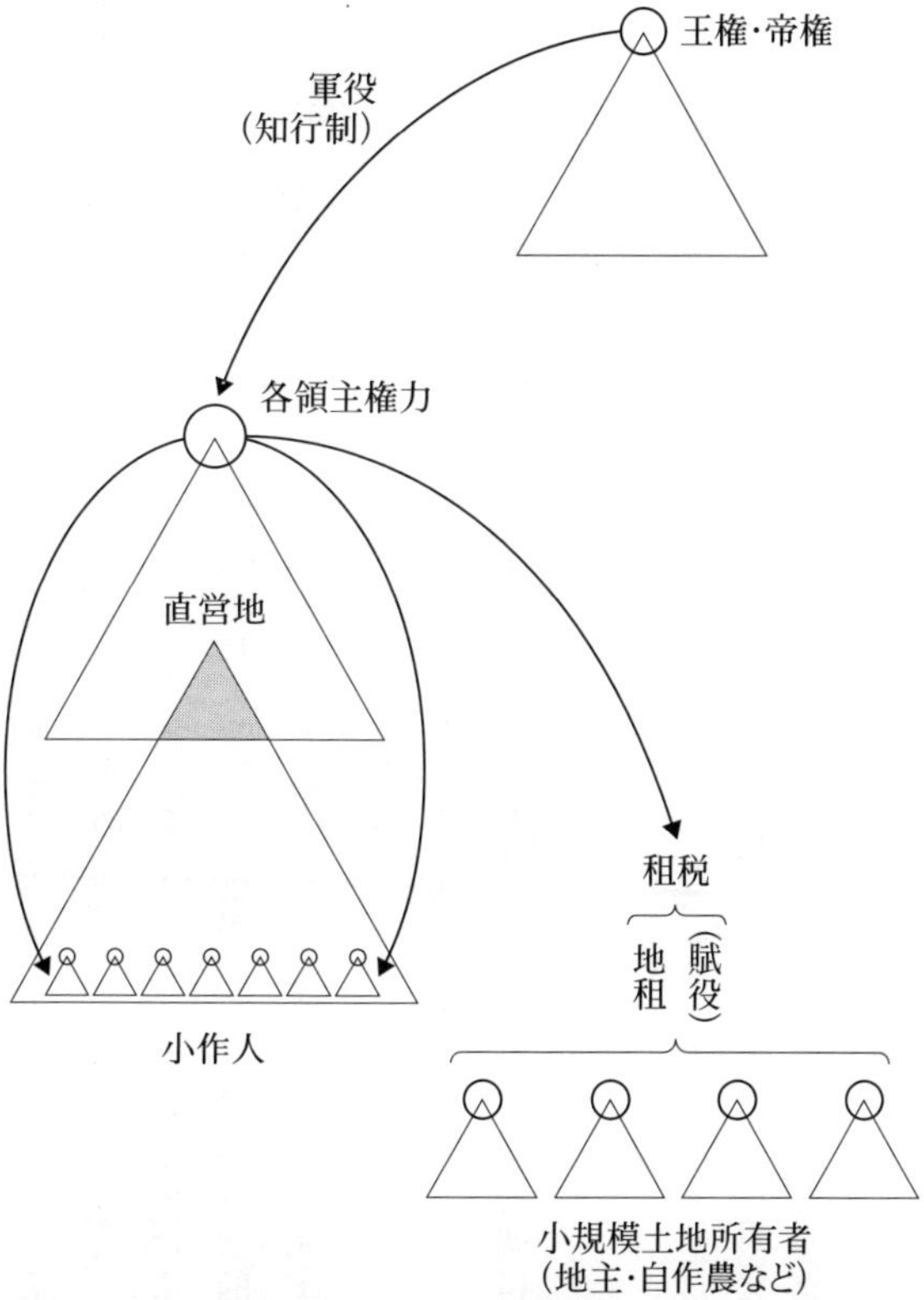

図1 一般的構成形態[地租・地代の未分化・混淆型]

B〈特殊A型〉と〈地租・地代の分離〉

つぎに、特殊的諸形態下における〈地租・地代〉の未分化・混淆諸形態を、とりあげてみよう。まず〈特殊A型〉としては、とくに中国の宋王朝の成立とともに完成された、一見〈近代〉とみまごうばかりの、〈政経分離型〉をあげることができる。

それは、一般的構成形態の下で健在だった、各地域社会を束ねる専制領主権力が、とくにその政治的・統治権力としての側面を、皇帝権力によって剥奪・吸収され、たんなる経済的な土地所有者［地主］へと、ケ落とされてしまった形態といってよい。これは、直接には一世紀におよぶ唐末・五代の争闘によって、従来の在地的な領主・豪族層がいわば共倒れ的に根こそぎ消滅してしまった。したがってもはや、経済的支配者としての大土地所有者［地主］が、直接に政治的支配者としての領主として現出できる構造自体が、完全に一掃されてしまったことによる。

そこで皇帝権力は、全国各地から〈科挙〉試験をつうじて選抜・育成・登用した、〈直属官僚〉を意のままに各地に派遣し、この各地方機関、正確には各地に派遣・配置された［皇帝］直属機関によって広大な帝国全土を統治する、強烈な専制国家体制をつくりあげた。

［補註］

といってもこの各地に転じた皇帝・直属［官僚］機関といえども、農民一揆や中央・地方での反乱・謀反・クーデタの勃発など、条件次第でつねに中央権力に敵対する存在へと、転化しかねなかった。その根因は、各地域社会の経済・社会的な自給自足的完結性が、直属機関形態をとった各地方権力に、政治的・軍事的権力としての割拠的独立性を、客観的に付与した点にある。しかしこの点くわしくは、第二巻のアジア的国家論を参照されたい。

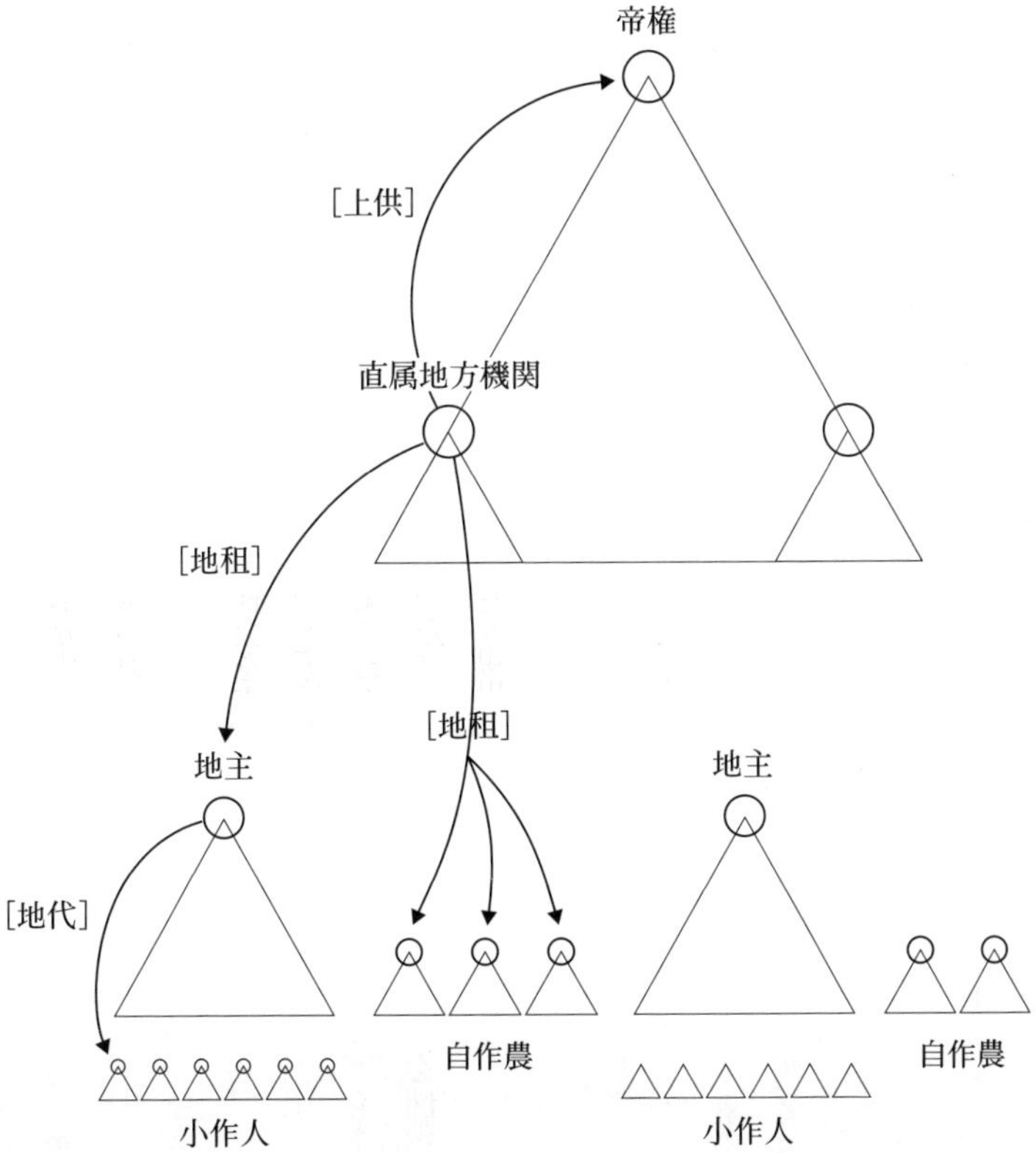

図2 特殊A型［中国・宋代以降］［地租・地代・分離型］

そこで、この体制下における〈地租・地代〉は、つぎのようであった。まず、政治的・領主的権力として構成されることのない大土地所有者［地主］が、生産手段としての土地・農機具・種籾などの貸与と引き替えに、多数の小作人から〈地代〉としての小作料を徴収する。そして、皇帝を頂点とした直属官僚機関という形の国家権力は、各地に派遣し設置した各地方機関をつうじて、地主によって徴収された〈地代〉に対して、〈租税〉すなわち〈地租〉を賦課・徴収する。もちろん自作農に対しては、一定量の収穫を可能にする生産手段としての〈土地〉に対して、〈地租〉が賦課・徴収される。

このように〈特殊A型〉の下では、政治的支配者と経済支配者との〈政経分離〉が実現されている。そのため国家租税としての〈地租〉と、大土地所有者［地主］が小作人から徴収する〈地代〉もまた、はっきりと分離した形であらわれる。したがってこれは、〈地租・地代分離型〉といってよい。これを図示すれば前頁のようであろう。

2　〈特殊B型〉と〈アジア的〉社会構成

つぎに、特殊的形態の第二は、古代中国の〈均田制〉や、その模倣である日本の〈班田収授法〉を産み落とした、政治的・経済的権力構成である。いうまでもなく前者は、唐王朝で完成され、後者は律令国家体制下で施行された。

この両者には少なからぬ相異があり、また、実際にそれがどの程度実現されたかについては、いぜんとして多くの議論がたえない。しかしそれらの問題とはべつに、両者が共通に志向した根本理念は、専制国家が傘下の全領民、それも一定年令に達した男女・奴隷・犯罪者・病人などのいかんを問わず、彼らに若干の格差をつけながらも、〈原則一代かぎりの使用・用益権の承認と売買処分権の禁止〉という限定で、一定規模の土地［口分田］を供給［貸与］し、その死去によって国家がそれを収還する、という点にあった。そして、このようなきわめて大胆な土地改革策には、独自の租税体系〈租庸調〉制が、不可分な形で対応していたことも、よく知られているところである。

しかし、このような土地改革の断行が志向されたということには、それが実際にどの程度実現されたかという問題とはべつに、二つの大問題が内にふくまれている。第一には、全土の〈国家的土地所有〉体制の確立が、前提として要請されること。もちろん、ここにいう〈国家的土地所有〉とは、専制国家権力による直接の私的土地所有としての、〈直轄地〉ないし〈直営地〉のことではない。全土に対する〈国家的土地所有権〉、いいかえればあらゆる土地所有権が、国家的な規模とレヴェルで集中され集積される、という意味である。そして第二に、そのためにはとくに全土に多数盤踞してきた、在地的な領主・豪族などの大土地所有者層から、その領地をそっくり巻き上げられるほど、強力な専制的国家権力をつくりだすことである。

したがってこの第二の特殊形態は、第一の〈特殊A型〉をも大きく凌ぐ、きわめて強烈な専制国家体制といってよい。ここではこれを〈特殊B型〉と呼んでおく。因みに、すでに示した〈特殊A型〉は、中央［皇帝］権力が、在地的な豪族・大土地所有者層による専制領主的権力としての構成を禁圧し、自らが創出した直属官僚層を主体とする、国家権力の強烈な専制的一元化を断行したものであった。しかしその場合でも、その社会的・経済的基底では、在地的な大土地所有者層［地主階級］が、各地域社会の経済的な支配権を掌握していたことに、何らの変わりもなかった。

ところがこの〈特殊B型〉の場合には、専制国家権力による各地域社会支配はさらに進んで、在地的な大土地所有者層［地主階級］としての存立自体が、根本的に否定されてしまう。いいかえれば専制国家権力は、各地域社会を束ねる専制領主権力を、実質的に吸収し併呑したばかりではない。在地的な大土地所有者層［地主階級］の土地所有権、つまりは経済的支配権まで、実質的に吸収し併呑してしまったのである。その結果、専制的に一元化された国家権力が、直接に［帝国］全土に対する唯一の大土地所有者［地主］としても、君臨することになった。

つまりこの専制国家権力は、あらゆる政治的・統治権力を一元的に集中させて掌握したばかりか、同時に、あらゆる経済的権力をも一元的に集中させて掌握したのである。しかしこれは、大土地所有者［地主］が直接専制国家的支配者へと、転じたわけではない。反対に、専制国家的支配者が同時に、［帝国］全土に対する土地所有権を掌握した、唯一かつ最高の大土地所有者［地主］としても、あらわれたのである。

さてそうなると、この〈特殊Ｂ型〉の下での〈地租・地代〉は、いったいどのようなものであろうか？　専制国家は、組織的に結集した大土地所有者［地主階級］として、傘下の全領民に、一定の収穫量が見込める生産手段としての土地［農地］を供給［貸与］し、その見返りに彼ら均田農民ないし班田農民から、〈租庸調〉形態をとった実質小作料としての〈地代〉を、徴収する。

しかし、この領民に対する土地の貸与と小作料としての〈地代〉の徴収は、大土地所有者［地主階級］としてではなく、あくまで専制国家権力としての建前と形式において断行される。そこで専制国家は、実質小作料として賦課・徴収した〈地代〉を、その形式的な建前において、国家〈租税〉すなわち〈地租〉として賦課・徴収することになる。かくてここでは、実質小作料としての〈地代〉が、〈国家・租税〉としての〈地租〉としてあらわれる。マルクスが『資本論』で指摘した、〈アジア的〉国家における〈地代と租税との一致〉が該当するのは、この〈特殊Ｂ型〉といえる。

なおついでにつけくわえておけば、均田農民ないし班田農民に対して課せられた厳格な〈徴兵制〉は、〈国家〉本来の〈軍役〉形態をとった〈租税〉にほかならない。

それでは、強烈かつ一元的に集中された専制国家権力が、直接に全土を掌握した〈国家的土地所有者〉であるということは、そこにいったいいかなる〈社会構成〉が成立しているのであろうか？　まず、〈経済的社会構成〉

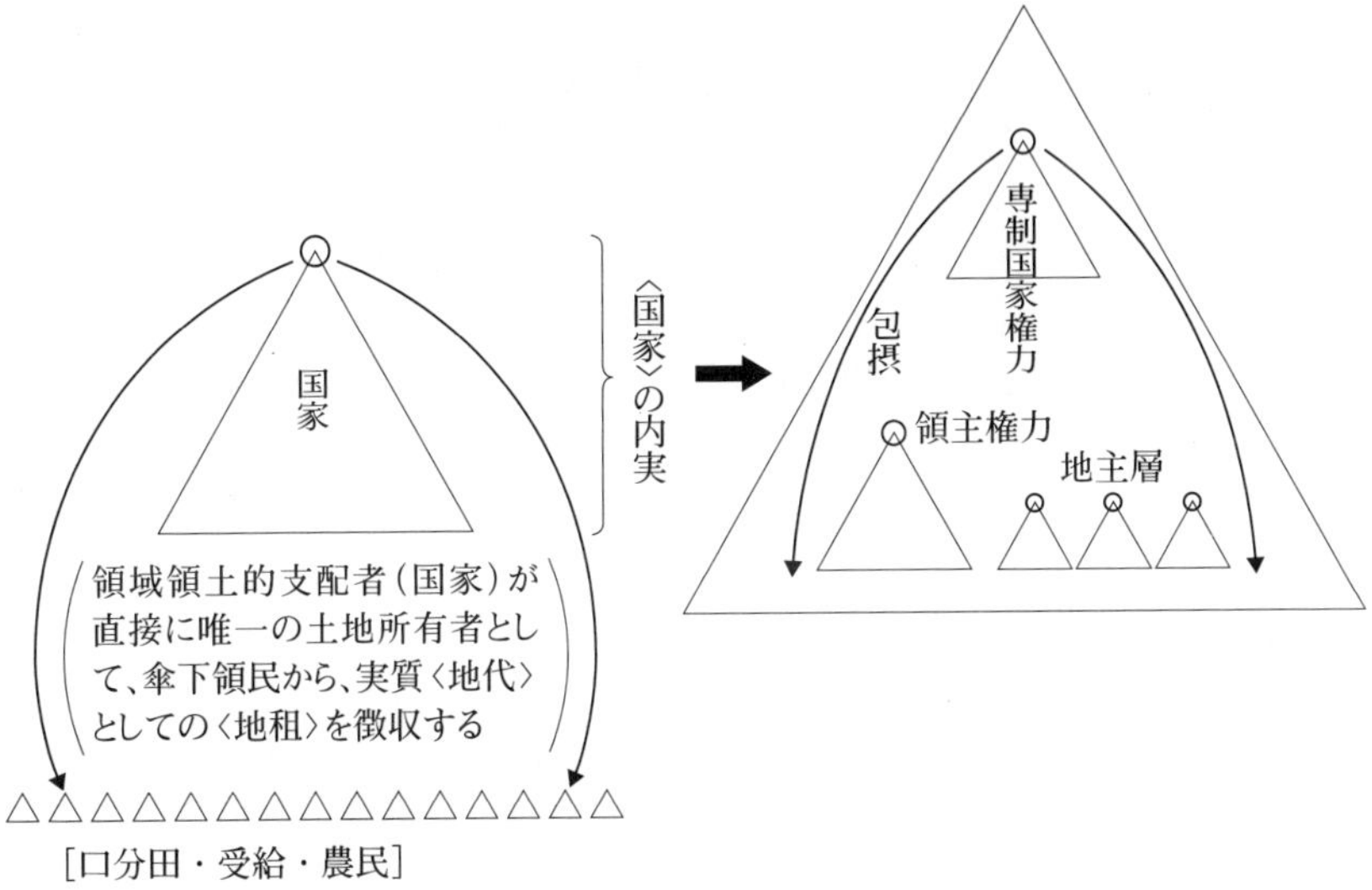

図3　特殊B型［律令制国家（中国・日本）］［地租・地代一致型］

という観点からみておくと、傘下の領民は、〈国家的土地所有者〉としての専制国家権力との関係において、〈国家的奴隷〉か、それとも〈国家的農奴〉かが、問題となる。

それは大きくは、〈国家的土地所有者〉としての専制国家権力と傘下・隷農との関係いかん、しかし直接には、とくに〈土地〉をめぐっての後者の〈権利〉獲得の進展いかんによって、決せられる。したがってそのいかんは、個別歴史に即した厳密な実証事実的追究によってのみ、確定さるべき問題といえる。そしてそのいかんによって、〈国家的奴隷制〉か、あるいは〈国家的農奴制〉かに分かれる。

しかしいずれの場合にも、彼ら領民は、強烈な専制国家権力による苛酷な〈政治的隷属〉下におかれている。そしてさらに重要なことは、〈国家的奴隷制〉ないし〈国家的農奴制〉が、このような〈政治的隷属体制〉いわば〈政治的奴隷制〉を、生み出したわけではない。それとはまったくぎゃくに、この〈政治的奴隷制〉を可能にした強烈な専制国家体制が、〈国家的奴隷制〉ないし〈国家的農奴制〉を生み出すための、直接的な前提となっていた点である。そしてこのような政治的・経済的権力構成の第二の特殊形態は、〈アジア的〉社会構成の模範的典型といえる。〈アジア的〉国家に特有の〈王土王民〉思想の、歴史的・社会的基礎もまた、ここにある。［この点についても、本論第二巻のアジア的国家論参照］

このように〈特殊B型〉の下では、〈地租・地代一致型〉が必然化される。したがってこれを図示すれば、前頁のようになろう。

3　補論──マルクスの〈アジア的国家における地租・地代一致〉について

さきに指摘したマルクスの『資本論』における、〈アジア的国家における地租・地代一致〉とは、第三巻第六編の地代論のなかでの、つぎのような見解である。──「もし、彼らに直接に土地所有者として相対すると同時に主権者として相対するものが、私的土地所有者ではなくて、アジアでのように国家であるならば、地代と租税とは一致する。または、むしろ、その場合にはこの形態の地代とは別な租税は存在しないのである。…国家はここでは最高の領主である。主権はここでは国家的規模で集中された土地所有である。しかし、そのかわりにこの場合には私的土地所有は存在しない。といっても、土地の占有や用益は私的なものも公共的なものも存在するのではあるが」［岡崎訳『資本論（八）』、国民文庫版、二九二頁］。

しかしこのマルクスの見解は、それなりに鋭いのであるが、いくつか気になる錯誤と欠陥をふくんでいるので、ごく簡単にでも指摘しておきたい。まず、「国家」［しかし正確には専制的国家権力というべき］が、「最高の領主である」のは、〈近代〉以前の歴史的世界ではむしろ一般的な事柄であって、何も〈アジア的〉社会構成のみにかぎったことではない。それに何とも気になるのは、「主権」概念をいともあっさり「国家」と置き換えるようにして、使用している点である。

しかし〈主権〉概念は、国家的支配、直接には法的規範としての国家意志が、その直接的担掌主体である国家権力自身をもふくめた、社会のあらゆる諸個人または結集した諸個人よりなる組織に対して、完全に貫徹されていることに即して、成立したものである。いいかえればそれは、この意味での〈国家的支配の絶対的な最高性〉をとりあげた、法制的概念にほかならない。したがってそれは、歴史的・現実的にいえば、〈近代〉以降の完成的に発展した国家的支配、正確には、〈近代〉以降の統一的社会形成を現実的な土台とした、国家権力のかつてない巨大にして強力な統一的一元化、に対してのみ該当する。〈近代〉以前の歴史的国家に対する安易な適用は、げんに慎しまねばならない。

また、「最高の領主」とされた「主権」が、「ここでは国家的規模で集中された土地所有である」などという発想は、いくらそれが、「資本主義的地代の生成」のなかでの指摘という点を差し引いても、あまりに経済主義的といわざるをえない。というのも厳密に〈領主〉とは、たんなる経済的土地所有者［地主］のことではない。同時に、各地域社会を直接政治的に束ね、直接に王国ないし帝国としての国家的構成の一翼を担うという、いわば二重の意味での、政治的・国家的支配者のことをさしている。

つまり、〈各地域社会を直接政治的に束ねる〉とは、〈領主〉が、形式的には裁判・警察権という形をとった秩序［治安］維持、実質的には、各種租税の賦課・徴収権をもった、「小地域的」統治者という意味である。また、〈領主〉は、中央権力としての王権・帝権の軍役傘下に入ることによって、戦時には、王権・帝権を支える王国・帝国的国家構成者として、活動する。

これをいくらかべつの角度からみておくと、〈領主〉は、直接に経済的な意味での私的土地支配権［土地所有権］を、もっているだけではない。同時に、事実的また名目的な土地所有者としての傘下・領民に対して、多様な形態での〈租税〉を賦課・徴収する政治的支配権、歴史家のいう「上級的」な支配権ないし所有権をも、掌握している。それでは、このとくに徴税権という形をとった政治的支配権掌握の根拠は、いったいどこにあろうか？

それは、〈領主〉が、王国ないし帝国構成の傘下地域社会を直接政治的に束ねていること、つまりは当該地域社会の全体を、内外からの危難と侵害に対して、実力をもって維持し遵守する、小〈領域的〉支配権を掌握している点にある。

しかしこの〈領域的〉支配権については、後で独立にとりあげる［第21章］ので、ここで立ち入るわけにはいかない。ただ一言しておくと、当該土地・地域に対する支配権といっても、とくに〈近代〉以前の歴史的世界では、経済的な意味での占有・所有権に対しては、つねにより上級的・政治的な支配権が、直接間接に関与し干渉してくるだけではない。歴史的にも論理的にも前者は、つねに後者による強力な庇護と枠組みを前提としてのみ、実現され、また真に安定したものたりえた。

このように〈近代〉以前の〈地代〉をとりあげれば、一般的な〈政経未分離〉の政治的・経済的権力構成から、否応なしに、〈地代と地租〉の未分化と混淆状態が、突き付けられる。経済的な意味での〈地代〉だけ、限定してとりあげようとしても、そこに政治的・国家的権力による〈地租［租税］〉としての、直接的な支配と収奪が混入してくる。それにもかかわらずマルクスは、〈土地〉の上に幾重にも錯綜し多様な形で重なってくる、経済的また政治的・国家的な支配権を、論理的に解体したうえでトータルに把握しようとはしていない。しかも、マルクスの〈地代―土地所有〉に対する単純な経済主義的解釈が、後の社会科学者とりわけ歴史学者や経済学者たちに与えた、悪影響の巨大さには、想像を絶するものがある。とくに一言しておくゆえんでもある。

［この節全体の文献・資料註］

〈アジア的〉および〈中世的〉世界については、拙稿「アジア的国家の論理構造」［『展望』一九七六年三月］、拙著『アジア的国家と革命』［三一書房］、『国家の本質と起源』［勁草書房］、『国家論をめぐる論戦』［勁草書房］などで挙示した諸文献参照。また、日本については、研究書は多いが、とくに簡潔明快な滝川政二郎『日本法制史』［角川書店］参照。

（3）国家的諸活動についての総括

以上の検討をつうじて、われわれは〈近代〉以降完成的に発展開花した国家的諸活動が、〈近代〉以前の歴史的国家で、いったいどの程度発芽し展開していたのかについて、つぎのような総括と判定を与えることができよう。それには、国家的諸活動の全体をあらためて図示したうえで、充分に発展しているものは［◎］、それなりの発展を遂げているものについては［○］、特異な性格をもって充分に発展しているものは［□］、一般的には散見できる程度だが、ときと場所によっては、かなりの発展を遂げているものについては［△］、まったくないしほとんどみられないものについては［×］、という形で以下に示すのが、もっとも分かりやすかろう。

統治活動
- 外政
  - 政治外政［◎］
  - 経済外政［通商貿易政策］［○］
- 内政
  - 治安［◎］
  - 金融政策［×］

行政活動
- 財政政策　［□］
- 公共土木事業　［△］
- 国有化政策　［△］
- 社会政策　［×］

［特別］
- 宗教　［◎］
- 公教育　［×］

11 国家権力の実質的構成の総括と補足

(1) 国家権力の実質的構成の総括

1 国家権力の内的な論理的構成

以上の検討から、国家的諸活動のトータルな論理的関連、とりもなおさずその直接的担掌主体である国家権力の内的な論理的構成が、大きく浮かび上がってくる。それは、すでに明示した〈国家〉の〈国家権力〉に対する先行的な本源性が、まず国家権力［国家的諸活動］内部での、外政的権力［外政的活動］の内政的権力［内政的活動］に対する、本源的先行性としてあらわれる。ついで、同じく統治権力［統治活動］の行政権力［行政活動］に対する、本源的先行性として完成される。

もちろんこれは、国家権力［国家的諸活動］内部での、政治的権力［政治的活動］の経済的権力［経済的活動］に対する、本源的先行性であって、そこからさらに、経済政策［経済的権力］の社会政策［社会的権力］に対する、本源的先行性としてもあらわれる。そして最後に、経済政策［経済活動］内部では、財政政策・金融政策など経済社会［国民経済］への観念的・政治的な統制の、公共土木事業・国有化政策など直接的経済活動に対する、本源的先行性がみられる。また、社会政策［社会的活動］内部では、労働政策の社会保障政策に対する本源的先行性を、みてとることができる。

これは、いったい何を意味していようか？　ほかでもない、国家権力［国家的諸活動］の、社会全体を統制する観念的・政治的な特質と根本性格が、国家権力［国家的諸活動］の個々の構成諸契機［要素］に対しても、原理的に貫徹されていることを、遺憾なく示している。そこで最後に、このような国家権力の内的な論理的構成原理を、総括する意味で、国家権力の歴史的な形成と発展を、とくに統治・行政権力［諸活動］に焦点をしぼって、一瞥しておくことにしよう。

国家の歴史的な形成と発展をふり返ってみれば、国家権力に内在する〈統治〉と〈行政〉の二重性、そして〈行政〉に対する〈統治〉の先行性と本質的な重要性がよりはっきりする。もとより、〈国家〉といわれる人間社会の〈政治的〉構成の、歴史的発生と進展のいかんは、諸個人の社会的結合が、どのような〈交通〉諸関係の下で、形成されたかによって、大きく異なる。

というのもそれは、他の歴史社会との対立と交流をつうじて、否応なしに顕在化する差異と区別の前に、人々が滅亡したくなければ、同一の法的規範に服従することによって、組織的諸個人としての統一的な活動を展開せざるをえない必要から必然化された。〈社会〉を同一の法的規範に服従させて、それを〈国家〉として組織化する、いわば〈国家〉の指導部として生み出された、専門的な機関が〈国家権力〉である。この意味で〈国家権力〉は、〈社会〉を〈国家的〉に組織し、構成するための〈統治権力〉として、成立したものともいえる。

国家権力は歴史的に発生して以来、〈近代〉に到るまで何よりも統治権力として存在して、ごくかぎられた〈行政〉活動しか必要としなかった。したがって、思い切って単純化するならば、〈近代〉以前の歴史的国家では、〈統治あって、行政なし〉が、一般的な状態であったともいえる。この点については、すでに前章で指摘しておいた。しかしこれを、さらに〈近代〉以前の歴史的国家の具体的な存在形態に即してみるならば、そこでは多くの場合、〈王国〉や〈帝国〉という形をとった政治圏が存在した。この政治圏の内実は、村落や都市を軸とした多数の地域的社会が、政治的・社会的［経済的・文化的］な独立性をもっていた。

そのため国家権力は、王権や帝権自身をもふくめて、この地域社会を束ねている支配者たちが、共通の外敵との戦いで協力できるような、はなはだルーズな政治的臣従関係としてしか存在しえなかったのである。ごく単純化していうならば、独立的な地域社会を束ねる小さな統治者と、戦時においてのみ彼らを束ねる、王国や帝国の統治者としての王権や帝権、後に全面開花する〈行政〉は、各地域社会内部の、とくに血族を中心とした社会組織によって実質的に担われていたわけである。

しかし資本制的生産様式の進展にともない、各地域社会がもっていた半ば閉鎖的な独立性は、遅かれ早かれぶち壊されてしまう。それに対応しかつまた根本的に規定された形で、国家権力は、これまでどおりの〈外〉からの危難に加え、新たに形成された統一的社会の内実が日々要請し、激しく突きつけてくるところの、多岐多様にして深刻また膨大な特殊的な任務に対して、より本格的に、つまりより専門的・組織的・計画的に、応えざるをえなくなる。

それは何よりも従来、各地域の中に閉じ込められていた諸階級・階層相互の対立や抗争が、かつてない全社会的な規模で一挙に噴出するため、これを一定の原則によって調整し強力に制御する必要である。そして同時に、階級・階層の相異を超えた同一社会構成員としての共通利害、とくに公共土木事業を首尾よく遂行することである。さらには、地域の社会組織が担ってきた各種の社会政策まで、すべて引き受けざるをえなくなる。

そして、〈近代社会〉が発展すればするほど、国家活動は、その本来的な〈統治〉活動に替わって、経済・社会政策という形で推し進められる〈行政〉活動が、何よりも活動の量と規模また経費という点において、〈実質〉を占めるようになってくる。いいかえれば、国家権力本来の政治的・観念的な性格が全面開花したはずの、〈近代的〉国家権力において、どういうわけか副次的な経済・社会的権力としての活動の側面が、国家的諸活動の実質を占めるかに、大きく進展してくる。

これは、一方における、〈国家権力〉と〈社会〉との、原理的・組織制度的な分離と独立化の完成が、同時に他方では、両者の相互浸透を必然化したことを意味している。というのも、〈国家権力〉と〈社会〉との、原理的・組織制度的な分離と独立化自体が、〈社会〉の構造的な変化によって必然化されたものである。その内的深部には、〈国家権力〉に対する〈社会〉からの、大きく媒介的な根本的規定性が強力に作動している。

したがって、このような方法的な視角からすれば、〈国家権力〉の〈行政権力〉としての進展は、〈統治権力〉として純化された〈近代的〉国家権力に対する、〈社会〉からの根本的な規定性の産物にほかならない。それゆえまた、この相互浸透による、〈行政権力〉形態をとった国家権力の、経済・社会的権力としての構造的な発展は、〈社会的〉レヴェルでの経済・社会的権力とは峻別さるべき、独自の活動と態様を現出させることになったのである。

このように、一般の社会・経済権力とは決定的に区別される、国家権力の国家権力たるゆえんは、歴史始源的にも、また本質論的にも、ときどきの〈社会〉を〈国家〉として組織的に束ねる、〈統治権力〉という点にある。これにひきかえ、〈行政権力〉というのは、特定の歴史的諸条件の形成にともない、〈統治権力〉としての国家権力の内部に派生した、特殊な〈経済・社会的権力〉にすぎない。

この意味で、〈近代〉以前に一般的な〈専制〉国家は、何よりも〈専制的〉統治権力として形成され、発展したものといえる。また、〈近代〉以降において一般的な〈議会制民主主義〉国家は、国家権力の〈統治権力〉としての枠組みのなかに、〈行政権力〉を最大限開花・発展させたところに、その大きな歴史的特質をもっている。それゆえ、現代国家の理想像をめぐって、「大きな政府」か、それとも「小さく強い政府」か、というかたちで議論されることには、それなりの根拠がある。

「小さく強い政府」を提唱する者は、「大きな政府」をこういって糾弾する。それは、民間の経済活動に対する、有害無益の公的介入と、国民に過重な租税負担を強制する以外のなにものでもない！　これは、肥大し巨大化した、国家権力における〈行政（活動）権力〉を、最小限にまで削減・縮小して、〈統治権力〉としての本来的活動をこそ、重視すべしという発想である。したがってこれは、主として経済的支配階級の利害と立場を代弁した、「保守的」な政治思想といってよい。これに対して、何よりも経済・社会政策の、より以上の積極的な拡大と推進を提唱する者は、「小さく強い政府」を、軍国主義と金持ち優遇政策といって、非難する。したがってこれは、主に経済・社会的には中・下層階級の利害と立場を代弁した、「革新的」政治思想といってよい。

このようにみてくると、もしも〈国家〉の歴史的な〈起源と形成〉と、その将来的な〈死滅〉や〈世界国家〉、つまり〈世界的規模での統一的国家〉形成のいかんを、論じようというのであれば、国家権力を〈行政権力〉としてではなく、何よりも〈社会〉を〈国家〉として組織的に束ねる、〈統治権力〉のレヴェルにおいて、とりあげることが要請される。

ところが、とくに〈国家の死滅〉の実現可能を主張する、マルクス主義者やアナーキストのすべてが、〈統治・行政権力〉を混淆させたままの、漠たる「国家権力」を「社会（権力）」のなかに、簡単に解消させられるかに夢想している。〈世界国家〉創設論者に到っては、世界的規模での国家連合によって、〈国家的〉構成の枠組み自体があっさりと解消し、〈統一的世界国家〉へと生まれ変われるかに夢想している。しかし、これらの夢想については、補論の第二篇でとりあげることにしよう。

2　〈統治権力としての国家権力〉と〈主権〉

〈国家権力〉が本来的かつ始源的には、〈統治権力〉として生起し発展したことから、われわれは、特定の歴史的社会が、〈国家〉として構成されているか否かを判定し、決定づける本質的な標識を獲得したことになる。因みにそれは、当該社会が、その公的権力をつうじて、自らを独立的な政治組織として組織し構成可能な、〈統治権力〉を確立しているか否かにある。

もちろんこの〈統治権力〉とは、外にむかっては、外敵の侵略をハネ返す強力な軍事力を軸とした〈外政〉上の権力である。また同時に、内にむかっては、国内治安、正確には社会全体の秩序維持のため、あらゆる種類の個別的・組織的な対立と抗争を、現実的に制御し調整可能な〈内政〉上の権力である。そして当該公的権力が、自らを〈統治権力〉として構成したとき、国家権力として確立される。

つぎに、この問題との関連で、〈主権〉概念についても、一言ふれておきたい。すでに指摘したように、〈主権〉それ自体は、国家的支配、直接には法的規範としての国家意志が、その直接的担掌主体である国家権力自身をもふくめた、社会のあらゆる諸個人また結集した諸個人より成る組織に対して、完全に貫徹されていること。したがって、この意味での〈国家的支配の絶対的な最高性〉をとりあげた、法制的概念である。

それゆえそれが、歴史的・現実的に成立するのは、統一的社会形成に基礎づけられた、〈近代国家〉成立以後のことといえる。因みにそれは、特定の政治権力が、他の同種・異種の政治的・社会的権力から、当該歴史社会を統一的で独立的な政治組織［秩序］として構成する、すべての〈統治権力〉を剥奪・吸収することによって、その一元的な政治的支配権を確立する。

そのとき、この独立的な政治的権力は、〈近代的〉な国家権力として登場し、ここに形成された〈国家〉において、〈主権国家〉が何よりも〈国内主権〉としてあらわれる。またそこでの〈対外主権〉に、外的国家意志が他の諸国に完全に貫徹されるという意味での、〈外的国家支配の絶対的な最高性〉はない。そうではなくて、〈対外主権〉とは、〈国家権力による社会の国家的構成〉にともなう〈国内主権〉が、他の諸国家との外的諸関係のなかで、確立し実現されていることを意味している。この意味で、〈国家主権〉としての独立性とは、〈国内主権〉の外的諸関係における相互的承認によって確立された、歴史的形成物といえる。

したがって、この〈対外主権〉の問題と、対外的に押し出される外的国家意志の貫徹いかんが、ときどきの諸主権国家相互の、総合的な力関係のいかんによって確定される問題とは、一応区別して把握されねばならない。より端的にいうと、〈対外主権〉とは、外的諸関係において相互的に承認された、当該歴史的社会に対する〈国内主権〉以外の、なにものでもないからである。

(2) 補足——国民の軍事的構成と「国益」

1 〈国民皆兵〉と〈軍役〉・〈徴兵制〉

すでに第3章で指摘したように、〈近代〉の〈国民国家〉は、〈国民〔国家構成市民〕の自由権の保障〉とともに、〈国家〉の存亡・興廃の危機における、〈軍事的総動員〉としての〈国民皆兵制〉を、義務づけている。そこでこの点については、どうしてもとりあげておかねばならない。

外戦に備えた〈徴兵制〉自体は、当該社会構成員に対する有無をいわさない軍事賦役、つまりは〈軍役〉形態をとった〈租税〉賦課である。しかし、〈開戦〉をふくめたあらゆる国家意志決定に、当該社会構成員が直接間接に関与し、参加できるか否かという、〈政治形態〉のいかんによって、その性格は大きく異なる。それは、〈民主的〉か〈専制的〉かの〈政治形態〉のいかんによって、〈租税〉が、賦課・徴収された国民に政策的に還元されるか、それとも〈政策的還元なき一方的収奪〉と、〈専制支配者による豪快な消費〉に終始するかに、大きく分かれるのと同様である。

〈国民皆兵〉による〈国民軍〉という概念は、〈国民国家〉の〈民主的〉政治形態の下でのみ、成立する。この〈徴兵制〉をふくめた、〈国民国家〉の軍事的構成については、どこでも多くの試行錯誤をくり返した。そして結局は、せいぜい数十万規模の常備軍〔職業的軍隊〕と、戦時に備えた〈徴兵制〉との併用に落ち着いている。自由志願制の常備軍とちがって、〈徴兵制〉は、市民権をもった青年期の全男子に、数年間の軍事訓練を義務づけている。一旦緩急あれば、直ちに召集され、軍隊構成員として即座に対応可能な、最低限の特殊的技術の習得を狙っている。

これにひきかえ、〈専制国家〉体制下の〈徴兵制〉によって、強制的に駆り立てられた〈軍隊〉は、〈政治的奴隷軍〉であって、〈国民軍〉ではない。もっとも西欧絶対君主制下では、〈徴兵制〉による〈軍隊〉が、「国民軍」であるかの外貌をもって登場した。しかしこれは、中世後期以来、直接に軍事的性格をもっていた封建制が、内政的政治制度へと変質し脱皮した事情が、大きく介在している。このため戦時における軍隊の過半は、一戦ごとの契約によって動く〈傭兵〉に、頼らざるをえなくなった。そこで、実質専制国家体制下におけるこの「徴兵制」は、〈傭兵〉に頼ることなく、〈自分の国は自分たち自身の力で守る〉という、国民国家的な政治的意識・観念が、先走ったかたちで派生したともいえる。

このように〈国民国家〉における〈徴兵制〉は、戦時の迅速な〈国民軍〉編成を可能にする、〈国民皆兵制〉としての実質をもっている。かくて戦時に〈国民国家〉は、直接に〈軍事的国家〉へと転成する。つまり平時に、常備軍という形の軍事組織を抱えた、国民社会の統一的政治組織としての〈国民国家〉は、戦時には、直接に常備軍を軸とした国民社会全体の軍事的組織構成へと、大きく様変わりしてあらわれる［補論第一篇第1章参照］。

2　いわゆる「国益」とは何か？

一般に「国益」という言葉は、「国賊」や「売国奴」などと、おなじレヴェルで使用されている。たとえば、〈あの政治家は、日頃愛国者ぶってはいるが、その正体は、わが国の「国益」を敵に売り飛ばした、「国賊」・「売国奴」だ！〉という具合に。この、すっかり日常語ないし常識語と化した「国益」という言葉は、〈国家的利害〉という概念と、ほぼ対応しているといってよい。

すでに本論第三篇で明らかにしたように、〈近代〉以降の発展した国民社会において、〈国家的〉レヴェルへとすくいあげられた、〈社会的必要事〉としての諸個人の意志・利害は、直接に現実的また観念的な〈国民的共通利害〉であれ、諸階級・階層また諸産業・業種としての〈特殊利害〉であれ、すべて〈国家的利害〉というかたちで、押し出される。しかし、一般に〈国家的利害〉という場合には、〈国家〉本来の、社会全体を大きく政治的に統括・包摂する、その観念的特質から、〈行政〉的諸活動としてあらわれる政治的利害はとりあげられず、とくに外政・治安など〈統治〉活動へと媒介される政治的利害を、さしている。

「国益」という言葉を使用する場合には、〈統治〉にかかわる、とくに〈外政〉レヴェルでの〈国家的利害〉を、さしている。もちろんその中心は、〈政治外政〉にかかわる〈国家的利害〉であるが、総体としての〈経済外政〉も、当該国民経済の全体にかかわるかぎりで、その内にふくまれるとみてよい。とくに、通商貿易政策を主体とした〈経済外政〉を、特定諸国に対する〈国家経済戦略〉として、意図的かつ積極的に推進する場合などが、それである。

12　補論――〈統治〉・〈行政〉をめぐる諸学説

（1）ヘーゲルの〈統治〉・〈行政〉概念

〈統治〉・〈行政〉の概念的把握において、私ともっとも近いのは、ヘーゲルである。因みに『歴史哲学』に曰く、――「自由はその中に二様の規定をもつ。一つは自由の内容自由の客観性、――つまり事柄そのものの面である。いま一つは自由の形式の面であるが、そこでは主観が自分の活動についての意識をもたなければならない。というのは、自由は主観がその中で自分を知るその内面的原理（darin）と、其処で自分のことを行なうその場面（dabei）との、二つを必要とするものだからである。…合理性の法則、権利そのものの法則、客観的自由または実在的自由。…この法則を実現する活動が一般に統治［Regierung］である。統治はまず法則の形式的な行使であり、その正しい維持である。統治は外に向かっては、他国民に対する自国民の独立を計るという国家の目的を遂行するが、また内に向かっては、国家とすべての階級の安寧に意を注がなければならない。後者が即ち行政（Verwaltung）である。というのは、市民がその業務を営み得るというだけでは不十分であって、市民はさらにその利益を獲得しなければならないからである。また人間がその力を利用し得るというだけでは、まだ十分ではなくて、人間はさらにこの力を利用するための機会を見出さなければならない」〔Regierungを統治とした以外は、武市健人訳に従った、岩波文庫版、下巻、一九二〜三頁〕。

しかし、ヘーゲルのこの明快な〈統治・行政〉概念には、かなり複雑な理論的把握が、その内に隠しもたれている。それは、ヘーゲルの〈統治・行政〉概念が、『法の哲学』に結晶した特異な国家理論の、中心概念を構成していることも関係している。右の『歴史哲学』における〈統治〉と〈行政〉との概念的区別は、国家的諸活動を、〈社会〉との統一的な関連とりもなおさず、〈社会〉の一般的また特殊的、全体的また部分的な〈必要・必然事〉のいかんでとらえた、内的性格における区別である。

ところがヘーゲルは、すでに初期の大作『精神現象学』において、〈統治〉を裁可・決定された〈法律〉の、実践的遂行にともなう〈政令〉としての具体化として把握している。いいかえれば〈統治〉は、観念的に対象化された国家意志としての〈法律〉の、大きく支配過程にかかわる政治的概念としてとらえられている。因みに曰く、――「…国家権力は、一方では動かぬ法律であるが、他方では統治であり、一般の行為の一つ一つの動きを律する政令である。つまりその一方は、単純な実体そのものであり、他方は、この実体自身及び万人に、生命を与え、それらを支える行為である」〔樫山欽四郎訳、河出書房、二九〇頁〕。

そしてこの形式的な〈統治〉概念把握は、『法の哲学』ではさらに発展的に完成されて、つぎのように定式化されることになる。それは、〈統治（権）〉は、裁可・決定された〈法律〉の実践的遂行過程の全体にかかわり、〈行政（権）〉や〈司法（権）〉もすべて、このなかに包摂されている、というものである。因みに曰く、――「君主の裁可と、裁可の実行や適用、一般にすでに裁可されたこと、すなわち現行の法律、制度や、また共同目的のための設備等の続行や意志とは別個の事がらである。この包摂の仕事を一般に取扱うことは統治権に属することであり、これには、一層直接的に市民社会の特殊面に関与し、この特殊的目的によって普遍的利益を実現せしめるところの、司法権および行政権がひとしく包含される」〔高峯一愚訳、下巻、創元社、一九〇頁〕。

明らかなように、〈統治（権）〉と〈行政（権）〉とは、裁可・決定された〈法律〉の実践的遂行過程における、一般的・全体的また上級的概念と、おなじく特殊的・部分的また下級的概念として、区別されて定式化されている。しかしそうなると、なにゆえこのような純然たる形式的・法制的な区分の発想から、先の『歴史哲学』における、〈社会的必要・必然事〉の内的性格に即した〈統治・行政〉把握が、導きだされることになったのであろうか？　それは、ヘーゲルの国家理論が、当時のプロイセン・ドイツ国家を直接の叩き台として、理想的な国家像の提出を目論んでいたことと、深くかかわっている。

いうまでもなく一八世紀末から一九世紀初頭といえば、西欧主要諸国のなかで、その近代的・民主化がもっとも遅れていたプロイセンでも、ようやく上からの改革が、着手されはじめた時期である。しかしいぜんとして、プロイセン絶対君主制の基本的構造は、堅持されていた。その特異性は、中世期以来の騎士層の末裔である土地貴族層が、軍隊と官僚機構中枢への主要な社会的供給源であったばかりか、王国の地方権力とりわけ〈郡〉レヴェル以下の、政治的・経済的な実権を独占的に掌握していた、点にある。

この土地貴族層は、一般の荘園領主とは大きく異なっていた。荘園領主は、基本的には各種の封建的地代・貢租の徴収権者であって、ときに下級的な刑事・民事裁判権を掌握したにすぎない。これに対して、プロイセン土地貴族は、その直営地を使い、広く西ヨーロッパ市場むけに、商品としての穀物の生産と販売［国内の都市・商人の手をへることなく、直接外国商人へ販売］をおこなう、農場領主というかたちをとった、企業経営者でもあった。それを可能にしたのは、土地貴族が領邦君主から、上級的な裁判権・公的賦役徴収権・警察権などを、獲得したことにある。

彼らは、この封建領主的な上級的諸権力を縦横に駆使して、一方、土地［荒廃地・農民保有地・共有地・森林・教会修道院地など］の集中・集積と、他方、傘下農民への農奴的な強制的賦役［役畜賦役・手賦役・馬車賦役や子弟の奉公義務など］によって、悪名高い農場領主制［グーツヘルシャフト］を、確立した。その萌芽は、すでに一四世紀にみられ、一六世紀半ばにはその原型が形成された、といわれている。

そして、一九世紀前半の「改革と革命」による「農民解放」以降も、彼らはこの裁判権・警察権などを堅持したまま、農業労働者へと蹴落とされた大多数の農民を使い、農場資本家へと衣替えしたにすぎなかった。この農場資本家へと衣替えした農場領主［グーツヘル］は、わが国ではとくに「ユンカー」と呼ばれてきた。

［文献資料註］

類書は多いが、ここではとくに簡潔な三著のみをあげておく。

S・ハフナー『図説 プロイセンの歴史』［魚住他訳］、東洋書林

J・クーリッシェル『ヨーロッパ近世経済史1・2』［松田他訳］、東洋経済新報社

成瀬他編『世界歴史大系ドイツ史2』、とくに第2章、第5章、山川出版社

このような当時の歴史的背景をふまえて、ふたたびヘーゲルにもどろう。ヘーゲルにおいては、プロイセン・ドイツ国家に即した、中央権力としての王権と下級権力としての地方権力［グーツヘル］との、統一的かつ重層的再構成がそのまま、中央〈統治権力〉と各地方〈行政権力〉とに、直接対応させてとらえられた。いいかえれば、国家権力中枢としての上級的権力と、地方的政治権力としての下級的権力という、形式的な区別がそのまま、中央〈統治権力〉と各地方〈行政権力〉との区別として、提出されることになった。

もちろんこのときヘーゲルが、グーツヘルを主体とした各級地方的政治権力による〈行政〉や〈裁判〉活動を、そっくり〈市民社会〉のなかに放り込んでしまっているのは、看過できない理論的錯誤である。しかしそれ以上に、ヘーゲルにおける〈統治・行政〉概念は、プロイセン・ドイツ国家に即して提起されたゆえに、その上級・下級的という形式的な把握が、図らずも結果的に、学的に正当な概念的区別として、提出されることになったともいえる。

これを要するに、他の政治的事象と同様、〈統治・行政〉の概念的構成においては、政治的支配それ自体の、形式的な法律・法制的解釈に終始するのか、それとも政治的支配の直接的対象であるとともに、政治的支配を大きく根本的に規制する存在でもある、〈社会〉との統一的関連において把握するかという、根本の学的方法のいかんが問題となってくる。もちろん、政治の科学的解明の方法からみて、断固として採用さるべきは、後者の方法であって、前者の発想は厳しく斥けられねばならない。

というのも、政治的事象がすべて政治的意志、とくに法的規範としての国家意志を軸にして展開されているからといって、これをすべて特異な法制的概念や、実践・技術的性格の強い、法律学の方法的発想で解釈することほど、バカげたことはない。この種の方法を徹底すればするほど、歴史的・現実的な政治の実像とは、かけ離れるだけ。たとえば、国法学と国家社会学との二元論的集成であったG・イェリネックの『一般国家学』から、国家社会学を切り捨て、国法学を「純粋法学」として純化した、H・ケルゼンの試行が、徹底的であればあるほど、その全体がまったく意味のない代物に化したのも、このためである。

しかし政治の学的・理論的解明の核心は、歴史的・現実的な意味での政治的事象に内在する、一般的な論理的仕組みと構造を、論理的に純化させた〈純粋な理論〉として、統一的に構成するところにある。このことだけは、決して忘れてはならない。

なおヘーゲルが、徹頭徹尾観念論的解釈ながら、歴史社会の社会構成体としての統一的把握という学的方法を、一貫して把持していたことは、『歴史哲学』をみれば一目瞭然といってよい。

（2）G・イェリネックの特異な「統治」概念

1　イェリネックによる「行政」概念の拡大

このようにヘーゲルにおいては、〈統治・行政〉概念の法制的な形式的区別と、国家的諸活動という形をとった〈社会的必要・必然事〉の、内的性格における実質的な区別とが、図らずも巧みに調和させられていた。しかし、ヘーゲル以後のドイツ国法・国家学者たちは、もっぱら法制的な形式的区別にのみ終始して、社会的な実質的区別の発想が、ほとんどみられない。

ここでは、G・イェリネックの「統治」・「行政」概念について、一瞥しておこう。彼はまず、すべての国家的諸活動には、法的規範によって直接規定されていない、「自由な活動」と、法的規範によって直接規定された活動との対立がある、と指摘する。――「…いかなる国家にとっても、すべての国家作用の行使において重要な対立、すなわち自由な活動と覊束されたされた活動との対立が、十分確実に確認される。自由な活動とは、公共の利益によってのみ規定された活動であって、特別の法規律により規定されない活動である。覊束された活動とは、法的義務の履行の中で行なわれる活動である」〔芦部他訳『一般国家学』、学陽書房、四九六頁〕。

また、G・イェリネックにあっては、「立法」と「裁判」を除外したすべての国家的諸活動が、「行政」とされた。――「…立法と裁判の分離の後に残る全国家活動を行政ということができるのである」〔同前、四九四頁〕。そして、前者の「自由な活動」は、「立法」においてばかりか、それに負けず劣らず「行政」においても、みられる。この「行政」における「自由な活動」こそ、「統治」と呼ばれてきた、とする。――「自由な活動の余地がもっとも広いのは、その性質上最大の自由を享受しなければならない立法の領域である。しかしながらそれに劣らず行政においても、自由な活動は重要なものとして現れ、そこではこの要素が統治という名称を受けとるのである」〔同前、四九六頁〕。

もちろん、〈法的規範に直接規定されない「自由な活動」〉といってもそれは、〈ごく抽象的な一般的法規範による規制をうけるだけで、個別的な法規範による直接の規定をうけていない〉という意味である。因みに、――「…内容的に法律により規定された行政領域内においても、法的に羈束された要素とならんで自由な活動の要素も存在する。すなわち、それは国家機関に課されている義務にかなった行為を命ずる一般的規範によってのみ支配されるだけで、なんらかの個別的法規には支配されていない行為の要素である」〔同前、四九七頁〕。

かくて「行政」は、そのうちに「統治」と「執行」とを直接的に統一させている。――「…実質的意味における行政は、自己の内に統一的に結合されている二つの要素、すなわち統治の要素と執行の要素を包含しており、前者はイニシアティブと命令を、後者は命令されたことの執行を包含している。それゆえ、行政行為は統治と執行の行為に分かれるが、しかし両方の要素をも包含しうるのである」〔同前、四九七～八頁〕。こうして、「統治」をもうちにふくんだ「行政」に、より高次の中心的な意義が付与される。――「…まさしく統治を包括する行政は、つねに行なわれなければならない。行政なくして国家は瞬時も存立し得ないであろう」〔同前、四九三頁〕。

では、「統治」と呼称された「自由な活動」とは、具体的には何をさしているのか？　それは、「なによりも、ほとんど立法活動に等しい自由を示す外交政策」〔同前、四九七頁〕であり、他には、「個々の国家において範囲を異にしながらも、議会の議員たちに関する政府権限の大きな全領域、大臣と官吏の任命、軍隊の統帥と命令、恩赦権、および国家的栄誉の授与」〔同前〕などが、それにぞくするとされる。

さらにこれとはべつに、「戦争」については、「立法」・「裁判」・「行政」のいずれにもぞくさない、「非常の国家活動」とされる。「戦争」を、とくに「行政」活動として把握する試みは、誤りである。その理由は、「行政」が、確固たる国家と法的秩序を前提としているのに対して、「戦争」は、すべての法的秩序の外の出来事であり、しかも国家自体が、物理的破壊の危機に瀕している、点にある。因みに曰く、――

「戦争遂行は行政活動であると主張することが試みられたが、しかしながら、それは誤っている。なぜなら、すべての行政は、争いの余地のない国家の支配、反抗しがたく作用するその命令権、その法秩序の確実な回転を前提とするからである。しかし戦争は、国際法により制限されうるとしても、それ自体としてはあらゆる法秩序の外に存在する。戦争においては、国家の存在が危機にさらされており、行政においては、国家の存在は揺るぎない権力としての実を示す」［同前、四九三頁］。

明らかなようにここでは、法制的な形式的区分の発想が、より徹底されているだけではない。同時に、モンテスキューの三権分立論が、「立法」・「行政」・「裁判」の三大作用としてとらえられることによって、法制的形式主義の混乱に拍車がかけられている。三権分立論については、この後の第五篇で独立に解明するので、ここではつぎの三点にしぼって、とりあげておけばよい。

第一は、〈統治〉と〈行政〉の概念的区別が、まったく逆転させられ、「行政」に、「統治」と「執行」を包括した、より高次の普遍的概念としての位置が、与えられている点である。つまり「行政」は、〈立法〉において定立された抽象的な法的規範にもとづく、具体的な諸問題の実践的解決〉とされたうえで、法的規範に直接規定されない「自由な活動」が「統治」、法的規範に直接規定された活動が「執行」とされた。しかしそれでいて、同時に、「自由な活動」としての「統治」こそ、論理的にも歴史始源的にも、国家と国家的諸活動の前提的な基礎を構成している、と強調されている。因みに曰く、――

「自由な活動は、その意義からすれば第一の、論理的に始源的な、他のすべての活動の基礎となる活動である。国家の基礎づけは法規の執行では決してないことから、国家は自由な活動により、その独自の存在を示すのである。すなわち国家は、自由な活動から、その歴史的運動の方向と目的を受けとる。国家生活における変化と進歩のすべては、自由な活動から発する。全活動が覊束されているような国家とは、実現不可能の観念である」［同前、四九六頁］。

かくて一方では、「行政」が「統治」をも包括した、より高次の普遍的概念であると主張されながら、他方では、「自由な活動」としての「統治」が、国家と国家的諸活動の基礎的前提とされている。なにゆえこの種のバカげた論理的な混乱が、臆面もなく提出されているのか？ すべては、法制的形式主義の方法発想からきている。〈統治〉・〈行政〉概念からその〈社会的内実〉を放り出して、純粋な法制的概念として徹底させたことにある。

しかしそれでも、この〈社会的内実〉は、完全に放り出し切れるものではない。「自由な活動」としての「統治」とは、いったい何なのかを、具体的な国家的諸活動に即して、提示しなければならないからである。こうして「外交政策」や、J・ロックによってもとりあげられた、イギリスにおける「国王大権」事項などが、具体的に提示された。しかしそうなると、イェリネック自身の主観的な恣意と思い込みとはまったくべつに、この「統治」には、ある種の〈社会的内実〉が、不可分なものとしてからみついてくる。

もちろんある種の〈社会的内実〉とは、〈国家権力による社会の国家的構成と組織化に直接かかわる特殊な事柄〉としての性格をもった、個別具体的な事柄である。こうして、右に紹介した、〈「自由な活動」としての「統治」こそ、論理的にも歴史始源的にも、国家と国家的諸活動の前提的な基礎を構成している〉という発想も、否応なしに誘発されてくる。それゆえイェリネックが曝した論理的混乱は、「統治」・「行政」の概念的逆転主張の自己破綻ばかりか、法制主義的解釈という学的発想の根本錯誤をも、露呈している。

2　「自由な活動」の意味と根拠

第二は、とくに「立法」と「行政」にみられるとした、「自由な活動」のもつ意味と根拠である。とくに「立法」における法的規範の定立は、その〈社会的内実〉からみると、のっぴきならない〈社会的必要事〉を、大きく観念的にすくいあげたものである。しかしそれ自体としてみれば、他の法的規範によって直接規定されることのない、「自由な活動」といえる。いうまでもなくイェリネックは、国家の学的解明において、〈社会〉からの、直接目には見えない、大きく媒介的な根本的規定性を否定して、法的規範による直接の規定的な関連のみを追究する、法学的方法を採用した。そのため、「立法」をもっぱら「自由な活動」として把握したわけである。

それでは、イェリネックが「行政」のなかの、「統治」と呼称した「自由な活動」とは、いったい何か？　それは、国家権力中枢の、「立法」形態をとらない、政治的意志決定における、〈専制的〉な独自性をさしている。したがってそれは、「外交政策」や「国王大権」にみられるように、私のいう厳密な〈統治〉活動にかかわる、旧い〈専制的〉意志決定権の遺制と残存に、その歴史的・現実的な根拠をおいている。

それゆえここに、イェリネックが生存した直接の時代的な規定性が、顔をのぞかせている。因みに、一九〇〇年に刊行されたこの主著は、とうぜん一九世紀後半期の時代的世界と直接斬り結んでいる。とりわけプロイセン・ドイツでは、立憲君主制の外装ながら、いぜん君主権を軸とした専制的執行権が、外政・治安など厳密な〈統治権〉を、実質的に掌握していたからである。

そこで、「自由な活動」の領域とされた、とくに「個々の国家において範囲を異にしながらも、議会の議員たちに関する政府権限の大きな全領域、大臣と官吏の任命、軍隊の統帥と命令、恩赦権、および国家的栄誉の授与」などは、〈議会制民主主義〉の本格的な進展にともない、すべて法的規範によって規定される運命にある。この点については、イェリネックも、気づいている。――

「統治活動と行政活動の関連のゆえに具体的な一定程度の自由裁量が必要であるところから、自由な行政の領域を立法にまったく従属させることはやはり不可能であるとしても、立法が広く進めば進むほど、それだけそれは自由な行政の領域（フランス人のいう純粋行政または裁量行政）をますます狭くする」［同前、四九九頁］。

しかし問題は、「外交政策」正確には〈外政〉である。直接には「外交政策」としてあらわれる、〈外政〉の成否いかんは、たしかに担当者［担当機関］の交渉能力のいかんに、負うところが大きい。というのも、「外交」交渉は、決して公式の交渉会議だけに、限定されない。それ以上に、表には出ない裏面での秘密交渉と、ときには課報機関やあらゆる人的コネクションを駆使して、諸外国担当者を抱き込む工作などが、展開される。その彼ら外政担当者の交渉活動を、一々規定する法的規範がありえないことは、課報機関員の活動の場合と、何ら変わりない。

しかし〈外政〉の本質を、担当者の交渉技術能力の問題に解消してはならない。〈政治外政〉であれ、〈経済外政〉であれ、諸外国担当者との交渉に臨む担当者は、〈裁可・決定された外的国家意志〉を直接背負い、その首尾よい貫徹のために、あらゆる術策を縦横に駆使するのであって、決してそのぎゃくではない。これは、外政担当者が、この〈外政的意志決定〉に直接関与できる、統治権力中枢者であろうが、なかろうが、少しも変わりない。

こうして外政的意志決定の独自性が、あらためて問題になってくる。外政の根本理念は、諸国家とのたえざる外的諸関係のなか、つまりは国際政治的世界における、〈当該国家・社会の維持・発展〉という、じつに単純明快な点にある。そしてこれを実現するための根本原則は、つねに主要敵国を孤立させ、包囲する諸外国との協調・同盟政策を積極的に展開し、世界を敵にするような孤立化だけは、絶対に避けなければならない、ことにつきる。

したがってこの意味で、外政的意志決定においては、個別的法規範によって直接規定されることなく、当該国家が棲息する国際政治的世界から、大きく媒介的な根本的規定性をうけている。この種の根本的な規定性は、その内実において合理的な意志決定でなければ、当該国家がまちがいなく衰退し、滅亡するという意味で、法則的な規定性といってよい。

しかし考えてみれば、国家権力中枢は、すべての国家的諸活動にかかわる、ときどきの政策的意志決定において、個別的法規範による直接的規定をうけることなく、外的また内的な諸関係、国際的また社会的な諸関係からの、大きく媒介的な根本的規定性をうけている。それは、政治的階級闘争が荒れ狂ったときの国内治安対策や、文教政策・社会政策の統治戦略的確定から、インフレあるいはデフレ対策など、ときどきの経済政策運営にいたるまで、すべてについていえる。そしてもちろん、それぞれの政策的意志決定が、その内実において合理的でなければ、当該国家・社会は、まちがいなく混乱し衰退する。

このようにみてくると、個別的法規範による直接的規定の有無から、「自由な活動」と「羈束された活動」とに大別する、G・イェリネックの法制的区分発想自体、国家の学的・理論的解明にとって、ほとんど意味のない形式的論議にすぎないことが、非常に明瞭になってくる。というのも、彼のいう「立法」・「行政」のすべてが、現実的には、個別的法規範に直接規定されない、「自由な活動」であり、「羈束された活動」などというのは、裁可・決定された政策的国家意志の、官僚機構による実務的執行活動以外に、ありえないからである。

3「行政」から「戦争」が放り出された意味

第三は、イェリネックが「戦争」を、「統治」をもふくめた「行政」から、ハジキ飛ばしてしまった点である。〈戦争〉をふくめ裁可・決定された外政上の国家意志は、一方で、対峙・敵対また競合する諸外国へ押しつけられるとともに、他方で、国内的には〈国民〉、とりわけ関連諸産業・業種や諸階級・階層を、保護し規制する。まず、この外政上の国家意志決定は、あるときには、国民諸層自身による国民的意志の、自主的な観念的集成というかたちをとる。また他の場合には、もっぱら統治権中枢による、上からの観念的意志形成として、強力に推し進められる。このちがいは、いったいどこからくるのか？

そのちがいは、一つには〈政治外政〉か〈経済外政〉かのいかんであり、いま一つには、政治形態いかん、とりもなおさず〈議会制民主主義〉の進展いかん、からきている。また、諸外国にむかって押し出された外的国家意志が、どの程度貫徹されるかは、総合的な意味での力関係のいかんにかかっている。この意味で、諸外国との協調・同盟政策が、目先・短期的にも、長期的な戦略としても、国民国家の存亡興廃にかかわる根本問題として、つねに突きつけられている。

イェリネックが特別「非常の国家活動」として、とくに「行政」から切り離した、「戦争」といえども、その例外ではない。というのも、〈戦争〉遂行にかかわる軍事的国家意志は、統治権力中枢の専制的意志決定に委ねられた、軍事戦略・戦術上の政治意志だけではない。それを直接そして大きく支えるのは、国民全体の軍事的組織化と、国民経済の軍事統制経済化である。つまり〈戦争〉というかたちをとった、国民社会を挙げての直接の軍事的活動には、国民社会全体の軍事的組織化が、前提となる。

それは、一方、国民全体の直接の軍事組織的構成と、他方、多種多様な武器・兵器の、迅速かつ計画的な大量生産を可能にする、軍事経済体制の創出を、同一メダルの表裏としている。もちろん、これらの軍事的国家意志が、統治権力中枢によって専制的に裁可・決定されて、「議会」裁可の〈法律〉形態をとらなくとも、国民社会ぜんたいを強力に規制し拘束しているかぎり、法的規範としての国家意志であることに、何らの変わりもない。

それゆえ〈戦争〉それ自体は、〈軍事国家〉へと転じた〈国民国家〉による、敵対諸国の物理的破壊をめざした、軍事活動以外の何物でもない。しかしこの軍事組織化は、無数の法的規範としての国家意志決定と、それにもとづいた国内的な統治・行政活動を、必要かつ必然としている。［とくに補論第一篇第1章参照。］もっともこの点では、時代的な規定性もある。イェリネックは、最初の国民国家相互の総力戦である第一次世界大戦開始の、二年前に死去している。

イェリネックは、〈個別的法規によって直接規定された行政活動だけでは、とても国家は現実にやっていけない、自由な活動としての統治こそ国家の基礎的前提である〉といいながら、この「統治」をもふくめた「行政」から、「戦争」を「非常の国家活動」として、放り出してしまった。その結果この大著には、〈戦争〉についての学的・理論的解明が、まったくみられない。しかしこれは、まさに驚くべき滑稽事である。〈社会〉の〈国家〉的構成は、直接には〈外戦〉のための軍事的組織化に発する。〈社会〉の〈国家〉的構成を指揮・主導する、国家権力の統治権力としての本源的形成の直接因の過半は、まぎれもなく〈外戦〉にある。この意味で、古くから〈戦争が国家をつくる〉といわれてきたのには、れっきとした根拠がある。

ドイツ国家・国法学の最高峰といわれるイェリネックの、このような学的・理論的醜態は、いったいどこからくるのか？　それは、国家論を公法・国法学として構成しようとした、先験的な学的方法そのものにある。彼は、「法は国家にとって本質的なものである」〔同前、一二四頁〕という、それ自体は否定する必要もない、もっともらしい前提から、「国家の完全な認識は、その法の認識なしには不可能である」〔同前、三四四頁〕という、方法的主張を導きだす。

こうして学的国家論は、法律学とりもなおさず公法・国法学によってのみ、可能になるとされた。しかし、念のために断っておく。「法は国家にとって本質的なものである」ということは、他の本質的な諸契機と同様、〈法〉を国家的支配の全過程において、大きく位置づけて把握せよ、ということである。〔そしてそれ以上のことは、国家の学的・理論的解明において、直接問題にはならない。〕まちがっても、国家に対する特異な公法・国法学的解釈をせよ、ということではありえない。

もちろん公法といっても、国際法は二次的なものでしかない。もちろんこれは、とくに〈近代〉以降、諸国家が対峙し競合する国際社会が、いつ戦争状態に転じても不思議でない、本質的に「自然状態」にあると、一般的に考えられてきたことにある。こうして国法つまり憲法・行政法などの、内にむかって絶対的に貫徹される、法的規範を中心にした学的解明が、国家学を直接構成すべきものとされた。したがってこの発想を方法的に徹底させれば、「国家学」では、〈外政〉そのものを理論的にあつかうことができない。

それゆえ「戦争」が、「…すべての行政は、争いの余地のない国家の支配、反抗しがたく作用するその命令権、その法秩序の確実な回転を前提とするからである。しかし戦争は、国際法により制限されうるとしても、それ自体としてはあらゆる法秩序の外に存在する。戦争においては、国家の存在が危機にさらされており、行政においては、国家の存在は揺るぎない権力としての実を示す」〔同前、四九三頁〕として、「統治」をも包括した「行政」概念から、ハジキ出されてしまったのは、イェリネックの根本の学的方法から必然化されたものといえる。

4　補註――法学的国家論と〈外政〉無視の錯誤

イェリネックにみられるように、法学的発想を徹底させた国家論では、どうしても〈内政〉至上主義に陥り、〈外政〉については、まったく理論的にあつかうことができない。しかしこれは、〈国家〉が歴史始源的には、〈社会〔共同体〕の軍事的組織化〉というかたちをとった、〈外的国家〉構成に発する点を考えるなら、学的国家論の存立を根本から揺るがす、まさに致命的な錯誤と欠陥である。

この点では、古代中国の戦国期に、〈法治〉の徹底を説いた韓非子も、おなじような錯誤を露呈した。彼は、乱立・抗争した諸王・諸侯のなかから、天下を統一する戦国的覇者の登場を希求して、君子による純粋な〈親裁〉体制の創設をめざした。それには、君子による〈法〉にもとづいた賞罰権の完全掌握が、絶対に必要であるとして、もっぱら〈内治〉・〈内政〉の充実を、強調した。つまり〈内治〉・〈内政〉としての〈法治〉の徹底が、大国・強国からの侵略をもハネ返すとして、外戦・外交など〈外政〉の重要性と独自性をまったく無視する発想を、堂々と提唱したのである。曰く、――

「皆な曰わく、外事は、大は以て王たるべく、小は以て安かるべしと。夫れ王とは能く人を攻むる者なり、而も安ければ則ち攻むべからず。強とは能く人を攻むる者なり、〔而も〕治まれば則ち攻むべからず。治強は外に責むべからず、内政の有なり。今、法術を内に行なわずして、智を外に事むれば、則ち治強に至らず」〔金谷訳注『韓非子 第四冊』、岩波文庫、二〇一～二頁〕。

5　H・ケルゼンとC・シュミットの「統治」概念

G・イェリネック以降のドイツ国法学者は、彼の学説・理論をいわば通説的な前提として、それへの批判ないし異論というかたちで、持論を展開するのがつねであった。とりわけそのなかでも異彩を放ったのは、H・ケルゼンとC・シュミットである。とくにH・ケルゼンは、G・イェリネックが右といえば必ず左というほどに、徹底的に批判的な異論を提出したが、こと統治・行政概念にかぎっては、根本的な疑義を唱えていない。因みに「通説」とした、G・イェリネックの「統治」・「行政」の概念的区別を、基本的には承認している。曰く、——

「通説が、国家の羈束活動と自由活動との間に想定する原理的対立にもとづいてまた、立法、宣法および行政のほかの、第四の国家作用または行政内部の特別領域＝統治の区分がなされている。国家の自由活動と羈束活動との間の関係は、前者は、論理的にも時間的にも一次的であるが、後者は、前者にもとづき、前者によって方向を定められると、全く一般的に特色づけ、さらに、国家にとっては、なんらの法的規範によっても制限されない、完全な行為の自由の領域が本質上必然的であるということによって、右の全領域を、国家の統治活動と指称し、それを立法ならびに——多かれ少なかれ拘束された——行政および宣法と対立させるか、また、たんに、法上羈束されない行政の範域を統治と認める。／この概念構成にとって明らかに肝要なのは＝国家の『統治』と呼ばれるものは、あらゆる法的評価の外にあり、『統治』は、法から自由な領域で活動するという観念を創設して、できるなら、これに『理論的』に保証を与えるということである。…／国家の『自由』活動は、とりわけ、立法の領域に見られると信じられる」［清宮訳『一般国家学』、岩波書店、四〇七～八頁］。

このH・ケルゼンの概括のなかで、〈歴史的にも論理的にも、「行政」が第一次的であり、「統治」は「行政」を前提とし、「行政」によってその方向性が決定されている〉としている点は、すでにA項で紹介したように、G・イェリネックにかんするかぎり、まったくの誤読である。ただ、その点をのぞけば、H・ケルゼンは、G・イェリネックの掌のうえで、まったくつまらない、いくつかのイチャモンをつけているだけである。因みにその

一、――「例えば、保育行為に関するとき、および、行政機関が、自由裁量にしたがって、一般に保育の場合が存するかどうかを決定すべきときがそうである。さればといって、『統治』は存在しない」〔同前、四〇九頁〕。またその二、――「例えば――手続きの点だけ規制された――選挙人の投票によって規制されている、議会の選挙などがこれであり、選挙人は、多くは、法上投票する義務を負わないし、決して、その作用を一定の意味で行なうべき義務は負わないものである。ここでは自由の程度は前に述べた諸作用の場合よりも高度のものであっても、選挙人の投票を『統治』と認めるなどとは、真面目には考えられない」〔同前〕。

H・ケルゼンにくらべれば、C・シュミットの「統治」・「行政」概念の方が、はるかに簡潔明快である。主著『憲法理論』〔尾吹訳、創文社〕に曰く、――「統治は、政治的実存の精神原理を表現し具体化する点で、行政や事務処理から区別される」〔二六三頁〕。しかし、この「統治」・「行政」概念は、いうまでもなくG・イェリネックのそれではない。それはまぎれもなく、かのヘーゲルのものである。しかも、『歴史哲学』や『法の哲学』における それではなく、初期の『精神現象学』で提示された、法的形式にそくした概念的区別への、回帰といってよい。この点については、すでに前項で充分に論じておいたので、これ以上ふれる必要はあるまい。

（3）M・ヴェーバーの「統治」・「行政」概念について

歴史家としてのM・ヴェーバーは、同時にエールリッヒとならぶ「法社会学」の創始者としても知られている。「法社会学」は、直接にはドイツ国家〔国法〕学に対する、正面切った思想的・理論的対峙として、形成された。しかし、こと「統治」・「行政」概念にかんするかぎり、ヴェーバーもまた、純然たる法制的な形式的発想に終始した解釈を、提出している。その特異性は、とくに「行政 Verwaltung」に対して、一方で、ごくごく通俗的な解釈を提示しながら、他方で、独特の解釈を強調している、概念上の混乱にある。

まず、ごくごく通俗的な解釈というのは、「…正に本来の行政活動の領域においては、すなわち法創造［立法］および法発見［裁判］の領域に属さない一切の国家的活動…」［世良訳『支配の社会学二』、創文社、九八頁］という、指摘である。つぎに、独特の解釈というのは、この「行政 Verwaltung」が、一般にいう「立法」・「裁判」・「行政」の、すべてをふくんだ国家的活動という意味で使用され、普通にいう「行政」が「統治 Regierung」と呼称されている、点にある。

因みに曰く、――「Verwaltung［訳者は「管理」と訳している…註］は決して公法だけの概念ではない。例えば自己の家計の管理（Verwaltung）とか一つの営利経営のそれとかのような、私的な管理（Verwaltung）もあるし、公けの管理（Verwaltung）、すなわち、国家アンシュタルトの機関によって、あるいは、国家からその権限を与えられた・したがって他律的な・他の公けのアンシュタルトによっておこなわれる管理（Verwaltung）もある。／さて、「公けの」管理（Verwaltung）の範囲は、最も広義においては、三つのものを含んでいる。すなわち、法創造・法発見および公けのアンシュタルト活動の中からこの二つの分野を控除した残余の部分――われわれはこれを『統治 Regierung』と呼ぼう――である」［世良訳『法社会学』、創文社、七二頁］。

要するにヴェーバーは、〈行政 Verwaltung〉を〈支配 Herrschaft〉と、ほとんど同意義で使用している。そこで、ヴェーバーのいう「行政 Verwaltung」と「統治 Regierung 」を、入れ替えれば正解に近づく、などといってはならない。〈社会〉との統一的関連を断ち切ったところからくる、国家的支配［直接には国家的諸活動としてあらわれる］の内的性格をまったく等閑に付した、法制的な形式的解釈自体が、根本的に克服さるべきだからである。

（4）「政治的」・「行政的」概念をめぐるトックヴィル、ラスキ、バーカー

私が構成した〈統治・行政〉概念には、れっきとした現実的な根拠がある。それは、国家的諸活動としてあらわれる〈社会的必要・必然事〉の、一般的と特殊的、全体的と部分的という内的性格における相異である。それだけに、俊敏なる政治学者のなかには、たとえ正確な概念構成には失敗しても、このちがいを直観的に看取した者が、まったくいないわけでもない。少なくともフランスのトックヴィルは、これに気づいている。

彼の名著『アメリカの民主政治』をみると、米国の連邦政府を軸とした連邦的国家構成を大きくとりあげて、その特質を、「政治的中央集権制」と「行政的分権制」〔つまり「行政的中央集権制」の欠如〕との併存として、把握している。これは、三〇年前からの私の理解と完全に一致しているが、問題は、彼のいう「政治的」・「行政的」概念についてである。それは、私の〈統治・行政〉概念にほぼ対応させることができよう。

因みに曰く、――「中央集権ということは今や絶えずくり返されている言葉ではあるが、一般に誰もこの言葉の意味を明確にしようとはしていない。／けれども著しく異なっている二種の中央集権があり、この区別をよく理解しておくことが必要である。／一般的法律の作成並びに人民と外国人との関係というような若干の諸事項は国民の誰にも共通なことである。／けれども他のことどもで例えば共同体の事業というようなものは、国民のうちの幾らかの人々に特殊なものである。／第一の事項を指導する権力を同一の場所または同一人に集中することは、政治的中央集権とわたしがよぶものを設けることである。／第二の事項を指導する権力を同じように同一の場所または同一人に集中することは、行政的中央集権とわたしがよぶものを設けることである」〔井伊玄太郎訳、上巻、講談社文庫、一六七頁〕。

ここにいう「政治的」を〈統治〉におきかえてみれば、トックヴィルが〈統治・行政〉の相異を直観的に把握していたことは、明白であろう。しかしいかにもフランス人らしく、厳密な概念としての理論的構成には、ものの見事に失敗している。彼は、〈統治〉としての「政治的」を、国民に共通の「一般的法律の作成並びに人民と外国人との関係というような若干の諸事項」、つまりは〈立法（権）〉と〈外政（権）〉に集約させている。

しかしこれは、法的規範としての国家意志の形成・支配という、規範の運動に即してとりあげられた、国家権力の三権的区分の問題と、大きくは〈社会的必要・必然事〉にもとづいた、国家意志の内的性格による特定の国家活動の問題とを、混淆させたものでしかない。早い話が、中央権力［連邦政府］による〈立法〉には、〈外政〉ばかりか〈内政〉にかかわるものも決して少なくなく、治安のほかに〈行政〉にかかわるものもふくまれている。

つぎに、H・J・ラスキの大作『政治学大綱』の「第八章　政治制度」では、直接にはイギリスの議院内閣制に即して、「立法議会」についでとりあげた「執行部」を、「政治的」と「行政的」とに区別して論じている。しかしラスキもまた、イギリス経験論者のつねとして、この「政治的」と「行政的」との、明瞭な学的・理論的概念を、構成しようとはしていない。そのかわりに、「政治的」は、〈議会で裁可・承認さるべき政府法案の最終的確定〉にかかわる諸活動であり、「行政的」は、〈裁可・承認された法案の、法令としての適用つまりは政策としての遂行〉にともなう、担掌諸機関への多様な調整と統制諸活動、という意味で使用されている［横越訳、下巻、法制大学出版局、第八章］。

『新版　政治学入門』［横越訳、東京創元新社］をみると、この「政治的」と「行政的」との区別は、より簡潔にして平易に、こう説明されている。――「国家の執行機関は、二つの側面――政治的な面と行政事務的な面――をもっている。すなわち、一面からいえば、それは少数の政治家の集まりで、その仕事は、議会の承認を求めて政策を提出し、議会が承認したのちには、その実施の責任を負うことである。他面からいえば、それは政治家たちがおこなった決定を実施していくはるかに大規模な官吏の集まりである」［一〇七頁］。

つまりラスキの「政治的」・「行政的」把握は、もっぱらイギリス議院内閣制下の内閣に即して、ときどきの政策的意志決定というかたちをとった、「立法」の実質的な主導性と、政策の実践的遂行とを、大きく形式的に区別したものにすぎず、〈社会的な実質的区別〉がみられない。したがってそのかぎりで、ラスキの発想は、トックヴィルにもおよばない。この著作は、ラスキが後にマルクス主義の階級国家観に、かぎりなく接近する気配をすでに感じさせているだけに、意外ともいえる。

また、ラスキとならぶイギリス多元的国家論の巨匠A・バーカーも、こと〈統治〉・〈行政〉概念にかんするかぎり、ほとんど変わりがない。因みにその小冊子『近代行政の展開』〔足立訳、有信堂〕をみると、〈統治〉governmentは、国家の政策的意志決定機関であり、〈行政〉administrationは、前者にもとづいた「日々行なわなければならない日常の公共的職能」の遂行主体、とされている〔同前、一一～二頁〕。つまりバーカーにあっても、〈統治〉と〈行政〉との概念的区別は、形式的な法制的把握にとどまっている。しかしその大きな限界のなかで、「中央行政」と「地方行政」の把握については、いま一歩という発想を提出している。この点については、第23章第6節第2項でとりあげる。

（5）D・ヒューム、A・スミス、F・ブローデルの「国家」把握

前節でも指摘したように、プラトン、アリストテレス以来の国家・政治学の追究は、もっぱら国家的諸機関・諸組織としての政治制度に集中され、それらが直接に担掌する国家的諸活動については、ほとんどとりあげられなかった。これは、学的・理論的追究の対象である、歴史的・現実的な国家自体が、圧倒的に未発展だったことによる。因みに一九世紀前半までは、西欧諸国でさえそのほとんどが、外政と治安にかかわる諸活動を、いまだ〈三権〉的に分化せざる〈専制的〉統治権力が、担掌していたという、歴史的・時代的な規定性である。

それだけにむしろ、専門的な政治学者ではない、俊敏なる諸学の代表的知性は、この歴史的・現実的国家の特質を、ごく単純素朴に把握していた。たとえば一八世紀中葉に、D・ヒュームは、「国家とは一個の政治体であり、国際社会において自己を維持し、戦争と協商とにおいて他の諸国とさまざまの交渉を持たねばならぬ存在です」〔「公信用について」、小松訳『市民の国について（下）』所収、岩波文庫、一四一頁〕と記して、国家の本源的な〈外

的国家〉構成を、看取している。

また、そのすぐ後には、A・スミスが『国富論』の国家財政を論じた第五編で、主権者がはたすべき国家的諸活動として、国防［防衛］・司法・公共土木事業と公教育などの公共施設の設置・維持などを、挙示している。その前の第四編では、植民地建設や通商貿易政策などの、政治・経済外政についても、とりあげている。

ここで大きく眼を転じて、今日の代表的な歴史家の〈国家〉観を一瞥しておこう。リュシアン・フェーブルとM・ブロックの後を承けた、アナール学派の総帥F・ブローデルをとりあげるのは、その虚名があまりに大きくなるといけないという意味からである。その主著『物質文明・経済・資本主義（交換のはたらき二）』［山本訳、みすず書房］に曰く、――

「再編され、あるいは全面的に新しくなってさえ、国家はそれがつねにそうであったものとして止まる。すなわちさまざまな機能・権力の集まりである。その手段の方は絶えず変わるとしても、その主要な任務はほとんど変わらないのである。／その第一の任務。服従させること、自らの利益のために、所定の社会の潜在的暴力を独占し、その社会からあらゆる暴発の可能性を取り上げ、それらをマックス・ウェーバーが『合法的暴力』と呼ぶもので置き換えること。／第二の任務。直接あるいは間接的に経済生活を監督し、明敏な、あるいはそうでないやり方で、財物の流通を組織化し、とりわけ国民所得のかなりの部分を奪い取って、みずからの支出、みずからの栄華、みずからの『行政』あるいは戦争にあてること。必要な場合、君主はみずからの利益のために、公共の富のきわめて大きい部分を不動化するであろう。…／最後の任務。精神生活に参加すること。それなしではいかなる社会も成り立たない。可能ならば、強力な宗教的価値の間から選択し、あるいはそれらに譲歩することによって、そこから補足的な力を引き出すこと。同時に、それも絶え間なく、しばしば伝統に異議をとなえる文化の活発な運動を監視すること…」［二九〇～一］。

明らかなように、ここでは〈国家権力〉が〈社会〉を〈国家〉として大きく束ね、組織的に構成する、もっとも本源的な国家活動、正確には〈統治〉活動がそっくり無視され、脱落させられている。彼のいう「第一の任務」と「第三の任務」は、すべての国家的諸活動を直接規定する、法的規範としての国家意志に、社会的諸個人からの意志の服従を獲得するに必須の、〈物理的〉と〈精神的〉との〈手段と方策〉にすぎない。

また、「第二の任務」とされた経済生活への、規制・関与と流通の組織化では、とうぜん、対外的流通としての交易［通商・貿易］活動への関与もふくまれていよう。しかしそれらは、いったい誰のため、また、何のためのものなのか？　もう少し正確にいうと、それは、いかなる原理・原則と内的必然性にもとづいて、呼起され遂行されるものなのか？　そこには、経済政策としての明確な区別と把握が、まったくみられない。

かくてブローデルのいう、〈ほとんど変わらない主要な三つの任務〉とやらは、国家的支配としての統一的な連関と区別において、論理的に把握され整序されているわけではない。つまりは何らの論理的・概念的な把握もされていない。それらは、ただ多様な国家的諸活動のなかから、そのいくつかが、恣意的に摘み出され、すべてが混沌・混淆的に列挙されているだけなのである。

これでは〈国家〉の何たるかは、いぜん漠たる霧のなかだが、そもそもブローデルに、〈国家〉と〈国家権力〉の概念的な区別があるかどうかさえ、はなはだ疑わしい。これは彼が、〈国家〉を統一的組織体としてとりあげるのではなく、もっぱら〈諸権力・諸機能〉の〈集合〉として把える、方法的機能主義を採用したことによる。そして、規範論の脱落を云々する以前に、彼もまたデュルケム以来のフランス社会学の根本発想、〈諸要素の複合的全体〉発想を、何のためらいもなく受容したことの、必然的な結果にすぎない。［この点については、さらに「第35章方法的総括」でもとりあげる。］

第五篇　国家権力の形式制度的構成

序

ここでは、国家権力それ自体の一般的な組織的・制度的構成形態をとりあげる。〈近代〉以降の国家権力は、一般に「民主主義国家」と呼ばれてきた。これは、国家的諸活動を直接規定する国家意志の決定形態として、一般に〈議会制民主主義〉が採用されてきたことによる。しかし国家権力の実質的中枢は、一般に〈議会制民主主義〉を基軸にした〈三権分立制〉原理によって、組織的・制度的に構成されてきた。それゆえここでは、近代的国家権力の一般的な組織的・制度的構成原理である〈三権分立制〉と、それにかかわる諸問題を解明する。

13 組織原理としての〈三権分立制〉

(1)〈議会制民主主義〉と〈三権分立制〉

1 近代社会と〈議会制民主主義〉の必然

すでに総説で指摘したように、国家権力をふくめた、大小あらゆる種類の社会的な権力では、〈民主主義〉ではなく、〈専制〉的意志決定形態が、一般的である。もちろんこれには、それなりの根拠がある。その根拠は、それらが、いずれも同種の組織的権力と、ときには組織の存立と死活に直接かかわる、〈戦争状態〉への転化をもふくんだ、不断の競争と対立・抗争状態におかれている、ことにある。

そのため、意志決定における高度の専門性と計画性、そして機動的な迅速性、さらには厳密な機密性、などが否応なしに要請され、どうしても意志決定権が、ごく少数者に集中される強度の一般的な傾向性、つまりは法則的な必然性をもっている。それゆえこれは、〈民主主義〉ではなく〈専制〉が、あらゆる社会的権力の一般的形態、つまりは一般的権力形態にほかならない、ことを示している。

世間様の一般的常識からいうと、〈専制〉が「合理的」な意志決定を、つねに大きく妨げている、といって非難されている。しかし、じつは〈専制〉自体が、実践的運動性と組織的利害の維持・発展という、あらゆる組織的権力の本来的な性格にもとづいた、その意味では〈合理的〉な要請の所産である、ことを忘れてはならない。あらゆる組織的権力は、その〈専制〉的意志決定の内実が、〈合理的〉であったかぎりにおいて発展し、〈非合理的〉であることが重なれば、衰退・分裂・消滅するほかない。ただそれだけのことなのである。

あらためてふり返ってみると、古今東西のあらゆる社会的権力、とりもなおさず〈世界史〉に登場した歴史的国家において、〈民主主義〉的意志決定形態が一般的に採用されているのは、〈近代〉以降の歴史的国家だけである。それでは、〈専制的〉権力構成が一般的ななかで、なにゆえ〈近代〉以降の国家権力のみが例外的に、〈民主主義〉を組織的編成原理として、採用することになったのであろうか？　その根拠は、とくに第三篇での考察をふまえれば、自ずから明らかになる。

国家権力、とりもなおさず〈近代〉以降に登場した、膨大な規模の官僚・官吏群が、いつでもどこでも、つねに存立しつづけている根本の理由は、ほかでもない、彼らを君臨させている歴史的社会それ自体の、存在形態にある。それは、統一的・国民的社会としての〈近代社会〉が、〈自由なる社会〉のゆえに、それ自身の存亡と興廃に直接かかわる重大事でありながら、自身では決して自主的に解決できない、きわめて〈特殊な事柄〉を日々生起させている点にあった。

第三篇では、これらの事柄を、同じく当該社会の存亡と興廃に直接かかわりながら、〈国民的共通利害〉にもとづくものと、諸階級・階層的また諸産業・業種的な、〈特殊的利害〉から直接発生するものとに、区別してとりあげた。これらの〈特殊な事柄〉は、総体として、当該社会になり代っての国家権力の存在形態、とりもなおさずその組織的編成形態を、直接間接に規定する。と同時にそれは、当該社会を国家として組織する、指揮中枢［指導部］としての、国家権力にふさわしい便宜と合理性のレヴェルから、大きくすくいあげられる。

もとより、膨大な官僚・官吏群を中核とした国家権力は、〈近代社会〉が日々生み出している、これらの〈特殊な事柄〉を、当該社会になり代って大きくすくいあげ、国家的諸活動というかたちで、専門的かつ専任的に遂行するための、特殊な社会的分業として産み出されたものである。しかし、〈国家的諸活動〉というかたちに姿を変えた、〈特殊な事柄〉を直接担掌する国家的諸機関が、優に一産業分野に匹敵するような、驚くべき規模において独立化したということは、たんにそれだけのことであろうか？　そこには、何かとてつもない危惧と危険性が秘められてはいないだろうか？

まさに然り！　もしこの巨大な国家機関が、その諸活動をもっぱらその独自の意志にもとづいて、遂行するようなことにでもなれば、かつてない専制国家の暗黒が、到来することだけはまちがいないからである。そこで、長い間、〈近代〉以前の専制国家体制の下で、散々辛酸を嘗めてきた人々の間で、〈彼ら官僚・官吏の活動を、直接規定する国家意志［法律］は、それに拘束される国民自身が、直接間接に決定すべし〉、という議論が、一般的かつ支配的なものになってくる。ここに〈議会制民主主義〉が必然化する、制度論的な根拠がある。

この直接の歴史的・現実的な過程が、極端に強大化した専制国家体制への反発と、思想的には啓蒙思想家たちの人権思想によって、強力に推し進められたことは、これまで多くの論者によって、くり返し指摘されてきた。しかしこの、数世紀にもおよぶ長い歴史過程の内的深部で、近代的社会形成にともなう、国家権力の強大な巨大化に対する、人々の強いそして漠たる疑念と恐怖心が、膨れ上がっていたことについては、案外気づかれていない。もちろんこれは、近代の方法的実証主義の蔓延が、いわば〈木をみて森を視ない〉、即物的で経験的な近視眼的発想を必然化したことによる。

2　〈三権分立制〉とは何か？

A　〈三権分立論〉と通俗的解釈

つぎに、〈三権分立制〉はどうか？　〈議会制民主主義〉と〈三権分立制〉とは、直接的な関連はない。もっともこの両者は、国家権力の専制的肥大化にともなう、国王ないし皇帝の恣意的専横を、制度的に制御しようとした点で、共通の歴史的な役割を果たした、とはいえる。しかし、歴史的発祥の本源的な理念と志向性において、両者はべつのものである。

とくにモンテスキューによる「三権分立制」の問題提起は、直接にはフランス絶対王政の、強大化にともなう親裁体制が、新興の直属監察官僚層［アンタンダン］の、跋扈と専横を帰結させたことへの、政治的な反発といってよい。それは、彼のぞくする法服貴族層が、政治的な実権を掌握していた、直属官僚体制成立の以前まで、歴史のネジを逆戻りさせようという、明瞭な政治的・思想的立場から発せられたものである。

それだけにモンテスキューのいう「三権分立制」には、絶対君主制という歴然たる〈専制国家〉体制の枠組みが、制度的な大前提となっている。それは、絶対君主制の下での立法機関・執行機関・裁判機関という、三大機関の分割・分立による相互的牽制策である。この意味でモンテスキューの「三権分立制」は、〈民主主義〉とは直接の関係はない。しかしそれにもかかわらず、モンテスキューの「三権分立制」は、彼の直接の政治的な意図や学的な不備・欠陥を大きく超えて、政治制度上の画期的な発見と意義を内包していた。

一つは、彼が〈裁判権〉の〈司法権〉としての特質に、直観的に気づいていた点である［この点は、次章第1節の「モンテスキュー小論」参照］。そしてもう一つは、専制的国家体制を前提として着想された「三権分立制」が、〈議会制民主主義〉の構造的進展を基軸として、その根本的性格を一変させて登場すること。いや、むしろ、〈三権分立制〉本来の根本性格を全的に発展開花させ、この意味で、〈三権分立制〉を完成させた、という点である。これらの点について、くわしくはつぎの章にゆずる。ここでは核心にかかわる要点だけを、指摘しておくことにしよう。

まず、〈三権分立制〉それ自体は、〈機関としての権力の分立・分割〉としてあらわれる。したがって、表っ面だけに捉われると、組織的権力の巨大化、とりもなおさず組織的発展にともなう、〈内部的分業としての機関の分立と分化〉の問題と、解釈されかねない。げんにモンテスキュー以後の政治学者や法学者は、ただ一人の例外もなく、そう考えた。それだけではない！　マルクスの生涯をつうじた、思想的・理論的協力者として知られる、エンゲルスの場合には、さらに経済主義の発想がくわわって、この国家権力の内部的分業を、「産業上の分業」の機械的模倣と適用として、解釈した。

因みに曰く、――「…権力の分立（Die Teilung der Gewalten）は、根本的には、単純化と監督とを目的として、世俗的な産業上の分業を国家構成に適用したものに他ならない。それは、その他のすべての神聖・永遠・不可侵の原理と同じように、まさに現在の諸関係に適合するかぎりでのみ、適用される」〔「七月四日の協定議会の会議」『マル・エン全集5巻』、大月書店、一八九頁〕。

〔補註〕
このようなエンゲルスの主張に象徴される、〈三権分立制〉への無理解が、〈プロレタリア独裁をテコとした共産主義社会の建設〉という、マルクス主義の思想的核心である、共産主義思想の成立に決定的に、しかも悪魔的に作用した。この点については、補論の特殊的国家論第二篇第5章第1節で、くわしくとりあげる。

しかし、「三権分立」を〈三大機関の独立的分化と相互牽制的併存〉として捉える、単純な実体的機構論の発想では、たちまちいきづまる。というのも、たんに国家権力の実体的に独立・分化した諸機関ということだけなら、何もこの「三大機関」にかぎらない。「三大機関」のほかにも、上級的諸機関と下級的諸機関、とくに中央機関と地方的機関との独立的な分化もあれば、〈統治〉・〈行政〉的諸活動を直接担掌する、各種専門機関としての多元的な分化と展開もある。

そうなるとなぜとくに、モンテスキューいうところの「三大機関」としての〈三権〉が、あらゆる国家権力の、組織的・制度的構成形態を決定づける、一般原理としての普遍的な性格をもっているのか？　このような、〈三権分立論〉それ自体に対する根本的な疑念に、正面から答えることができない。それだけではない！
だいたい、国家権力を「三大機関」へと分解し分割すれば、いやおうなしに、〈国家権力の組織的統一性が破壊される〉とか、〈「三大機関」の分立によって、「主権」や国家権力を分割し分解させることなく、組織的統一性を維持し実現するには、いったいどうしたらよいか〉、といったたぐいの議論が、つぎつぎに提出されてくる。そのなかで、もっともやっかいで重要な問題は、「三大機関」と、〈三権〉としての〈立法〉・〈執行〉・〈司法〉とが、必ずしも直接対応しているとはかぎらない、という点である。

B　〈三権分立論〉の曲解と根拠

まず〈議会〉は、一般的〈法律〉形態をとった法的規範の裁可・決定権である、〈立法権〉を独占的に掌握しているだけではない。一般的諸法にもとづいた〈政府―執行機関〉の、日々の執行的裁可・命令にともなう、執行的裁量［いわゆる「行政裁量」］や、そこでみられる実質的な法的規範の定立などに対して、いわゆる「国政調査権」という形で、たえざる監視・監察・審問権を掌握している。そしてさらに、裁判官の違法行為に対しては、「弾劾裁判権」という形で、審査・処罰権をも掌握している。

つぎに、〈政府―執行機関〉は、一般的諸法にもとづいた日々の執行的裁可・命令という、〈執行権〉自体が、ときに実質的な法的規範の定立をふくんでいる。そして、とくに強大な専制国家権力をくり返し輩出した、フランス・ドイツなどの大陸法圏では、執行機関構成員が直接関与した違法・訴訟事件にかぎり、一般の裁判機関に委ねることなく、「行政裁判機関」を直接組織的傘下に設置して、自身で処理し解決している。もちろんこれは、〈執行機関〉自体が、〈行政裁判権〉という形で、〈司法権〉の一端をも掌握していることになる。

最後に〈裁判機関〉は、一般の刑事・民事裁判権や、〈議会〉および〈政府―執行機関〉に対する、「違憲立法審査権」という形での〈司法権〉のほかに、一般的諸法にもとづく個々の〈裁判判決〉をつうじて、ときに法的規範の実質的な定立をおこなう。このように〈立法〉・〈執行〉・〈司法〉の諸活動と権力は、〈議会〉・〈政府―執行機関〉・〈裁判機関〉という「三大機関」と、必ずしも直接対応しているわけではない。

こうして、〈「三権分立」は、組織的・機構的な独立・分化ではなく、活動・作用としての「機能的」な区別と分化にすぎない〉、という解釈が一般的になってくる。これは、「三権分立」＝実体的・機関分立論から、「三権分立」＝機能的分化論への学説的な移行と修正である。しかし、新たな機能主義的な解釈によって、この問題が首尾よく理論的に解決されたかといえば、まったくそうではなかった。ただ、新たな理論的な錯誤と混乱が、惹起されたにすぎない。

というのも、機能主義的な発想を方法的に導入すれば、「三大機関」ばかりか、国家権力のあらゆる種類の組織的・機構的な分化が、すべて「機能的」分化の問題として、解釈される。そうすると、「三大機関」のほかに、上級的機関と下級的機関、とくに中央機関と各級地方的機関としての分化も、各種の専門的機関としての独立的な分化の問題も、いっさいがっさい、多種多様な機能的分化として把握される。かくて国家権力にあらわれた、多種多様な組織的・機構的な独立・分化は、すべて国家権力の「機能的」な、諸作用と諸活動の分化として並列され、混淆的に解釈される。

しかしそうなると、これらの国家的な「機能的」諸作用と諸活動のなかから、特殊に「三大機能」としての「三権分立制」を、〈近代的〉国家権力の一般的な組織的構成原理として、とりあげねばならない根拠と必然性は、まったく存在しなくなる。こうして、モンテスキューの「三権分立制」論など、数世紀も前のお伽話に近い代物として、神棚に飾られてしまった。

しかし、まったくべつの「三権」や孫文のいう「五権」［この点は、補註参照］などではなく、まさにモンテスキューいうところの「三権分立制」が、〈近代〉以降の立憲的で〈民主的〉な諸国で、一般的に採用されてきたのには、れっきとした現実的な根拠がある。それは、〈三権分立制〉つまり直接には「三大機関」の相互牽制的な独立的分化が、国家権力を軸とした国家的支配の内的論理構造、とりもなおさず、間断なく定立されて実践される、法的規範の形成・支配の統一的過程に、大きく対応した性格をもっている点にある。

というのも、国家権力は、日々法的規範にもとづいた実践的活動［法的規範の執行］のため、その前提として、法的規範とりわけ〈議会〉裁可の、〈一般的法律〉形態をとった法的規範の定立［立法］を、必要としている。しかしこのことは同時に、法的規範の形成・支配の統一的過程自体が大きく、法的規範にもとづいて正しくおこなわれるよう、たえざる監視と監察、また違反への審査・審問と処罰が、断行されねばならないことをも、意味している。

具体的にいうと、法律［法的規範］への服従は、たんに国民的諸階級・階層に対して、強制されるだけではない。同時に、それを強力に遂行し実現している当の国家権力自体、つまり国家権力の存立と構成、さらにはその実践的諸活動全体に対しても、要求される。そのため国民と国家権力の実践的活動に、「違法行為」がないかどうか、つねに監視・監察・審査して処罰する〈司法権〉が、国家権力のなかに多様な形で設置される。とりわけ〈国家権力中枢の〈政府―執行機関〉による実践的諸活動に対しては、〈裁判機関〉ばかりか、〈議会〉によるきびしい監視・監察という形で、「法律」の網の目がはりめぐらされている。

［補註］

「中国革命の父」といわれる孫文は、「三権分立制」に代えるに「五権分立制」を提起した。因みに曰く、――「英国ハ立憲ノ元祖デハアルガ成文憲法ヲ持タナイ。ソコデ、英国ノ不成文憲法ヲ持ツテ来テ、我々中国ノ憲法ト比較シタナラバ、我々中国ニモ左図ノ如ク三権憲法ヲ有シテ居ル。

憲　法　比　較

- 中国憲法
  - 考試権
  - 君　権――兼――立法権・司法権・行政権
  - 弾劾権
- 外国憲法
  - 立法権――兼――弾劾権
  - 行政権――兼――考試権
  - 司法権

以上ノ国ニ就イテ見レバ、中国ニドウシテ憲法ガ無カツタト言ヒ得ルデセウ。一ハ君権、一ハ考試権、一ハ弾劾権デアリ、而シテ君権ハ立法行政司法ノ権ヲ兼ネテキタノデアル。考試ハ元来中国ノ極メテ立派ナ制度デアリ、且ツ重大ナ一事項デアツタ」[「五権憲法」『孫文全集上』所収、原書房、一〇八九頁]。

「此ノ五権憲法ハ上下ヲ覆ガヘシテ、君権ヲ無クシ、且ツ君権ノ中ノ立法、司法、行政ノ三権ヲ取リ出シテ、三ツニ独立シタ権利トスルノデアリマス。行政ニハ一人ノ政務ヲ執行スル大統領ヲ設ケ、立法ハ即チ国会デアリ、司法ハ即チ裁判官デアリ、又弾劾ト考試トハ同ジク独立シタ権利デアリマス。今後国家ガ行政ニ官吏ヲ採用スルニハ考試ヲ経過スルヲ要シ、無暗勝手ニ採用スルコトハ出来ナイノデアリマス」[同前、一〇九五頁]。

この孫文の主張は、「三権」にしても「五権」にしても、すべて即物実体的な機関論の発想から、生じたものである。因みに、孫文のいう「弾劾権」は、たとえ直接には立法機関[国会]が掌握していても、概念的には「立法権」ではなく、〈司法権〉に属している。また、「考試権」とは、〈官僚・官吏の任免権〉をさしていて、「弾劾権」と同様、〈三権〉と同一の論理的レヴェルで、独立化さるべき性格をもっていない。

C　小括——〈三権分立制〉の規範論的意味

以上述べてきたことを、ここで整理し、より理論的に概括しておく必要があろう。〈三権分立制〉は、国家権力それ自体における、組織内分業としての機関の独立的分立の問題ではない。この種の機関的独立・分立は、国家権力が多種多様な国家的諸活動を、直接担掌することによって要請された、専門的機関としての分化的分立である。

しかし、立法機関・執行機関・裁判機関という形をとった〈三権分立制〉は、この種の専門的な機関分化とは、性格を根本的に異にしている。まさに、〈三権分立制の核心は、三大機関の分立にあって、三大機関の分立には非ず〉。三大機関分立の背後には、規範それ自体の内的な運動、つまり規範としての意志の形成・支配過程が大きく控えている。

具体的にいうと、直接には三大機関の分立としてあらわれる、三権分立制の制度論的根拠は、規範としての意志の形成［立法］と、定立された規範にもとづく実践的遂行［執行］、それにこの規範としての意志の形成・支配の全過程が、定立された規範の規定にもとづいて、正しく実践されているか否かをたえず厳しく監視し、違法行為があった場合には、規範にもとづいて審査し処罰する［司法］。このような、〈この三つ以外にはありえない〉という意味での、〈三種の論理的な区別〉にもとづいているのである。

したがってこのような、〈なにゆえ三権でなければならないのか〉という意味での、本質的把握は、理論的には意志論としての規範論を、前提としてのみ可能となる。というのも、とくに組織的規範という形をとった、〈規範としての意志〉は、たえざる現実的な運動過程におかれている。それは、〈意志の観念的な対象化〉による〈規範としての意志〉の定立と、それが諸個人の独自の意志を服従させていく、その実践的な遂行と貫徹という、〈規範としての意志〉の〈形成・支配の統一的過程〉を、そのうちにふくんでいる。

そこでこのような規範論を前提とすれば、法的規範としての国家意志の定立［形成］が、〈立法〉、同じくその実践的遂行と貫徹［支配］が、〈執行〉であることは、即座に理解できる。しかし問題は、〈裁判（権）〉と区別される〈司法（権）〉概念である。いうまでもなく〈裁判（権）〉・〈司法（権）〉には、定立された法的規範が前提となっている。というのも、〈裁判（権）〉・〈司法（権）〉では、定立された法的規範が、個別的・特殊的な法的違反行為［法的規範への侵害］に対して適用され、貫徹されるからである。

そこでこのような事態を、〈定立された法的規範の実践的遂行と貫徹〉として把握してしまえば、〈裁判（権）〉・〈司法（権）〉は、法的規範の実践的〈執行〉の、たんなる一側面へと蹴落とされてしまう。そうなれば、〈裁判（権）〉と〈司法（権）〉は、概念的に区別されることなく、混淆されるだけではない。〈立法（権）〉・〈執行（権）〉とは独立的な、〈司法（権）〉概念自体が成立しなくなる。

げんに、G・イェリネックを頂点としたドイツ国家学［国法学ないし憲法・行政法を中心とする公法学］系列の法学

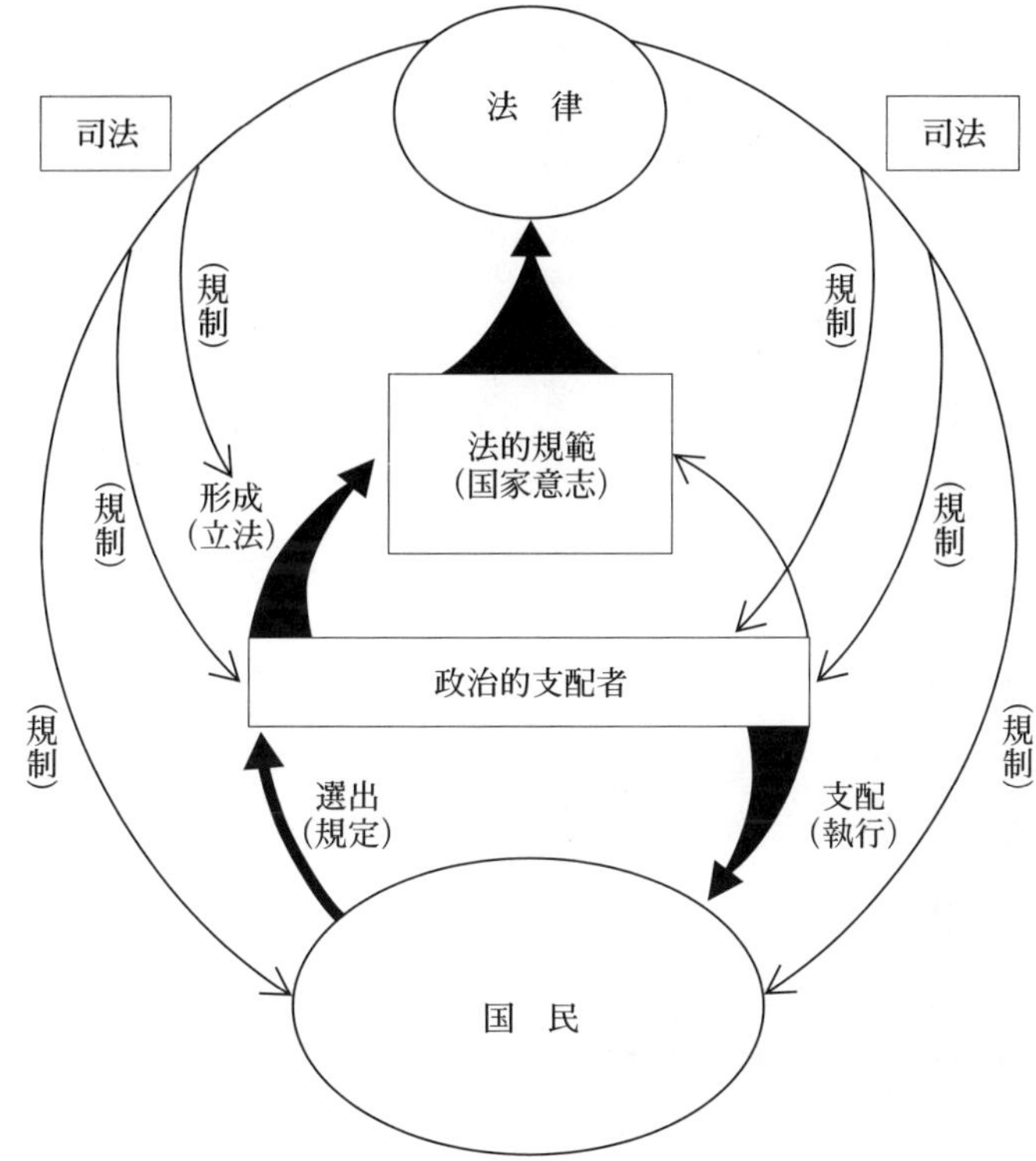

〈三権分立〉の規範論的図解

者・政治学者たちは、〈裁判（権）〉の〈司法（権）〉としての独立性を否定し、〈裁判（権）〉を〈行政（権）〉のなかに混入させた。［これらの点については、すでに第12章第2節で指摘し、さらにすぐ後の学説検討においてもとりあげる。］

しかし、〈裁判（権）〉と区別される〈司法（権）〉は、〈定立された法的規範への個別的・特殊的侵害に対する法的処罰〉を、国家的支配の全過程、つまりは法的規範の形成・支配の全過程、をも除外することなく、普遍的に拡大したところに成立する。すなわち〈立法〉・〈執行〉の両側面に対しても、定立された法的規範にもとづいて、正しくおこなわれたかどうか、つねに厳しく監察し審査し処罰する、対象にしたことにある。かくて、立法者も執行者も、自らが直接かかわった法的規範に違反すれば、独立的な〈司法権〉によって、容赦なく処罰される。

［補註］

私がこの〈司法権〉の特質と特異性に、はじめて気づいたのは、『北一輝』刊行後の一九七三年夏である。それを最初に指摘したのは、一九七五年一二月末に執筆した論稿「アジア的国家の論理構造」［『展望』、二〇七号、一九七六年三月］においてであった。因みに、――「…法理的には（つまり完成せられた法制的イデオロギーとしては）、〈国家意志〉の形成・執行の全過程を法的審査（処罰）の対象として監察・監督する、形式上最高の位相にある独立的Machtとしての〈司法権力〉…」［九九頁］。

D　〈三権分立制〉の歴史的・論理的前提

こうみてくると、何も国家権力にかぎらず、あらゆる組織的な権力関係の指揮中枢が、三権的に分化する可能性を、最初から内在させていることに、気づくむきもあるかもしれない。むろんこの論理的推測には、それなりの根拠がある。国家権力をもふくめ、一定の組織的・制度的規模と支配力をもった、社会的権力では、組織内諸機関構成員によって直接担われる、多様な組織的諸活動は、組織的規範にもとづいて遂行されている。したがって、たえざる組織的実践活動を展開している、これらの社会的権力には、その内に組織的規範の形成・支配の統一的過程が、隠しもたれている。

一般にそこでは、規範の形成［定立］・支配［執行］・と、その統一的過程全体に対する、規範にもとづいた監察・処罰という、〈三権〉の論理的区別が、直接組織的・制度的に独立・分化することなく、未分化のまま混淆的形態で保持されている。つまり、三権分立制がじっさいに見られるのは、〈近代〉以降の統一的社会形成を土台とした、歴史的国家だけであって、〈近代〉以前の歴史的国家や、規模の大小を問わず、あらゆる種類の社会的権力では、それを見ることができない。

後者においては、一般に、規範としての意志決定権がごく少数者に集中された、〈専制的〉権力形態をとっている。つまり、究極的には単一者に収斂されるごく少数者は、傘下の諸個人に対して、直接の実践命令としての性格をもった、規範としての意志決定をおこなう。そして直ちに、実践活動の指揮をとり、さらにその過程で命令違反や利敵行為、などを犯した疑いのある者には、直接審査・審問してその真偽の判定を行い、一定の処罰という形をとった意志決定をも下す。この意味でこの専制的支配者は、〈三権〉をいわば未分化・混淆的な形態で、一手に掌握していることになる。

このことは、今日の巨大企業形態をとった資本制的経済組織や政党、とりわけ議会政党とは区別される左右の「革命的」政治組織、また労働組合ばかりか、マフィアやヤクザなどのときに全国的規模にまで巨大化した強力な暴力組織、さらにときには想像を絶した規模と勢いで一挙に肥大化する、カルトをふくめた新興宗教組織などを、意志決定形態に焦点をしぼって観察してみれば、一目瞭然であろう。

このような、広く社会的権力で一般的にみられる、三権的未分化と〈専制的〉権力形態は、軍隊や〈近代〉以前の歴史的国家において、完成された形であらわれ、〈近代〉以降でもくり返し登場した〈専制的〉政治形態の、論理的原型ともいえる。因みに、典型的な専制国家体制の下では、専制的支配者によって発せられた命令［勅令・勅命］が、そのまま国家意志となる。そしてそれは、その家臣団［国家組織］をして、傘下の人民にそれへの服従を強制させ、違反者は人民であれ家臣であれ、専制的支配者によって審問・処罰された。

そこでは、執行権の頂点に立つ専制的支配者が、あらゆる国家意志の決定権を、独占的に掌握することによって、専制的国家権力として独立化している。そこで、この専制的国家権力は、法制的には裁判権力として実存した。それゆえ、専制国家体制の下では、専制的支配者によって日々発せられる意志［指示・命令］が、最高の国家意志として君臨し、貫徹されている。

そこではたとえ、専制的支配者の正式の命令［勅令・勅命］の、立案・作成にかかわる専任機関や、執行機関また裁判機関などが、形式上独立した形で存在したとしても、それらはすべて、専制的支配者直属の輔弼機関にすぎない。専制的支配者が、最高かつ最終の立法・執行・裁判権力を、掌握していることに、何の変わりもないからである。したがってそこでは、三権分立つまり立法権・執行権・裁判権の組織的機関としての独立はない。とくに専制的支配者の意志が、最高の国家意志である以上、裁判機関における〈最高判決〉自体が、つねに専制的支配者の恣意と気紛れによって覆されて、〈最終判決〉として確定しえない。そこでは、専制的支配者による〈裁判権〉は存在しても、〈司法権〉は存在しえないのである。［この点については、次節の「〈司法権〉存立の歴史的前提」参照。］

　ところが、この専制的な国家権力から、国家意志の〈法律〉形態での決定権である〈立法権〉を、独占的に掌握した〈議会〉が分離・独立すると、この構造はがらりと変わる。というのも、国民諸層の政治的代理人が一堂に参集して、その多数によって決せられた「国民の総意」が、そのまま〈国家意志〉、それも〈法律〉といわれる最高の国家意志として、確定される。そして、この〈法律〉はひとたび確定されると、国民ばかりか、その直接的な作成と決定にかかわった政治的代理人や、国家的諸活動の主体である、国家的諸機関［正確には政府―執行的諸機関］に対しても、その遵守がきびしく強制・監視され、違法行為があれば法律の規定に従って、容赦なく審理・処罰される。

　このように国民ばかりか、国家意志の決定と執行に直接かかわる政治的支配者自身が、裁可・決定された国家意志によってきびしく規定され、処罰されることは、〈裁判権〉が専制的支配者の手にある処罰権から、〈司法権〉へと大きく転成したことを示している。と同時にそれは、〈司法権〉が三権のなかで、〈形式的には最高の権力〉として、君臨することを示している。この意味で、〈三権分立制〉の完成は、直接に〈法治国家〉体制が、成立したことをも意味している。

　だから、〈近代〉以降の立憲的で〈民主的〉に構成された政治形態が、「法治国家」と呼ばれてきたのには、充分な根拠がある。そこではまず、国民に〈法律〉の遵守を強制する、国家権力自体もまた、〈法律〉にもとづいて組織・構成され、その細かな具体的規定と指示・命令にもとづいて、活動しなければならない。そこでかりに、諸個人［官僚・官吏］や諸機関の違法・脱法行為が、明瞭な証拠とともに発覚すれば、たとえ国家的支配の枢機を担掌する者であっても、議会や捜査機関・裁判所によって告発され、審査・審問をうけ、〈法律〉にもとづいて処罰される。少なくとも原理と建前においては、そうされることになっている。

したがってそこでは、直接に〈法律〉形態をとった法的規範が、国家的支配の全域にわたって、強力に貫徹されることを、少なくとも〈国民国家〉の組織的構成原理として、採用している。かくて〈国民国家〉は、〈三権分立制〉を国家権力の組織的構成原理として採用することによって、〈法治国家〉を完成させる。それはまた、〈三権〉のなかで〈司法権〉が、少なくとも形式制度上は、〈最高の権力〉として君臨していることの、原理的な表明でもある。

［補註］

ドイツ国法学の鬼っ子として知られるC・シュミットは、「法治国家」の特質について、つぎのように指摘している。——「この法治国の根本観念は、歴史的にも思想的にも、ひとりの人間であれ、ひとつの会議体または団体であれ、その意志が、万人に対して平等の・あらかじめ規定された一般的規範にとって代るような人間の支配の拒否を意味する。法律の支配は、なかんずく、まず第一に、立法者自身が自らの法律に拘束され、彼の立法権能が恣意の支配の手段とはならないことを意味する。ところで立法者の法律による拘束は、法律が、正しさ・合理性・正義等の一定の属性をもった規範である場合に限り、可能である。すべてこれ等の属性は、法律が一般的な規範であることを前提する。その個別的措置・特別の命令・免除および破毀が、その一般的な規範的規律と同様に法律とみなされるような立法者は、どう考えても、自己の法律に拘束されてはいない。ほしいままに『法律』を作ることができる者にとって、『法律への拘束』というのは、無意味な空語である」［尾吹訳『憲法理論』、創文社、一七五頁］。

明らかなようにC・シュミットも、「法治国家」の特質が、〈立法者自身が自らの法律に拘束される点にある〉ことを、一応看取している。しかしそれは、もっぱら「法律」それ自体の形式的な特質から説明されていて、〈三権分立制〉との関連とりもなおさず〈司法権〉と、関連づけて把握されてはいない。シュミットは、この種の「法律」それ自体の形式的な特質が、じつは〈三権の構成いかん〉を軸とした政治形態いかんの、正確な反映ないし表現であることに、まったく気づいていないのである。この直接の原因は、ヘーゲル以来ドイツ国法学にも継承されてきた、〈三権分立〉拒絶論にある。

3 〈三権分立〉と国家権力の組織的統一

〈三権分立〉は、直接には「三大機関」の独立的分化と相互牽制的な併存として、あらわれる。そこで、古くから、〈三権分立によって、国家権力と国家主権は、分割され破壊される〉、といってこれに真っ向から反対する者は、後を絶たなかった。ヘーゲルはその代表的な反対者の一人であるが、この発想は、一元的な国家主権論を堅持したドイツ国家学によっても、継承された。

しかし〈三権分立制〉は、国家的支配を、とくに法的規範の形成・支配の統一的過程に大きく対応させた、論理的区別にもとづいている。したがってそこでは、直接の「三大機関」の独立的分化にもかかわらず、国家的支配としての統一性が、当然の論理的な前提とされている。そのことを前提としたうえで、つぎに、国家権力の直接の組織的・制度的統一性の実現いかんというレヴェルから、この〈三権分立制〉の問題をとりあげねばならない。つまり国家権力は、なにゆえ「三大機関」の独立的分化にもかかわらず、組織的・制度的な統一性を実現できるのか？

社会的権力レヴェルでは、〈三権〉的な独立的分化はみられない。そこでみられる「執行部」や「執行機関」は、〈三権〉の萌芽的諸権を、未分化にして混淆的な形態で独占的に掌握した、〈専制的〉指揮中枢である。これは、国家権力レヴェルでいえば、〈専制的〉国家体制における、〈専制的〉統治権力中枢と同一の論理的性格、正確には論理的端緒にほかならない。だからこそそれは、統一的組織化を首尾よく実現できる。

したがってそうなると、〈三権分立制〉をとった国家権力における、組織的統一性が、何よりも〈執行権〉を中心にして実現される、強度の一般的傾向性［つまりは法則的な必然性］にあることの根拠は、これとはまったくべつに解明されねばならない。結論からいうと、その根拠は、〈三権〉の組織的・制度的な特質にもとづくものである。

まず〈司法権〉が、専任的諸機関によって直接発動されるには、一定の条件がある。それは、国家的諸機関とその構成諸個人をもふくめた、すべての社会的諸個人による、特定の実践的活動が、明瞭な違法・脱法行為として、提訴されたばあいである。もちろん〈司法権〉は、たとえ直接発動されなくても、すべての諸組織・諸個人に対して、つねに眼に見えざる無言の脅威と圧力をくわえている、こともまた否定できない。

しかし、つねに特定の違法・脱法行為が露見し発覚してはじめて、現実的に作動するという〈司法権〉の特質は、いったい何を意味していようか？　いうまでもあるまい。〈司法権〉が政治的・現実的活動という点、つまりは日々生起する社会的・現実的必要への、国家的対応という点で、はなはだ受動的かつ消極的な存在にすぎない、ことを端的に示している。

たしかに〈司法権〉は、法的規範それ自身の化身として、すべての社会的諸個人ばかりか、他の〈二権〉をも不断に監視・監察し、処罰できるという意味で、理念的あるいは形式制度的には、〈三権〉のなかで〈最高の権力〉とはいえる。しかし、それにもかかわらず、いや、それゆえにこそ、現実的に作動する政治的権力としては、きわめて〈無力〉であり、まちがっても〈三権〉の中心として、国家権力の統一的組織化を担掌することなど、ありえない。

これに対して〈立法権〉は、何といっても〈執行権〉の実践と活動を、根本から規定し拘束する、一般的〈法律〉形態をとった法的規範の、裁可・決定権である。そこで、形式的にみると〈立法権〉は、〈執行権〉の首根っ子を大きく抑えることによって、それを実質的に支配し、従属させているようにさえみえる。そこから、〈立法権〉は、〈司法権〉にくらべると、はるかに現実的な政治的権力としての積極的な能動性をもっていて、〈三権〉

のなかで他の〈二権〉を従属させた、実質的な最高権であるという解釈が提出されても、いっこうに不思議ではない。

げんに近代政治思想の古典的な先駆者たちは、みなそう考えた。因みにいくつか紹介しておこう。

ロック…「立法権は、一人の手中にあろうと何人かの手中にあろうと、あるいは、常時存在しようと一時的にだけ存在するものであろうと、すべての国家共同体における最高権力である」［伊藤訳『全訳　統治論』、柏書房、二五〇頁］。「統治が存続している間は、どんな場合でも、立法権が最高権力である。なぜなら、他に法を与えるものは、必ずそれよりも優越しているに違いないからである。そして、立法権は、社会のすべての部分、すべての成員に対して法を作る権力を持ち、ひとびとの行為について規則を定め、この規則が破られたときには、法を執行する権力を与える、ということによって、社会の立法権たりうるのだから、立法権は最高権力でなければならず、社会の成員あるいは一部分の持つその他の権力はすべて、立法権から派生し、これに従属するものなのである」［同前、二六二頁］。

モンテスキュー…「執行権力が立法府の意図を抑止する権利をもたないならば、立法府は専制的となろう。なぜなら、立法府は考えうるすべての権力を自己に与えることができるので、他のすべての権力を滅ぼすであろうから。／しかし、立法権力は逆に執行権力を抑止する権能をもつべきではない。なぜなら、執行にはその本性上限界があり、執行を制限することは無益だからである。その上、執行権力は一時的な事柄について行使されるのが常だからである」［野田他訳『法の精神（上）』、岩波文庫、三〇〇頁］。

ルソー…「政治体の生命のもとは、主権にある。立法権は国家の心臓であり、執行権は、すべての部分に運動をあたえる国家の脳髄である。脳髄がマヒしてしまっても、個人はなお生きうる。バカになっても、命はつづく。しかし、心臓が機を停止するやいなや、動物は死んでしまう。／国家は法律によって存続しているのではなく、立法権によって存続しているのである」［桑原他訳『社会契約論』、岩波文庫、一二六頁］。

カント…「各国家は三つの権力をそれ自身のなかに含む、すなわち、立法者という人格における統治権（主権）、（法則に従う）行政者という人格における執行権、及び裁判官という人格における（法則に従って各人のものを裁定するはたらきとしての）司法権の三者（立法権、行政権、及び司法権…）であって、…」〔吉沢他訳『人倫の形而上学』、『カント全集第11巻』所収、理想社、一七六頁〕。

一言ふれておくと、モンテスキューは、立法権の本来的な強力さを可能なかぎり抑止し、制御することに多くの注意と警戒を注いでいる。また、カントは、「主権」と「統治権」との混同を前提にして、「立法権」を「統治権」（＝「主権」）に解消させ、混同する形で、「立法権」の最高性を表示している。これは、歴史的現実をまったく理解できなかった、いかにも文献哲学者らしい頓馬な発想、というほかない。

だが、〈立法権〉の特質は、これら近代政治思想の理論的開拓者たちの単純な理解とは、遠くへだたったところにある。というのも〈立法〉、つまり〈法律〉形態をとった国家意志の裁可・決定自体が、現実的には、〈外〉に諸国家間のたえざる対峙・抗争、〈内〉に統一社会的規模における、諸階級・階層間の不断の不和・抗争の、ただなかでおこなわれている。

もちろん〈外政〉上の意志決定と、〈内政〉上の意志決定とでは、規範としての拘束力と、国家意志としての束ねられ方自体に、大きなちがいがある。これまで何度も指摘したように、〈外政〉上の意志決定には、大きな特異性がある。そこでここでは、とくに〈立法〉的意志決定の過半を占める、〈内政〉上の国家意志決定に、焦点をあわせておけばよい。

そこでは、国民的規模でくり返される、諸階級・階層間の不和・抗争の、個々の深刻な危機的事態の勃発をうけて、その背後にひそむ国民的・統一社会的な性格に即した、「国民的一般利害」としての普遍的な表現、つまりは統一社会的秩序維持に直接かかわる、〈法律〉としての一般的抽象と定立がおこなわれる。それによって、類似の個別的・特殊的事態の勃発に対して、緩急自在の国家的対応を可能にする、一般的な原則と基準が創出される。

この意味で、〈立法〉的意志決定は、勃発した個別的・特殊的事態への、国家権力による普遍的な一般的対処として、〈法律〉という一般的法規範形態をとって、定立されるわけだ。したがって、国家的介入を必要とする、個別的・特殊的な事態が勃発するたびに、いちいち〈法律〉が、定立されるわけではない。もしそんなことにでもなれば、〈議会〉は一日として休むこともできず、不断の〈立法〉活動に追い立てられる。そして、一年のうちに何万何十万にものぼる、おびただしい数の「法律」が、吐き出され続けよう。

その結果、噴出された「法律」の、一般的諸法としての体系的整備が、実質的に不可能になるから、とくに「裁判」活動が、大きく混乱するだけではない。〈統治〉・〈行政〉的諸活動のうち、とくに〈中央―地方的〉行政機関によって、日々裁可・決定されている〈行政〉的諸活動の大半が、そのまま〈議会〉にまでもちこまれ、いちいち「法律」としての裁可と決定が必要とされよう。

これを〈政治形態〉としてみると、〈議会〉が、〈政府―執行的諸機関〉によって掌握されている、内部的な政治意志決定権、正確には、〈政策〉遂行において必然化される政令・省令など、下級的法規範形態をとった国家意志の裁可・決定権をも、直接吸収し掌握した特殊な形態といえる。これは、〈議会〉専制形態ともいえる、特殊な政治形態であって、歴史的事例としては、共和政期ローマにおける〈元老院〉専制形態が、これにもっとも近かろう。

しかし少なくとも、〈近代〉以降の国民的・統一的社会形成を、歴史的前提とするかぎり、この種の〈議会〉専制形態が再生されることは、現実的には絶対にありえないと断言できる。というのも、〈近代〉以降の歴史社会では、何よりも諸階級・階層としての諸個人が、〈自由競争〉という名の苛烈な社会戦争を、くり広げている。しかもそこでは、一般に〈議会制民主主義〉の政治形態が採用されているため、諸階級・階層間のたえざる、そしてときにかなり深刻な不和・抗争が、そのまま、〈議会〉レヴェルにおける政治的代理人の、多元的分裂と対立・抗争という形で、あらわれる。

もちろん、相互に敵対的性格をもった社会的諸個人の、諸階級・階層としての特殊な意志・要求は、そのそれぞれが、「国民的一般意志」として観念的に集成され、その政治的代理人たちの手によって、〈法律〉という形をとった国家意志へと、大きく転成されねばならない。しかしそのためには、政治的代理人間において、慎重な審議という形をとった、相互の妥協と調製また取引が、必要不可欠となってくる。それゆえ、たった一本の法案を〈法律〉として裁可し決定するためでさえ、ときには信じがたいほど多くの手間と時間を要する。それゆえ毎日、数百・数千にものぼりかねない、多数の法案を即刻審議し、即座に〈法律〉として裁可・決定することなど、絶対に不可能といえる。

こうして〈立法権〉は、何よりも〈法律〉を定立することによって、〈執行権〉としての〈政府―執行機関〉による、実践活動上の一般的原則と規定を与える。そして、〈政策〉形態をとった〈法律〉の具体的適用と運用、とりもなおさず強力な国家的保護と介入を要する、個別的・特殊的な事態への実践的対応については、原則的に〈執行権〉の独自的裁量［いわゆる「行政裁量権」］に、まかせるほかないということになる。

かくて、〈立法権〉の特質は、国家的対応を要する個別的・特殊的事態の出来に対して、〈法律〉の定立という、より普遍的かつ媒介的な、一般的・原則的な対応にある。これにひきかえ、〈執行権〉の特質は、おなじく突きつけられた、個別的・特殊的事態の出来に対する、〈法律〉にもとづいた、より具体的かつ直接的な、実践的対応にある。

このように〈近代社会〉の歴史的進展を土台とした、国家的支配の発展にともない、〈立法権〉は、〈執行権〉にくらべて、現実的な政治的権力としては、いちじるしく形式化される必然性を、もっていた。これは、両者の組織的・制度的特質として、最初から内在されていたということである。

さきに紹介したように、近代政治思想の古典的な先駆者たちは、何らためらうことなく、〈三権〉のなかで〈立法権〉に、現実的な政治権力としての第一義性を付与した。しかしこの単純明快な発想も、絶対王政という統一的専制国家をいただいたまま、国民的・統一的社会形成がようやく開始したばかりで、国家的諸活動とりわけ経済・社会政策を中心とした〈行政的〉諸活動が、圧倒的に未発達であった、根本の歴史的な規定と制約を無視して、とりあげるわけにはいかないのである。

結言

〈民主主義〉の思想原理は、真っ先に〈議会制民主主義〉を産み落として、その制度的進展と定着が、〈三権分立制〉を完成させただけではない。ひとたび〈三権分立制〉が完成されると、〈議会〉だけではなく他の二権に対しても、〈民主主義〉原理が容赦なく適用される運命にあった。とりわけ国民社会の本格的な発展にともなう、近代国家権力の飛躍的な組織的・制度的な展開は、一方、実質的な最高機関であるはずの〈議会〉の形骸化と、他方、政府［執行機関中枢］の独自性と独立的な強大化を帰結した。

もはや国家権力中枢の、意志決定権を独占的に掌握した〈議会〉さえ国民が抑えておけば、〈民主主義〉原理が貫徹されるといった、甘い状況ではなくなる。当然のことながら、政府［執行機関中枢］に対する〈民主主義〉的規制と制約が、必要となる。これは、直接には政府首長を国民が選出する、〈首長公選制〉という形で現実化される。それはまた、〈民主主義〉にもとづいた〈三権分立制〉による、国家権力中枢の統一的構成の、もっとも典型的で一般的な形態が、〈共和政〉政治形態にほかならないことを、強烈に示している［この点くわしくは第17章第4節参照］。

こうして、〈法の前での平等〉という原則が確定されていく。また、これまで統治権力を独占的に掌握してきた、ごく少数の特権的身分階級が、一挙にあるいは徐々に廃止されるにともない、〈統治・行政〉に直接かかわる、〈中央—地方〉のすべての公職が、国民一般に開放される。それは、一方では、〈統治・行政〉の意志決定権を掌握している、〈中央―地方〉議会の構成員と、同じく〈中央―地方〉執行機関の首長を、国民が直接間接に選出できることである。また、他方では、〈統治・行政〉の実務的な専門家組織である、〈中央―地方〉執行機関の構成員、つまりは官僚・官吏には、すべての国民に開放された公務員試験に合格して、その専門技術的な技量が承認されれば、誰でも採用される、という形であらわれる。

以上要するに、〈議会制民主主義〉が、〈議会〉による立法権の独占的掌握、というところにまで進展すれば、〈法治国家〉体制を現出させる〈三権分立制〉が、完成されるといえよう。この意味で〈三権分立制〉の完成には、〈議会制民主主義〉の構造的な進展が、歴史的にも論理的にも前提となっている。もう少し大きくいえば、〈近代〉以降の〈民主主義国家〉体制は、〈議会制民主主義〉の制度的進展と定着を軸とした、〈三権分立制〉の発展開花をまってはじめて、完成されたのである。

〈議会制民主主義〉の制度的進展と定着にともない、政治的世界に新たな二つの重要な契機が派生し、発展してくる。その一つは、〈思想と言論・表現の自由〉にもとづいた、国民的・統一社会的規模での〈政治的世論〉の形成である。そして、もう一つは、近代〈議会政党〉の出現である。〈世論〉一般については、すでに総説でその要点を記しておいたが、〈近代民主政治〉に固有の〈政治的世論〉の形成と、〈議会政党〉については、国家権力の形式制度的構成をふまえた、国家権力の現実的構成のところで、とりあげる［第18章・第20章］。

（2）〈司法権〉存立の歴史的前提

1　統治権力の〈裁判権力〉としての実存

私が〈司法権〉の孕むきわめて特異な位置・位相に直観的に気づいたのは、『北一輝』脱稿後の一九七三年夏であり、それをはじめて公表したのは、それから数年後の一九七五年暮れに執筆した論稿「アジア的国家の論理構造」［『展望』一九七六年三月号］においてである。すなわち私はそこで、すでに「国家意志の形成・執行及び全般的支配に対応した〈三権的分化〉」と記し、さらに「法理的には（つまり完成された法制的イデオロギーとしては）、国家意志の形成・執行の全過程を法的審査（処罰）の対象として監査・監督する、形式上最高の位相にあたる独立的Machtとしての〈司法的権力〉」と定式化している。

だが、このような〈司法権〉の特異な性格が全的に開花するのは、国家的支配が完成的に発展した姿態で現出する〈近代〉以降のことである。すなわち近代以前の歴史的国家においては、他の二権に対する〈司法権〉としての独立化はみられず、未熟な第三権力は、すべて〈裁判権力〉という実存形態をとった統治権力として現出するほかなかった。さきの通俗的な三権分立＝三大機関分立論は、直接には〈司法権〉と〈裁判権〉との原理的混同としても現出している。したがってこの点からいえば、古今の政治学者や歴史学者は、なにゆえ、近代以前の歴史的国家がすべて〈裁判権力〉という形態で実存する他なかったかを、論理的に追求してみようとはしなかったことになる。［これはまた、高度の一般論理的把握（抽象）を主眼とする原理的作業において、歴史理論的追求が否応なしの必須的前提とならざるをえないことを端的に証示するものといってよい。］

もとより太古の公的権力はもっぱら裁判的権力であったとか、中世的な政治的権力は裁判権力であったとか、国家の歴史的形成は「立法機関」に先行した裁判権力の成立であったという、たんなる歴史的事実としての指摘だけなら、かつてF・エンゲルスやM・ヴェーバー、またはH・ケルゼンでさえおりにふれて述べている。因みに、

①F・エンゲルス――「太古には、平時の全公的権力は、もっぱら司法的な権力であった」［「マルク」「マル・エン全集第19巻」三一七頁］。

②M・ヴェーバー――「さし当りは封臣一般の一部分のみが、政治的支配権力――ということは原理的には裁判

権力であるが――を受封された。フランスにおけるいわゆる“seigneurs justiciers”［裁判領主］がこれである」［世良晃四郎訳『支配の社会学Ⅱ』、創文社、三三五頁］。

③H・ケルゼン――「行政と裁判所とをもつ法的協同体は国家である。けれども立法の中央機関は、国家の本質的な要件ではない。国家的裁判所の管轄権は、国家的立法よりも古い。フランス語のparlementということばが、本来、裁判所を指すものであったことは、注目に値する。／裁判所は立法機関に先行するものであるが、しかしそれは最初の中央機関ではなかった。最初の中央機関はおそらく、他の集団に対する戦争で自分の集団の軍事指揮者の地位を占める首領であった。最初は、彼の地位は、法の形成に関する限りそれほど重要なものではなかった。首領の地位が恒久的な制度となり、法的な事項を処理するや否や、首領は裁判官として現れるが、立法者にはならない」［『法と国家』鵜飼信成訳、東京大学出版会、一七一頁］。

そしてこのような見地は、彼ら古典的大家が述べたというただそれだけの理由から、一部の古代的・中世的実証史家の中には深い理論的顧慮もなしに、ごく安易に受け入れている者もいる。だが、なにゆえそうなのか、正確にはこの問題を統治形態論上の大問題として捉え、さらに直接の制度的・法制的追究を、現実的基礎つまり発展しつつある階級的権力構成いかんの、大きな媒介的関連において統一的に解明した者はいない。

その歴史構造上の制度的根因は、支配共同体ないし共同体支配者等の形態をとった階級的権力が、直接に第三権力を構成したため、支配共同体の赤裸々なる階級的意志が、直接に国家意志として君臨するほかなかった点に求められる。このことをまず、〈アジア的〉・〈古代的〉・〈中世的〉な国家的支配を念頭におきながら、歴史理論レヴェルで一瞥しておこう。

そこでは、多かれ少なかれ、社会・経済的基底における各種・単位的共同体が、相互的連絡を欠いて半ば局地化された自給自足的完結性を把持していた。つまり各種の単位共同体は、多かれ少なかれ再生産と余剰生産の一切の諸条件を把持していたのであって、それは、一方における、農業と手工業の未分化に象徴される内部的な社会的分業の未発達と、したがってまた階級・階層的未分化と、他方における、〈共同体―間―交通関係〉の圧倒的立ち遅れに収斂される。このような歴史的構造下では、多かれ少なかれ、支配共同体ないし共同体支配者が、傘下従属共同体との・はなはだ外面的に創出された・政治的、社会的圏内において、全体としては支配的階級権力としての性格をもって君臨していた。げんに彼らは、軍事・徴税・裁判を中心とした内・外国家意志の最高的ないし最終的な裁可・決定権を掌握していた。

ということは、実質的な祭祀的・貢納租税的・軍役的支配にかかわる、多分に恣意的かつ赤裸々な抑圧的性格をもったものであれ、外的国家体制として束ねられたルーズな従属共同体圏の、純然たる形式的な公法的（とくに刑法的）秩序維持にかかわるものであれ、支配共同体ないし共同体支配者の意志が、従属共同体の伝統的な法的規範（習慣的法規範）の上位的法規範として君臨するのみではない。このようなラフな外的国家体制維持に直接かかわる法的規範として国家意志は、支配共同体ないし共同体支配者の意志という、特殊的形態においてしか実存しえないことが、重要なのである。かくて国家意志は、もっぱら執行的・統治権力としての支配共同体ないし共同体支配者によって、従属共同体に一方的に押しつけられるという、特殊に専制的ないし直接に外部抑圧的な形態をとって現出する。そこで統治権力は、直接に、国家意志としての支配共同体ないし共同体支配者の意志への違反・敵対者に対する、仮借なき法的な処罰権力すなわち〈裁判権力〉としても実存することになる。

かくて、支配共同体による実質的な貢納租税的・軍役的また祭祀的支配は、形式的には支配共同体がルーズな外的国家体制維持に直接かかわる、上級的刑事裁判権を中心とした上級的・最高的裁判権の直接的掌握者として、傘下共同体（成員）に君臨するという形態をとって現出することになる。

私は右に、支配的な階級権力によって直接構成される未熟な第三権力を正面に据えて、それが直接に〈裁判権力〉という、一般的かつ形式的な実存形態としての性格をもつことを示した。しかしこの点に関連して、ここではさらにつぎの二点をとくに指摘しておかねばならぬ。

第一に、支配的な階級権力が、直接に〈裁判権力〉として実存することは、何も中央権力にのみかぎったことではない。中央権力と比較的ルーズな政治的従属関係を締結している、各地域的統治権力に即しても、一般的にみられることである。因みに私は〈中世的〉国家における典型的な封建領主的権力に即して、「…それは、〈村落（共同体）―地方的〉社会の大土地所有者（経済的権力）としての側面と、地方的統治権力者（政治的権力）としての側面とを直接的に混淆させた、地租・地代徴収者である。具体的にいうならば、社会的・経済的秩序維持に直接関わるレガーリエン上の諸権、すなわち森林・牧草地・河川等の各種共同地の管理者としてその実質的支配者であり、さらに貿易関税（とくに取引税・道路税・航行税等）権・貨幣鋳造権・市場税権等を、多かれ少なかれ王権との直接かつ個別の取決めにおいて分掌している。次に、政治的権力すなわち地方的統治権力としては、以上すべての封建領主的特権への侵害に対する、排他独占的な領主的〈裁判権〉、とくに〈村落（共同体）―地方的〉社会の内的実質に直接関わる、下級的刑事及び民事的裁判権の掌握者として実存する」［『アジア的国家と絶対王政』、拙著『アジア的国家と革命』、三一書房、第三部所収、三〇〇頁］と記していたとおりである。

このような地域的統治権力の〈裁判権力〉については、とりあえず直接には執行権力形態をとった裁判機関が、その〈中央―地方的〉発展において、〈村落―地方的〉社会の法、とりもなおさず集積された判例その他の形態をとった地方的慣習法によって、実質的には大きく規定されざるをえなかったこと。また〈アジア的〉および〈中世的〉世界では、下部末端・農村共同体レヴェルでの〈村会〉等が、一般民事・下級的刑事〈裁判権〉の実質的ないし看過できない分掌主体として存在していたことを、附言しておく。［私はここで、〈中世的〉世界については、主にドイツ史の伊藤栄・山田欣吾・斎藤泰・中村賢二郎・若曽根健治・小倉欣一等、イギリス史の藤原浩・松垣裕・小川貞夫・平松紘等の報告を念頭においている。〈アジア的〉世界についてはは思いの外乏しいが、インド北西ラジャースターン地方のムガル帝国に安堵・編入されたラージプート諸王国の、一八世紀前半コータ王国に関する現地語史料（古ラジャースターン語の徴税文書）を駆使した、驚嘆すべき一連の報告を提出している佐藤正哲が、とくに最近の「十七・十八世紀ムガル帝国の地方支配について」（『アジア研究』第二三巻第二号）、「十八世紀末ラジャースターン地方における村落社会」（『亜細亜大学アジア研究所紀要』第四号）等で、〈村会〉に関する注目すべき言及を行なっている」

第二に、われわれは〈近代〉以前の〈裁判権力〉という場合、右に示した地域的統治権力のあり方を念頭におきつつも、直接には中央権力を正面に据えた統治的権力全体が、〈裁判権力〉としての一般的・形式的形態をとるという統一的把握（一般論理的把握）と、直接の〈裁判機関〉としての〈中央—地方的〉発展の問題とを、相対的に区別して把握しなければならない。とくに前者の大きな統一的把握を前提とすることなく、〈裁判権〉の問題をごく常識的に後者、すなわち直接の制度としての〈裁判機関〉の問題に、解消させてしまってはならない［補註］。〈近代〉以前の未熟な第三権力では、多くの場合〈裁判機関〉自体が、直接に執行機関の〈中央—地方的〉展開という形態を、とっているからである。また、完成的に発展した〈アジア的〉国家のように、強力に集中され体系化された、第三権力の〈中央—地方的〉展開においては、たしかに直接の〈裁判機関〉としての分化的発展が、みられる。しかしその場合でも、国家意志としての支配共同体の意志は、もっぱら〈デスポットの意志〉としてのみ実存する。それればかりではない！　この〈デスポットの裁判権〉という形態は、支配共同体を直接構成する一族・全臣僚に対しても、各地域的統治権力に対してむけられた各種の直属的監査機関や、中央官僚に対する直属的密偵組織を自在に駆使しながら、容赦なくむけられる。したがって〈アジア的〉デスポティズム下においても、裁判権の問題を直接の裁判機関にのみ限定することはできない。

［補註］

わが国の代表的な古代法制史家にしてヴェーバー学者の第一人者として知られる石尾芳久は、私の近著『アジア的国家と革命』への好意あふれる書評［『日本読書新聞』一九七八年七月十日付］のなかで、二つの疑問点を提出されたが、その主要な一に、アジア的デスポティズム下での「裁判制度」に対する「行政優位の体制」という見地がある。しかしこのような見地は、通俗的「裁判機関」理解に立脚したいかにも法制史家らしい疑問であって、私が〈近代〉以前の裁判権に対する右の二重性を理論的前提としたうえでの、デスポティズム規定を提出したことを理解できなかったことから生じたものである。しかしこの点について詳しくは、『道』一九七九年一月号に「現代政治・思想批判」の第一回稿として、小文「アジア的国家に関する理論的諸問題」を提出しておいた［拙著『唯物史観と国家理論』（三一書房）所収］。

〈近代〉以前の統治権力が、直接に〈裁判権力〉として実存するということは、そこでは〈司法権〉の確立が、歴史構造的にも直接の制度的にも不可能であることを意味している。すなわち支配共同体ないし共同体支配者という形態をとった支配的な階級権力が、直接に第三権力を構成し、したがって支配的な階級意志が直接に国家意志として君臨するかぎり、第三権力としての支配共同体それ自体を、容赦なく法的審査・処罰すべき法的規範が、国民的諸層の直接・間接の関与によって成る一般的諸法として、成立しえないからである。もとよりこのことは、第三権力としての支配共同体を規制・処罰すべき、一切の法的規範や裁判権が存在しないことではない。因みにそれは、〈古代的〉世界の都市共同体における〈民会〉裁判の如き、直接に民主的な共同体的規制や、〈アジア的〉国家における支配共同体それ自体としての、〈デスポット裁判〉という形態で存在した。それゆえ、支配共同体自身を処罰・規制する法的規範は、もっぱら伝統的・習慣的な身分制的諸法という形態をとった、特殊的規範として存在するだけで、国民的諸層による直接・間接の関与を前提とした、一般的諸法としては、成立しえなかった。しかるがゆえに、支配共同体内部で伝統的に把持・継承された、特殊な裁判権は存立しても、〈司法権〉としての原理的確立は、不可能であったということである。

2　デスポティズムの〈親裁〉構造

完成的に発展した〈アジア的〉国家では、第三権力を直接構成するデスポット一族としての支配共同体が、在地的社会正確には〈村落—地方的〉社会に対して、直接には裁判権力として出現する統治権力として存在する。

そこでは法的規範としての国家意志は、もとより支配共同体の意志としての実質的性格をもっている。しかし、支配共同体の意志は、例えば共和政期ローマにおける貴族層の最高的共同機関としての〈元老院の意志〉という形態とは大きく異なり、ここでは特殊に〈デスポットの意志〉という、人格的形態においてのみ実存する。その理由は、多数の従属共同体を直接かつ個別に集中・集積的に束ねるように進展した、アジア的な帝国的国家形成、すなわち直接の制度的には支配共同体の政治的権力の、飛躍的上昇と強大化にともなう、〈帝国―内―第三権力〉としての、統一的一元化の必要［補註］を現実的基礎として、支配共同体・首長への観念的神格化の過程において、神権的な人格的専制権力の創出が必然化されたことにある。

［補註］

〈オリエント的〉形態をもふくめた〈アジア的〉な帝国形成にともなう支配共同体の政治的権力としての飛躍的上昇は、その内実における一族功臣の地方的統治権力としての転成・その多元的強大化と、いわば表裏をなして進行する。そこで、帝国国家支配としての、統一的一元性の必要性に基礎づけられた帝権確立は、その歴史的過程において、多くの場合強大化して多元的に分立する一族功臣との苛烈な内乱・権力闘争をつうじ、神権的専制君主としての〈デスポット〉を頂点とした支配共同体の、新たな一元的かつ集中的な政治的再編成の断行によってのみ可能となった［この点、とりあえず拙著『国家の本質と起源』勁草書房、第二部第二章参照］。

したがって、法的規範としての国家意志が、特殊に〈デスポットの意志〉という形態でのみ実存しうる体制下では、必然的にデスポット個人の独自の意志が、国家意志としての〈デスポットの意志〉の決定において、看過しえないきわめて重要な意義をもって登場してくる。このことは同時に、デスポット個人の独自の意志を大きく、また直接・間接に左右する立場にある、一族・側近等の個人的また党派的な意志が、条件次第では大きく跋扈・暗躍する必然性をも示している［いわゆる「側近政治」。別稿「側近政治論」『道』一九七四年五月号参照］。また、内・外国家意志の立案・審査・決定・執行にかかわる中央的諸機関の分化的発展を、現象的にみるならば、高度に発展した中央集権的な国家組織における、三権的分化と錯覚されかねない。しかし実際は、これらの諸機関はデスポットがあらゆる国家意志の最高的ないし最終的な裁可・決定権を掌握するという根本制度的大枠での、直属的参与・諮問・諮詢・執行・裁判諸機関として相互独立的に併存した、たんなる輔弼的諸機関でしかなかった。

以上要するにデスポティズムは、実際に〈親裁〉か否かはべつとして、建前ないし形式制度的には〈親裁〉という形態をとらざるをえないわけである。いうまでもなく、一般の凡庸なデスポットと、彼を一族の首長として形式上奉戴するデスポット一族による帝国支配の場合には、平常的政務の大半を宰相以下先代以来の重臣（一族功臣）やら、新たな取りまきに委任せざるをえない欝屈とひきかえに、ときおり示す私事や個別的問題への異常な執心とそこからくる珍事・暴挙にかんしては、何人も黙許せざるをえないという、国家的政務にかかわる大きな役割分担が慣例化されている。しかし、一定の条件とくにデスポット一族の側の、主体的条件［主にデスポット個人の一族統率の政治的力量や強靭な体質等］を前提とするならば、建前としての〈親裁〉が、文字通りの〈親裁〉にきわめてスムーズに転化する、客観的な制度的条件をもっているところに、アジア的デスポティズムの大きな歴史的特質がある。この意味で、以下では文字通りの〈親裁〉の歴史的事例を、稀有な特殊例として切り離してしまうのではなく、あくまでデスポティズムの一般的な〈親裁〉構造との論理的関連において、つねに念頭におきながら、さらに看過しえない重要な諸問題を、いくつかとりあげておかねばならない。

まず第一に、〈親裁〉体制下では、慣例上宰相裁可で実質的に確定される諸法令は、デスポットさえその気になれば容易に転覆・修正され、デスポットによっていったんは裁可・決定された、法令（勅令・勅命）といえども、彼の気まぐれやその私的側近の入れ知恵等によって、あっさり廃止［その廃止命令も勅令・勅命である］され、すでに執行段階に移された勅令・勅命も、途中で中止また復活命令されたり等々の事態も、けっして少なくない。また、とくに刑法上の重要犯罪にかぎり、地方的機関から中央の最高的機関へと上訴される〈裁判判決〉の場合も、これとまったく同様である。とくにデスポットへの〈直訴—恩赦〉制度を想起すべきであろう。以上について、一般的にはすでに別稿「アジア的国家の論理構造」［『展望』一九七六年三月号］等で、概述しておいた。しかし、とくに裁判判決におけるデスポットが把持した、最終的ないし最高的な裁可・決定権の、歴史的実相を知るうえで、滋賀秀三の論文「清代の司法における判決の性格(1)・(2)」［『法学協会雑誌』第九一巻第八号、第九二巻一号］に優るものはない。滋賀はこの問題を、中国・清朝治下に即した〈判決の確定力の不在〉という法制的観点にしぼって、じつに精緻かつ詳細・長大な報告を提示している。

第二に、銘記さるべきは、デスポットを頂点かつ基軸として相互独立併存的に構成された、直属的諸機関による法的規範の、確定・執行（裁判をふくめた）の全過程自体が、いつ発動されるかわからない〈デスポットの意志〉によって、たえざる批判・審査・処罰の鋭い監察と裁判の対象としても、存在することである。すなわちデスポット自体が、全臣僚・人民への最高的・裁判権力としても、実存したといってよい。因みにこれを、中国歴代王朝史に即した内藤湖南の簡潔な記述によって示せば、「唐代までの宰相は、皆貴族階級の中より出て、権力を握っているので、一度その位置に至ると、天子と雖も自由に動かすことが出来ない習慣であったが、明以後はたとえ如何に盛んなる権力を有せる宰相でも、天子の機嫌を損ずる時は直ちにその官を奪われ、又は囚人と堕される」［『内藤湖南全集第十巻』、筑摩書房、三五一頁］ということになる。さらに内藤史学の後継者にして、戦後における京都派東洋史学の総帥・宮崎市定は、「雍正硃批諭旨解題」・『雍正帝』等の一連の論稿［いずれも『宮崎市定アジア史論考下巻』朝日新聞社、所収］で、デスポット自らが、御史台の如き公的監察制度の他に、私的密偵組織をも自在に駆使しながら、不正・政務怠慢には厳罰をもって臨む最高裁判官として、中央の宰相・大臣はもとより、広大な帝国に展開した地方的上級官僚層をも、直接かつ個別に支配・命令した個別歴史的事例として、清明・雍正帝の親裁を生き生きと活写し再現している。

第三に、このようなデスポティズムの特質は、一方で、公然また隠然（私的密偵組織の如き）の両形態をとった、直属的・監査制度の異常な肥大的発展の必然性を、示すばかりではない。同時に他方では、臣下がすべて直属的・諸機関を構成する、直属的・官僚（属僚）としての性格をもつから、彼らがすべて直属的・監査機関とは異なる、臣僚監視・監察者としての実質的役割をも、否応なしに強制されることになる。つまりは、相互的密告による、相互的監視体制の必然化である。宮崎市定は、この点にかんしても雍正帝が、「奏摺政治」と呼称された上級地方官僚層［総督・巡撫ばかりか布政司・按察司・提督・総兵に下りさらに道員・知府に到るまで］との、直接かつ個別密書［臣下からの公的報告文書を「題本」、私的文書を「奏摺」という］のやりとり［臣下への返答文書を「硃批論旨」という］によって、上司・同僚・下僚のいかんを問わない、相互的密告を強要・強制していた実相を、再現し報告している［前掲論文参照］。

3 一般的諸法成立の歴史的論理

つぎに、〈司法権〉の確立、正確には〈裁判権〉一般から〈司法権〉への制度的転成をより直接的に媒介する、一般的諸法成立の歴史構造的諸条件について、簡単にでも追究しておかねばならぬ。

まず、右の制度的転成を歴史構造的に大きくいうならば、支配共同体ないし共同体支配者という形態をとった階級権力が、直接に未熟な第三権力を構成する体制から、第三権力が階級的社会構成の全体、つまり体制的秩序維持にかかわる公的権力としての、本質的性格を一層明瞭にして、社会・経済的な階級権力から分離・独立化することである。これによってはじめて、法的規範としての国家意志が、従来の直接に階級意志という形態や、各種地方的慣習法の多様・雑多な集成といった特殊的形態ではなく、社会の体制的秩序維持にかかわる公的規範としての本質的性格にふさわしい、一般法としての普遍的形態をとって成立するからである。

もとより右の制度的転成は、直接の歴史的には〈近代的〉第三権力形成によってのみ現出した。したがってその基礎には、近代的市民社会形成、すなわち国民的規模での社会的分業と交通関係の多様な歴史的展開にともなう、国民的〈共通利害〉と諸階級・階層的〈特殊利害〉との構造的矛盾の形成が、前提となっている。そこで、支配的階級権力が現実的に君臨する社会の、体制的秩序維持にかかわる第三権力は、ここにおいてこの構造的矛盾に基礎づけられ、もっぱら「国民的共通利害」維持という、一般的かつ幻想的形態をとって登場する。これを、新・旧諸階級・階層の新たな姿態での、構造的展開の只中から形成された、国民的支配階級形成に即してみよう。

いうまでもなく新たな国民的支配階級として登場したブルジョア諸層は、内部的にはその「自由なる」社会・経済的活動において、不断の相互的対立・抗争状態にある。しかし彼らの生産諸条件における共通性は、他の諸階級・階層とくに被支配階級との深刻な対立・抗争をつうじて、後者への抑圧諸条件にかかわる支配階級としての一般的共通利害という形態で、不断に突きつけられ自覚される。したがってここに、社会・経済的な階級形成を現実的土台とした、支配階級としての一般的な階級的共通利害を遵守するための階級的結集と連合、つまりは政治的階級形成の必要が生じる。そしてこの政治的権力形成は、主に〈中央―地方的〉諸機関への多様な支配を通じた、実質的には第三権力レヴェルでの結合として現出する。

したがって、支配的な階級権力からの第三権力の形式的分離・二重化は、社会・経済的な支配階級が、内部的には不断の不和・対立を孕みつつも、全国的規模で階級的に結集することによって、被支配人民全体に対する、かつてない強大な現実的権力を掌握したことの、逆説的表明といってよい。すなわち彼らは、もはや直接に第三権力を構成することなく、もっぱら経済的搾取に専心していながら、そのかつてない強大な経済的支配階級としての現実的権力を縦横に駆使することによって、多くの場合、第三権力の全体を、充分意のままに支配することができるからである。かくて近代的第三権力、端的には一般的諸法と一元的統治組織は、ブルジョア的諸層が君臨する近代的市民社会との総体的関連において、本質的には彼らの階級的総意と共通意志を国家意志として決定する、共同機関としての性格をもつ。〈司法権〉確立をより直接的に媒介する一般的諸法成立の歴史過程は、このような社会・経済的基底におけるブルジョア諸層の新たな支配階級としての発展と、それを基礎とした絶対王政下〈中央―地方的〉諸機関への徐々なる進出の、長い苦難の歴史過程でもあった。

それを簡単に一瞥するならば、一般的諸法とくに一般民事・刑事上の諸法は、まず裁判判例をふくめた各種地方的慣習法の、上からの統一的編成・編纂という形態で、大きくその足を踏み出した。因みにブルジョア諸層は、その経済力にものをいわせて封建領主裁判に大きな影響を与えたり、それが不可能な場合には国王直轄裁判へかけ込んだり、また、王権直轄所領として安堵・編入された都市においては、一定貢賦と引きかえに「内部自治」＝都市裁判権を獲得したりして、裁判判例をふくむ各種地方的慣習法の全体を、徐々にブルジョア化しつつあった。また彼らの一部は、機会さえあれば直属的〈中央―地方的〉諸機関へ、積極的に関与・参画していった。したがって、各種地方的慣習法の統一的集成は、それ自体としてはデスポティックに強大化した王権による、王国統一の政治的志向性を直接の観念的原動力としていても、社会の構造的変化すなわち地方的閉鎖性を突き破りつつあった、ブルジョア諸層の社会的・経済的発展と、その政治的成長を無視して語ることはできない。

しかしこれにひきかえ、〈公法〉の中枢をなす行政諸法への国民的諸層による関与・規制は、大きく立ち遅れた。その理由は、王権を直属的な〈中央—地方的〉諸機関形態で構成した新・旧貴族層が、第三権力の中枢すなわち国家意志の最高的裁可・決定権を、がっちりと掌握していたからである。新興ブルジョア諸層は、この直属的諸機関の構成員として個別に抜擢され、王権に忠実な新貴族層を形成しても、直接の階級権力としては極力その中枢から遠ざけられ、せいぜい微力な〈議会〉に結集するほかなかった。そしてここに、旧い封建領主権力形態をとってデスポティックに肥大した〈絶対王政〉の、形成されつつある近代市民社会統制に任ずる、近代的第三権力形成としての大きな限界があり、とくに〈議会〉を全体的に無化・圧殺したところ（仏）で、ブルジョア政治革命の一挙なる爆発を必然化せしめたことは、すでに前掲別稿「アジア的国家と絶対王政」でも記した。また、〈中世的〉王権の聖・俗封建領主的権力への、かなり強力な直属的支配権が、早期から達成される事によって、封建大貴族層全体による共同的支配と、王権の名目化がいち早くあらわれたところ（英）では、中世後期以降とくに絶対王政期に入って、新・旧貴族層が〈議会〉に結集し、とくに〈財政—徴税〉上の実権を掌握することによって、国家的支配の実質的な分野で、王権を大きく掣肘・制限しえたことはいうまでもない。

しかし、一般的諸法の完成は、特殊に第三権力それ自体、とくに執行権力に対する国民的諸層の直接・間接の関与から生れた、近代的公法の成立をまたねばならなかった。したがってそれが、歴史的には王権の直属的諸機関に結集した、新・旧貴族層の各種特権の剥奪と、その一掃によってのみ可能となったことは、ここで改めて銘記されるべきであろう。そして、近代的公法成立をより直接的に規定した思想・イデオロギーが、〈法的自由と平等〉観念を核とした〈人権〉思想に収斂されることは、とくに指摘するまでもあるまい。しかしそれが、ブルジョア諸層の社会・経済的活動を土台として、歴史的に形成されたことだけは、決して忘れるわけにはいかないのである。

以上要するに、〈三権分立〉とくに〈司法権〉確立の歴史過程は、第三権力における「三大機関」の形式制度的分化を、何よりも一般的諸法の内部的落差をふくんだ歴史的進展・完成過程との媒介的関連において、把握されねばならないといえる［第2節第1項～3項は旧稿・一九七九年一月］。

4　補論――〈専制政治〉と「合法的支配」

国家［権力］をもふくめた、あらゆる社会的な組織的権力の特質は、組織的規範にもとづいた支配力という点にある。国家権力を軸として展開される、国家的支配の場合には、〈社会〉全体を規制し拘束する、法的規範にもとづいている。この意味で、すべての国家的支配は、〈法的規範にもとづいた支配〉、つまりは〈法的支配〉にほかならない。

その場合、法的規範としての国家意志決定権が、特定の個人ないし少数者によって独占的に掌握されていようが、法的規範に規制され服従する社会的諸個人自身にも、分与されていようが、何ら変わりはない。つまり、法的規範としての国家意志の決定形態が、〈専制的〉か、それとも〈民主的〉かといった、政治形態のいかんには、まったく関係なく、すべて〈法的支配〉である。

厳密かつ一般的にいわれてきた「合法的支配」とは、〈法的支配〉の特殊な形態をさしている。それは、直接には、公的機関裁可になる〈実定法にもとづいた支配〉、とくに〈議会〉裁可の一般的〈法律〉にもとづいた〈法的支配〉を、さしている。したがってそれには、法的規範としての国家意志が、日々発せられる〈支配者の意志〉という形態ではなく、とくに〈議会〉裁可の一般的〈法律〉形態をとって集積され、一般的諸法として構成されることが、前提となる。そして、そのためにはさらに、〈専制的〉統治権力から、〈議会〉が〈立法権〉を独占的に掌握したかたちで、組織的・制度的に分離し独立化することが、前提となっている。この意味で、「合法的支配」は、〈民主的〉政治形態の下でのみ、発現し開花する。

この問題に関連して、一般にプラトン自身のものではない、とされている『定義集』〔向坂訳『プラトン全集15』所収、岩波書店〕のなかに、「独裁政治。責任をとわれることのない、しかし合法的な支配」〔二八頁〕、という指摘がある。この把握は、それがプラトンのものかどうかとはべつに、学的・理論的に正当であろうか？

一般に「独裁政治」と呼ばれている〈専制的〉政治形態の下では、専制的支配者が国家的支配の全権、正確には〈三権〉を未分化に混淆させた状態で、一手に掌握している。専制的支配者によって日々発せられる、〈指示・命令〉形態をとった〈支配者の意志〉が、既成の法的規範を押し退けて、つねに最高の国家意志として君臨している。そこで、国家意志の決定およびその執行上の、失敗や不手際が出来しても、専制的支配者は、この失政の責任を自らとることなく、それを臣下や臣民に転嫁して、彼らを処罰し処断することができる。

ただし、こんなことばかりくり返していると、まちがいなく専制的支配者は、側近幹部によるクーデターや、人民の反乱によって、政権の座から放り出されよう。とくに〈専制的〉政治体制は、国内的には無敵なため、無謀な外戦を仕掛けて軍事的に潰滅したとたん、たちまちこの世から消えてなくなる。この意味で〈専制政治〉は、専制的支配者が自ら責任をとったり、「責任をとわれることのない」政治的システムとはいえるが、失政が限度を超えれば、根こそぎ吹き飛ばされる、はなはだ不安定な政治的システムでもある。

いま一つの問題は、さきの『定義集』がこの〈専制政治〉を、「合法的な支配」として把握している点である。〈専制政治は、責任をとわれることのない、合法的支配〉という把握は、この政治形態のいかんにかかわりのない、〈法的支配〉という意味でなら、正当といえる。しかし、この「正当性」とは、「独裁政治」も国家的支配である以上、法的規範としての国家意志にもとづいている、という意味でしかない。厳密かつ一般的な「合法的支配」とは、この意味での〈法的支配〉のことではなく、法的規範が、特殊に〈一般的法律〉形態をとった〈法的支配〉をさしている。それゆえ『定義集』が、「独裁政治」を「合法的な支配」として把握したのは、学的・理論的には正当ではない。

［補註］

M・ヴェーバーの「合法的支配」概念については、拙著『ヴェーバーと丸山政治学』（勁草書房）のとくに第二章を参照されたい。

14 補論——三権分立論の検討

（1）モンテスキュー小論

1　三権分立論と『法の精神』の形式的不備

よく知られているように、モンテスキューの〈三権分立〉論は、一七四八年に公刊された『法の精神』［ここでは根岸国孝訳、河出書房版を使用する］のなかで提示されている。そしてそれが、公刊以後今日に到るまでの数世紀にわたって、多くの誤解と曲解に満ちた政治理論的混乱の伝統の渦中に放置されてきた。もとよりその根本的原因は、〈三権分立〉発想の意義を、〈近代国家〉を正面に据えた国家的支配の原理的追究［つまり高度の一般論理的追究］において、自ら確認しようとはしなかった研究主体の側の方法的欠陥にある。しかし、より直接には、モンテスキューの問題提起における、形式的不備・欠陥に負うところが多い。というのも、彼の問題提起には『法の精神』全体がそうであるように、論理的整序性が欠如しているからである。具体的にいうと、『法の精神』における問題提起は、個別歴史的素材に直接密着した個々の理論的発見の、全体としてラフな集成という形態をとっていて、それらが体系的な論理的区別と連関のなかで、整序されることによって、〈科学〉的な原理ないし一般理論として確立されるには到っていない。

もっとも、『法の精神』の形式的不備・欠陥を指摘した論者は、同時代人、否、すでに公刊前後その内容を知った者のなかに、いたらしい。因みに宮沢俊義は、その長大な論稿「モンテスキュー『法の精神』」〔宮沢『憲法の思想』、岩波書店　所収〕のなかで、わざわざ「『法の精神』における統一と秩序」なる一章を設けて、〈統一と秩序の欠落〉を指摘した論者のうち、とくに同時代の一八世紀後半から一九世紀末までの、代表的と思われる見解をかなり詳細に、しかも手際よく紹介し検討している。そして最後に、「『法の精神』が著作として統一と秩序を欠くということは、従って、大体においては承認せられなくてはならない。むろんそこには明らかに看取せられうる雄大なひとつのプランがある。そしてそのプランにもとづいて『法の精神』の大部分は構成せられている。しかし、その対象のあまりに広汎であったためと、そしておそらくは著者のあまりに『遍在的』な性格のために、そこには多かれ少なかれそのプランの埒を脱するような部分が数多く見出される。しかもそれらの部分はそれぞれきわめて貴重な貢献を学界に与えている。『法の精神』がかような意味において『無秩序』だということは、だから、必ずしもその欠点をもって目せらるべきではない。『法の精神』の『法の精神』たる所以は少なからぬ程度においてそういったその『無秩序』のうちにあると考えられる」〔四四頁〕という結論を提出している。

ご苦労さまとでもいいたいところだが、このような形式的不備・欠陥は、何も古典的諸家の見地をもっともらしく紹介・検討するまでもなく、われわれが直接『法の精神』の目次を開いてみれば、一目瞭然のことである。しかも多くの枚数を費やしたあげくの結論が〈一貫して流れる雄大なプランの厳存にもかかわらず、形式的な論理的整序性の欠如こそが、『法の精神』の学的生命に他ならない〉というのでは、いかにもわびしい。問題は、こうした論理的整序性の欠如が、なにゆえ招来されたかを、モンテスキューが実地に援用した方法に即して、追究することにあるからである。

このような方法的特質は、彼が国家と法の原理的追究を、直接に個別歴史的レヴェルでの理論的追究という形態で、遂行している点に収斂される。もとより、前者の原理的追究には、後者の歴史理論的追究とその成果が前提となるべきであり、後者の歴史理論的追究には、前者の原理的追究とその視角が、理論的・方法的前提となるべきという、方法上の論理的関連は存在する。しかし、それにもかかわらずこの二つの作業は、何よりも著作構成の形式と方法において、明確に区別して遂行されねばならない、からである。因みにこれを、私の国家論構築の方法に即していえば、「国家論大綱」という形態で構成しようとしている原理的作業に先立って、この数年来「歴史的国家の理論」の構成に打ち込んできた。つまり私は主眼とする原理的作業を、とくに一九七五年以来、個別歴史的国家の世界史的論理構成という、国家の歴史理論的追究の作業において、実質的に遂行してきたわけである。

こうした歴史的・社会的事象に対する、原理的ないし一般理論的追究と、個別歴史に直接密着した歴史理論的追究との、方法上の論理的区別を与えた最初の学的巨匠は、かのヘーゲルである。われわれはそれを、例えば国家と法にかんして、『精神現象学』および『法の哲学』と、『歴史哲学』との方法的関連のなかに、看取することができる。しかしヘーゲルの学的方法は、形式上、客観的観念論としての非合理的な神的ヴェールを、かぶったままであった。そこで個々の卓越した学的内実と成果は、その理論的体系化の段階で、きまって観念論的に逆立される破目に陥った。もとより原理的追究に、形式的にも内容的にも〈科学〉としての方法的礎石を設置することに成功したのは、マルクスである。したがってマルクスが『法の精神』における形式的不備・欠陥をみたら、この天才的著作もまたヘーゲル以前の、あるいはヘーゲルを通ることのなかった学的・思想的著述家に共通の、非科学的な方法的錯誤から自由ではありえなかった、と評したに相違ない。

要するに、『法の精神』は、相対的に区別さるべき二つの作業を同時に、混淆的に遂行せんとしている。そのため、直接の個別歴史的追究としては余りに粗大で理論的にすぎ、理論的追究としては個別歴史的素材にとらわれすぎて、厳密な徹底性を欠いている。それにもかかわらず『法の精神』は、〈世界史〉的発展過程におかれた個別歴史的実相に即して、国家と法の理論的追究を体系的に試行した、最初の画期的著作であることに何らの変りもない。形式的には原理的追究の予備的作業として、しかし内容的にはその実質的作業として、われわれが国家と法の歴史理論的追究に立ちむかうとき、今日の実証史的水準に即して大きく訂正、補正されるべき諸点が多数存在するにもかかわらず、多くの歴史理論的卓見や政治理論上の天才的創見を、いたるところで発見できるのはこのためである。もっともこれは、原理上の真に創造的かつ体系的作業に打ち込むことによって、原理的追究と歴史理論的追究との方法的区別の必要を、実地に感得した者でないと、とうてい理解できない。たんなる俊敏な学説研究者にすぎない宮沢俊義が正解できなかったとしても、一向に不思議ではないわけである。

このような『法の精神』全体を貫く方法的特質を、〈三権分立〉論に即してみよう。モンテスキューの〈三権分立〉論は、第二部第十一篇の第六章「イギリスの国家構造について」で提示されている。注目すべきはそれが、直接にはイギリスの統治形態を示すイギリス憲法に即した、理論的提起という形態をとっていることである。そしてこれは、古くからモンテスキューやその〈三権分立〉論批判者によって、イギリス憲法へのまったくの誤解にすぎないと論難される根拠をつくっている。因みにH・ケルゼンは、『民主制の本質と価値』［長尾龍一訳『デモクラシー論』上原・長尾・森田・布田共訳、木鐸社、所収］のなかで、「権力分立の原則は、モンテスキューが英国憲法から抽出したものだとされているが、当時の英国憲法をいくら研究してもそんな原則は出てこない」（二一頁）と断定している。

また、わが国の代表的なケルゼニストとして知られる清宮四郎は、『権力分立制の研究』［有斐閣］のなかでこの点にかんし、「それにしても、ことさらに『イギリス憲法について』という特殊な題目を掲げながら、他の一般的な題目の章における叙述が多く歴史的または法社会学的であるのに対し、この章における叙述がいちじるしく分析的であり、合理主義的であるのは、奇異の感じをいだかせるばかりでなく、所説の内容からみても、多くの学者の指摘するように、イギリス憲法の史実そのものについてのモンテスキューの知識はあまり高く評価することはできまい」〔三六～七頁〕としたうえで、〈三権分立〉提起それ自体について、つぎのような解釈を提出している。――「これが、純粋に理論上の立場、すなわち国の権力または作用としてありうべきものを考察する立場から、およそ国家には、どのような国家にもかかならずかれのいうような三種の権力または作用が存在すると主張するものであるか、あるいは制度上の立場、すなわち、一定の時代における特定の国家の実定法上の制度として存在する権力または作用を考察する立場から、特定の国家の制度上かれのいうような三種の権力が存在すると主張するものであるかは、明らかではないが、おそらく後者であろう」〔四六～七頁〕。

このような古典的大家や先学の解釈は、たんに学説の形式的論理のみを重視するわが国の文献学者には、もっともらしくみえるかもしれない。しかし『法の精神』における方法的特質が、歴史理論的追究つまり個別歴史に即した理論的追究にあることを考えるならば、モンテスキューがイギリスの国家形態を、その直接の個別歴史的素材としてではなく、形成されつつある近代的な国家組織としての一般理論、正確には典型的な近代的国家形態としての一般性において把握したこと自体、むしろ当然のことである。また、モンテスキューによる歴史理論的把握が、他の諸篇諸章ではより個別歴史的素材に密着した形態なのに、〈三権分立〉論を提起した章において、より一般的・理論的形態をとっていたとしても、それは同一の方法的特質の下での、たんなる形式的落差でしかない。この意味で、「イギリスの国家構造について」は、「ヨーロッパの多数の王国」のいずれでもよかったわけであるが、王権の例のないデスポティックな集権的強大化を生み出し、苛酷な思想的禁圧体制をとっていた自国・フランスを、直接責任ある個人名でヤリ玉にあげられなかった時代的背景くらい、想起しておかねばならぬ。

つぎに清宮のいう、歴史的な「国家の制度」にかんする理論的追究を一切前提としない「純粋」な「理論」の追究など、文字通り哲学者の思弁的な「純粋観念」それ自体であって、〈科学〉的認識とはまったく無縁である。もとより、モンテスキューによる歴史的な「国家の制度」の追究との機械的切断の発想は、ケルゼンを猿マネして、新カント派の〈存在〉と〈当為〉の方法的二元論をごく安易に適用したことの所産でしかない。

モンテスキューによる〈三権分立〉論の提唱は、たんなる〈理念〉ないし〈当為〉としての〈理想国家〉の提示でもなければ、歴史的・実在的国家に対する理論的分析の所産でもなかった。ときの［一八世紀前半期］「ヨーロッパの多数の王国」において出現した、「制限的君主政体」［正確には〈絶対王政〉］を正面に据えて、その背後に完成的形態で発展しつつある、法的支配としての国家的支配の一般性を、鋭く看取した一般理論であり、理論的提言にほかならなかったのである。したがってそれを、たんに近代的な国家形態・政治形態論として片づけるのは、現象主義的ナンセンスである。〈近代〉以降の歴史的国家において、国家的支配が完成的な発展形態をとる以上、三権上の問題提起は、たんなる近代国家論ではなく、一般的な国家理論としての本質的性格を、もっているからである。モンテスキューがべつのところで、「わたしのいうところは歴史の全体によって確認され、事物の自然にきわめて適応している」［五一頁］と記しているのは、その歴史理論的方法のなかで、彼なりにこの点に気づいていたことを示している。

つぎに彼の問題提起を具体的にとりあげることによって、このことを実際に明示しなければならぬ。

2　三権分立論とその概要

モンテスキューによる〈三権分立〉論の提起は、制度上の具体的発言と警告が、ときに個別歴史的諸事例を引き合いに出しながら、理論的に説明されるという形態をとっている。したがってそれは、『法の精神』における他の諸篇諸章がそうであるように、それ自体としてはけっして理解しにくいものではない。むしろ簡潔でわかりやすい文体である。因みに章の劈頭に提出された〈三権〉区別の定式化は、簡潔そのものといってよい。すなわち、――「各国家には三種の権力がある。立法権、万民法に依存する事物の執行権および市民法に依存する事物の執行権がこれである。／第一のものによって、君主または為政者は一時的に、または永続的に法をつくり、既存の法を改正または廃止する。第二のものにより講和または戦争を行い、外交使節を交換し、安全を保ち、侵略を予防する。第三のものにより犯罪を罰し、または個人間の争訟を裁判する。二つの執行権の中、この最後のものを裁判権と称し、他をたんに国家の執行権とよんでよい」［一五一～二頁］。

明らかのようにモンテスキューは、〈三権分立〉を、たんに〈近代〉以降の歴史的国家における理想として、必要だといっているわけではない。すべての国家組織において、このような「三種の権力」の区別、別言すれば〈三権的分化〉を必然的なものとして把握しているのである。逆言すれば、〈政治形態〉上のいかんを、〈三権的分化〉いかん、とくに三権的構成いかんに求めているわけであって、直観的ながらその画期的意義は不滅といってよい。というのは政治形態上の制度的核心は国家意志の最高的裁可・決定権の所在と掌握主体が、何よりも第三権力の〈三権的分化〉いかんに即した組織的形態如何のなかで追究さるべき点にあるからである。

モンテスキューは、このような〈三権〉の原理的区別を前提にして、まず三権が〈君主〉一人に集中的に掌握されている〈アジア的〉諸国の〈専制君主政〉との大きな制度的・形態的対比において、〈三権〉相互の比較的厳密な分離・分立を提唱する。因みに曰く、——

①「もしもただ一人の人物、もしくは有力者であれ、貴族であれ、または人民であれ、それらの一団体だけがこれらの三権、すなわち法をつくる権、公の議決を執行する権、ならびに犯罪もしくは個人間の争訟を裁判する権を行使するとすれば、すべては失われるであろう」［一五二頁］。

②「ヨーロッパの多数の王国においては、政体は制限的である。なんとなれば君主は一と二の権力を持っているが、第三の権力の行使はこれを臣下にゆだねているからである。トルコにおいてはこれらの三権は皇帝に集中せられており、むごたらしい専制政治が君臨している。／イタリア諸共和国においても、これら三権が集中しているのでわが諸君主国におけるよりも自由の存することが少ない。かくて、この政体が維持されるためには、トルコの政体と同じく強暴な手段を必要とする。…これらの共和国における市民の地位がいかなるものでありうる

かを見よ。同一の執政団体が立法者としてその手に握った全権力を、法の執政者として持っているのである。この団体はその一般的意志によって国家を劫掠することができるし、また、裁判権を持つがゆえに、その特殊的意志によって各市民を破滅させることもできる。／そこではすべての権力が唯一であり、専制君主を明らかに示す外観的壮麗はないけれども、各瞬間に専制君主の存在が感知されるのである」［同前］。

つぎに個々の点について、まず〈裁判権〉と〈立法権〉および〈執行権〉との分離・独立が説かれる。すなわち、――「裁判権が立法権および執行権と分離していない場合もまた、自由は存しない。この権が立法権と結合しておれば、市民の生命および自由に対する権力が恣意的なものとなろう。裁判官が立法者となるわけであるから、この権が執行権と結びついているとすれば、裁判官は圧制者の力を持ちうるであろう」［一五二頁］。

同じように〈立法権〉と〈執行権〉との分離、とくに〈執行権〉の〈立法権〉からの分離・独立が強調される。①「同一人物の手に、または同一官職団体の手に、立法権と執行権とがかねられるとき、自由は存在しない。なんとなれば、同一君主または同一元老院が暴政的な法をつくってそれを暴政的に執行する恐れがありうるからである」［同前］。

②「もしも君主が存在せず、執行権が立法府から選ばれたある人数の人々にゆだねられるとするならば、もはや自由は存在しないであろう。なんとなれば、同じ人々がときとしては、この二つの権力に参与しているし、また、つねに参与しうるのであるから、両権は合一されてしまうであろうからである」［一五五頁］。

しかしモンテスキューの〈三権分立〉論の政治形態論としての論理的構成は、たんに三権の厳格な相互的分離・独立を提出したものではなかった。それは、直接には執行権を中心とした統一的一元化を目ざしているからである。因みに右引用章句の②は、一般にイギリス流〈議院内閣制〉形態の否認として受けとられている。しかしモンテスキューの直接的真意は、立法権による執行権の直接支配をきびしく防護し排斥することによって、後者の前者からの分離・独立を遵守せんとした点にある。そのための制度的提言は一見して驚くほど執拗かつ徹底的である。まず執行権による立法権の制御・規制権の必要と、立法権による執行権の阻止・規制権の否認の理由が、一般的に宣明される。曰く、——「執行権が立法府の企画を阻止する権利を持たぬときには、後者は専制的となるであろう。なんとなれば、それはその思いつきうるあらゆる権力を自己の手におさめうるであろうから、他のすべての権力を滅すであろう。／しかしながら、逆に立法権が執行権を阻止する権能を持ってはならない。なんとなれば、執行はその本性上、限界があるから、これを制限することは無用である。のみならず、執行権はつねに即時的な事項にたいして行使されるものである。だからローマの護民官の権力は、たんに立法を阻止したのみならず、執行をも阻止したという点で欠陥があった。このことがさまざまの大害をひき起こしたのである」［一五六頁］。

そして具体的には第一に、執行権による議会の常時集会の制御と、前者による後者の開催・停会・存続決定権の掌握が必要とされる。

①「立法府が常時集会していることは無用であろう。それは代議員にとって不便であろうし、その上、執行権をあまりにも邪魔することになり、執行権は執行をまったく考えずに、もっぱらその特権とその有する執行の権利を譲ることを考えるであろう。／その上、立法府がもし常時集会しているとすれば、たんに死亡する代議員のかわりに新たな代議員をもって補充する以上のことは行われないことになるかもしれないのである。しかも、この場合には、もしも立法府が一たび腐敗するならば、病弊は救済のみちがないであろう」［一五六頁］。

②「立法府は決して自ら集会してはならない。なんとなれば、集団は召集されたときしか意志を持つ者とみなされないのであるし、もしも全員一致によって集会するのでないとすれば、集会せる部分と集会せざる部分とのいずれが真に立法府であるのか決定しえぬであろうからである。もしまた、立法府が自ら停会する権利を持つとすれば、決して停会しないということも起こりうる。これは立法府が執行権に害を与えんと欲するような場合には、危険なことである。なおまた、立法府の集会には比較的都合のよい時期と然らざる時期とがある。したがっ

て執行権がこれらの集会の開催と存続の時期を、その知っている状況に応じて、決定すべきなのである」［同前］。

第二に、立法権による執行権への〈執行・検査権〉は持つべきとしつつも、それが執行権への〈執行・裁判権〉であってはならぬとする。すなわち、――「…自由な国家において立法権は執行権を阻止する権利を持つべきではないが、そのつくった法がいかに執行されたかを検査する権利を持っているし、またその権能を持つべきである。そしてこの点がこの政体がクレタやスパルタのそれにたいして持つ長所なのである。クレタやスパルタの調整官（cosmoe）や監督官（ephorus）は決してその行政を報告しなかった。／しかし、この検査がいかなるものであっても、立法府は執行者の一身を、したがって、その行動を裁判する権利を持つべきでない。かれの一身は神聖であるべきである。なんとなれば、かれは立法府が国家において専制的とならぬために国家にとって必要な存在なのであるから、かれが告発されまたは裁判されるようなことが起これぱたちまち自由はなくなってしまう」［一五六～七頁］。

そして最後に、執行権は〈君主〉一人の掌中にぞくすべしとする。もとよりこれは、立法権の場合とは大きく異なり、国家統治の実践的一元性、正確には執行上の国会意志の最高的裁可、決定権を頂点とする、執行における指揮の一元的統一性の必要によるものである。因みに、――「執行権は一人の君主の掌中にあるべきである。なんとなれば、統治のこの部門はほとんど必ず即刻の行動を必要とし、多数よりも一人によって、よりよく管理されるからである。これに反し、立法権に属するものは、一人よりも多数によってしばしばよりよく処置される」［一五五頁］。また、〈軍隊〉の指揮・統帥権は、国家政治の直接的執行にかかわるその本来的使命と性格からして、立法府ではなく執行権に直属すべしとする。すなわち、――「軍隊がいったん建設されるや、直接に立法府に属すべきでなく、執行権に属すべきである。これはことの性質上当然である。その任務は審議よりも行動にあるのであるから」［一五九頁］。

3　三権分立論の思想的・階級的特質

それではモンテスキューは、なにゆえかくまでも、立法権による執行権の直接的支配を恐れ、前者に対する後者の実質上の政治的・制度的優位と主導性を、くり返し主張したのであろうか？　そしてこのような方策が、結果的には執行権の政治的・制度的独立・強大化の趨勢に一層拍車をかけることに、少しも気づかなかったのであろうか？　それは、執行権に対する立法権の理念的また形式制度上の圧倒的優位、具体的にいうならば立法権が国家的活動を規定する、一般的意志の決定権を掌握するのに対して、執行権は立法権によってかく確定された一般的意志の、たんなる執行に任ずるにすぎないと考えたからである。かくて立法権の理念的・形式制度的優位が明白である以上、その政治的・制度的優位、つまり立法権による執行権の直接的支配・併合の趨勢を、制度上幾重にもわたって防護することが必要と考えたとしても、一向に不思議ではない。あるいはぎゃくに、モンテスキューの理念的・形式制度的優位という把握には、政治的・制度的劣位という発想が、恰もメダルの表裏の如く前提となっている、というべきかもしれない。因みにこの点は、後で〈裁判権〉と〈執行権〉との関連把握においてもとりあげるが、モンテスキューにおいて〈立法権〉にしろ〈裁判権〉との関連にしろ、〈執行権〉の理念的・形式制度的劣位が、そのまま政治的・制度的優位と第一義性の問題として把握されていたことに、何ら変りはないからである。

しかし、このような立法権に対する、執行権の実質上の政治的・制度的優位と主導性の見地は、ときの時代的世界［絶対王政期］における、思想家としてのモンテスキューの党派性と階級性の問題に直接かかわる。したがってこの点についても、いくらかていねいにみておかねばならない。

例えば、H・ケルゼンは、右の点をとらえて、「モンテスキュー以来権力分立の教義が包懐してきた政治的意図は、民主制へ導く道を拓くことでは決してなかった。むしろ反対に、民主主義的運動によって立法からほとんど駆逐されてしまった君主に執行の領域でなお勢力仲張の可能性を与えることにあったのである。権力分立の教義は、立憲君主制のイデオロギーの核心である。それ故、それは君主に留保された執行の概念・本質と全く一致しない立法に対する執行の同権・同価値・独立を説く珍奇な国法理論、即ち君主制理論でもある」〔布田勉訳「民主制」、前掲『デモクラシー論』所収、一二〇頁〕と喝破した。こうした論難が、新カント流の方法的二元論に災いされて、モンテスキュー〈三権分立〉論の画期的意義を理論的に汲みとれず、ドイツ国家学の伝統的な一元的国家観から、実質上の三権分立否定論を提出した、当の御本人から聞かされようとは、何たる滑稽事であろうか！しかし、自己の理論的立場をまったく忘却したところから発せられていることとはべつに、この種の論難に、それなりの根拠が存在することは、ここで承認しておいてよい。

しかし、モンテスキューの思想的特質、とくに時代的に制約された、その党派性と階級性を問題とする場合には、何といってもその〈貴族主義〉をとりあげねばならぬ。もとよりこの貴族主義とは、ときの時代的意味、正確には絶対王政下で安堵された、特権的貴族階級としてのそれである。周知の如く王権と封建領主的権力とは、中世期以来、直接に封建領主的権力として、あきもせずに血みどろの相互的対立・抗争をくり返してきた。しかるに〈近代的〉市民社会形成にもとづく、統一的第三権力形成の必要をうけた、王権による聖・俗封建領主的権力の解体・吸収と、新興ブルジョア諸層をもくわえた、新たなその統一的再編成によって、貴族階級は、社会的・経済的には新興ブルジョア諸層と対峙しつつも、王権直属の藩屏として、被支配的諸層全体に対する統一国家的支配の実質的担い手へと転成した〔この点、別稿「アジア的国家と絶対王政」拙著『アジア的国家と革命』所収、三一書房、参照〕。

モンテスキューが、絶対王政期における王権と貴族との関係を、〈君主がなければ貴族がなく、貴族がなければ君主なし〉と規定したのは、このような意味においてである。因みに曰く、――「最も自然的な中間的、付属的権力は貴族のそれである。貴族はいわば君主政の本質の中に入るものであって、君主政の基本的格律は次のごとくである。『君主なければ貴族なく、貴族なければ君主なし』、ただ専制者あるのみ。／ヨーロッパの若干の国々において、領主のあらゆる裁判権を廃止しようと考えた人々がある。かれらには自分達がイギリスの議会のやった事をしようとしているのだということがわからなかったのである。君主政において、領主、聖職者、貴族、都市の特権を廃止してみよ。たちまち人民的国家それとも専制国家が出現するであろう」［四八頁］。

しかし後半の、〈君主政下の特権的貴族階級を廃止すれば、人民的ないしアジア的な専制国家へ転落する〉という主張を理解するためには、どうしても絶対王政内部における、王権と貴族の対立・抗争およびその現状に対する歴史的事情に、大方の注意を喚起しておかねばならない。すなわちそれは、フランス絶対王政において、聖・俗封建領主的権力系列の、いわゆる中世的な「剣の貴族」層に代り、当初王権直属の形態［宮廷会議］をとって主に〈高等法院〉に結集した、富裕なブルジョア諸層を主体とする官職貴族層［主に法服貴族層］が、とくに一七～八世紀以降の政治的強大化にともない、新たに登場して国家的支配の中枢を掌握した、王権直属監察官僚層［アンタンダン］と、不断の対立・抗争をくり返したという点である。

［文献註］

以上一般的には、

野田良之『フランス法概論上巻』、有斐閣、とくに第六章、

井上幸治編『フランス史（新版）』、山川出版社、とくに第三章（木村尚三郎）、第四章（二宮宏之）、

成瀬治『朕は国家なり（大世界史13）』、文芸春秋社、等を参照。

〈法服貴族〉については、

宮崎洋「近代フランスの法服貴族の形成と諸様相について」『史学』第四十一巻第二号、「十八世紀フランスにおける最高諸法院官職について」同前第四十三巻第四号、「法服貴族の経済的基礎」同前第四十五巻第一号、等参照。

〈アンタンダン制〉については、

吉田弘夫「アンタンダン制におけるシュブデレゲ官職の売買について（上）・（下）」『北海道教育大学紀要第一部（B・社会科学編）』第二十二巻第一号、二号、

千葉治男「初期国王監察官制の成立」『史学雑誌』第七十五編第二号、「フランス絶対王政の官僚機構」『岩波講座世界歴史15（近代2）』所収、『ルイ14世』、清水書院、等参照。

端的にいうとモンテスキューは、フランス絶対王政内部で国家的支配の中枢から急速に遠ざけられていく、貴族階級の政治的復権の意義を、理論的に提唱している。彼が提出した理想的な君主政体とは、貴族階級を主体とした「制限君主政」にほかならなかったからである。すなわちそれは、国政の原理的根基をなす一般的諸法は、貴族階級を母体とした諸機関に委任され、したがってその法的規制下におかれた、一般的意志の具体的執行に任ずる、君主およびその執行府（大臣）は、非常設的で小規模たるべきであり、〈専制国家〉とは異なり、それが〈裁判権〉の直接的掌握主体ではありえない、というものである。

①「君主政にはたんに中間階級があるだけでは十分でない。さらに法の受託所の存在が必要なのである。この受託所は法律が制定されたときにこれを公布し、法律が忘れられているときにこれを思い出させる政治団体の中にのみ存しうる。貴族の天性的な無知、その怠慢、市民統治にたいするその軽侮は、法をその埋没している塵埃の中からたえず引き出す団体があることを必要とする。君主の顧問府は適切な受託所ではない。それは、その性質上、執行主体たる君主の一時的な意志の受託所であって、基礎法の受託所ではない。その上、君主の顧問府は、たえず変わるものであって、決して常設的ではない。それは、多人数ではありえない。人民の信頼を高度にえることはできない。したがってそれは難局にさいして人民を啓発したり、再び服従にみちびく力はないのである」［四九頁］。

②「専制国家では、君主は自ら裁判することができる。君主国家ではそれができない。すなわち、国家構造が破壊され、仲介的従属的権力は絶滅されるであろう。あらゆる判決方式は廃止されるであろう。恐怖がすべての人々の精神を捕え、すべての顔色は蒼白となり、もはや信頼も、名誉も、愛も、安全も、君主政もなくなるだろ

う」［九五頁］。

③「君主政においては、大臣自らが訴訟事件を裁判することも大きな不都合である。今日でもなお財政上の事件を裁くために無数の裁判官がおるのに、さらに大臣たちがそれらを裁判しようとしている（だれがそんなことを信じられようか！）国がある［絶対王政下フランスのこと…註］。…／事物の自然により、君主の顧問府とその裁判所の間には一種の矛盾がある。国家の顧問の府は少数の人々で構成されるべきであり、司法裁判所は多数者を必要とする。／その理由はこうである。前者においては、事務は一種の情熱をもって取り上げられ、その管理も同じように情熱をもって行わなければならない。それは、そのことを自分の仕事とする四人か五人の者からのみ期待できることである。これに反し、冷静な司法裁判所、すべての事件にたいして、ある意味では、無関心な裁判所が必要である」［九七頁］

いうまでもなくモンテスキューの理想的な君主政体論は、歴史的にはリシュリュー以前の、つまり王権直属・監察官僚制［アンタンダン］導入以前の、絶対王政段階への復帰を目ざしたものである。したがってそれは、リシュリュー以降の〈国王親裁〉＝直属的官僚専制体制に対する、〈高等法院〉に結集した貴族階級の立場からの政治的批判と、直接表裏をなしている。因みにリシュリューに対しては、「枢機官リシュリューは、自分があまりにも国家の諸等族の価値を引き下げたとおそらく考えたのであろうが、国家をささえるために、君主と大臣の徳性に頼っている。それでかれらに非常に多くの要求を出しているが、事実上、天使でなければこれだけの注意、これだけの英知、これだけの知識は持ちえない。いまから君主政というものが解体するまでに、こんな君主や大臣がありえようとはほとんど自信をもっていいきれる者はない」（七九～八〇頁）と上品に揶揄し、〈アンタンダン〉を念頭におきながら、「君主国においては、監察官は無用である。君主政は名誉の基礎の上に立っており、名誉の本性は世論全体を監察官とすることにある」［八九頁］と明記している。

そして、このようなモンテスキューによる、理想的な君主政体論と直接表裏をなしたときの絶対王政批判は、

〈君主政からの貴族の歴史的に固有の特権を剥奪すれば、たちまちアジアと同様の君主一人による専制国家へと転落する〉という、〈三権分立〉論によって理論的に基礎づけられているわけである。すなわち、――「共和政は人民が元老院・執政者・裁判官の職務を奪い取るとき、その道を誤るごとく、君主政は貴族、ギルドの特典や都市の特権をじょじょに取りのぞくときに腐敗する。前者の場合は万人の専制政に、後者の場合はただ一人の専制政に向かうのである。…／君主政は君主が事物の秩序にしたがうよりも、それを変更することによって自己の権勢が示されると信ずるとき、ある人々の生まれながらの職務を奪って気ままに他の者にあたえようとするとき、自己の意志よりも思いつきをたいせつにするとき、その方向を誤る。／君主政は、君主が万事をもっぱら自分のもとに引き寄せ、国家を首都に、首都を宮廷に、宮廷を自己一身に呼び寄せるとき、その方向を誤る」［一二二頁］という具合に。

モンテスキューの貴族主義は、当然のことながら、その〈三権分立〉論に看過できないゆがみを招来せしめている。まず貴族階級から選出された代議団は、人民の代議団と対峙しながら、立法権の世襲的担掌主体を構成するとされる。つぎにこの貴族団は、君主の執行府と立法府とくに人民の代議員との対立・抗争を調整する、「規正権力」としての役割を果たすべしとされる。すなわち、――

①「かくて、立法権は貴族団と、また、人民を代表するために選出された団体とに委託されるであろう。両者はそれぞれ別個の集会・討議を持ち、別個の見解・利害関係を持つであろう。…／貴族団は世襲的でなければならぬ。それは第一にその本性によって然りであるが、さらにまた、貴族団はその特権を保持することに非常な関心をもたざるをえないのである。かかる特権は、それ自体において忌むべきであるから、自由な国家にあってはたえず危険にさらされざるをえない」［一五五頁］

②「すでに述べた三権のうち、裁判権はある意味で無力である。残るのは二つだけである。そしてこの二つはこれを調節するための規正権力を必要とするから、立法府のうち、貴族をもって構成される部分がこの効果を生

ぜしめるにきわめて適している」〔同前〕。

さて、この貴族団にぞくすべしとされた「規正権力」なるものが、具体的に何を意味するかは、必ずしも判然としないところがある。それは君主の執行府と人民の立法府との、三権上の分掌いかんをめぐる紛争を予想して、貴族階級が果たすべき独特の国家的責務について、たんに一般的にいわれているだけなのかもしれない。しかし一般的につまりは原理的に宣明されている以上、例えば具体的に執行府（とくに大臣）による人民への違法（人権侵害）行為を処罰する〈裁判権〉の問題、すなわち〈行政裁判権〉は、立法府・貴族団に帰属すべしということになる。因みに曰く——「さらにまた、公務においてある市民が人民の権利を侵害し、所定の執政者が罰することのできぬ、また罰することを欲せざるような犯罪を犯すということも生じうる。しかるに、一般的に立法権は裁判することができないし、ことに人民という関係当事者を代表している、この特殊な場合においては、なおさら裁判できない。したがってたんに告訴人たりうるのみである。だが何人の前に告訴するであろうか。身を屈して法定裁判所の前に訴え出ようか。だがこの裁判所は立法権より下位にあり、しかも、立法権と同様に人民であるがゆえに、かくも偉大な告訴人の権威にひきずられるであろう人々によって構成されているのである。否、人民の威厳をたもつためにも、個人の安全をたもつためにも、立法府の人民の部分が立法府の貴族の部分にたいし告訴をなすべきなのである。立法府の貴族の部分は人民の部分と同一の利害も、同一の情念も持っていないのである」〔一五七頁〕。

モンテスキューの〈三権分立〉論において、〈立法府〉が〈裁判権〉をもつべきでないとされたことは、すでにみた。しかるにここでは「例外」的に、執行府による人民への違法・侵害行為に対しては、立法府の人民団がその貴族団に対して告訴するという形態で、立法府・貴族団による実質上の〈行政裁判権〉の掌握を、承認している。まさにフランス絶対王政下、〈高等法院〉による〈国王—執行府〉への、実定的法規範による煩項な形式的掣肘を、まのあたりに想起しうるが如しである。

そして最後に貴族階級のみは、人民に対する通常裁判所ではなく、右の立法府・貴族団によって裁判さるべきとされる。すなわち、――「権力はつねに嫉妬にさらされており、人民に裁判されるとすれば、かれらの身は危険となるかもしれないし、自由国家において、市民の最もいやしい者も持っている、自己の同輩によって裁判されるという特権を享有せぬことになろう。それゆえ、貴族は国民の通常裁判所ではなく、立法府の貴族によって構成される部分に召喚さるべきなのである」［前同］。

4 〈裁判権〉把握の画期的意義

以上私はモンテスキュー〈三権分立〉論を、その思想的・階級的特質との統一的関連において一瞥した。しかし、読者のなかには、しびれをきらしたようにこう詰問する者がいるかもしれない。――〈そんな貴族主義フンプンたる制度論のどこに、学説・理論としての革命的発見がひそんでいるのだ！〉と。然り！　以上の論究だけのためなら、私は何もこの小論を提出したりはしない。私は右の論究では、モンテスキュー〈三権分立〉論の直接的真意の紹介と検討のみにとどめて、その画期的側面に切り込むことを、極力さし控えてきた。それというのもその画期的意義は、右に示した概括的把握を前提としてはじめて、鮮明かつ明示的な形態で提示することができるからである。もっとも私に、こういう効果的書き方を呼起させた直接的誘因が、モンテスキューの問題提起の形式的不備にあることだけは、決して忘れてほしくない。

モンテスキュー〈三権分立〉論の画期的意義は、〈裁判権〉のきわめて特殊な位置・位相、端的にはその〈司法権〉としての特質を、いわば天才的直観で看取した点にある。もとよりそれは、冒頭に紹介した〈犯罪を罰し、または個人間の争訟を裁判する〉という、形式的規定にのみとらわれてはならない。重要なことはモンテスキューが、〈三権分立〉論の提出全体をつうじて、〈裁判権〉を国家的支配における理念的ないし形式制度上の最高性において、把握している点である。

すなわちそれは、第一に、裁判権と立法権ないし執行権との結合による強大化を、この上なく危惧している点であり、この点についてはすでに紹介した。第二に、立法権および執行権の専門的機関としての常設を認めながら、こと〈裁判権〉にかんしてはそれを認めず、あくまで必要時の一定期間にのみ開設さるべき非常設機関とすべし、と主張している。因みに、——「裁判権は常設的な元老院にあたえらるべきではない。それは、一年のある時期に、法に規定されてある方法で、必要な期間だけしか存続しない裁判所を構成するために人民集団より選び出された人々によって行使さるべきである。／このようにして、世の中できわめて恐ろしい裁判権も、ある身分にも、ある職業にも結びつかないときには、いわば眼にみえない、存在しないかのごときものと化する。目の前にたえず同じ裁判官の姿を見ているということは決してなく、判官職を恐れるとしても、判官を恐れなくてすむ。…／他の二つの権力はむしろ常置的な執政者ならびに団体にあたえてよかろう。なんとなればそれらはいかなる個人にたいしても行使されるのではないから。一方は国家の一般的意志たるのみであり、他方はこの一般的意志の執行にすぎぬがゆえに」［一五三頁］。そして第三に、「しかし、裁判所が固定的であってはならぬとしても、判決はまさに法の明文にほかならぬというほどに固定的であるべきである。それがかりに裁判官の個人的意見であるとすれば、人々は社会においてとり結んだ契約を正確に知ることなしに社会生活を営むことになろう」［同前］として、他の二権に比しての実定的法規範による法的支配それ自体にかかわる〈裁判権〉の特異な理念上の最高性、正確には近代国家においてはじめて完成される〈司法権〉としての特質を、看取している点等に示される。

すでに何度も指摘したように、〈立法〉・〈執行〉とは峻別されるべき、〈司法〉としての国家的支配の特質は、〈裁判〉すなわち出来した個別的争訟への、法的審査・処罰という形態をつうじて、じつは一般的法規範による法的支配が、特殊的・個別的レヴェルで最終的に貫徹される点にある。然りとすれば、モンテスキューの〈裁判権〉に即した右の如き把握が、いま一歩という時点にまで到達していることは、明白であろう。

それればかりではない！〈司法権〉の特質は、法的処罰の対象が、たんに社会生活上の一般民事・刑事事件ばかりか、国家的支配の全体とりもなおさず第三権力それ自体をも、適用除外としない点にある。成程モンテスキューは、立法権が君主―執行府（の行動）に対する〈裁判権〉を掌握することを、きっぱりと否認しはした。しかし彼は、〈共和政〉形態をとった人民全体の専制や、〈アジア〉における如き君主一人の専制国家体制と理念的にも峻別して、〈君主政〉を君主が実定的法規範と、したがってその委託機関によって大きく規定され制限される、〈制限君主政体〉たるべきとした。すなわち彼は、とくに〈アジア〉の専制国家とは大きく区別して、君主―執行府を、実定的法規範の把持・運用にかかわる、〈裁判権〉の直接的担掌主体から、はっきりと除外したのである。君主―執行府が、立法府―人民議団による、〈裁判〉の辱めから除外されたとはいえ、実定的法規範とその委託機関による、〈裁判〉対象から除外されていないことは、立法府―貴族団による〈行政裁判権〉の掌握を、主張したことからも明白であろう。

もちろん、このようなモンテスキューの裁判権把握は、貴族主義的色彩の濃厚な復古的衣装にくるまっている。それは例えば、裁判権の直接的担掌主体に、一般人民が踊り出ることを極力忌避し、危惧していることにも象徴される。もとよりこれは、モンテスキューが〈裁判〉を、法的支配それ自体にかかわるとしたその実定的法規範が、未だ国民的諸層の関与を媒介とした、一般的法規範という形態で成立しえなかった、歴史的制約にもかかわる。

［補註］
これをフランスに即していうならば、王国全体の政治的・社会経済的秩序維持にかかわる統一的法規範は、一方で、内部的落差を孕んだ地方的慣習諸法の統一的集成と、他方で、直接に〈国王の意志〉すなわち〈国王―執行府〉による勅令・勅命という形態でしか存立しえなかった。そして後者は、前者に依拠した〈高等法院〉の法服貴族層によって、つねに阻止・反対・抵抗の掣肘をうけ、絶対王政期全体を通じて「フロンドの乱」をはじめ、面倒な対立・抗争と悶着をくり返していた。

また、モンテスキューがこのような〈裁判権〉の特異性を発見したとき、法服貴族の家系に生まれ、自らも後にボルドー〈高等法院長〉の職を相続した貴族階級の自覚的一員として、〈高等法院〉権力が強大たるべきことの理論的根拠を見出して、小躍りしたかもしれない。あるいは、〈裁判権〉の実定的法規範それ自体にかかわる最高性と徹底性の刃が、国家的支配に任ずる支配階級全体にもむけられかねないと考えて、思わずゾクッと本能的恐怖感にかられたかもしれない。

こうした大きな歴史的制約や貴族主義、またそこからくる直接の政治的意図や願望・恐怖感の一切にもかかわらず、否、それらすべてを前提とすればこそ、モンテスキューが〈裁判権〉の〈司法権〉にかかわる特異性を鋭く看取したことの画期的意義は、まさに革命的発見というにふさわしい。

モンテスキューのこのような〈裁判権〉を前提として、ここでもう一度、〈三権分立〉論の全体的構成をふり返ってみる必要がある。というのは、先に一瞥した三権分立形態での、立法権に対する執行権の政治的・制度的優位・主導性の見地が、じつはこの〈裁判権〉把握を理論的媒介として、構成されたものだからである。すなわちモンテスキューによる裁判権の、理念的ないし形式制度上の最高性という把握は、直接にその政治的・実践的レヴェルでの、「無力」性と表裏をなすものとして把握され、かくてそれは、理念上ないし形式制度上のいちじるしい無力な限定性、つまりは「有限」性をかこつ執行権の、政治的・制度的第一犠牲との、論理的表裏と対極性において把握されていた。したがって、直接的には立法権にたいする執行権の、政治的・制度的優位・主導性の見地による、モンテスキューの〈君主政〉の政治形態論的理念化が、じつはこの〈裁判権〉把握に直接の理論的基礎をおいていることを、確認しなければならぬ。このことは、モンテスキューの〈三権分立〉論をとりあげた古今の政治学者・憲法学者の、誰一人として看取できなかった点でもあるから、ここでとくに強調しておきたい。

［旧稿・一九七九年六月］

（2）三権分立をめぐるロック、カントとヘーゲル

1　ロックとカントの「三権」的区別について

三権分立論については、モンテスキューに先立ってJ・ロックが提唱していた、とする者もいる。この場合、ロックのいう「三権」とは、主著『統治論』第12章でいう、「立法権」・「執行権」・「連合権」をさしている。しかし、ロックの「三権」は、モンテスキューのそれとはまったくの別物といってよい。それをつぎに、一瞥しておくことにしよう。

ロックは、国家共同体〔コモンウェルス〕の諸権力として、まず法を定立する「立法権」と、法を執行する「執行権」を区別する。法をつくるには、ごく短時間で充分であるが、つくられた法は永遠に効力をもち、たえず執行されねばならないから、「立法権」とはちがい、「執行権」だけは常設しておく必要がある。ここに、「立法権」と「執行権」との独立的な分化の根拠がある。

つぎに、人々が「自然状態」を脱却して、社会的結合による国家的構成へ移行しても、つねに「戦争状態」への転化の可能性をふくんだ「自然状態」は、個人相互の関係から新たな国家共同体相互の関係へと、移行するだけである。そこで国家共同体には、「戦争と和平、同盟と条約、その他すべての協定の権力を包括」した、「連合権」が、必要不可欠である。この「連合権」と「執行権」とは、本来別物であるべきだが、現実的には、分離しがたいもので、むしろ結合しておく必要がある。そうでないと、「無秩序と破滅を引き起こすことになり」かねないからである〔以上伊藤訳、柏書房、二五八～二六〇頁〕。

明らかなようにロックのいう「連合権」は、〈外政権〉である。それは、国家的諸活動の内的性格に即した〈統治権〉にぞくしていて、法的規範の形成・支配にかかわる「立法権」・「執行権」とは、概念的把握のレヴェルがまったくちがう。この両者を混淆させた概念的な錯誤と混乱は、今日に到るまでいぜんくり返されているが、それは決してロックにはじまる失態ではなく、古くはかのプラトンに発している。この点は、ヘーゲルをとりあげた次項で、みることにしよう。

それゆえ、ロックの「三権」論をモンテスキューに先立つ、〈三権分立〉論の最初の提唱者などというのは、とんでもない錯誤と勘ちがいにすぎない。

つぎに、契約国家論者カントの「三権分立」論は、ほとんど論ずる価値がないほどの、ひどい代物であるが、やはり一瞥しておきたい。因みに『人倫の形而上学』〔吉沢・尾田訳『カント全集第11巻』所収、理想社〕に曰く、――「各国家は三つの権力をそれ自身のなかに含む、すなわち、普遍的に統合された意志を三重の人格において含む（政治的三位一体 trias politica）。これすなわち、立法者という人格における統治権（主権）、（法則に従う）行政者という人格における執行権、及び裁判官という人格における（法則に従って各人のものを裁定するはたらきとしての）司法権の三者（立法権、行政権、及び司法権 potestas legislatoria,rectoria et iudiciaria）であって…」〔一七六頁〕。

これをそのままうけとれば、「主権」としての「統治権」は、「立法権（立法者）」としてあらわれ、おなじく「執行権」は、「行政権（行政者）」として、また「司法権」は、「裁判権（裁判官）」としてあらわれる。かくて、「主権」・「統治権」と「立法権」、「執行権」と「行政権」、「司法権」と「裁判権」との概念的混同が、臆面もなく披瀝されている。

しかしカントは、真面目な文献哲学者である。とくに、「主権」としての「統治権」が、「立法権（立法者）」

としてあらわれるといった発想は、いったいどこからきたのか？　それは、まぎれもなくかのルソーの発想の借用である。それは、このすぐ後の叙述、「立法権はただ人民の統合された意志にのみ帰属しうる。けだし、立法権からして一切の法は発生すべきなのであるから、立法権はみずからの立法した法則によっては決して何びとにも不法をなしえないというのでなくてはならない。…ただ万人の一致せる統合された意志のみが、各人は万人に関して、また万人は各人に関してまさに同一のことを決定するかぎりにおいて、したがって、ただ普遍的に統合された人民意志のみが、立法的たりうる」［同前、一七七頁］をみると、一目瞭然といってよい。

ではこの「国家の含む三つの権力」は、なにゆえ、また、いかにして、現実的な国家権力としての組織的・制度的統一が、可能になるのか？　しかし、その説明はまったくない。そのかわりに、「国家の含む右の三つの諸権力はすべて尊厳なものであり、そして、国家一般の理念から国家の設立（憲政組織）のために必然的に発生する本質的な諸権力として、国家の［三つの］尊厳である」［同前、一七九頁］とか、「…これら三つの相異なる権力（立法権、執行権、司法権　potestas　legislatoria,executoria,iudiciaria）こそは、これを通じて国家（civitas）がその自律を有するところのもの、すなわち、それみずからを自由の諸法則に従って形成し維持するところのものである。――これら三者の統合に国家の息災は存する（国家の息災が最高の法である salus reipublicae suprema lex est）」［同前、一八三頁］。といったたぐいの、空虚な哲学的美文が綴られているだけである。

しかしこうなると、そもそもカントのいう「三つの権力」は、たんなる抽象的な理念としていわれているだけで、現実的な組織・制度として、国家権力から分化し独立した、〈三つの権力〉ではない。さきに社会科学的な検討対象にはなりえない、と指摘したゆえんでもある。もとよりこれは、カントが歴史的・現実的な社会現象に即して、学的・理論的な諸概念を作り上げようとはしなかったこと。そしてもっぱら、先人によって提出された諸概念のなかでしか、その高度に抽象的な哲学的思索をめぐらそうとはしなかった、根本の学的・方法的な錯誤にもとづいている。

2　ヘーゲルによる三権分立論拒絶の意味

ヘーゲルは、『法の哲学』に収斂された国家論の思弁的概念構成において、モンテスキューの〈三権分立〉論をきっぱりと拒否し、きびしい批判と論難を浴びせかけた。しかし結果としての理論的錯誤ではなく、三権分立を軸としたヘーゲルの把握と批判には、カントとはちがって、批判的に検討し解体するだけの価値がある。

ヘーゲルの三権分立把握と批判に入る前に、どうしてもとりあげておきたい問題がある。それは、ヘーゲルがプラトンの国家論をとりあげて、批判している点である。ヘーゲルは、プラトンが国家的諸活動を、〈立法〉・〈防衛〉・〈共同体の経済・社会的管理〉の三点に集約させて把握しているとする。――「…プラトンは道徳的なものの現実的在り方の三つの方式を挙げる。1、立法の機能、すなわち普遍的なもののための、全体そのものの利益のための審議、一般的にはそのための活動と用意の機能、2、対外的に敵にたいする共同体の防衛の機能、3、個人的なもの、すなわち農耕、牧畜、衣類、家屋、用具等々の調製のような必需のための配慮の機能がそれである」［真下訳『哲学史（中巻の一）』、岩波書店、三〇二頁］。

そのうえで、このプラトンの把握に対して、「これは一般的には全く正しいが、それにしてもこのような区分はむしろ外的な必然性のようにみえる。けだし、そのようなさまざまな必要事は精神そのものの理念から展開されて出てきているわけではなく、現にそこに在るのだからである」［同前］という、批判的なコメントをくわえている。つまりヘーゲルは、プラトンの把握が、実在的国家の現実的活動それ自体の指摘にすぎず、国家の概念的把握とはいえない。それはたんなる経験論的な認識にすぎず、いまだ思弁的・概念的把握のレヴェルに到達していない、といっているのである。

しかし私にいわせれば、プラトンの〈立法〉・〈防衛〉・〈共同体の経済・社会的管理〉という、三つの国家的諸活動を、実在的国家の現実的活動として承認すること自体が、誤っている。これらは、〈立法〉・〈統治〉・〈行政〉

にかかわる、諸活動の列挙にすぎない。因みに〈立法〉は、国家意志の形成・支配という、法的規範それ自体の形式的過程において、〈執行〉・〈司法〉と論理的に区別された概念である。また、〈統治〉・〈行政〉は、社会との関連でとらえられた、国家的諸活動［端的にはそれを直接規定する国家意志］の、内的性質において区別された概念である。したがってヘーゲルは、これらの諸概念が、同一レヴェルで列挙されている錯誤を、みすみす放置している。

それではヘーゲルにおいて、これら国家的諸活動とりわけそれを直接担う、国家権力の内的・実体的諸契機に対する、思弁的な概念構成とは、いったいどのようなものか？　ヘーゲルによる思弁的な概念構成は、何よりもその論理学的な根本概念である、〈普遍性〉・〈特殊性〉・〈個別性〉という、三つの契機にもとづいておこなわれた。まず彼は、モンテキューの三権分立論を、正面から拒絶する。その直接の理由は、国家権力の三大権力［機関］への分立・分割によって、国家的統一性が破壊される点にある。因みに曰く、

「いわゆる諸権分立の考は、分立した権力がそれぞれ独立しながら、しかも相互に制限しあうべきだとする根本的誤謬を含むものである。しかしこのような分立によっては、何よりも要求されねばならない国家の統一が失われるのである」［高峯訳『法の哲学（下）』、東京創元社、二〇三頁］「このような見解［「国家の諸権力の必然的分割に関する見解」…註］によれば、それぞれの力が他の力に対してとる関係は、あたかも他が邪悪なものであるかのように敵意と恐怖とを以て相対立することになり、この対抗によって、一般的均衡はもたらされようが、生ける統一はもたらされないのである。…諸種の権力、例えば従来の呼称によれば行政権と立法権、が自立するとき、…ただちにもたらされるのは国家の崩壊である」［同前、一六三頁］。

これは、〈三権分立否定の一元的国家観〉を提起したものといえる。もちろん、すでに前章で明示したように、三権分立制にもとづいた国家権力の、三大機関への独立的分化・分立によって、国家的統一性が破壊されることはない。この種の俗論は、三権それぞれの特質を把握できなかったため、三大機関がまったくの同一レヴェルで、

相互に対峙し抗争するかに、想像したにすぎない。

しかしヘーゲルが、三権分立論をまっ向拒絶した根本の理由は、〈立法権〉・〈行政権〉・〈司法権〉という三権的区別が、論理学の〈普遍性〉・〈特殊性〉・〈個別性〉という、三つの契機に対応していない、という点にあった。彼はこう明言している。――「われわれが通常、立法、行政および司法の三権について語る場合、立法権は普遍性に、行政権は特殊性に照応するが、しかし司法権が概念の第三契機たる個別性というわけにはゆかない。けだし権力における個別性はこれら三権の領域外に属するからである」〔同前、一六五頁〕。

こうしてヘーゲルは、三権分立論をきびしく斥けたうえで、〈普遍性〉・〈特殊性〉・〈個別性〉という論理学的根本概念にもとづいて、国家権力を〈立法権〉・〈統治権〉・〈君主権〉という、三つの実体的契機へと区別する。――「政治上より見た国家はしたがって、次のような三つの実体的区別へと分割される。／a、普遍的原理を規定し確立する権力、すなわち立法権。／b、特殊的領域や個々の事件を普遍的原理の下に包摂する権力、――すなわち統治権。／c、究極の意志決定としての主観性の権力すなわち君主権。――ここには区別された諸権力が固体的統一に総括されており、したがってそれは全体の、――すなわち立憲君主制の頂点と起点とをなす」〔同前〕。

しかし、ヘーゲル自身がいかに自信満々でも、ここで提起された発想は、学的理論としてさしたる意味がない代物である。というのもここでは、国家権力にそくした、まったく異質の論理的レヴェルにかかわる諸概念が、同一レヴェルでとりあげられている。因みに〈立法権〉は、国家意志の裁可・決定〔形成〕にかかわる概念であり、〈統治権〉は、国家意志の内的性格にかかわる概念である。また、〈君主権〉は、直接に歴史的な〈専制的〉政治形態にかかわる概念である。

ヘーゲルらしからぬ理論的錯誤のすべては、彼がモンテスキュー三権分立論の画期的な意義を、まったく理解できなかったところからきている。しかしそれでもヘーゲルは、『法の哲学』で思弁的国家論を完成させる以前には、興味深い理論的な試行錯誤を提出していた。たとえば『哲学入門』［武市訳、岩波文庫］の「第一課程（下級）」では、つぎのように述べられている。――

「一般的な国家権力（die allgemeine Staatsgewalt）は諸種の特殊的な権力を自分の下に包摂している。⑴立法的な権力（die gesetzgebende）一般、⑵行政上及び財政上の権力（die administrative und finanzielle）――これは自由の実現のためのいろいろの手段について司る。⑶（独立的な）裁判上及び警察上の権力（die richterliche und polizeiliche）、⑷軍事上の権力（die militarische）、及び戦争を行い、平和を締結する権力」［八二～三頁］。

ここでは、〈国家権力による特殊的諸権力の包摂〉の名の下に、〈立法権〉と〈行政・財政権〉、裁判・警察権などの〈治安〉にかかわる権力、戦争遂行の軍事的権力など〈外政〉にかかわる権力が、列挙され混在させられている。ところが「第三課程（上級）」に移行すると、これら諸概念は、国家権力における、抽象的な契機と実在的な権力とに、区別されている。因みに曰く、――

「国家はその体制の契機をなす種々の権力をもつ。立法権、司法権、行政権は一般に権力の抽象的な契機である。――実在的な権力は全体を構成するところの権力、すなわち裁判権と警察権、財政上と行政上の権力、軍事上と政治上の権力であって、それらの各々の中にはじめていま云う抽象的な契機が現れるのである。――しかし、それらのすべての権力行使の最高の中枢は政府（Regierung）である」［同前、三五一頁］。

明らかなようにここでは、三権分立にかかわる諸権力と、〈統治〉・〈行政〉にかかわる諸権力とが、国家権力における、「抽象的な契機」と「実在的な権力」とに、区別されて把握されている。細かな点をあげつらったりせずに大きくいえば、これはヘーゲルらしい鋭さをもった発想といってよい。しかしこの発想は、『法の哲学』における思弁的国家論の構成において、さらに深められ、また、生かされることがなかった。

なお、ヘーゲルによって提起された〈三権分立否定の一元的国家観〉は、以後ドイツ国家学［国法学］において、伝統的に継承されていった。

(3) 諸学説の批判

1 三権分立をめぐる理論的錯誤と混乱

A 三権分立論への批判

以上の論究をふまえれば、〈三権分立〉の本質を、つぎのように概括し直すことができよう。すなわち〈三権分立〉とは、たんに国民議会(国会)・政府―執行機関・裁判所という、実体的に区別された三大機構の分立を意味するものではない。直接にはGewaltの分立としてあらわれる三大機構の分立を、あくまで法的規範としての国家意志の、形成・支配の統一的過程に即した一般論理的区別において把握するところに、その本質的な意義がある。つまりGewaltの分立は、国家意志の形式的過程にかかわる一般論理的区別としての、〈立法〉・〈執行〉・〈司法〉の実存形態として把握されねばならぬ。

しかるに今日までに、三権分立の問題は、もっぱら国民議会(国会)・政府―執行機関・裁判所という、たんなる実体的三大機関の相互掣肘的また均衡的な分立として、理解されてきた。このような通俗的見地は、直接にはモンテスキューの問題提起を、表面的にしか解釈できなかった点に発する。しかし根本的には、その画期的意義を把握できなかった研究主体における、論理的能力の圧倒的不足に基因する。だが、右の通俗的発想では、三大機関による〈三権〉の分掌いかんが、少しも画然と確定したものではなく、あくまで相互規定的また重畳的なものであり、したがってつねに可変的な相互的敵対・抗争の只中におかれていることすら、理論的に説明できない。具体的にいうならば、〈議会〉が裁判機関に対する弾劾裁判権をもつことによって、〈司法権〉上の一翼を担ったり、〈政府―執行機関〉は、主に政治的秩序維持の根幹にかかわる、外政・治安上の実権ないし強大な拒否権を掌握したり［主に安定的な〈大統領―共和制〉下で］、内・外重要法案の提出・裁可の実権を掌握したり［主に安定的な〈立憲君主―議院内閣制〉および〈大統領―議院内閣制〉下で］して、〈立法権〉上の看過できない実質的担掌主体として登場していること。あるいはまた、とくに一九世紀以降強大かつ中央集権的な第三権力形成をみた、「大陸法圏」の諸国［とくに独・仏］のように、〈政府―執行機関〉が〈行政裁判所〉という形態で、自己に直接かかわる〈裁判権〉を独占的に掌握することによって、一般「司法裁判所」と共に、〈司法権〉の一方の分掌主体を構成していること、等々の事態をまったく説明することができない。

そこで現代の政治学者や憲法学者は、イギリス流の議院内閣制下では、議会の多数党が直接内閣を構成するゆえに、「…立法・行政両府の関係に関するかぎり、権力分立は機能していない」［(樋口陽一『議会制の構造と動態』、木鐸社、二二頁］とか、「そこでは政府は行政機関たるとともに立法にも関与し、議会は立法機関たるとともに行政にも関与している。また議会多数党の領袖が同時に内閣を組織し、立法部と行政部との関係はきわめて密接であり、権力分立の理論は相当ゆがめられている」［水木惣太郎『司法制度論』、有信堂、二七頁］などと説明するほかない。

しかし、このような「三権分立」＝「三大機関分立」論から必然化される最大の謬見は、つぎにある。すなわち三大機関の相互牽制的また相互均衡的分立によっては、統一的最高性たるべき〈国家主権〉が分割され、国家的支配の一元性が無惨にも分解・崩壊するほかないという、〈三権分立〉発想それ自体への根本的批判が生みだされざるをえない点である。この種の根本的批判は、モンテスキューの問題提起以後急速に広まり一般化したとみられ、少なくとも一九世紀後半期以降のドイツ公法学・国家学の流れでは、常識的に受け入れられている。因みに二〇世紀初頭に『一般国家学』を集大成したG・イェリネックは、そこでモンテスキューの三権分立論を「権力分割論」として解釈したうえで、こう非難している。――「…モンテスキューは彼の学説、すなわち権力は三つに分けられ、相互に平等の地位を占め、相互に均衡をたもち、接触点を相互にもってはいるが本質的には互いに独立しているという学説…。彼は彼の理論をよりくわしくは根拠づけることをせず、国家の統一性および権力と国家の統一性との関係についての問題を決して議論しない。／このような形での権力分立論は、一つの国家を三つの人格に完全に理論上区分するという結果に導く」〔芦部・阿部他共訳、学陽書房、四〇五頁〕。

イェリネックの最大の後継者として知られるH・ケルゼンの論難は、さらに激烈かつ徹底をきわめている。『一般国家学』〔清宮四郎訳、岩波書店〕に曰く、——「…国家権力の区分は、その意味にとって全く本質的に、これらの権力の分割論と結びついて現われる。分離論とは＝これらの権力の行使を諸種の機関に分配し、これらの権力を組織技術上孤立させる説をいう。統一的でありかつ不可分の国家権力は、概念上は、全く同格であり、それゆえに組織上もたしかに孤立させうる三つの権力＝立法権裁判権および執行権から合成されたものであると述べられる。いったい、この三元がどうして統一を成すかは、依然として不明である」（三八二頁）。また、曰く、——「…国家権力は、統一的かつ不可分にかかわらずなお、概念上相互に同位に在る三つの権力から組成されると説くならば、それは、明らかに、三権力または三作用を、三つの相互に孤立し、相互に法上独立した機関または機関の集団に、組織技術上分配するということに、理論上路を開いてやろうとする底意をもってなされる」〔四二六頁〕。

B　三権分立論の修正と展開

このような根本的批判と疑問から、〈三権分立〉発想それ自体を、全的に放棄する論者も一部に出てくるが、多くは、つぎのような「三権分立」＝「三大機関分立」論の修正・補訂の道へむかう。すなわち「三権分立」とは、じつは不可分の統一性をもった国家権力それ自体の分割に非ずして、国家の統治「作用」ないし統治「機能」としての分割である、というものである。

因みにモンテスキューの「三権分立」は、不可分たるべき国家主権の分離・分割を招来せしめるとして、実体的な「三大機関分立」論をきびしく否認したG・イェリネックやH・ケルゼンでさえ、それぞれの主著では、この問題を「国家作用」論として、重大なる一章を提供せざるをえなかった。また、わが国では戦後、清宮四郎の『権力分立制の研究』（有斐閣）が、まず「権力の区別」として「三大作用」論を、ついで「権力の分離」として「三大機関分立」論を提示した［第二章第四節及び第五節、四五頁以下］。すなわちわが国ケルゼン研究者の一方の雄として知られる清宮は、「三大作用」論を本質論として、また「三大機関分立」論を実体論として構成したわけである。これは、いかにも日本の文献学者らしい折衷的な二元論的集成にみえるが、実体的な「三大機関分立」論を一切認めず、しかも「三大作用」の実質的区分すら否定したケルゼンがこれを読んだら、おそらく眼をまるくして驚いたに相違ない。しかしこの清宮の見地は、戦後を代表する行政法学者・田中二郎によってさらに明確化された［補註］のをふくめて、憲法学者田上穰治［『権力分立』『行政法講座第一巻』所収、有斐閣、とくに八頁参照］・小林直樹［『憲法講義（改訂版）下』、東大出版会、とくに四七〇頁参照］・阿部照哉［『権力分立の理論』『岩波講座現代法2』所収、とくに二一六〜八頁参照］等によってもそのまま継承され、定説化している。

［補註］
因みに『行政法総論』（有斐閣）における「たしかに、国家活動の内容上・対象上の三分は、国家機関の組織上の三分に、ほぼ合致するのが現実の姿であろう。しかし、元来、国家機関の態様に差異の生ずるのは、それぞれの国家機関の行う作用の性質に差異が存することを前提とし、これに対応する機関態様を認めたことに基くもので、国家作用の性質上又は内容上の区別を国家機関の態様の差異に基いて説明しようとするのは、本末の顛倒するものではないかと思われる」［一七頁］という田中の見地は、その論理的明快さにおいて、唯一紹介に値するものである。

もっとも名のみ高い野村敬造『権力分立に関する論攷』［法律文化社］をみると、「国民主権の原理およびルソーの主権概念を権力分立に結びつけると、次のような問題が提起される。主権が分割されないとすると、国に三権力が存することをいかにして説明するかの問題。国会、政府および裁判所がそれぞれ権力を賦与されること、すなわち国に三つの主権者が存することをいかにして説明するかの問題。デュギーは、この問題に突当ったときに、権力分立論は憲法学、政治学に神秘的な三位一体論を導入したと主張した。然し、この点については、…不可譲渡および不可分という主権の特質と、委任され区分され得る主権の内容を区別すれば解決され得ると思われる」〔四六頁〕などと記している。吹き出してしまってはいけない。本人は至極大真面目なのだから。しかしいかに大真面目で説いても、〈分割できない主権と分割できる主権の区分〉といった発想は、明瞭な質的区別にかかわる理論的把握を、恰もロッキード事件における「灰色高官」概念の提出の如く、不明瞭な量的概念にすりかえるものでしかない。

といってももちろん私は、この野村の発想を、〈主権は分割されないからこそ主権なのであって委任されたり区分されたら、すでにそれは主権ではない〉といった、ドイツ国家学に代表される実体論的レヴェルで理念化された〈国家主権〉観から、斥けているわけではない。そうではなくて、そもそも〈国家主権〉とは、〈近代〉以降完成的形態で現出した、国家的支配の統一的最高性にかかわる法制的概念である。いくらかていねいにいえば〈主権〉とは、対外的には統一的政治主体としての排他独立性、内部的には不断の相互対立・抗争におかれた階級的諸関係への、形式的支配・統制に任ずる第三権力としての最高的独立性、という形態で現出する国家的支配を、なによりもその統一的かつ一元的な最高的独立性に即して、論理的に抽象・把握することによって成立した、政治的・法制的概念にほかならぬ。したがって野村のようにそれを、国家的支配の具体的な発現様式レヴェル、つまり直接の実体的な制度・組織や、それにまつわる諸活動レヴェルで把えて、〈分割できない主権と分割できる主権の区分〉といった、一見もっともらしい解釈を提出すること自体が、根本的にナンセンスだというのである。

野村の論理的把握上の致命的欠陥は、このすぐ後で、「…国家作用の定義から生ずる問題…。通常、立法作用は法規範を定立する作用であり、行政作用はこれを執行する作用であり、司法作用は具体的な争訟につき法を適用し、これを裁定する作用であるとされる。この区分は充分であるとは思えない。第一に、司法作用は法律の執行または適用にのみ限られず、判例を通じて法を創造する。…また、多くの国の裁判所は特定の事項につき規則制定権を有し、一般的・抽象的法的規範を定立する。第二に、現代諸国において、執行機関の職務は法律の執行に限られず、裁判所以上に、一般的法規範の制定が認められる。政府は、執行命令および委任命令を制定し、さらに法律案を発議して法律に関与する」［四七頁］という具合に、「作用」論をいつのまにか「機関」論にすりかえる、論理的首尾の混乱を招来せしめている。なお、右の〈司法の判例形態による法創造〉という見地は、わが国では常識的に受け入れられることの多いH・ケルゼン流［ヴィーン学派］の致命的謬見であるが、これについては次項でとりあげる。

右に瞥見した「三権分立」＝「三大機関分立」論の、通説的転成形態たる「三権分立」＝「三大作用」論の理論的錯誤と混乱に対しては、とりあえずつぎの二点を指摘しておけばよい。

第一に、先に示したように〈三権分立〉とは、三大機構の分立を何よりも国家意志の形成・支配の、全過程にかかわる〈立法〉・〈執行〉・〈司法〉という、一般論理的区分において把握したものである。いいかえれば〈立法〉・〈執行〉・〈司法〉とは、国家意志の一般的な過程的構造に即した論理的区別であって、三大機関の分立を正面に据えた制度上の本質的把握には、あくまで国家的支配一般とくに国家意志一般としての、論理的抽象が前提となっている。したがってそこでは、国家的支配の統一的一元性といった、いわゆる〈国家主権〉上の問題は、当然の論理的前提として捨象されている。要するに〈三権分立〉発想は、国家的支配の組織・制度的追究における、本質論レヴェルでの一般論理的把握であるから、国家的支配の統一的一元性の実現いかんといった、国家主権にかかわるより直接の組織的・制度的な実体論レヴェルでの問題は、一応捨象されるほかなかった。つまり論理的把握の性格とレヴェルが異なっているという、ただそれだけのことでしかない。

ついでに附言しておくと、直接の組織的・制度的レヴェルで、国家的支配の統一的一元性を問題とする場合には、従来の政治・憲法学者のように、たんに「三大機関分立」いかんの問題に解消さるべきではない。三大機関ばかりか、とくに国家的支配の内的実質にかかわる〈政治的〉・〈社会・経済的〉諸機関や〈中央—地方的〉諸機関としての分立・展開等が、正面に据えられねばならぬ。つまりは第三権力の特殊な組織的・制度的発展のすべてが、俎上にのせられねばならないわけである。

以上要するに、〈三権分立〉論をもっぱら「三大機関分立」といった実体論レヴェルでしか把えられなかった者のみが、この問題を国家主権の実現いかんといった、国家的支配の統一的一元性にかかわる直接の制度的・組織的分立・展開いかんの問題と、まったく同一の論理的レヴェルにあるものと、根本的に錯誤せざるをえなかった。したがって、モンテスキュー以後のすべての政治・憲法学者が、三権分立論と国家主権論との論理的関連をみて、解決不能の「三位一体論」に陥ったと観念せざるをえなかったことは、論理的必然であったということができる。

第二に、〈三権分立〉の本質が、先に示したような「国家作用」ないし「国家機能」レヴェルの問題に転化されて論じられるやいなや、理論的混乱はさらに加乗されることになる。最初に指摘しておいたように〈三権分立〉把握においては、あくまで三大機関分立という実存形態に収斂される、第三権力の一般的な組織的構成を、国家的支配一般とくに国家意志の過程的構造上の論理的区別において把えたものである。したがってそこでは、国家的支配の内的実質や、特殊な組織的・制度的態様にかかわる諸問題は、当然捨象されている。ところが、〈三権分立〉の本質が実体的な「三大機関分立」論から、「国家作用」ないし「国家機能」一般のレヴェルに還元されたとなれば、内的実質にかかわる国家的諸機能ばかりか、それを直接的に担掌する〈政治的〉・〈社会・経済的〉諸機関をはじめ、〈中央—地方的〉諸機関等々の、あらゆる諸問題における諸機能・諸作用が、すべてゴッタ煮のように混淆されて、一せいにとりあげられることになったとしても、一向に不思議ではあるまい。因みに欧米政治学者・憲法学者の発想を安易に紹介また受け入れている、わが国政治学者の言説を一～二紹介しておこう。

まず手島孝『行政国家の法理』［学陽書房］では、つぎのように主張されている。──「立法、司法および執行の三権を対立せしめる古典的な権力分立制が、行政国家化の現在、好むと好まざるとにかかわらずもはや非時代的であり復原困難とするならば、問題は権力分立の思想一般を破棄するためにあるのではなく、権力分立制を今日的に再編するにあるとされねばなるまい。…［中略］…／権力分立制を現代適合的に再編する企てとしては、さらに、いわゆる多元主義の立場からする有力な議論が西ドイツにあって傾聴に値する。たとえばペーターズ…は、在来の三権分立制は今日なお憲法の一礎石を形作ってはいるが今や全く二義的となっており、モンテスキュー学説の神髄を現代に活かすため、〃別種の〃権力分立制の構成が要請されるとして、(a)連邦制、(b)官庁間の権限分配、(c)地方自治、(d)行政への素人の決定的参加、(e)政治的決定と専門的経験知識の分割、(f)学術・芸術行政の自治などをその要素に算える。…［中略］…スイスのケーギ…となるといっそう徹底して、(a)国家機能に基く古典的権力分立、(b)憲法制定者と通常立法者の二元、(c)立法部の二院制、(d)執行部内の権力分立、(e)国家機能担当者の任期の限定（〃時間的権力分立〃）、(f)多数政党の並立と与野党の対立、(g)自然人の権限と国家の権限の間の分立、(h)連邦制・地方自治体制の〃垂直的権力分立〃(i)教会と国家の二元、(j)民事権力と軍事権力の分立、(k)諸種の集団の間の〃社会的権力分立〃、(l)国内秩序の自律的権力と超国家的権威の並存など、多岐にわたる因子から成る〃包括的権力分立〃が掲げられる…（中略）…／現在、行政国家の時代において権力分立の再構築を論ずる場合、恐らく、その自由主義的な古典的意義と同時に、民主主義的な現代的意義もまた看過さるべきではなかろう。そのさい、これら両意味においてとくにわが国で強調の要ありと思われるのは、地方自治の営む重大な新権力分立的機能である」［九三から六頁］。

また、「三権分立の理論を現代的なコンテクストの中で解釈するならば、権力の分立というよりも、むしろ分業、専門分化という用語が用いられた方がより妥当であろう」と主張している片岡寛光『行政国家』［早稲田大学出版部、二七七頁］も、これとほぼ同一の発想に立っている。

この種の発想は、それ自体としてはただ単純に一笑さるべき戯画的見地にすぎない。しかしそれが、「三権分立」＝「三大機関」説から「三権分立」＝「三大作用」説へと転成した、連綿たるブルジョア政治学・公法学の方法的発想を大前提としている点で、れっきとした方法的根拠ある戯画的見地としての一般的性格をもっていることを、けっして忘れるわけにはいかないのである。

（2）〈司法権〉とは何か？

このように、「三権分立」＝「三大機関分立」論の通説的転成形態たる、「三大作用」論を基軸とした理論的混乱は、ますます手のつけられない様相を呈している。これは直接には、論者がモンテスキューの問題提起自体を、大きく相対化して検討することなく、あまりに近視眼的にとらわれすぎたことにも一因がある。それがためにかえって、モンテスキューの問題提起の最大の功績である、〈裁判権〉の特質にかんする把握、すなわち実質的には〈司法権〉としての鋭い把握について、まったく理解できなかったことは、何とも皮肉な話といってよい。しかしそこから、〈三権分立〉論の実質的否認に否応なしに突き進むことになったのであるから、ことはきわめて重大である。

その代表的発想は、右の「三権分立」＝「三大作用」論を一応の前提として、一般的・抽象的法規範の定立にかかわる「立法」と、その個別的具体化・適用にかかわる「行政」との二大区別の意義は了解できるが、民事・刑事「裁判」としての「司法」のみは、前二者と同位の独立的一大作用とみなすことができないとする。すなわち「裁判」は、一般的・抽象的法規範の個別的具体化・適用と言う点で、「行政」と何ら本質的区別をもたず、したがってそれは、本質的には「行政」の一分化作用にすぎないというものである。因みにわが国では古く美濃部達吉の、「…憲法ノ認ムル立法、司法、行政ノ区別ハ単純ナル形式的ノ区別ニ非ズシテ、国家ノ作用ノ実質上ノ分類ナラザルベカラズ。／然レドモ実質ヨリ見テ、国家ノ作用ヲ立法、司法、行政ノ三権ニ分ツコトハ、論理上正当ナル分類ト謂フヲ得ズ。立法ノ作用ト其ノ他ノ作用トノ区別ハ法規ヲ制定スル作用ト法規ノ下ニ於ケル作用トノ区別ニシテ、専ラ行為ノ性質ヲ其ノ区別ノ標準ト為シ、国家作用ノ目的ニ依ル区別ニ非ズ。目的ヨリ謂ヘバ立法ハ国家ノ総テノ目的ノ為ニ必要ニシテ、単ニ或ル目的ノ為ニノミ行ハルルモノニ非ズ。司法ト行政トノ区別ハ之ニ反シテ国家作用ノ目的ニ依ル区別ニシテ、行為ノ性質ヲ其ノ区別ノ標準ト為スモノニ非ズ。行為ノ性質ヨリ謂ヘバ司法行為モ全ク相等シク其ノ間ニ区別ヲ認ムルヲ得ザルコトハ後ニ述ブベキガ如シ。両者ノ区別ハ一ニ唯司法ハ民事及刑事ノ目的ノ為ニスル作用ナルニ反シテ、行政ハ其ノ他ノ国家ノ為ニスル作用ナルコトニ在ス。故ニ立法ト其ノ他ノ作用トノ区別ハ司法ト行政トノ区別ト全然其ノ区別ノ標準ヲ異ニス」［『憲法撮要』、有斐閣、四五〇頁］という主張が、その典型である。

しかし、美濃部のように「行政ハ民事及刑事ヲ除クノ外国家ノ一般ノ目的ノ為ニスル作用ナリ」［同前、四七四頁］とか、「行政とは法則の下に行はるる国家の作用で民事及び刑事を除く」［『行政法序論』、一九頁］と、右の発想を徹底させるか否かはべつとして、「立法」と「行政」区別のような質的意味において「行政」と「司法」とは区別できないとする発想は、建前上「三権分立」論を承認する者にも大きな影響を与えている［補註］。

［補註］

このような美濃部の〈三権分立〉実質的否定論、正確には国家作用の「二分説」は、例えば行政法学者・柳瀬良幹によって、「現在の制度において司法とは、立法を除く国の作用のうち、民事及び刑事の作用を意味し、行政とは民事及び刑事以外の作用を意味する」［『行政法教科書』［再訂版］、有斐閣、四頁］という具合に、理論的考察を何ら深めることなく、結論的見地のみがうのみにされている。宮沢俊義に到っては、「…カザレスの説いたのはいわゆる国家権力の二分説であり、これに反してモンテスキューの説はいわゆる三分説である。今日の学界でもこの二つの見解の対立が見られている。しかし、実際政治的見地からはこの問題はあまり大きな重要性をもたぬ。実際政治的見地から重要なのは司法権が理論的に執行権とその性質を同じくするかどうかというようなことではなくて、司法権を立法府や執行府から独立な裁判所の手に与えることが妥当かどうかということにある」〔『憲法の原理』、岩波書店、四〇頁〕として、〈三権分立〉に関する理論的追究自体を、実質上放棄してしまっている。美濃部門下では、何といってもドイツ行政法学派の田中二郎がピカ一であって、ドイツ派に対するフランス派の理論的テイタラクは、何も〈哲学〉の分野にのみかぎったことではないことを知る。

したがってここでは、〈立法〉・〈執行〉に比しての〈司法〉の特質を明示することによって、〈三権分立〉発想の理論的要締が、じつは〈司法権〉の把握にあることを、とくに強調しておかねばならぬ。

まず〈立法〉は、それ自体としてはたんに一般的・抽象的法規範の、定立であるかにみえる。しかし実際には、国家的支配としての現実的必要、つまりは社会からの根本的規定性にもとづくものであって、社会のより長期的かつ一般的な歴史構造的特質とその変動に対応した一般的諸法と、より短期的かつ特殊的な現実的要請に対して、主に政策形態をとった個別法律との相対的区別として現出する国家意志の、実定的法律としての創出・定立という内実をふくんでいる。この国家意志の定立が、すべて前者から後者つまり一般的・抽象的法規範の、個別的具体化という形式をとるからといっても、その内実に後者から前者、つまりある特殊な政策遂行のための個別法律確定の必要から、一般的諸法の新たなる定立また補正・改廃等が行われるケースもふくんでいることを、少しも排除しない。しかし一般的諸法はもとより、主に政策形態をとった個別法律といえども、諸階級・階層の内・外に不断に生起しながら決して自主的に解決・調整できない、社会的レヴェルでの現実的必要の孕む一般的性格、正確には諸階級・階層内外の敵対的諸矛盾の孕む社会的秩序維持に直接かかわる、一般的性格に対応した一般的法規範として創出・定立される点で、同じく〈立法〉にかかわる。

これにひきかえ〈執行〉は、それ自体としてはかく定立された一般的・抽象的法規範の、たんなる個別的具体化・適用であるかにみえる。しかし重要なことは、この一般的・抽象的法規範の個別具体化・適用という形式をつうじて、主にときどきの政策や個別法律形態をとった一般的法規範が、日々生起する社会的・現実的必要への実践的対処において、より特殊的さらに個別的レヴェルにまで浸透されることである。そしてこの特殊的・個別的レヴェルの実践的対処において、その執行主体の独自の意志へ、諸階級・階層の特殊的利害を担った特殊的意志が様々に関与し、規定してくる。

それゆえ、国家的支配としての現実的必要に大きく規定されている点では、〈立法〉も〈執行〉も何ら変りがないが、社会的・現実的必要への実践的対処いかんにおいて、両者は大きく異なる。つまり立法においては、諸階級・階層としての現実的諸個人の特殊的利害を前提としながらも、その看過できない社会的秩序維持に直接かかわる、一般的性格に対応した一般的法規範としての、抽象と定立が問題である。ところが執行における社会的・現実的必要とは、立法のような混沌たる現実が孕む一般的性格ではなくして、あくまで諸階級・階層が入り乱れて対立・抗争する混沌たる特殊的・個別的現実それ自体である。執行が、形式的には一般的・抽象的法規範の個別的具体化・適用と、概括されるほかないその真意もまた、ここにある。要するに一方が、個別的・特殊的事態への一般的法規範の定立という一般的対応であるのに対して、他方は、一般的法規範による社会的・現実的必要への、特殊的・個別的対応である。したがって後述するように、社会的・現実的必要への国家的・実践的対処いかんという点で、〈執行〉は〈立法〉に比して、より積極的な現実性、あるいはより現実的な積極性を、把持しているわけである。

ところが〈司法〉は、〈立法〉・〈執行〉とはまったくその性格を異にする。たしかに〈司法〉を従来の憲法・公法学者の如く「裁判」一般とすれば、それは主に民事・刑事上の違法行為を前提に、提訴された個別的事件への一般的法規範による、審査・処罰いかんの確定以外ではありえない。したがって、「裁判」としての「司法」を、多くの憲法・公法学者のように「行政」と同様、一般的・抽象的法規範の個別的具体化・適用として規定することは、少しも誤っていないようにみえるかもしれない。しかしながら、〈裁判〉すなわち一般的法規範による個別的争訟への審査・処罰いかんの確定は、たんなる一般的・抽象的法規範の個別的具体化・適用ではない。

それは、一般的法規範の個別的具体化・適用ではなくして、一般的法規範による法的支配の特殊的・個別的貫徹と完成、つまりは法的支配の特殊的・個別的レヴェルでの最終的確定としての、きわめて特殊な意義をもっているからである。

これにひきかえ、〈執行〉における一般的・抽象的法規範の個別的具体化・適用は、法的規範を媒介とした法的支配の一形態ではあっても、断じて法的支配の特殊的・個別的レヴェルでの最終的確定を意味しない。だからこそ、後述するように〈執行〉それ自体が、一般的法規範それ自体としての〈司法権〉による、法的処罰の対象たりうるのである。

それゆえ、集積された〈裁判判決〉＝〈判例〉のもつ、強力な規範的規定性は、たとえ現象的には〝類似の事件・訴訟はもっぱら判例に従って〟という裁判官の慣例的処理として現出しても、それはたんなる観念的な伝統的規定性の問題ではない。個々の〈判決〉が、個別的事件・訴訟への法的審査をつうじた、特殊的・個別的レヴェルでの、法的支配の最終的確定としての一般的性格をもつ以上、ときどきでその法的解釈や判断基準が根本的に異なるとなれば、それこそ大問題となる。また、〈裁判判決〉の確定をつうじた一般的法規範の、特殊的・個別的レヴェルでの最終的貫徹という、法的支配の特殊的形態に直接かかわる〈裁判官〉にとって、法的支配ないし法的秩序維持の問題は、もっぱら実定的法規範解釈における、イデオロギー的な一貫性と統一性の問題として観念される。かくて、集積された〈判例〉の背後に、共通の法的判断とイデオロギー的基調を看取できるのは、このような法的支配の特殊的形態としての、〈裁判〉の特質それ自体に根拠をおくものである。

また、現代の憲法・行政法学者は、〈再審〉の困難という現実的問題にぶつかって、いぜん理論的混乱の最中にある。しかし、〈再審〉の法理上の困難さが、じつは特殊的・個別的レヴェルで、最終的に確定された法的支配それ自体を、根本的に覆えすことの原理的不可能に基礎をおいていることに、彼らは〈裁判〉の特質を把握できなかったため、まったく気づいていないのである。

つぎに、〈裁判判決〉形態をつうじた「立法」ないし「法創造」を主張する、H・ケルゼンの見地について一言しておく。

もとよりこの見地がケルゼンにおいて必然化されたのは、その新カント派の先験的規範論から、実定的法秩序の段階的構成と運動法則を、すべて一般的・抽象的な法的規範が、上級的なそれから下級的なそれへと段階的に具体化され、個別化されるという具合に、もっぱら法的規範の純然たる形式的な支配過程において、把握したところにある。かくてケルゼンは、一般から次々に具体化される、法的規範の形式的な段階的過程に即して、「法創造」ないし「法定立」としての「立法」と、「法適用」としての「行政」および「裁判」（「宣法」）との直接的同一性を説き、〈三権分立〉発想を原理的に否認した［とくに清宮四郎訳『一般国家学』、岩波書店、参照］。つまり「裁判」ないし「宣法」における一般的法規範の「適用」は、直接に個別的・具体的法規範の「創造」すなわち「立法」として、把握されることになったわけである。

しかし、この見地がたんにケルゼニストばかりか、今日政治学者や憲法・行政法学者によって通説的に受容されているのには、それなりの根拠が存在する。すなわちそれは、〈裁判判決〉をつうじた法的運用にともなう法的解釈のもつ、直接の観念的能動性にかかわる。とくにそれは、個別的争訟への〈裁判判決〉をつうじて、しばしば従来とは異なった法的解釈が行われ、それは〈裁判判例〉として保存され、他の個別争訟に看過できない〈前例〉として影響を与える。そればかりか、ときにはそれが、既存の法的規定に対する明瞭な差違・対立をふくむことによって、新たな法的規定ないし既存の法的規定の改正・修正等への、直接の観念的・イデオロギー的先導性を発揮するからである。

したがってこれは、一般的法規範を前提とした、その実践的執行レヴェルで、執行権力が政令・省令等の、法的規範としては形式的に不備な、下級的法規範形態をとった具体的な国家意志を次々に創出している事態と、論理的共通性をもっているということができる。しかし、下級的法規範形態をとった具体的な国家意志形成が、一般的〈法律〉形態をとった国家意志定立としての、〈立法〉とは原理的に峻別されねばならないように、個別〈裁判判決〉における新たな法的解釈の提出を、「裁判」ないし「司法」における「立法」として解釈することは許されない。執行権力による政令・省令等の下級的法規範の定立が、あくまで一般的〈法律〉形態をとった、一般的諸法および関連個別的諸法を直接の法的前提とし、その実践的具体化としてのみ存立するように、個別〈裁判判決〉における新たな法的解釈の提出も、形式的には既存の一般的法規範の忠実な法的解釈としてのみ、提出されるほかないからである。

それゆえ、個別〈裁判判決〉における、新たな法的解釈といえども、もっぱら一般的法規範の個別的・特殊的レヴェルでの、貫徹という形式をとって押し出されるほかないということは、そのまま「裁判」ないし「司法」における、「立法」というケルゼン流の解釈の根本の理論的錯誤を、遺憾なく露呈せしめているということができる。

このように、個別的事件への法的審査・処罰という形態をつうじた法的支配の貫徹、すなわち特殊的・個別的レヴェルにおける法的支配の最終的確定が行われる点に、〈裁判〉のもつ〈司法〉としての特質が、端的に示されている。もとより〈裁判〉の〈司法〉としての特質は、歴史的には〈近代〉以降の完成的に発展した国家的支配において、一般的に見られる事象であって、〈近代〉以前においては制度上確立し難い。その直後の制度的根因は、未だ統一的かつ有機的な社会・経済圏が形成されるには到らず、したがって独立割拠的な地方的統治権力としての性格をもった支配的階級権力が、直接未熟な第三権力を構成する他ない歴史構造的条件によって、根本的に媒介されている。すなわちそれは、支配的階級権力が直接第三権力を構成する以上、国家意志が直接、支配共同体としてのデスポティックな、〈共同体支配者の意志〉という形態をとって実存して、国民的諸層の直接間接の関与になる一般的〈法律〉形態において、成立しえない点にある。というのは、とくに〈アジア的〉国家において典型的にみられる如く、国家意志が直接に〈デスポットの意志〉という形態で実存するかぎり、主に集積された「裁判判例」を手本に、〈中央―地方的〉統治機構によって下された「裁判判決」が、新たな〈デスポットの意志〉のたえざる干渉と最終的裁可・決定権によって、「判決執行」直前まで確定しえないことは明瞭であろう。ということは、そこでの「裁判判決」が、〈司法〉権としての法的確定、すなわち個別的訴訟への法的審査・処罰決定という形態をつうじて、特殊的・個別的レヴェルにおける法的支配の最終的貫徹の確定としての性格を、把持するには到らないことを意味しているからである。［〈デスポティズム〉下で典型的に現出する、〈判決の確定力の不在〉の個別歴史的実相を知るうえでは、前掲滋賀秀三「清代の司法における判決の性格(1)・(2)」における、中国・清朝下に即した精緻かつ長大な報告が、きわめて参考になる。］［この点第13章第2節第2項参照］

このように〈司法〉の特質は、何よりも〈近代〉以降の国家的支配において一般的にみられる、〈裁判〉形態をつうじた法的支配の、特殊的・個別的レヴェルにおける最終的貫徹・完成、という点に収斂される。しかも〈近代〉以降の〈裁判〉の一般的特質は、直接の制度的には、国民的諸層の直接間接の関与による、国家意志の一般的〈法律〉形態での成立によって媒介されている。したがって、この点を考慮するならば、〈司法〉の本質的把握においては、さらにつぎの点が看過しえないきわめて重要な意義をもって、大きく浮かびあがってこよう。すなわち〈裁判〉一般とは原理的に区別さるべき〈司法〉の特質は、法的支配の特殊的・個別的レヴェルでの最終的貫徹・完成が、たんに〈裁判〉一般つまり一般民事・刑事裁判に限定されることなく、理念上は、国家的支配の全域、とりもなおさず第三権力の全活動自体をも、容赦なく適用対象とする点にある。これは、法的規範を必須的媒介とする国家的支配が、完成的に発展することによって、実定的法規範による法的支配、つまりは「法治国家」という形態をとらざるをえなくなった以上、不可避的なことである。

このような〈裁判〉一般とは区別さるべき〈司法〉の特質は、従来の政治学者・憲法学者の誰一人として原理的に把握できなかったものであるから、いま少し具体的に説明しておかねばならぬ。〈司法権〉は、たんに一般民事・刑事上の違法行為を前提に、提訴された個別的事件への法的審査・処罰確定にかかわる、〈裁判権〉のみを意味するものではない。むしろ〈裁判権〉一般とは区別さるべき〈司法権〉としての特質は、国家的支配の全域、つまり国家意志の形成・支配にかかわる第三権力の全活動それ自体をも、国民的諸層による直接・間接の法的関与を前提とした、法的審査・処罰の対象たらしめるところにある。したがって、形式的ないい方をすれば、司法権は、たんに民法・刑法にかかわる〈裁判権〉ばかりか、第三権力自身の法的規定（とくに行政法）もふくめた、一般的諸法［公法・私法の全体］にかかわるすべての〈裁判権〉を、包括しているわけである。とくに後者の点についていうならば、司法権は、〈裁判機関〉による〈議会〉・〈政府—執行機関〉への、〈違憲立法審査権〉という形態ばかりか、それが議会か、それとも行政機関自身によって担掌されるかとはべつに、〈政府—執行機関〉への〈行政監査権〉Ombudsman 制度等の形態でも現出する。

［文献註］
とりあえず次のものを参照。
園部逸夫「オンブズマン」『法学教室7〈第二期〉』
小島武司「オムブズマンの構造と哲学」『ジュリスト』六二四号

それゆえ、この点に関連して一言しておくならば、通俗的な「三権分立」＝「三大機関分立」論から、イギリス流議院内閣制下での議会—政府・執行機関優位と裁判機関の劣位をもって、〈三権分立〉原理の不鮮明ないし実質的不在を主張するのは、まったくナンセンスである。国民的諸層の直接・間接の関与を前提とした、一般的諸法による〈法的審査・処罰〉としての〈司法権〉の確立は、何もアメリカのような、〈中央—地方的〉レヴェルでの〈陪審制〉の体系的整備といった、〈裁判機関〉の直接的強大化という形態をとらなくとも、他の二大機関とくに〈議会〉との分掌という形態によっても、充分可能だからである。また、この体制下では少なくとも理念上［形式制度上の理念からいって］、第三権力の実質的支配者たる政府—執行機関の最高責任者や高級官僚、また議会の最有力者といえども、〈司法権〉による法的処罰の対象から除外されない。とくに一般的諸法への明瞭な違反行為が白日の下に曝された場合、議会の特別委員会や一般裁判所の公開の席に引っぱりだされ、〈司法権〉による法的裁可から免責され難いことは、田中角栄やニクソン失脚事件が、遺憾なく証明している。

以上要するに、さきに〈司法〉を、〈立法・執行をも例外として除外しない一般的な法的処罰〉と規定したように、〈司法権〉は、国民的諸層による直接・間接の関与を前提とした、一般的諸法としての法的規範それ自体の実存にかかわる、形式理念上最高の位相におかれた権力としての性格を、もつということである。

モンテスキューの卓見は、デスポティックに肥大したフランス絶対王政下で、直接には、主に〈高等法院〉に組織・収斂された官職貴族、とくに「法服貴族」層［旧封建領主的貴族層ばかりか、個別に上昇した一部特権的ブルジョア諸層をもふくむ］と、「国王親裁」の形式下に新たに登用された、新興ブルジョア諸層よりなる直属官僚層［主に徴税・裁判・治安にかかわる直属監察官僚層（アンタンダン）］との、きわめて深刻な対立・抗争を眼のあたりにしながら、旧い〈裁判権〉形態のなかに孕む、〈司法権〉としての理念上の最高性を、直感的とはいえ鋭く看取したところにある。すなわち「裁判権」を、たんに旧い各種特権的支配層による領民処罰権一般ではなく、実質的には〈司法権〉としての理念上の最高性において把握したところにこそ、多くの看過できない形式的不備・混乱にもかかわらず、モンテスキュー「三権分立」論の、不滅ともいうべき画期的意義がある。

しかるに、〈司法権〉が理念上最高の位相に君臨しているはずの近代以降の現代国家において、現実的には他の二権とくに執行権力の強大化による、いわゆる「行政国家」化現象が、一般的にみられる。これはいったいどういうことか？

アカデミーの通俗左翼・リベラリズムを思想信条とする政治学者・憲法学者は、この現象をもっぱら「中央集権化」とか「民主主義の破壊」といって、非難・糾弾するだけで、その原因を何ら理論的に解明できないでいる。しかし執行権力強大化の一般的趨勢には、れっきとした現実的根拠がある。すなわちそれは、直接には右に提示した〈司法権〉の特質自体に、起因するものである。

他の二権とくに執行権力は、日々新たな姿態で提起され、突きつけられる社会的・現実的必要、正確には当事者による自主的処理・遂行が不可能な、諸階級・階層の特殊的利害やそれにもとづく特殊的意志・要求に対して、一般的諸法や法律・政策を前提として不断に、しかもときには迅速かつ柔軟に対応しなければならない。これに対して〈司法権〉は、何といっても提訴ないし違法行為にまつわる深刻な対立・紛争等の、個別的事態の出来を大前提としたうえでの、慎重な法的審査・検討をその特質とする。したがって、〈司法権〉が、提訴または諸個人間の深刻な紛争を大前提としたうえでの、個別的訴訟に即した一般的法規範による、法的支配の最終的確定としての本質をもつ以上、その社会的・現実的必要に対する実践的対処は、きわめて受動的また消極的にして、しかも媒介的たらざるをえない。これは、執行権力がときに諸階級・階層によって直接明示されていない、あるいはさしあたっては後者の意志と対立するかもしれない〈社会的・現実的必要〉をさえ、総資本的実質をもつより国家的見地から、巨視的かつ先取り的に法律・政策また行政指導上の国家意志として企図し、その立案・確定・執行を断行するほど、驚くべき積極的・先導性を本来的に把持しているのに比して、根本的ともいえる相異である。

したがって、このような両者の制度的特質が、現実的基礎の変動、正確には資本制的生産様式の高度な歴史的発展にともなう、国民的規模における諸階級・階層内・外での敵対的矛盾の不断の発生と深刻化に基礎をおいた、各種社会的・現実的必要事の構造的増大に大きく媒介的に規定されることによって、執行権力の強大化を帰結せしめたわけである。

モンテスキューの三権分立論の特質は、裁判権の理念上の最高性が、理念的には立法権に従属すべき執行権の第一義的能動性、つまり政治的権力としての第一義性と表裏をなして構成されている点にあった。したがって彼がごくさり気なく記した「三権のうち、裁判権はある意味で無力である」という章句に凝縮された驚くべき本質的洞察力もまた、以上の論究を前提とするならば、明瞭ともなろう［くわしくは本章第1節「モンテスキュー小論」参照］。

［旧稿・一九七九年一月］

15　政治形態をめぐる諸学説

（1）政治形態と古典的学説

1　政治形態と国家形態

A　政治形態とその歴史的諸形態

〈三権分立制〉下における国家権力の組織的・制度的統一が、〈三権〉それぞれの特質から、立法権ではなく執行権を中心にして断行される必要と必然については、すでに右に示した。そこでつぎに、いまだ三権的な分化と分立がみられない、〈近代〉以前の歴史的国家をもふくめた、国家権力のトータルな組織的・制度的構成形態についても、簡単にとりあげておかねばならない。いうまでもなくこれは、国家権力を軸とした政治制度の全体的特質いかんをとりあげた、〈政治形態〉の問題である。

〈政治形態〉については、古くから〈統治形態〉や〈国制形態〉、また〈国家形態〉などと、ほとんど区別されることなく、くり返し論じられてきた。しかしそれは、決して充分なものではなく、むしろ多くの理論的錯誤と混乱を引き起こしてきた。それゆえここでは、この問題は本来どのように把握されるべきであったのか、また、多くの錯誤と混乱の原因はいったいどこにあったのか、これらの点についてふり返っておかねばならない。

〈国家〉と〈国家権力〉とは、概念的に区別して把握されねばならない。それゆえ、〈国家権力〉それ自体の組織的・制度的構成形態をとりあげた〈国家権力形態〉と、国家権力による〈社会〉全体の〈国家〉的構成と組織化の形態をとりあげた〈国家形態〉とは、概念的に区別されてしかるべきである。すでに総説で指摘したように、〈政治形態〉とは、政治的・国家的［組織的権力］レヴェルでの〈権力形態〉である。権力形態とは、組織的権力の制度的な編成と構成形態を、とくに規範としての［組織的］意志決定形態に、焦点をしぼってとりあげたものである。そこでは、何よりも〈組織としての意志決定の仕方〉が問題といってよい。

それゆえ、政治的・国家的レヴェルでの〈権力形態〉である〈政治形態〉の場合には、何よりも政治的・国家的な意志決定権の所在いかんに焦点を合わせて、国家権力の組織的・制度的構成形態を把握しなければならない。いいかえればそこでは、いったい誰が、いかなる存在が、国家的意志決定権を掌握しているのか、あるいは誰による、いかなる存在による国家的意志決定権の掌握を可能にしている政治体制なのかが、核心的な問題となる。この意味で、〈近代〉以降定着した〈三権分立制〉を前提とすると、政治形態把握の中心は、〈三権〉の組織的・制度的構成いかん、とりわけ〈立法権の掌握をめぐる議会と政府の関係いかん〉の問題に、収斂される。

政治形態把握の核心が、国家意志の決定形態いかんにあるとすれば、結局のところこの問題は、当該［国家］組織的諸個人が、自己を規制し拘束する［法的］規範としての［国家］意志決定に、直接間接に参画できるか否かという点に、大きく収斂されていく。ということは、権力形態としての政治形態には、大きくみると二つの形態しかありえないことを意味している。因みに前者の、［国家］意志決定に直接間接に参画できる形態が、〈民主主義〉である。そして後者の参画できない形態、つまりごく少数者が［国家］意志決定権を独占的に掌握している形態を、通俗的には「独裁」、厳密には〈専制〉という。

そのうえで、〈民主主義〉も〈専制〉もそれぞれ二つに分かれる。まず〈民主主義〉において、諸個人による意志決定への関与と参画が、より直接的な場合を〈直接民主主義〉といい、より間接的な場合を〈間接民主主義〉という。また〈専制〉において、ごく少数者による意志決定権の独占的掌握が、単一者に集中されている場合を〈親裁〉体制といい、数人の有力者の合議制という形をとっている場合を、〈寡頭専制〉と呼ぶ。

これを歴史的舞台にあらわれた現実の政治形態に即して観ると、〈専制〉が〈民主主義〉に先行しているばかりか、とくに〈近代〉以前においては、そのほとんどすべてが〈専制〉諸形態にぞくしている。因みに、〈親裁〉体制は、〈王政〉・〈君主制〉・〈帝政〉などの歴史的・現実的な姿態をとってあらわれた。また〈寡頭専制〉は、一般に〈貴族制〉という形をとったが、それは大きくみて二つのケースがある。

一つは、国王や皇帝を頂点とした〈親裁〉体制下で、国家意志の実質的な決定権が、側近ないし補弼機関を構成した〈貴族層〉の掌中に、移動してしまった場合である。そしてもう一つは、国王や皇帝などの最高的ないし上級的な支配者をもたない形での、〈貴族層〉による専制的支配である。もちろん〈寡頭専制〉のほとんどは、前者のケースであって、後者のケースは、古典古代の都市国家や中世後期から近世イタリアの都市国家など、地域的に限定された小規模な歴史的国家にしか、見当らない。

つぎに、〈民主主義〉は、直接の歴史的には〈君主（制）〉に対する〈民主（制）〉として、対抗的に生起したものである。これは、大きく世界史的にみて、〈近代〉以降の〈民主制〉が、〈近代〉以前の〈専制〉国家体制を直接打破し、換骨奪胎する形で生起し形成されたからだけではない。古典古代における〈民主制〉の歴史的生起と登場自体が、直接に王政や貴族制を転覆し押し退けたものでもあった、ことによる。

ただ〈近代〉以前の〈民主制〉は、地域的に限定された小規模な市民共同体の、政治的・国家的組織形態だっただけに、〈近代〉以降のそれに比して、特異な特殊性を内在させていた。そしてそのことが、そのことのもつ意味を正確に理解しえなかったことが、〈近代〉以降の政治思想家や政治学者たちに、大きな理論的錯誤と混乱をもたらすこととなった。この点については、次項でとりあげる。

こうみてくると、プラトンの、「国制には、いわばその母ともいうべき二つのものがあり、他の国制は、そこから生まれてきたと言って、まず正しいでしょう。そして、その一方を君主制、他方を民主制と呼ぶのがよく、前者の頂点にはペルシア民族が、後者の頂点にはわたしたち（アテナイ）が立っていると言ってよいでしょう」［森他訳『法律』『プラトン全集13』所収、岩波書店、二一六頁］という指摘は、なぜそうなのかの論理的把握を提示していない点で、学的・理論的把握ではない。しかしそれは、〈民主的〉と〈専制的〉との政治形態区別についての、多分に直観的な、直接の歴史的政治形態に即した、正当な把握とはいえる。

B　政治形態と統治形態

このように政治形態把握の核心は、法的規範としての国家意志の決定形態いかんにあり、したがってそこでは、当該国家構成諸個人が国家意志決定に、直接間接に参画できるか否かが、根本問題となってくる。ということは、〈政治形態〉が、たんに国家権力それ自体の組織・制度的構成形態だけに、とどまるものではないことを意味している。まず国家権力レヴェルからいうと、政治形態いかんの問題は、国家権力が〈社会としての諸個人〉を〈国家〉として組織し構成する、支配・統制形態いかんとしての〈統治形態〉の問題でもある。この意味で政治形態は、〈統治形態としての国家形態〉の問題に、直接かかわる性格をもっている。また、〈国家〉構成員のレヴェルからいえば、政治形態は、諸個人がどのような形で〈国家〉としての構成と組織化に参画しているかの、諸形態の問題でもある。

これをごくひらたくいっておくと、社会的諸個人に対する〈国家〉としての政治的構成と組織化は、国家権力中枢の少数者の専制的意志決定によって、外部的・強制的に断行されているのか。それとも同じく国家権力による指揮・主導性という形をとっていても、社会的諸個人自身が、この国家的構成と組織化にかかわる意志決定に、直接間接に関与し参画できるものなのか。同じく、否応なしに国家構成員としてあらわれる社会的諸個人が、いかなる意味でも〈統治主体〉とはなりえないのか、それともなりうるものなのか。

もちろんこれは、国家権力形態を〈国家〉構成のなかで、大きく位置づけて把握することにほかならない。このように、政治形態のいかんは、〈社会としての諸個人〉を〈国家〉として組織し構成する、〈統治形態としての国家形態〉いかんを直接決定づける性格をもっている。もちろんこれは、国家権力が社会の国家的構成と組織化を直接指揮・主導する統治権力として生起し発展してきた、その本来的性格と特質からきている。こうして人々は、〈民主的〉政治形態下の国家体制を、民主主義国家とか共和制国家、その略称としての共和国などと呼び、〈専制〉政治形態下の国家体制を、専制国家とか君主制国家、その略称としての君主国などと、呼称してきた。

［補註］

因みにマキャベリの『君主論』に曰く、——「その昔から今にいたるまで、民衆を治めてきた国や領土の、そのすべては、共和国か、君主国のいずれかである」［池田訳、『マキァヴェッリ全集一』所収、筑摩書房、六頁］。

ここでは、政治形態が〈民主的〉と〈専制的〉との一般的な概念において、把握されてはいない。しかし、〈共和政〉が〈民主的〉政治形態の純粋な歴史的典型である、ことを考慮するならば、いかにも卓越した経験論者らしい、政治形態に対する、直接に典型的な歴史的形態にそくした、直観的な把握といってよい。

C　政治形態に関わる概念的混乱の現実的根拠

こうみてくると古来、政治形態の問題が、「統治形態」や「国家形態」また「国制形態」などと、ほとんど区別されることなく混淆されてきたのにも、それなりの根拠がある。両者の間には、たしかに不可分の組織的・制度的な規定と連関が、存在するからである。と同時にそれは、国家と国家権力の概念的区別が不明確であったことをも、端的に暴露している。しかしそれも、ある意味ではやむをえないことかもしれない。というのも、〈国家権力〉と〈国家〉、〈国家権力形態〉と〈国家形態〉との概念的な区別には、一定の歴史的・現実的な根拠と前提があるからである。

それは、〈国家権力〉が当該社会［正確には社会構成］から独立的に分化し、後者に対して命令［号令］し君臨する、強力な政治的権力として形成されるという、歴史的な前提である。ところが、政治形態にかんする古典的学説を確立した、プラトンとアリストテレスが生存したのは、かの古典古代期であった。そこでは〈都市〉を軸とした地域社会が、市民共同体によって〈都市国家〉として束ねられ、周辺の同系・異系の歴史社会に貢納・租税と軍役を賦課・徴収する、支配共同体として君臨した。

しかしこの〈都市国家〉が、周辺の従属共同体との関係において、〈専制的国家権力〉を構成し、市民共同体が専制的国家権力中枢として君臨したか否かは、何よりも前者による後者の政治的支配と組織的包摂が、長期的に安定した〈統一的国家〉体制として、確立されていたか否かにかかっている。もちろん、古典古代期の各都市国家による、周辺従属的共同体［地域社会］への政治的支配と包摂は、〈奴隷制〉というかたちでの〈解体された従属的共同体支配〉をのぞけば、後者の存立と内部的自治権をそっくり安堵し承認した、多分に外部的で可変的な代物にすぎなかった。この意味で、独立自足的な〈都市国家〉形態が基本的かつ一般的であって、アテナイなど支配的都市国家といえども、周辺地域社会を統一国家的に包摂した、〈専制国家権力〉のレヴェルにはほど遠い存在であった。

それでは、〈都市国家〉を軸とした周辺従属共同体の、〈統一国家的〉包摂と組織化の進展いかんの問題とはべつに、市民共同体それ自身の〈国家〉としての政治的組織化は、どうであろうか？

それは、王政・貴族政・民主政の政治形態いかんにもかかわらず、その経済・社会的な共同体的均等性に基礎づけられて、大きくは民主的・共同体的な、根本制約を受けていた。したがって少なくとも、対外的には苛酷な専制的国家支配を断行した、都市国家中枢の市民共同体に即して見るかぎり、その〈国家〉的構成と組織化において、国家権力としての独立的強大化はみられなかった。国家権力としての独立的分化と自立的強大化がみられない以上、〈国家形態〉つまりは市民層全体を挙げた〈国家〉としての政治的組織化の諸形態が、そのまま〈国制〉形態、後には政治形態や統治形態として、解釈されることになったとしても、ある意味ではやむをえまい。

D　〈国家形態〉概念の多義性

しかしここで、とくに注目しておくべき点がある。それは、〈国家形態〉という概念の多義性についてである。私は右に、〈政治形態〉が〈統治形態としての国家形態〉の問題に、直接かかわる性格をもっていることを示した。しかし〈国家形態〉は、この〈統治形態としての国家形態〉という論理的レヴェルとはまったく異なったレヴェルから、とりあげることができる。いかなる論理的レヴェルか？

それは、国家権力による〈社会〉の〈国家的〉構成と編成形態それ自体を、直接とりあげた場合である。この場合には、〈社会〉は、諸個人一般ではなく、直接に現実的で多様な社会的諸要素を、統一的政治秩序としての〈国家〉として組織し構成する、諸形態そのものが問題となる。とりわけ多数の各地域社会が、〈国家〉として直接束ねられ組織的に構成される諸形態それ自体が、とりあげられる。したがってそれは、直接に現実的な〈国家的〉構成が、単一の一元的な構成か、それとも連邦的構成か、あるいは王国・帝国的構成か、といった形で提起されることになる。

それゆえ〈国家形態〉、つまり同じく〈国家権力による社会の国家的構成形態〉といっても、さきの〈統治形態としての国家形態〉が、より本質的な把握であるとすれば、これは、より直接的な、〈社会の国家としての領域・領土的な構成形態〉にかかわってくる。正確には、〈国家の領域・領土的構成〉の枠組みにおける、統治・行政区画としての区分と統一的構成、そしてそれに対応した国家権力の、〈中央—地方的〉展開と構成の問題にかかわってくる。そこで、この〈国家の領域・領土的構成〉と、国家権力の〈中央—地方的〉展開の問題は、篇を改めて独立にとりあげることにしよう。ここでは政治形態に即して、とくにその古典的学説に焦点を合わせて、理論的な検討をくわえておきたい。

2　プラトンからロックまで

すでに指摘したように、〈近代〉以前の歴史的国家において、〈民主〉と〈専制〉の政治形態のすべてが出揃っていたことは、充分に留意されねばならない。因みに、古典古代期において早くも、理想的な政治形態を模索し追究する形で、政治形態論が提出された。もちろんそれは、論者が生き死にした時代と社会に対する根本的な問い直しと、叩き直しのためであった。そしてさらに、政治形態論に直接引っ張られる形で、政治・国家の本質論が追究された。

というのも、理想的な政治形態とは何かを論拠づけようとすれば、否応なしに、〈政治・国家とは何か〉という政治・国家の本質論が、必要かつ必然とされたからである。この意味で国家論を軸とした政治学は、直接に理想的な政治形態を追究した。政治形態論から出発したといっても、決して過言ではない。古来政治学が、統治学や政策学に直結する実践学として認識され、発達してきた所以もここにある。こうして、プラトンとアリストテレスの政治形態論が、提起されることになった。

これを承けて、〈近代〉の〈民主政治〉が成立する以前に、自然的・社会的・精神的な諸学を修めた哲学者たちによって、理想的な政治形態像に収斂される、政治形態論と国家本質論を骨格とした、〈近代的〉な政治思想と政治理論が、相次いで提起された。いうまでもなくそれは、ホッブズ、ロック、モンテスキュー、ルソーなどに代表される、契約国家論という形であらわれた。以上についてここでは、とくに政治形態論に焦点をしぼって、一瞥しておきたい。

まずプラトンは、最晩年の『法律』において、「君主制」と「民主制」とを、政治形態としての「国制」の祖型ないし母型としたが［本節A項参照］、『国家』では、「国制」を四種類に分けて提起した。第一は、「〈名誉支配制〉（ティーモクラティアー）とか〈名誉政治〉（ティーマルキアー）とかそれを呼ぶべき」もので、これは「多くの人々から称賛されているところの、かのクレタおよびスパルタ風の国制」である。

第二は、「第二番目の国制で第二番目に称賛されているもの、〈寡頭制〉と呼ばれている国制」で、「これはじつに多くの悪をはらんでいる国制だ」。第三は、第二の〈寡頭制〉の「敵対者であり、それにつづいて生じてくる〈民主制〉」。第四は、「これらすべての国制にたちまさる高貴な〈僭主独裁制〉、これが第四番目にあって、国家の病として最たるものだ」。［藤沢訳『国家』、『プラトン全集11』所収、岩波書店、五六二～三頁。］

これによって、プラトンのいう「国制」が、〈国家形態〉ではなく、国家権力形態としての〈政治形態〉をさしていることが、わかる。そしてプラトンのいう、第一の「クレタおよびスパルタ風の国制」とは、「王制」といわれてきたから、彼の「国制」区別は、一般につぎのように整理されて、理解されることになった。(1)〈王制〉、(2)〈寡頭制〉、(3)〈民主制〉、(4)〈僭主独裁制〉。

これを承けてアリストテレスは、まず『ニコマコス倫理学』において、同じく政治形態としての「国制」を、三種類に分けたうえで、それぞれに逸脱形態があると主張した。そして『政治学』では、これらすべてについて、より詳細な追究を提出している。それゆえここでは、前者に即して紹介しておけばよかろう。

第一は、「君主制（バシレイア）」。第二は、「貴族制（アリストクラティア）」。第三は、「一定の財産を資格とするもの――これはたいていは「ポリティア」（＝有資産者制・制限民主制）の名を冠するのが適切なように思われるがたいていは「ポリティア」（立憲民主制・共和制）と呼びならわしている――のである」。そして、それぞれの逸脱形態について、まず第一の「君主制の逸脱形態は僭主制（テュランニス）である」。第二の「貴族制からは、支配者たちの悪徳から寡頭制（オリガルキア）に移行する」。第三の「ティモクラティアからは民主制（デーモクラティア）へ」。

アリストテレスは、この三種類の政治形態のうち、第一の「君主制」を最善として、第三の「民主制」を最低のものとしている。曰く、――「これらのうち、最善なのは君主制であり、最低なのはティモクラティアである」。
［以上、高田訳『ニコマコス倫理学（下）』、岩波文庫、九二～三頁。］

このアリストテレスによる政治形態論、とくに政治形態を〈君主制〉・〈貴族制〉・〈民主制〉の三種類に区分する発想は、〈近代〉の政治哲学者たちによって、そっくりそのまま継承されるところとなった。

まずホッブズは、『リヴァイアサン』のなかで、コモン―ウェルス［国家］の形成を、人々の平和的な合意と協定にもとづいた、「設立によるコモン―ウェルス」と、暴力的な手段と方法にもとづいた、「獲得によるコモン―ウェルス」とに大別する。そして後者からは、まっしぐらに〈父権的・専制的支配〉が帰結される。また前者には、「王政（モナーキー）」・「民主政治（デモクラシー）」・「貴族政治（アリストクラシー）」という、三つの形態しか存在しえない、と強調した。因みに曰く、――

「…主権は、ひとりの人か、ふたりいじょうの人々の合議体のなかにあり、その合議体には、あらゆる人がはいる権利をもつか、あるいは、あらゆる人ではなく、残余から区別された一定の人々がその権利をもつか、どちらかなのだから、コモン―ウェルスの種類がみっつしかありえないことは、あきらかである。…代表がひとりの人であるばあいには、このコモン―ウェルスは王政（モナーキー）であり、それがそこにあつまってくる意志をもつすべてのものの合議体であるばあいには、それは民主政治（デモクラシー）すなわち民衆的（ポピュラー）コモン―ウェルスであり、それが一部分だけの合議体であるばあいには、それは貴族政治（アリストクラシー）とよばれる。…暴政と寡頭政治は、王政と貴族政治の別名にすぎない」［水田洋訳『リヴァイアサン(2)』、岩波文庫、五五～六頁］。

最後の、「…暴政と寡頭政治は、王政と貴族政治の別名にすぎない」という言い方は、ホッブズならではの、鋭い把握といってよい。

これを承けたロックの場合にも、国家〔コモン―ウェルス〕の諸形態は、「民主政」・「寡頭政」・「君主政」に大別されている。ロックにおける小さな創意は、「君主政」をさらに「世襲君主政」と「選挙君主政」とに、細分化したところにある。因みに「統治論」に曰く、――「…人々が初めて社会に結合するときには、多数者が自ずと共同体の全権力を持つのだから、多数者は、共同体のために随時、法をつくったり、公職者を自ら任命して法を執行させたりするのに、その権力を用いることができる。そして、こういう場合は、統治の形態は完全なる民主政である。あるいは、そうではなくて、立法権を少数の上流社会だけの人々と、その相続人や継承者に委ねる場合は、寡頭政である。あるいは、一人の人の手中に委ねる場合、これは君主政である。もし、君主とその相続人に委ねると、それは世襲君主政であり、もし、君主に一代かぎりで委ね、その死後は継承者を指名する権力だけは多数者に戻るという場合は、それは選挙君主政である。そして、このような諸形態から、共同体は好むままに複合的混合的な統治形態を作りうる」〔伊藤訳『全訳統治論』、柏書房、二四七頁〕。

ロックにおいて注目さるべき創見の一つは、基本的な統治形態から、「共同体は好むままに複合的混合的な統治形態を作りうる」としたことであり、もう一つは、「統治形態は、最高権力、つまり立法権をどこにおくかによって決まる」〔同前〕と、明快に指摘したことである。まず、後者の「統治形態」のいかんが、「最高権力、つまり立法権をどこにおくかによって決まる」というのは、この「立法権」を〈法律〉に限定せず、〈法律〉を含めた法的規範としての国家意志の裁可・決定権という意味にとれば、理論的に正鵠を得た指摘といってよい。

しかし、前者の「作りうる」ということ自体は、たしかにその通りだが、それが〈統治の論理〉に見合った、〈組織・制度としての統一性〉を損なうようであれば、たちまち国家統治は行き詰まり、当該社会の衰亡と解体の危機に見舞われよう。それはちょうど、個々の資本家が、〈最小の労働（経費）で最大の利潤（剰余価値）の獲得〉という、〈資本の論理〉を無視した実践をすれば、たちまち〈資本家〉ではなくなってしまうのと、同じである。この意味で、「好むままに」「作りうる」というのは、〈統治の論理〉つまりは〈政治の法則性〉を無視した、謬論である［この点は次章第1節参照］。

もう一つ、ロックで注目すべき点は、〈国家権力形態〉としての「統治形態」と、〈国家形態〉としての「国家共同体の諸形態」との区別が、はっきりと指摘されたことである。因みに曰く、――「国家共同体ということばで私がつねに意味しているのは、民主政とかその他の統治形態のことではなく、ラテン人がキヴィタスということばで意味した独立の共同体のことである。このことばに最もよく対応する用語は、我らの言語ではコモンウェルスであって、人々からなるそういう社会を最もよく表現している」［同前、二四七～八頁］。

ただ残念なことに、この区別は、たんなる言葉のうえでの指摘にとどまっている。というのも、〈最高権力としての立法権の所在いかんによって決っせられる〉とされた、「統治形態」のいかんが、そのまま国家共同体［コモンウェルス］の諸形態のいかんを、直接決定していると、述べられているからである。曰く、――「統治形態は、最高権力、つまり立法権をどこにおくかによって決まるのだが、下位の権力が上位の権力に命令を下したり、最高権力以外のものが法を作ったりするということは考えられないから、立法権がどこにおかれるかによって、国家共同体の形態が決まってくるのである」［同前、二四七頁］。

これは、ロックにおいても国家権力が、社会の〈国家的〉構成と区別された独立的な組織体、組織的権力として統一的に把握されるよりも、「国家共同体」の必要にもとづいて個々に設立された、立法権・執行権・連合権などの諸権力として、経験的に把握されていたことにある。いいかえれば、〈国家形態〉が国家権力それ自体とは区別される、「国家共同体」の直接的な組織・構成形態として把握されなかったこと。したがってその根本には、〈国家〉・〈国家権力〉を、法的規範にもとづいて組成された独立的な組織体、組織的権力として把握できなかった、規範論としての組織論の欠落がある。

3　モンテスキューとルソーの特異性

これに対してフランス人は、アリストテレス以来の政治形態三区分法を、独自の発想にもとづいて受容した。まずモンテスキューは、『法の精神』のなかで、「政体には三つの分類がある」として、「共和政体」・「君主政体」・「専制政体」という、独特の政治形態三区分を提出した。因みに曰く、——

「共和政体は、人民が全体として、あるいは人民の一部だけが最高権力をもつところの政体であり、君主政体はただ一人が統治するが、しかし確固たる制定された法律によって統治するところの政体である。これに反して、専制政体においては、ただ一人が、法律も規則もなく、万事を彼の意志と気紛れとによって引きずって行く」。それゆえ、「共和政体」には、「民主政」と「貴族政」とが含まれている。つまり「共和政において、人民が全体として最高権力をもつとき、それは民主政である。最高権力が人民の一部の手中にあるとき、それは貴族政と呼ばれる」〔以上、野田良之他訳『法の精神（上）』、岩波文庫、五一～二頁〕。

これによって明らかなように、モンテスキューの政治形態三区分論には、三つの大きな特徴がある。第一は、従来区分の〈民主政〉・〈貴族政〉・〈君主政〉の、〈民主政〉と〈貴族政〉が、〈最高権力としての意志決定権の掌握が、人民の全体かそれとも一部かの違いにすぎない〉として、「共和政」のなかに放り込まれた点である。しかし、人々を有無をいわさずに規制し拘束する法的規範の意志決定権が、一部の人々によって掌握されているとしたら、それはまぎれもなく〈専制的〉政治形態、正確には〈寡頭専制〉にほかならない。

第二は、〈専制〉における〈親裁〉体制が、「君主政体」と「専制政体」とに峻別された点である。その根拠は、「確固たる制定された法律」にもとづいた「統治」の、存否いかんにあるとされている。もちろん、モンテスキューのいう「専制政体」には、アジアやオリエント諸域でくり返し生起し消滅していった、〈専制国家〉が念頭におかれている。たしかに、西欧諸国とアジア・オリエントでは、〈専制的〉国家支配の強烈さと苛酷さにおいて、かなりのちがいがある。しかし、いずれも〈親裁〉体制をとっているかぎり、〈親裁者〉によって日々発せられる〈意志〉が、「制定された法律」や各種の伝統的規範・慣習などのすべてを押し退け、最高の国家意志として強力に貫徹されることに、何らの変わりもない。

それゆえ第三に、モンテスキューのいう「君主政体」とは、〈君主親裁〉下で、国政の実質が貴族層によって掌握された〈貴族政〉、つまりは〈貴族的・寡頭専制〉を理想化したものといえる。因みにモンテスキューは、フランス絶対王政の〈親裁〉体制確立期に、マザランとリシュリューの導入になる、国王直属監察官［アンタンダン］に取って代られた、法服貴族層にぞくしていた。したがってモンテスキューの政治思想は、国政の実質がとくに高等法院に結集する法服貴族層の掌中にあった、〈親裁〉体制確立期以前にまで逆戻りさせようとした点にある。

ルソーの場合には、独特のうえに希有なる特異性がくわわっている。もっとも政治形態の分類自体は、〈民主政〉・〈貴族政〉・〈君主政〉の三つに区別するもので、ごく平凡、何の特異性すらないようにみえる。しかし彼の説明をよく聞いてみると、まさにとんでもない発想がそこに宣明されていることが分かる。因みに曰く、――

1、「民主政」――「まず第一に、主権者は、政府を人民全体または最大多数の人民に委任して、単なる個人としての市民の数よりも、行政官たる市民の数が多くなるようにすることができる。このような政体は、「民主政」という名でよばれる。」

2、「貴族政」――「あるいは、主権者は、政府を少数の人々の手に制限して、行政官の数よりも単なる市民の数が多くなるようにすることができる。このような政体は、「貴族政」と名づけられる。」

3、「君主政」――「最後に、主権者は、政府全体をただ一人の行政官の手に集中させて、他のすべての行政官たちは彼らの権力を、この一人の行政官から譲り受けるようにすることができる。この第三の政体は、もっとも普通の政体であって、「君主政」または王政とよばれる」［以上、桑原・前川訳『社会契約論』、岩波文庫、九三～四頁］。

明らかなように、そしてまさに驚くべきことに、ルソーにおいて、国家権力中枢を構成する「政府」は、その政治形態のいかんにかかわりなく、〈立法権〉を中心とした国家意志の決定権をまったくもっていない。すでに指摘したように政治形態のいかんは、国家権力中枢における、法的規範としての国家意志決定権に焦点をしぼった、〈三権〉の統一的構成のいかんにある。したがってルソーのように、立法権をそっくり無視し放り出した「政府」形態把握は、理論的にはまったくのタワゴトにすぎない。それは、例えていうと〝クリープのないコーヒー〟どころか、〝コーヒー豆のないコーヒー〟、〝具のない握り寿司〟のような代物。

そこで問題は、なにゆえルソーにおいてこの種のタワゴトが生み出されたか、という点にある。ルソーがすべての「政府」形態から、〈立法権〉を根こそぎ引きぬいてしまったのは、第一に、〈立法権は主権者としての人民に帰属すべきもの〉、と考えていたからである。それゆえ第二に、「政府」は、主権者としての人民の立法になる、「法」の代理的執行人［執行機関］にすぎない。この「政府」という「団体の構成員は、行政官、あるいは「王」、すなわち「支配者」とよばれる。そして、この団体全部が「統治者（プランス）」という名をもつ」［同前、八四頁］。そこで、「王」とか「支配者」、あるいは「統治者」・「行政官」と呼ばれる人々は、主権者としての人民の使用人であり、公僕にすぎない、と。

しかしルソーのいうように、「政府」がまことに〈主権者としての人民の使用人であり、公僕にすぎない〉としたら、ほかならぬ人民自身が「支配者」であり「統治者」である。「政府」とその構成員たちが、「支配者」とか「統治者」などと呼ばれる根拠は、まったくない。というよりそもそも、〈主権者としての人民が立法権を掌握している〉としたら、それは〈民主主義〉国家つまりは〈民主政〉以外の何物でもない。それにもかかわらずルソーが、〈民主政〉・〈貴族政〉・〈君主政〉の「政府」形態いかんにかかわりなく、〈主権者としての人民が立法権を掌握している〉と強調しているとすれば、そこには二つの問題が内包されている。

第一に、ルソーのいう「法」の定立としての「立法権」とは、いったい何か。そこには何か特異な意味が、込められているのではないのか、という点である。その要点だけいうと、ルソーのいう「立法権」としての「法」の定立とは、〈法律〉の定立というより、〈法的理念〉の定立にすぎない。因みにルソーにおいて、「法」は「一般意志」の表明とされたように、それは、〈人々は社会契約にもとづく結合による、国家としての維持と発展をすべてとし、また最優先させねばならない〉、といった類いの政治的根本理念であった。

しかし、「政府」による統治・行政活動には、日々出来する特定の具体的事態に対する、〈法律〉としての一般的規定が必要かつ必然とされる。そうなると、〈主権者としての人民の立法〉では、「政府」による統治・行政活動を、一般的な法的理念と根本精神において、道徳・倫理的に規定できるだけである。『コルシカ憲法草案』や『ポーランド統治論』など、ルソーによる理想的な政治・国家制度の改革提案において、とくに指導者に対する道徳・倫理的規制と要請が、まさに異常ともいえるほど強烈なのも、この意味からすれば、決して不可解なことではない。しかしそうなると、統治・行政活動の実質は、すべて「政府」による独自的裁可と裁量に委ねられるほかない。ということは、まさにこの「政府」による独自的裁可と裁量において、事実上、〈法律〉としての定立が断行されることになる。

こうしてルソー的発想では、結果的に、〈民主政〉・〈貴族政〉・〈君主政〉の「政府」形態いずれにおいても、実質的な〈法律定立の立法権〉は、執行権としての「政府」によって完全に掌握され、この意味で〈主権者としての人民〉に対する、「政府」の専制的独立化が帰結されよう。それゆえかのフランス大革命において、「政府」を直接構成した、ロベスピエールらの熱狂的なルソー主義者たちが、〈集会に参集した能動的な人民の熱狂的な支持〉を背にして、「革命的独裁」権力を揮ったのは、必然的ななりゆきといってよい。

第二に、〈主権者としての人民が立法権を掌握している〉としたうえで、「政府」形態を〈民主政〉・〈貴族政〉・〈君主政〉に三区分するルソーの発想には、れっきとした歴史的・現実的な根拠が存在する点である。古典古代とくにスパルタと共和政期ローマの政治形態がそれである。もっともこの種の、古典古代を歴史的モデルとする傾向は、むしろ一般的なものであって、何もルソーにかぎったことではない。

すでに指摘したように、プラトンとアリストテレスは、彼らが生存した古典古代の〈国家〉に即して、国家本質論と政治形態論を提起した。しかも古典古代期にすでに、〈君主政〉・〈貴族政〉・〈民主政〉という三種の政治形態がすべて出揃っていたこともあって、彼らとくにアリストテレスの政治形態論は、〈近代〉の政治思想家たちによっても、そっくりそのまま継承された。そればかりか彼らによる政治形態論の継承においては、何よりも古典古代期の歴史的国家を念頭においた、再把握と再確認が行なわれた。そのため、古典古代期の歴史的国家が共通に孕む、特異性への認識がはなはだ希薄となり、いくつかの理論的錯誤が生じた。

その一つは、〈王政〉と〈君主政〉とが、歴史発展的・理論的に区別されることなく、混淆されてしまったこと。もう一つは、〈民主政〉と〈貴族政〉とは、〈国家的支配権を掌握する者が、人民の全体か、それともその一部分かの違いしかない〉として、〈君主政〉と大きく対比された点である。因みにモンテスキューが、「共和政体」・「君主政体」・「専制政体」という、三種の政治形態区分における「共和政体」のなかに、〈民主政〉と〈貴族政〉を放り込んでしまったことは、その最たるものといってよい。

そこでつぎに、古典古代の政治形態について、一瞥しておく必要があろう。

（2）古典古代期アテナイ、スパルタ、ローマの政治形態

〈古典古代〉における歴史的舞台は、〈都市〉を軸とした地域社会である。そして、〈都市〉を軸とした地域社会の総体の、政治的組織化は、直接には〈都市国家〉としてあらわれた。また、個々の〈都市〉社会には、私的土地所有者［農民］としての〈市民〉・奴隷・在留外人・解放奴隷などが、住民として存在した。ここから、奴隷所有者としてもあらわれた、私的土地所有者［農民］としての〈市民〉を支配階級として、また奴隷を被支配

階級として把える、単純な階級史観の発想が、長い間マルクス主義者によってくり返し主張され、喧伝されてきた。

しかしこの発想は、個々の〈都市〉社会をほとんど暗黙のうちに、階級社会として完成的に発展した〈近代［市民］社会〉と同一視している。もちろんそれには、マルクスというよりエンゲルスの『家族・私有財産および国家の起源』での発想が、直接的な論拠となっている。しかし事柄は、それほど単純ではない。

というのも、個々の〈都市〉社会は、たえざる外戦・貿易・外交・文化交流などの形をとった、他共同体・社会との交通関係において、古代的世界を構成した。そしてそれらは、いずれも周辺また辺境の後進的な従属共同体・社会を、政治的な傘下におさめた支配共同体として、対峙した。そこで〈都市〉社会は、対外的にはすべて、直接に軍事組織［権力］としても構成された政治的組織、正確には一定地域において排他独立的に君臨した、専制的「国家」として押し出された。

それゆえ奴隷は、このような古代的世界において、解体された従属共同体・社会［成員］支配としての、根本性格をもっていたといえる。そして〈都市〉社会を、地域的な専制的「国家」として組織的に束ねたのは、「自由平等な」私的土地所有者によって構成された市民共同体である。市民共同体こそが、国家権力中枢としての支配共同体を構成したのである。

この市民共同体の政治的結集は、内部階層的な展開形態によって大きく規定された、対照的ともいえる二つの形態を生み落とした。一つは、アテナイに開花した〈直接民主制〉形態である。もちろんこれは、市民共同体内部の階層的な差異と対立が、それほど大きくかつまた深刻ではなかったことにもとづいている。もう一つは、ローマを典型とする非民主的・専制的形態である。これは、市民共同体形成における貴族層［patrici］と平民層［plebs］との、かなり深刻な対立・抗争をへた両者の、政治的同盟に起源をおくものであった。

1　アテナイの政治形態

まずアテナイの政治形態を、もっぱらアリストテレスの「アテナイ人の国制」〔『アリストテレス全集17』所収、岩波書店〕に拠りながら、クレイステネスの改革以降に即して再構成しておけば、つぎのようになろう。――アテナイの公的機関は、制度上主要な軸になるものと、ときどきの必要ごとに個別に追加・創設されたものとが、煩瑣なまでに入り乱れまた多種多様に分立していて、それらは制度上体系的に整備されていない。したがってそれらが、実際にはどのような政治形態として統一的に作動したかを知るためには、これらの諸機関を〈統治〉と〈行政〉とに、区別してみることが必要である。

因みに〈統治〉とは、支配共同体としての市民共同体の存立にかかわる公務であり、具体的には各種祭祀・軍事・外交・裁判などの諸活動である。また〈行政〉とは、市民共同体の直接に〈都市住民としての市民生活〉にかかわる、具体的な諸活動である。前者の〈統治〉諸機関としては、実質的中枢を占めた評議会・民会そして将軍以下の各種軍事的指揮者などと、共同体の理念的・形式的存立にかかわる祭祀・裁判上の諸権を統括した、九人のアルコン〔筆頭アルコン・バシレウス・ポレマルコスおよび六人のテスモテタイ〕、そして民衆裁判所、アルコン経験者より構成されたアレイオスパゴス会議〔殺人および宗教上の裁判権〕などである。また、後者の社会・経済的内実をもった〈行政〉諸機関としては、市場監督官・度量衡監督官・穀物監督官・取引所監督官・獄中監督官・訴訟提起官・道路建設係・会計検査官およびその助役などである。

共和国の行政区画は、まずアッティカ全域が一〇の「部族」に大きくわけられたが、この「部族」制の内実はかなり複雑である。因みに今日の古代ギリシャ史家は、例えばつぎのように推測している。

「アッティカ全土を市域・沿岸・内陸の三地域に分かち、それぞれをさらに一〇の区域に細分する。これらトリッテュス（三分の一の意）と呼ばれる計三〇の区域の中から、市部・沿岸部・内陸部に属するものそれぞれ一つずつを選んで組み合わせ、これを一部族とするのである。／部族は地理的に離れた三つの部分から成り、その中には必ず、市域も田園もともに含まれる。構成員の職業も階層も多様であり、部族ごとに平均化される。構成員の数も部族間に偏りのないよう、組合せに注意がはらわれたであろう」［伊藤貞夫『世界の歴史二』、講談社、一八二頁］。そしてトリッテュスは数箇の〈区（デーモス）〉から構成され、アッティカ全土では一七〇余の〈区〉を数えたとされる。

かくてここから、前者の〈統治〉にかかわる九名のアルコン、評議会議員五〇〇人、評議会直属の行政処理担当者、具体的にいうとアテナ女神の財務官・契約官・収入役・会計検査委員・執務審査官およびその補佐役など、民衆裁判所の陪審員五〇人、初期における将軍一〇人をはじめとする各種の軍事指揮者などは、すべて各部族に一定数が割り当てられ、その抽選によって選出された。これにひきかえ後者の内部〈行政〉的処理担当者は、一年ごとに全市民すなわち全部族から、直接抽選で割り当てられることになったのである。

ここでとくに注意を要するのは、公的機関の中枢を占めた前者の重要官職のうち、再任を許されたのは、一〇人の同僚制形態をとった将軍職のみで、評議会議員も生涯二度の選出におさえられ、他はすべて一年ごとの交替制であったことである。そればかりではない！　市民、正確には各区に登録された二〇歳以上の自由民男子は、その直接参加の〈民会〉によって、上級的・下級的のいかんを問わず、すべての公的機関構成員の任免権を掌握していた。

このように、公的機関の実質を占める〈行政〉的処理担当者は、全市民による一年交替の抽選制で、とくに〈統治〉にかかわる中枢的官職に対しては、再任が禁じられたうえ、〈民会〉は両者に対する自在の任免権を掌握していた。これでは、公的機関において執行権を軸としたヒエラルヒーは形成されず、中枢的官職が執行権力としての独立性を、制度上確立することはできない。このような政治形態においては、〈評議会〉と〈民会〉が制度上の軸を構成するほかなく、ペリクレスのような傑出した政治的指導者が不在の場合には、小田原評定をくり返す〈衆愚政治〉への転落が避けられない。

こうしてわれわれはアテナイの政治形態が、いったいどのような現実的な統治権力として作動し、統一的に構成されていたのかについて、つぎのような概括を与えることができよう。――そこでは〈評議会〉が、市民共同体の〈統治〉にかかわる立法・行政裁判・執行的裁可・命令などの諸権を、形式的には、最終的決議権を掌握した〈民会〉と分掌しながら、しかし現実的には、〈民会〉決議に対する先議権を掌握することによって、〈民会〉形態をとった市民に対する実質的な指揮・指導権を掌握していた。これが〈直接民主主義〉と呼ばれてきた〈アテナイ民主政〉の正体である。

2　スパルタの政治形態と特異性

ここで、アテネとはまったく対照的とされてきたスパルタについても、一瞥しておく必要があろう。ただスパルタについては、同時代的史資料の圧倒的不足から、その全体的骨格にかかわる諸点で、いぜん古代ギリシャ史家の間では、多くの異論がうず巻いている。それでもおおよそつぎのような理解が、提出されてきた。［ここでは主に、伊藤貞夫『古典期アテネの政治と社会』（東京大学出版会）、『世界の歴史二』（講談社）、W．G．フォレスト「ギリシア民主政治の出現」（太田秀通訳）平凡社、などを参照した。］

まず歴史にあらわれたスパルタの政治形態は、二つの世襲王家［アギス家・エウリュポン家］による〈二王制〉を軸に、実質的には〈長老会〉に結集した有力貴族層による、〈寡頭専制〉体制から出発したとされる。この〈二王〉というのは、きわめてめずらしいが、要するにスパルタ形成期における、〈二つの部族的統一〉の遺制であろう。またこの〈王〉といっても、〈王権〉としての専制的独立化はみられず、むしろ軍事的指揮権を中心とした多分に名目的な、部族国家的・王に近い存在とみてよかろう。

しかし、スパルタ体制が確立された、メッセニア征服［第一次メッセニア戦争］後の、紀元前八世紀末には、一般市民［平民］層への配慮と妥協から、〈長老会〉の権力が弱められて、形式上は〈民会〉が最終的な政治的意志決定権を掌握した。しかし〈長老会〉はすぐに、〈民会〉決議に対する拒否権を獲得して、その権力が大きく削減され縮小されたのは、紀元前七世紀後半の第二次メッセニア戦争後のことであった。

因みに前六世紀には、〈長老会〉に替わって、〈民会〉が選出した任期一年の五人の監督官エフォロイ ephoroi が、〈長老会〉と〈民会〉の運営を担掌したばかりか、役人と一般市民に対する法的監察権をも掌握することによって、スパルタの国政を実質的に指揮・主導した。もちろんこれは、より直接的には、これらの征服戦争において、とくに重装歩兵としての平民層が、重要かつ決定的な役割を果たした事情に、負うている。しかしこのような、名目的に二王を戴いた有力貴族層による〈寡頭専制〉体制から、平民層の政治的上昇による〈民主政〉への傾斜を、より大きく構造的にみるならば、スパルタ市民共同体内部における、名門貴族層と一般市民層との厳然たる経済・社会的な格差が、第二次メッセニア戦争後の前六世紀には是正されて、他ではみられない実質的な平等性が実現されたことを示している。

因みにスパルタの一般市民には、征服地の土地［沃地］とともに、当該被征服民が家族単位の奴隷的隷属民［ヘロット］として、均等に割り当てられ、彼らは平等者 homoioi と呼ばれた。［ただ後述するように、このヘロットは国家的所有物であって、個々のスパルタ市民には、その自由なる売却・処分権がなかったことに、注目すべきである。］もちろんこれが、武器自弁で重装歩兵としての出陣を可能にした経済的基礎でもあった。

つぎに、スパルタ独特の生活様式として知られている、一見特異な経済・社会的慣行がある。その一つは、ひとたびスパルタ市民の男子として生まれれば、例外なく七歳から一八歳までの間、家族と家庭から切り離されて、祖国防衛の重責を担いうる〈戦士〉育成のための、苛酷きわまりない〈国家教育〉、〈スパルタ教育〉を受けなければならない。そしてさらに二〇歳から三〇歳までの間は、軍隊での兵営生活が義務づけられていた。いま一つは、三〇歳以上の家に戻った市民たちには、それぞれが家から糧食を持ち寄っての〈共同食事〉が義務づけられ、これに参加しない者は、市民資格を喪失した。これは、たえざる国家的危機に即座に軍事的に対応できるよう、軍隊生活から離れた彼らを、つねに〈共同食事〉という形で、軍事的単位ごとに組織し結集させておくことにほかならない。

このような一見特異な経済・社会的慣行は、市民共同体としての強固な組織的統一性を実現し、把持するための国家的方策としての性格をもっていた。しかしそれが、長期間にわたって実現されてきた基礎には、市民共同体内部における階級・階層的落差の僅少性と、実質的な平等性が控えている。そしてさらに看過できないのは、このような市民共同体内部の実質的な平等性を堅持するために、主に二つの方策が採用されたことである。第一は、諸外国との交易をはじめとした物資・人材・文化などすべての交流を厳禁した、〈鎖国〉政策を断行したことである。第二は、その使用が一般化しつつあった鋳貨のうち、金貨・銀貨の流通を禁じて、鉄貨の使用のみを認め、金貨・銀貨の私蔵者は、厳しく罰せられたことである。

このような、市民共同体としての強固な組織的統一性を堅持するための、経済・社会的慣行と方策によって、スパルタ市民は、個人および家族の経済・社会主体としての自由と独立性が、ほとんど極限にまで制約され規制されていた。というのも、スパルタ市民にとっては、〈国家としての市民共同体〉の維持・遵守と発展が、何物にも優先される絶対的にして第一義的な、責務と使命とされていたからである。いいかえれば個々の市民と家族には、その現実的・精神的な自由と独立性が認められず、その全関心と全活動のすべては、彼らの現実的な生存の絶対的な前提である〈国家としての市民共同体〉の、維持と発展にむけて傾注するところにのみ真の存在意義がある、と強烈に意識されていたのである。

まさにプラトンやルソーによって理想化された、〈個人―即―共同体〉主義の生きた歴史的実例が、ここにある。

それではこのような、スパルタ市民共同体の国家権力中枢としての強烈な政治的組織化は、いったいなにゆえ、またいかなる必要にもとづいて必然化されたのであろうか？　例えば〈スパルタ教育〉や〈共同食事〉は、それ自体としてみると、ドーリア人の部族的慣行といえなくもない。しかし問題は、それがなにゆえ、より大規模な国家的レヴェルで、組織的・制度的により徹底された形で、強力に維持・断行されることになったのか、という点にある。結局のところそれは、スパルタ国家の成り立ちと、それに根拠をおいたその社会的編成形態における特異性をみれば、おおよその見当がつく。

スパルタの社会的編成は、〈スパルタ市民〉・〈ペリオイコイ perioikoi〉と呼ばれる周辺の従属共同体成員・〈ヘロット heilotai〉と呼ばれる直轄領の奴隷的隷属民という、厳格に区別された三つの身分的階層から成り立っていた。このことは、スパルタがペロポネソス半島のラコニアに侵入した、ドーリア系の征服者であることを、強烈に暗示している。

因みにスパルタに結集したドーリア人は、それ以外のドーリア人と先住ギリシア人に、軍役を課すのとひきかえに安堵［自治権を承認］し、彼らを国家構成員として包摂したが、もとより国政への参加権は与えなかった。これが〈ペリオイコイ〉である。これに対して〈ヘロット〉は、直轄領における奴隷的身分の隷属民であって、当初はエウロタス河流域の先住民、そしてスパルタ体制確立の画期をなした、メッセニアの被征服民の多くが、この地位に落とされた。

スパルタ市民の数は、数千人［四〇〇〇～五〇〇〇人?］、家族を入れてもせいぜい一万数千人程度と推測されるのに対して、ペリオイコイはその一〇倍を超え、ヘロットは数十倍ともいわれている。まさにスパルタ国家は、少数征服者による圧倒的多数の被征服・従属民支配の政治体制として成立し、維持・発展した。それを可能にしたのは、何よりも強力な軍事組織に収斂される、スパルタ市民共同体の強固な政治的組織化の実現であった。そのためスパルタは、個々の市民と家族の経済・社会主体としての自由と独立性を、ほとんど極限にまで規制し制約することによって、共同体内部の階級・階層的落差の拡大を極力抑え、実質的な平等性の堅持に全力を傾注した。

因みにすでに示した、幼少から青年期におよぶ苛酷な〈スパルタ教育〉、成人期における軍隊生活、壮年期に軍隊を離れても〈共同食事〉という形における軍事単位毎の組織化などは、スパルタ市民を挙げた支配共同体としての、直接の軍事的組織化にかかわる基本政策である。〈鎖国政策〉や〈金貨・銀貨の私蔵禁止〉などは、市民の自由なる経済・社会活動が、市民共同体内部の階級・階層的落差の拡大と、平等性の破壊を必然化することへの、強力な防護策にほかならない。また、個々のスパルタ人には、土地とともに均等に割り当てられた、奴隷的隷属民［ヘロット］の自由な売却・処分権がなく、あくまでそれが国家的所有物とされていたことも、このような観点から把握さるべきである。

3　共和政期ローマの政治形態

最後に、共和政期ローマの政治形態についても、一瞥しておこう。ローマでは市民共同体の〈統治〉にかかわる、立法・執行および執行的裁可・裁判などの諸権は、〈元老院〉・〈上級政務官〉・〈民会〉によって、相互掣肘的・また重畳的に分掌されていた。そこで、共和政期ローマの政治形態の統一的構成のためには、右三大機関による諸権の相互重畳的にして錯綜的な分掌いかんを、追究しなければならない。

まず〈元老院〉は、〈上級政務官〉の一般的執行・軍令執行［いわゆる「命令権行使」］に対する、内容上の〈勧告〉ないし〈助言〉や、〈民会〉での立法・議決・政務官選出に対する〈元老院・議決〉によって、最高的ないし上級的な立法・執行的裁可・承認権を掌握する。それは、国家の内的活動に即していうと、国家統治とくに〈外的国家〉構成にかかわる諸権である。

因みに〈元老院〉は、共和政期全体をつうじて、「元老院とローマ国民 Senatus Populusque Romanus」という形で、対外的に押し出されたように、市民共同体・ローマの、支配共同体としての〈外的国家〉構成を、形式的かつ名目的に代表した。そこで具体的にいうならば、宣戦と和平の決定・条約の締結・使節の派遣・外国からの使節の迎接などの外政権、軍隊司令官の任免・戦費決定などの軍政権、租税決定・公有地処分・属州監視・国庫［国民金庫］管理などの徴税・財政権、祭祀管理・祭祀費用決定などの祭祀主催権など、〈外的国家〉構成上の形式的かつ最高的な、指揮・命令・裁可・承認権を、一手に掌握していた。

そして〈民会〉は、政務官と護民官の選定や、両者の提案［法案提出］・提訴［刑事上］を承けた、立法・承認・議決によって、下級的な立法・執行的裁可・承認権と、刑事裁判権を〈政務官－民会裁判〉という形で掌握する。最後に〈上級政務官〉は、このような〈元老院〉と〈民会〉との形式的な掣肘下で、両者に対する召集・指揮・提案・介入権と、前者の議員選定権と後者へは政務官候補者の提議権をもつことによって、一般的政務および軍事的指揮にかかわる、実質的な立法・裁判および直接的執行［命令］権を掌握している。

そして〈上級政務官〉の場合も、〈元老院〉と同じく、とくに〈外的国家〉構成上の諸権を掌握していた。〈外的国家〉支配権をめぐる両者のちがいは、〈元老院〉の権力が多分に形式的かつ名目的なものであったのに対して、その直接的な遂行・担当者であった〈上級政務官〉が、条件次第では実質的な掌握者へ転ずる可能性を、最初からもっていた点にある。因みに〈執政官〉consulと〈法務官〉praetorは、戦時には強大な〈命令権〉imperiumを把持した軍隊指揮官として現地に赴き、支配共同体・ローマとして従属共同体支配の全権、つまりは属州統治に要する、強大にして独立的な全権［軍事・徴税・裁判］を、一手に掌握していた。

そして後に、この属州統治の総督ないし長官には、〈前執政官〉ないし〈前法務官〉が、〈執政官〉ないし〈法務官〉と同一の〈命令権〉を把持した〈執政官担当官〉proconsul〈法務官担当官〉propraetorとして、転出していく。この場合〈民会〉は、わずかに命令権付与その他の承認権・選出権・裁判権をもって、彼らを掣肘できたにすぎなかった。この意味で、共和政末期におけるローマ市民共同体の支配共同体としての飛躍的発展にともない、〈元老院〉と〈上級政務官〉権力、とりわけ後者の独立的強大化は、必然的であった。

これを要するに、共和政期ローマにおいては、〈元老院〉・〈上級政務官〉・〈民会〉という三大機関の相互的掣肘のなかで、形式的には〈元老院支配〉、しかし実質的には〈上級政務官〉による支配体制が、確立されていたといえる。

つぎにこれを、市民共同体の階級・階層的構成との関連でみれば、〈元老院〉と〈上級政務官〉は貴族層によって独占され、一般市民［分割地農民］としての平民層には、わずかに彼らの直接参加に成る〈民会〉と、前二者に対する各種の抵抗権を承認された〈護民官〉が、開放されたにすぎなかった。したがってこのような政治形態は、貴族層と平民上層［上層農民］の政治的同盟を土台に、前者の実質的支配を貫徹させようとして巧みに創出された、政治的芸術作品といってよい。

このようにとくにローマ型は、市民共同体内部の階層的対立と抗争が、激化する可能性を最初から孕んでいた。しかし市民共同体によって強力に指揮・主導された、ローマ都市国家の歴史的発展は、両者の内部的激突による共倒れと解体の道ではなく、その内部的矛盾を巧みに制御し閉塞させながら、〈王国〉段階を一気に乗り越えて、数種の異系文化圏世界を包摂・支配する、〈世界帝国〉の建設にまで突き進んだ。それにともない、帝国の中枢へと躍り出た、支配共同体としてのローマ市民共同体は、一方で、ローマ市民権賦与による外延的拡大と、他方で、支配共同体に対してさえ強度の独立性をもった、〈ローマ皇帝〉を生み出すことによって、帝権を軸にして大きく一元的に再編成されていく［以上詳しくは拙著『国家の本質と起源』勁草書房、第二部第二章参照］。

（3）総括

1 古典的学説の現実的根拠

このようにアテナイ、スパルタ、ローマの政治形態を一瞥しただけで、〈都市国家〉としてあらわれた〈古典古代的〉国家の特異性が、大きく浮かび上がってこよう——まずそれは、〈都市国家〉中枢を構成した、市民共同体全体の政治形態いかんにかかわりなく、〈三権は未分化〉である。もちろんこれは、市民共同体内部における公的権力の未発展、とりもなおさず国家権力としての独立、強大化の不在による。

それは、あの小さなギリシャ半島全体でじつに一五〇〇にもおよぶ、都市国家（ポリス）が対峙し抗争した、〈地域社会・都市〉としての規模の狭小・狭隘さによって、大きな歴史的制約をうけていたことにある。この大きな歴史的制約のなかで、〈地域社会・都市〉を〈都市国家〉として政治的に束ねた、市民共同体の比較的均等・均質な共同体的構成と、それに基礎をおく政治的民主主義［とくに民主的意志決定］が、全的に開花したかどうかとはべつに、少なくともその底流には強烈に脈打っていた。

市民共同体に課せられた〈公務〉は、ごく単純なものであった。それは第一に、周辺の地域社会や従属共同体に対する、苛酷な専制的国家支配を断行した、支配共同体としての全体的な存立と生存に直接かかわる、〈統治〉つまり外政と治安である。というのも、個々の〈市民〉としての社会的生存自体が、多数の従属共同体からの貢納・租税形態での剰余労働の収奪と、〈奴隷〉つまりは解体された従属共同体成員からの剰余労働の収奪によって、成り立っていたからである。そして第二は、〈都市住民としての市民〉が日常生活において必要としている、〈行政〉である。

〈市民〉は衰退し滅亡したくなければ、個としても全体としても、自らの根本的存立と日々の直接的な必要から不断に生起してくる、これらの統治・行政的公務に対して、有効適切な意志決定と実践的遂行のために、文字どおり身銭を切って積極的に関与しなければならなかった。それゆえここでは、たんに経済的支配者［階級］が、直接に政治的支配者［階級］としても君臨しただけではなかった。それだけだったら、〈近代〉以前に一般的な、専制国家体制において共通にみられる事態でしかない。

ここで重要なのは、奴隷所有者という形態をとった、経済的支配者［階級］としての市民全体の社会的存立が、他共同体への苛烈な政治的支配と、それを可能にする〈国家的〉構成と組織化のいかんに、直接基礎づけられていた点である。したがって個々の市民は、〈国家〉としての全体的な、そして強力な政治的結集と組織化なくしては、現実的に存在しえなかった。彼ら個々人が直接間接にかかわった、〈法律〉としての国家意志に絶対服従するほかなかった所以も、まさにここにある。この意味からすれば、スパルタの特異性は、古典古代期国家に内在する一般的傾向性を、純粋かつ極端にまで押し進めたところに結実した。

これまで古典古代的〈国家〉の構成原理は、「自由で平等」な私的土地所有者としての市民による〈国家〉構成として把握され、それが〈近代〉以降の国民国家において、復古的に再現されたと理解されてきた。たしかに、〈近代〉以降の国民国家においては、個人および結集した諸個人より成る組織の、現実的・経済的自由の全的開花と表裏をなした、国民的・統一社会的経済圏が、現実的土台として歴史的に形成された。しかしこれに対して、古典古代における地域社会・都市の狭小・狭隘さは、市民全体としての〈国家的〉遵守と発展を、絶対的ともいえる第一義的な前提とすることによって、個々の「市民的自由」に対する、ときに苛酷きわまりない制約を、必要かつ必然たらしめた。つまり一方において、〈国家的〉枠組みのなかでの市民的自由が、可能なかぎり保障されたのに対して、他方では、〈国家的〉枠組みにおける市民的自由は、きわめて制限されたものでしかなかった。

かくてつぎに、政治形態にかんする古典的学説が共通に孕んでいた、理論的錯誤の歴史的・現実的な根拠もまた、自ずから明らかになろう。先に指摘したように、古典的学説の錯誤と謬論は、第一に、〈王政〉と〈君主政〉とが、理論的に区別されることなく混淆されていたこと。第二に、〈貴族政〉と〈民主政〉が、〈君主政〉と大きく区別されて、前二者のちがいは、〈国政決定権の掌握が、人民の一部によるか、それとも全体によるか〉という、ただ一点にしかないこと、の二点にある。

しかしこの種の錯誤は、古典古代の〈都市国家〉を直接念頭において、多様な政治形態を把握しようとするかぎり、むしろ避けられまい。因みに、そこでは〈王政〉といっても、戦時の軍事的指揮者に発する部族国家的・王から、足を一歩踏みだしたという域を出ず、いまだ〈君主政〉つまりは〈王権〉としての専制的独立化には、ほど遠い存在であった。また、たとえ名目的に〈王〉を戴いた〈王政〉という形態をとっていても、その実質は、有力貴族層による〈寡頭専制〉であったりする。そして貴族層による政治的指揮・主導性が、実質的に貫徹されているところでも、〈民会〉に結集した一般市民［平民］層による意志決定を、完全に無視し放置することはできなかった。さらに、より直接的な〈民主政〉が実現されているところでも、とくに〈統治〉にかかわる意志決定では、一部公的機関や有力者による、かなり強力な指揮・主導性が発揮されたことも、決してめずらしくはない。

もちろんこれは、市民共同体内部における階級・階層的落差の僅少性に、現実的な基礎をおいていた。しかし階級・階層的落差の拡大にともない、共同体的諸機関の形骸化が進展したところでさえ、市民共同体としての伝統、すなわちその根本理念と精神、法制、共同体的諸機関のすべてが存続し、これを完全に一掃することはできなかった。そのことは、かのローマが共和政から帝政へと大きく転成し飛翔するのに、いったいどれほど苦労させられたかを通観すれば、おおよその見当はつく。

この意味で、古典古代期における〈王政〉・〈貴族政〉・〈民主政〉の区別は、形式的にはともかく、実質的には相互に錯綜した相対的なものでしかなかった。ルソーが提出したとんでもない発想、つまり〈王政・貴族政・民主政の政府形態いかんにかかわりなく、立法権は人民が掌握している〉という発想も、こと古典古代期の〈都市国家〉にかぎり、一定の現実的な根拠をもっていたといえる。

2　政治形態論のその後

政治形態を〈君主政〉・〈貴族政〉・〈民主政〉に三区分する古典的見解は、その後、憲法学・国家学をもふくめた政治学者たちによって、形式的には受容され継承されていく。しかし多くの場合、実際には、より歴史的・経験的な事例に即した多種多様な諸形態を列挙することが、一般的な傾向になっていった。そうしたなかで、政治学では傍流の社会学に近い系列の学者たちによって、古典的な三区分発想自体を相対化してしまおうという発想も、いくつかあらわれた。

例えばデュルケームは、アリストテレス以来の三区分発想を、とくにさきに紹介したモンテスキュー『法の精神』での定義を引き合いに出すことによって、これは「統治者の数によって国家の形態を定義する」発想、と特徴づける。そのうえで、「統治者の数」といい、「統治機関」といい、それを完全かつ絶対的には確定しえない、と断定する。そして政治形態のちがいなど、所詮は「程度の差」にすぎず、そこに「本質上の差異は存在しない」と結論づけることによって、古典的な三区分発想自体を蹴飛ばしてしまう。〔宮島・川喜多訳『社会学講義』、みすず書房、一一三～一二三頁。〕

デュルケームの「国家」についての素人議論は、最後に〔第34章第3節第2項〕一瞥することにして、ここで問題なのは、古典的な三区分発想が、〈統治者の数による分類〉として解釈された点である。すでに示したように、国家権力レヴェルにおける権力形態としての政治形態は、論理的にいうと、〈民主〉と〈専制〉とに大別されるほかない。〈組織的諸個人を規制し拘束する規範としての意志決定に、諸個人自身が参加できるか否か〉という一点における、〈民主〉と〈専制〉との区別は、論理的な質的区別と分類であって、〈統治者の数による分類〉ではない。

古典的な三区分発想の錯誤と欠陥は、〈民主〉に対する〈専制〉の歴史的形態としての〈君主政〉と〈貴族政〉を、すべて同じレヴェルで独立化させたことにある。これはプラトン、アリストテレス以来の政治形態論が、つねに特定の歴史的な政治形態に即して、思想的・実践的な立場と効用のレヴェルから、追究され提起されていたこと。つまりそこでは、歴史的・経験的な追究と学的・論理的な追究とが、方法的に区別されることなく、混淆されていたこと。いいかえれば、いまだ政治形態の多様な歴史的特殊性に振り回されていて、その内在的な一般性が純粋に論理的な形で、すなわち概念として把握されていないこと、を意味している。因みに、〈君主政〉と〈貴族政〉は、〈専制〉における〈親裁〉体制と〈寡頭専制〉の歴史的形態として、明確に位置づけられてはいないからである。

イギリスからアメリカへ転じた社会学系列の政治学者として知られるマッキーヴァーは、古典的三区分説が果たしてきた意義と役割を一応認めたうえで、しかしこの発想それ自体を、拒絶し否定する。因みに曰く、――「伝統的分類はかくして時の試練を経てきているが、われわれはそれが政府の諸々の型の間の基本的差異を基礎としていることを十分認めたい。にも拘らず…厳密な意味ではわれわれは一人が支配するかあるいは少数者であるかもしくは多数者であるかを問うことによつて国家を分類することはできない」［秋永肇訳「政府論」、勁草書房、一七三頁］。

というのも、多数者すなわち「民衆は決して支配しない」からである。〈民主政〉もふくめて、支配するのは、「常に少数者」である。そして「支配する少数者はほとんど常に一人の首長、一人の指導者を」もっている。またぎゃくに、「支配する一人はほとんと常に支配する少数者の代表者又は象徴」である。そこで政治的支配の本質が、〈少数者による多数者支配にある〉とすれば、その基本形態は、二つしかありえない。すなわち支配する少数者が多数者に対して、〈責任をもつか、もたないか〉という一点において、〈民主政〉と〈寡頭政〉に大別さるべきだからである。そのうえでマッキーヴァーは、〈民主政〉の諸形態として、「制限君主政」と「共和政」、同じく〈寡頭政〉の諸形態として、「君主政」・「独裁政」・「神権政」・「多頭首政」などを、挙示している。

このように国家統治の形態を決定づける、政治的支配の本質は、〈少数者による多数者支配〉にあるとされている。つまりマッキーヴァーは、政治の本質を、実質〈寡頭専制〉に求めている。したがって政治形態の基本型は、〈寡頭専制〉の諸形態として位置づけられる。因みにこの〈寡頭専制〉は、〈支配する少数者〉が多数者に対して責任をもっているか、否かという一点で、二つの政治形態に大別される。もちろん責任をもっている場合が、「民主政」であり、もたない場合が「寡頭政」である。

このようなマッキーヴァーの問題提起に対しては、さしあたり次の三点を指摘しておけばよい。第一に、〈少数者による多数者支配〉という点については、すでに政治的世界を根底で規定している原理・原則［政治法則］として、一般的にもよく知られているところである。問題は、それがなにゆえ、また、いかなる意味かにある。〈近代〉以降の政治学者たちは、それをたんに経験論的な事実として指摘しただけであった［総説第4章第3節参照］。しかし、この場合の〈少数者〉とは、たんなる「少数者」ではない。それは大きくみて、二通りあろう。その一つは、組織的に結集し、当該政治的意志を強引に貫徹させられる、強力にして多様な実現手段をもったところの、〈少数者〉である。そしてもう一つは、さまざまなレヴェルにおける、比較多数者の意志と利害と感情を集約し、代弁しているところの〈少数者〉である。

こういえば誰でも、〈近代〉以前の大小多様な専制的政治支配者が、前者の典型であり、〈民主政〉下の政治的支配者が、後者にぞくするのかといって、それなりに納得するだろう。また、前者における強力にして多様な実現手段の中心をなすのは、軍隊・警察・諜報機関などのいわゆる「物理的強制手段 Gewalt」である。後者の場合には、いわばハードとしての Gewalt 以上に、国民的世論とその観念的醸成・蒸溜装置としての各種マス・メディアが、大きな役割を果たす。したがって後者は、それらを直接規定する、ソフトとしての思想・イデオロギーや伝統的意識、またときどきの国民感情などに、最大細心の注意を払わなければ、支配者として存続しえない。

第二に、マッキーヴァーが政治形態の大別基準を、支配する少数者の多数者への〈責任の有無〉に収斂させているのは、とても厳密な学的検討には耐えられない。まず〈専制国家〉体制下では、支配する少数者は多数者に対して、たしかに「責任」をもたない。しかし理不尽な暴政が長期におよべば、必ずや競合者による謀反・クーデターか、多数者［人民大衆］による革命的反乱によって、根こそぎ叩き潰されよう。この意味で支配する少数者は、「責任」はもたなくても、その施政に対する政治「責任」から、逃れることはできない。

つぎに、マッキーヴァーが、〈民主政下では、支配する少数者が多数者に対して「責任」をもっている〉というのは、もっぱら間接的な〈代議制民主主義〉を念頭においた発想である。因みに彼は、「直接民主政は、…稀な現象」［同前、一九二～三頁］として、数少ないアテナイやスイスの実例は、たかだか「民衆」に対する「拒否権」の賦与にすぎなかったと強調している。しかしこれらの実例は、論理的に考えられる事態が現実化したものとして、把握されねばならない。〈直接民主政〉下では、多数者がときどきの国家意志の裁可・決定に直接かかわり、その実践的な執行にも、特定個人の選出という形をもふくめて、自らが直接かかわる。もちろんこのことは、とくに外政など統治上の重要な意志決定を、特定の個人や諸個人つまりは少数者が、強く大きく主導し先導する事態を、少しも排除しない。

しかし間接的な〈代議制民主主義〉下では、法的規範としての国家意志の裁可・決定も、その実践的な執行も、すべて多数者のなかから選出された、少数者としての特定諸個人によって、代理的に代行される。したがって多数者による関与は、すべて間接的なものでしかない。そこで多数者に選出された少数者が、多数者に対して「責任」をもっているといわれるが、そんなことはごくごく表面的な把握にすぎない。問題は、「責任」ありとされた、この〈多数者が少数者を選出する〉というシステムを通じて、いったいいかなる政治的事態が内在的に実現されているかにある。

多数者による特定少数者の選出は、ときどきの国家意志決定において、いったい〈いかなる政治理念にもとづいた統治・行政的意志〉をもって対処するかという、被選出者の政治的意志いかんを軸とした、他者との比較・選別と判断にほかならない。多数者は、その社会的・現実的な立場と意志・利害にもとづいた、政治的自己主張として、特定の諸個人を政治的代理人として選出する。したがって、直接には政治的代理人としての少数者による、ときどきの国家意志決定をつうじて、多数者は大きく媒介された間接的な形で、これに関与していることになる。

もちろん、この国家意志決定において、政治的代理人としての少数者が、その選出時に多数者に提示した公約を無視ないし破棄した行動をとれば、多数者は次の選挙ではより忠実なはずの諸個人を、新たな政治的代理人として選出するだけである。それによって、政治的代理人としての少数者をつうじた、多数者による国家意志決定の、大きく媒介的で間接的な関与は、保持されていく。

このように〈代議制民主主義〉下では、支配する少数者は、国会議員としてであれ、政府首長としてであれ、ときどきの国家意志決定をつうじて、じつは、観念的に集成され集約された多数者の意志と利害を、大きく吸い上げ実現しているといえる。それゆえ〈民主政〉下における、〈支配する少数者による多数者への責任〉をいうのなら、なにゆえ、また、いかなる意味での〈責任〉かを、政治的・国家的支配のトータルな内的論理連関において、明示しなければならない。

そうすれば、政治形態上の大別は、マッキーヴァーのいうような、〈支配する少数者の多数者に対する責任の有無〉などではなく、直接には少数者による国家意志決定に、多数者が関与できるか否かという一点において、行なうほかないこと。これはまた、〈政治をふくめた組織的権力の本質は、規範としての意志にもとづいた支配力にある〉という、社会的権力の規範論的特質に対応した、論理的な区別でもある。

第三に、実質〈寡頭専制〉の政治形態として、〈民主政〉と〈寡頭政〉とに大別するマッキーヴァーの発想では、〈専制〉の諸形態として、「一人支配」としての〈親裁〉体制と、「少数者支配」としての〈寡頭専制〉との区別が、ほとんど消失してしまう。もちろんこの種の錯誤が生み出されるのには、一定の現実的な根拠がある。それは、〈寡頭専制〉のほとんどが、形式的には〈親裁〉体制下であらわれたこと。それが、元老院や都市参事会などの、特権的な最高機関支配体制をとってあらわれることは、むしろ少ない。

また、実質的な〈親裁〉体制下でも、意志決定の過半は、専制支配者の側近層や直属機関中枢に委ねられている。ただこの場合、専制支配者が、たまたま目にし耳にしてその気になれば、裁判をもふくめ、すでに裁可され執行段階に移されていても、指示・命令・判決などすべての国家意志が、彼の一声でたちまち廃棄され転覆されてしまう。

重要なのは、国家意志の最高的で最終的な裁可・決定権が、特定個人に一元的に集中され、国政がすべてこの特定個人としての〈専制的支配者（デスポット）の意志〉、という形式の下で運営されることのもつ意義を、過小評価することは許されない。〈親裁〉体制の多くが、実質的には〈寡頭専制〉としてあらわれるのも、〈親裁〉の可否いかんが、もっぱら専制的支配者個人の政治的技量いかんにかかっている、ところにある。この意味で、同じく〈親裁〉体制の形式における、実質的な〈親裁〉と〈寡頭専制〉とは、専制的支配者個人の政治的技量のいかんによって、相互に移行し変転する関係にある。

以上要するに、マッキーヴァーのそれ自体はきわめて意欲的な発想も、歴史的事例に対する政治理論的把握の経験論的浅薄さを、露呈した意味しかもたない。

16 政治形態の自由選択と法則的規定性

（1）〈政治形態の自由選択と実現可能〉の発想

プラトンとアリストテレスにはじまる学的国家論と政治学は、何よりも、〈実践の学〉として構想され、展開されてきた。それは、研究主体が直接所属し、生き死にした時代と社会に対する、もっとも理想的な国家［社会］像にもとづいた、実践的な提案としての根本性格をもっていた。そこで、ときどきの理想的な国家［社会］形態は、伝統的な政治的理念や新たな政治的思想から、直接導きだされるかに思われてきた。というのも、国家権力中枢さえその気になれば、純然たる「学的思想」として提起された、「理想の政治・国家制度」の実現が可能になるかに、思われたからである。これは、政治制度への思想・イデオロギーによる、直接的な関与と規定性を、過大評価した観念論的発想といえる。

この発想は、〈いつでもどこでも、人々（つまり歴史社会）は、政治制度を自由に選択し実現できるのか?〉、という問題を提起している。一般的には、〈政治制度の自由な選択と実現は可能〉とする発想が、支配的といってよい。因みにJ・ロックが、政治形態を「民主政」・「寡頭政」・「君主政」に大別したうえで、「君主政」をさらに「世襲君主政」と「選挙君主政」とに細分化して、「このような諸形態から、共同体は好むままに複合的混合的な統治形態を作りうる」［伊藤訳『全訳　統治論』、柏書房、二四七頁］と主張したのは、その代表的な事例といってよい。

それから二世紀近くたってJ・S・ミルは、『代議制統治論』［水田訳、岩波文庫］の、第一章「統治形態はどの程度まで自由に選択できるか」で、この問題を正面きってとりあげた。彼は、この問題を、〈当該統治形態に対する国民の側からの積極的ないし消極的な同意〉・〈統治者が当該統治形態の存続に必要な事柄の遂行能力をもっていること〉・〈統治者が当該統治形態の諸目的の達成に必要な事柄の遂行能力をもっていること〉という、三つの条件の範囲内における〈自由選択と実現可能性〉として、把握した［前掲書、とくに二〇～八頁］。それゆえ、ミルにとってこの問題は、統治者が被治者（国民）と直接織り成す、たんなる〈手段と技術〉にほかならなかった。

もちろん、この後すぐに明示するように、この種の統治者と被治者（国民）との、直接的関連を超えて、政治形態と歴史的社会には、内的な論理的連関と法則性がある。しかし、政治形態が、時代と社会のいかんによって、それぞれに固有の特徴と多様性を呈していることは、だれしも決して否定できない。そこから、アリストテレスやモンテスキューは、政治制度や政治的観念に対する、とくに地理的・風土的な規定性に注目して、〈政治制度の自由選択と実現可能性〉について、疑問符を投げつけた。因みにアリストテレスは、『政治学』のなかで、また、モンテスキューは、『法の精神』において。

この発想について一言しておくと、彼らがごく単純に想定したように、地理的・風土的要因が、ときどきの歴史的社会の政治制度や政治的観念を、直接規定するわけではない。政治制度や政治的観念のいかんは、当該社会の歴史的発展のいかんによって、根本的に規定されている。そして、当該歴史的社会に固有の、顕著な生産形態や生活様式がみられるかぎりにおいて、地理的・風土的要因からの直接間接の規定性が、問題になるにすぎない。

だが、何といっても注目さるべきは、この〈自由選択と実現可能性〉の発想をまっ向から否定して、政治形態のいかんが、〈社会〉とりわけその階級的構成いかんによって、根本的に規定されていると主張した、マキャベリとエンゲルス以来のマルクス主義の発想であろう。そこでこの両者の発想を、簡単にでも検討しておかねばならない。

（2）マキャベリの〈階級的構成決定〉論

まずマキャベリは、〈専制的〉と〈民主的〉との政治形態のいかんが、〈社会〉の階級的構成のいかんに対応している、と主張した。少し長くなるが、思い切って紹介しておこう。曰く、——

(1)「まず聖下におかせられては次のことを理解されねばならない。即ち、市民間の確固とした平等性が存在するどのような都市でも、非常な困難を覚悟しなければ、そこに君主政体を創出することは出来るものではないし、反対に市民間に深刻な不平等性が存する都市においては、共和政体の創出が行なわれ難いということを、筆者は聖下にわかっていただきたいのである。…（中略）…共和政体がふさわしい国で君主政体を採用したり、反対に君主政体に適している国に共和政体を押しつけたりすることは困難なことであるのみならず、非人間的でもあり、情け深く善良であると思われたい人にふさわしいことではない」〔石黒訳「小ロレンツォ公没後のフィレンツェ統治論」『マキァヴェッリ全集六』所収、筑摩書房、一四〇～一頁〕。

(2)「例えば市民間に深刻な不平等が存在するミラノのような都市に共和国を創建しようとすれば、貴族階級を取り潰して彼らを他の人びとの平等性の原則の下に服さしめねばならない。彼らには常識はずれ〔度を過ぎた高慢〕の気風があるから、その横車を抑えるためには法のみでは足りず、彼らを掣肘し得る或る『生ける声』つまりは君主権力が不可欠なのである。これとは逆にフィレンツェの如き、確固とした平等性が維持されているところに君主政体を樹立しようと望む際には、何よりもまずそこに不平等性を導入し、城郭や荘園の贈与によって必要充分に貴族化されたような階級をそこに作り出す必要がある。彼らは――君主と一緒になって――その武器と取り巻きを拠り所に、都市と田園を困苦の淵に追い込んでしまうだろう」［同前、一四一頁］。

(3)「なぜこうした階級を創出する必要があるのかと言えば、貴族階級を取り除かれて孤立してしまった君主は、君主国の大権をにない切れないからである。君主と一般大衆の間には彼が君主権をにない切れるように、君主を補佐する中間者がどうしても必要なのである。このことはおよそあらゆる君主国家において見聞されることであるが、なかんずくフランス王国において顕著である。そこでは人民が貴族たちによって支配されているのと同様に、諸侯が貴族たちを、王が諸侯たちを支配している」［同前］。

明らかなようにマキャベリは、〈君主政体には、不平等社会、共和政体には平等社会が、それぞれ適合する〉と、主張した。そしてここから、平等社会に君主政体を樹立するには、貴族階級の創出による不平等社会への転成が必要である。またぎゃくに、確固とした不平等社会には、共和政体は創出され難い。もしそれを本気でやろうとすれば、貴族階級を潰滅しなければならない、と。

この、政治形態のいかんを、〈社会〉の階級的構成のいかんに直接対応させて把握する、マキャベリの発想は、学的・理論的に承認できようか？　もちろん、全的に否定さるべきで、これを承認することはできない。このことは、現代に到るまでの〈世界史〉の進展と展開を、大きく通観すれば、即座に了解されよう。

まず、〈近代〉以降における歴史的国家の一般的な政治形態は、〈議会制民主主義〉形態をとった〈民主政〉である。そこでは、〈法の下での平等〉という政治理念にもとづいて、個人および組織としての諸個人の、現実的また精神的活動の〈自由〉が、最大限保障されている。しかし、一方で、思想的・政治的活動の〈自由〉が、政治的民主主義を徹底させるとともに、他方において、諸個人の社会的・経済的活動の〈自由〉は、階級・階層的格差を飛躍的に拡大し、その相互的対立を激化させた。つまり〈自由なる社会〉としての歴史的発展は、かつてない〈不平等社会〉を帰結し必然化させた。ここでは、一方、〈民主政〉の進展と、他方、かつてない深刻な

〈不平等社会〉とが、併存している。

また、強力な革命的国家権力の創出によって、かつてない規模での「社会主義的」な〈平等社会〉を実現した諸国では、これまで見たことも聞いたことないような、無慈悲で苛烈、そしてかぎりなく肥大し増殖しつづける、〈専制的〉政治形態が君臨した。ここでは、〈近・現代国家〉とは、まったくぎゃくに、〈専制的〉政治形態と〈平等社会〉とが、同一メダルの表裏をなしている。

それでは、〈世界史〉にあらわれた歴史的国家の政治的諸形態を、大きく〈専制的〉と〈民主的〉とに大別してみて、両者のちがいを決定づけているものは、いったい何であろうか？　もとよりそれは、〈社会〉の階級的構成のいかんではありえない。それは、個人および組織としての諸個人の、現実的また精神的活動の〈自由〉が、どの程度禁止・制限され、どの程度保障・実現されているかに、かかっている。もちろん、この〈社会的自由〉が、大きく制限されていれば、そこには、〈専制的〉政治形態が確立されている。そして、この制限が弛緩ないし緩和され、〈社会的自由〉の実現いかんによって、政治形態の〈民主的〉進展いかんが、決定づけられている。

〈近代〉以前の歴史的国家において一般的な、〈専制的〉政治形態の場合、この〈社会的自由〉に対する制限は、伝統的かつ慣習的なかたちをとっている。というのも、そこでは、血族をはじめとする各種の伝統的な社会組織や地域的社会の閉鎖的独立性と、その上への、支配共同体ないし共同体支配者形態をとった、〈専制的〉国家権力の君臨と固定化というかたちで、あらわれたからである。これに対して、〈近代〉以降登場した「ファシズム」や「社会主義」諸国のような、特異にして偏奇的形態をとった、〈専制的〉政治形態の場合には、〈社会的自由〉への制限は、速成的かつ人工的に創出された、強力な〈専制的〉国家権力によって、有無をいわさずつくり出された、といえる。

これを要するに、政治形態をはじめとした〈組織・制度としての国家権力〉の構成いかんは、〈近代的〉な統一的社会形成にむけた、当該歴史的社会［構成］の、〈世界史的〉な発展いかんによって、根本的に規定されて

いることを意味している。［これについては、本論最後の方法的総括の章で、より包括的にとりあげる。］

マキャベリの主張はつねに、古典古代からルネッサンス期にいたるイタリアの、政治的独立性をもった自由都市［都市国家］が、直接念頭におかれている。そこでどうしても、これら都市国家に対する経験論的考察を、典型的な王国を完成させた他の諸国にまで、普遍化させるという錯誤と欠陥から、自由ではありえなかった。例えば彼は、君主国における貴族階級の存在を、もっぱら統治の技術的必要性から把握している。

しかし、少なくとも都市国家レヴェルではなく、典型的な王国の貴族階級は、君主権によって、上から人工的に創出されたものではない。むしろ西欧諸国における〈中世的〉王権は、王国としての〈外的国家〉構成の必要から創出された、形式的かつ名目的な第一人者として、聖俗封建領主権力のうえに君臨したにすぎなかった。そして中世後期以降はじめて、王権は、直轄所領の飛躍的拡大やとくに上級的刑事裁判権の剥奪的掌握などによって、有力諸侯を抑え、中央権力としての一元的集権化への道を、歩みはじめたのである。

また、マキャベリが、〈民主〉と〈専制〉の政治形態のいかんを、〈社会的自由〉のいかんではなく、〈社会的平等〉のいかんに着目したのも、〈古典古代〉の都市国家の特殊性に、大きくひきずられている。そこでは、アテナイもスパルタも、一方、〈直接民主政〉と、他方、支配共同体としての市民共同体内部における、〈社会的平等〉ないし階級・階層的格差の僅少性とが、際立っていた。これにひきかえ、〈社会的自由〉の方は、とくにスパルタにおいて顕著であったように、大きくまた徹底的に制限されていた。これではどうしても、〈民主政〉と〈社会的平等〉とを、直接結びつけたくなろうというもの。

しかし、とくにスパルタにおいて顕著であった、この〈社会的自由〉への強烈な制限は、征服・従属民を直接抱え込んだことからくる、市民総動員の戦時国家体制が、常態化されていたことによる［この点は、前章第2節第2項参照］。また、マキャベリの時代、つまり多数の自由都市が乱立した、ルネッサンス期イタリアでは、フランス、ドイツ、イギリス、スペインなど、西欧政治世界の対立・抗争と合従連衡が、そのまま持ち込まれ、苛烈な戦国政治的世界がくり広げられた。そこで、戦時国家体制の常態化とはいえないまでも、つねに市民を挙げた戦時国家体制への転換の、危機と必要に迫られていた歴史的事情を、忘れるわけにはいかない。

このようにマキャベリは、統治技術上の実践的な提案をつうじて、政治形態と社会との関連、とくに社会の階級的構成のいかんが、〈民主的〉と〈専制的〉との政治形態のいかんを、直接決定づけるという方法的発想を提起した。しかしこの、政治形態のいかんが、社会の階級的構成いかんと、必然的な関連にある、つまり前者は後者によって法則的に規定されている、という発想自体なら、かのエンゲルスにもみられる。そこで、つぎに節をあらためてエンゲルスの発想を検討しておこう。

(3) エンゲルスの〈支配階級専制国家〉論

1 「例外的」政治形態と二大階級均衡論

エンゲルスは、世界史にあらわれた古代と中世と近代の歴史的国家をとりあげて、それらは、すべて経済的支配階級が被支配階級を抑圧し、搾取する手段・道具としての「国家」をつうじて、政治的支配階級としても君臨してきた。しかし、「例外的」には、国家権力が経済的支配階級をもふくめた諸階級の上に、外見上超然としたかたちで、相対的な独自性を発揮する場合もある。その典型的な歴史的事例として、一七〜八世紀の西欧絶対王政やフランス第一・第二帝政のボナパルチズム、そしてドイツのビスマルク体制などの〈専制的〉政治形態を挙示した。そして、この〈専制的〉国家権力の形成と存立は、二大主要階級間の勢力均衡によって、必然化されたと説明した。

つまり西欧絶対君主制では、旧い貴族階級と新興の市民階級、ボナパルティズムでは、ブルジョアジーとプロレタリアート、さらにビスマルク体制では、この両者すなわち土地貴族［ユンカー］とブルジョアジーばかりか、同時にブルジョアジーとプロレタリアートとの勢力均衡も、みられると主張した。因みに曰く、――

「国家は階級対立を抑制しておく必要から生じたものであるから、しかし同時にこれらの階級の衝突のただなかに生じたものであるから、それは、もっとも勢力のある、経済的に支配する階級の国家であるのが普通である。この階級は国家をもちいて政治的にも支配する階級となり、このようにして、被支配階級を抑圧し搾取するためのあたらしい手段を獲得する。こうして、古代国家は、なによりもまず奴隷を抑圧するための奴隷所有者の国家であったし、それと同じに封建国家は、農奴と隷農を抑圧するための貴族の機関であった。そして、きんだいの代議制国家は、資本が賃労働を搾取するための道具である。しかし、例外的には、あいたたかう諸階級がたがいにほとんど力の均衡をたもっているため、国家権力が、外見上の調停者として、一時的に両者にたいしある程度の独自性を得る時期がある。たとえば、貴族と市民階級とがたがいに勢力伯仲した一七世紀と一八世紀の絶対君主制がそれであり、ブルジョアジーにたいしてはプロレタリアートを、プロレタリアートにたいしてはブルジョアジーをけしかけた、フランスの第一帝政、とくに第二帝政のボナパルティズムがそれである。この種の最新のだしもので、支配者も被支配者もひとしくこっけいな役まわりをはたしているのは、ビスマルクの国民からなる新ドイツ帝国である。ここでは、資本家と労働者とがたがいに力のつりあいをたもたせられ、零落したプロシアの田舎ユンカーの利益のために一様にかたりとられるのである」［村井他訳『家族・私有財産および国家の起源』、国民文庫、二二三〜四頁］。

「プロイセンには、…いまなお強大な大土地所有貴族のほかに、比較的若く、しかもことのほか臆病なブルジョアジーがいる。…だが、以上の二階級のほかに、急速にその数を増しつつあり、いちじるしい知的発達をとげ、日々にますます組織性をくわえつつあるプロレタリアートが存在する。したがって、ここには、古い絶対君主制の基本的条件である土地貴族とブルジョアジーの均衡とならんで、現代のボナパルティズムの基本的条件であるブルジョアジーとプロレタリアートの均衡も見いだされるのである。…／プロイセンで（そしてその先例に従ってドイツの新帝国制度のもとでも)、こういう矛盾にみちた社会状態のなかから必然的な帰結として発展してきた国家形態は、外見的立憲制である。この形態は、古い絶対君主制の、解体形態であるとともに、ボナパルティズム君主制の存在形態でもある」〔村田訳『住宅問題』、『マル・エン全集第18巻』所収、二五四頁〕。

このエンゲルスの「例外」国家観には、〈二大階級間の勢力均衡〉とか、〈経済的支配階級に対する国家権力の相対的独自性〉という場合の、〈勢力均衡〉と〈相対的独自性〉とは、いったい何を意味するかの説明が、まったくない。この意味でそれは、後で独立にとりあげるように〔第34章第2節参照〕、とても学的理論とはいいがたく、たんなる歴史的な思いつきにすぎない。

しかし、それとはべつに、エンゲルスの国家観は、一般的に世界史的国家では、経済的支配階級による国家権力を直接掌中にした、〈専制的〉支配が実現されているが、「例外的」には、経済的支配階級に対してさえ〈相対的独自性〉をもった、国家権力による〈専制的〉支配が、一時的に登場したという主張として、把握することができる。これは、いったい何を意味するか?

それは、エンゲルス自身の直接的な真意とはべつに、世界史にあらわれた歴史的国家は、一般的と「例外的」とを問わず、すべて〈専制的〉政治形態であったという発想を、提起したことになる。つまりそれは、経済的支配階級が、国家〈権力〉を直接掌握していようが、その直接的掌握が不可能であろうが、歴史的国家は、すべて〈専制的〉政治形態をとってあらわれた、否、それ以外の形態はとりえなかった、という発想である。

因みに、「近代の国家強力〔Staatsgewalt〕は、全ブルジョア階級の共同事務を処理する委員会にすぎない」〔『共産党宣言』、国民文庫、二九頁〕という主張は、〈議会制民主主義〉を、ブルジョアジーによる〈寡頭専制〉支配の道具として把握した発想、といってよい。そこで、〈民主的〉政治形態は、ありえないばかりか、〈民主的〉と〈専制的〉国家の歴史的諸形態のちがいなど、まったくどうでもいい問題として、切り捨てられる。これは、政治形態いかんを、社会の階級的構成いかんの問題に、そっくり還元し解消させてしまえば、政治形態の学的・理論的解明自体が、不可能になることの証明にほかならない。

2　補足——政治形態論の不在と階級独裁論

この問題に関連して、さらに一～二補足すべき点がある。まず、エンゲルスにおける政治形態論の不在には、より直接的な原因がある。それは、さきの紹介からも明らかなように、独特の〈階級独裁〉論にある。〈階級独裁〉とは、〈経済的支配階級による、国家権力をつうじた他の諸階級全体、つまりは社会全体への政治的支配〉、簡単には〈経済的支配階級による国家的支配〉をいう。

以後のマルクス主義者において、この発想は、〈国家の階級的本質〉論として、継承され、〈いかなる国家においても、政治形態のいかんにかかわらず、階級的本質は貫徹されている〉という具合に、使用されてきた。それゆえ、この〈階級独裁〉論は、政治形態論を直接吹き飛ばしてしまう役割を、果たしてきたのである。しかし、政治形態論ぬきの学的国家論と政治学はありえず、この意味で、「マルクス主義国家論」の低迷と「マルクス主義政治学」の不在は、不可避的であった。

つぎに、「マルクス主義の階級国家論」と呼ばれてきた、この〈階級独裁〉論は、直接には〈近代〉以前の〈世界史的〉国家にそくして、着想されたものである。そこで、ときどきの歴史的国家を直接構成したのは、独立・自足的な地域的社会［都市や村落を軸とした］を政治的に束ねた、支配共同体ないし共同体支配者である。そしてこの、支配共同体ないし共同体支配者形態をとった政治的支配者は、同時に、経済的支配者であっただけではない。各地域的社会で、一定の経済的・社会的実力をもった諸階級・階層は、特殊的権利を賦与され、また獲得することによって、ときどきの歴史的国家を直接構成する、政治的権力としてもあらわれた。

それゆえそこでは、一方における、形式上のモザイク的な国家構成と、他方における、支配的・有力者的諸階級・階層の、〈政治・経済未分化・混淆的〉権力構成とが、大きな歴史的特質をなしている。そこで、ときどきの歴史的国家中枢の政治的支配階級が、直接かつ同時に、経済的支配階級でもあったという事態を、マルクス主義者のように経済主義的観点からとらえれば、経済的支配階級は、つねに政治的支配階級として、ときどきの歴史的国家を直接構成していた。この意味で、ときどきの歴史的国家は、つねに、またきまって、経済的支配階級による政治的支配の道具にすぎなかった、とされてきた。

エンゲルスの階級国家観は、このような〈近代〉以前の、〈政経未分離・混淆〉的国家にそくして構成されたもので、それをそのまま、〈近代〉以降の国民的・統一的社会形成を土台とした、〈政経分離〉的国家にまで、強引に押しつけたといえる。もちろんその根拠は、一方、新興のブルジョアジーによる苛烈な搾取と、他方、制限選挙法に象徴される、〈議会制民主主義〉の未発達という、当時の歴史的事情にある。しかし、マルクス主義の階級国家論について、よりくわしくは、本論の理論的総括において、独立にとりあげる。

（上巻終り）

著者略歴
1944年　倉敷市に生まれる
1970年　法政大学社会学部卒
専　攻　政治理論
著　書　『国家の本質と起源』［勁草書房、1981年］
『アジア的国家と革命』［三一書房、1978年］
『唯物史観と国家理論』［三一書房、1980年］
『国家論をめぐる論戦』［勁草書房、1982年］
『ラスウェルと丸山政治学』［勁草書房、1984年］
『ヴェーバーと丸山政治学』［勁草書房、1987年］
『ニッポン政治の解体学』［時事通信社、1996年］
『世紀末「時代」を読む』［対談本、春秋社、1992年］
『北一輝』［勁草書房、1973年］
『マルクス主義国家論』［三一書房、1971年、増補版・1974年］
『革命とコンミューン』［イザラ書房、1969年、新版・1976年］
他

国家論大綱 第一巻　上

2003年5月10日　第1版第1刷発行
2003年11月20日　第1版第3刷発行

著　者　滝《たき》村《むら》隆《りゅう》一《いち》

発行者　井　村　寿　人

発行所　株式会社　勁《けい》草《そう》書　房

112-0005 東京都文京区水道2-1-1 振替 00150-2-175253
（編集）電話 03-3815-5277／FAX 03-3814-6968
（営業）電話 03-3814-6861／FAX 03-3814-6854
本文組版 プログレス・港北出版印刷・牧製本

ISBN4-326-30148-1　Printed in Japan

滝村隆一　北一輝　日本の国家社会主義　四六判　二六二五円

滝村隆一　国家論をめぐる論戦　四六判　二一〇〇円

滝村隆一　ヴェーバーと丸山政治学　四六判　二一〇〇円

金森修　負の生命論　認識という名の罪　四六判　二六二五円

天児慧　等身大の中国　四六判　二四一五円

中山康雄　時間論の構築　四六判　二九四〇円

瀬戸一夫　時間の民族史　教会改革とノルマン征服の神学　A5判　四八三〇円

カラン、朴編　メディア理論の脱西欧化　A5判　三八八五円

杉本貴代栄　アメリカ社会福祉の女性史　A5判　三六七五円

＊表示価格は二〇〇三年一一月現在。消費税は含まれております。